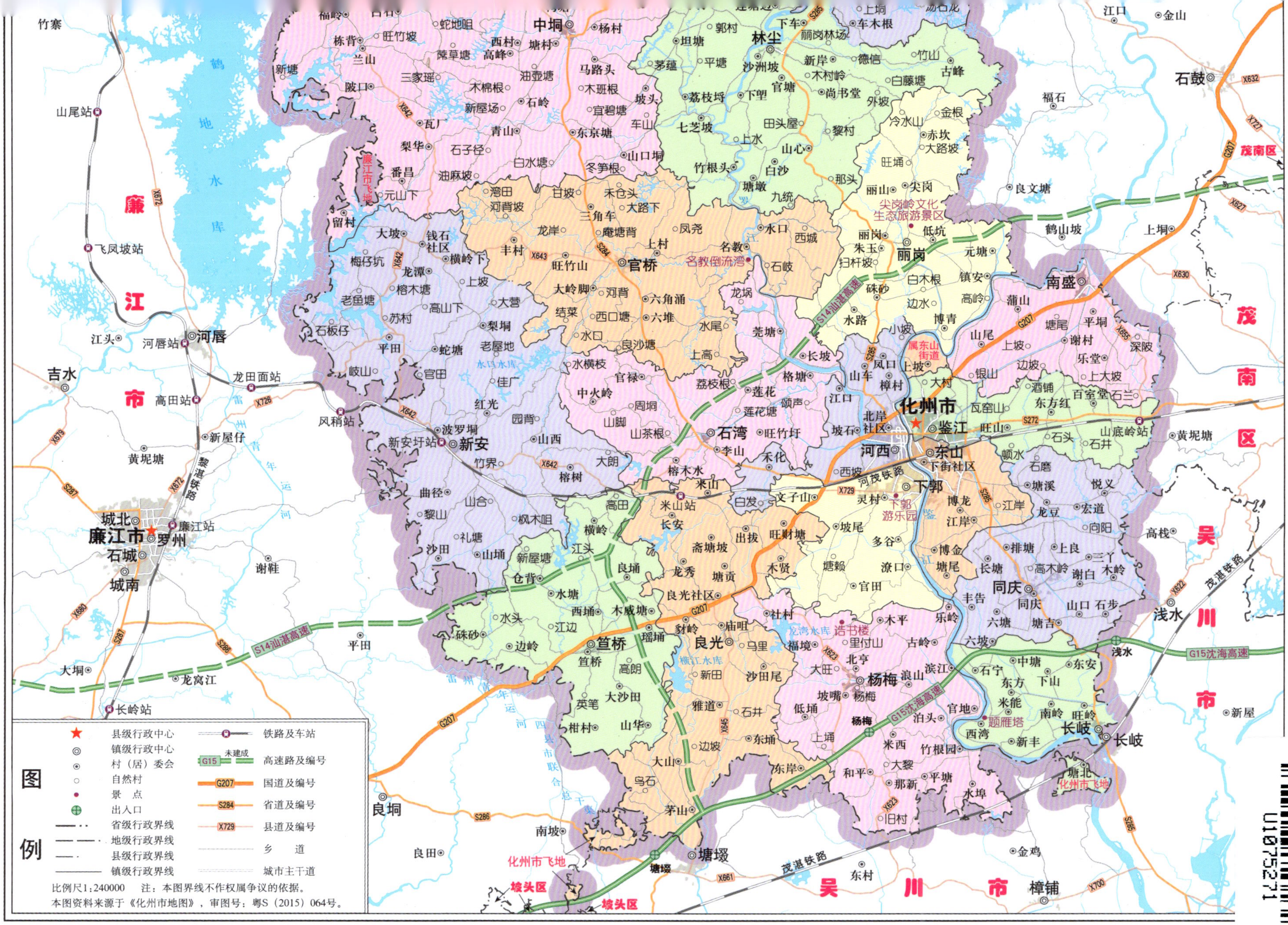

化州市
鉴江
东山
河西
下郭
南盛
丽岗
林尘
中垌
官桥
石湾
新安
平定
良光
笪桥
杨梅
同庆
长岐
合江
播扬
宝圩
文楼
那务
兰山
河西
廉江市
城北
石城
罗州
城南
河唇
吉水
良垌
塘㙍
樟铺
石鼓
浅水
新屋
茂南区
坡头区
化州市飞地
廉江市飞地
廉江市
茂南区
吴川市
尖岗岭文化生态旅游景区
名教倒流湾
下郭游乐园
浩书楼
题雁塔
属东山街道
鹤地水库
S14汕湛高速
G15沈海高速
河茂铁路
茂湛铁路
黎湛铁路
图例
县级行政中心
镇级行政中心
村（居）委会
自然村
景点
出入口
省级行政界线
地级行政界线
县级行政界线
镇级行政界线
铁路及车站
高速路及编号
未建成
G15
国道及编号
G207
省道及编号
S284
县道及编号
X729
乡道
城市主干道
比例尺1:240000 注：本图界线不作权属争议的依据。
本图资料来源于《化州市地图》，审图号：粤S（2015）064号。

化州年鉴

HUAZHOU YEARBOOK

2018

化州市地方志编纂委员会　编

中州古籍出版社

·郑州·

图书在版编目（CIP）数据

化州年鉴. 2018/化州年鉴编纂委员会编.—郑州:
中州古籍出版社, 2019.1
ISBN 978-7-5348-8364-4

Ⅰ. ①化… Ⅱ. ①化… Ⅲ. ①化州－2018－年鉴
Ⅳ. ①Z526.54

中国版本图书馆CIP数据核字(2019)第016370号

责任编辑：吕兵伟
责任校对：黄信雄
出 版 社：中州古籍出版社
（地址：郑州市金水东路39号　邮政编码：450016）
发行单位：新华书店
承印单位：韶关市典经社彩印有限公司

开　本：	889mm×1194mm　1/16	印　张：	30.75
字　数：	732千字	印　数：	1—1000册
版　次：	2018年12月第1版	印　次：	2018年12月第1次印刷

定价：230.00元

编辑说明

一、《化州年鉴》是化州市人民政府主管的大型资料性年刊。2009年创刊，每年出版一卷。旨在全面、系统、准确地反映化州市政治、经济和社会各项事业的基本情况，为读者了解和研究化州提供基本资料。

二、《化州年鉴》采用分类编辑法。主体内容设篇目、类目、分目、条目四个结构层次，以条目为表现内容的基本形式。全书条目的标题统一用黑体加【 】表示，少数包含多方面资料的条目则在文内用楷体标题标明各段资料的主题。

三、《化州年鉴》2018年刊着重反映2017年化州市经济社会发展的基本情况。全书设年度关注、化州大事记、全市概貌、政治、法治、军事、经济、教科文卫体、社会生活、人物、镇（区、街道）、文献专载与规范性文件目录、社会经济统计资料、附录等14篇，42个类目，170个分目，1053个条目。

四、本年鉴统计数据采用法定计量单位。书中所刊载的内容和数据，分别由化州市各有关部门负责提供，并经各级主管部门和统计部门审核（数据以化州市统计局提供的《社会经济统计资料》为准；未收入该资料的数字，均按统计局规定的统计方法计算）。

五、本年鉴的编辑出版工作得到全市各级党委、政府的大力支持和各有关单位的通力合作，谨此致谢。本刊疏漏之处，敬请批评指正。

化州市地方志编纂委员会

化州年鉴编辑部

年鉴主要编写成员

（排名不分先后）

岑志江	曾国荣	曾斯琦	陈标球	陈　冰	陈城任	陈春苹	陈泓羽
陈华菊	陈洁华	陈理庆	陈　丽	陈麒全	陈水汉	陈晓潮	陈晓明
陈　鑫	陈玉陶	陈裕昌	陈月圆	陈振娟	陈忠华	成苑凤	程伟博
戴碧眉	董乃铭	董思良	董文静	方妙苗	方　雯	冯万彪	郭金梅
郭少华	何思远	何玉锋	何志业	胡　平	黄冰莉	黄广武	黄金谷
黄炯燕	黄美乐	黄妙云	黄颂凯	黄威奇	黄　薇	黄文彩	黄文杰
黄文勇	黄　勇	赖海雁	赖圣冠	赖　云	劳秋月	劳伟志	劳　卫
劳　幸	黎　贵	黎　钦	黎秋洁	李　斌	李　波	李德才	李飞鸿
李国星	李华锋	李华倩	李华盛	李剑亮	李洁琼	李俊达	李　猛
李明豪	李秋静	李盛佳	李　婷	李万甘	李伟杰	李伟瑞	李晓龙
李晓敏	李昕怡	李学福	李雪莹	李　亚	李耀平	李志阳	李梓茜
梁　环	梁晓辉	梁宇飞	廖志明	林　聪	林梁琼	林美娟	林志耿
刘春香	刘付春波	刘晓丹	卢启发	麦苗苗	麦　钊	毛秋燕	毛征华
莫尚飞	欧富珲	潘丽红	庞志超	彭　程	彭　杰	彭兴华	彭　颖
日　明	宋春云	宋海秀	宋一广	宋永志	宋治华	苏福智	唐诗媛
唐涌锋	童　明	童　莎	王　冰	王汉华	王华明	王劲松	王鹏程
王　升	王　贤	魏朝仪	魏土育	翁麒雅	翁伟莉	吴东霞	吴惠红
吴　佳	吴李彬	吴晓勤	吴栩曼	吴煊文	吴志宁	谢观梅	谢　胜
谢振宇	杨芳艺	杨　赛	姚文新	姚泽宇	姚章伟	尤小香	余华伟
余景林	张传平	张乃鑫	张业壮	郑　勇	周谱光	周群华	周　伟
周　柱	朱声望	邹春龙					

2017年10月25日，广东省副省长许瑞生（前排中）到化州市新安镇参观古驿道及调研社会主义新农村建设

（甘杨松　摄）

2017年11月9日，广东省人大常委会副主任黄业斌（前左四）一行在茂名市人大常委会副主任黄奕奕（前左三）、化州市委书记黄永（前左二）等陪同下到化州市笪桥镇莞塘村实地察看精准扶贫和新农村建设情况（黄观意　摄）

2017年2月6日，茂名市委书记、人大常委会主任许光（前左二），茂名市委副书记、政法委书记刘芳（前左一）在化州市委书记邓永明（前左三），化州市委副书记、市长谭剑锋（后左二）等陪同下到鉴江高岭拦河闸重建工程建设现场调研（董尚娇　摄）

2017年11月1日，茂名市委书记、市人大常委会主任李红军（前右三）一行在化州市委书记黄永（前左二），化州市委副书记、市长谭剑锋（右一）等陪同下到化州实地考察石滩河同庆段治理工程建设情况（黄观意　摄）

2017年8月30日，广东省国土资源厅副厅长余云州（右一）一行到化州市南山寺地质灾害治理项目进行实地调研（李丽霞　摄）

2017年12月28日，省农科院副院长、研究员易干军（前左一）一行到化州市化橘红药材发展有限公司调研。化州市委副书记、政法委书记周太强（前左二）等领导陪同（林海清　摄）

2017年12月22日，茂名市委常委、纪委书记肖叶（右二）一行在化州市委书记黄永（左三）等陪同下到化州市宝圩镇茂坡村调研（李丽霞　摄）

2017年1月4日，茂名市委常委、宣传部部长倪谦（右三）在化州市委副书记、市长谭剑锋（左三）的陪同下到化州市调研。图为倪谦一行在高志塘村与当地干部群众亲切交谈，了解农村精神文明建设情况（董尚娇　摄）

2017年2月17日，中国共产党化州市第十三届委员会第三次全体会议在华伟图书馆召开

（董尚娇　摄）

2017年3月17日，化州市第十五届人民代表大会第二次全体会议在华伟图书馆召开

（黄观意　董尚娇　摄）

2017年3月16日，中国人民政治协商会议第十二届化州市委员会第二次会议在华伟图书馆召开
（黄观意　李丽霞　摄）

2017年3月28日，化州市新时期精准扶贫工作推进会在华伟图书馆召开（李丽霞　摄）

2017年5月16日，化州市领导干部大会在市行政办公大楼会议室召开，宣布黄永同志任中共化州市委书记（李丽霞　摄）

2017年9月15日，化州市“万人评机关”集中评议大会在海利文化中心会议室召开（林海清　摄）

2017年5月31日，化州市委书记黄永（前右三）一行到汕湛高速公路施工现场调研（李丽霞　摄）

2017年2月28日，化州市委副书记、市长谭剑锋（前右三）一行到合江、平定两镇调研卫生院升级建设项目推进情况。图为谭剑锋在了解化州市第二人民医院建设规划（黄观意　摄）

2017年6月1日，化州市委书记黄永（右二）一行到杨梅产业集聚区调研（李丽霞　摄）

2017年11月21日，化州市委副书记、市长谭剑锋（前左二）一行到省定贫困村宝圩镇龙埚村调研（李丽霞　摄）

2017年化州平定大岭村橘红文化节赏花活动现场（李朝清　摄）

2017年徒步活动现场（黄观意　魏柯明　李丽霞　摄）

化州市交通运输局

市委副书记、市长谭剑锋（左五）在公路建设现场调研

市交通局局长刘积权（左三）在执法现场检查指导工作

召开学习贯彻习近平总书记视察广东重要讲话精神干部大会

举办十大行业职工技能交通行业竞赛

举办玉林至茂名一级公路茂名段改建工程征地拆迁誓师大会

化州市公安局

7月26日，茂名市委书记、市人大常委会主任李红军（左二）率队到化州调研维护社会稳定工作，强调要进一步加强基层社会治安综合治理，做好群众信访工作，抓实抓细维护社会稳定各项工作，着力营造安全稳定的社会环境，进一步提升群众安全感

5月18日，化州市委书记黄永（中）到化州市公安局调研

12月13日，市委副书记、市长谭剑锋（前右三）率安监、公安消防、城管、教育等部门负责人，到绿景国际花城在建项目检查消防及安全生产工作

▶ 6月26日国际禁毒日，由化州市禁毒委、市委政法委、市公安局、市妇联联合主办，南盛街道办和南盛中学协办的“不让毒品进我家·无毒万家兴”全市禁毒宣传系列活动启动仪式在南盛中学举行。街道党委政府、机关单位、村（居）委、镇中小学校负责人，市禁毒办相关领导，以及南盛中学全体师生，共1000多人参加了活动。图为副市长、市禁毒委副主任、公安局长吴校出席活动并作讲话

7月6日，副市长、公安局局长吴校（左四）在副局长陈忠良（左二），新安派出所所长黄东伦（右三）的陪同下，到新安镇水果文化节调研

5月27日，公安局基层所队警务技能大比武活动在康景体育馆举行，来自基层派出所及交警基层中队的10支代表队，共90名民警、职工及辅警参加了大比武

6月20日至21日，根据茂名市局关于开展全市公安机关特（巡）警拉练比武活动的工作部署。经过2天紧张激烈的比武角逐，化州市公安局全体参赛队员在狙击枪精度射击、手枪近距离快准射击和3公里武装越野科目上，取得了手枪近距离快准射击个人第三、团体第二，三项综合成绩团体第三名的优异成绩

10月31日，市局刑侦大队在忠信百货广场开展打击防范电信网络新型违法犯罪宣传活动，提高广大群众防骗识骗能力，增强防范意识

化州市人民检察院

最高检反贪局四局指挥中心处长王爱平（中）到市人民检察院调研

省院党组成员、副检察长袁古洁（前右一）一行在茂名市人民检察院检察长王天鸿（前右二）的陪同下到化州市人民检察院调研

2017年，该院在市委和上级检察机关的正确领导下，在市人大及其常委会的有力监督下，在市政府、政协及社会各界的大力支持下，深入学习贯彻党的十八届六中全会、党的十九大精神，以习近平新时代中国特色社会主义思想为指导，准确把握法治建设新要求，强化法律监督，深化司法改革，努力让人民群众在每一个司法案件中感受到公平正义。

该院共受理公安机关呈捕案件678件1042人，经审查批准逮捕550件781人，受理移送审查起诉案件629件908人，经审查提起公诉476件641人。查处职务犯罪案件22件30人。接待群众来访741人次，办理各类信访案件90件，办理国家司法救助案件7件、国家赔偿案件5件，发放救助金6.1万元。办理立案监督案件12件，监督侦查机关立案2件、撤案2件，成功追捕犯罪嫌疑人16人，追诉漏犯60人。受理民事申请监督案件5件。对看守所安全防范检查9次，对劳动现场安全巡查50多次，针对安全隐患提出书面检察建议20份。

公诉人出庭支持公诉

该院再次（连续六届）被最高人民检察院评为“全国文明接待室”，院工会被省工会评为“先进职工之家”，院反贪污贿赂局被茂名市人民检察院记集体三等功，院控申科被茂名市妇联评为“三八红旗集体”。该院被推荐为广东省法治文化建设示范点、茂名市文明单位。

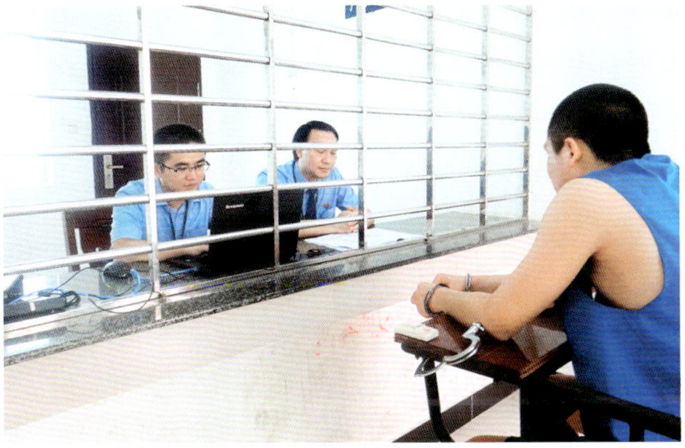

侦监科干警依法讯问犯罪嫌疑人

依法对刑事执行活动实行监督

“全国文明接待室”牌匾

积极开展民事行政检察工作

开展职务犯罪搜查行动

化州市人民法院

茂名市人大常委会领导到化州市人民法院调研司改工作

茂名中院、市委领导到化州法院调研

茂名中院党组书记、院长林建辉（前右三）到化州法院丽岗法庭调研

化检两院“一把手”开示范庭，化州市人民法院党组书记、院长郑明海亲自主审。该案庭审进行直播，并被茂名中院评为“优秀庭审”

院党组书记、院长郑明海（左三）到基层扶贫

邀请人大领导见证执行情况

送法进校园，组织法官到学校上法制课

法官宣誓

反家庭暴力宣传

"12·4"国家宪法日集体宣誓

化州市人民武装部

2017年9月7日，广东省军区副政委、省军区纪委书记梁跃嘉（左二）到化州市人民武装部调研

2017年4月13日，茂名市委常委、茂名军分区政委何晓庚大校（左一）到化州市人武部民兵武器装备仓库调研

2017年8月13日，茂名军分区司令员曾锡隆（中）大校到化州市征兵体检站检查指导工作

化州市武装工作按照习主席和中央军委一系列指示，在军委国防动员部、广东省军区和茂名军分区党委的正确领导下，严格贯彻落实化州市委、市政府决策部署，按照“铸军魂、维核心、搞整编、保稳定”的工作思路，开展专题理论学习，加强武装部和基层专武干部队伍建设，强化党管武装工作落实，抓好人武部调整整编、民兵组织整顿、民兵训练和年度征兵工作任务。人武部全面建设稳步推进，呈现向上向好的良好态势。化州市人武部被广东省军区评为“先进人武部”，化州市被茂名市征兵办评为征兵工作先进单位。

化州市人武部党委坚持把“两学一做”学习教育常态化制度化作为坚定维护核心、推进人武部从严治党、确保调整整编顺利落地和牵引新的职能任务开局起步的重大政治任务，特别注重对习近平新时代中国特色社会主义思

2017年6月27日，茂名军分区政治委员黄育振大校（右三）到化州市人武部民兵武器装备仓库调研

2017年7月20日，茂名军分区大校政委黄育振到化州市宣布人武部党委第一书记黄永同志任职命令

2017年4月24日至30日，化州市人武部联合市“三防办”在高州水库组织民兵轻舟分队进行抢险救灾技能训练

2017年化州市15名海上民兵训练骨干即将出发参加茂名军分区组织的集训

想、党的十九大精神、党在新形势下的强军目标和习主席系列讲话中的“军事篇”、“国防篇”、“改革篇”等内容的学习。

坚持战斗力标准，依据人武部六项工作职责，按照专司主营的要求，不断提高人武部国防动员的组织动员力、快速反应力和综合保障力，着力提升民兵预备役部队遂行多样化军事任务能力。7月，选派15名分队骨干参加茂名军分区业务集训。8月，在防御台风“天鸽”、“帕卡”、“玛娃”等过程中，3次集结民兵共513人次做好抢险救灾准备。组织民兵应急分队共72人协助扑救丽岗镇山火，派出人员及时处置鉴江河道1艘失控漂流挖沙船的险情，民兵应急分队在实战中得到锻炼。

人武部围绕“全面从严治党，坚决听令而行，确保人武部改革和各项工作顺利推进”的主题，强化“起步就严格、运行就规范、开局就良好”的管理模式，按照“抓认识强化领导，抓条令规范秩序，抓制度促进落实，抓安全确保稳定”的工作思路，重点抓好人、车、枪、弹、密、网、营院等重要目标安全管控。落实民兵武器装备仓库警卫、武警中队和民兵应急分队3支应急力量每季度一次的应急处置演练。人武部在7月省军区安全大检查中，总评获得975分，达到优秀标准，得到上级首长机关的充分肯定。

坚决落实全面从严治党的一系列指示要求，认真学习贯彻《党章》、《党委会的工作方法》、《关于新形势下党内政治生活的若干准则》等规章制度，切实加强党的建设。改革落地后，在上级党委的领导下，按照党管武装制度要求，第一时间召开了人民武装部党委第一书记任职大会。第三季度，新一届班子成员围绕“坚定维护核心，聚焦主责主业，建设过硬党委班子”这个主题，召开了新体制下新班子成立后的第一次高质量民主生活会。认真贯彻落实中央“八项规定”、军委“十项规定”和宴请喝酒问题“十一条禁令”等一系列制度规定，从规范就餐收费、纠治身边“微腐败”、建立廉洁征兵“零报告”和廉洁征兵监督员制度等细节入手，进一步改进作风、纯正风气。

按照人民武装部“六部”职能（国防动员、兵役征集、国防教育、国防设施保护、双拥工作、军民融合协调）职能使命，着力抓好兵役登记、民兵组织整顿和国防动员潜力调查工作。

2017年1月23日，茂名军分区对全市125名民兵应急分队进行集结点验

2017年7月29日，召开2017年度征兵工作会议

2017年9月7日，市征兵办召开“阳光征兵”电脑派号定兵现场会

化州市人武部党委组织干部职工贯彻学习党的十九大精神

化州市司法局

2017年12月4日，市司法局、市普法办联合市依法治市办、市妇联、市法援处和公职事务所等多部门在市孔庙广场开展国家宪法日宣传暨“法治化州宣传周”法治宣传、法律咨询活动。图为副市长何林国（右一）、市司法局局长柯炳华（右二）政法委副书记李超英（右三）到场与咨询群众亲切交谈

化州市司法局负责化州市的司法行政工作的开展，设政治处（副科级）和5个内设机构：办公室、法制宣传教育股、基层工作管理股、社区矫正工作股、公证律师管理股。市普法办设在司法局，下设法律援助处为副科级事业单位，公职律师事务所为正股级参公管理事业单位，公证处为正股级事业单位，业务指导24个基层司法所工作。2017年，有局机关公务员编制21名，公职律师事务所事业编制（参公管理）5名，法律援助处、公证处事业编制15名，基层司法所公务员编制53名。

2017年7月，化州市律师改革工作全面完成。全市先后成立合伙律师事务所2个，个人律师事务所3个，全市的执业律师由改革前的9名发展到20多名。化州市律师改革工作自2016年上半年启动，根据化州市司法局出台的《化州市律师改革方案》，对全市三个国资律师事务所进行改革重组，按照法定程序注销三个国资律师事务所，并对原有公务员身份的律师按政策分流，鼓励分流的律师自由组合成立合伙、个人所，目的是规范全市法律服务市场的管理，为市民提供优质高效的法律服务。

2017年5月5日，市司法局党组书记、局长柯炳华到现场指导村级换届选举法律宣传活动

2017年，化州市推进公证改革。设立公证处机构，确定为公益一类股级事业单位，事业编制5名，解决该市公证处自1981年司法局成立起一直属于无机构、无编制，从业人员从司法局机关公务员中调剂使用的历史遗留问题。

化州市公证处办公室

市法律援助处办公室

市公共法律服务中心

市司法局办公大楼

化州市公安消防大队

省消防总队政委黄远杰（左四）到市公安消防大队调研

省消防总队总队长曹奇（左五）到市公安消防大队调研

同庆镇中心市场火灾救援现场

车辆灾害事故处置训练

模拟浓烟环境下人员搜救训练

下郭木材厂火灾救援

化州市人力资源和社会保障局

化州市副市长何林国到新投入使用的人力资源市场大厅调研

市委组织部、市人社局在海利举办全市公务员践行发展新理念和职业道德建设专题培训班，全市3400多名科级以下公务员参加培训

化州市全面推进社会保险扩面征缴工作

举办业务讲坛活动

市人社局对隆安进行劳务协助帮扶

市劳动就业培训中心常年开设免费技能晋升培训班，图为技能鉴定考核现场

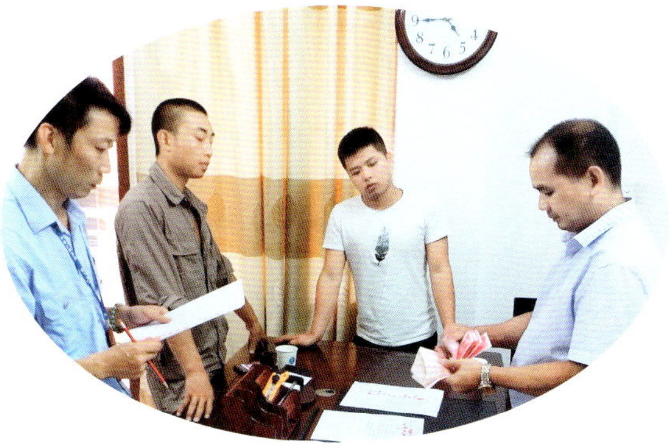

市人社局坚持做好劳资纠纷调解工作，督导用人单位及时发放拖欠工人工资

化州市举办2017年构建和谐劳动关系暨“七五”普法宣传月活动

举办化州市2017年“南粤春暖 就业援助”大型现场招聘会

化州市人民防空办公室

省、茂名市人防办领导在化州市委常委、常务副市长冯浪（左一），化州市人防办主任刘付成坤（左四）陪同下到茂名广垦热带国家农业公园调研化州市人防疏散基地（地域）规划建设工作

绿景国际花城人防地下室大门

绿景国际花城人防地下室全景图

市人防办主任刘付成坤（左一）在橘州一号项目工地检查人防工程建设情况

市人防办主任刘付成坤（左一）带队到市德育学校调研人防宣传长廊专栏建设情况

市人防办主任刘付成坤（右一）在绿景国际花城项目工地检查人防工程建设情况

市人防办主任刘付成坤（左一）、副主任陈怀超（左二）在南粤现代城项目工地检查人防工程建设情况

人防工程项目验收会议

化州市国土资源局

10月9日，化州市委书记黄永（左一）到市国土局调研，并听取局长张俊青（右二）等领导的工作汇报

2017年，化州市国土资源局认真学习党的十八届六中全会和十九大精神，勇于担当，主动作为，用优质服务为化州市社会发展提供坚实的资源保障。全年，划定永久基本农田保护片区4132片，面积50946公顷。国有土地使用权挂牌出让13宗，成交出让价款共5.63亿元。完成不动产登记25064宗，其中首次登记发证11268宗；转移登记发证4525宗，抵押登记2143宗。在广东省地质灾害防治标准“十有县”建设评比中，化州市以97分（广东省第一高分）通过验收。

3月2日，在海利大会堂举办国土资源新政策学习辅导报告会，茂名市国土资源局局长柯小兵出席报告会议

11月2日，广东省地质灾害防治高标准“十有县”验收小组到化州市文楼镇实地察看验收地质灾害防治情况

10月19日，举行地质灾害防治进校园活动，图为国土局矿产股股长为文楼镇那播小学学生培训地质灾害防治知识

12月25日，市十九大宣讲团讲师李万甘（讲台左一）和副局长李惠聪（讲台右一）组织国土局全体党员上党课，深入学习贯彻十九大精神

化州市住房和城乡规划建设局

市住建局召开落实中央环保督查工作推进会

市住建局开展“扶危助困”捐款活动

市住建局在康景体育馆前举办政策宣传业务咨询活动

2017年12月9日，市住建局参与徒步活动

市住建局主办的建筑行业职工技能竞赛初赛现场

化州市农业局

市委书记黄永（前右一）在南盛街道蒲山村调研新农村建设

农业局局长彭劲松（左三）在南盛街道蒲山村调研指导新农村建设

市农业局局长彭劲松（前左二）在良光镇木贤村委员会为贫困户送上慰问金

化州市林业局

2017年11月2日，省林业厅防治检疫处处长谢伟忠（左一）在茂名市林业局副调研员江雪梅（左四）、防检办主任夏晓潮（右三）、化州市林业局副局长谢松柏（左二）的陪同下到市橘州生态公园调研薇甘菊发生防治情况

2017年5月19日，省林业厅防火办主任曾伟才（主席台左二）到化州市检查森林防火工作

2017年11月24日，广东省林业厅林场局及专家认证组在星河国际假日酒店召开拟设立广东六王山森林公园可行性研究报告论证会

2017年8月25日，化州市副市长李秋儒、市府办副主任庞宝生出席化州市专业森林消防大队成立仪式

化州市食品药品监督管理局

化州市委副书记、市长谭剑锋（右二）带队检查中秋节应节食品安全工作

副市长何林国（左二）带队检查食品药品安全监管工作

化州市食品药品监督管理局内设机构8个，分别是办公室、人事教育股、政策法规股、综合协调股、食品市场安全监管股、食品餐饮安全监管股、药品医疗器械监管股、保健食品化妆品监管股。派出机构有17个镇级食品药品监督管理所，新增河东、河西食品药品监督管理所编制。直属行政执法机构1个，为稽查大队，下设一中队、二中队。市食品药品监督管理局公务员编制90名，现有在职公务员74人（其中局机关在职公务员32人，镇所在职公务员42人），工勤人员3人，食品安全巡查员4人，食品药品监督专职协管员50人。

市食品药品监督管理局加强全市食品生产加工小作坊登记管理，全市共发放《广东省食品生产加工小作坊登记证》204张。稳步推进全市22家农贸市场开展食用农产品快速检测工作。全面实施省餐饮业质量安全提升三年行动计划，全市共有A级餐饮服务单位20家，化州市忠信广场获得广东省食品安全示范街称号。完善网格化监管工作机制，加强食品药品生产经营企业日常监督检查。

全面完成“四品一械”抽检任务，共开展食品监督抽检971批次，完成药品抽样178批次、化妆品18批次、医疗器械4批次、保健食品11批次。认真开展食品药品安全风险隐患大排查大整治，开展了农村食品，桶装饮用水，单位食堂，农村药品，医疗机构在用医疗器械，保健食品非法会议营销，食品、保健食品欺诈和虚假宣传等专项整治。加大食品药品制假售假打击力度，开展了“清源行动”、“雷霆行动”、“蓝剑行动”等专项行动，依法查处食品药品违法行为，确保了全市食品药品安全。2017年，全市共立案查处食品药品违法案件701宗，结案635宗，查处涉案物品金额128万元，移交公安机关查处涉刑案件2宗，吊销食品生产许可证一张。

局长谢超杰（右三）带队检查农贸市场食用农产品安全监管工作

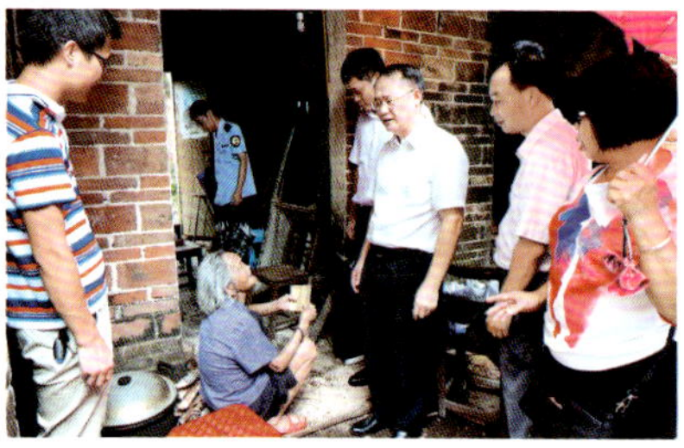

局长谢超杰（右三）带领班子成员到挂点扶贫村开展慰问活动

2017年化州市食品安全宣传周活动现场

化州市城市综合管理局

北岸大桥

重建的北岸大桥长217米，宽22米，双向四车道，设计车速40公里/小时，总投资约2800万元，于2017年2月份动工，工期一年，至2017年底，大桥主体工程基本建成

4月7日上午，随着几声炮响，北岸大桥#2~#5段（即水面部分）轰然崩碎，大桥爆破拆除工作取得圆满成功

台风防御

10月16日，台风“卡努”影响未完全消除，市城管局组织工作人员冒雨对城区市政、园林、环卫、路灯等设施的受灾情况进行全面排查，并积极做好灾后复产工作

2017年春节前夕，市城管局对城区公共广场、主干道路进行装扮，张灯结彩迎接新年

化州市土地开发储备中心

市委书记黄永（中）到罗江新区横岭村现场指导征地工作

市土地开发储备中心主任施耀锋（左二）陪同市委常委、常务副市长冯浪（左三）到下郭行金会项目调研25米规划道路房屋拆除安置工作

2018年8月27日，副市长李秋儒参加市土地开发储备中心纪律教育月动员会

中秋节前夕，市土地开发储备中心主任施耀锋带领班子成员、驻村干部到驻点村平定镇红榄村开展慰问贫困户活动

目 录

年度关注

◆ 汕湛高速公路化州段建成通车 …………………… 2
- 概况 …………………………………………………… 2
- 汕湛高速云浮至湛江段主线 …………………… 2
- 汕湛高速云浮至湛江段博贺疏港支线 …… 2
- 汕湛高速云浮至湛江段兰海高速联络线（化廉高速公路）………………………… 2
- 汕湛高速化州段建成通车 ……………………… 2
- “走汕湛高速 看化州发展”大型徒步活动 …………………………………………………… 2

◆ 化州市被授予“全国创建无邪教示范市”称号 ………………………………………………… 3
- 概况 …………………………………………………… 3
- “一把手”工程 ……………………………………… 3
- 夯实基础 ……………………………………………… 3
- 多管齐下 ……………………………………………… 3
- 落实责任 ……………………………………………… 4
- “六进”宣传 ……………………………………… 4
- 开拓创新 ……………………………………………… 4

化州大事记

○ 2017年化州大事记

◆ 1月 …………………………………………………… 7
◆ 2月 …………………………………………………… 8
◆ 3月 …………………………………………………… 9
◆ 4月 …………………………………………………… 11
◆ 5月 …………………………………………………… 12
◆ 6月 …………………………………………………… 14
◆ 7月 …………………………………………………… 15
◆ 8月 …………………………………………………… 16
◆ 9月 …………………………………………………… 18
◆ 10月 ………………………………………………… 20
◆ 11月 ………………………………………………… 22
◆ 12月 ………………………………………………… 24

全市概貌

○ 市情概貌

◆ 建置沿革 ……………………………………………… 28
- 概况 …………………………………………………… 28
- 五帝时期 ……………………………………………… 28
- 夏、商、周至秦时期 ……………………………… 28
- 汉至晋时期 ………………………………………… 28
- 南朝、隋、唐、五代十国时期 ………………… 29
- 宋、元、明、清时期 ……………………………… 29
- 民国时期 ……………………………………………… 29
- 中华人民共和国成立后 ………………………… 29

◆ 自然地理 ……………………………………………… 30

· 位置、范围和面积 …… 30
· 地貌 …… 30
· 气候 …… 30
◆ 资源物产 …… 31
· 土地资源 …… 31
· 水资源 …… 31
· 矿产资源 …… 31
· 植被和生物资源 …… 32
◆ 人口·民族·语言 …… 32
· 人口 …… 32
· 民族 …… 32
· 语言 …… 32
◆ 行政区划 …… 33
· 行政区划 …… 33

○ 经济社会发展概况

· 概况 …… 36
· 经济运行持续向好 …… 36
· 产业结构调整优化 …… 36
· 新型城镇化步伐加快 …… 36
· 重点项目和基础设施建设 …… 36
· 创新驱动转型升级 …… 37
· 社会事业全面发展 …… 37

○ 政治文明建设

◆ 依法行政 …… 38
· 概况 …… 38
· 行政决策机制 …… 38
· 规范性文件管理 …… 38
· 行政执法机制 …… 38
· 信息公开制度 …… 38
· 学法制度 …… 39
· 法治队伍建设 …… 39
◆ 政府信息公开 …… 39
· 概况 …… 39
· 政务“五公开”政策推进 …… 39
· 政府政务信息主动公开力度加大 …… 39
· 政府信息依申请公开工作加强 …… 39
· 扩大公众参与互动工作迈出新步伐 …… 39
· 政务信息化平台建设取得突破性成效 …… 40

○ 精神文明建设

· 概况 …… 41
· 创建广东省文明城市 …… 41
· 社会主义核心价值观建设 …… 41

政　治

○ 中共化州市委员会

◆ 综　　述 …… 43
· 市委全会和其他重要会议 …… 43
· 重大决策 …… 52
◆ 组织工作 …… 64
· 概况 …… 64
· 十九大精神学习贯彻 …… 65
· “两学一做”常态化制度化 …… 65
· 村级换届选举工作率先完成 …… 65
· 干部队伍建设 …… 65
· 基层组织建设 …… 65
· 人才工作 …… 66
· 自身建设 …… 66
◆ 宣传思想工作 …… 66
· 概况 …… 66
· 理论宣讲创新 …… 66
· 新闻宣传 …… 66
· 网络舆论监督管理 …… 66
· 网络宣传 …… 67
· 文化宣传 …… 67
◆ 统战工作 …… 67
· 概况 …… 67
· 政党协商建设 …… 67
· 民族宗教事务 …… 68
· 非公有制经济领域统战工作 …… 68
· 港澳台海外统战工作 …… 69
· 统战理论研究 …… 69

· 化州市各商协会为茂名竞演《魅力中国城》投票加油 …… 69
◆ 市直机关工委工作 …… 69
· 概况 …… 69
· 基层党组织建设推进 …… 69
· 党员发展工作 …… 69
· 党务培训 …… 70
· 党内生活制度落实 …… 70
· 党费收缴 …… 70
· 党建工作制度建立健全 …… 70
· 党建活动形式多样 …… 70
◆ 党校工作 …… 70
· 概况 …… 70
· 干部理论教育 …… 71
· 师资队伍建设 …… 72
◆ 党史研究工作 …… 72
· 概况 …… 72
· 化州市革命历史纪念馆 …… 72
· 革命遗址保护和开发利用 …… 72
· 《中共化州地方史》（第一卷）修改和送审 …… 72
◆ 老干部工作 …… 73
· 概况 …… 73
· 化州市老干部工作会议 …… 73
· 老干部生活待遇落实 …… 73
· 老干部文化生活 …… 73
· 老干部活动中心建设 …… 73
◆ 信访工作 …… 73
· 概况 …… 73
· 群众走访 …… 73
· 案件办理 …… 74
· 改革创新 …… 74
· 信访平台建设 …… 74
◆ 机构编制 …… 74
· 概况 …… 74
· 行政审批制度改革 …… 74
· 机构改革 …… 75
· 机构编制管理 …… 75
· 事业单位登记管理 …… 75

○ 化州市人民代表大会

· 概况 …… 76
· 市人民代表大会及其常务委员会主要会议 …… 76
· 监督工作 …… 76
· 讨论重大决定工作 …… 77
· 人事任免工作 …… 77
· 代表工作 …… 77
· 信访工作 …… 78

○ 化州市人民政府

◆ 综　　述 …… 79
· 化州市政府常务会议 …… 79
· 化州市政府工作会议 …… 80
· 重要政事和决策 …… 81
◆ 政府法制工作 …… 84
· 概况 …… 84
· 规范性文件审核 …… 84
· 行政决策 …… 84
· 行政执法监督 …… 84
· 社会矛盾防范和化解 …… 85
· 行政机关负责人出庭应诉 …… 85
· 履行法律顾问职责 …… 85
◆ 综合政务服务管理 …… 85
· 概况 …… 85
· 基层公共服务平台“五统一”建设 …… 85
· 一体化网上办事大厅拓展和完善 …… 85
· 公共资源交易平台建设规范化 …… 85
· 并联审批制度改革深化 …… 86
◆ 政府金融工作 …… 86
· 概况 …… 86
· 小额贷款公司监管 …… 86
· 企业上市 …… 87
· 政策性农房保险 …… 87
· 政银企合作加强 …… 87
· 防范和化解金融风险 …… 87
· 防范打击非法集资宣传月活动 …… 87
· 行业基金会股金问题化解 …… 87
· 政府融资 …… 87

○ 政协化州市委员会

· 十二届二次会议 …… 88
· 常委会议 …… 88
· 协商议政 …… 89
· 民主监督 …… 89
· 专题调研 …… 89
· 提案工作 …… 90
· 港澳台侨及外事工作 …… 90
· 其他重要活动 …… 90

○ 中共化州市纪律检查委员会

· 化州市纪委十三届二次全会 …… 91
· 党风廉政建设和反腐败工作 …… 91
· 纪律教育学习月 …… 93

○ 民主党派和工商联

◆ 中国民主同盟化州市委员会 …… 95
· 概况 …… 95
· 组织建设 …… 95
· 参政议政 …… 95
· 社会服务 …… 95
· 获奖情况 …… 95
◆ 化州市工商业联合会 …… 96
· 概况 …… 96
· 组织建设 …… 96
· 新型政商关系构建 …… 96
· 推动非公经济快速发展 …… 96
· 为非公经济人士搭建参政议政平台 …… 96
· 服务方式创新 …… 96
· 社会公益事业 …… 97

○ 台湾事务

· 概况 …… 98
· 台情普查 …… 98
· 台企服务 …… 98
· 涉台维稳 …… 98
· 对台交流活动加强 …… 98
· 引导台属企业家参与社会公益事业 …… 99
· 慰问特困台胞台属 …… 99

○ 外事侨务

· 概况 …… 100
· 缔结友城申报工作 …… 100
· 外事外宾接待工作 …… 100
· 出国（境）证照初审 …… 100
· 外事相关业务知识宣传普及 …… 100
· 配合做好追逃追赃工作 …… 100
· 侨胞互动交流加强 …… 100
· 关注侨界民生 …… 100
· 借助侨力，引资促贸 …… 101
· 引导侨胞支援家乡 …… 101

法　治

○ 法　治

◆ 综　述 …… 103
· 概况 …… 103
· “平安化州”建设 …… 103
· 社会维稳 …… 103
· 法治建设 …… 104
· 司法体制改革深化 …… 104
· 政法队伍建设展现新面貌 …… 104
◆ 公　安 …… 105
· 概况 …… 105
· 维稳工作 …… 105
· 刑事犯罪打击 …… 105
· 重点场所和行业治安管理 …… 105
· 户籍管理 …… 105
· 道路交通管理 …… 105
· 消防安全管理与宣传 …… 106
· 出入境管理 …… 106
· 外国人管理 …… 106
· 社区警务 …… 106
◆ 检　察 …… 106
· 概况 …… 106

· 刑事检察 …… 106
· 职务犯罪检察 …… 107
· 控告申诉检察 …… 107
· 刑事诉讼监督 …… 107
· 民事诉讼监督 …… 107
· 刑事执行监督 …… 107
· 职务犯罪预防 …… 107
· 未成年人权益保障 …… 107
· 阳光检务 …… 107
· 公益诉讼 …… 108

◆审 判 …… 108

· 概况 …… 108
· 受理案件 …… 108
· 刑事审判 …… 108
· 民（商）事审判 …… 108
· 行政审判 …… 109
· 案件执行 …… 109
· 审判管理 …… 109
· 队伍建设 …… 109
· 惠民司法 …… 109
· 首批31名员额制法官宣誓就职 …… 110
· 化州市人民法院开启网络庭审直播模式 …… 110

◆司法行政 …… 110

· 概况 …… 110
· 律师改革 …… 110
· 公证改革 …… 110
· 一村（居）一律师 …… 110
· 普法 …… 110
· 人民调解和“以案定补” …… 111
· 社区矫正 …… 111
· 刑释解教人员安置帮教 …… 111
· 公共法律服务体系建设 …… 111
· 法律援助 …… 111
· 公证 …… 111

◆消 防 …… 111

· 概况 …… 111
· 消防监督 …… 112
· 消防安全宣传与培训 …… 112
· 消防队伍建设 …… 112
· 消防演练 …… 112
· 灭火救援 …… 112
· 消防后勤保障 …… 112

军 事

○军 事

◆人民武装 …… 114

· 概况 …… 114
· 思想政治建设 …… 114
· 日常战备建设 …… 114
· 武装部正规化建设 …… 115
· 党组织建设 …… 115
· 国防动员 …… 115

◆武警化州市中队 …… 116

· 概况 …… 116
· 组织建设 …… 116
· 思想政治建设 …… 116
· 军事训练 …… 117
· 执勤和处置突发事件 …… 117
· 拥政爱民 …… 117

◆人民防空 …… 117

· 概况 …… 117
· 人防工程建设管理 …… 117
· 依法行政管理 …… 117
· 依法执法检查 …… 117
· 通信警报维护管理 …… 118
· 人防知识宣传教育 …… 118

经 济

○农业和农村

◆综 述 …… 120

· 概况 …… 120
· 农业贸易合作 …… 120

· 农产品质量安全 …… 120
· 农业科技装备 …… 120
· 农业科技进步 …… 120
· 水产养殖业 …… 121
◆ 种植业 …… 121
· 粮食生产 …… 121
· 甘蔗 …… 121
· 油料 …… 121
· 果蔬类 …… 121
· 桑叶蚕茧 …… 121
· 化橘红 …… 121
◆ 新农村建设 …… 121
· 精准扶贫精准脱贫 …… 121
· 省定贫困村创建示范村 …… 122
· 省级新农村示范片建设 …… 122
◆ 林　业 …… 122
· 概况 …… 122
· 林业重点生态工程 …… 122
· 森林灾害防治 …… 122
· 林政资源管理 …… 123
· 打击破坏森林资源违法活动 …… 123
· 林业产业 …… 123
· 和谐林区建设 …… 123
· 林业法制建设 …… 123
◆ 森林资源保护 …… 123
· 概况 …… 123
· 打击涉林违法犯罪 …… 123
◆ 林场简介 …… 124
· 茂名市国有平定林场 …… 124
· 茂名市国有丽岗林场 …… 124
· 茂名市国有文楼林场 …… 125
· 茂名市国有播扬林场 …… 125
◆ 畜牧业 …… 126
· 概况 …… 126
· 畜禽养殖 …… 126
· 畜牧养殖污染减排 …… 126
· 动物防疫与监督 …… 126
· 疫病监测 …… 126
· 动物检疫 …… 126
· “瘦肉精”抽检 …… 126
◆ 农垦业 …… 126
· 广东省建设农场 …… 126
· 广东省红阳农场 …… 127
· 广东省和平农场 …… 128
· 广东省新华农场 …… 129
· 广东省新时代农场 …… 130
· 广东省红峰农场 …… 131
◆ 水利事业 …… 132
· 概况 …… 132
· 小型水库除险加固工程 …… 133
· 化州市农村学校师生饮水安全工程 …… 133
· 中小河流整治工程 …… 133
· 化州市中垌镇化橘红种植基地高效节水灌溉项目 …… 133
· 村村通自来水工程 …… 133
· 水库移民后期扶持工作 …… 133
· 水行政执法工作 …… 133
◆ 城市供水 …… 134
· 概况 …… 134
· 供水情况 …… 134
· 水厂扩容 …… 135
· 管网建设和改造 …… 135
· 服务窗口建设 …… 135
· 安全生产 …… 135
◆ 农业机械推广 …… 135
· 概况 …… 135
· 农业机械购置财政补贴 …… 136
◆ 气象事业 …… 136
· 概况 …… 136
· 气象宣传 …… 136
· 涉农气象科研 …… 136
· 全年气候特点 …… 136
· 2017年天气气候事件及影响 …… 136
· 防灾减灾、重大灾害性和关键性天气预报服务 …… 136
◆ 防震减灾 …… 137
· 震灾预防和紧急紧急救援体系建设 …… 137
· 防灾减灾宣传 …… 137
· 地震预警 …… 137

○工　　业

· 概况 …… 138
· 农副产品加工产业 …… 138
· 金属制品产业 …… 138
· 医药制药与健康产业 …… 138
· 矿产资源加工产业 …… 138
· 电力工业 …… 139

○交通·邮政

◆公路运输 …… 141
· 概况 …… 141
· 交通基础设施建设 …… 141
· 三项民生实事推进 …… 142
· 法治交通建设 …… 142
◆茂名市化州公路局 …… 143
· 概况 …… 143
· 公路建设 …… 143
· 公路养护 …… 143
◆地方公路局 …… 144
· 概况 …… 144
· 公路建设 …… 144
· 公路养护 …… 144
◆铁路运输 …… 144
· 概况 …… 144
· 铁路客运 …… 145
· 铁路货运 …… 145
◆邮　　政 …… 145
· 概况 …… 145
· 代理金融业务 …… 145
· 寄递业务市场 …… 145
· 传统邮务业务 …… 145
· 电子专业 …… 146
· 科学管控深化 …… 146

○信息服务业

◆综　　述 …… 147
· 信息化发展 …… 147
· 无线电监测防考试作弊 …… 147
◆中国电信化州分公司 …… 147
· 概况 …… 147
· 市场经营 …… 147
· 通信建设 …… 147
◆中国移动化州分公司 …… 148
· 概况 …… 148
· 新增市场份额 …… 148
· 市场运营健康发展 …… 148
· 移动宽带发展 …… 148
· 创新解决信号覆盖问题 …… 148
◆中国联通化州分公司 …… 149
· 概况 …… 149
· 经营业务拓展 …… 149
· 网络建设加快 …… 149
· 市场管理强化 …… 149
· 服务质量提升 …… 149

○城乡建设·房地产业

◆城乡规划建设 …… 150
· 概况 …… 150
· 城市总体规划修编 …… 150
· 市政工程专项规划修编 …… 150
· 县域副中心——合江镇总体规划编制 …… 150
· 镇总体规划编制 …… 151
· 村庄总体规划编制 …… 151
· 茂名粤西空港经济区规划 …… 151
· 控制性详细规划编制 …… 151
· 规划信息系统 …… 151
◆建筑业 …… 151
· 概况 …… 151
· 对外扩展施工业务 …… 151
· 建筑市场管理 …… 151
· 安全生产管理 …… 151
· 建筑节能推广应用 …… 152
· 招标投标管理 …… 152
· 工程监督 …… 152
· 管道燃气工程 …… 152
◆村镇建设 …… 152
· 概况 …… 152
· 城乡清洁工程 …… 152

◆ 重点工程建设 …… 152
· 房地产业 …… 152
· 绿景国际花城项目 …… 152
· 化州碧桂园项目 …… 153
· 粤西国际建材城项目 …… 153
· 橘州一号项目 …… 153
· 垃圾处理场项目 …… 153
· 污水处理厂 …… 153
· 农村危房改造 …… 153
◆ 城市建设与管理 …… 153
· 概况 …… 153
· 城区市政基础设施建设 …… 154
· 城区市政基础设施维护 …… 154
· 城区市容整治 …… 154
· 城区户外广告治理 …… 154
· 城区园林绿化 …… 154
· 城区公共照明 …… 154
· 城区环境卫生治理 …… 155
· 垃圾处理设施建设 …… 155
◆ 房地产业 …… 155
· 概况 …… 155
· 城镇住房保障体系建设 …… 155
· 房产管理业务 …… 155
◆ 住房公积金管理 …… 156
· 概况 …… 156
· 住房公积金归集 …… 156
· 住房公积金贷款 …… 156
· 住房公积金资金管理 …… 157

○ 环境保护

◆ 综　述 …… 158
· 概况 …… 158
· 环境质量 …… 158
· 污染物排放 …… 158
· 水环境污染治理 …… 158
· 大气污染防治 …… 159
· 土壤污染防治 …… 160
· 重金属、危险废物污染防治 …… 160
◆ 环境保护法律法规实施 …… 160
· 《环保法》实施 …… 160
· 《大气污染防治法》实施 …… 160
· 《水污染防治法》实施 …… 160
· 《环境噪声污染防治法》实施 …… 160
· 《固体废物污染防治法》实施 …… 160
· 《环境影响评价法》《建设项目环境保护管理条例》实施 …… 161
◆ 建设项目环境管理 …… 161
· 建设项目环境管理 …… 161
◆ 环保规划实施 …… 161
· 概况 …… 161
· 实施生态战略 …… 161
· 强化监管力度 …… 161
· 开展“三废”排查 …… 162
◆ 生态环境保护 …… 162
· 生态文化教育加强 …… 162
· 环境保护力度加强 …… 162
· 生态文明机制建设加强 …… 162
◆ 城市环境质量 …… 162
· 城市环境综合整治加强 …… 162
· 大气环境质量 …… 162
· 噪声环境质量 …… 163
◆ 鉴江、罗江水质 …… 163
· 鉴江 …… 163
· 罗江 …… 163
· 水质现状及整治 …… 163
· 养殖场污染整治 …… 163
· 沿岸企业污染整治 …… 164

○ 商贸流通业

· 概况 …… 165
· 汽车销售监管 …… 165
· 石油销售 …… 165
· 批发零售业 …… 165
· 冷链物流业 …… 165
· 工业企业诚信管理 …… 165
· 商贸流通行业管理 …… 166
· 质量提升管理 …… 166
· 化州市现代物流业 …… 166
· 化州市商业企业集团公司 …… 166
· 化州市供销合作联社 …… 166

· 化州市市场物业管理中心 …… 167
· 生猪屠宰 …… 168
· 烟草专卖 …… 168
· 盐专卖 …… 169

○ 开放型经济

· 对外贸易 …… 170
· 招商引资 …… 170
· 招商引资项目推进和考核工作机制完善 …… 170
· 招商引资活动 …… 170
· 签约项目全程跟踪服务 …… 170

○ 民营经济

· 概况 …… 171
· 新登记企业数量继续增长 …… 171
· 以个体私营经济为主体的私营企业仍占国民经济主导地位 …… 171
· 个体私营经济呈现高速发展态势 …… 171
· 企业类型不断调整优化 …… 171

○ 财政·税务

◆ 财　政 …… 172
· 概况 …… 172
· 一般公共预算收支 …… 172
· 政府性基金收支 …… 174
· 社会保险基金收支 …… 175
· 国有资本经营预算收支 …… 177
· 强化财税征管 …… 177
· 筹集资金保障供给和促进经济发展 …… 177
· 财政改革创新 …… 178
· 加大财政资金监管 …… 178
◆ 国家税务 …… 178
· 概况 …… 178
· 依法征税 …… 178
· 税源基本情况 …… 179
· 税收收入结构分析 …… 179
· 税收改革深化 …… 179
· 征管质效提升 …… 179
· 便民办税 …… 179
· 国税队伍建设 …… 180
◆ 地方税务 …… 180
· 概况 …… 180
· 税收分析研判和预测监控 …… 180
· 各税种管理加强 …… 180
· 便民办税春风行动 …… 181
· 打造良好营商服务环境 …… 181
· 税费宣传 …… 181
· 推进各项规费征收管理 …… 181
· 深化征管改革 …… 181
· 国地税深度合作 …… 182
· 加强税收合作共治 …… 182
· 依法治税 …… 182
· 强化税务稽查 …… 182
· “一把手”出庭应诉带头 …… 182
· 教育培训 …… 182
· 推进地税文化建设 …… 183

○ 金融业

◆ 综　述 …… 184
· 概况 …… 184
· 平台建设 …… 184
· 普惠金融发展 …… 184
◆ 主要银行机构简述 …… 184
· 中国人民银行化州市支行 …… 184
· 中国工商银行化州支行 …… 185
· 中国建设银行股份有限公司化州支行 …… 186
· 中国农业发展银行化州市支行 …… 186
· 中国银行股份有限公司茂名化州支行 …… 187
· 化州市农村信用合作联社 …… 187
· 广发银行化州支行 …… 187
· 中国农业银行化州市支行 …… 188
· 中国邮政储蓄银行化州支行 …… 188
◆ 保险业 …… 189
· 中国人民财产保险股份有限公司化州支公司 …… 189
· 中国人寿保险股份有限公司化州市支公司 …… 189

○ 旅游业

· 概况 …… 191
· 旅游节庆活动 …… 191
· 旅游宣传促销 …… 191
· 景区建设 …… 191
· 旅游基础设施 …… 192
· 旅游安全管理 …… 192

○ 经济管理

◆ 发展和改革管理 …… 193
· 概述 …… 193
· 重点项目建设 …… 193
· 供给侧结构性改革推进 …… 193
· 项目融资 …… 194
· 价费管理加强 …… 194
· 保障粮食安全 …… 194
◆ 国有资产监督管理 …… 194
· 概况 …… 194
· 构建投融资平台 …… 194
· 国有资产管理 …… 194
· 盘活资产 …… 194
· 资产运营 …… 194
· 重点项目建设 …… 194
· 深化国企改革 …… 194
◆ 国土资源管理 …… 195
· 概况 …… 195
· 永久基本农田 …… 195
· 耕地保护 …… 195
· 土地供应 …… 195
· 不动产登记 …… 195
· 用地需求 …… 195
· 土地执法 …… 195
· 矿产资源管理 …… 195
· 地质灾害防治 …… 196
· 行政复议 …… 196
· 法制宣传 …… 196
· 土地市场监管 …… 196
· 土地信访 …… 196
◆ 土地储备 …… 196
· 概况 …… 196
· 土地收储 …… 197
· 房屋征拆 …… 197
· 土地出让 …… 197
· 土地划拨 …… 197
◆ 工商行政管理 …… 197
· 概况 …… 197
· 工商企业登记管理与监督 …… 197
· 经济检查 …… 198
· 商标广告管理 …… 198
· 市场监管 …… 198
· 消费维权 …… 199
◆ 化州市个私协会 …… 200
· 概况 …… 200
· 党建工作 …… 200
· 发展会员 …… 200
· 人事变动 …… 200
◆ 质量技术监督管理 …… 200
· 概况 …… 200
· 产品质量监督 …… 200
· 标准化管理 …… 201
· 计量监督 …… 201
· 科技认证管理 …… 201
· 特种设备安全监察 …… 201
· 稽查打假 …… 201
◆ 食品药品监督管理 …… 201
· 概况 …… 201
· 食品生产安全监管 …… 202
· 食品市场安全监管 …… 202
· 食品餐饮安全监管 …… 202
· 食品安全综合协调 …… 202
· 药品医疗器械监管 …… 202
· 保健食品化妆品监管 …… 202
· 稽查打假 …… 203
◆ 审计工作 …… 203
· 概况 …… 203
· 预算执行审计 …… 203
· 重大政策落实情况跟踪审计 …… 203
· 政府交办审计 …… 203
· 经济责任审计 …… 203
· 内部审计 …… 204

· 审计干部素质培养 …… 204
◆ 统计工作 …… 204
· 概况 …… 204
· 统计队伍建设 …… 204
· 统计基础建设 …… 204
· 统计改革 …… 204
· 农业普查 …… 204
· 人口变动抽样调查 …… 204
· 统计执法 …… 205
· 统计服务 …… 205
◆ 统计调查 …… 205
· 概况 …… 205
· 住户调查 …… 205
· 农作物面积遥感测量和农产量调查 …… 205
· 主要畜禽监测调查 …… 205
· 其他调查工作 …… 205
· 统计法治 …… 206
· 统计调查服务 …… 206
◆ 安全生产监督管理 …… 206
· 概况 …… 206
· 责任落实 …… 206
· 队伍建设 …… 206
· 制度落实 …… 207
· 安全监管 …… 207
· 应急管理 …… 207
· 隐患治理 …… 207
· 执法监察及事故查处 …… 207
· 烟花爆竹“打非”行动 …… 207
· 宣传教育 …… 207

教科文卫体

○ 教　育

◆ 综　述 …… 210
· 概况 …… 210
· 教育民生工程 …… 210
· 教育精准扶贫 …… 210
· 学校布局调整 …… 210
· 德育工作 …… 210
· 强师工程 …… 210
· 教研工作 …… 211
· 教育创现 …… 211
· 体卫艺工作 …… 211
◆ 基础教育 …… 211
· 学前教育 …… 211
· 义务教育 …… 211
· 民办教育 …… 212
◆ 高中教育与中等职业教育 …… 213
· 高中教育 …… 213
· 中等职业教育 …… 213
◆ 成人文化技术教育 …… 214
· 概况 …… 214
· 职业与成人教育示范县创建 …… 214
◆ 社会办学 …… 215
· 化州市第一中学 …… 215
· 化州市第二中学 …… 215
· 化州市第三中学 …… 216
· 化州市官桥中学 …… 216
· 化州市第一初级中学 …… 217
· 化州市实验中学 …… 217
· 化州市第四中学 …… 217
· 化州市职业技术学校 …… 218
· 化州市第一小学 …… 218
· 化州市化州幼儿园 …… 219

○ 科学技术

· 概况 …… 220
· 重大科技活动 …… 220
· 产研学结合工作 …… 221
· 化橘红科研开发 …… 221
· 高新技术及产业 …… 221
· 科技成果与奖励 …… 221
· 知识产权 …… 221

○ 文　化

◆ 综　述 …… 222
· 概况 …… 222

· 群众性文化活动 …… 222
· 拓展基层服务 …… 222
· 读者活动 …… 222
· 文献资源结构优化 …… 223
· 开展阅读多元化服务 …… 223
· 拓展图书馆流动服务点建设 …… 223
· 公共文化服务活动 …… 223
· 打造文艺精品 …… 223
· 行政服务窗口优化 …… 224
· 文化市场环境净化 …… 224
· 网络文化市场监管加强 …… 224
· 文物日常保护 …… 224
· 非遗项目保护 …… 224
· 文艺戏曲 …… 225

◆ 化州市新华书店 …… 225
· 概况 …… 225
· 组织实施二项工程 …… 225
· 营造全民阅读氛围 …… 225
· 抓好教材发行 …… 225
· 提升企业社会形象 …… 225

◆ 档案工作 …… 226
· 概况 …… 226
· 档案新馆建设 …… 226
· 档案馆藏资源 …… 226
· 档案基础业务 …… 226
· 档案宣传展览 …… 226
· 档案执法检查 …… 226
· 档案信息建设 …… 226
· 新农村档案 …… 227
· 档案文化展览 …… 227
· 档案开放利用 …… 227

◆ 地方志工作 …… 227
· 概况 …… 227
· 地方志资料年报 …… 227
· 年鉴编纂 …… 227
· 自然村落历史人文普查 …… 227
· 信息化建设 …… 227

○ 传播媒体

◆ 报　　刊 …… 229
· 概况 …… 229
· 重要工作新闻宣传 …… 229
· 《化州新闻》报纸主阵地作用发挥 …… 230
· 政府网《今日化州》栏目宣传功能全面加强 …… 230
· 传统媒体与新兴媒体融合发展 …… 230

◆ 广播·电视 …… 230
· 概况 …… 230
· 加大主题策划力度 …… 230
· "走转改"贴近民生 …… 230
· 对外宣传 …… 231
· 强化安全责任播出 …… 231

○ 医疗·卫生·保健

◆ 综　　述 …… 232
· 概况 …… 232
· 公立医疗机构编制、职称学历 …… 232
· 医疗机构床位数 …… 232
· 医疗服务能力 …… 232
· 卫生创强稳步推进 …… 232
· 重点项目推进 …… 233
· 分级诊疗 …… 233
· 家庭医生服务签约 …… 233
· 医联体建设 …… 233
· 社会资本办医 …… 233
· 中医药事业快速发展 …… 233
· 无偿献血及平安医院创建 …… 234

◆ 疾病预防控制 …… 234
· 常规免疫接种 …… 234
· 疫苗针对疾病防控 …… 234
· 儿童入托、入学查验预防接种证 …… 234
· 预防接种安全和AEFI监测 …… 234
· 居民健康档案、65岁以上老年人健康管理 …… 234
· 高血压、糖尿病及重性精神疾病管理 …… 234

◆ 传染病防控及突发公卫事件 …… 234
· 传染病监测情况 …… 234
· 重点传染病监测防控 …… 235

- 传染病疫情报告质量情况 …… 235
- 地方病防治 …… 235
- 饮水型地方性氟中毒监测 …… 235
- 疟疾消除 …… 235
- 突发公共卫生事件监测 …… 235
- 人感染H7N9禽流感防控 …… 235
- 登革热疫情监测及蚊媒监测 …… 235
- 艾滋病综合防治 …… 235
- 健康教育 …… 235
- 肺结核防治 …… 235

◆ 药政管理 …… 236
- 公立医疗机构集中采购 …… 236
- 医用耗材集中采购 …… 236
- 全市村卫生站实施基本药物制度 …… 236
- 药品和医用耗材集中采购监管 …… 236
- 药品及医用耗材配送 …… 236

◆ 卫生监督 …… 236
- 公共场所卫生 …… 236
- 放射卫生 …… 236
- 生活饮用水卫生 …… 236
- 学校卫生 …… 236
- 餐饮具集中式消毒单位监督 …… 236
- 医疗综合监督执法检查 …… 237
- 医疗废物处置专项监督检查 …… 237
- 传染病防治分类监督综合评价试点 …… 237
- “双随机一公开”抽检 …… 237
- 卫生计生监督执法全过程记录试点 …… 237
- 食品风险监测 …… 237

◆ 主要医疗机构简介 …… 237
- 化州市人民医院 …… 237
- 化州市中医院 …… 238
- 化州市疾病预防控制中心 …… 239
- 化州市妇幼保健院 …… 242

○ 体　育

- 竞技体育活动 …… 244
- 体育产业发展 …… 244
- 体育彩票发行 …… 244

社会生活

○ 人口和计划生育

- 概况 …… 246
- 计生综合治理 …… 246
- 计生宣传教育 …… 246
- 计生月考核 …… 246
- 计生优质服务 …… 247
- 流动人口均等化服务 …… 247

○ 人力资源·社会保障

◆ 综　述 …… 248
- 管理机构设置 …… 248
- 管理机构职能 …… 248

◆ 人事工作 …… 248
- 概况 …… 248
- 事业单位工作人员公开招聘 …… 249
- 化州市机关事业单位养老并轨制 …… 249
- 职称评审 …… 249
- 继续教育 …… 249
- 公务员培训 …… 249
- “三支一扶” …… 249
- 大学生档案管理 …… 249

◆ 劳动就业 …… 249
- 概况 …… 249
- 创业培训 …… 249
- 就业创业 …… 250
- 劳动事务代理 …… 250
- 专项劳动保障监察执法检查 …… 250
- 创建和谐劳动关系示范区工程 …… 250
- 劳动人事争议仲裁 …… 250
- 工伤认定和工作保险参保 …… 250
- 企业薪酬调查 …… 250
- 企业最低工资标准执行 …… 250

◆ 社会保障 …… 251
- 概况 …… 251
- 社保扩面征缴 …… 251

· 标准化服务大厅建设 …… 251
· 城乡医保缴费标准提高 …… 251
· 生物特征采集服务 …… 251
· 机关事业单位养老参保信息登记 …… 251
· 待遇调整 …… 251
◆ 社会保险 …… 252
· 概况 …… 252
· 标准化服务大厅建设 …… 252
· 社保扩面征缴 …… 252
· 城乡医保缴费标准提高 …… 252
· 简政放权 …… 252
· 生物特征采集服务 …… 252
· 城乡居民养老保险创新参保方式 …… 252
· 机关事业单位养老参保信息登记 …… 253
· 待遇调整 …… 253
· 内控制监督检查加强 …… 253

○ 民政工作·社会事务

· 社会福利 …… 254
· 最低生活保障 …… 254
· 五保供养 …… 254
· 临时救助 …… 254
· 慈善事业 …… 254
· 村民自治和区划地名 …… 254
· 双拥工作 …… 254
· 优抚工作 …… 254
· 安置工作 …… 255
· 婚姻登记 …… 255
· 民间组织管理 …… 255
· 殡葬改革 …… 255
· 福利彩票发行 …… 255
· 老龄工作 …… 255
· 灾害·事故救济 …… 255

○ 城乡居民人均可支配收入

· 概况 …… 256
· 居民人均可支配收入 …… 256
· 城乡收入差距小 …… 256
· 化州市与广东省、茂名各区（县级市）比较 …… 256

○ 民族·宗教

◆ 民族事务 …… 257
· 概况 …… 257
· 扶持那宾民族村搞好基础设施建设 …… 257
· 指导文楼塘表村委会规范使用少数民族资金 …… 257
· 为民族村办实事好事 …… 257
· 加强少数民族人员的管理 …… 257
◆ 宗教事务 …… 257
· 概况 …… 257
· 加强宗教活动场所日常监管 …… 257
· 市宗教场所风险预防 …… 257
· 依法规范宗教事务管理 …… 258
· 东堤路天主教教产回退 …… 258
· 民间信仰场所普查 …… 258

○ 群众团体

◆ 化州市总工会 …… 259
· 概况 …… 259
· “安康杯”竞赛 …… 259
· 庆“五一” …… 259
· 基层工会换届 …… 259
· “三个一批”示范点建设 …… 259
· 困难职工帮扶 …… 259
· 拓展工会文体工作 …… 259
· 荣誉 …… 260
◆ 共青团化州市委员会 …… 260
· 概况 …… 260
· 共青团换届选举 …… 260
· 团建活动 …… 260
· 共青团队伍建设 …… 260
· 共青团改革 …… 261
· 青少年健康成长 …… 261
· 服务青年 …… 261
· 学校团建 …… 262
◆ 化州市妇女联合会 …… 262
· 概况 …… 262
· 化州市妇联十届十一次执委（扩大）会议 …… 263

· 纪念“三八”国际劳动妇女节107周年系列活动 …… 263
· 妇联基层组织建设 …… 263
· 下岗失业妇女就业与再就业 …… 264
· 创岗活动推进 …… 264
· 队伍建设 …… 264
· 巾帼志愿服务活动 …… 264
· 《妇女儿童两个规划》实施 …… 264
· 维护妇女儿童合法权益 …… 264
· 特色家庭争创评选活动 …… 265
· 实施妇女儿童民生实事 …… 265
◆ 化州市科学技术协会 …… 266
· 概况 …… 266
· 全民科学素行动 …… 266
· “软”“硬”工程建设 …… 267
◆ 化州市归国华侨联合会 …… 267
· 概况 …… 267
· 为侨服务 …… 267
· 海外联谊 …… 268
· 参政议政 …… 268
· 自身建设 …… 268
· 驻村工作 …… 268
◆ 化州市台胞台属联谊会 …… 268
· 概况 …… 268
· 参政议政 …… 269
· 台情普查 …… 269
· 服务台企 …… 269
· 协处纠纷 …… 269
· 联谊交流 …… 269
· 热心公益 …… 269
· 开展慰问 …… 269
◆ 化州市文学艺术界联合会 …… 270
· 概况 …… 270
· 文艺治理 …… 270
· 文艺活动 …… 270
· 文艺创作 …… 272
◆ 化州市书画院 …… 276
· 概况 …… 276
· 主要活动 …… 276
◆ 化州市残疾人联合会 …… 276
· 概况 …… 276
· 残疾人康复 …… 277
· 残疾人教育 …… 277
· 残疾人就业 …… 277
· 残疾人社会保障 …… 277
· 残疾人文体宣传 …… 277
· 残疾人组织建设 …… 277
· 化州市残疾人康复中心 …… 278
◆ 化州市老区建设促进会 …… 278
· 概况 …… 278
· 产业扶贫专题调研 …… 278
· 革命遗址建设和管理 …… 278
· 奖学助学 …… 278
· 科技兴果 …… 279
· 美丽乡村建设 …… 279
· 老区宣传 …… 279
◆ 关心下一代工作委员会 …… 279
· 概况 …… 279
· 党史国史教育 …… 279
· “三结合”教育 …… 279
· “朝阳读书”活动 …… 280
· 关爱留守儿童 …… 280
· 创业青年培训 …… 280
· 组织网络建设 …… 280

人　物

○ 人　物

◆ 新任中共化州市委书记 …… 282
◆ 新任中共化州市委副书记 …… 282
◆ 新任中共化州市委常委 …… 283
◆ 广东省“五一劳动奖章”获得者 …… 283

镇（区、街道）

○ 镇（区、街道）

◆ 广东鉴江经济开发区 …… 285

· 概况 …… 285
· 社会经济 …… 285
· 招商引资 …… 285
· 城市扩容提质 …… 285
· 村级两委换届 …… 285
· 社会主义新农村建设 …… 285
· 精准扶贫 …… 286
◆ 东山街道 …… 286
· 概况 …… 286
· 区域经济 …… 286
· 重点项目 …… 286
· 党建工作 …… 286
· 新农村建设 …… 287
· 社会管理与服务 …… 287
◆ 河西街道 …… 288
· 概况 …… 288
· 经济工作 …… 288
· 城镇建设 …… 288
· 街道管理 …… 288
· 社区服务 …… 289
· 党群工作 …… 289
· 重点项目 …… 289
◆ 下郭街道 …… 289
· 概况 …… 289
· 经济指标 …… 289
· 产业结构 …… 289
· 项目建设 …… 290
· 民生事业 …… 290
· 党建工作 …… 290
◆ 石湾街道 …… 290
· 概况 …… 290
· 工农业经济发展 …… 291
· 基层党建推进 …… 291
· 交通设施建设 …… 291
· 教育事业加强 …… 291
· 美丽乡村建设 …… 291
· 基层治理 …… 291
· 扶贫攻坚 …… 292
◆ 南盛街道 …… 292
· 概况 …… 292
· 经济建设 …… 292
· 城镇建设 …… 293
· 城镇管理 …… 293
· 服务工作 …… 293
· 党群工作 …… 293
◆ 同庆镇 …… 294
· 概况 …… 294
· 经济工作 …… 294
· 环境整治 …… 294
· 社会事业 …… 294
· 信访维稳 …… 295
· 计生工作 …… 295
· 教育工作 …… 295
· 党建工作 …… 295
· 人大工作 …… 296
◆ 长岐镇 …… 296
· 概况 …… 296
· 经济发展 …… 296
· 重点项目 …… 297
· 基础设施建设 …… 297
· 精准扶贫 …… 297
· 新农村建设 …… 297
· 教育卫生文体事业 …… 297
· 民生事业 …… 297
· 政府自身建设 …… 297
◆ 杨梅镇 …… 298
· 概况 …… 298
· 工业发展 …… 298
· 重点项目 …… 298
· 民生事业 …… 298
· 农业农村 …… 298
· 生态环境 …… 298
· 安全维稳 …… 298
· 党建工作 …… 298
◆ 良光镇 …… 299
· 概况 …… 299
· 金融财税 …… 299
· 工业发展 …… 299
· 农业生产 …… 299
· 第三产业 …… 299
· 新农村建设 …… 299

· 圩镇发展 …… 300
· 依法治镇 …… 300
· 党群工作 …… 300
◆ 笪桥镇 …… 301
· 概况 …… 301
· 社会经济 …… 301
· 农业产业 …… 301
· 项目建设 …… 301
· 交通建设 …… 301
· 生态环境 …… 301
· 社会事业 …… 301
◆ 新安镇 …… 302
· 概况 …… 302
· 经济 …… 302
· 农业 …… 302
· 农村 …… 303
· 民生 …… 303
· 和谐 …… 303
· 政务 …… 303
· 大事 …… 303
◆ 官桥镇 …… 304
· 概况 …… 304
· 招商引资 …… 304
· 服务业 …… 304
· 农业工作 …… 304
· 扶贫工作 …… 304
· 社会事业 …… 304
· 社会管理工作 …… 304
· 环境整治 …… 304
◆ 中垌镇 …… 305
· 概况 …… 305
· 经济工作 …… 305
· 镇村建设 …… 305
· 社会稳定 …… 306
· 服务民生 …… 306
· 组织建设 …… 306
◆ 丽岗镇 …… 307
· 概况 …… 307
· 经济建设 …… 307
· 农业产业 …… 307
· 四大旅游项目建设 …… 307
· 圩镇建设 …… 307
· 路网建设 …… 307
· 新农村建设 …… 307
· 民生事业 …… 308
· 教育创强、创现 …… 308
· 社会治理 …… 308
◆ 林尘镇 …… 308
· 概况 …… 308
· 人口与计划生育 …… 309
· 经济发展 …… 309
· 农业生产 …… 309
· 基础设施建设 …… 309
· “王家南拳”更名为“王家拳” …… 309
· 社会民生事业 …… 309
· 平安林尘建设 …… 310
◆ 江湖镇 …… 310
· 概况 …… 310
· 综合经济 …… 310
· 农业经济 …… 310
· 工业产业 …… 310
· 项目建设 …… 311
· 民生事业 …… 311
· 城乡清洁工程 …… 311
· 精准扶贫 …… 311
◆ 合江镇 …… 311
· 概况 …… 311
· 城镇总体规划修编推进 …… 312
· 招商引资工作取得新突破 …… 312
· 农业发展开创新模式 …… 312
· 城镇基础配套设施日益完善 …… 312
· 教育事业创强短板补齐 …… 312
· 农村建设管理打开新局面 …… 312
· 社会保障水平大幅提升 …… 312
· 政府自身建设不断加强 …… 312
◆ 那务镇 …… 312
· 概况 …… 312
· 社会经济 …… 313
· 农业发展 …… 313
· 工业经济 …… 313
· 第三产业 …… 313
· 绿化行动 …… 313

· 环境治理 …… 313
· 新农村建设 …… 313
· 社会保障 …… 313
· 平安建设 …… 314
· 党群建设 …… 314
◆ 平定镇 …… 314
· 概况 …… 314
· 经济发展健康平稳 …… 315
· 重大项目进展顺利 …… 315
· 基础设施日臻完善 …… 315
· “三农”工作全面加强 …… 315
· 社会大局基本稳定 …… 315
· 民生事业成效显著 …… 315
· 作风建设呈现新面貌 …… 315
◆ 文楼镇 …… 316
· 概况 …… 316
· 工业经济发展势头良好 …… 316
· 农业产业化水平提高 …… 316
· 林业稳步发展 …… 316
· 基础设施完善 …… 316
· 民生事业变实 …… 316
◆ 播扬镇 …… 317
· 概况 …… 317
· 经济工作 …… 317
· 基础设施建设 …… 317
· 精准扶贫 …… 317
· 科教文卫事业 …… 317
· 社会综合治理 …… 317
◆ 宝圩镇 …… 317
· 概况 …… 317
· 社会经济 …… 318
· 工业发展 …… 318
· 基础设施 …… 318
· 精准扶贫 …… 318
· 新农村建设 …… 318
· 圩镇建设 …… 318
· 村级换届 …… 318
· 社会治理 …… 318

文献专载与规范性文件目录

◆ 政府工作报告 …… 321
◆ 2017年化州市人民政府规范性文件目录 …… 328
◆ 2017年中共化州市委、市委办公室规范性文件目录 …… 328

社会经济统计资料

◆ 化州市2017年经济运行情况（快报） …… 331
◆ 化州市2017年国民经济和社会统计资料 …… 331

附　录

◆ 2017年化州市人大常委会任免名单 …… 340
◆ 2017年化州市传染病与突发公共卫生事件监测报告 …… 341
◆ 化州市市场、购物场所、酒店分布情况 …… 345

索　引

◆ 主题索引 …… 353
◆ 表格索引 …… 370

年度关注

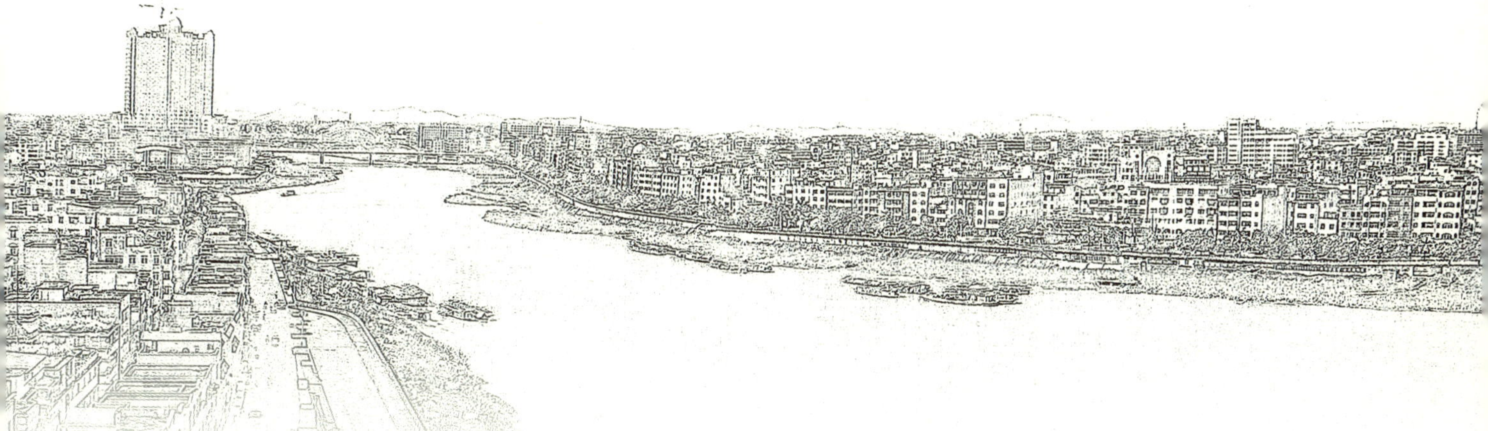

汕湛高速公路化州段建成通车

【概况】 汕头至湛江高速公路（以下简称汕湛高速），全长865千米，起点在汕头市，终点在湛江市，途经梅州、揭阳、汕尾、河源、惠州、广州、清远、肇庆、云浮、阳江、茂名等主要城市。汕头至云浮段于2014年12月动工建设；云浮至湛江段原定于2017年动工建设，广东省交通运输厅为贯彻落实省委、省政府《关于进一步促进粤东西北地区振兴发展决定》和省委书记胡春华的重要指示，决定提前动工建设，在2017年底建成通车。汕湛高速云浮至湛江段全长315千米，总投资346亿元，路线由主线、博贺疏港支线及兰（州）海（口）高速联络线（化廉高速公路）三部分组成。汕湛高速是化州市连接珠三角、海南、广西和大西南地区的又一条高速通道。

【汕湛高速云浮至湛江段主线】 起于云浮市新兴县筋竹镇（接汕湛高速清远清新至云浮新兴段），经阳江市的阳春市，茂名市的电白区、高州市、茂南区、化州市，湛江市的吴川市、坡头区，终于吴川市黄坡镇（接湛江市海湾大桥引桥公路）。全长231千米，主线起点至林屋段为双向四车道，林屋互通至终点为双向六车道。设互通立交27处，服务区4处，停车区5处，收费站1处。

【汕湛高速云浮至湛江段博贺疏港支线】 起于茂名市电白区黄岭镇，往南经电白区沙琅、罗坑、观珠，终于马踏镇（与新港大道相交）。全长32千米，双向四车道，设互通立交4处，停车区1处，收费站1处。

【汕湛高速云浮至湛江段兰海高速联络线（化廉高速公路）】 起点在化州市笪桥镇（接主线樟檬枢纽互通），向西经化州市新安，廉江市良垌、石城、新民、横山，终于安铺镇（与兰海高速雷州半岛一级公路对接）。全长52千米，双向四车道，设7处互通立交，服务区1处，停车区1处，收费站1处。

【汕湛高速化州段建成通车】 汕湛高速化州段长45.2千米，总投资约50亿元，其中主线38千米，在化州市设3个出入口，即化州北（丽岗）、化州西（石湾）、笪桥，化州市主线设一个服务区（良光服务区），一个停车区（石湾停车区）；兰海高速（化廉高速）联络线长7.2千米，在化州市设1个出入口，即笪桥北。汕湛高速公路化州段途经化州市丽岗、石湾、笪桥、良光、新安5个镇（街道），29个村委会，179条自然村，需要征地313.87公顷，拆迁房屋7万多平方米。化州市于2015年5月底开始征地拆迁，用时一个半月完成征地拆迁工作。项目于2015年8月底开始施工，全线有5个施工单位同时进行作业，于2017年12月28日建成通车。

【“走汕湛高速 看化州发展”大型徒步活动】 2017年12月9日，由中共化州市委、化州市人民政府主办的“走汕湛高速 看化州发展”大型徒步活动，在汕湛高速丽岗高速口至石湾高速口举行，全程15千米。上午8时，在化州市康景体育馆南门广场前举行徒步活动启动仪式。化州市四套班子领导黄永、谭剑锋、陈坦、阮汉、周太强等与机关工作人员、企业职工及广大市民等约5000人一起徒步汕湛高速化州段，徒步活动共分机关、公安、卫计、交通、商协、教育、城管、企业、市民、青年10个方队。

（庞志超）

化州市被授予“全国创建无邪教示范市”称号

【概况】 2015—2017年，化州市贯彻落实中央、省委两级防范办关于开展“百县千村万乡”和“三个五”创建“无邪教示范工程”的部署，全市各级党政机关创新特色措施，通过“六个坚持”（坚持“一把手”工程、坚持夯实基础、坚持多管齐下、坚持落实责任、坚持“六进”宣传、坚持开拓创新），深化无邪教创建活动，推进创建“全国创建无邪教示范市”，夯实反邪教基层基础，巩固长效机制，维护社会政治大局稳定。2017年7月，化州市被国务院防范和处理邪教问题办公室授予“全国创建无邪教示范市”称号。

【“一把手”工程】 中共化州市委、市政府把“无邪教创建示范工程”纳入各级党委、政府的重点工作，明确作为“一把手”工程列入重要议事日程。高规格成立创建“全国无邪教示范县”领导小组，由化州市委书记任组长、市长为第一副组长，市委副书记为常务副组长。市委主职领导与各镇（街道）和市直部门“一把手”签订年度创建工作责任书，明确把无邪教创建工作纳入综治和平安建设、基层组织建设、精神文明建设考核体系，通过随机抽查、现场检查对工作进行强力督导。化州市政府对无邪创建工作倾力支持，拨出150万元专项经费。23个镇（街道）、市直单位持续投入经费，市农信社、海利集团等企业支持，全市投入无邪教创建资金1200多万元。

【夯实基础】 化州市加强镇、村级反邪教工作机构建设，成立市反邪教协会、反邪教志愿队，抓好反邪教队伍建设。

加强镇、村反邪教工作机构 在镇（街道）换届选举中，调整充实镇（街道）党委防范和处理邪教问题领导小组，成立党委书记为组长的反邪教工作和无邪教创建领导小组，配备2名以上专兼职工作人员，镇（街道）每年工作经费3.62万元以上。在全市367个村（社区）建立健全防范处理邪教问题工作站，由党支部书记任站长，有2名以上兼职人员，每年工作经费6000元以上，工作站人员到位，台账健全，运作有序。

加强人员培训 将反邪教知识纳入党校、公务员培训内容。每年对全市镇、村两级反邪教干部进行两次业务培训。

建立健全市反邪教协会机构 化州市反邪教协会于2015年4月成立，以离退休老干部为骨干，下设23个镇（街道）分会，会员2000多人。

加强反邪志愿者队伍建设 依托青年志愿者和义工团体，化州市成立县、镇、村三级反邪志愿者服务队和小分队，利用学雷锋日、五四青年节、母亲节等开展宣传活动。发动200多名工作在村（居）一线的大学生村干部参与反邪教工作。

【多管齐下】 化州市抓好防控邪教网络建设，构建多层次、立体化、全覆盖的打、防、控一体化网络。完善反邪教信息网络，全市成立反邪教信息员队伍403支3800多人。加强公安巡逻防控，把查处涉邪活动作为公安巡逻防控重点，纳入“视频天网”和“全城响应”治安防控体系。将防控工作纳入社会治安网格化管理，明确治安联防队、群众治安联防组织的反邪防控职责，加强重点区域管控。发动“五老人员”、门卫、清洁工、志愿者参与防控，聘请800多名老干部为反邪教义务宣传员。定期分析研判形势，中共化州市委和各镇（街道）党委防范处理邪教问题领导小组每季度召开一次斗争形势研判分析会。出台《化州市关于对邪教非法活动的举报奖励办法》，对举报邪教活动有功人员进行奖励。清理邪教反宣品，把清理邪教反宣品纳入“城乡清洁工程”内容，落实城管、环卫部门和门前“三包”单位责任。

【落实责任】 化州市建立教育转化责任制和领导责任追究制，健全对邪教人员的巩固帮教机制。做实社会回归工程，落实镇、村、派出所、邪教人员家属“四帮一”责任，逐人签订责任书、登记造册，深入开展回归社会工程。巩固完善“心灵关爱之家”平台，依托镇（街道）综治信访维稳中心、村（社区）服务站，建立390个“心灵关爱之家”巩固平台，组织转化人员开展交流互助，促进其回归社会，为群众提供政策咨询等服务。开展思想动态摸排，镇、村帮教人员每季度对转化人员开展思想动态摸排，定期上门谈心，了解动态情况，帮助解决困难。开展回访送温暖活动，每逢春节、中秋节等节日，对转化困难人员开展回访送温暖活动；每年对外出务工人员进行回访巩固。

【“六进”宣传】 化州市围绕反邪教宣传进乡村、进社区、进学校、进企业、进单位、进家庭的“六进”目标，发挥五大主体作用，开展形式多样、内容丰富的无邪创建宣传活动，加强反邪警示宣传，营造创建氛围，增强广大群众的反邪意识。

发挥反邪警示教育阵地作用 2015年，化州市投入50多万元建立占地1万多平方米的化州市反邪教警示教育基地，在企业（化州市供电局）、学校（化州市一中）、宗教寺庙（南山寺）建立10多个基层反邪教警示示范阵地。2016年，该市投入10多万元建设孔庙反邪警示教育示范基地。全年全市反邪警示教育基地接待参观人数50多万人次。

发挥市反邪教协会作用 化州市反邪教协会作为民间反邪的主要力量，完善机制，发动群众，扩大影响力，成立后开展一系列反邪宣传活动，编排反邪教歌曲、舞蹈、快板、小品等节目，深入镇、村、学校、企业开展“绽放正能量，建无邪化州”主题巡演，观看群众达数十万人次。举办反邪教书法比赛，收到优秀参赛作品600多幅，评出获奖作品180多幅。

发挥社会面反邪宣传作用 化州市在全市300多个村（社区）、200多所中小学校建设反邪警示教育“一墙一窗”阵地。在每个镇（街道）公路显眼位置竖立3面15平方米以上的反邪宣传广告牌和30块以上反邪宣传竖牌，在全市国道、省道和市区主要路段建成50多千米“反邪公益宣传路”。市区公共汽车候车亭全部安装反邪灯箱广告。开展6次大型反邪集中宣传活动。制作反邪教宣传扇子、购物袋、画册、光碟、展板等20多万件、宣传单张和折页50多万份、公益宣传灯箱1000多个。

发挥职能部门和基层单位作用 化州市教育系统在全市中小学校中开展上一堂课、办一期黑板报（手抄报）、办一次图片展、开一次主题班会、致家长“一封信”的“五个一”反邪教主题宣传活动。化州市妇联针对农村留守妇女和儿童开展“关爱生命健康，抵制邪教侵蚀”的反邪宣传服务活动。举办“农信杯”反邪知识竞赛，全市26支代表队180人参赛，参与有奖答题干部群众1万多人。化州市关工委组织5000多名离退休老干部、老教师、老党员和社区老人举办反邪知识讲座。

发挥民间反邪力量的作用 化州市反邪志愿者队伍、夕阳红歌舞团、粤明艺术中心编排反邪教文艺节目参与巡演。

【开拓创新】 化州市探索无邪教创建的新机制、新方法，提升反邪教工作质量和成效。

创新把无邪创建融入镇（街道）干部驻点普遍直接联系群众工作 化州市330多名镇（街道）干部带领367个驻点团队、3450名党员干部，在走村入户做好群众工作的同时，担当起反邪宣传员、信息员、帮教员、联系员、巡查员职责，深入走访群众5.5万户，宣讲反邪教知识、发放宣传资料、接受群众咨询、开展动态摸排、帮助解决困难，做到“四个结合”、齐头并进：结合定点制度，构建镇村反邪教工作平台；结合定时制度，加强涉邪信息走访排查；结合定责制度，明确镇（街道）干部反邪职责；结合定量制度，完善无邪教创建工作体系。

创新开展粤桂两省三市创建无邪教边界工作 根据化州市地理特点，牵头在宝圩镇召开粤桂两省三市八镇“无邪教边界”协作会议；建立镇、村、组三级边界防邪网络；将反邪教宣传向边界地区乡村拓展；结合边界圩镇群众赶集人流集中的机会巡回宣传；在边界通道制作公益宣传标语；充实边界反邪教信息队伍，及时互通情报，统一打击处理。

创新结合开展“夜学夜读”制度健全基层反邪学习培训机制 在镇（街道）每周两天晚上的流动党校

"夜学夜读"课上，增加反邪政策法规、斗争形势、业务知识、无邪教创建等学习内容，使全市镇（街道）、村（社区）干部受到深刻的思想教育。

创新结合"平安细胞工程"推进"无邪教细胞工程" 把无邪创建的目标内容纳入平安细胞工程共同推进，在全市各行各业开展无邪学校、无邪企业、无邪镇街、无邪社区、无邪景区等"无邪细胞工程"建设，无邪教细胞工程覆盖率90%以上。

创新向基层通报反邪教斗争形势工作 2016年镇（街道）换届后，化州市反邪教领导小组加强人员培训，向每个镇（街道）寄发反邪教工作"一封信"，结合各镇（街道）实际，指出存在问题，提出意见建议，确保反邪教工作和无邪教创建的顺利过渡衔接。

创新结合综治网格化建设加强反邪教信息收集 网格信息员收集和反馈网格内反邪教信息，如有邪教活动和非法传教等信息，及时向村、镇有关部门和派出所报告，协助做好调查核实；对网格内的邪教人员，上门帮教巩固，促使其回归社会。

（李　波）

化州大事记

2017年化州大事记

1月

17日

□化州市召开教育创强工作总结暨创建广东省推进教育现代化先进市工作动员会，茂名市人大常委会副主任、化州市委书记邓永明，化州市委副书记、市长谭剑锋等出席会议。

18日

□邓永明、谭剑锋到化州市人武部进行春节慰问，向部队官兵致以新春问候和美好祝福。

□邓永明率队开展安全生产大检查。

□谭剑锋主持召开化州市政府党组会议，传达学习十八届中央纪委七次全会和广东省纪委十一届六次全会精神，部署贯彻落实工作。

19日

□茂名市委常委、纪委书记肖叶带领扶贫工作队到联系点宝圩镇龙埚村调研精准扶贫工作，并走访慰问困难群众。

□茂名市委副书记、政法委书记刘芳到化州市挂点村鉴江开发区百室堂村走访慰问困难群众。

□谭剑锋在化州市行政中心办公大楼市长会议室主持召开化州市政府2017年第一次全体会议及十五届四次常务会议。

20日

□茂名市政协主席黄心强率领慰问团到化州市走访慰问良光镇敬老院的老人、困难群众和老党员。

□邓永明到合江镇、平定镇调研标准化卫生院选址工作。

□邓永明到湛江海关，与湛江海关领导班子就加强互助合作，助推化州市外贸进出口发展展开座谈。

□广东省楹联书法家送春联进万家大型公益活动“走进宝圩镇”，50多位楹联书法家现场挥毫。

23日

□化州市人大常委会主任陈坦走访慰问困难职工及劳动模范。

□化州市召开离退休干部职工代表迎新春佳节座谈会，共同分享化州市和谐发展的喜悦。

24日

□谭剑锋率队开展岁末年初安全生产大检查，全面彻底排查各类隐患。

□化州市互联网协会在维也纳国际酒店举行成立大会暨第一次会员大会。

25日

□中共化州市第十三届纪律检查委员会第二次全体会议在化州市行政中心十楼会议室召开，会议主要任务是学习贯彻习近平总书记在十八届中央纪委七次全会上的重要讲话和中央、省、茂名市纪委全会精神，总结2016年工作，部署2017年任务。邓永明、谭剑锋、陈坦、阮汉出席全会第一次大会。

是月

□化州市笪桥卫生院、官桥卫生院、合江卫生院、林尘卫生院、那务卫生院、新安卫生院等6间卫生院被国家卫生计生委评为“2015—2016年度群众满意的乡镇卫生院”。

2月

6日

□茂名市委书记、人大常委会主任许光率队到化州市调研重点项目建设进展情况，强调要坚持项目为先，全力加快推进民生等重点项目建设。茂名市委副书记、政法委书记刘芳，化州市邓永明、谭剑锋等参加调研。

8日

□谭剑锋对化工总厂、建筑陶瓷厂、双桥建材公司3家企业处置改造和南粤建材城项目建设情况进行实地调研，并现场办公，破解当前项目推进过程中遇到的困难和问题。

9日

□茂名市委常委、组织部部长徐晓霞一行到化州市督导村级换届前期准备工作和非公企业党建工作，并召开座谈会，了解市经济社会发展情况、村级换届前期准备工作以及基层党建和非公企业党组织建设工作情况。

10日

□谭剑锋主持召开化州市政府十五届五次常务会议，听取精准扶贫、第三次全国农业普查等工作汇报。审议通过有关文件。

□化州市通过切实强化脱贫攻坚举措，创新扶贫方式方法，真抓实干，脱贫攻坚工作成效明显。2016年，全市8059户贫困户10714名困难群众实现脱贫。

□北岸大桥（原罗江桥），跨越罗江连接罗江南路和罗江北路，旧桥桥长217米，宽11米。该桥自1983年建成并投入使用，至2017年已34年。经鉴定，该桥被定性为承载能力下降，存在一定安全隐患。2016年，化州市政府决定对该桥进行重建，并列入2016年市政府重点工程项目，施工期为2017年2月17日至2018年2月17日。

13日

□谭剑锋在市长小会议室，听取化州市卫计局领导就卫生强市、市人民医院创三甲及搬迁选址、乡镇卫生院标准化建设、中心卫生院升级建设、医保报销、卫生人才建设、医务人员绩效工资等工作汇报。

14日

□茂名市副市长崔爽率茂名市乡村旅游工作领导小组成员到化州市调研，并在广东农垦国家热带农业公园主持召开乡村旅游工作座谈会。化州市谭剑锋参加座谈会。

□谭剑锋到化州市重点企业，调研了解企业生产经营情况。

15日

□谭剑锋主持召开化州市政府十五届六次常务会议。会议审议并原则通过关于《谭剑锋市长在市委全会上的讲话（稿）》等。

16日

□化州市在市行政中心办公大楼十楼会议室召开全市妇女工作会议。会议内容是布置市三八妇女节期间的各项工作和近期市有关妇女工作。

17日

□中共化州市第十三届委员会第三次全体会议在华伟图书馆1号会议室召开，会议深入贯彻落实中央经济工作会议、省委经济工作会议、茂名市委经济工作会议和茂名市十一次党代会精神，回顾总结2016年工作，研究部署2017年任务。邓永明主持全会并代表市委常委会做工作报告，谭剑锋做经济工做专题讲话。

20日

□谭剑锋主持召开化州市政府十五届七次常务会议，会议学习《广东省深化泛珠三角区域合作实施意见》，学习贯彻关于中共化州市委、化州市人民政府转发《市委宣传部、市司法局关于在全市公民中开展法制宣传教育的第七个五年规划（2016—2020年）》的通知。会议审议并原则通过关于《化州市统计工作方案》，审议《化州市2017年一般公共预算草案》《化州市2017年政府性基金预算草案》《化州市2017年社会保险基金预算草案》及《化州市2017年国有资本经营预算草案》等。

22日

□邓永明到石湾街道调研，了解石湾街道旺竹圩村换届工作的准备情况，指导村级换届“百日整治行动”。

24日

□化州市政协主席阮汉对该市的文化建设与文化产业发展情况进行调研。

25日

□茂名市委副书记、市长李红军到化州市境内S372线山底岭段、G207线笪桥段，与化州公路局干部职工及基层一线养护工人一起开展公路绿化美化植树活动。

28日

□谭剑锋到合江、平定两镇调研卫生院升级建设项目推进情况。

□国务院第二次全国地名普查领导小组办公室在北京召开第二次全国地名普查验收暨成果转化视频会议。领导小组副组长、民政部部长黄树贤出席会议并讲话。化州市在市分会场参加会议。

是月

□2016年度，化州市完成外贸进出口总值15.05亿元，同比增长15.3%，完成目标任务106%，其中外贸出口总值14.97亿元，同比增长19.91%，创该市外贸出口历史新高。

3月

2日

□广东省农村工作暨扶贫开发工作会议召开，省委书记胡春华出席会议并讲话，省长马兴瑞主持会议。化州市在化州分会场组织收看收听会议。邓永明、谭剑锋、阮汉在化州分会场参加会议。

□广东省地方志办副主任丘洪松率省志办有关人员及茂名市党史地志办主任朱雄文等到化州市调研《广东省地方志工作条例》立法、地方志能力建设、贯彻落实中办国办《关于实施中华优秀传统文化传承发展工程的意见》等工作，督办全省自然村落历史人文普查、综合年鉴“一年一鉴、公开出版、当年出版”推进情况。

3日

□谭剑锋在市长会议室主持召开化州市政府十五届八次常务会议。会议审议《政府工作报告》，会议听取关于化橘红文化节筹备工作的汇报。会议学习贯彻《广东省人民政府办公厅转发国务院办公厅关于生产者责任延伸制度推行方案的通知》，学习贯彻《广东省计划生育目标管理责任制考评办法》及听取计生工作汇报。会议讨论关于《化州市区域卫生规划（2016—2020年）》，关于延长鉴江区办理留用地报建时间问题，关于解决化州市林尘拦河闸坝除险加固工程资金问题等议题。

6日

□邓永明、陈坦、阮汉等在家的化州市四套班子领导成员到位于合江镇的六王山森林公园参加义务植树活动。

□化州市在市行政中心十楼会议室召开化州市妇联第十届十一次执委（扩大）会议暨表彰大会。主要是总结2016年度全市妇女工作和部署2017年全市妇女工作，表彰一批妇女工作先进集体和先进个人。

9日

□陈坦主持召开化州市第十五届人大常委会第四次会议。会议审议人事任免案。决定任命：吴瑞勇为化州市人力资源和社会保障局局长。决定免去：庞云飞的市人大常委会城乡建设环境和资源保护工作委员会副主任职务。决定任命：李周雄为市人大常委会城乡建设环境和资源保护工作委员会副主任。

□珠海市强制隔离戒毒所党委副书记、政委谢鸿带领该所相关领导干部到定点帮扶贫困村化州江湖镇陈谢村开展扶贫慰问活动并进行实地调研，指导开展下一阶段的扶贫工作。

10日

□陈坦到化州平定镇综治信访维稳中心接待来访群众，与来访群众面对面交流，现场倾听群众的诉求，协调解决群众的难题。

13日

□谭剑锋在市长会议室主持召开化州市政府十五届九次常务会议。会议听取市监察局关于开展巡察工作情况的汇报。会议审议并原则通过《关于化州市机关事业单位职业年金实施情况报告》《化州市畜禽养殖污染整治实施方案》。会议讨论关于《化州市严重精神障碍患者监护人监护责任实施“以奖代补”工作的指导意见（试行）》《化州市政策性生猪养殖保险试点实施方案》《化州市政策性家禽养殖保险试点实施方案》《化州市政策性特色水果种植保险试点实施方案》等议题。

14日

□谭剑锋到化州下郭街道办，接待来访群众，倾听群众诉求，零距离化解群众难题。

□茂名市妇联党组书记、主席周玉东一行，到化州市石湾社区、博带村调研指导妇女儿童工作。

16日

□阮汉到星河酒店，看望出席化州市政协十二届二次会议的港澳委员和在外地工作的委员，并召开座谈会，一起为化州发展出谋划策。

□至17日，中国人民政治协商会议第十二届化州市委员会第二次会议在华伟图书馆召开。会议听取阮汉代表政协第十二届化州市委员会常务委员会所作的工作报告，以及《市政协十二届二次会议期间提案审查情况的报告》。大会审议通过《中国人民政治协商会议第十二届化州市委员会第二次会议决议》。阮汉在闭幕会上发表讲话。会议增选李树果、吴亮海、陈可珺（女）、萧龙标、梁壮忠、曾国寿6人为常务委员会委员。会议收到提案85件，立案76件，其中并案4件，立案率89.4%，转意见处理7件，书信处理2件。

17日

□茂名市委书记、市长李红军率领茂名市委常委、办公室主任、统战部部长黄玉华及副市长崔剑等到化州市专题调研精准扶贫工作，强调要突出问题导向，把握“精”“准”要求，以担当和实干精神推动扶贫开发各项工作落实，坚决打赢脱贫攻坚战。化州市邓永明、谭剑锋陪同调研。

□至18日，化州市第十五届人民代表大会第二次全体会议在市华伟图书馆召开。茂名市人大常委会副主任、茂名市总工会主席黄奕奕到会指导。谭剑锋代表市人民政府向大会作政府工作报告。陈坦向大会作市人民代表大会常务委员会工作报告。会议表决通过关于市人民政府工作报告、计划工作报告、预算工作报告、市人大常委会工作报告、市人民法院工作报告、市人民检察院工作报告及议案处理意见报告的决议等。

18日

□化州市人民政府与中农联控股有限公司在橘州山庄会议室举行化州市——中农联粤西农旅电商冷链批发物流产业园项目签约仪式。化州市谭剑锋以及中农联控股有限公司总经理刘伟出席签约仪式。

19日

□化州市在“中华化橘红第一村”——平定积田大岭村举行隆重的2017化州橘红文化节赏花活动。化州市邓永明，茂名市副市长崔爽，化州市谭剑锋，茂名市政府副秘书长李恒和，茂名市旅游局局长柯碧，化州市陈坦、阮汉等出席赏花活动。

20日

□茂名市委常委、常务副市长吴刚强率领茂名市地税局、扶贫办的相关人员到挂点村——化州市那务镇田心村，调研指导精准扶贫工作。

21日

□邓永明在化州市行政中心五楼东会议室主持召开市委十三届第十八次常委会议，传达贯彻茂名市委书记、市长李红军到化州市调研精准扶贫工作时的讲话精神。

□化州市组织工作会议在化州市行政中心十楼会议室召开。会议传达全国、全省和茂名市组织部长会议精神，总结2017年全市组织工作，安排部署2017年的工作任务。邓永明出席会议。

22日

□广东省食安办考核验收组组长钟百川带队到化州市，对化州市创建省级食品安全示范广场工作进行评估验收，并对验收过程中发现的问题提出整改意见。

24日

□谭剑锋在市长会议室主持召开化州市政府十五届十次常务会议。会议传达贯彻茂名市市长专题会议精神。会议审议并原则通过《市化工总厂、市建筑陶瓷厂、市双桥建材集团有限公司棚户区改造拆迁安置方案》、关于《推进河西街道办、东山街道办征地工作会议纪要》、关于成立园区开发公司问题、关于化州化橘红药材发展有限公司土地使用证办理问题、关于向农发行融资建设机场大道第二期问题、关于《化州市村村通自来水一期工程项目施工合同》、关于《化州市社会治安视频监控系统（二期）工程项目建设及服务使用合同》等议题。

□广东省人大常委会委员、教科文卫委员会主任委员张宇航，省文化厅副厅长陈杭等组成的调研组以及茂名市相关部门领导到化州市调研非物质文化遗产保护工作。茂名市人大常委会副主任林振光陪同调研。

27日

□全国国土绿化和森林防火工作电视电话会议在北京召开。中共中央政治局常委、国务院总理李克强作出重要批示。国务院副总理、全国绿化委员会主任汪洋出席会议并讲话。化州市在市行政中心办公大楼会议室设分会场组织收看收听会议。

28日

□化州市在华伟图书馆一号会议室召开新时期精准扶贫工作推进会，剖析当前精准扶贫工作存在问题，研究部署下阶段工作。邓永明、谭剑锋出席会议。各镇（区、街道）党委、政府主要负责人等参加会议。

30日

□化州市在市行政中心十楼会议室召开统战工作会议，深入贯彻落实全国、全省统战部长会议和茂名市统战工作会议精神，分析研究化州市当前统战工作面临的新形势和新问题，部署化州市2017年的统战工作。邓永明出席会议。

□化州市在市行政中心十楼召开全市宣传文化工作暨创建广东省县级文明城市工作加温会。邓永明出席会议。

□由中华冯氏联谊会、化州市民营企业商会指导，化州市冯氏联谊会主办的谯国公冯宝1510周年纪念活动暨中国（化州）首届冯宝冼夫人文化节启动仪式，在化州市同庆镇宏道村冼太庙广场举行。冯冼族人、研究冯宝冼夫人学者专家以及社会各界人士数千人参加启动仪式。

31日

□化州市在市行政中心会议室召开2017年全市学校安全工作会议，主要目的是传达贯彻省、茂名学校安全工作会议精神，研究部署2017年全市学校安全工作。

是月

□邓永明调研指导市机场大道、杨梅物流园、南粤国际建材城项目建设推进情况。

□2016年度，茂名市共有23间公共场所单位通过卫生监督量化管理A级审核，获得公共场所卫生A等级信誉度（卫生状况优秀单位），其中化州市占6间（天和宾馆、海利国际会议酒店、天悦酒店、丽登酒店、星河国际假日酒店、绿湖湾酒店），获评比例高居茂名市各县级市（区）榜首。

4月

5日

□化州市在市行政中心十楼会议室召开全市“六五”普法总结暨“七五”普法动员大会。谭剑锋出席会议。

8日

□邓永明到化州市石湾街道指导村（社区）“两委”换届选举工作。

11日

□谭剑锋率领化州市政府办公室等相关部门的人员到207国道至杨梅高速公路出口路段，和干部职工一起参加植树活动。

12日

□邓永明到化州市中垌镇高峰村委会六轴背村的“英雄之家”，慰问94岁的抗日老战士、在乡八级伤残军人、在乡孤老复员军人张龙贵。并到合江镇塘乐村委会共话村指导农村环境综合整治工作。

□谭剑锋调研鉴江水环境整治情况。

13日

□化州市联合广东省科普中心、茂名市科学技术协会在化州一小举办2017年广东省文化科技卫生“三下乡”科普进校园、进社区活动（茂名化州站）启动仪式，广东省科普中心副主任陆朝光等省科普中心领导和科教专家出席启动仪式。

16日

□邓永明在化州市华伟图书馆三号会议室主持召开市委十三届第20次常委（扩大）会议，学习宣传贯彻习近平总书记对广东工作做出的重要批示精神。茂名市委副书记、代市长许志晖到会指导。化州市谭剑锋、陈坦、阮汉等出席会议。各镇（区、街道）党委书记，市直有关部门主要负责人参加会议。

18日

□谭剑锋在化州市行政中心五楼市长会议室主持召开市政府十五届十二次常务会议，学习习近平总书记对广东重要批示精神等内容，听取关于安全生产工作情况汇报，审议并原则通过《化州市创建广东省推进教育现代化先进市实施方案》等议题。

□共青团化州市第十五届委员会九次全体（扩大）会议在化州市行政中心十楼会议室召开。会议要求各级团组织认真贯彻落实共青团改革精神，强力打造“学习型”“实干型”“服务型”“关爱型”团组织，为化州振兴崛起奉献青春正能量。

19日

□茂名市人大常委会副主任、总工会主席黄奕奕率领茂名市总工会副主席许丹等到化州市调研企业工会各项重点工作推进情况。

□五一国际劳动节前夕，由广东省总工会、省文化厅、南方报业传媒集团联合主办，茂名市总工会、化州市总工会、化州市文广新局协办的“中国梦·劳动美——广东工人艺术团走进化州”文艺晚会在化州市康景体育馆举行，省总工会及茂名市、化州市党政工领导与化州各界职工代表、劳模代表约2000人观看。

20日

□陈坦主持召开化州市第十五届人大常委会第五次会议。会议传达学习习近平总书记对广东工作作出的重要批示精神。并决定免去李世太的化州市人民法院人民陪审员职务。

□化州市召开2017年水利与三防工作会议，组织相关人员收听收看省、茂名市2017年水利与三防工作电视电话会议。谭剑锋在化州分会场参加会议。

21日

□化州市在市华伟图书馆会议室召开“问责不作为，鼓励敢作为”专项活动部署动员大会。市领导邓永明、谭剑锋、陈坦出席会议。

22日

□由市卫计局、市人民医院联合主办，广州华银医学检验中心承办的2017年粤西首届临床病理与临床学术会议在化州市人民医院七楼会议室召开，来自粤西各县市医院的病理工作者参加会议。

26日

□茂名市委书记、茂名市人大常委会主任李红军率队到化州市实地调研了解村级换届选举工作推进情况，并主持召开市委书记专题会议。茂名市领导肖叶、陈小锋、赵广辉、黄玉华、徐晓霞、倪谦、梁罗跃、邓永明等参加调研并出席市委书记专题会议。各区（县级市）党委书记、组织部部长、民政局局长等参加。化州市谭剑锋陪同。

□化州市在市行政中心十楼会议室召开庆祝五一国际劳动节大会，号召大力弘扬劳模精神，增强主人翁责任感和使命感，充分发挥主力军作用，最大限度地焕发创造潜能和创造活力，为建设幸福化州做出新的更大贡献。邓永明、谭剑锋、阮汉出席会议。

27日

□化州市在市行政中心办公大楼市委常委会议室召开会议，传达贯彻茂名市委书记专题会议精神，研究部署全市村级换届选举工作。邓永明主持会议。

□化州市政府在市长会议室召开全市2017年第一季度经济形势分析会。谭剑锋出席会议。

□广东省在广州召开全省驻村扶贫工作电视电话会议。邓永明、谭剑锋在化州市行政中心十楼分会场收听收看电视电话会议。

是月

□谭剑锋到化州市林尘镇、那务镇督导调研水务三防工作。

□化州市义工协会文楼义工团挂牌成立，文楼义工团是化州市义工协会第九个分团义工组织，也是文楼镇首个义工社团组织，该团在册义工230多人。

□湛江市老干部局常务副局长袁焕带领离休干部一行10多人到化州市开展调研活动。在化州市老干部局领导、市老游击战士联谊会会长宁雄等的陪同下参观化州市革命历史纪念馆。

□广东省社会政策研究会组织的“让爱与慈善同行”专家团，到化州市新安镇秀英小学开展爱心公益讲座。

5月

3日

□由广东省政协提案委主任陈元胜带领的省政协提案委调研组到化州市平定镇，就“关于建设广东茂名粤桂经济合作区的提案”开展督办调研。省政协委员、茂名市政协主席黄心强，副主席黄宝强以及茂名市政协有关领导，化州市谭剑锋、阮汉参加调研活动。

4日

□化州市400多名志愿者齐聚康景体育馆，进行集体庄严宣誓，弘扬志愿精神，参与化州市创建省文明城市活动。

□茂名市召开全市镇村防汛抢险救灾演练视频会。化州市在化州市三防指挥部收看会议。

6日

□化州市摄影家协会在南盛街道平垌村委会的太阳部落举行摄影创作基地挂牌仪式，市摄影家协会成员及摄影爱好者约30人参加仪式。

8日

□谭剑锋在市行政中心五楼市长会议室主持召开化州市政府十五届十三次常务会议。会议学习中共中央办公厅、国务院办公厅《矿业权出让制度改革方案》，省委办、省府办《关于进一步完善省级财政科研项目资金管理等政策的实施意见（试行）》。会议听取关于2017年《政府工作报告》决定事项责任分工安排，审议并通过关于《化州市陈金章文化艺术馆建筑设计方案》《化州市环境保护综合督查整改方案》《化州市城市道路和建筑物住宅名称命名工作实施方案》《化州市棚户区原市建筑陶瓷厂改造工程（A区一、二期）PPP+EPC融资工作实施方案》《化州市2017年市级储备粮轮换工作方案》《推进东山街道征地工作会议纪要》等。

□化州市在市人民医院召开纪念“5·12”国际护士节暨“四好”表彰大会。大会宣读《关于表彰化州市卫计系统“四好”单位和个人的决定》。

10日

□茂名市委常委、组织部部长徐晓霞到化州市石湾街道调研村级换届工作并上党课。化州市邓永明陪同。

□国务院召开全国就业创业工作暨2017年普通高等学校毕业生就业创业工作电视电话会议。化州市在市行政中心五楼分会场，收看收听电视电话会议。

□茂名市第十二届人大代表（城建环资组）履职培训在化州市举行。茂名市人大常委会副主任、化州市委书记邓永明出席培训班并做讲话。茂名市人大常委会城建环资工委主任叶广勇以《人大代表履职的几种常见形式解读》为题做专题讲座。

12日

□茂名市人大常委会法工委主任李晓强一行到化州市就《茂名市冼夫人历史文化保护条例》的立法工作开展调研。

16日

□化州市在市行政办公大楼会议室召开领导干部大会，宣布新任化州市委书记的任职决定。茂名市委书记、市人大常委会主任李红军，茂名市委常委、组织部部长徐晓霞，茂名市人大常委会副主任邓永明，新任化州市委书记黄永，化州市委副书记、市长谭剑锋等出席会议。会上，徐晓霞宣读省委关于化州市委书记职务人员调整的决定：黄永任中共化州市委书记，邓永明不再兼任中共化州市委书记职务。

17日

□谭剑锋率队到化州市官桥镇调研督导，推进农村人居生态环境综合整治和社会主义新农村示范村建设。

□广东省财政厅党组成员、总会计师钟炜率调研组到化州市开展新农村建设专题调研。

18日

□化州市委书记黄永到化州市公安局调研。黄永强调，要重视社会治安管理工作，只有社会稳定才能让老百姓心中踏实；人民警察要守土有责，努力把社会治安工作做好，让党委政府和人民群众放心。

□谭剑锋在化州市行政中心市长会议室主持召开化州市政府十五届十四次常务会议。会议审议并原则通过关于2017年人大建议、政协提案交办工作，《化州市殡葬管理工作层级动态目标管理责任制考评办法》《化州市各镇（区、街道）经济社会发展考核指标及评分办法》《化州市深化小型水利工程管理体制改革实施方案》等议题。

19日

□化州市纪委召开2016年度党风廉政建设责任制考核集体诫勉谈话会议，对党风廉政建设责任制考核评为“差”等次的单位的主要领导或分管领导，相关镇街纪委书记和派驻纪检组组长进行集体诫勉谈话。

□化州市召开鉴江流域水污染整治工作会议，对改善鉴江流域水质，全力推动绿色发展、改善环境质量、保障环境安全工作进行研究部署。

22日

□谭剑锋到化州市同庆镇、鉴江开发区、下郭街道、河西街道调研市新投产（或增资扩产）的纳税大户企业生产情况。

23日

□茂名市人大常委会常务副主任梁罗跃，茂名市人大常委会副主任、茂名市总工会主席黄奕奕等领导到化州市调研，了解人大代表工作室工作情况和市、镇人大工作情况。

□化州市职业技术学校与云端教育公司在该校广场举行中德护理人才培养基地签约揭牌仪式，标志着化州市职业教育办学模式迈上一个新的里程碑。

□珠海市高新区为化州市那务镇泉埔小学捐赠全新钢琴等价值5万元的教学物品一批。

24日

□谭剑锋主持召开化州市城管委第二次全体会议。会议审议《城市管理综合执法体制改革的问题》等议题。

27日

□黄永、谭剑锋、陈坦在华伟图书馆会议室分会场收看收听茂名市传达贯彻广东省第十二次党代会精神电视电话会议。

□化州市在华伟图书馆会议室召开传达贯彻广东省第十二次党代会精神大会，黄永在会上作重要讲话，谭剑锋主持。化州市副科级以上党员领导干部参加会议。

28日

□化州市幼儿园举办以“游戏点亮快乐童年”为主题的庆“六一”亲子趣味运动会，全园近3000名幼儿及其家长参加活动。

31日

□黄永到汕湛高速公路丽岗镇水路中桥等施工现场，调研督办重点项目建设。

是月

□化州市司法学校团委获得2016—2017年度“广东省五四红旗团委”称号，是茂名地区职教系统唯一获此省级基层团组织最高荣誉的学校。

□化州市组织开展野生动物保护联合执法突击检查行动，打击违法犯罪活动，遏制各类破坏野生动物资源犯罪势头。

6月

1日

□黄永到杨梅产业集聚区，调研入园项目建设落地情况。

□由茂名市总工会和茂名市广播电视台主办的“创文明城市·展职工风采”茂名市排舞电视大赛，化州市代表队——广东昌华海利科技有限公司的《精忠报国》获得金奖第一名。

2日

□黄永专题调研教育工作，并在化州市教育局召开工作座谈会。

□团化州市委、化州市教育局联合召开学习贯彻广东省十二届党代会精神工作会议，各镇（区、街道）团干、各学校少先队辅导员参加会议。

5日

□化州市在华伟图书馆召开推进“两学一做”学习教育常态化制度化工作会议暨学习习近平总书记对广东工作重要批示精神宣讲报告会。黄永出席会议并讲话，谭剑锋主持会议，陈坦、阮汉出席会议。

□5日是第46个世界环境日，化州市在康景体育馆南门广场举行2017年“六五”世界环境日宣传咨询活动，活动的主题为“人人参与，创建绿色家园”“绿水青山就是金山银山”。

6日

□化州市安委会联合市应急办在下郭街道辖区梅石路段举行危险化学品生产安全事故“双盲”应急演练。茂名市安全生产协会危化应急专家（总工程师）曾亚寿到场观摩并作专业点评。

7日

□高考第一天，谭剑锋来到化州市高考考点化州市一中、实验中学，巡视高考工作，并就高考安全工作进行再部署。

8日

□茂名市人大常委会副秘书长吴再铭率茂名市人大检查组到化州市检查《环境保护法》贯彻实施情况。

9日

□9日是第10个国际档案日，化州市在康景体育馆南门广场举办以“档案——我们共同的记忆”为主题的国际档案日纪念活动暨“化州记忆”“城市变迁”和“航拍化州”主题图片展。

□至12日，化州市旅港同胞100人考察团回乡，以“寻找家乡的故事”为主题开展系列的观光、考察、交流、探访活动。

12日

□黄永到化州市丽岗镇进行调研，实地了解该镇重点项目建设、镇容镇貌、医疗卫生以及教育等方面情况。

□茂名市图书馆馆长郑小红到化州市人民检察院调研图书管理工作。

13日

□全国深化简政放权放管结合优化服务改革电视电话会议召开。中共中央政治局常委、国务院总理李克强出席会议并发表重要讲话。谭剑锋在化州市行政中心十楼会议室分会场收看收听。

15日

□化州市“小个专”党委在市工商局会议室召开学习贯彻省第十二次党代会精神大会。茂名市委常委、组织部部长徐晓霞，茂名市工商局局长梁其敏到会指导。化州市黄永出席会议。

16日

□意大利罗马省蒙大拿市政厅常委阿梅德欧一行代表其乐多市到访化州，与化州市举办加强交流与合作座谈会，加深两地交流，共商合作事宜。黄永主持座谈会并讲话，谭剑锋参加座谈会。

18日

□由中共化州市委员会、化州市人民政府主办的2017化州橘红文化节开幕。广东省人大常委会原副主任邓维龙，广东省政协原副主席王兆林，国家食品药品监督管理局原副局长任德权，中国科学院（曼谷创新合作公司）教授（首席顶层设计师）施珺天，茂名市政府副市长崔爽，广东省中医药局局长徐庆锋，广东省文化厅党组成员、广东省舞蹈戏剧职业学院党委书记韩安贵等各级领导以及意大利的外宾，全国、省内外各大媒体记者，企业代表，化州外出乡贤和各商会代表，化州市的领导干部群众共约3500人参加开幕式。开幕式由谭剑锋主持。黄永发表欢迎辞。

□化州市举行陈金章文化艺术馆奠基仪式。教授陈金章，广东省人大常委会原副主任邓维龙，广东省政协原副主席王兆林，国家食品药品监督管理局原副局长任德权，茂名市政府副市长崔爽，广东省文化厅党组成员、广东省舞蹈戏剧职业学院党委书记韩安贵，化州市黄永、谭剑锋，全国人大代表陈华伟，广州美术学院教授朱永成等出席奠基仪式，仪式由化州市副市长何林国主持。

19日

□化州市召开商协会联席会议，认真贯彻落实党中央“团结、服务、引导、教育”的非公有制经济重大方针，引导非公有制经济人士爱国、敬业、创新、守法、诚信、贡献，进一步加强化州市各商会协会的联系、交流与合作，促进政商互动，探索新形势下商会协会建设可持续发展之路。黄永、谭剑锋、陈坦、阮汉等出席会议。广州市化州商会名誉会长、广东省储备物资管理局原党组书记、局长凌康景等应邀参加会议。

23日

□化州市广场舞协会成立。茂名市文广新局副局长梁文沛出席成立大会。会议选举伍秀杰为协会理事会会长。

是月

□谭剑锋到河西、下郭等多个镇（区、街道）调研鉴江流域畜禽污染养殖场整治情况。

□化州市被评为“广东省严重精神障碍管理治疗工作先进县区”。这是化州市连续4年获此荣誉。

□阮汉对化州市政协〔2016〕71号重点提案“关于加快推进省道284线新路口至官桥段扩建六车道的建议”进行督办。

□陈坦率领化州市工商联（总商会）主席杨伟雄、深圳市化州商会首席会长郑学良、广州市化州商会首席会长陈观来、佛山市化州商会名誉会长魏朝南等到新安镇中保斯通“全国智慧物流”基地参观调研和指导工作。

□化州市组织系统“四亮四促”暨“组工干部业务大练兵”活动动员会在市行政中心十楼会议室召开。

7月

6日

□黄永到化州市中医院新址实地察看建设现场、市人民医院等专题调研化州市卫生工作。

□化州市在市行政中心十楼会议室召开《魅力中国城》专题投票工作动员大会。谭剑锋出席会议。

7日

□化州市政府召开党组（扩大）会议，推进“两学一做”学习教育常态化制度化，部署贯彻落实《茂名市人民政府加强和改进机关作风工作实施方案》的相关工作及传达国务院办公厅《关于督查问责典型案例的通报》。谭剑锋主持会议并做讲话。

□全国户籍制度改革推进电视电话会议在北京召开。化州市在市行政中心大楼开设分会场收看收听。

8日

□2017新安首届水果文化节开幕。茂名市农垦局局长潘飞等嘉宾应邀出席开幕式。

11日

□化州市在华伟图书馆召开学习贯彻广东省第十二次党代会精神宣讲报告会，邀请茂名市委宣传部讲师团团长张善标做宣讲报告。黄永、谭剑锋、陈坦出席报告会。

□谭剑锋到化州市第二人民医院、中垌卫生院督导卫生重点项目建设情况。

□化州市第十五届人大常委会在市行政中心三楼召开第六次会议。会议审议决定任命：吴浚百为化州市人大常委会选举联络人事任免工作委员会主任。决定任命：杨洪博为化州市人民法院审判员。免去：戴检侦的化州市人民法院行政庭庭长、审判员职务。

12日

□茂名市人大常委会常务副主任梁罗跃、副主任黄奕奕和相关人员到化州市，调研指导化州市人大代表联络站创建工作开展情况。陈坦，以及茂南区、电白区、信宜市、高州市的人大常委会主任等参加调研。

13日

□中央政法委、广东省委政法委督查组一行6人，在中央政法委综治一室副主任徐龙刚的带领下，到化州市志光医院实地督查严重精神障碍患者服务管理工作。

14日

□谭剑锋在化州市行政中心大楼市长会议室主持召开化州市政府第十五届第十九次常务会议，学习贯彻《财政部关于坚决制止地方以政府购买服务名义违法违规融资的通知》和《广东省环境保护厅关于印发南粤水更清行动计划（2017—2020年）的通知》等文件精神。

□化州市政协召开第十二届第五次常委会。会议通报2017年上半年政协工作情况，审议通过《中国人民政治协商会议广东省化州市委员会委员履职工作规则（试行）》等事项。阮汉主持会议。

□广东医科大学“橘红花开”服务队联合化州市中垌卫生院到中垌西村开展“三下乡”义诊活动，为当地群众送医送药。

18日

□茂名市人大常委会副主任林振光率调研组，专题调研化州市卫生强市建设工作进展情况。

□陈坦到挂点的化州市平定镇章义垌村考察地质灾害情况。

19日

□黄永主持召开中共化州市委常委（扩大）会议，会议主要传达学习习近平总书记在深度贫困地区脱贫攻坚座谈会上的讲话精神及中央纪委扶贫领域监督执纪问责工作电视电话会议精神，听取化州市省级新农村连片示范建设工作情况汇报，研究部署化州市下一阶段精准扶贫工作。谭剑锋出席会议。

25日

□谭剑锋在化州市行政中心大楼市长会议室主持召开化州市政府第二十一次常务会议，研究部署国务院第四次大督查迎检和《魅力中国城》投票相关工作、学习贯彻规范报送公文有关事项通知文件以及关于改进机关作风工作、供给侧结构性改革实施情况等事宜。

26日

□茂名市委书记、市人大常委会主任李红军，茂名市委副书记、政法委书记刘芳，茂名市副市长、公安局长黄果等领导到化州市调研维护社会稳定工作。化州市黄永、谭剑锋陪同调研。

31日

□化州市委书记、市人武部党委第一书记黄永率拥军慰问团开展慰问活动，与驻化部队官兵共庆建军90周年，共叙军民鱼水情谊、共商双拥大计、共谋化州发展。

是月

□化州市化橘红产业协会召开总结表彰大会，对一大批热心协会工作，大力支持化橘红产业发展的企业及个人给予表彰。

□广东省老促会副会长白玲带领的调研组一行，在茂名市老促会会长黄涛等老促会相关领导的陪同下，到化州市调研精准扶贫项目进展情况。

□广东省政府召开全省公共安全形势分析会议暨全省应急管理工作电视电话会。谭剑锋在化州市分会场收听收看电视电话会。

□化州市开展2017年全市“万人评机关”活动。

□茂名团市委副书记李拔飞带领综合督导组到化州市开展“一学一做”综合督导工作。

8月

3日

□化州市在华伟图书馆2号会议室召开《魅力中国城》（茂名）专题投票工作加温会。黄永出席会议并作讲话。

4日

□化州市在海利文化中心举办2017年纪律教育学习月活动动员会暨“三纪”教育培训班。黄永、谭剑锋、陈坦出席会议。黄永做动员讲话。

8日

□茂名市副市长崔剑带领茂名市水务局有关人员，到化州市调研村村通自来水和精准扶贫工作。

□至11日，化州市在海利文化中心先后举办4期公务员践行发展新理念和职业道德建设专题培训班，黄永出席每期开班仪式并做动员讲话。

9日

□广东省水利厅厅长许永锞率水利厅调研组一行，在茂名市委副书记、市长许志晖，副市长崔剑等领导的陪同下，视察高岭拦河闸重建工程建设情况。黄永陪同视察。

□茂名市人大常委会召开评议“河长制”工作动员电视电话会议，化州市和各镇（区、街道）分别设立分会场。陈坦在化州水务局分会场收看收听会议。

10日

□黄永到省定贫困村化州市官桥镇丰村及上村进行实地调研，并先后在两个村委的公共服务中心召开座谈会，详细向镇村干部了解两村目前产业扶贫和创建新农村示范村工作的进展和存在问题，研究部署相关工作。

11日

□黄永到石湾河出口、茅岭高、低排渠、下郭多谷电排渠等处实地察看水质，督办禁养区养猪场整治工作，并主持召开鉴江水环境整治工作会议，强调要铁腕关闭禁养区猪场，加快污水整治工作，按要求完成整治任务，确保水环境安全。

14日

□至15日，茂名市传达广东省县乡人大工作和建设座谈会精神暨创建选区（村级）人大代表工作联络站经验交流会在化州市召开。广东省人大常委会选联工委副主任钟卡到会指导。茂名市人大常委会常务副主任梁罗跃，副主任邓永明、马学友、黄奕奕、陈凡晓；化州市黄永、陈坦；茂名市各县（市、区）市人大常委会主任等170多人参加会议。

15日

□化州市在华伟图书馆2号会议室召开打击农村黑恶势力缉枪治爆暨禁毒工作会议。黄永出席会议。

□化州市在市华伟图书馆2号会议室召开2017年畜禽养殖污染整治工作加温会议。黄永出席会议。

□化州市总工会举行2017年“金秋助学”活动启动仪式。

17日

□化州市政府召开第十五届二十二次常务会议，学习贯彻《广东省党政主要负责人履行推进法治建设第一责任人职责实施细则》，听取关于社会保险扩面征缴工作情况汇报，审议通过《化州市森林防火工作网络化实施方案》等议题。会议由谭剑锋主持。

18日

□中共化州市第十三届委员会第四次全体会议在华伟图书馆召开。黄永、谭剑锋出席会议。全会由市委常委会主持。黄永代表市委常委会做讲话。谭剑锋总结全市上半年经济工作情况，部署下半年经济工作。市委政法委总结全市上半年维稳工作情况和部署下一步工作。市纪委传达中央纪委、广东省纪委扶贫领域监督执纪问责工作电视电话会议精神。公安局总结全市上半年打击各类突出违法犯罪活动工作情况和部署下一步工作。

□茂名各县（市、区）的经初审初检合格的34名报名应征女青年在化州市人武部接受体检。茂名军分区司令员、大校曾锡隆，茂名军分区政治工作处主任、中校韦荣献到现场检查指导。

□化州小组青联委员一行到鉴江开发区百室堂村委走访调研挂点帮扶贫困户。

21日

□谭剑锋带领化州市政府办、安监、公安、环保等相关单位负责人，到鉴江开发区、东山街道等地检查安全生产工作。

22日

□化州市在市行政中心办公大楼市长会议室召开2017年上半年经济社会发展考核情况分析会议。谭剑锋等出席会议。

23日

□黄永对第13号台风“天鸽”的防御工作进行周密部署和全面落实，全力以赴确保人民群众的生命财产安全。

25日

□广东省、茂名市两级先后召开防御第14号台风“帕卡”视频会商会议，对做好防御工作进行全面部署。黄永在化州市分会场收看视频会议并对市防御工作进行动员部署。

27日

□由省立中山图书馆副馆长吴昊、深圳图书馆副馆长王林、东莞图书馆副馆长冯玲等4名专家组成的评估组对化州市开展实地检查评估。

30日

□广东省国土资源厅副厅长余云州率领督导相关成员到化州市，对化州市地质灾害防治工作开展实地督导检查。

31日

□茂名市政协副主席黄宝强率领以化州市政协主席阮汉为团长的茂名市政协化州视察团针对化州市的精准扶贫工作开展专题视察。

□谭剑锋到化州市重点建设项目——机场大道新改建工程施工现场调研。

是月

□化州市委、市政府决定对城区“三江六岸”进行综合整治，致力打造“三江六岸”生态带、景观带和休闲娱乐带，把“三江六岸”打造成独具特色的城市名片。

□一批化州籍退伍老兵，到化州市社会福利院看望慰问孩子们，并为福利院捐资2万多元。

□玉林至茂名一级公路茂名段（首期）工程的其中一段，是化州市2017年的重点工程建设项目。该项目建设正式启动。

9月

1日

□黄永主持召开化州市委十三届第30次常委（扩大）会议。谭剑锋、陈坦、阮汉出席会议。会上，谭剑锋传达学习茂名市全面推进社会主义新农村建设暨省定贫困村创建社会主义新农村示范村工作会议精神，部署化州市下一阶段工作。黄永强调，要在全市内尽快选出重点村，抓出示范亮点，把握好政策，在“三清三拆三整治”、污水处理、文化设施、排污渠建设等方面多投入人力物力，同时加强资金管理，严防出现腐败问题，发挥帮扶资金最大实效。会议听取市部分重点项目进展情况汇报以及听取化州市社保扩面征缴工作情况汇报。会议讨论并原则通过化州市《关于贯彻〈法治广东建设第二个五年规划（2016—2020年）〉的实施意见》。

□化州市在华伟图书馆召开城乡清洁工程工作会议，通报化州市城乡清洁工程工作情况，分析存在问题，部署下一阶段工作。黄永、谭剑锋、陈坦、阮汉出席会议。

5日

□化州市召开中小河流治理工作动员会，谭剑锋出席会议。

6日

□广东省卫计委副主任刘冠贤到化州市中医院新址、妇幼保健计划生育服务中心、人民医院、东山社区服务中心督导基层医疗服务能力建设工作。

□化州市政府组织城管、公安、物业、工商、交通等单位以及鉴江开发区管委会和东山、河西、下郭等街道办事处组成联合执法队伍，开展户外大型广告整治行动。

7日

□化州市在市华伟图书馆召开庆祝2017年教师节大会。会议表彰在教育战线上涌现的优秀教师，营造尊师重教的良好社会氛围，努力建设教育强市。黄永、陈坦、阮汉出席会议。

□在第33个教师节来临之际，团化州市委携手化州市一爱堂药房、广州白云山潘高寿药业股份有限公司开展“让爱强大 播种希望”感恩教师节公益行活动，为在乡村小学教师送去节日祝福和慰问物资。

8日

□化州市纪委在市华伟图书馆召开全市新提任科级以上领导干部集体廉政谈话会。黄永出席会议。

□化州市第十五届人大常委会在市行政中心三楼召开第八次会议。会议决定，任命陈俊玮为市发展和改革局局长，免去其市环境保护局局长职务；免去王忠权市发展和改革局局长职务；免去黎小燕市人民法院刑事审判庭副庭长、审判员职务。陈坦代表市人大常委会向陈俊玮颁发任命证书。

11日

□广东省委、省政府召开2017年全省计划生育工作电视电话会议，化州市在市行政中心十楼会议室设立分会场收看收听。谭剑锋出席会议。

□至14日，化州市人大常委会组织有关人员参加广东省县乡人大负责人专题学习会。

12日

□化州市政府组织相关人员在市行政中心五楼会议室收听收看广东省节能减排工作电视电话会议。

13日

□广东省总工会基层组织建设部副部长黎巧梅到化州市调研“三个一批”建设工作情况。

15日

□化州市在市海利文化中心会议室召开“万人评机关”集中评议大会。黄永出席会议。

□茂名市委、市政府召开2017年全市计划生育工作电视电话会议。黄永在市行政中心十楼会议室分会场收看收听会议。

16日

□晚上，由化州市妇联、市广场舞协会主办的首届广场舞大赛城区选拔赛在市老干活动中心举行。全市23支代表队500余名广场舞爱好者登场表演。29日晚在康景体育馆南门广场进行决赛，争夺总冠军。

17日

□谭剑锋率领化州市安监、质监、消防等相关部门负责人组成的检查组，对全市的重点企业落实安全生产主体责任情况进行大检查。

18日

□化州市委在市华伟图书馆召开十三届第32次常委扩大会议。黄永、谭剑锋、陈坦、阮汉出席会议。会上，宣传部通报省文明城市测评组到化州市实地考察测评项目和内容，具体部署市迎检工作。黄永强调，要紧盯时间节点，紧扣测评标准，从快从紧，全力冲刺，切实巩固前期成果，逐项落实新增要求，确保顺利通过全省文明城市提名城市的测评验收。会议传达学习习近平总书记在省部级主要领导干部“学习习近平总书记重要讲话精神，迎接党的十九大”专题研讨班开班仪式上的重要讲话精神。

19日

□化州市在市华伟图书馆1号会议室召开全面推进社会主义新农村建设暨省定贫困村创建社会主义新农村示范村工作会议。黄永、谭剑锋、陈坦出席会议。

□由茂名市妇联联合中国人寿保险股份有限公司茂名分公司举行的“关爱单亲母亲”暨巾帼精准脱贫合作协议签订仪式，在化州市华伟图书馆2号会议室举行。

21日

□广东省卫生计生委规财处副处长孙才顺到化州市中垌镇，对乡镇卫生院标准化建设工作进行督查指导。

□化州市平定首届民族产业特色美食文化节在平定镇忠信广场举行，90多个商家，300多种美食汇聚一堂，让市民及游客尽情品尝到具有异地风情的美食。

22日

□谭剑锋主持召开化州市政府第十五届二十五次常务会议。会议学习茂名市《关于督导我市培育壮大工业主导产业工作情况的专报》及听取化州市相关情况汇报等。

23日

□广东省政府召开全省第四季度防范重特大生产安全事故工作电视电话会议。化州市在市分会场市行政中心十楼会议室收看收听会议。

25日

□茂名市委常委、办公室主任、统战部部长黄玉华到化州南山寺，督导十九大安保工作。

26日

□茂名市第十一次党代会代表化州代表团第1—2代表小组成员开展“看化州发展新变化，喜迎党的十九大”专题视察调研活动。

27日

□化州市第二人民医院（合江卫生院）举行升级建设项目开工仪式。茂名市委书记、市人大常委会主任李红军，茂名市委副书记、市长许志晖，茂名市委常委、市委办主任、统战部长黄玉华，茂名市副市长崔爽，茂名市卫计局长黄立红，以及化州市谭剑锋等出席开工仪式。

□至29日，广西隆安县组织有关部门领导组成的扶贫协作考察团赴化州市对接粤桂扶贫协作有关项目工作。28日上午，在化州市华伟图书馆召开化州隆安携手奔小康对接工作座谈会。

29日

□化州市在市行政中心十楼会议室召开“一村（社区）一法律顾问”暨人民调解“以案定补”工作会议。

是月

□广东省人大常委会原副主任、中共珠海市委原书记邓维龙，珠海市副市长刘嘉文，茂名市副市长崔剑等省市领导一行参观珠海市星园扶贫市场化州馆的建设营运情况，对这一精准扶贫农副产品流通平台建设给予高度的评价。

□茂名市人大常委会副主任林振光率领调研组对化州市的历史文物保护工作情况进行专项调研。

□谭剑锋到化州市丽岗镇实地调研“三清三拆三整治”工作的开展情况。

10月

9日

□化州市在市华伟图书馆3号会议室召开县域发展交流会总结会，会议由黄永主持。

□黄永到化州市土地开发储备中心，对全市土地储备工作进行专题调研。

10日

□茂名市副市长崔剑到化州市林尘镇、同庆镇调研指导省定贫困村创建社会主义新农村示范村工作。

□陈坦到化州市新安镇调研人大工作。

□阮汉到化州市那务镇调研低山大桥和那冰大桥规划建设，以及中小河流整治、六皇岭旅游项目开发等情况。

13日

□由广东省农垦集团公司副总经理吕林汉带领的考察团一行10人，到化州市考察化橘红生产企业现有种植基地、科研、品牌创建等情况。

14日

□晚上，国家防总和省防总召开视频会议，分析研判、部署安排防御今年第20号台风“卡努”有关工作。化州市组织收看收听国家、省、茂名市会议后，接着召开全市视频会议，谭剑锋做防御部署。

15日

□茂名市委常委、宣传部长倪谦，茂名市副市长、公安局局长黄果到化州市检查督导第20号台风“卡努”的防御工作，并在化州市三防指挥部召开会议，现场部署台风防御工作。化州市黄永、谭剑锋参加会议。

□晚上，黄永到化州市杨梅、良光、石湾等镇（街道）检查防御台风值守情况。

□谭剑锋到鉴江南盛朱砂塘险段，督查指导防御台风“卡努”工作。

16日

□中国奥园地产集团党组书记、总裁郭梓宁一行9人到化州市考察投资环境。黄永、谭剑锋陪同考察并进行座谈交流。

17日

□谭剑锋主持召开化州市政府十五届二十七次常务会议。会议学习《关于近段时间严格控制领导干部外出学习培训、出差集中精力抓好第四季度工作的通知》，会议听取精准扶贫精准脱贫、社会主义新农村建设等相关工作情况汇报。会议听取和通过关于《化州市全面推进社会主义新农村建设的实施方案》《化州市省定贫困村创建社会主义新农村示范村的实施方案》《化州市计划生育目标管理责任制评价方案》《加快财政扶贫资金使用进度，切实发挥扶贫资金使用效益的实施方案》等。

18日

□茂名市副市长、公安局长黄果带领茂名市公安局党委委员黄庞成到化州市信访局开展“基层大接访”活动。

□黄永、谭剑锋，化州市委办、市府办及组织部的人员集中收看收听党的十九大开幕盛况。

□化州市在市行政中心十楼会议室召开会议，对农村地籍调查及垦造水田等工作进行动员部署。

19日

□黄永到化州市国资中心调研视察，在国资中心召开工作座谈会。并到市交通运输局调研交通运输工作。

20日

□谭剑锋到化州市合江镇调研推动“三清三拆三整治”工作。

21日

□谭剑锋到化州市那务镇指导交通安全管理工作以及十九大期间的维稳工作。

22日

□谭剑锋主持召开市长专题会议。会上，化州市财政局从财政收支总体情况、收支主要特点、存在的主要问题、预计下半年任务完成情况、下一步工作计划及措施等方面做汇报。会议还研究部署其他工作。

23日

□化州市委召开书记专题会议，通报该市近期交通事故，剖析事故原因，研究交通安全工作。黄永主持会议并发表讲话，强调要加强领导，落实责任，铁腕整治，坚决遏制交通事故多发频发势头。

24日

□化州市总工会职工服务中心和职工爱心超市正式揭牌启用。茂名市人大常委会副主任、总工会主席黄奕奕出席揭牌仪式。

□广东省商事制度改革检查评估团教授徐现祥研究员刘博、马晶到化州市进行实地检查评估商事制度改革落实情况，并召开座谈会。

□黄永在化州产业转移工业园管理委员会会议室主持召开部门协调会议，要求加快推动入园项目建设，全力确保项目尽快建成投产。

25日

□茂名人大常委会常务副主任梁罗跃，茂名人大常委会副主任林振光、黄奕奕率茂名市督查组，到化州市调研县乡人大工作和建设及“河长制”评议进展情况。化州市陈坦陪同调研。

□至27日，阮汉带领化州市招商攻坚二组一行7人在东莞地区开展招商引资工作。

□化州市在市行政中心十楼会议室设分会场，收听收看广东省政府召开全省农村集体产权制度改革暨土地确权工作电视电话会议。

26日

□化州市庆祝广东省第二十四届环卫工人节表彰大会在市容卫生管理处会议室召开，表彰市容卫生工作先进集体和优秀个人。全市90名环卫工人代表参加会议。

□谭剑锋主持召开化州市政府十五届二十八次常务会议。会议传达茂名市落实2017年广东省十件民生实事专题办公会议精神。会议讨论关于清理整治临时性议事协调机构问题。会议听取计生工作汇报、关于《中共化州市委、化州市人民政府关于深入推进城市执法体制改革改进城市管理工作的实施方案》、关于《中共化州市委、化州市人民政府关于从严处罚违法建设、遏制违建蔓延的意见》等。

27日

□化州市召开市委常委（扩大）会议，传达学习党的十九大精神，部署党的十九大精神学习宣传工作。会议认为，党的十九大是在全面建成小康社会决胜阶段、中国特色社会主义进入新时代的关键时期召开的一次十分重要的大会。会议要求，各级各部门今后的工作安排和开展必须要以十九大精神为引领，对标中央、省和茂名市的决策部署，制定具体的工作计划和落实措施，切实做好各阶段性工作。会议听取化州市前三季度经济运行、扶贫领域专项巡察、“万人评机关”活动的情况汇报，讨论通过《中共化州市委化州人民政府关于全面推进社会主义新农村建设的实施意见》《化州市省定贫困村创建社会主义新农村示范村的总体方案》《中共化州市委化州市人民政府关于深化供销合作社综合改革的实施意见》。

□化州市总工会、市退管会在汇江春酒店举办全市离退休职工庆祝2017重阳座谈会。离退休干部职工代表等200多人参加座谈会。

□27日闭幕的第六届全国全健排舞比赛中，广东省总工会选送的化州市总工会代表队——广东昌华海利集团《精忠报国》获金奖第一名，广东昌华海利集团获最佳推广奖。

28日

□中共广东省委召开全省传达贯彻党的十九大精神大会。会议以电视电话会议形式开至各地级以上市、各县（市、区），化州市设分会场收听收看。黄永、谭剑锋、陈坦、阮汉在化州市分会场参加会议。

30日

□陈坦主持召开化州市人大常委会党组会议，传达学习党的十九大精神。

31日

□茂名市委副书记、政法委书记刘芳率挂钩帮扶单位领导到化州市鉴江开发区百室堂村调研精准扶贫工作。

□中农联控股有限公司副总经理区杰新一行到化州市洽谈项目用地事宜。黄永等陪同洽谈。

□化州市政协机关召开传达学习党的十九大精神会议，传达党的十九大精神，对学习宣传贯彻党的十九大精神工作做出部署。阮汉参加会议。

是月

□化州市粤明艺术团团长李粤明填词作曲的歌曲《歌唱中国道路》，在中国大众音乐协会举办的“歌唱中国 2017第二届唱响中国大型活动”中，获得“中国歌曲创作金牌词曲”称号。

11月

1日

□茂名市第三次中小河流治理工作现场会暨全面实施河长制工作动员会在化州市召开。茂名市委书记、市人大常委会主任、第一总河长李红军主持会议并讲话。

□化州市委第二巡察组到化州东山街道办召开扶贫领域专项巡察反馈会。黄永出席会议并作讲话。

2日

□谭剑锋主持召开市长专题会议。会议研究建设化州市产业转移园创业孵化服务中心事项等。

□谭剑锋主持召开化州市政府党组（扩大）会议，传达学习党的十九大精神。

□化州市委办公室、化州市人民政府办公室印发“万人评机关”活动情况通报。

3日

□化州市在市华伟图书馆召开“万人评机关”评议结果反馈大会。黄永出席会议并作讲话。

□黄永在市华伟图书馆1号会议室传达10月28日召开的全省领导干部会议精神，要求各级各部门要更加紧密地团结在以习近平总书记为核心的党中央周围，深入贯彻落实党的十九大精神，坚决拥护中央决定，在省委的坚强领导下，不断开创改革发展新局面。陈坦、阮汉参加会议。

6日

□化州市在市华伟图书馆召开《化州市城市总体规划（2011—2030年）》方案专家论证会。黄永、谭剑锋出席会议。

7日

□化州市在市行政中心十楼会议室召开2018年度党报党刊发行工作会议。

□茂名市信访维稳安保工作总结暨公安派出所建设第二次点评会在化州市华伟图书馆召开。茂名市委副书记、市委政法委书记刘芳，茂名市副市长、市公安局党委书记、局长黄果出席会议并做讲话。茂名市委副秘书长、信访局局长周沛洲主持会议。化州市委书记黄永出席会议。化州市公安局作有关经验介绍。

□澳门化州同乡会在澳门长崎街万豪轩酒家举办成立8周年庆典活动。近700名会员参加活动。中央人民政府驻澳联络办公室协调部副部长张深居，立法会议员麦瑞权、郑安庭、施家伦，茂名市委统战部副调研员邹肖萍应邀出席庆典。

8日

□谭剑锋主持召开化州市政府十五届二十九次常务会议。会议学习《茂名市人民政府办公室关于进一步做好我市促进粤东西北地区发展评估考核指标提升工作的通知》。会议听取关于安全生产工作情况汇报及学习《中共广东省委 广东省人民政府关于推进安全生产领域改革发展的实施意见》和《化州市深化医药体制改革2017年重点工作任务》的情况汇报等。

□化州市委学习中心组在华伟图书馆3号会议室召开十九大精神专题学习研讨会。研讨会由黄永主持。

9日

□广东省人大常委会副主任黄业斌率省人大常委会脱贫攻坚工作调研组到化州市进行脱贫攻坚专题调研。

10日

□化州市纪委监察局召开“万人评机关”反馈问题整改动员会。

13日

□至14日，茂名市第十二届人大代表法制组到化州市开展以“生态公园保护与管理工作”为主题的视察活动。

15日

□由广东检验检疫局局长施宗伟带领的调研组一行在茂名市副市长崔剑等领导的陪同下，到化州市就检验检疫工作开展实地调研。化州市委书记黄永陪同调研。

□晚上，黄永主持召开化州市委十三届第35次常委（扩大）会议，传达学习十九届中共中央政治局10月27日会议精神及李希同志在省委常委会（扩大）会议学习贯彻党的十九大精神时的讲话精神及在集体瞻仰中共三大会址纪念馆后召开省委常委会会议上的讲话精神和全省市厅级主要领导干部学习贯彻党的十九大精神专题研讨班精神。强调要认真学习宣传贯彻好党的十九大精神，以上率下，团结一致，狠抓落实，全力推动化州加快发展。

□化州市在市行政中心西625会议室召开十三届市委第五轮巡察工作动员部署会。

□广东丝源集团董事长胡智明一行6人到化州

市合江县域副中心镇考察蚕桑基地，并就建设丝绸特色产业小镇的规划、建设、国家扶持政策等相关事宜进行探讨交流。化州市委书记黄永陪同考察交流。

16日

□由化州市政府金融工作局指导创建的化州市银企协会举行成立大会。

17日

□化州市在华伟图书馆1号会议室召开全面实施河长制工作推进会暨河长业务培训大会，主要任务是深入贯彻中央、省和茂名市关于全面推行河长制的决策部署，进一步明确目标任务，落实各级责任，加快推进化州市河长制工作。黄永、陈坦、阮汉出席大会。

□化州市召开推进2018年新一轮绿化大行动暨创建国家森林城市工作会议。黄永出席会议。

□谭剑锋主持召开化州市政府十五届三十次常务会议。会议听取关于食品安全生产工作情况汇报、学习《中共广东省委办公厅广东省人民政府办公厅印发〈关于落实食品安全党政同责的意见〉的通知》。会议听取关于殡改工作情况汇报及《关于农村土地承包经营权确权登记颁证工作情况汇报》等。

□茂名市联合医疗投资有限公司计划到化州市投资建设三甲医院项目，于17日下午在市橘州山庄三楼会议室举行化州市联合医院项目投资建设框架协议书签约仪式。

20日

□黄永主持召开化州市委十三届第36次常委会议。会议研究市振兴发展综合考核及计生、环保、安全生产、殡改、综治创平安、园区建设年终考核工作等。

□下午，黄永到化州市林尘、江湖两镇调研省定贫困村创建社会主义新农村建设情况。

□化州市人大常委会在华伟图书馆召开“河长制”评议工作会议。陈坦，茂名市人大常委会委员、城建环资工委主任叶广勇等出席会议。

21日

□谭剑锋调研走访化州市省定贫困村社会主义新农村示范村建设情况。

22日

□茂名市委副书记、政法委书记刘芳带领茂名市农业局、茂名市扶贫办等相关部门负责人到化州市专题调研省定贫困村精准扶贫和社会主义新农村建设工作。谭剑锋等陪同。

□化州市在华伟图书馆举行学习党的十九大精神宣讲报告会。茂名市委宣讲专家团成员、茂名市委党校党建文史教研室主任、副教授刘艳做宣讲报告。谭剑锋主持报告会。

23日

□茂名市委副书记、政法委书记刘芳带领相关部门负责人到化州市中垌镇调研省定贫困村精准扶贫和社会主义新农村建设工作情况。黄永陪同。

□茂名市城市基层党建工作经验交流座谈会在化州市华伟图书馆召开。茂名市委常委、组织部部长徐晓霞，化州市委副书记、市长谭剑锋，茂名市委组织部副部长、市“两新”组织党工委书记梁田欢，茂名市委组织部副部长邱锋出席会议。

27日

□谭剑锋到化州市鉴江开发区、同庆镇调研社会主义新农村建设。

□谭剑锋在化州市行政中心市长会议室主持召开化州市政府全体会议，研究部署2017年政府系统惩治和预防职务犯罪工作。

□化州市政府召开党组（扩大）会议，谭剑锋主持会议。会议传达学习《中共广东省委关于认真学习宣传贯彻〈习近平谈治国理政〉，第二卷的通知》精神。

□谭剑锋主持召开化州市政府十五届三十一次常务会议。会议审议通过《联合开展无证幼儿园清理整治工作方案》《化州农行债权资产包处置方案》《关于化州市人民医院“升级建设项目”和“内科大楼建设项目”采用EPC模式建设的请示》《化州市环境保护税法实施准备工作方案》《关于转聘300名基层派出所辅警的请示》等议题。

□至30日，化州市委组织部牵头在深圳市经理进修学院举办为期4天封闭式的化州市电子商务人才培训班。

29日

□茂名市委副书记、政法委书记刘芳到化州市鉴江开发区百室堂村调研精准扶贫和新农村建设工作。谭剑锋等陪同。

□茂名团市委书记何龙江一行到化州市调研基层团组织建设工作情况，希望化州市进一步探索构建线上线下深度融合的“互联网+共青团”一站式服务体系，打造具有化州特色的共青团工作品牌。

□陈坦到茂名市化州公路局召开人大代表建议督办推进会，专项督办全市交通基础设施建设方面建议办理情况。

30日

□茂名市台湾同乡会台籍女同胞考察团在茂名市委台办主任吴奕的陪同下到化州市考察企业发展情况与投资环境。

□珠海市政府副市长张宜生带领珠海市政府秘书长武林，珠海市规划设计研究院规划分院院长谭文杰等到化州市调研考察精准扶贫工作及开展慰问活动。

是月

□哈罗公司在化州市分3个投放点投放600辆共享单车进行试运营，市民可以免费试骑45天。

□化州市消防大队在绿景国际花城举办物业企业消防技能大比拼。来自化州市各重点单位的物业企业共70多支微型消防队，100余人参加活动。

□珠海市强制隔离戒毒所党委委员、副所长梁波，党委委员、政工办主任赵淑环带领扶贫组一行15人，到化州市江湖镇陈谢村，调研产业项目进展情况，并为14户“一对一”帮扶对象送上慰问金，做实做好精准扶贫工作。

□广东省法学会副会长陈瑞光，省法学会副会长、港澳台法学研究会会长蔡镇顺等到化州市视察调研。

□国务院防范和处理邪教问题办公室下发文件，正式授予化州市“全国创建无邪教示范市”称号。

12月

1日

□谭剑锋在化州市行政中心市长会议室主持召开化州市政府十五届三十二次常务会议。会议传达省委十二届二次全会精神。会议听取关于化州市法治政府建设和行政复议工作情况、关于2017年度化州市政务公开工作情况、关于中央预算内投资项目建设情况、关于加快推进深化改革重点任务及医院升级建设标准化建设情况的汇报；研究讨论关于审定《化州市水质净化处理设施全市整体打包PPP项目实施方案》、关于采取EPC模式建设化州产工业园创业孵化服务中心项目问题等方案和问题。

□由珠海市高新区工商联、珠海派诺科技股份有限公司、珠海罗西尼表业有限公司、珠海联合天润打印耗材有限公司、珠海英博尔电气股份有限公司、远光软件股份有限公司等单位组成的慰问团到化州那务镇敬老院开展慰问活动，看望慰问30余位老人，为他们送去价值13.5万元的慰问品和慰问金。

4日

□黄永深入化州市合江镇明星村、那务镇新屋村和那务村等地了解“三清三拆三整治”工作进展情况，调研指导新农村建设工作，要求强化村庄整体规划设计，打造富有地方气息的特色新农村。

□黄永深入旧茂化路、城东区调研项目建设进展情况，强调项目建设要符合化州的实际，讲究实用原则，确保工程质量，维护好党委政府形象。

□化州市委政法委结合“宪法日”普法宣传活动，在孔庙广场设置反邪教知识咨询点，向群众开展反邪警示宣传。

5日

□化州市政府在市行政中心五楼会议室组织收看收听全省粮食生产功能区和重要农产品生产保护区划定工作电视电话会议。

6日

□黄永主持召开化州市委十三届第37次常委会议，传达学习省委十二届二次全会精神以及讨论研究化州市有关工作。谭剑锋、陈坦、阮汉出席会议。

□黄永主持召开书记专题会议，研究化州市扶贫攻坚工作，强调要以问题为导向，抓重点、补短板和弱项，做实做细做精，全力以赴做好迎检工作。谭剑锋出席会议。

7日

□茂名市委常委、常务副市长吴刚强率茂名市农业局党组成员、市畜牧兽医局局长梁亚河等到化州市那务镇省定贫困村田心村、泉埇村、高坡村、新屋村调研考察新农村建设和精准扶贫工作。

□茂名市（化州、高州片区）反走私工作培训班在化州市开班，培训班邀请茂名市反走私经验丰富、业务娴熟的专家进行授课，进一步提升反走私系统人员查缉各类走私案件的能力和水平。

□珠海市强戒所10多名干部在该所党委副书记、

政委谢鸿，党委委员、副所长叶永祥的带领下到化州市江湖镇陈谢村开展精准扶贫调研及慰问活动。

□团茂名市委书记何龙江、副调研员梁海鹰、茂名市青年志愿者行动指导中心副主任徐丹一行到化州市宝圩镇探访“希望乡村教师计划”6名支教志愿者。

8日

□广东省委组织部副部长、省委老干部局局长郭跃文到化州市就“离退休老干部学习宣传贯彻党的十九大精神”活动开展和“老干部学习活动场所”建设情况进行专题调研。茂名市委组织部副部长、老干部局局长卢军等陪同调研。

9日

□由中共化州市委、化州市人民政府主办的“走汕湛高速看化州发展”大型徒步活动，在社会各界人士的热切期盼中如期举行。黄永、谭剑锋、陈坦、阮汉及广大市民等约5000人一起徒步汕湛高速化州段。

11日

□黄永与化州市委班子一起重温入党誓词，瞻仰化州市革命历史纪念馆，并主持召开市委十三届第39次常委会议，传达学习习近平总书记在瞻仰上海中共一大会址和浙江嘉兴南湖红船时的重要讲话精神和李希同志在瞻仰中共三大会址和中共中央机关旧址（春园）时的讲话精神，强调要进一步学习领会好、贯彻落实好党的十九大精神，以习近平新时代中国特色社会主义思想为指引，锐意进取，埋头苦干，加快化州县域发展，努力建设美丽宜居宜业江湾城市。谭剑锋、阮汉等参加活动。

□化州市第十五届人大常委会召开第十次会议，陈坦主持会议。会议听取并通过召开化州市第十五届人民代表大会第三次会议有关事项的决定（草案）。会议听取并通过选举化州市第十五届人民代表大会代表的决定（草案）、选举化州市第十五届人民代表大会代表的工作方案、选举化州市第十五届人民代表大会代表选举办法（草案）及其他。

12日

□黄永主持召开化州市委十三届第40次常委（扩大）会议，强调要认真按照中央要求和省、茂名市的部署，全力抓好贯彻落实，不断把作风建设引向深入；要深刻吸取汕尾市“12・9”火灾事故教训，扎实推进消防安全工作各项措施落实，有效防范和坚决遏制重特大火灾事故发生。谭剑锋、陈坦、阮汉参加会议。

□化州市在市国税局8楼会议室召开创建省文明城市反馈整改工作会议，反馈省考核组实地考核测评提出的存在问题，部署下一阶段整改工作。

13日

□谭剑锋率领化州市府办、安监、消防、城管、教育等部门负责人开展安全生产检查工作。

□陈坦率茂名市第十二届人大代表化州代表团到化州市南盛街道蒲山村开展集中视察活动，实地视察了解新农村建设情况，并召开汇报会。

14日

□中国共产党化州市第十三届委员会第五次全体会议在华伟图书馆召开。会议的主要任务是：深入学习宣传贯彻党的十九大、省委十二届二次全会和茂名市委十一届五次全会精神，以习近平新时代中国特色社会主义思想为指引，总结当前工作，研究分析化州在新时代面临的形势和任务，进一步谋划未来发展，动员全市党员干部群众更加紧密地团结在以习近平为核心的党中央周围，不忘初心，牢记使命，全力推进化州振兴发展，为全面建成小康社会而不懈奋斗。黄永主持会议。

19日

□黄永到化州市林尘镇六马岭村委和合江镇新车村委调研省定贫困村精准扶贫和新农村建设工作。

□化州市在市华伟图书馆召开精准扶贫考核迎检准备工作进展情况汇报会。黄永强调，各镇（区、街道）、市有关部门要进一步统一思想，提高认识，把精准扶贫考核迎检准备工作作为当前一项重要任务来抓，把考核准备工作做深、做细、做实，确保精准扶贫考核迎检准备工作取得实效。

20日

□至21日上午，共青团化州市第十六次代表大会在市华伟图书馆召开。大会选举产生新一届领导班子，麦钊当选为共青团化州市第十六届委员会书记，李琬铭、李宇鹏当选为副书记。

□化州市企业家协会组织多家爱心企业代表到东山街道敬老院对院内老人进行慰问，为老人送去关怀和祝福。

21日

□广西隆安县委副书记、县长甘诚带领隆安县扶贫协作考察组，对化州市进行实地考察调研。

22日

□茂名市委常委、纪委书记肖叶带领茂名市纪委、市农业局相关负责人，到化州市平定镇、文楼镇、宝圩镇调研挂钩联系的7个省定贫困村社会主义新农村建设工作。黄永陪同调研。

23日

□化州市在华伟图书馆3号会议室再次召开精准扶贫工作推进会议，强调要强化责任，铆足干劲，以更大的决心、更明确的思路、更精准的举措、超常规的力度，全力以赴冲刺完成全年脱贫目标任务。会议由黄永主持。

25日

□茂名市地方税务局党组书记、局长吴锡昌一行到化州市那务镇省定贫困村田心村调研精准扶贫工作。

26日

□广东省政协原副主席、省宋庆龄基金会主席唐豪以及省丝绸纺织集团党委书记、董事长柯惠琪，党委副书记、总经理徐四军等到化州市调研茧丝绸产业发展情况。茂名市副市长崔剑陪同调研。

27日

□至28日，茂名市人大常委会常务副主任梁罗跃、副主任黄奕奕带领由66名茂名市人大代表组成的评议团到化州市，通过走现场、听汇报、看视频等方式考察了解化州市“河长制”工作、中小河流治理、生活垃圾及污水处理等情况，并对化州市“河长制”工作进行评议。27日陈坦陪同考察，28日黄永出席评议会。

□化州市发改局组织召开《城市停车智能管理系统PPP项目实施方案》听证会。来自社会各界的19名代表参加听证会，与会代表一致认为化州市建设城市停车智能管理系统非常必要，赞同该方案。

□至28日，茂名市普惠金融“村村通”验收组到化州市考评验收农村普惠金融“村村通”试点工作。化州市“九项行动”圆满完成任务，被评为优秀等级。

28日

□化州市委学习中心组在市华伟图书馆召开专题研讨会，集中学习《习近平谈治国理政》第二卷。黄永主持研讨会并做讲话。谭剑锋、陈坦、阮汉等市委学习中心组成员出席会议。

□黄永主持召开化州市委十三届第42次常委会议，传达学习茂名市推行“候任村（社区）干部”制度工作现场会议精神以及研究部署化州市有关工作。谭剑锋、陈坦、阮汉参加会议。

□广东省农科院副院长、研究员易干军，省农科院果树研究所博士、副研究员董涛，省农科院果树研究所博士窦同心，广东中昇种业公司董事长李鸿一行，到化州市化橘红药材发展有限公司调研化州市橘红产业发展情况。

□化州市在华伟图书馆3号会议室再次召开精准扶贫工作推进会议，精心部署精准扶贫考核迎检准备工作，要求确保按时完成2017年精准扶贫目标任务。会议由黄永主持。

29日

□化州市委、市政府组织广大干部群众在康景体育馆南门广场一带以及东堤路开展“清洁家园”义务上街清扫活动。黄永带头参加清洁家园志愿活动。

是月

□广东省安全生产工作电视电话会议于日前召开。化州市在市分会场收听收看会议。黄永就安全生产工作作批示，要求全市各级要贯彻落实省、茂名市会议精神，高度重视，迅速行动；要全面压实责任，再部署、再督促；要提升应急能力，做好预防预警；要逐级强化宣传，提升安全意识；要强化责任追究，落实隐患防治，全力以赴确保岁末年初安全生产形势的稳定。

□茂名市县联合军粮供应应急保障演练在化州市京界国家粮食储备库举行。茂名市粮食局副局长黎永光参与演练。

全市概貌

市情概貌

建置沿革

【概况】 化州市建置历史悠久，置废多变。自西汉元鼎六年（公元前111年）起，今化州境先后属合浦郡高凉县、交趾刺史部高兴郡、交趾刺史部高凉县、交州高凉县、广州高凉县、高凉郡高凉县。南朝宋元嘉三年（426年）今化州境设罗州县。南朝梁大通二年（528年）罗州县升为罗州，置刺史，置石龙县、石龙郡（因州地有石龙，故名）。589年隋灭陈，废石龙郡。唐武德六年（623年）罗州徙治石城，置南石州。贞观九年（635年）南石州更名辩州。北宋开宝五年（972年）废罗州入辩州。太平兴国五年（980年）辩州改称化州，以州治西南三里石龙岗之石龙能变化命名，此乃化州命名之始。元至元十五年（1278年）置化州路，属湖广行中书省。明洪武元年（1368年）改化州路为化州府，隶属广东行省。南朝梁大通二年至明洪武六年（528—1373年），石龙县建置不变。洪武七年（1374年）降化州府为州，并即附郭县石龙入化州，石龙县从此被撤销。洪武九年（1376年）化州降为化县，属高州府。洪武十四年（1381年），县复改为州，化州仍领吴川、石城二县。民国元年（1912年）废府、州，化州改化县。此后化县先后属高州绥靖处、高雷道、高雷善后处、南路行政公署、南路绥靖专员公署、广东第七行政督察专员公署、广东第八专署行政督察区。中华人民共和国成立后，化县先后属南路专区、高雷专区、广东省粤西办事处、粤西行政区、湛江专区。1958年11月化县与吴川县合并改称化州县，县政府驻化州城原化县政府驻地。1961年4月吴川县析出，化州县称谓不变。1968年4月后化州县属湛江地区。1983年9月撤销湛江地区建制，实行地市合并、市领县体制，化州县从湛江地方行政区析出，归茂名市管辖。1994年8月撤销化州县，设立化州市（县级），以原化州县的行政区域为化州市的行政区域。

【五帝时期】 约公元前26世纪初至公元前21世纪初，今化州境属南交。

【夏、商、周至秦时期】 约公元前21世纪初至公元前256年，今化州境属百越。秦始皇三十三年（公元前214年）平定南越，置南海、桂林、象郡，今化州境属象郡。

【汉至晋时期】 秦亡后，南海郡尉赵佗取桂林、象郡，称南越武王，及至西汉前期，今化州境属南越国。西汉元鼎六年（公元前111年）汉灭南越国，分其地为南海、苍梧、郁林、合浦、交趾、九真、日南、珠崖、儋耳九郡，今化州境属合浦郡高凉县。东汉建和元年（147年）合浦郡分立高兴郡，今化州境属交趾刺史部高兴郡。东汉建宁元年（168年）改高兴郡为高凉郡，旋废，今化州境属交趾刺史部高凉县。东汉建安八年（203年）改交趾刺史部为交州，今化州境属交州高凉县。建安十五年分交州为交、广二州，今化州境属广州高凉县。建安二十五年（220年）分高凉县立高凉郡，吴又立高兴郡，俱属广州，今化州境属高凉、高兴二郡地。西晋太康元年（280年）灭吴，高凉、高兴二郡仍吴制。太康中，撤高兴郡并入高凉郡，今化州境属高凉郡高凉县。

【南朝、隋、唐、五代十国时期】 南朝宋元嘉三年（426年）檀道济筑石城于陵罗江口（今合江圩陵江与罗江汇合处），置罗州县（县治所陵罗江口），属广州高凉郡，为化州建县之始。

齐，于今化州境复置高兴郡，旋废。齐再置高兴郡（一说治所高兴县，在今化州城；一说治所宋和县，今化州南境），属越州，辖地为今化州南部及吴川、廉江全境。梁大通二年（528年）置石龙郡、石龙县，又升罗州县为罗州，州、郡治所均在今化州城东北旧城岭，置刺史，领石龙、高兴二郡，辖境为今化州、吴川、廉江全境和高州西南部，及至广西博白、陆川、北流接壤地带。陈，沿梁制不变。隋开皇九年（589年）隋灭陈，废高兴、石龙二郡，以州统县。罗州领石龙、吴川、茂名三县。大业三年（607年）废高州、罗州，立高凉郡（郡治今阳江市区西三十里）。石龙县属高凉郡。唐武德四年（621年）废高凉郡。武德五年，复置罗州，（治所石龙县，今化州城），领石龙、吴川、陵罗、龙化、罗辩、南河、石城、招义、零绿、慈廉、罗肥十一县，属岭南西道邕管经略使。武德六年罗州徙治石城，另置南石州（治所石龙县，今化州城），领石龙、陵罗、龙化、罗辩、慈廉、罗肥六县。后，南石州属县或省或并。贞观九年（635年）南石州更名辩州。天宝元年（742年）辩州更名陵水郡。乾元元年（758年）复称辩州。天祐元年（904年）更名勋州，后复名辩州。五代、后汉沿唐制，辩州领石龙、陵罗二县。

【宋、元、明、清时期】 北宋开宝五年（972年）废罗州入辩州，以吴川来属，省陵罗入石龙，辩州领石龙、吴川两县。太平兴国五年（980年）辩州改称化州，此乃化州命名之始。因州治西南三里石龙岗有石龙胜迹，以龙能变化，故名化州。南宋绍兴三十一年（1161年），州守李丹从河东徙城于河西，筑化州城，州署建于石龙岗南（今化州市公安局驻地）。乾道三年（1167年）析吴川西乡为石城县，化州领石龙、吴川、石城三县。1278年，宋帝昺即位于硇洲，升硇洲为翔龙县，隶属化州。化州领石龙、吴川、石城、翔龙四县。元至元十五年（1278年）置化州路，领石龙、吴川、石城三县，属湖广行中书省。明洪武元年（1368年）改化州路为化州府，隶属广东行省。洪武七年降化州府为州，并附郭县石龙入化州，石龙县从此被撤销。化州领吴川、石城二县。洪武九年化州降为化县，属高州府。洪武十四年，县复改为州，化州仍领吴川、石城二县，仍属高州府。清，沿明制，化州领吴川、石城二县，属高州府。

【民国时期】 民国元年（1912年）废府、州，撤高州府，化州改化县，广东省派出高州绥靖处，化县属高州绥靖处。民国3年（1914年）撤高州绥靖处，设高雷道，化县属高雷道。民国9年（1920年）撤高雷道，派出高雷善后处，化县属高雷善后处。民国14年（1925年）撤善后处，派出南路行政公署，化县属南路行政公署。民国15年（1926年）改设南路绥靖专员公署，化县属南路绥靖专员公署。民国25年（1936年）11月广东派第七行政督察专员公署后，化县属第七行政督察专员公署。民国36年（1947年）第七行政督察专员公署改为第八专署行政督察区后，化县属第八专署行政督察区。

【中华人民共和国成立后】 中华人民共和国成立后，1950年2月广东省南路区行政督察专员公署成立，化县属南路专区。1950年9月，南路区行政督察专员公署改为高雷区专员公署，化县属高雷专区。1952年5月，撤高雷专区，化县归广东省粤西办事处辖。1952年9月，粤西行政公署成立，化县属粤西行政区。1956年2月，粤西行政公署改为湛江专员公署，化县属湛江专区。1958年11月，按地理、经济、生产等条件小县并大县，化县与吴川县合并，改称化州县。县政府驻化州城原化县政府驻地。1961年4月，吴川县析出，化州县称谓不变。1968年4月，湛江地区革命委员会成立（1978年9月湛江地区革命委员会改为湛江地区行政专员公署），化州县属湛江地区。1983年9月，撤销湛江地区建制，实行地市合并、市领县体制，化州县从湛江地方行政区析出，归茂名市管辖。1994年7月4日，经国务院批准，民政部同意撤销化州县，设立化州市（县级），以原化州县的行政区域为化州市的行政区域。同月，广东省人民政府决定将化州市委托茂名市代管。同年8月18日，化州县各机关、企事业单位正式启用新印章，使用化州市称谓。自此，化州为市（县级）建制。

自然地理

【位置、范围和面积】 化州市位于广东省西南部。地理坐标北纬21° 29＇—22° 13＇，东经110° 20＇—110° 45＇。东接高州市、茂名市郊，东南邻吴川市，西南邻廉江市，西北和北与广西壮族自治区陆川县、北流市交界。全境总面积2356.44平方千米。地形狭长，状若坐狮。南北最长处81.75千米，东西宽44千米。市境东端最突出点为南盛镇山合村东面三丫江江心，西端最突出点为文楼镇田子岭脚西面分界岭顶（海拔286米处），南端最突出点为良光镇龙地村东南面化州、吴川两市分界线与良垌至塘公路交叉点，北端最突出点为文楼镇沙坡村北面粤、桂两省（区）分界山山顶（海拔139米处）。化州市地处两广（广东、广西）三市（湛江、茂名、玉林）的交会中心，扼粤桂交通的咽喉。黎（塘）湛（江）铁路、207国道和广湛高速公路横贯化州南部，省道284线、285线、372线纵横全境，与县道、乡道连接成网，成为连接大西南、珠江三角洲地区及海南省的主要通道和交通要塞。

【地貌】 化州市地形南北长，东西窄。地势由西北向东南倾斜，北高南低。地貌类型以丘陵地为主，占全市总面积的75.5%。北部为高丘区，属云开大山支脉，占全市总面积的38.4%，包括平定、文楼、播扬、宝圩、那务、合江6镇。海拔200~400米，铁屎嶂为最高点。地貌为不规则山岭，属震旦系地层变质岩、混合岩风化剥蚀地形。该区较高的山岭有铁屎嶂海拔579.8米，斑瓜嶂海拔577.5米，五星顶海拔463.7米，三嶂海拔448.7米，飞鹅岭海拔446.8米，大氹顶海拔421米，天堂岭海拔407.6米，亚姨岭海拔388米，磨刀岗海拔372.7米，天堂顶海拔350米，塔岭海拔332米，岐坡嶂海拔330.1米。中部为低丘区，占全市总面积的36.8%。包括中垌、林尘、江湖、官桥、新安、丽岗6镇及石湾街道。海拔50—200米。山脉走向大多为北东向，山顶地形多似猪背脊状，少数为桌状山、单面山形。原基底岩石属泥盆系及寒武系八村群等地层，剥蚀而成。该区较高的山岭有：中火嶂海拔344.4米，官山嶂海拔280.7米，谢半嶂海拔242米，广东岭海拔156.1米，尖岗岭海拔215米。西南部为台地，占全市面积的15.5%，包括笪桥、良光、杨梅3镇及东山、河西、下郭3街道部分地带；海拔100米以下，山形为馒头状。东南部为平原，占全市总面积的9.3%，包括长岐、同庆2镇及东山、河西、下郭、南盛4街道部分地带。海拔10~50米。原基底岩石，在南盛一带为沉陷盆地，是火山喷发沉积岩石（地层为白垩系）。另外，尚有古老的地层震旦系变质岩层。河流、水库、山塘星罗棋布。陵、罗、鉴三江及其支流汇归鉴江河系，像叶脉一样自北向南纵贯全境，全长349.8千米，流域面积占全市总面积的85.6%。全市有中型水库2宗，小（一）型水库19宗，小（二）型水库59宗，山塘1345宗，库、塘水面1585公顷，总库容10904.6万立方米，引水工程有291宗。鉴、罗江自北至南纵贯化州全境，上游集雨面积6142平方千米。北部高丘地区山多田少、水面少，中部中丘和西南低丘地区山多田少，东南平原山少田多。全市森林覆盖率48.1%。

【气候】 化州市属南亚热带气候，夏长冬短，气候温和，阳光充足。年平均日照时数1870.1小时，日照百分率42%。年平均温度为22.2℃~23.9℃，历年平均温度为22.9℃。冬季寒潮入侵，偶有严寒。日平均温度大于0℃的活动积温，年平均为8358.5℃。以日平均温度稳定低于5℃作为喜温作物的越冬期，绝大部分地区没有越冬期，仅北部个别地方少数年份有1~2天的越冬期，越冬作物可持续生长。化州市虽无明显的越冬期，但遇上霜冻年份，喜温作物往往毁于一旦，出现霜冻年份的概率为17%，北部个别地区出现的概率大些。以日平均温度稳定通过12℃，保证率在80%的初日作为早稻的安全播种期，以日平均温度稳定通过22℃，保证率在80%的终日作为晚稻安全齐穗期，加上晚造齐穗期至完熟需35天计，化州市南部水稻的安全期为270天，北部是255天左右。秋季昼夜温差每天平均为8.6℃左右，对晚稻、秋薯等作物的营养物质积累及甘蔗水果的糖分转化均十分有利。

化州市降水充沛，年平均降雨量1890毫米。但降雨在时空上分布的极度不均，一年中降雨量主要集中在5—9月，此期间的雨量占全年总雨量的75%，月降雨日数平均17天。夏秋期间，台风暴雨频繁，再加上地势由北向南倾斜，中南部两江沿岸地势平缓低洼，往往导致北部山洪暴发，河水暴涨，中南部洪水泛滥，内涝渍水，酿成水灾，有的还比较严重；春、秋、冬季雨量较少，常有春、秋、冬旱发生，有的年份也会发生夏旱。化州市季风气候极为明显。3—9月盛行东南风，10月至次年2月盛行偏北风，年最多风向为东南风。一般风力不大，年平均风力只有2.6级左右，但夏季台风影响时，最大风力可达11～12级，阵风12级以上，给人民生命财产带来很大损失。

资源物产

【土地资源】 化州市人多地少，2017年底全市土地总面积2356.52平方千米，其中耕地面积59736.18公顷，林地面积84499.82公顷，人均耕地面积0.726亩。因受地形地势的影响，各类用地分布不够平衡，尤以耕地、林地比较明显。南部的长岐、同庆、南盛、东山等镇（街道办事处）耕地较多，而林地相对较少；北部的文楼、平定、播扬等镇则林地面积较大，是林业和水果生产基地。根据第二次全国土壤普查，全市自然土土壤12.17万公顷，水稻土面积3.98万公顷，旱坡地土壤5776公顷。自然土土层深厚，土壤比较肥沃，热带和亚热带果树、林木都生长良好。由南到北局部地区都种有速生丰产桉、橡胶等。耕地复种指数242.4%，单产高，冬种面积大。水稻土除黏土田外，土壤质地都在中壤至重壤，保水保肥性能好，水热状况能满足水稻生长要求，而且有机质含量丰富，土壤肥力高。

【水资源】 化州市雨量充沛，水系广，水资源丰富。全市平均年降雨深1833.8毫米，折合水量43.1亿立方米。全市平均年径流深777毫米，折合径流量18.3亿立方米。最大年径流深1138毫米，折合径流量26.8亿立方米。最小年径流深621毫米，折合径流量14.6亿立方米。按平均年径流量计，境内地表水资源为18.3亿立方米。若加过境37.3亿立方米客水，化州市地表水资源为55.6亿立方米。化州市境内河流基本上属鉴江水系，其流域面积占全市总面积的89.9%。主要河流有9条，即鉴江、罗江、陵江、清湖河、中垌河、官桥河、石湾河、三丫江、塘河。鉴江在市内的最大支流罗江，自北向南至化州城区汇入鉴江，罗江在市境内的流域面积占全市总面积的65.8%。根据化州市境内河川径流分布和河流天然落差，对全市各河流分段计算，全市境内水能理论蕴藏量4.2万千瓦，其中可开发利用的水能2.2万千瓦。化州市地下30米以上浅层地下水蕴藏总量为4.01亿立方米，人为污染较少，水质良好，适宜人畜饮用。已发现的饮用天然矿泉水主要分布在塘岗岭、石湾区等地。塘岗岭饮用天然矿泉水是目前广东省矿泉水出露范围较大的矿泉水产地之一，经多次取样分析其化学成分稳定，有益元素含量齐全，完全符合饮用天然矿泉水的国际标准，单井日开采量440吨以上。地热水出露的温泉位于那务镇新时代陵江江畔，泉水清澈透明，无色、无味，温度为40℃～60℃，pH值8.8～9.12，水中阳离子以钠离子为主，阴离子以重碳酸根为主；矿物含量高除含有与一般地下水相同的常量化学成分外，还有硫化氢、偏硅酸、氟、溴、碘、铜、铅、锌、锶、钾、镍、砷、钦、铬等微量元素及特殊成分，其中硫化氢、偏硅酸、氟含量均达到医疗热矿水命名标准。

【矿产资源】 化州市初步探明的矿种有31种，矿点280多处。金矿、银矿、钛铁矿、磁铁矿、褐铁矿、硫铁矿、铅锌矿、石灰石、花岗岩、大理石岩、钾长石、云母、锆英石、石英石、叶蜡石、绿柱石、铌钽石、滑石、水晶石、冰洲石、砖用黏土、瓷土、高岭土、河砂、矿泉水等储量较丰富，钼矿、铜矿、锰矿、独居石、辉长石、石膏矿、泥炭土、锡砂矿等也有一定的储量。石灰石储量在800亿吨以上，其中文楼镇白石储量约400亿吨，石灰石含艚58%，碳酸钙含量99.8%，纯白度大于93%，密度2.85克/立方厘米，高品位在国内极为罕见，除作生产水泥、石灰、石米的原料外，还可深加工成复粉、双飞粉和重质、轻质碳酸钙，广泛用作造纸、橡胶、塑料、涂料、医药工业、化妆品、去污粉等多种产品生产的原料，现石灰石年产50多万吨。平定钛矿储量780万吨，位列广东省第一，伴生锆英石、磁铁矿，钛精矿品位一般为48%～50%，现年产量10多万吨。铁矿储量约200万吨，铁矿石经精选后含铁量56%以上，年产量3万多吨。花岗岩出露面积250.9平方千米，混合花岗岩出露面积415.8平方千米，已探明总储量约20亿立方米。该矿种类繁多，且质地优，耐酸，耐碱，耐风化，比重大，硬度高，抗压强度大。其中丽岗镇的花岗岩，以质优驰名，石英二辉二长闪岩、斑状黑云二长花岗岩被国家建材工业部以“黑珍珠”命名。现全市花岗岩年开采量130多万立方米。官桥丰村铅锌矿查实C级储量矿石量151.3万吨。黏土矿储量超过10亿立方米。高岭土储量约500万吨以上。主矿区新安大坡高岭土，新安镇高岭土可开采面积50平方千米，自然白度高，开采条件好，质地优良。矿钾长石储量约50万吨。

【植被和生物资源】 化州市光、热、水资源丰富，四季常青，动植物种类繁多。植物资源有1900多种。植被以常绿季雨林、马尾松林、稀林灌木草坡、桉林、竹林、橡胶林、化橘红以及龙眼、荔枝、芒果、木菠萝、柑橙、菠萝、香蕉等水果和水稻、玉米、番薯、花生、大豆、蔬菜、糖蔗、蚕桑、黄红麻等农作物为主。化州市是全国最早和著名的北运菜产销基地、桑茧生产基地、优质黄红麻种籽生产基地和广东省商品粮生产基地、广东省冬种玉米基地、广东省糖蔗生产基地。北运及出口蔬菜年种植面积最多达1.4万公顷。全市有林地面积8.19万公顷，除有2万多公顷的速生丰产桉树林及大片的松、杉、橡胶林外，还有水松、格木、赤藜、红车、鸡毛松、箭毒木、白木香、赤楠、铁力木、白桂木等国家Ⅰ、Ⅱ、Ⅲ级保护植物以及见血封喉等珍稀树种。化州市是全国水果百强县，具有适宜热带、亚热带水果生长的良好条件，广东省在农业区划中把化州划入早熟荔枝、龙眼生态的最适宜区。全市有龙眼、荔枝、香蕉、芒果、菠萝蜜、地菠萝、柑橙、柑桔、石榴、杨桃、黄皮等热带、亚热带名优水果面积4.95万公顷。化州橙果大汁多、酸甜适中，蜚声中外。“红阳牌”红杨桃、番石榴、无核鸡心黄皮，“名富牌”番石榴、红杨桃，“绿蕉牌”和“绿士牌”绿色香蕉等，多次获得中国农业博览会“名牌产品”和“中华名果”称号。化州特产化橘红，是中国名贵的中药材之一，素有“南方人参”之称，化痰止咳、健胃行气等功效神奇，明清两代被列为宫廷贡品、御用药物，现为国家中药保护品种，实施地理标志产品保护，以其为主要原料生产的橘红系列药品、保健品，畅销全国各地，远销东南亚及欧美等地。笪桥黄瓜是化州著名的土特产。动物资源有500多种，有黄猄、果子狸、金头龟、山瑞、水獭、穿山甲等珍贵动物。

人口·民族·语言

【人口】 2017年末，化州市户籍总人口169.85万人。其中，常住人口123.86万人，农业人口143.66万人。当年出生人口20450人，死亡人口9398人，人口出生率12.14‰，人口死亡率5.58‰，人口自然增长率6.56‰。

【民族】 2017年末，化州市总人口169.85万人，少数民族人口1.98万人。化州市是一个多民族地区，全市有31个民族，除汉族外，有30个少数民族，包括蒙古族、回族、藏族、苗族、彝族、壮族、布依族、朝鲜族、满族、侗族、瑶族、土家族、哈尼族、傣族、黎族、傈僳族、佤族、拉祜族、水族、纳西族、仫佬族、羌族、毛南族、仡佬族、怒族、俄罗斯族、保安族、鄂伦春族、赫哲族和京族。全市少数民族人口中，以壮族占大多数，其次是黎族。少数民族人口较多的地区主要集中在与广西接壤的西北部的平定、文楼和合江镇。化州市有两个民族行政村，分别是平定镇的那宾村民委员会和文楼镇的塘表村民委员会。其中平定镇的那宾村民委员会有壮族、黎族、苗族、布依族、瑶族、毛南族和仫佬族等7个少数民族；文楼镇的塘表村民委员会有壮族、黎族、苗族和仫佬族等4个少数民族。市内其他地方散居的少数民族人员中，历史性世居的占80%，其余的主要是工作原因落户和嫁入落户两种方式为主。化州市少数民族人口十年的主要变化是：少数民族总人口数占全市总人口数的比例基本维持原比例不变；新增加的少数民族成分1个，为京族；民族行政村为2个，维持不变。

【语言】 化州市居民使用的语言主要为化州白话和化州话两种汉语方言。化州白话属高雷系粤语，是市内分布最广、使用人数最多的方言，使用该种语言的居民占全市总人口的70%，主要分布在市内的南部、东部和北部各镇村。化州话属客家话系统，但与正宗客家话稍异，使用该种语言的居民占全市总人口的30%，集中分布在市内西部的兰山、中垌和西南部的新安镇。平定、文楼、合江、官桥等部分镇的居民则同时使用化州白话、化州话两种语言。

行政区划

【行政区划】 2017年，化州市设丽岗、宝圩、同庆、长岐、杨梅、良光、笪桥、新安、官桥、中垌、平定、文楼、林尘、合江、江湖、那务、播扬等17个镇，东山街道办事处、河西街道办事处、下郭街道办事处、石湾街道办事处、南盛街道办事处5个派出机构和鉴江经济开发区，共33个社区，334个村民委员会，4073条自然村。化州市境内有广东省建设农场、广东省新时代农场、广东省红阳农场、广东省红峰农场、广东省和平农场、广东省新华农场和茂名市国营文楼林场、茂名市国营丽岗林场、茂名市国营平定林场、茂名市国营播扬林场、茂名市国营化州市大番坡林场等11个农林场。

2017年化州市行政区设置一览表

镇（街道、区）名称	居民委员会（社区）		村民委员会（行政村）	
	数量（个）	名称	数量（个）	名　称
长岐镇	1	长岐	13	长岐、西湾、双牌、米能、石宁、中塘、下山、东安、新丰、南岭、旺岭、塘北、东方
同庆镇	1	同庆	17	同庆、塘吉、山口、石步、谢白、木岭、三丫、悦义、宏道、长塘、六塘、六坡、丰告、塘溪、龙豆、上良、排塘
杨梅镇	1	杨梅	19	杨梅、北亨、木平、福境、杜村、低埇、坡咀、和平、那新、米西、平塘、水埠、竹根园、泊头、官地、滨江、古岭、乐岭、浪山
良光镇	1	良光	17	良光、庙咀、雅道、大山、茅山、东岸、东埇、沙田尾、豺岭、塘贡、出拔、旺财塘、木贤、龙秀、长安、米山、斋塘坡
笪桥镇	1	笪桥	13	大沙田、山华、柑村、瑶埇、木威塘、西埇、良埇、横岭、仓背、水塘、硃砂、边岭、笪桥
丽岗镇	1	丽岗	11	赤坎、尖岗、丽山、丽岗、朱玉、水路、硃砂圩、博青、镇安、低坑、元塘
新安镇	2	新安、钱石	15	大坡、龙潭、横岭下、梨垌、蛇塘、平田、红光、波罗垌、新安、曲径、山埇、沙田、山西、榕树、 新塘
官桥镇	1	官桥	10	官桥、三角车、旺竹山、丰村、大岭脚、六堆、上村、六角埇、水口、名教

续表

镇（街道、区）名称	居民委员会（社区）		村民委员会（行政村）	
	数量（个）	名称	数量（个）	名　称
林尘镇	1	林尘	21	林尘、沙洲坡、下埌、官塘、尚书堂、下车、莲塘边、山心、白沙、塘墩、竹根头、新岸、外坡、古峰、六马岭、白塘、根竹山、坦塘、荔枝埒、七芝坡、令村
中垌镇	2	中垌、兰山	30	鸭塘、塘村、西村、高峰、石岭、青山、东京塘、山口垌、坡头、马路头、杨村、杨充、孔化、龙头、那洪、白鸠地、南合、塘梨根、公居、那梨、塘灶、白石、福岭、栋背、兰山、瓦厂、梨华、番昌、留村、陂口
合江镇	1	合江	23	合江、车田、明星、大埅、大埇、笋竹坵、新车、大石头、高步、松架、新圩、九仕坡、塘口、梧村、结社、六龙、多例、塘乐、塘坑、沙垌岭、同志堡、禾堂岭、北岸咀、
那务镇	1	那务	30	那务、金菊、新屋、高坡、高田、低山、那冰、京堂、东门、田心、水明、大坑、高华、章道、六村、上埌、壶垌、大旺垌、南子地、林坑、泉埇、石头咀、竹子、元洲、元山、路埇、沙垌、高红、长岭、增村
播扬镇	1	播扬	14	马站、大贵、平山坡、红山、院田、良山、谭灯、播扬、杉山、文龙、花心、平太、江佩、文水
宝圩镇	1	宝圩	10	陈垌、仓板、宝圩、龙埚、巷口、大塘、茂坡、调马、西岸、秧地坡
平定镇	1	平定	24	高车、新华、山口坡、圣古、旺耀、那平、岭下、大车、旺竹、上双、下双、平山、沙坡、蓬利、那宾、低坡、六赠、马力、积田、旺垌、翰堂、红榄、香山、东岸城
文楼镇	1	文楼	16	那训、文楼、新村、宝山、平福、河龙、岭咀、垌生、塘表、新德、甲隆、大柘、那楼、樟平、那播、双坡
江湖镇	1	江湖	8	江湖、湖边、车木根、车头坡、陈谢、连界、坡心、龙梅
广东鉴江经济开发区	1	鉴东	5	大桥、白鸠垌、旺山、东方红、百室堂
河西街道	5	沙堤尾、下墟、宝山、北岸、文仙	7	山车、凤口、坡石、樟村、上郭、三里堂、禾化

续表

镇（街道、区）名称	居民委员会（社区）		村民委员会（行政村）	
	数量（个）	名称	数量（个）	名　称
东山街道	4	上街、站前、下街、劳村	6	上坡、儒教位、博龙、江岸、博金、塘尾
下郭街道	2	霞宝、兴郭	9	下郭、多谷、潦口、灵村、石狗塘、文子山、坡尾、官田、黄槐
石湾街道	1	石湾	10	石湾、中火岭、李山、官禄、旺竹圩、莲花、莞塘、格塘、长坡、榕木水
南盛街道	1	南盛	6	平垌、南盛、蒲山、山尾、乐堂、谢村
总计	33		334	

（李明豪）

经济社会发展概况

【概况】 2017年，化州市贯彻落实上级的决策部署，以提高发展质量和效益为中心，突出抓好交通基础设施、产业园区、中心城区“三大抓手”建设，开拓创新，攻坚克难，经济社会持续健康较快发展。但宏观环境复杂多变，市场需求持续低迷，化州市实现高质量发展的基础比较薄弱，主要表现在：投资增长后劲不足；服务业缺乏重点产业支撑，服务业主要依赖于房地产业和批发零售业等传统行业，缺乏新兴行业带动；旅游业处在起步阶段，未形成真正的产出；土地、交通、资金、人才等瓶颈制约依然存在。

【经济运行持续向好】 2017年，化州市实现生产总值487.47亿元，增长8.1%。全市完成固定资产投资178.49亿元，增长15.7%。一般公共预算收入11.87亿元，增长6.3%。社会消费品零售总额207.48亿元，增长10.1%。进出口总额17.13亿元，增长13.8%。年末人民币存款余额和贷款余额分别为352.64亿元和137.95亿元，存贷比39.1%。城镇常住居民人均可支配收入23834.2元，增长9.4%；农村常住居民人均可支配收入15689.4元，增长8%。

【产业结构调整优化】 农业稳定发展 2017年，化州市粮食总产量48.95万吨，同比增1.52万吨，粮食生产实现“七连增”。地市级以上重点农业龙头企业14家，其中，省级8家，茂名市级6家。建成高标准基本农田3546.67公顷。省级现代农业“五位一体”示范基地项目建设推进，化橘红种植面积5066.67公顷。

工业转型升级 2017年，化州市规上工业完成产值296.6亿元，增加值102.2亿元，增长13.8%。全市有规上企业197家，新增18家。化州市产业转移工业园完成固定资产投资23.7亿元，规上工业增加值35.2亿元，增长28.2%。杨梅产业集聚区首期路网工程完成大部分工程量。

服务业繁荣发展 2017年，化州市旅游发展质效提升，全市实现接待国内外游客166万人次，增长21.3%；实现旅游总收入7.83亿元，增长16.6%。旅游基础设施配套日趋完善，旅游项目建设有序推进，广垦国家热带农业公园加快创AAAA景区步伐。房地产开发和销售均呈上升趋势，房地产开发完成投资20.3亿元，增长47.1%。化州市实际去库存任务超额完成。

【新型城镇化步伐加快】 2017年，化州市城市扩容提质进程加快。强化城市总体规划，构建以市区为核心、中心镇和建制镇为骨干、中心村为节点的新型城镇体系。修改完善《化州市土地利用总体规划（2010—2020）》和《化州市城市总体规划（2011—2035）》，编制完成城南片区等6个项目控制性详细规划。迎宾路、广海路改扩建工程推进，“三江六岸”综合整治工程全面铺开。新农村建设推进。推进以省定贫困村创建新农村示范村和省级新农村示范片建设。全市39条省定贫困村开展“三清三拆三整治”和规划编制工作，农村人居环境综合整治行动推进。

【重点项目和基础设施建设】 重点项目推进 2017

年，化州市安排重点建设计划项目33项，项目总投资223.14亿元，年度计划投资26.54亿元，完成投资27.6亿元，完成年度投资计划104%。鉴江高岭拦河闸重建工程、城镇污水处理设施建设工程、中国化橘红产业园、粤西国际建材城等19个重点项目超额完成年度投资计划任务。其中，广东省重点建设项目完成投资4.79亿元，完成年度计划投资126.4%；茂名市重点建设项目完成投资20.31亿元，完成年度计划投资100.3%；化州市重点建设项目完成投资2.5亿元，完成年度计划投资100%。

交通基础设施完善　2017年，化州市交通基础设施主要建设项目24项，完成投资25.28亿元，增长27.61%。“一高一铁二纵三横”推进。玉林至茂名一级公路完成初步设计。汕湛高速于12月28日正式通车。机场大道新改建工程一期基本建成、二期全面开工、三期前期工作有序推进。河茂铁路电气化改造项目加紧推进。

水利基础建设推进　2017年，化州市完成水利工程建设总投资6187.5万元。引水保安工程和长湾河水库重建工程前期工作有序推进。村村通自来水工程、中小河流安全治理（二期）加快推进。高岭拦河闸重建工程一期工程验收，二期围堰及拦河闸建设正在进行。化州市农村学校师生饮水安全、26宗水库加固工程均完工。

生态文明建设　2017年，化州市全面建立河长制。水环境质量改善，江口门断面水质达到三类标准。推进畜禽养殖污染治理，关闭禁养区养殖场4379家，关闭率89.2%，签订关闭协议4735家，协议签订率96.46%。“黄标车”淘汰工作完成茂名市下达的任务。绿能环保发电项目动工建设。合江镇、平定镇、同庆镇、杨梅产业集聚区水质净化厂基本建成。河西产业集聚区水质净化厂开工建设。

【创新驱动转型升级】　供给侧结构性改革推进　2017年，化州市去产能成效显著，市国有“僵尸企业”中关停企业全部出清，化州市列入淘汰落后产能范围的大荣水泥厂、双桥水泥厂、中垌水泥厂全部关闭并拆除完毕，完成淘汰落后产能41万吨；去库存超额完成上级下达的1.4万平方米的年度目标任务；去杠杆稳妥实施，全市地方法人银行机构杠杆率保持合理水平；降成本成绩斐然，为企业减负4.53亿元；补短板工作有效推进，完成投资10.63亿元。

关键领域改革继续深化　2017年化州市深化“放管服”改革，继续推进精简行政许可事项。深化商事制度改革，实施“多证合一、一照一码”简易注销登记、“先照后证”、“双告知”、商事登记银政直通车服务等改革政策，进一步优化营商环境，激发市场主体活力。

创新驱动发展　2017年，化州市专利申请量为1005件。全市有高新技术企业9家，2017年申报省高企认定5家，申报入库2家；申报省级创新平台4家，申报省级科技奖2项。企业孵化器工作稳步开展，建成电子商务园1家。

【社会事业全面发展】　文化卫生教育事业稳步发展　2017年，化州市乡镇（街道）文体广场示范点全部完成建设任务，公共文化场馆对外开放率100%。陈金章文化艺术馆进入施工阶段。卫生创强工作稳步推进，12间乡（镇）卫生院标准化建设项目和134间村级卫生站建设项目基本完成，市中医院门诊住院楼主体正进行内墙装饰、水电安装。教育创现工作有序推进，2017年高考上重点率、本科率居茂名各区（市）首位。

社会保障水平提升　2017年，化州市就业创业形势良好，超额完成就业动态登记任务。全市2017年度城乡居民基本养老保险参保率101%，缴费率116%，超额完成上级任务。城乡居民基本医疗保险、城乡居民养老保险基础养老金标准有所提高。

精准扶贫工作成效显著　2017年，化州市有341条行政村纳入新时期精准扶贫工作范畴，有贫困户13521户，实现脱贫11000人。完成农村危房改造3478户。

（化州市发改局）

政治文明建设

依法行政

【概况】 2017年，化州市贯彻落实党的十九大，十九届一中、二中、三中全会和习近平总书记系列讲话精神，围绕中央全面深化改革、全面推进依法治国的战略决策，按照全面推进依法行政、打造法治政府的要求，落实国务院《关于加强法治政府建设的意见》《法治政府建设实施纲要（2015—2020年）》和茂名市2017年依法行政工作要点，推进政府职能转变，提高依法决策水平，规范行政执法行为，强化行政执法监督，为化州经济和社会事业全面、健康、可持续发展提供强有力的法制保障。

【行政决策机制】 化州市完善政府重大行政决策集体决定制度，完善重大行政决策咨询意见和公开听证制度，通过多种方式和渠道征求意见，集思广益、吸纳民智，做到科学决策。完善重大行政决策、重大政策措施和重大项目合同的合法性审查制度，所有重大行政决策事项、重要文稿和重大合同、协议，都要经政府法制局进行合法性审查，出具法律审核意见。2017年，化州市政府法制局审核市政府及部门重要文件文稿58件，审核市政府重大合同（协议）69件，参与处理市政府及部门具体涉法事项346件。

【规范性文件管理】 2017年，化州市按照《广东省行政机关规范性文件管理规定》《广东省人民政府办公厅关于进一步加强行政机关规范性文件监督管理工作的意见》的要求，执行制定规范性文件的启动、公开征求意见、听证、专家论证、合法性审查、集体讨论决定等程序，落实规范性文件制定机关主体责任，健全公开征求意见、合法性审查、集体讨论决定，落实规范性文件统一登记、统一编号、统一印发制度。强化规范性文件审查、备案、清理的各项工作，维护社会主义法制统一，确保政令畅通，推动法治政府建设。

【行政执法机制】 化州市政府出台一系列推进依法行政的工作制度，逐渐形成法治政府建设的制度体系。陆续出台《关于进一步推进依法行政工作的意见》《化州市依法行政考评方案》《化州市依法行政工作要点》等，形成一系列配套的依法行政和法治政府建设制度体系。行政执法工作迈上规范化的轨道，全市各执法部门建立完善岗位责任制度、持证上岗制度、行政处罚裁量标准、行政执法与刑事司法相衔接工作机制。

【信息公开制度】 2017年，化州市通过“化州市人民政府网”、《化州报》、《化州市人民政府公报》、化州电视台、政务公告栏和新闻微博等方式，及时公开政府信息，发布政策法规、决策部署、重大活动、经济社会发展情况。抓好重点领域信息公开工作，发挥政府门户网站作用，推进行政审批、财政预算决算、“三公”经费、保障性住房、食品药品安全、环境保护、安全生产、价格、收费、征地拆迁和以教育为重点的公共企事业单位等重点领域信息公开，及时主动向社会公众公开政府工作信息，提高政府工作透明度，以信息公开监督权力规范运行，促进政府职能转变。

【学法制度】 化州市建立健全领导干部学法制度。领导干部带头学法用法，增强领导干部的法治理念，提高领导干部运用法治思维和法治方式的能力，带动广大干部学法，使广大干部养成依法办事的习惯，营造依法行政、建设法治政府的浓厚氛围。2017年，通过组织举办法制讲座、参加理论学习会、学法考试、警示教育等多种形式提高领导干部的法律素质和法治化管理水平，使领导干部学法用法工作向制度化、规范化方向，有效提高各级干部学法、用法、守法、护法的自觉性和依法执政的水平。

【法治队伍建设】 2017年，化州市政府进一步加强法制机构的建设，法制局人员配备在原来的基础上，通过公开招录1人，充实法治队伍建设。通过制定出台《化州市政府法律顾问工作规则》，在全市推进政府法律顾问制度，构建政府法律顾问室。

（化州市政府法制局）

政府信息公开

【概况】 2017年，根据《关于我省全面推进政务公开工作实施意见的通知》和《茂名市全面推进政务公开工作实施方案》的工作要求和部署，化州市落实工作要点，完善政务公开工作机制，规范政务公开工作流程，推进全市政务公开工作有序开展。政务“五公开”、政府信息主动公开、政府信息依申请公开、扩大公众参与互动、加强政务信息化平台建设等各项工作取得新成效，全市政务公开工作呈现新面貌。

【政务“五公开”政策推进】 2017年，根据广东省、茂名市有关政务政策和方案精神，化州市政府办公室对政务公开工作进行全面的梳理和总结，严格对照省政府办公厅2017年政务公开工作要点和《茂名市全面推进政务公开工作实施方案》的工作要点，完成全年的政务公开工作各项指标任务。依托市政府门户网站、政府网官方微博和网上办事大厅等渠道，采取灵活多样的形式，及时公开重大政策措施、发展规划、重点项目等情况，推进和完善政务工作关于决策公开、执行公开、管理公开、服务公开、结果公开的渠道和方式，保障人民群众的知情权和监督权，推进法治政府、服务型政府和廉洁政府的建设。

【政府政务信息主动公开力度加大】 2017年，化州市政府通过市政府门户网站、化州电视台、政府政务公告栏和政府官方微博、微信等方式，及时公开政府信息，发布政策法规、决策部署、重大活动、经济社会发展情况。在化州市政府门户网站发布政府各类信息9025条，在茂名市人民政府网站公开政府政务信息500多条；制定并发行《化州市人民政府公报》，发布政府人事任免、规范性文件等信息；通过《南方日报》、《茂名日报》、茂名电视台、化州市广播电视台等媒体播发由化州市收集、编纂提供的政府新闻信息1000多条；依托市政府网站官方微博发布360多条政府政务信息和便民服务信息。

【政府信息依申请公开工作加强】 2017年，化州市的政府信息依申请公开工作得到加强，全市受理广东省、茂名市转来交办的舆情处理3件，纸质邮寄公开申请2件，网上信息平台申请11件。依申请公开信息案件全部实现及时有效答复。化州市建立相关的舆情监测和处置机制，各镇（区、道街）、各部门的办公室（综合室）为负责机构，各单位信息员为具体承办人，快速处置上级转交的舆情案件。聚焦群众关切和诉求，做到及时发现、及时应对舆情，第一时间研判、核实与调查处置，快速回应并发布权威消息。

【扩大公众参与互动工作迈出新步伐】 2017年，化州市为贯彻落实省、茂名市有关加强政务互动交流、切实回应人民群众关切的部署，制定印发《化州市人民政府政策解读工作方案》，详细规定政府政策解读工作的主体责任、解读机制、工作流程和解读方案等，指导、协调各部门开展政策解读工作的开展。以市政府网站平台为核心载体，围绕市委、市政府重点工作和社会关注热点，通过政务互动、网上调查等方式，接受公众建言献策和情况反映，完善接受公众监督评价的工作机制。该市率先开设政务在线访谈活动，是茂名市第一个开展此类政务公开的区（市），效果良好。

【政务信息化平台建设取得突破性成效】 2017年，化州市府办推进市政府门户网站改版升级，以全市政府网站集约化建设为契机，制定《化州市政府门户网站集约化建设方案》，逐步关停政府各部门和乡镇的政府网站，统一建设和运维综合性的新版市政府门户网站。新版网站按照省、市关于政府网站的考核与监测标准建设，对站内栏目设置和技术后台进行优化调整，妥善迁移数据、整合原有资源，建设统一的信息发布、互动交流、便民服务等栏目，做到信息公开有渠道、互动交流有平台、便民服务有载体，准确发布和解读政府信息，及时回应社会关切。通过集约化建设，实现政府网站的统一运维，降低运维成本、提高工作效率。化州市是茂名地区第一个完成政府网站集约化建设的区（市），得到茂名市政府的充分肯定。

（宋春云）

精神文明建设

【概况】 2017年，化州市文明办以培育和践行社会主义核心价值观为根本，推进社会主义精神文明建设，开展群众性精神文明创建活动，公民文明素质和社会文明程度得到进一步提升，涌现出一批工作扎实、成绩突出、影响广泛的先进典型。宝圩镇巷口村被评为“2016—2017年度广东省文明村镇”；化州市第六中学教师吴振贵被评为2017年第三季度“广东好人”；良光镇的詹诗红被评为“好心茂名人”；官桥镇的王华冠家庭、鉴江区的吴群娟家庭、化州市第六中学的吴振贵家庭被评为茂名市第一届“好心茂名家庭”。

【创建广东省文明城市】 2017年，化州市全面启动省级文明城市创建工作。成立创建广东省文明城市工作领导小组；制定《创建广东省县级文明城市重点工作任务分工表》，把七大测评项目63项任务分解到64个责任单位。在主干道、交叉路口、工地围挡、镇、村等醒目位置设置20平方米以上的大型户外公益广告116个；在市府广场、公交站台、各单位门口的140多个电子屏滚动播出宣传字幕；在城市重要地段、广场公园等区域按不低于30%的比例设置公益广告，各部门、公共场所的宣传栏设置宣传画和创文专栏1900多个；市电视、广播、公众号等主流媒体全面报道创建动态和经验典型，普及城市文明知识，2017年化州市播出创文新闻或专题170多次，在广东省、茂名市播出60多次。全年明察暗访城管、交通、住建等41个部门，以及东山、河西、合江等23个镇（区、街道），提出整改意见250条并跟踪督办。

【社会主义核心价值观建设】 2017年，化州市开展群众性精神文明创建活动，进行各级文明单位评比和身边好人评议活动，涌现出一批工作扎实、成绩突出、影响广泛的先进典型。化州市国税局被评为“全国巾帼文明岗”；化州市宝圩镇巷口村被评为“广东省文明村镇”；化六中退休教师吴振贵被评为2017年12月“中国好人”，第三季度“广东好人”；良光镇的詹诗红被评为第一届“好心茂名人”；官桥镇的王华冠家庭、鉴江区的吴群娟家庭等被评为茂名市第一届“好心茂名家庭”。

（吴东霞）

政

治

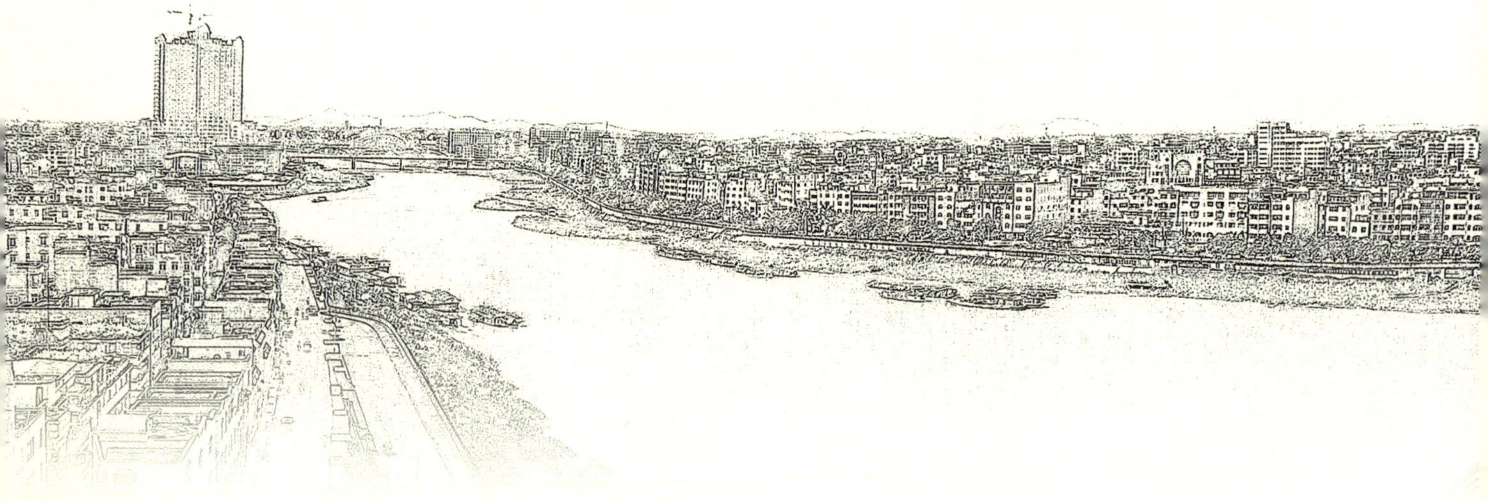

中共化州市委员会

综　述

【市委全会和其他重要会议】　市委十三届三次全会　2017年2月17日，中国共产党化州市第十三届委员会第三次全体会议在华伟图书馆1号会议室召开，会议深入贯彻落实中央经济工作会议、省委经济工作会议、茂名市委经济工作会议和茂名市十一次党代会精神，回顾总结2016年工作，研究部署2017年任务，团结动员全市广大党员干部群众，不忘初心，继续前进，以优异成绩迎接党的十九大和省十二次党代会胜利召开。市委领导邓永明、谭剑锋、朱金生、周太强、刘冬、邱锋、冯浪、杨国勇、梁金福等出席会议。茂名市人大常委会副主任、化州市委书记邓永明主持全会并代表市委常委会做工作报告，市委副书记、市长谭剑锋做经济工作专题讲话。工作报告分四部分：科学研判化州市经济社会发展形势；准确把握2017年经济社会发展工作的总体要求；着力抓好2017年经济社会发展重点工作；全面从严治党，为经济社会发展提供组织保障。报告指出，2016年，面对经济下行压力，市委团结带领全市各级党组织和广大党员干部群众，以党的十八大和十八届三中、四中、五中、六中全会精神为统领，以习近平总书记系列重要讲话精神为指引，以开展“两学一做”学习教育为契机，增强“四个意识”，坚决贯彻省委“三大抓手”和茂名市委“三个做大”的战略部署，紧紧围绕市十三次党代会提出的奋斗目标，全面加强经济、政治、文化、社会、生态文明建设和党的建设，圆满完成市镇两级换届选举，各项工作都取得新的进展，实现“十三五”良好开局。报告在科学、深刻分析当前经济形势后，提出化州市的工作总体要求是：更加紧密地团结在以习近平总书记为核心的党中央周围，全面贯彻党的十八大、十八届三中、四中、五中、六中全会精神和中央经济工作会议精神，深入贯彻习近平总书记系列重要讲话精神，统筹推进“五位一体”总体布局和协调推进“四个全面”战略布局，牢固树立五大发展理念，切实增强“四个意识”，坚持稳中求进工作总基调，认真落实省委“三大抓手”和茂名市委“三个做大”的战略部署，围绕市十三次党代会提出“与全国、全省同步全面建成小康社会”的奋斗目标，以推进供给侧结构性改革为主线，以创新驱动为引领，以深化改革为动力，以全面从严治党新要求为标准，扎实做好稳增长、促改革、调结构、惠民生、防风险各项工作，努力促进经济平稳健康持续发展和社会和谐稳定，以优异成绩迎接党的十九大和省十二次党代会胜利召开。报告强调，各级各部门要牢固树立和贯彻落实新发展理念，认真谋划、突出重点，统筹兼顾、狠抓落实，抓好2017年经济社会发展重点工作：（一）大力优化功能区域布局；（二）积极构建现代产业体系；（三）推进交通水利设施建设；（四）加强城乡统筹协调发展；（五）推进全面深化改革；（六）着力保障和改善民生。报告强调，党的领导是实现经济社会持续健康发展的根本保证。全市各级党委（党组）和党员领导干部要认真学习贯彻党的十八届六中全会精神，贯彻落实《中国共产党地方委员会工作条例》，深入推进全面从严治党。谭剑锋在经济工作专题讲话中回顾2016年化州市经济社会发展情况，部署2017年经济工作安排。他指出，2016年，化州市认真贯彻落实上级各项工作部署，统筹推进“五位一体”总体布局，践行“五大发展理念”，立足“粤西县域经济综合发展先行市、特色产业经济强市、茂湛都市圈重要节点城市”的发展定位，紧握“三大抓手”，迎难而上，主动作为，全市经济社会面貌发生可喜变化，化州市综合实力在深度调整中稳健提升：全市实现生产总值436.51亿元，增长6.9%；规模以上工业总产值227.62亿元，增长10.2%；规上工业增加值91.85亿元，增长7.1%；完成固定资产投资154.33亿元；社会销售品零售总额188.3亿元，增长10.5%；一般公共预算收入11.28亿元，增长2.7%；通过PPP模式成功融资4.06亿元；外贸出口总额14.7亿元，增长13%，创历史新高。谭剑锋指出，2017年经济社会发展主要预期目标是，生产总值增长9%，固定资产投资增长20%，一般公共预算收入增长10%。为实现预期目标，谭剑锋强调重点做好以下工作：（一）壮大主导产业，做强实体经济。要培育壮大七大工业主导产业，要抓好“一园五区”提质增效，要强力推进重点项目建设，要大力发展现代服务业，要全力打造特色旅游品牌；（二）舒活交通脉络，改善发展环境；（三）坚持协调发展，统筹城乡建设；（四）坚持开放发展，加强交流合作；（五）坚持创新发展，深化供给侧改革；（六）坚持绿色发展，强化环境保护；（七）坚持共享发展，聚焦社会民生。全会遴选产生广东省第十二次党代会代表候选人推荐人选名单，表决通过《中国共产党化州市第十三届委员会第三次全体会议决议》（草案）。全会应到市委委员60名，实到58名；应到市委候补委员13名，实到12名，符合规定人数。不是市委委员、候补委员的市人大常委会党员领导同志、副市长和市政协党员领导，市人大办、市政府办、市政协办主任，市委办、市政府办副主任，市纪委常委，市人大常委会各工委、市政协各专委党员负责人，市委各部委、市直各单位、市各人民团体、市属有关企业、上级驻化州市有关单位党员主要负责人，各镇（区、街道）党委书记、镇长（主任），人大主席、党委副书记、党委委员兼副镇长（副主任），农林场党政主要负责人，市第十三次党代会代表中的部分基层同志列席全会；邀请市人大常委会、市政协不是共产党员的领导班子成员列席全会。

中共化州市委十三届四次全会召开　2017年8月18日下午，中国共产党化州市第十三届委员会第四次全体会议在华伟图书馆召开，会议主要是深入学习贯彻习近平总书记系列重要讲话、习近平总书记对广东工作重要批示精神，学习贯彻省第十二次党代会、省委书记胡春华视察茂名重要指示精神，贯彻落实茂名市十一届四次全会精神，总结上半年工作，部署下半年以及今后一个时期的工作，团结动员全市广大党员干部群众，振奋精神，奋勇前进，加快化州振兴发展，以优异成绩迎接党的十九大胜利召开。市委领导黄永、谭剑锋、周太强、朱金生、刘冬、邱锋、冯浪、杨国勇、梁金福在主席台就座。全会由市委常委会主持。市委书记黄永代表市委常委会做讲话。市委副书记、市长谭剑锋总结全市2017年上半年经济工作情况，部署下半年经济工作。市委副书记、市委政法委书记周太强总结全市上半年维稳工作情况和部署下一步工作。市委常委、市纪委书记朱金生传达中央纪委、省纪委扶贫领域监督执纪问责工作电视电话会议精神。副市长、公安局局长吴校总结全市上半年打击各类突出违法犯罪活动工作情况和部署下一步工作。谭剑锋在会上强调：一、肯定成绩，正视问题，认清经济发展差距。二、把握趋势，立足优势，坚定攻坚克难信心。三、聚焦短板，集中攻坚，奋力完成目标任务。具体就是要做好“抓考核、攻项目、壮产业、优路网、拓空间、兴旅游、重环保、惠民生”等八大方面的工作。黄永在讲话中充分肯定市委常委会2017年上半年工作，认为上半年市委团结带领全市各级党组织和广大党员干部群众，全力以赴抓落实，经济社会发展取得新成绩，党的建设取得新成效。黄永指出，当前化州市班子团结协作、经济稳定增长、措施精准有力、工作扎实过硬、作风明显改善，但也面临着不少的困难和问题，主要是经济发展放缓，企业经营困难，固定投资乏力，民生欠账较多，作风有待提高。要高度重视，认真加以解决。黄永强调，要准确把握当前工作的总体要求，把握三个工作大局（把握发展大局、把握民生大局、把握稳定大局），突出五个工作重点（突出抓好杨梅工业重镇、合江县域副中心“两大重镇”建设，突出抓好玉茂一级公路、机场大道和镇通镇中林线、丽官线、杨同线“两纵三横”交通要道建设，突出抓好罗江新区、下郭新区“两大新区”规划建设，突出抓好现代工业、现代农业、现代服务业“三产驱动”发展，突出抓好“三江六岸”整治），着力建设美丽宜居宜业江湾城市。黄永要求，全力以赴做好2017年下半年工作，努力跑出化州市新的建设“加速度”。一、坚守社会稳定底线，确保“六个不发生”。即不发生危害国家安全和社会稳定的重大政治事件、不发生严重暴力恐怖和个人极端事件、不发生重大群体性事件、不发生重大公共安全事件、不发生规模性集体进京上访、不发生重大意识形态事件和负面舆情事件。二、坚决保持严打态势，推进平安化州建设。三、紧扭“三大抓手”，壮大县域经济实力。全力加快园区建设，加快培育发展主导产业，加快推进现代服务业发展，加快推进现代农业发展，加快推进农业生态旅游，抓好交通水利等基础设施建设，抓好城市扩容提质，加快项目建设，大力推进精准招商。四、推进全面深化改革，着力营造发展优势。抓好“放管服”改革，抓好企业服务，抓好融资工作。五、切实办好民生实事，补齐民生短板。抓好脱贫攻坚和新农村建设，抓好社会保障工作，大力发展教育文化事业，大力发展卫生健康事业，全力推进环境治理。六、抓好年内考核工作。黄永强调，坚决落实全面从严治党主体责任，为化州加快发展提供坚强保证。要把思想政治建设摆在首位，把学习习近平总书记对广东的重要批示精神，纳入“两学一做”学习教育重要内容。要聚焦抓好党建主业，担好管党治党职责。要扎实推进基层组织建设，提升基层党组织服务发展、服务群众的能力。要深入推进廉政建设，坚决把纪律和规矩挺在前面。要继续深入整治干部作风。黄永要求，全市广大党员干部要更加紧密地团结在以习近平总书记为核心的党中央周围，坚持“干字当头，实干兴化州”，大力弘扬自力更生、艰苦奋斗的南泥湾精神；不怕牺牲、敢攻坚打硬仗的上甘岭精神；亲民爱民、无私奉献的焦裕禄精神以及久久为功、持之以恒的钉钉子精神，强化担当，攻坚克难，努力开创化州经济社会发展新局面，以优异成绩迎接党的十九大胜利召开。会议表决通过全会《决议》（草案）。全会应到市委委员60名，实到52名；市委候补委员全部到会，符合规定人数。不是市委委员、候补委员的市人大常委会党员领导、副市长和市政协党员领导，市人武部部长、市长助理；市人大办、市政府办、市政协办主任，市委办、市政府办副主任，市纪委常委，市人大常委会各工委、市政协各专委党员负责人；各镇（区、街道）党委书记、镇长（主任），人大主席、党委副书记、党委委员兼副镇长（副主任），农林场党政主要负责人；市委各部委、市直各单位、市各人民团体、市属有关企业、上级驻化州市有关单位党员主要负责人列席全会。邀请市人大常委会、市政协不是共产党员的领导班子成员列席全会。

中共化州市委十三届五次全会　2017年12月14日下午，中国共产党化州市第十三届委员会第五次全体会议在华伟图书馆召开。会议的主要任务是：深入学习宣传贯彻党的十九大、省委十二届二次全会和茂名市委十一届五次全会精神，以习近平新时代中国特色社会主义思想为指引，总结当前工作，研究分析化州在新时代面临的形势和任务，进一步谋划未来发展，动员全市党员干部群众更加紧密地团结在以习近平为核心的党中央周围，不忘初心，牢记使命，全力推进化州振兴发展，为全面建成小康社会而不懈奋斗。市委书记黄永主持会议。会议书面传达省委十二届二次全会和茂名市委十一届五次全会精神。黄永就全面深入学习贯彻党的十九大精神作专题讲话，并就《中共化州市委关于持续深入学习宣传贯彻党的十九大精神推动习近平新时代中国特色社会主义思想在化州大地落地生根结出丰硕成果努力在粤东西北县域振兴发展中继续走在前列的决定（稿）》（以下简称《决定（稿）》）作说明。黄永强调，要深刻把握十九大在新时代开启新征程、续写新篇章的重大现实意义和深远历史意义。一要深刻认识党的十九大取得具有划时代意义的丰硕成果。二要准确把握“四个深刻学习领会”。（即深刻学习领会中国特色社会主义进入新时代的新论断，深刻学习领会中国社会主要矛盾发生变化的新特点，深刻学习领会分两步走全面建设社会主义现代化国家的新目标，深刻学习领会党的建设的新要求。）三要全力以赴投入到省委部署的“大学习、深调研、真落实”活动中来。要将开展这项活动作为深入学习宣传贯彻党的十九大精神的重要抓手，真正做到用学习成果指导调研实践，用调研实践深化学习成果。黄永强调，要认真落实"干字当头、目标倒逼、问题导向、重点发力、以上率下"二十字工作要求，把雷厉风行和久久为功结合起来，围绕产业园区、农业发展、交通建设、城镇建设、扶贫攻坚等重点工作提出的69项具体工作任务和36项重点征拆任务，坚持干字当头，敢担当有作为；坚持目标倒逼，一个节点一个节点推动工作；坚持问题导向，着力破解发展瓶颈；坚持重点发力，形成工作强大合力；坚持以上率下，一级带着一级干，加快美丽宜居宜业江湾城市建设，努力推动化州各项工作在粤东西北县域振兴发展中继续走在前列。黄永强调，要以党的十九大精神引领发展，聚焦重大课题，科学谋划推进以下重点工作：主导产业发展问题；杨梅工业重镇、合江县域副中心"两大重镇"建设问题；"两纵三横"为重点的交通路网建设问题；水利"六安"工程建设问题；城市扩容提质问题；乡村振兴问题；营造良好发展环境问题；改进招商引资问题；重点领域改革问题；民生社会事业发展问题；生态文明建设问题；基层党组织建设问题等。要在把握形势中找准工作推进方向，对所有重点工作和项目明确节点进度目标，细化到每月、每周、每天，倒排进度，挂图作战，确保时间进度同步，圆满完成年度目标任务。黄永强调，要落实新时代党的建设总要求，为全面贯彻党的十九大精神提供有力政治保证。要加强党的政治建设，强化意识形态工作，打造新气象高素质专业化干部队伍，锻造更坚强的基层党组织，坚定不移推进反腐败工作，推动全面从严治党向纵深发展。全会休会期间，黄永主持召开市委十三届第41次常委会议，听取分组会议讨论情况及对《决定（稿）》、全会《决议（草案）》修改建议的汇总意见；审议拟提请全会表决的《决定（稿）》和全会《决议（草案）》。全会表决通过《决定（稿）》和《中国共产党化州市第十三届委员会第五次全体会议决议》（草案）。市委副书记、市长谭剑锋在全会上部署岁末年初有关工作。谭剑锋强调，各级各部门必须坚持目标倒逼和问题导向，对照主要考核事项和全年工作任务，查找差距，分析原因，对症施策，做到"六个紧盯"：紧盯考核事项、紧盯重点项目、紧盯基础建设、紧盯财政税收、紧盯民生实事、紧盯发展机遇。谭剑锋要求，岁末年终需做好以下几项工作：一是严格落实安全生产责任，严防重特大安全事故；二是要深入开展"六乱"整治行动；三是统筹安排好春运工作；四是妥善处理社会矛盾和问题，切实维护社会大局稳定；五是切实保障节日市场平稳运行，更好满足人民群众精神文化生活需求；六是扎实做好关心群众特别是困难群众帮扶救助工作；七是严守廉洁纪律，坚决杜绝"节日腐败"；八是强化责任意识，认真做好值守应急工作；九是要做好拜访乡贤工作。最后，黄永做总结讲话，他就认真做好化州市贯彻落实党的十九大精神各项工作，强调四点意见：一、持续深入抓好十九大精神的学习宣传贯彻；二、要认真掌握好新提法新要求；三、全力完成好2017年经济社会发展任务；四、加强反腐倡廉建设。黄永要求，要更加紧密地团结在以习近平同志为核心的党中央周围，不忘初心，牢记使命，以永不懈怠的精神状态和一往无前的奋斗姿态，一项项落实省委、市委做出的决策部署，一步一个脚印推动化州各项事业的发展，不断开创改革发展新局面！为建设化州美好家园而努力奋斗！市委委员、市委候补委员出席会议。不是市委委员、候补委员的市人大常委会党员领导、副市长、市政协党员领导，市人武部部长、市长助理；市人大办主任、市纪委副书记、市委办、市府办副主任，市纪委常委，市人大常委会各工委、市政协各专委党员负责人，各镇（区、街道）党委书记、镇长（主任）、人大主席、党委副书记、党委委员兼副镇长（副主任），农林场党员主要负责人；市委各部委、市直各单位、市各人民团体党员主要负责人，市属有关企业和茂名驻化州市单位党员主要负责人，5名市第十三次党代会基层代表列席会议。邀请市人大常委会、市政协不是共产党员的领导班子成员列席会议。

市委召开十三届第20次常委（扩大）会议 2017年4月16日下午，茂名市人大常委会副主任、化州市委书记邓永明在市华伟图书馆3号会议室主持召开中共化州市委十三届第20次常委（扩大）会议，学习宣传贯彻习近平总书记对广东工作重要批示精神。茂名市委副书记、代市长许志晖在茂名市副市长孙波，发改局局长黄永，经信局局长丁德亮，环保局局长李康，交通局、公路局局长林炎等陪同下到场指导。化州市市委副书记、市长谭剑锋，市人大常委会主任陈坦，市政协主席阮汉等出席会议。各镇（区、街道）党委书记，市直有关部门主要负责同志参加会议。会议首先由谭剑锋汇报化州市经济社会发展情况。2016年，化州市实现生产总值436.51亿元，增长6.9%，其它主要经济指标保持平稳增长。“振兴指数”跃居粤东西北45个县（市）的第5位。2017年1—3月，全市实现生产总值99.47亿元，其中，第一产业增加值15.93亿元，增长4.2%；第二产业增加值30.39亿元，增长10.5%；第三产业增加值53.15亿元，增长8.1%。第一季度化州市各项经济指标实现“开门红”。下阶段化州市将按照茂名市委、市政府的工作部署，聚焦“三大抓手”，致力“三个做大”，着力抓好“攻项目、优平台、推交通、促扩容、兴旅游、增财税、惠民生、抓落实”等八大方面的工作。会上，邓永明率先就学习宣传贯彻习近平总书记对广东工作重要批示精神谈心得体会。邓永明指出，习近平总书记对广东工作作出的重要批示，把握时代潮流，顺应人民期待，既着眼全国大局，又符合广东实际，意义深刻，是对广东省人民的鼓舞与鞭策，也是今后广东各项工作的思想纲领和重要法宝。邓永明强调，要深刻把握“四个坚持”要求；要深刻把握“三个支撑”要求；要深刻把握“两个走在前列”要求；要把学习宣传贯彻习近平总书记重要批示精神作为当前首要任务来抓紧抓好。接着，谭剑锋表示，要认真学习、深刻领会习近平总书记对广东工作重要批示精神，这是用来指导各项工作的强大思想武器；要增强迎难而上的决心；要有敢于担当的决心。随后，化州市与会的领导结合自身实际工作，分别谈学习重要批示精神的心得体会。会上，林炎、李康、丁德亮、黄永等茂名市相关部门领导先后为化州的经济社会发展提出指导性意见。会上，孙波也为化州的经济社会发展出谋划策。他指出，化州要补短板，抓民生，大力推进供给侧结构性改革；要扩思路，齐招商，大力支持创新驱动发展战略；重谋划，强合作，大力构建开放型经济新体制。会上，许志晖充分肯定化州市的经济社会发展，高度表扬化州市领导班子的强烈发展意识，对化州市重视文化资源的保护和利用感到满意。许志晖表示会一如既往支持化州发展，帮扶化州工作，希望化州不断深化学习习近平总书记对广东工作重要批示精神，并把精神转化为推动化州各项工作的动力。希望化州能运用创新理念和思维，积极进取。希望化州的干部队伍成长为更加出色、更敢于担当、更有作为的队伍。就化州市如何贯彻落实习近平总书记对广东工作重要批示精神，许志晖强调，要增强“四个意识”，切实把思想认识和行动统一到重要批示精神上来；要认真落实“四个坚持”要求，确保各项事业沿正确方向前进；要认真落实“三个支撑”要求，努力推进各项工作再上新水平；要认真落实“两个走在前列”要求，努力为茂名的振兴发展做出积极贡献；要加强基层社会治理，扎实为茂名的振兴发展提供坚实有力的保障。会议要求，会后要继续学习贯彻好习近平总书记对广东工作重要批示精神，落实好许志晖的讲话精神，统一思想，主动作为，推动化州市经济社会持续稳定健康发展，以实实在在的发展成果来报答茂名市委、市政府对化州的期望和大力支持，创造一个安全稳定的社会环境迎接党的十九大和省十二次党代会胜利召开。

市委召开常委（扩大）会议　2017年6月28日，中共化州市委十三届第24次常委（扩大）会议在华伟图书馆3号会议室召开。会议主要是分析研判化州市上半年经济社会发展考核形势，查找工作短板，研究部署化州市经济发展、重点项目建设和重点工作，力争迎头赶上，为完成2017年发展目标任务打下坚实的基础。会议由市委书记黄永主持。会议对化州市上半年经济社会发展考核主要指标数据逐一进行分析研究，指出新增经济单位少、投资开发成效差、财政预算收入质量低、对外经贸差、城乡清洁工程落后等工作短板，要求必须认清形势，树立信心，落实措施，迎难而上，确保化州市上半年考核获得较大进步，全年考核取得好成绩。黄永强调，要坚持“干字当头”，全力加快经济社会发展。要做好工作分工，落实问题清单，细化工作任务，明确责任领导、责任单位和进度要求。要突出工作重点，狠抓工业园区建设，深入推进城乡清洁工程。市领导要以上率下，深入基层一线督促检查工作，推动工作重心下移、力量前移。各镇街各部门要对照自身实际，深入分析，把短板指标研究透，补齐发展短板。要改进工作作风，提高办事效率，积极主动为企业服务，帮助企业解决发展中的困难和问题。要强化督查督办、交叉检查，推进工作有效落实。会议听取“重点项目大干120天”活动进展情况汇报，要求要按照实施方案和目标任务分工表，加快项目建设。已开工项目要加大投入，加快施工，早日建成。未开工的重点项目要加快前期工作，尽快动工建设。会议研究化州市迎接茂名市建市60周年行动计划项目，要求要充分调动各方面的积极性，激励全市上下奋力拼搏，以优异成绩迎接党的十九大胜利召开和茂名市建市60周年。会议还听取化州市征地拆迁、安全生产、环境保护、信访维稳、农村土地承包经营权确权登记颁证、卫生创强及教育创现等工作汇报。市四套班子领导成员以及市有关职能部门负责同志、各镇（区、街道）党委书记等参加会议。

市委召开十三届第30次常委（扩大）会议 2017年9月1日，市委书记黄永主持召开中共化州市委十三届第30次常委（扩大）会议。谭剑锋、陈坦、阮汉、周太强、朱金生、刘冬、冯浪、杨国勇、梁金福等市领导出席会议。副市长，各镇（区、街道）党委书记以及市有关部门负责人列席会议。会上，市委副书记、市长谭剑锋首先传达学习茂名市全面推进社会主义新农村建设暨省定贫困村创建社会主义新农村示范村工作会议精神，部署化州市下一阶段工作。黄永强调，要在全市内尽快选出重点村，抓出示范亮点，把握好政策，在“三清三拆三整治”、污水处理、文化设施、排污渠建设等方面多投入人力物力，同时加强资金管理，严防出现腐败问题，发挥帮扶资金最大实效。会议通报化州市上半年经济运行及经济社会发展考核情况。会议指出，化州市上半年经济社会发展情况不够理想，考核形势严峻。谭剑锋从多个层面深入剖析化州市经济发展落后的根源，要求全市要提振精神，加大重点项目建设力度，抓好征地拆迁工作，加强督查督办，尽快促进项目落地建设，不断推进工作进程。在听取化州市部分重点项目进展情况汇报后，黄永强调要正视当前落后局面，坚定信心、迎难而上，有关部门要在短时间内研究制定提升方案和工作推进方案，各镇（区、街道）要把抓经济发展作为首要任务。全市要在重点项目建设、财税征收、招商引资等方面加大工作力度，做好统计，熟悉考核工作，确保化州市全年经济社会发展考核获得好成绩。会议还听取化州市社保扩面征缴工作情况汇报，提出有关工作意见。会议讨论并原则通过化州市《关于贯彻〈法治广东建设第二个五年规划（2016—2020年）〉的实施意见》（稿）。

市委召开十三届第32次常委（扩大）会议 2017年9月18日，中共化州市委在华伟图书馆召开十三届第32次常委扩大会议。市领导黄永、谭剑锋、陈坦、阮汉、周太强、朱金生、冯浪、杨国勇、梁金福、林文泽等出席会议。会上，市委常委、宣传部部长梁金福通报省文明城市测评组到化州市实地考察测评项目和内容，具体部署化州市迎检工作。市委书记黄永强调，要紧盯时间节点，紧扣测评标准，从快从紧，全力冲刺，切实巩固前期成果，逐项落实新增要求，确保顺利通过全省文明城市提名城市的测评验收。一是会议精神要传达到位，各级各部门要迅速进入迎检状态，围绕《考察测评任务分工表》，对照要求逐项做细做实测评迎检工作；二是测评标准要把握到位，在抓住测评“得分点”的同时，注重做好特色工作，全力做好车站、出租车、宾馆酒店、小餐饮店等实地考察重点部位的巩固提升工作，切实增强测评迎检工作的针对性、有效性；三是薄弱环节要整改到位，进一步查漏补缺，持续加大倡导绿色生活、保护资源环境、厉行勤俭节约等力度，做到全面整治、不留死角；四是迎检责任要落实到位，抓紧制定并迅速落实具体迎检预案，做好信息互通，搞好协同作战，以更高标准、更好实效和最佳状态迎接测评验收。五是宣传发动要全面到位，运用各种有效的方式和载体，开展全方位、广覆盖的宣传活动，发动义工及志愿者到各主要交通路口开展文明交通劝导志愿服务，进一步提升市民对创建工作的知晓率、支持率。会议还传达学习习近平总书记在省部级主要领导干部“学习习近平总书记重要讲话精神，迎接党的十九大”专题研讨班开班仪式上的重要讲话精神。黄永指出，习近平总书记的讲话回顾党的十八大以来中国不平凡的发展历程，总结五年来党中央科学把握发展大势、顺应实践要求和人民愿望推出的一系列重大战略举措、方针政策和推进的重大工作。讲话明确即将召开的党的十九大的重要意义，表明推动中国特色社会主义进入新的发展阶段的坚定信心。各级各部门要以高度的政治责任感和使命感，认真学习、深刻领会习近平总书记重要讲话精神，并结合自己的工作实际，以更加饱满的热情、更加扎实的作风做好当前工作，为党的十九大召开营造良好氛围。

市委召开常委（扩大）会议 2017年10月27

日上午，化州市召开市委常委（扩大）会议，传达学习党的十九大精神，部署党的十九大精神学习宣传工作。化州市委书记黄永主持会议，化州市委学习中心组，市委组织部、市委宣传部、市发改局、市科工商务局、市民政局、市人社局、市地税局、市国税局、各镇（区、街道）等单位主要负责同志参加会议。会议认为，党的十九大是在全面建成小康社会决胜阶段、中国特色社会主义进入新时代的关键时期召开的一次十分重要的大会。全面贯彻落实党的十九大精神，为实现党的十九大确定的目标任务而奋斗，是重大政治任务和工作主题。要把学习宣传贯彻党的十九大精神摆在最重要的位置，采取多种措施持续深入抓好，切实把全市各级党组织和广大党员干部的思想和行动统一到十九大精神上来。会议指出，各级领导干部要率先垂范、走在前面，带头学习习近平新时代中国特色社会主义思想，带头搞好宣讲，带头抓好落实，把十九大精神转化为做好化州工作的动力源泉和生动实践。各级各部门要把学习宣传贯彻十九大精神在面上铺开、向纵深推进，进机关、进学校、进农村、进社区、进企业，覆盖到全市所有基层党组织和每一名党员，使十九大精神家喻户晓、深入人心，成为广大党员干部群众的共同意志和自觉行动。会议强调，全体党员干部要认认真真、原原本本地学习，全面系统领会和把握十九大精神，自觉用习近平新时代中国特色社会主义思想指导思想和行动。一要深刻领会和把握党的十九大的主题。二要深刻领会和把握党的十八大以来党和国家取得的历史性成就、发生的历史性变革。三要深刻领会和把握中国特色社会主义新时代和社会主要矛盾变化的重大政治论断。四要深刻领会和把握新时代中国共产党肩负的历史使命。五要深刻领会和把握习近平新时代中国特色社会主义思想的丰富内涵和基本方略。六要深刻领会和把握“两步走”全面建设社会主义现代化国家的宏伟蓝图。七要深刻领会和把握党中央关于经济社会发展的重大战略部署。八要深刻领会和把握坚定不移推进全面从严治党的新要求。会议要求，各级各部门的工作安排和开展必须要以十九大精神为引领，对标中央、省和茂名市的决策部署，制定具体的工作计划和落实措施，切实做好各阶段性工作。要贯彻落实新发展理念，围绕迎接茂名建市60周年的任务目标，坚持“干字当头、目标倒逼、重点发力、问题导向、以上率下”二十字工作方针，把创建文明城市、卫生城市与城建、交通、产业、民生、社会治理、党建等六大专项行动计划紧密结合，扎实推进交通、城建、环保、扶贫等重大项目建设，致力改善民生，坚决打赢脱贫攻坚战，大力整治废气污水，打造共建共享格局，营造风清气正的政治生态，让更多发展成果惠及百姓。会议号召，全市各级党组织和广大党员干部要全面贯彻落实党的十九大精神，不忘初心、牢记使命，锐意进取、埋头苦干，为全面建成化州小康社会而继续奋斗！会议还听取化州市前三季度经济运行、扶贫领域专项巡察、“万人评机关”活动的情况汇报，讨论通过《中共化州市委化州人民政府关于全面推进社会主义新农村建设的实施意见》《化州市省定贫困村创建社会主义新农村示范村的总体方案》《中共化州市委化州市人民政府关于深化供销合作社综合改革的实施意见》。

市委学习中心组召开十九大精神专题学习研讨会　2017年11月8日，化州市委学习中心组在华伟图书馆3号会议室召开十九大精神专题学习研讨会，集中学习习近平总书记代表第十八届中央委员会在党的十九大开幕式上所做的报告，并围绕学习领会党的十九大精神进行交流研讨，把思想和行动统一到党的十九大决策部署上来。研讨会由市委书记黄永主持。会上，与会人员首先原原本本、原汁原味地学习十九大报告。随后，市委副书记、市长谭剑锋，市人大常委会主任陈坦，市政协主席阮汉以及参会的各位市委常委结合前期自学和工作实际，谈认识、谈体会、谈思考。大家一致表示，要坚定不移地维护习近平总书记核心地位和党中央权威，坚定不移用习近平新时代中国特色社会主义思想武装头脑、指导实践、推动工作；按照省委关于“推动十九大精神在广东落地生根、开花结果”的要求，把党的十九大各项部署要求贯彻落实到工作的全过程各方面，努力开启新时期化州发展新征程，不断开创化州经济社会发展新局面。黄永在总结讲话中强调，领导干部要做好表率，带头学习贯彻十九大精神，把十九大精神转化为做好化州工作的动力源泉和生动实践。要抓住重点，深刻领会和把握以下核心内容：一是深刻领会和把握党的十九大的主题；二是深刻领会和把握党的十八大以来党和国家取得的历史性成就、发生的历史性变革；三是深刻领会和把握中国特色社会主义进入新时代的新论断和中国社会主要矛盾发生变化的新特点；四是深刻领会和把握习近平新时代中国特色社会主义思想的精神实质和丰富内涵；五是深刻领会和把握“两步走”全面建设社会主义现代化国家的宏伟蓝图；六是深刻领会和把握党中央关于经济社会发展的重大战略部署；七是深刻领会和把握坚定不移推进全面从严治党的新要求。要以十九大精神为引领，注重实践，根据省和茂名市规定的时间节点，制定具体的工作计划和落实措施，实行挂图作战，推行“一线工作法”，切实抓好各阶段工作，把学习成果转化为具体行动。会议强调，全面贯彻落实党的十九大精神，为实现党的十九大确定的目标任务而奋斗，是重大的政治任务和工作主题。要以党的十九大精神引领化州振兴发展，以习近平新时代中国特色社会主义思想为行动指南，认真抓好改革发展民生稳定各方面工作，努力在新起点上开创新征程、实现新作为。

市委召开十三届第35次常委（扩大）会议 2017年11月15日晚上，市委书记黄永主持召开中共化州市委十三届第35次常委（扩大）会议，传达学习十九届中共中央政治局10月27日会议精神及李希同志在省委常委会（扩大）会议学习贯彻党的十九大精神时的讲话精神、在集体瞻仰中共三大会址纪念馆后召开省委常委会会议上的讲话精神和全省市厅级主要领导干部学习贯彻党的十九大精神专题研讨班精神，强调要认真学习宣传贯彻好党的十九大精神，以上率下，团结一致，狠抓落实，全力推动化州加快发展。会议指出，学习宣传贯彻党的十九大精神是当前和今后一段时期的首要政治任务，要把思想统一到党的十九大精神上来，把力量凝聚到实现党的十九大确定的各项任务上来。要持续深入做好党的十九大精神的宣传工作，制定学习宣传计划，量化学习任务，推动十九大精神进企业、进农村、进机关、进校园、进社区，确保党的十九大精神在化州落地生根、开花结果。会议强调，各级各部门领导班子要坚定不移贯彻执行民主集中制，始终做到讲政治、守规矩，听调度、服安排，多主动、勤工作。要聚焦茂名迎接建市60周年各项行动计划，细化落实化州市城建、交通、产业发展、招商引资等工作方案，全面加快振兴发展。要创新变革思维，加强对外学习借鉴，善于“走出去”“请进来”，提高工作水平。要加强调查研究，向基层学习、向群众学习、向企业家学习，更好地满足人民群众对美好生活的向往。会议要求，全市上下要团结一致，从市委、市政府、市人大、市政协做起，从市委领导班子做起，以上率下，带头学习贯彻党的十九大精神，加强自身建设，改变工作作风，优化工作思路，细化工作方案，创造性地开展工作，一项一项抓好推进，一件一件抓好落实，确保全年各项目标任务圆满完成，让老百姓切实感受到化州的变化。市领导陈坦、阮汉、周太强、朱金生、刘冬、冯浪、梁金福、林文泽等参加会议。市府办主任、市委办副主任、市直有关单位负责同志以及各镇（区、街道）党委书记列席会议。会议还研究其他事项。

市委召开十三届第36次常委会议 11月20日上午，市委书记黄永主持召开中共化州市委十三届第36次常委会议。市领导谭剑锋、陈坦、阮汉、周太强、朱金生、冯浪、梁金福、陈志红、莫燕、何林国、巫卫国、李秋儒、何向东等参加会议。各镇（区、街道）党委和市有关单位主要负责同志列席会议。会议首先研究化州市振兴发展综合考核及计生、环保、安全生产、殡改、综治创平安、园区建设年终考核工作。各相关部门负责人结合工作实际汇报工作情况及下一步工作计划，分管相关工作的市领导就目前工作现状和存在问题做分析，并提出意见和建议。会议强调，要加强对主要短板或相对落后指标的横向、纵向对比的分析研判，正视问题差距，明确各部门的任务职责，找准原因，采取有效措施，制定提升改造方案，切实提升短板指标。要加强与兄弟市（县、区）以及茂名对口部门的沟通对接，深挖潜力，完善数据报送工作，着力提升数据报送质量。会议传达中共中央关于加强新形势下党的督促检查工作的有关文件精神，研究加强化州市督查工作。据悉，目前化州市已成立市委重点工作督查组，对市委部署的各项重点工作进行督促检查，从严从实扭转工作作风，提升政治纪律和政治素质。化州市重点工作督查组下设征地拆迁督查组、项目审批督查组、精准扶贫督查组、打违建清垃圾督察组、综合督查组等5个专项小组，并联合相关职能部门开展专项督查工作。会议讨论并原则通过《化州市迎接茂名建市60周年民生专项行动计划》（稿）和《化州市关于迎接茂名市建市60周年交通行动计划》（稿），讨论研究《化州市加快县域副中心规划建设发展实施方案》（稿）。会议还研究其他事项。

市委召开十三届第37次常委会议 2017年12月6日下午，市委书记黄永主持召开中共化州市委十三届第37次常委会议，传达学习省委十二届二次全会精神以及讨论研究化州市有关工作。谭剑锋、陈坦、阮汉、周太强、朱金生、刘冬、冯浪、梁金福、林文泽、陈志红、莫燕、何林国、巫卫国、李秋儒、郑大鹏等市领导参加会议。各镇（区、街道）党委和市有关单位主要负责人列席会议。会议传达学习省委十二届二次全会精神，具体学习省委书记李希代表省委常委会作的专题讲话内容。与会领导认真对照十九大精神，结合自身工作实际，提出工作设想。会议指出，学习宣传贯彻党的十九大精神最终目的是以学促干、知行合一，扎实深入把党的十九大精神和省委十二届二次全会精神贯彻落实到化州的各项工作中去，促进化州的经济社会发展。会议强调，要深入剖析研究化州市发展的突出问题，正视差距，找准短板，为未来发展做科学的谋划。要对照重要时间节点，做好任务清单，明确路线图，制定好总的发展目标、阶段性的目标、一年的目标，一件接着一件办，一年接着一年干，一步一步把目标变为现实。要部署开展“大学习、深调研、真落实”活动，深入调研，进一步深化认识和把握市情，明确思路，找准立足点和发力点，走好化州市发展的路子。要召开准备工作会议，部署好年底的工作，做好振兴发展、计生、环保、重点项目建设、精准扶贫等方面的考核工作。同时，要抓好基层党建、干部作风及廉洁教育，认真执行新形势下党内政治生活若干准则，形成风清气正的良好政治生态。会议研究化州市主要经济指标运行情况及省十件民生实事落实情况。会议强调，各级各部门要密切配合，集中时间、精力，全力以赴抓好民生实事的落实。市委督查室要将民生实事的落实列入督办事项。2017年化州市需要完成的省十件民生实事共10大类56项具体任务。截至11月底，已完成37项，占66%。会议听取化州市2017年食品安全工作情况。会议强调，要把监管主体责任落实到位，加大对伪劣食品的查处打击力度；要创新监管体制，积极探索食品监管的有效做法。会议还传达学习中共广东省委及茂名市委关于认真学习贯彻《习近平谈治国理政》第二卷的通知精神。审议并原则通过中共化州市委关于认真学习贯彻《习近平谈治国理政》第二卷的通知（稿）、《化州市全面加强殡葬管理工作实施方案》（稿）及《化州市计划生育目标管理责任制评价方案》（稿）等。会议还研究其他事项。

市委召开十三届第40次常委（扩大）会议 2017年12月12日，市委书记黄永主持召开中共化州市委十三届第40次常委（扩大）会议，强调要认真按照中央要求和省、茂名市的部署，全力抓好贯彻落实，不断把作风建设引向深入；要深刻吸取汕尾市“12·9”火灾事故教训，扎实推进消防安全工作各项措施落实，有效防范和坚决遏制重特大火灾事故发生。谭剑锋、陈坦、阮汉、周太强等市领导参加会议。各镇（区、街道）党委及市有关单位主要负责人列席会议。会上，黄永传达习近平总书记关于进一步纠正“四风”、加强作风建设重要批示精神和省委书记李希在省委值班室《汕尾要情专报》上的批示精神。市消防大队汇报2017年化州市消防工作情况并对《化州市“六类场所、十项必查”消防安全专项行动工作方案》进行解读。与会领导就如何进一步加强化州市消防安全整改落实提出意见和建议。会议强调，要认真学习贯彻习近平总书记重要批示精神，深刻认识纠“四风”、强作风的重要性，坚决把思想和行动统一到中央对作风建设的新部署新要求上来。要举一反三，把自己摆进去，找出差距、深挖根源，认真查找“四风”突出问题特别是形式主义、官僚主义的新表现，采取过硬措施，从快从严整改落实。会议要求，要充分认识当前消防安全工作的严峻性和重要性，深刻吸取教训，按照省的要求落实好各项工作措施，强化责任担当，层层狠抓落实。全力推进年终岁末消防安全大排查大整治，从严从细推进各类高风险场所隐患排查整治，重点解决住宿场所门窗设置，“三合一”“多合一”场所的消防安全问题；铁腕整治“三小”场所（小档口、小仓库、小商场）和出租屋的火灾隐患，采取有效措施做好防范工作；要高度重视疏散通道的设置，预留消防通道；消防部门对烟雾探测器等防火措施作出指引；持续开展消防安全知识宣传教育；要压实责任，确保各项消防安全措施落地见效。会议强调，要在全市迅速开展拉网式、地毯式隐患排查，建立完善消防安全台账，扎实落实各项工作措施；要严肃追责，对工作不到位、措施不落实的地区、部门和个人，要依法追究有关责任；要以对人民高度负责的态度，结合各自职能，落实相应的消防安全责任，形成工作合力，切实保障人民的生命财产安全。

市委召开十三届第42次常委会议　2017年12月28日晚，市委书记黄永主持召开中共化州市委十三届第42次常委会议，传达学习茂名市推行“候任村（社区）干部”制度工作现场会议精神以及研究部署化州市有关工作。谭剑锋、陈坦、阮汉、周太强、朱金生、刘冬、冯浪、梁金福、林文泽、陈志红、莫燕、何林国、李秋儒等市领导参加会议。各镇（区、街道）党委和市有关单位主要负责人列席会议。会议传达学习茂名市推行“候任村（社区）干部”制度工作现场会议精神，审议通过《化州市推行候任村（社区）干部制度实施方案》。黄永强调，要高度重视推行“候任村（社区）干部”制度工作，精心组织，规范推进“候任村（社区）干部”选配工作，把好“人选关”、“程序关”，管好育好用好“候任村（社区）干部”。认真把握好时间节点，确保2018年2月底完成选拔配备任务。会议传达全省防范化解欠薪讨债问题引发群体性事件专题工作视频会主要精神以及听取化州市落实情况汇报。黄永强调，对于农民工工资支付工作，主管部门要落实好监管，对建筑施工、制造业等重点领域与行业开展重点排查，提前摸清欠薪隐患，防止发生欠薪行为，防止因欠薪而引发的群体性事件。要严肃查处欠薪行为，确保劳动者尽快拿到工资，安心回家过年。会议传达中共广东省委办公厅关于防止干部“带病提拔”的实施意见精神。黄永强调，要明确选人用人责任，树立正确用人导向；认真执行廉政意见双签制度，强化选人用人考核；广泛深入解干部，坚持谈心谈话制度，建立干部监督信息档案；开展经常性分析研判，落实干部选任工作不研判不启动制度。要加强动议审查，规范动议提名，落实动议即审，探索完善酝酿推荐办法，提高考察质量，完善公示制度，严把讨论决定关。要严格责任追究，健全和落实干部选拔任用工作纪实制度，加强对干部选拔任用工作经常性监督检查，推进干部“带病提拔”倒查工作常态化，建立健全干部“带病提拔”问责机制。会议还审议通过《中共化州市委2017年工作总结》《化州市2018年国民经济和社会发展计划主要指标》《化州市创建广东省卫生城市工作实施方案》《化州市贯彻落实“三个区分开来”建立容错纠错机制的实施方案》，听取合江镇县域副中心建设工作情况汇报。

【重大决策】　开展招商引资百日行动　2017年9月20日，化州市委办、市政府办印发《化州市招商引资百日行动实施方案》的通知，《实施方案》明确：一、总体思路。为推动化州市“建设成为粤西县域经济综合发展先行市、特色产业经济强市、茂湛都市圈重要节点城市”的发展战略，抓住珠三角地区城市化进展中产业转移的有利时机开展招商，构建以广州、深圳、东莞为中心，辐射珠三角城市的招商引资新格局，多引进企业。开展招商引资百日行动，营造“麻烦少，赚钱多，身体好”大招商的良好氛围，力争引进一批推动化州市产业转型升级、提升化州市招商引资水平的重大产业项目和产业集群项目，确保大招商取得实际成效。二、工作目标。由市领导带队，全市组建5个招商攻坚小组，拜访各地商会、企业，坚持工业招商的主导地位不动摇，依托现有工业基础和产业门类，重点围绕本土特色资源、新能源、生物医药、产品深加工等产业开展特色招商，围绕上下游产业链开展相关配套产业招商，实施产业链精准招商，大力引进大企业、大项目、大投资，带动产业发展，争取到2017年底，全市签约一批重大产业项目和产业集群项目。三、活动安排。（一）活动时间。招商引资百日行动从2017年9月20日开始，至2017年12月28日结束，时间100天。（二）工作步骤。1、准备宣传阶段（2017年9月下旬至10月下旬）；2、市领导带队走访阶段（2017年11月上旬至12月上旬）；3、组建五个招商攻坚小组，具体是招商一组（联系地区：广州市）、招商二组（联系地区：东莞市）、招商三组（联系地区：深圳市、惠州市）、招商四组（联系地区：佛山市）、招商五组（联系地区：珠海市、中山市）；4、集中签约阶段（2017年12月中下旬）。四、工作要求。1、提高认识，精心部署；2、加强宣传，营造声势；3、整合资源，确保实效。

迎接茂名市建市60周年交通行动计划　2017年

12月4日，化州市委办、市政府办印发《化州市关于迎接茂名市建市60周年交通行动计划》的通知，《行动计划》明确：一、总体要求。深入贯彻习近平总书记系列重要讲话和对广东工作的重要批示精神，坚持省委提出的“三大抓手”发展思路和茂名市委、市政府“三个做大”发展战略，集中财力，充分调动社会资源，着力建设一批交通基础设施项目，形成内外紧密衔接的交通网络体系，着力构建茂湛都市圈重要节点城市，以优异的成绩迎接茂名市建市60周年。二、主要任务。化州市迎接茂名建市60周年交通基础设施建设共11项，总投资70.1195亿元，2017—2018年计划完成投资16.3441亿元，其中，2017年计划完成投资4.11亿元，2018年计划完成投资12.2341亿元。具体是：1、玉林至茂名一级公路茂名段（省道277线化州市双坡至平定段、省道285线化州市平定至白鸠垌段）改建工程；2、化州市城东快线公路改建工程；3、化州市机场大道新改建工程；4、化州市广海路改造工程；5、省道松仙线（283线）高州市路段改建工程（二期工程）第五合同段联络线宝圩段；6、化州市县道729线江岸至勒垌段改建工程；7、国道325石湾至红丽村段改建工程；8、大风岭森林公园道路；9、中垌至林尘公路；10、丽岗至官桥公路；11、汕湛高速公路丽岗出口至大风岭森林公园新建公路（省道285线丽岗圩镇段改线工程）。三、工作措施。1、加强组织领导；2、科学制定计划；3、优化施工环境；4、加快前期工作；5、强化督查力度；6、严格质量监管；7、确保生产安全。四、有关要求。1、提高认识，加强领导；2、突出重点，精心组织；3、明确目标，压实责任。

推进省定贫困村创建社会主义新农村示范村　2017年10月27日，化州市委办、市政府办印发《关于化州市省定贫困村创建社会主义新农村示范村的总体方案》的通知，《总体方案》明确：一、指导思想、目标任务和基本原则（一）指导思想。深入贯彻习近平总书记系列重要讲话精神和治国理政新理念新思想新战略，以“四个坚持、三个支撑、两个走在前列”为统领，按照社会主义新农村建设总体要求，加大改革创新和投入力度，突出生产、生活、生态，全面整治村庄环境脏乱差，补齐基础设施建设短板，提高基本公共服务和乡风文明水平，把39个省定贫困村打造成为党组织领导有力、基础设施配套、基本公共服务完善、生态环境良好、农民持续增收、社会和谐稳定、岭南特色鲜明的社会主义新农村示范村，为实现高水平稳定脱贫奠定坚实基础。（二）目标任务。围绕“三年攻坚、两年巩固，到2020年如期完成脱贫攻坚任务”的总体目标，以行政村为基础，以20户以上自然村为基本单元，按照基础整治期、巩固提升期两个阶段有序推进，3年见成效，5年大提升，把39个省定贫困村建设成为中等以上水平的社会主义新农村示范村，实现贫困村由后队变前队。再用5年时间，进一步提升示范村创建水平，彻底解决贫困村发展滞后问题。（三）基本原则：1、因地制宜、规划引领。2、突出重点、分步推进。3、分类指导、突出特色。4、农民主体、共建共享。5、整合资源、多方投入。6、长效管护、持续发展。二、创建内容：1、整治提升村容村貌。2、推进村道硬化。3、推进生活垃圾处理全覆盖。4、推进生活污水处理全覆盖。5、推进集中供水全覆盖。6、提升农民住房水平。7、提升基本公共服务水平。8、提升乡风文明水平。三、强化政策保障：1、推进村庄规划编制。2、构建多元投入机制。3、建立健全新农村建设用地保障机制。4、建立健全农村基础设施长效管护制度。5、加强建设项目管理和资金监管。6、构建促进农民持续增收的长效机制。四、强化组织保障：1、加强组织领导。2、强化基层组织建设。3、突出农民主体地位。4、强化督查与考核。5、营造良好建设氛围。

全面推进社会主义新农村建设　2017年10月27日，化州市委、市政府印发《关于全面推进社会主义新农村建设的实施意见》，《实施意见》明确：一、指导思想和主要目标。（一）指导思想。深入贯彻习近平总书记系列重要讲话精神和治国理政新理念新思想新战略，以“四个坚持、三个支撑、两个走在前列”为统领，按照全面建成小康社会和建设社会主义新农村的总体要求，突出生产、生活、生态，全面整治村庄环境，切实解决当前农村人居环境“脏、乱、差”问题，把乡村打造成为党组织领导有力、基础设施配套、基本公共服务完善、生态环境良好、农民持续增收、社会和谐稳定、岭南特色鲜明的社会主义新农村。（二）主要目标。围绕“三年一段、连续三段，九年完成”的总体目标，以全市行政村为基础，以20户以上自然村为基本单元，按照3年净化整治、3年美化提升和3年文明达标三个阶段有序推进，到2025年，全面建成社会主义新农村。二、主要工作任务：1、全面推进村庄人居生态环境综合整治。2、加强农村基础设施和公共服务建设。3、促进乡风和谐文明。三、切实加强政策保障：1、实行分级负责的责任制。2、建立多元投入机制。3、建立激励机制。4、加强基础设施建设与管护。5、优化项目建设与资金管理。6、优先保障新农村建设用地。四、强化组织保障：1、加强组织领导。2、强化基层组织建设。3、突出农民主体地位。4、强化督查与考核。5、营造良好建设氛围。

加快县域副中心规划建设发展　2017年11月21日，化州市委、市政府印发《化州市加快县域副中心规划建设发展实施方案》的通知，《实施方案》明确：一、总体要求。（一）指导思想。坚持以马克思列宁主义、毛泽东思想、邓小平理论、“三个代表”重要思想、科学发展观为指导，全面贯彻落实党的十八大和十八届历次全会精神，深入贯彻习近平总书记在中央城市工作会议上的重要讲话和对广东工作“四个坚持、三个支撑、两个走在前列”的重要批示精神，以城镇化发展和新农村建设为目标，以深化体制改革、加大扶持力度、健全工作机制等为主要手段，推进强镇扩权，发挥合江镇的集聚辐射作用，促进人口集中、产业集聚、功能集成、要素集约，充分发挥县域副中心在联结城乡、辐射农村和促进经济社会发展中的重要作用。（二）基本原则。1、突出规划引领，城乡建设有序推进。2、量力而行，尽力而为。3、因地制宜，突出特色。4、政府主导，多元参与。（三）主要目标。力争到2019年（茂名市建市60周年），取得阶段性成效，环境面貌有较大改善，产业发展能力和公共服务能力明显提升，形成1—2个特色优势产业，合江镇生产总值达到化州市的5%，城镇化率达到30%以上（合江镇镇区4万人），建成高标准公路（含市政道路）20公里以上、1个污水处理厂、1个垃圾中转站、1个镇级公园；到2021年（建党100周年），生产总值达到化州市的6%，城镇化率达到35%以上（合江镇镇区5万人），建成高标准公路（含市政道路）25公里以上、1个县（区）级公园、1个以上镇级公园、每村（居）至少建成1个村（居）公园，初步建成县域副中心；到2030年，生产总值达到化州市的8%，城镇化率达到60%以上（合江镇镇区10万人），建设成为具有较强综合竞争力和区域集聚、辐射带动作用的县域副中心。二、重点工作。1、扩大经济社会管理权限。2、强化规划管理。3、完善一批市政和公共服务设施。4、培育特色产业。5、加强社会管理。三、保障措施。1、加强领导。2、资金投入。3、用地保障。4、加大户籍制度改革力度。5、提高建设管理水平。6、加强公共服务配套设施建设。7、做大做优产业园区。8、加快人才培养。9、协作配合。10、督促检查。

开展“三清”“三拆”“三整治”百日大行动　2017年9月25日，化州市委办、市府办印发《省定贫困村开展“三清”“三拆”“三整治”百日大行动实施方案》的通知，《实施方案》明确：一、指导思想。按照社会主义新农村建设总体要求，加大改革创新和投入力度，突出生产、生活、生态，全面整治村庄环境脏乱差，补齐基础设施建设短板，提高基本公共服务和乡风文明水平，把39个省定贫困村打造成为党组织领导有力、基础设施配套、基本公共服务完善、生态环境良好、农民持续增收、社会和谐稳定、岭南特色鲜明的社会主义新农村示范村，为实现高水平稳定脱贫奠定坚实基础。二、目标任务。按照“三年攻坚、两年巩固，到2020年如期完成脱贫攻坚任务”的总体目标，围绕“三清、三拆、三整治”整治标准，全面整治村容村貌，确保2017年年底前，完成所有20户以上自然村“三清理”“三拆除”“三整治”，使贫困村脏乱差及垃圾、污水、畜禽污染，环境卫生明显改善。消除脏乱差现象，健全长效保洁管护机制。三、“三清”“三拆”“三整治”内容。开展“三清理”，即清理村巷道及生产工具、建筑材料乱堆乱放，清理房前屋后和村巷道杂草杂物、积存垃圾，清理沟渠池塘溪河淤泥、漂浮物和障碍物；开展“三拆除”，即拆除危旧房、废弃猪牛栏及露天厕所茅房，拆除乱搭乱建、违章建筑，拆除非法违规商业广告、招牌等；开展“三整治”，即整治生活垃圾、生活污水、水体污染。四、实施步骤。1、组织发动阶段（2017年9月上旬）；2、集中整治阶段（2017年9月初至11月下旬）；3、检查验收阶段（2017年12月中上旬）。五、工作要求。1、强化组织保障；2、强化全民参与；3、强化机制保障；4、强化督促检查。

学习宣传贯彻党的十九大精神 2017年11月6日，化州市委办印发《学习宣传贯彻党的十九大精神总体工作方案》的通知，《方案》主要有六方面内容：一、总体要求。激励全市人民更加紧密地团结在以习近平总书记为核心的党中央周围，万众一心，开拓进取，为决胜全面建成小康社会、夺取新时代中国特色社会主义伟大胜利、实现中华民族伟大复兴的中国梦、实现人民对美好生活的向往不懈奋斗。二、分阶段持续深入开展党的十九大精神学习贯彻工作。1、传达学习阶段（11月上旬前完成）；2、专题学习讨论阶段（11月上旬至明年3月）；3、抓落实促发展阶段（11月以后）。三、精心组织对党的十九大精神的宣传。1、认真做好新闻报道；2、切实加强理论阐释和宣讲；3、积极开展网络宣传和社会宣传。四、深入开展贯彻党的十九大精神调查研究。1、加强统筹协调；2、聚焦突出问题；3、深入基层一线。五、联系化州市实际谋划推动各项工作。1、对标党的十九大精神，进一步完善未来五年的工作思路；2、贯彻党的十九大部署，细化目标任务；3、全力做好2017年底明年初各项工作，确保贯彻党的十九大精神的良好开局。六、切实加强组织领导。持续深入学习宣传贯彻党的十九大精神推动习近平新时代中国特色社会主义思想在化州大地落地生根结出丰硕成果。2017年12月25日，中共化州市委印发《中共化州市委关于持续深入学习宣传贯彻党的十九大精神推动习近平新时代中国特色社会主义思想在化州大地落地生根结出丰硕成果努力在粤东西北县域振兴发展中继续走在前列的决定》，《决定》主要内容：一、坚持把习近平新时代中国特色社会主义思想作为指导思想和行动指南。1、深刻认识习近平新时代中国特色社会主义思想在党和国家事业发展中的重要历史地位。2、全面准确领会习近平新时代中国特色社会主义思想的丰富内涵和精神实质。3、坚持用习近平新时代中国特色社会主义思想武装头脑。4、推动习近平新时代中国特色社会主义思想在化州结出更加丰硕的成果。二、坚决维护习近平总书记的核心地位和以习近平同志为核心的党中央集中统一领导。5、坚决维护习近平总书记作为党中央核心、全党核心的地位。6、坚决维护以习近平总书记为核心的党中央权威和集中统一领导。7、确保中央各项政令和省委、茂名市委决策部署在化州畅通。三、坚持以习近平新时代中国特色社会主义思想总揽化州工作全局。8、全面贯彻党的基本理论、基本路线、基本方略。9、坚决贯彻习近平总书记对广东工作重要指示批示精神。10、全面贯彻落实党中央重大战略部署。11、牢牢把握新时代化州发展的努力方向。四、坚持以习近平新时代中国特色社会主义思想指导谋划化州改革发展的思路举措。12、着力研究主导产业发展。13、着力研究杨梅工业重镇、合江县域副中心“两大重镇”建设。14、着力研究“两纵三横”为重点的交通路网建设。15、着力研究水利“六安”工程建设。16、着力研究城市扩容提质。17、着力研究乡村振兴。18、着力研究营造良好发展环境。19、着力研究改进招商引资。20、着力研究重点领域改革。21、着力研究民生社会事业发展。22、着力研究生态文明建设。23、着力研究基层党组织建设。五、坚持以习近平新时代中国特色社会主义思想指引推进党的建设新的伟大工程。24、坚持把政治建设摆在首位。25、建设高素质专业化干部队伍。26、加强基层党组织建设。27、牢牢掌握意识形态工作领导权。28、持之以恒正风肃纪反腐。六、以强有力的组织领导推动学习宣传贯彻工作取得实效。29、坚持领导干部带头。30、推动学习宣传贯彻全覆盖。31、久久为功确保取得扎实成效。

学习宣传贯彻习近平总书记重要批示精神 2017年，化州市委办、市府办印发《学习宣传贯彻习近平总书记重要批示精神总体工作方案》的通知，《工作方案》明确：一、总体要求。全面学习贯彻党的十八大和十八届三中、四中、五中、六中全会精神，深入学习贯彻习近平总书记系列重要讲话精神和治国理政新理念新思想新战略，紧紧围绕统筹推进“五位一体”总体布局和协调推进“四个全面”战略布局，全面准确领会习近平总书记对广东工作重要批示的重大意义和精神实质，切实把握好“四个坚持、三个支撑、两个走在前列”的要求，推动全市各级党组织和广大党员干部增强“四个意识”，强化维护习近平总书记核心地位的自觉性、坚定性，把习近平总书记的重要批示作为统领全市各项工作的总纲，作为推进化州市改革发展各项事业必须长期坚持的重要指导方针和根本行动指南，贯彻到经济社会发展各方面，认真结合化州实

际，盯紧目标，集中精力狠抓落实，努力在粤东西北振兴发展中继续走在前列。二、分阶段持续深入开展重要批示精神学习贯彻工作。1、传达学习阶段（4月前完成）。2、专题学习讨论阶段（4月中旬至省第十二次党代会前）。3、全面贯彻落实阶段（省第十二次党代会结束后）。三、精心组织对重要批示精神的宣传。1、认真做好新闻报道。2、切实加强理论阐释和宣讲。3、积极开展网络宣传和社会宣传。四、联系实际谋划推动各项工作。1、聚力于未来五年，以习近平总书记重要批示精神指引化州发展部署。2、聚力于稳中求进工作总基调，以“四个坚持”引领化州改革发展。3、聚力于“五大发展理念”和“六大行动计划”，为全省切实担负起“三个支撑”的历史使命作出化州贡献。4、聚力于“实干兴化”，为全省实现“两个走在前列”的奋斗目标交出化州满意答卷。五、切实加强组织领导。

建立市巡察制度　2017年8月18日，中共化州市委印发《中共化州市委巡察工作实施意见》的通知，《通知》明确：一、指导思想：市委巡察工作以马克思列宁主义、毛泽东思想、邓小平理论、“三个代表”重要思想、科学发展观为指导，深入贯彻党的十八大、十八届三中、四中、五中、六中全会和习近平总书记系列重要讲话精神，落实中央巡视工作方针和《中国共产党巡视工作条例》《广东省委巡视工作实施办法》，坚持政治巡察定位，围绕坚持党的领导、加强党的建设、全面从严治党，以党的“六项纪律”为尺子，发现并推动解决基层党组织和党员干部中存在的突出问题，切实发挥巡察的震慑、遏制、治本作用，努力实现党内监督全覆盖。二、基本原则：1、统一领导，分级负责。2、依纪依规，实事求是。3、聚焦问题，注重实效。4、发扬民主，依靠群众。5、压实推进，形成合力。三、机构和人员：1、成立市委巡察工作领导小组（简称领导小组）。2、成立市委巡察工作领导小组办公室（简称巡察办）。3、成立市委巡察组（简称巡察组）。四、范围和内容：（一）市委巡察对象主要范围：1、乡镇（街道）党委领导班子及其成员；2、市委工作部门领导班子及其成员，市政府部门、人民团体党组（党委）领导班子及其成员；3、市属国有企业、事业单位党委（党组）领导班子及其成员；4、市委要求巡察的其他单位党组织领导班子及其成员。（二）主要任务：巡察组对巡察对象执行党章和其他党内法规，遵守党的纪律，落实全面从严治党主体责任和监督责任等情况进行监督，结合基层特点，突出政治巡察，围绕坚持党的领导、加强党的建设、全面从严治党，着力发现以下问题：1、违反政治纪律和政治规矩，存在违背党的路线方针政策的言行，有令不行、有禁不止，阳奉阴违，拉帮结派等问题；2、违反廉洁纪律，以权谋私、贪污贿赂、腐化堕落等问题；3、违反组织纪律，违规用人、拉票贿选、买官卖官，以及独断专行、软弱涣散、严重不团结等问题；4、违反群众纪律、工作纪律、生活纪律，搞形式主义、官僚主义、享乐主义和奢靡之风等问题；5、上级党委巡视巡察、反馈意见整改和移交事项办理中存在的问题和市委要求了解的其他问题。五、方式方法：市委巡察工作要结合实际，采取专常结合、以专为主，同类同步、板块轮动的方式，机动灵活、务实高效地开展。常规巡察时间一般掌握在一至两个月，专项巡察时间灵活掌握。六、工作纪律与责任：1、对巡察组及工作人员的纪律要求。2、对被巡察地方、单位领导班子主要负责人及其工作人员的纪律要求。

深入推进全面从严治党　2017年1月25日，中共化州市委印发《中共化州市委关于深入推进全面从严治党的实施意见》，《实施意见》主要内容：1、深刻领会党的十八届六中全会的重大意义。2、坚定不移深入推进全面从严治党。3、准确把握新形势下全面从严治党的总体要求。4、用习近平总书记系列重要讲话精神统一思想和行动。5、加强党性教育和党性修养。6、扎实做好意识形态工作。7、加强道德建设和法治教育。8、严守政治纪律和政治规矩。9、严格党的组织生活制度。10、坚持民主集中制。11、树立正确选人用人导向。12、精准科学选人用人。13、强化干部日常管理。14、加强干部能力建设。15、健全干部正向激励机制。16、改进和创新农村、社区党建工作。17、大力推进机关、学校、“两新”组织等领域党建工作。18、加强发展党员和党员管理工作。19、强化基层党建工作保障。20、深入贯彻落实中央八项规定精神。21、完善密切联系群众制度。22、综合治理“为官不为”。23、扎紧制度“笼子”。24、综合运用监督执纪“四种形态”。25、重点监督领导干部这个“关键少数”。26、发挥巡察和派驻纪检机构监督作用。27、完善监督机制。28、始终保持反腐败高压态势。29、深化标本兼治。30、深入推进纪检工作体制改革。31、落实主体责任。32、形成工作合力。33、层层压实责任。34、从严考评问责。

学习宣传贯彻省第十二次党代会精神　2017年7月15日，中共化州市委印发《学习宣传贯彻省第十二次党代会精神总体工作方案》的通知，《总体方案》明确：一、充分认识省第十二次党代会的重大意义。二、深刻领会省第十二次党代会的精神实质。1、深刻认识十一届省委工作取得的成绩和当前广东省发展面临的问题。2、深刻认识习近平总书记重要批示的指导意义和广东省今后五年工作的指导思想。3、深刻认识未来五年关系广东经济社会发展的一系列战略部署。三、以省党代会精神为指引，推动化州全面发展。1、抓好实体经济，做大经济总量。2、抓好基础设施建设，增强发展后劲。3、抓好城市扩容提质，构建美丽河畔城市。4、抓好改革创新，释放发展新动力。5、抓好社会治理，维护社会稳定。6、抓好干部队伍建设，营造干事氛围。7、抓好党建，落实从严治党。四、切实加强对学习宣传贯彻工作的组织领导。1、精心组织抓好部署。2、广泛动员抓好宣传。3、强化责任抓好落实。

学习宣传贯彻《习近平谈治国理政》第二卷　2017年12月18日，中共化州市委印发关于认真学习宣传贯彻《习近平谈治国理政》第二卷的通知，《通知》要求全市各级党组织要切实肩负起领导责任和政治责任，把学习贯彻《习近平谈治国理政》第二卷作为当前和今后一个时期的首要政治任务，与学习贯彻党的十九大精神紧密结合起来，与贯彻落实“四个坚持、三个支撑、两个走在前列”的要求紧密结合起来，不断用习近平新时代中国特色社会主义思想统一思想、武装头脑、指导实践、推动工作。全市各级党组织和广大党员干部要坚定不移强化“四个意识”，坚决维护以习近平总书记为核心的党中央权威和集中统一领导，始终做到在思想上政治上行动上同党中央保持高度一致，在任何时候任何情况下，都要坚决维护习近平总书记的核心地位，坚决维护总书记的权威，把总书记对广东的每一项指示和要求，不折不扣地落到实处，让习近平新时代中国特色社会主义思想在化州大地落地生根、开花结果。

加强和改进中共化州市委员会工作　2017年2月4日，中共化州市委印发《中国共产党化州市委员会工作规则》的通知，《工作规则》共9章45条，主要包括总则、组织和成员、职责、组织原则、全会、常委会会议、书记专题会议、监督检查和追责、附则九方面内容，推进党的建设制度化、规范化、程序化，提高党的执政能力和领导水平。

开展全面依法治市工作　2017年9月15日，化州市委办印发《化州市2017年全面依法治市工作要点》的通知，主要内容：一、进一步改进党的执政方式，加强依法执政能力建设。1、进一步完善党领导法治建设机制。2、积极推动党内制度建设。3、进一步完善党委议事程序和决策机制。4、全面从严治党，落实“两个责任”。5、贯彻实施法治建设五年规划。二、全面推进依法行政，加强法治政府建设。6、进一步完善行政决策程序。7、进一步优化政务环境。8、严格规范行政执法行为。9、加强对行政权力的监管。三、增强司法公信力，切实维护公平正义。10、保障依法独立公正行使审判权、检察权。11、深化司法体制改革，促进司法公正。12、加强对司法活动的监督，进一步规范司法活动。13、强化司法服务保障，维护弱势群体合法权益。四、加强法治化环境建设，为化州发展保驾护航。14、努力营造法治化营商环境。15、强化创新驱动发展法治保障。五、加强依法治理能力建设，创建和谐平安化州。16、全面提升防范化解管控风险能力。强化运用法治思维和法治方式，化解社会矛盾维护社会稳定。17、大力整治社会治安和公共安全突出问题。18、健全依法维权和化解矛盾机制。19、推进多层次多形式法治创建活动。20、依法开展村（社区）换届选举。21、完善公共法律服务体系。22、深入开展法治宣传教育。六、加强组织建设和工作督查，强化全面依法治市保障。23、加强工作考核评估。24、加强工作督查指导。25、加强组织机构建设。

加快建设法治政府　2017年4月28日，化州市委、市政府印发《化州市贯彻落实〈广东省法治政府建设实施纲要（2016—2020年）〉的实施方案》的通知，《实施方案》主要明确：一、总体要求（一）指导思想。高举中国特色社会主义伟大旗帜，全面贯彻党的十八大和十八届二中、三中、四中、五中全会精神，以马克思列宁主义、毛泽东思想、邓小平理论、“三个代表”重要思想、科学发展观为指导，深入贯彻习近平总书记系列重要讲话精神，规范政府权力运行，坚持依法设定权力、行使权力、制约权力、监督权力，把政府活动全面纳入法治化轨道；坚持以法治思维和法治方式深化改革、推动发展、化解矛盾、维护稳定，深入推进依法行政、加快建设法治政府，为建设美丽幸福化州，实现化州振兴崛起提供有力法治保障。（二）总体目标。经过坚持不懈的努力，到2020年全市基本建成“职能科学、权责法定、执法严明、公开公正、廉洁高效、守法诚信”的法治政府。（三）基本原则。坚持中国共产党的领导，坚持人民主体地位，坚持法律面前人人平等，坚持依法治国和以德治国相结合，坚持从中国实际出发，坚持依宪施政、依法行政、简政放权，把政府工作全面纳入法治轨道，实行法治政府建设与创新政府、服务政府、廉洁政府建设相结合；努力在法治政府建设的重点领域和关键环节取得新突破，推动化州市法治政府建设。（四）衡量标准。政府职能依法全面履行，依法行政制度体系完备，行政决策科学民主合法，宪法法律严格公正实施，行政权力规范透明运行，人民权益切实有效保障，依法行政能力普遍提高。二、主要任务和具体措施：1、深化行政审批制度改革。2、大力推行权责清单制度并实行动态管理。3、实行市场准入负面清单制度。4、优化政府组织结构。5、完善宏观调控。6、加强市场监管。7、加强政务服务体系创新。8、加强和创新社会治理。9、优化政府公共服务职能。10、强化生态环境保护。11、完善规范性文件管理制度。12、建立规范性文件清理长效机制。13、建立健全决策机制。14、完善公众参与机制。15、提高专家论证和风险评估质量。16、加强合法性审查。17、坚持集体讨论决定。18、严格决策责任追究。19、深化行政执法体制改革。20、规范行政执法程序。21、创新行政执法方式，完善行政执法公示制度。22、全面落实行政执法责任制。23、健全行政执法人员与辅助人员管理制度。24、加强行政执法保障。25、健全行政权力运行制约和监督机制。26、自觉接受党内监督、人大监督、民主监督、司法监督。27、完善和强化专门监督，确保审计、监察等部门依法独立行使监督权。28、加强社会监督与舆论监督，拓宽群众监督渠道。29、全面推进政务公开。30、完善纠错问责机制。31、健全预防与依法化解纠纷机制。32、加强行政复议工作。33、完善行政调解、行政裁决、仲裁制度。34、加强人民调解工作。35、完善信访工作制度。36、树立重视法治素养和法治能力的用人导向。37、加强对政府工作人员的法治教育培训。38、完善政府工作人员法治能力考查测试制度。39、注重通过法治实践提高政府工作人员法治思维和依法行政能力。40、加强党对法治政府建设的领导。41、落实第一责任人责任。42、强化考核评价和督促检查。43、切实加强法制机构和队伍建设。44、加强宣传引导和理论研究。

深入推进城市执法体制改革 2017年12月15日，化州市委、市政府印发《关于深入推进城市执法体制改革改进城市管理工作的实施方案》的通知，《实施方案》明确：一、指导思想。全面贯彻党的十八大和十八届二中、三中、四中、五中、六中全会精神，深入贯彻习近平总书记系列重要讲话精神和对广东工作重要批示精神，根据中央城镇化工作会议、中央城市工作会议、全省城镇化工作会议、全省城市工作会议部署，践行创新、协调、绿色、开放、共享的发展理念，以城市管理现代化为指向，以理顺体制、完善机制、法制保障为途径，把深入推进城市管理和综合执法体制改革作为促进城市发展转型、增创新优势的重要举措，与简政放权、放管结合、转变政府职能、规范行政权力运行等有机结合，构建权责明晰、服务为先、管理优化、执法规范、安全有序的城市管理体制，推动城市管理走向城市治理，促进城市运行高效有序。二、总体目标。坚持以人为本、依法治理、源头治理权责一致、协调创新的基本原则，到2017年底，实现化州市城市管理领域的机构综合设置，明确政府部门有关城市管理的职责边界，管理执法权责基本清晰，协同机制和保障机制初步建立。到2020年，全市城市管理和综合执法的法规和标准体系基本完善，执法体制总体理顺，队伍建设明显加强，服务管理便民高效，现代城市治理体系初步形成，城市治理效能大幅提高，人民群众满意度显著提升。三、主要任务。（一）理顺管理体制。1、匡定管理职责；2、科学设置机构；3、推进综合执法；4、下移执法重心。（二）强化队伍建设。1、优化执法力量；2、严格队伍管理；3、注重人才培养；4、规范协管队伍。（三）提高执法水平。1、制定权责清单；2、规范执法制度；3、改进执法方式；4、完善监督机制；5、建立联动机制。（四）构建城市管理大格局。1、加强市政管理。2、维护公共空间。3、优化城市交通。4、改善人居环境。5、提高应急能力。6、整合信息平台。7、构建智慧城市。（五）创建城市治理方式。1、引入市场机制。2、推进网络管理。3、发挥社区作用。4、动员公众参与。5、提高文明意识。（六）完善保障机制。1、健全法规标准；2、保障经费投入；3、加强司法衔接。四、加强组织领导。1、明确工作责任；2、建立协调机制；3、健全考核制度；4、严肃工作纪律；5、营造舆论环境。

推进“两学一做”学习教育常态化制度化　2017年5月26日，化州市委办印发《关于2017年推进“两学一做”学习教育常态化制度化的实施方案》的通知，《方案》明确：一、总体要求。1、要从讲政治的高度提高思想认识。2、要把思想教育作为首要任务。3、要坚持融入日常、抓在经常。4、要突出问题导向。二、主要任务。（一）在“学”上深化拓展，引导党员增强“四个意识”1、深入学习贯彻党章党规。2、全面学习领会系列讲话。3、健全完善经常性学习教育制度。（二）在“做”上深化拓展，引导党员做到“四个合格”。1、把习近平总书记重要批示精神联系实际落实到化州未来发展的全部工作中去。2、把“四个合格”作为行为标杆。3、做到政治合格。4、做到执行纪律合格。5、做到品德合格。6、做到发挥作用合格。（三）抓好“关键少数”，发挥示范引领作用。1、带头抓好学习。2、带头严肃党内政治生活。3、带头做合格党员、合格领导干部。（四）开展基层党组织建设“基础工作深化年”活动，推进基层党组织规范化制度化建设。1、发挥党支部主体作用。2、规范落实“三会一课”制度。3、开展“千堂党课进基层”活动。4、全面推行党支部主题党日活动。5、推进党支部建设。6、加强基层组织建设的薄弱环节。7、统筹推进各领域基层党建。8、加强基层党建工作保障。（五）在“改”上创新拓展，推动查找解决问题。1、结合“两学一做”广泛开展调查研究。2、联系实际查找解决问题。3、大力整治发生在群众身边的不正之风和腐败问题。三、强化组织领导和督促指导。1、强化责任落实。2、注重分类指导。3、强化宣传引导。4、加强督查考核。

开展“万人评机关”活动　2017年7月25日，化州市委办、市政府办印发《开展问责不作为、鼓励敢作为专项活动实施方案》的通知，《实施方案》明确：一、目标要求。坚持以党的十八大、十八届历次全会和习近平总书记系列重要讲话精神为指导，按照市委、市政府关于加强作风建设的部署要求，根据“群众评议、职能监督、边评边改”和“公开公平公正”的原则，通过多维度、动态化的监督评价体系，对全市各机关单位作风情况开展评议，着力推动各机关单位自觉践行党的宗旨，勇于担当、善于作为、锲而不舍、驰而不息转作风、改作风，着力改善和优化发展软环境，为推进化州振兴发展、全面建成小康社会提供坚强的作风保证。二、评议对象。第一类：市党群部门和其他有关部门（23个）；第二类：市级行政服务和执法部门（单位）（59个），包括审批服务类（31个）和执法监督类（28个）；第三类：民生服务单位（企业）（21个），包括基础服务类（5个）和行业服务类（16个）。三、参与评议人员。参与评议人员范围为化州市辖区内的各级党代表、人大代表、政协委员和民主党派人士，各级各部门（单位）的干部职工、离退休人员，部队官兵，各类企业的法人、职工和个体工商户，村干部、农民和社区居民。四、评议内容：1、围绕中心、服务发展情况；2、公开透明、依法办事情况；3、简政放权、优化服务情况；4、敢于担当、积极履职情况；5、廉洁从政、公平公正情况。五、评议方式：评议方式包括网络投票评议、短信投票评议、微信投票评议、电话回访评议、问卷调查评议、动态监察评议、街头驻点评议、集中座谈评议、收集问题评议等9种方式。六、方法步骤：“万人评机关”活动集中安排在2017年7月中旬至9月底，分四个阶段进行。分别是宣传发动阶段（2017年7月中旬至7月底）、组织评议阶段、（2017年8月1日至8月20日）、统计汇总阶段、（2017年8月20日至8月31日）、整改提升阶段（2017年9月）。七、工作要求。1、提高认识，加强领导；2、广泛宣传，强化氛围；3、直面问题，立行立改；4、严明纪律，规范运行；5、加强保障，确保实效。

落实中央第四环境保护督察组反馈意见整改方案　2017年6月13日，中共化州市委、市政府印发《化州市落实中央第四环境保护督察组反馈意见整改方案》的通知，《整改方案》明确：一、整改目标。以茂名市落实中央第四环境保护督察组反馈意见整改方案列举的整改清单为导向，以提升化州市环境质量、保障环境安全为目标，强化环保基础设施建设，完善环境信访制度，消除环境安全隐患，切实解决环境保护工作中存在的短板和问题，全面落实中央环保督察组提出的整改任务。二、加强领导，明确职责。成立化州市环境保护督察整改工作领导小组，领导小组下设综合协调组、整改督导组、案件查办和责任追究组3个专项小组，负责开展工作。三、制定措施，落实责任。主要有：1、坚守生态红线，实现经济与环境协调发展；2、加快落实中央第四环境保护督察组交办案件办理整改工作；3、妥善处理各类环境信访案件，切实维护群众权益；4、按照“只能更好、不能变坏的原则”，全面深化水环境综合治理。

实施河长制　2017年8月31日，化州市委办、市府办印发《化州市实施河长制工作方案》的通知，《实施方案》明确：一、总体要求。（一）指导思想：全面贯彻党的十八大和十八届三中、四中、五中、六中全会精神，深入学习贯彻习近平总书记系列重要讲话精神和治国理政新理念新思想新战略，以“四个坚持、三个支撑、两个走在前列”为统领，坚持节水优先、空间均衡、系统治理、两手发力，以保护水资源、保障水安全、防治水污染、改善水环境、修复水生态为主要任务，在化州市江河湖库（下称河湖）全面推行河长制，建立健全责任明确、协调有序、监管严格、保护有力的河湖管理保护机制，全面构建平安绿色生态水网，为维护河湖健康生命、实现河湖功能永续利用提供制度保障。（二）基本原则：坚持生态优先、绿色发展；坚持流域统筹、系统治理；坚持党政领导、部门联动；坚持问题导向、因地制宜；坚持强化监督、严格考核。（三）实施范围：全市境内河湖均实施“河长制”。（四）主要目标：到2017年年底，全市境内河湖全面建立河长制，构建市、镇（区、街道）、村三级河长制组织体系；到2020年年底，基本形成与化州市经济社会发展相适应的河湖水生态环境和水安全保障体系，水资源利用更加充分，水环境改善更加明显，水安全保障更加有力，基本实现“河畅、水清、堤固、岸绿、景美”的总目标。全市年用水总量控制在6.15亿立方米以内，重要水功能区水质达标率提高到80%以上，地表水水质优良（达到或优于Ⅲ类）比例达到85.7%以上；对于划定地表水环境功能区划的水体断面，基本消除劣V类水体；全面完成规划内的中小河流治理任务；有效遏制乱占乱建、乱围乱堵、乱采乱挖、乱倒乱排等现象。二、组织体系：（一）构建三级河长体系。建立区域与流域相结合的市、镇（区、街道）、村三级河长体系。（二）建立组织协调机构。成立市河长制工作领导小组，由市委主要领导担任组长；领导小组下设市河长制办公室（设在市水务局），作为市委、市政府关于河长制议事协调的办事机构。各镇（区、街道）要相应成立河长制工作领导小组及办公室，负责组织推进本行政区域内的河长制实施工作。（三）明确工作职责。1、市河长制工作领导小组职责。负责全市河长制工作的组织领导和统筹协调，研究解决推行河长制过程中有关重大问题。2、河长职责。各级总河长是本行政区域推行河长制的第一责任人，负责辖区内河长制的组织领导、决策部署、考核监督，协调解决河长制推行中的重大问题；副总河长协助总河长统筹协调河长制的推行落实。各级河湖河长是所辖河湖管理保护的直接责任人，负责组织领导相应河湖的管理和保护工作。3、河长制办公室职责。对本级河长制工作领导小组和总河长、河长负责，承担河长制组织实施具体工作。三、主要任务：1、强化“三条红线”管理，保护水资源；2、完善防灾减灾体系，保障水安全；3、控制污染物排放，防治水污染；4、强化分类治理，改善水环境；5、维护河湖生命健康，修复水生态；6、严格河湖空间管控，管理保护水域岸线；7、建立健全法规制度，强化执法监管。四、实施步骤：1、建立市、镇、村三级河湖名录；2、出台市级实施河长制工作方案；3、出台镇级实施河长制工作方案；4、成立市级、镇级河长制办公室；5、公布市级总河长、镇级总河长名单和辖区内河湖市、镇、村三级河长名单；6、出台一河一策实施方案；7、建立健全配套制度和工作机制。五、保障措施：1、加强组织领导；2、健全工作机制；3、强化考核问责；4、落实资金；5、加强社会监督；6、加强宣传引导。

贯彻法治广东建设第二个五年规划（2016—2020年）　2017年9月13日，化州市委办印发《关于贯彻〈法治广东建设第二个五年规划（2016—2020年）〉的实施意见》的通知，《实施意见》的指导思想：高举中国特色社会主义伟大旗帜，以马克思列宁主义、毛泽东思想、邓小平理论、“三个代表”重要思想、科学发展观为指导，深入贯彻习近平总书记系列重要讲话精神，全面贯彻党的十八大和十八届三中、四中、五中、六中全会精神，紧紧围绕统筹推进“五位一体”总体布局和协调推进“四个全面”战略布局，坚持党的领导、人民当家做主、依法治国有机统一，坚定不移走中国特色社会主义法治道路，坚决维护宪法法律权威，依法维护人民权益、维护社会公平正义、维护社会大局稳定，更好地发挥法治在经济社会发展中的引领和规范作用，为推动化州市振兴发展提供有力法治保障。主要目标：到2018年，化州市法治建设的重点领域和关键环节取得决定性成果，法治建设达到全面建成小康目标要求。到2020年，形成较完备的制度体系、高效的法治实施体系、严密的法治监督体系、有力的法治保障体系和完善的党内制度体系，实现严格执法、公正司法、全民守法，加快治理体系和治理能力现代化进程，推动化州市法治建设走在茂名前列。基本原则：坚持共产党的领导，坚持人民主体地位，坚持法律面前人人平等，坚持依法治国和以德治国相结合，坚持从实际出发，确保法治建设沿着正确方向前进。坚持在全社会树立宪法和法律权威，依法规范公共权力，保障公民权利，维护社会公平正义。坚持用发展理念引领法治建设，善于通过法治推动贯彻落实新发展理念，充分发挥法治对经济社会发展的保障作用。坚持问题导向，推进法治建设同改革开放不断深化相适应，勇于担当、先行先试，破解难题、补齐短板，全面提升法治化州建设水平。《实施意见》明确的主要任务：（一）加强和改进党的领导，提升依法执政水平。1、完善党领导法治建设的体制机制。2、完善党委依法决策工作机制和议事决策程序。3、依据党内法规从严管党治党。4、提高党员干部法治思维和依法办事能力。（二）强化依法行政，加快法治政府建设。1、依法全面履行政府职能。2、深化行政审批制度改革。3、深化行政执法体制改革。4、加强对行政权力的制约和监督。5、加快推进政务公开。（三）坚持公正司法，维护社会公平正义。1、保障审判权和检察权依法独立公正行使。2、强化司法服务保障。3、加强对司法活动监督。（四）创造法治化营商环境，加快法治经济建设。1、依法规范市场经济秩序。2、强化创新驱动发展的法治保障。（五）加强法治社会建设，切实维护社会稳定。1、强化社会治安综合治理。2、健全依法维权和矛盾纠纷预防化解机制。3、健全公共法律服务体系。（六）推进法制文化建设，增强全民法治意识。1、健全法治宣传教育机制。2、大力开展法治宣传教育工作。3、加强法治文化宣传教育。4、推进多层次多领域法治创建活动。（七）加强法治队伍建设，夯实法治工作基础。《实施意见》明确的实施步骤和方法：1、总体规划，分步实施。2、条块结合，整体联动。3、突出重点，分类指导。4、典型引路，全面推进。组织领导和保障：1、加强组织领导。2、加强督查考核。

落实信访维稳“五个一”工作机制 2017年2月17日，化州市委办、市政府办印发《关于落实信访维稳“五个一”工作机制实施意见》的通知，《实施意见》明确：一、工作目标：按照市委、市政府的工作部署，围绕及时有效化解基层社会矛盾纠纷的工作重点，梳理整合现有社会矛盾排查调处网络资源，针对目前化州市信访维稳工作任务重、压力大的现状，决定从2017年2月开始，在全市范围内建立镇（区、街道）信访维稳“五个一”工作机制，即“一周一研判”“一周一接访约访”“一周一化解”“一周一提醒”“一月一座谈”五项制度，实现信访问题、矛盾纠纷在应有层级得到及时有效化解的工作目标。二、工作机制。1、一周一研判制度；2、一周一接访（约访）制度；3、一周一化解制度；4、一周一提醒制度；5、一月一座谈制度。三、工作机构。市成立“五个一”工作机制协调领导小组，由市委政法委主要领导任组长，分管维稳工作领导为副组长，市委督查室、市委维稳办、市信访局等有关部门为成员单位。各镇（区、街道）要按照本实施意见的要求，成立专项工作小组，切实加强对信访维稳“五个一”工作机制的组织领导。四、工作要求。1、加强组织领导；2、加强台账管理；3、加强沟通交流；4、加强督促检查。

开展问责不作为、鼓励敢作为专项活动 2017年4月9日，化州市委办、市府办印发《开展问责不作为、鼓励敢作为专项活动实施方案》的通知，《实施方案》明确：一、指导思想。以党的十八大和十八届三中、四中、五中、六中全会精神为指导，深入学习贯彻习近平总书记系列重要讲话精神，紧紧围绕“四个全面”战略布局和五大发展理

念，认真贯彻落实“三个区分开来”和“清单之外无职能、法定职责必须为、法无授权不可为、有权必有责”的原则，着力解决干部队伍中存在的能力不足不能为、动力不足不想为、担当不足不敢为等“为官不为”问题，同时教育引导党员干部敢于担当、勇于创新、主动作为，努力营造支持干事者、保护改革者、宽容失误者、追究诬告者，能者上、庸者下的良好社会氛围，为促进化州市赶超发展提供有力保证。二、范围和对象。1、范围：全市各级党委、政府及其部门、政府所属事业单位、公共服务领域的国有企业；2、对象：上述部门和单位的领导干部、工作人员。三、重点内容。（一）着力治理八个方面“为官不为”问题：1、着力治理在贯彻落实党委、政府决策部署方面存在的问题；2、着力治理在谋改革促发展方面存在的问题；3、着力治理在履行领导责任方面存在的问题；4、着力治理在落实全局性、综合性工作的分工任务方面存在的问题；5、着力治理在承担市场监管、社会管理职责方面存在的问题；6、着力治理在行使司法执法职能方面存在的问题；7、着力治理在处置突发事件和紧急情况方面存在的问题；8、着力治理在为民服务、解决群众反映问题方面存在的问题。（二）宽容支持五个方面的干事创业行为：1、宽容支持一心为公的干事创业行为；2、宽容支持无意过失的干事创业行为；3、宽容支持竭尽所能的干事创业行为；4、宽容支持存在不可抗力的干事创业行为；5、宽容支持“白璧微瑕”的干事创业行为。四、工作步骤和任务分工。专项活动自2017年4月中旬开始，至2017年11月结束，分三个阶段开展：（一）第一阶段：全面动员部署、广泛宣传教育（2017年4月中旬至5月底）；（二）第二阶段：全面自查整改、从严监督问责（2017年6月至8月底）；（三）第三阶段：巩固提升，建章立制（2017年9月至11月底）。五、工作要求。1、提高思想认识；2、形成工作合力；3、确保治理成效；4、实行定期报告。

加快推进教育现代化　2017年1月13日，中共化州市委、市政府印发《中共化州市委、化州市人民政府关于加快推进教育现代化的决定》，《决定》明确：一、指导思想和总体目标：（一）指导思想。以邓小平理论、“三个代表”重要思想、科学发展观为指导，深入贯彻习近平总书记系列重要讲话精神，把教育摆在优先发展的战略地位，把教育作为经济社会发展的人才支撑，作为改善民生的重点领域，以办人民满意教育为宗旨，以全面实施素质教育为主题，以改革创新为动力，以促进公平为重点，以提高质量为核心，统筹规划，重点突破，分步实施，注重内涵发展和特色建设，不断提高教育标准化、均衡化、优质化、多样化、信息化、国际化水平，加快推进教育现代化，着力打造广东省推进教育现代化先进市，为建设现代化新化州提供强有力的人才支撑和智力支持。（二）总体目标。省委省政府的部署：到2018年全省推进教育现代化先进县（市、区）、市覆盖率达到85%，到2020年实现全省推进教育现代化先进县（市、区）、先进市全覆盖，茂名市明确提出“到2018年，区、县级市实现教育现代化，其中2018年上半年，信宜市、高州市、茂南区创建为‘广东省推进教育现代化先进市（区）’；2018年下半年，化州市、电白区（含滨海新区、高新区）创建为‘广东省推进教育现代化先进市（区）’；2019年，茂名市创建成为‘广东省推进教育现代化先进市’”，化州市要在2018年下半年完成“广东省推进教育现代化先进市（区）”创建工作。二、主要工作任务：1、培育现代化教育理念；2、创造现代化教育条件；3、建成现代化师资队伍；4、提高现代化教育治理能力；5、提高教育发展水平，确保教育质量。三、保障措施：1、加强组织领导。2、保障经费投入。3、强化督导评估。4、营造良好工作氛围。

建设卫生强市　2017年1月23日，中共化州市委、市政府印发《中共化州市委、化州市人民政府关于建设卫生强市的实施意见》，《实施意见》明确：一、总体目标。围绕构建与小康社会相适应的医疗卫生服务体系，以公平可及、群众受益为出发点和落脚点，坚持预防为主、防治结合、中西医并重的方针，强化政府责任，鼓励社会参与，创新体制机制，推动医药卫生体制改革。进一步优化卫生资源配置，稳步推进“强基创优”行动，促进医疗卫生工作重心下移、优质医疗卫生资源下沉，全面提高城乡居民健康水平，力争到2020年前基本建成卫生强市。二、具体目标。到2018年，建立基本医疗卫生制度，人民群众健康水平明显提升，卫生综合实力和主要健康指标处于全省中上水平，县域内住院率提高到90%以上，基本实现大病不出县。到2020年，基本医疗卫生制度进一步完善，整合型医疗卫生服务体系基本建成，建立有效的三医联动体系，总体实现基本医疗卫生服务均等化，市级医疗卫生服务能力和水平明显提高，化州市人民医院和化州市中医院通过三级甲等医院评审，主要健康指标基本达到发达地区水平，基本建成卫生强市。到2025年，基本医疗卫生制度完善，医疗卫生服务体系健全，卫生资源配置合理，医疗设施和技术先进，疾病控制科学高效，人才队伍结构优化，科技创新和学科建设水平提升，主要健康指标达到发达地区水平，全面建成卫生强市。三、主要指标。1、居民健康水平：人均期望寿命77岁以上，孕产妇死亡率和婴儿死亡率分别控制在10/10万和3‰以下。2、卫生资源配置水平：每千常住人口执业（助理）医师数、公共卫生人员数、注册护士数和床位数分别达到2.8、1.0、3.5和5.4。每万常住人口全科医生3名以上。每千名儿童床位数增加到2.2张，每千名儿童儿科执业（助理）医师数达到0.69名。医护比达到1：1.25。本科以上卫生技术人员占比40%以上。15分钟内可到达医疗机构住户占比90%以上。3、医疗保障水平：全民医保体系健全完善，基本医保与大病保险、医疗救助、疾病应急救助等制度有效衔接，个人卫生支出占卫生总费用比例25%以下。4、疾病预防控制水平：当年甲乙类法定报告传染病发病率不超过近5年的平均发病水平，以镇为单位适龄儿童免疫规划疫苗接种率达到95%以上，高血压、糖尿病、严重精神障碍患者规范管理率达到国家要求。5、城乡环境卫生水平：城区病媒生物密度控制水平达到国家标准，农村自来水普及率90%以上，农村无害化卫生厕所普及率90%以上。6、群众健康意识状况：居民健康档案规范化电子建档率达到90%以上。产妇产前检查率98%以上，城乡居民健康素养水平比国家要求高5个百分点。四、主要任务：（一）建立健全城乡医疗服务体系。1、优化区域医疗资源配置。2、探索建立现代医院管理制度。3、全面建立分级诊疗制度。4、推动建立紧密型医疗联合体。5、大力发展健康服务业。（二）全面提升县级医疗综合服务能力。6、加快县级公立医院改革创新。7、加强县级医院硬件设施建设。8、强化县级医院专科服务能力建设。9、实施住院医师规范化培训，实施县级医院、乡镇卫生院专科特设岗位计划。（三）改革完善基层医疗卫生机构运行机制。10、加快基层医疗卫生机构标准化建设。11、巩固完善基本药物制度。12、完善基层医疗卫生机构补偿机制。13、建立健全基层医疗卫生机构激励机制。14、加快建立家庭医生制度。（四）加快中医药事业发展。15、加强中医药管理。16、完善中医药服务体系。17、鼓励中医药传承创新。（五）促进社会办医加快发展。18、改革社会办医行政审批制度。19、加大社会办医政策支持力度。20、提高非公立医疗机构床位数和诊疗量占比。（六）加强公共卫生安全体系建设。21、完善公共卫生安全体制机制。22、全面提升突发公共事件卫生应急能力。23、增强重大疾病防控能力。24、提高妇女儿童健康保健水平。25、促进公共卫生服务均等化。（七）建立健全城乡医疗保障制度。26、提高医疗保障水平。27、深化医保支付方式改革。28、提高基本医保管理服务能力。（八）完善药品供应保障体系。29、改革完善药品集中采购办法。30、加强药品供应配送管理。31、推进药品生产流通领域改革。（九）加强医药卫生科技创新和人才队伍建设。32、推动医药领域科技创新。33、加大高层次卫生人才培养力度。34、完善医学人才教育培训体系。35、提高基层卫生人员待遇。（十）提高医疗卫生信息化和区域合作水平。36、加快建设全民健康信息服务体系。37、大力发展互联网+医疗。38、推动医药卫生区域交流合作。（十一）着力提升医疗卫生法治化水平。39、提高依法治理医疗卫生事业的能力。40、建立协调统一的医疗卫生管理体制。41、强化卫生计生综合监督执法。42、构建和谐医患关系。五、保障措施：1、加强组织领导。2、加大投入力度。3、强化督促评估。

开展法治宣传教育 2017年3月1日，中共化州市委、市政府转发《市委宣传部、市司法局关于在全市公民中开展法制宣传教育的第七个五年规划（2016—2020年）》的通知，《规划》主要内容有：一、指导思想和工作目标：（一）指导思想。以邓小平理论、“三个代表”重要思想、科学发展观为指导，深入贯彻习近平总书记系列重要讲话精神，统筹推进“五位一体”总体布局，协调推进“四个全面”战略布局，牢固树立和贯彻落实创新、协调、绿色、开放、共享的发展理念，围绕党委、政府中心工作和全面推进依法治市、加快建设法治化州目标，进一步健全法治宣传教育机制，构筑化州法治宣传教育新格局，扎实推进依法治理和法治创建，弘扬社会主义法治精神，建设社会主义法治文化，推进法制宣传教育与法治实践相结合，充分发挥法制宣传教育在法治化州建设中的基础作用。（二）工作目标。法制宣传教育新格局基本形成，“谁执法谁普法”主体责任落到实处，法制宣传教育渗透社会生活各方面，“党委领导、人大监督、政府实施、部门负责，全社会共同参与”的领导体制和工作机制不断健全，法治宣传教育体系基本完备，全民法治观念和全体党员党规意识明显增强，全社会厉行法治的积极性和主动性明显提高，形成守法光荣、违法可耻的社会氛围。二、主要任务：1、深入学习宣传习近平总书记关于全面依法治国的重要论述。2、突出学习宣传宪法。3、深入宣传中国特色社会主义法律体系。4、深入学习宣传党内法规。5、深入推进社会主义法治文化建设。6、深入推进多层次多领域依法治理。7、全力打造普法教育网。三、对象和要求：1、坚持把领导干部模范尊法学法守法用法作为树立法治意识的关键；2、坚持把青少年学法懂法守法作为全面依法治市的着力点；3、坚持把企业经营管理人员和务工人员依法治企、依法维权作为优化社会治理的重要手段。四、工作措施：1、健全普法宣传教育机制；2、健全“谁执法谁普法”的责任制；3、落实媒体公益普法责任；4、完善以案释法工作机制；5、健全法制文化建设社会扶持机制；6、深入开展法治创建活动；7、推进普法社会化运行机制建设；8、推动法治宣传教育工作创新；9、打造橘洲普法特色品牌。五、组织领导：1、加强组织领导。2、加强工作指导。3、加强工作保障。4、加强考核评估。

迎接茂名建市60周年民生专项行动计划　2017年11月28日，化州市委办、市政府办印发《化州市迎接茂名建市60周年民生专项行动计划》的通知，《行动计划》主要包括：一、指导思想。全面贯彻党的十八大和十八届三中、四中、五中、六中全会精神，把握领会习近平总书记对广东工作重要批示“四个坚持、三个支撑、两个走在前列”的精神实质，紧紧把握发展主旋律，深入实施“三个做大”发展战略，坚持普惠性、保基本、均等化。切实解决人民最关心、最直接、最现实的利益问题，着力构建幸福化州，以优异成绩迎茂名建市60周年。二、总体目标。落实省十件民生实事任务。提升社会保障水平。推进创建卫生强市。推进教育创现。深入推进精准扶贫。完善政务服务。完善民生水利基础设施。三、主要任务。1、巩固提升民生保障水平；2、加大扶贫济困力度；3、推进教育现代化建设；4、提高医疗卫生保障水平；5、促进就业和创业；6、改善生产生活条件；7、加强污染治理与生态保护；8、提高防灾减灾能力；9、提高基层基本公共服务水平；10、加大公共安全保障力度；11、加快推进水利工程建设。四、保障措施。1、健全工作机制。2、细化工作方案。3、加强监督检查。

2017年中共化州市委领导班子成员名录

市委书记：邓永明（任至5月）
黄　永（5月任职）
市委副书记：谭剑锋
王土瑞（任至1月）
周太强（6月任职）
市委常委：朱金生
刘　冬
邱　锋（任至8月）
林文泽（9月任职）
冯　浪
杨国勇
梁金福

2017年中共化州市委办公室领导班子成员名录

主　　任：杨国勇
常务副主任：陈俊玮（10月任职）
副主任：梁　珍
董汉良（任至10月）
王海波
梁鸿儒（7月任职）
黄　哲（8月任职）

（程伟博　黄　薇　姚泽宇）

组织工作

【概况】　中共化州市委组织部设在化州市行政中心七楼东侧，内设12个股室，分别是：办公室、干部一股、干部二股、组织一股、组织二股、干部监督股、干部信息股、干部培训股、调查研究股、党代表联络工作股、人才工作股、电教股；有市委派出机构1个：中国共产党化州市非公有制经济组织和社会组织工作委员会（正科级）；市挂靠机构1个：市公开选拔领导干部工作办公室（副科级）；公益一类事业单位1个：信息中心。2017年，有在编在岗人员26人，其中，公务员编制24人，工勤编制1人，事业编制1人。

【十九大精神学习贯彻】 2017年，化州市在全市组织开展学习贯彻党的十九大精神。中共化州市委先后召开8次市委常委（扩大）会议、3次市委中心组学习会、1次全市集中宣讲报告会，举办专题培训班、宣讲学习班174期（场），参训党员干部1.78万人次。设置宣传专栏和文化长廊256个，宣传广告牌143个，挂宣传横幅953条，全市学习贯彻十九大精神的氛围浓厚。

【“两学一做”常态化制度化】 2017年，化州市以开展“夜学、夜谈、夜访”活动为载体，持续深入开展“书记课堂”，市委各常委带头到基层单位上党课，全市科级以上党员领导干部送党课进基层973次，2.5万人次党员受到教育。抓好专题教育党课、学习研讨、组织生活会和民主生活会等关键环节工作，突出党支部主体作用，严肃党内组织生活，深化支部主题党日、党员活动日，引导全市1537个党（总）支部4.8万名党员用党章党规规范言行。成立6个专项督导组每月通过集中调研检查、随机抽查、日常督导等方式，督导全市各单位“两学一做”学习教育常态化制度化工作。

【村级换届选举工作率先完成】 2017年，化州市围绕“又稳又好又快”的工作方针，在茂名地区最早完成村级换届选举工作，茂名村级换届现场会在化州市召开。化州市367个村（社区）进行“两委”换届选举，产生1839名村（社区）“两委”干部，书记、主任“一肩挑”比例92.1%，“两委”交叉任职率91.69%，选民参选率95.12%。新一届“两委”成员平均年龄49.78岁，比上届下降3岁；35岁左右年轻干部较上届提高53.6%；大专以上学历干部较上届提高82.61%，女干部较上届提高5.32%。

【干部队伍建设】 2017年，化州市以“干部大学习大培训”为契机，提高干部专业素养，举办各类干部主体培训班次13个15期，培训各层次领导干部3378人次；深化“流动党校、驻镇夜学”工作，举办各类干部培训班次1549期（场），培训基层干部13.6万人次。强化干部监督管理，坚持市委组织部干部走访联系单位制度；加强改任非领导职务干部管理工作，下发《中共化州市委办公室关于进一步加强改任非领导职务同志管理的通知》，明确改非干部职责，加强考核奖惩及监督管理，完善“退出”机制；设立干部谈心谈话室，认真落实干部谈心谈话、“三书”预警告诫制度，提醒谈话30人，函询6人，开展任前谈话245人次。实行干部选拔全程纪实制度，加大对不适宜现职干部调整力度，推动干部能上能下。2017年，全市讨论任免科级干部222人次，其中提拔任用72人，平级调整101人，改非19人，机构改革任职3人，兼职、改称等其他干部任免27人。

【基层组织建设】 2017年，化州市突出抓好城市基层党建，建成400多平方米的“橘城红”党建实践基地；11月23日上午，茂名市城市基层党建工作经验交流座谈会在化州市召开，在全茂名推广化州工作经验。推进社区“三化”建设，经验做法被《南方日报》、《南方》杂志等省级媒体推介。深化“小个专”党建工作，在全省“两学一做”学习教育推进会上做学习交流，被广东省工商局列为非公党建示范点，《广东组工信息》《广东工商》等刊物报道推广。全面开展抓党建促扶贫攻坚工作，下发《关于把贫困村建设成基层党建示范村的通知》，召开抓党建促扶贫攻坚工作现场会议，成立6个工作组深入到23个镇（街）39条贫困村开展党建调研，推进党建与扶贫攻坚、新农村建设深度整合。开展“党工、义工、社工”联动服务体系，全年全市市直机关1600多人次党员到社区报到服务183场次。推进化州市革命历史纪念馆、化州（柑村）革命传统教育基地建设。深入开展党员联系户工作，全市367个村（社区）15680名党员联系42546户群众、212家企业。开展农村“共产党员家庭”挂牌活动，化州市党员领导全部到挂点指导镇（区、街道）开展挂牌工作，全市2.3万户农村共产党员家庭全部挂牌。率先完成“候任村（社区）干部”选拔工作，打造高素质年轻化村级后备干部队伍。

【人才工作】 2017年，化州市打造2个区域性、示范性的化州市人才驿站，完善人才信息库，开展茂名市第八批、化州市第六批优秀专家和拔尖人才评选工作。抓好列入广东省“扬帆计划”化橘红产业人才引进培育工程，实施“金种子”农村电商人才培养工程，抓好实施“3个一百”人才培养项目。全年开展380多场次农村电子商务知识培训，培训人数4200多人次，建成一批农村实用人才培养示范基地，推进农村实用人才进一步发挥“传、帮、带”作用。

【自身建设】 2017年，中共化州市委组织部结合“万人评机关”活动，开展“问责不作为、鼓励敢作为”活动以及纪律教育学习月活动，做好部内纪律教育学习工作。开展“四亮四促”活动，创新举办全市组工干部业务大练兵知识竞赛，推进学习型机关、学习型干部建设。定期开展撰写读书笔记、组织小组学习会、“演讲家”比赛、组工干部“活字典”知识竞赛等系列活动，多种方式落实“三会一课”。组织部干部参加义务植树活动、五一趣味运动会、“走汕湛高速 看化州发展”徒步活动等，开展主题党日活动，组织参观市革命历史纪念馆，重温入党誓词，加强精神文明建设。

2017年中共化州市委组织部领导班子成员名录

市委常委、组织部部长：邱　锋（任至8月）
林文泽（9月任职）
副部长：李良勇
张传冠（2月任职）
姚亚新（任至1月）
何超信（任至9月）

（中共化州市委组织部）

宣传思想工作

【概况】 2017年，中共化州市委宣传部贯彻落实党的十八届三中、四中、五中、六中全会精神、习近平总书记系列重要讲话精神和十九大精神，围绕市委、市政府工作部署，高举旗帜、服务大局、唱响主旋律、打好主动仗，较好地完成各项工作任务，为化州市经济社会发展提供强大的精神动力、思想保证、舆论氛围和文化条件。

【理论宣讲创新】 2017年，中共化州市委宣传部创新宣讲方式方法，创建“一支部一微宣讲员”队伍，运用微信平台宣讲十九大精神。在市委宣传部的统一指导下，统一时间，统一内容，分人群推送，把十九大的相关微音频、微视频等信息推送到市、镇、村三级党支部的微宣讲工作群和朋友圈。覆盖23个镇（区、街道），140多个市直单位，600多个基层支部。依靠全市600多个微宣讲员，辐射到全市4.8万个党员，进而辐射全市160多万党员干部群众。《茂名日报》2017年12月31日A6版刊登大版面《打造学习“大喇叭”争当百姓“报喜人”——化州市灵活宣讲全方位把党的十九大精神送入寻常百姓家》，报道化州的经验做法。

【新闻宣传】 2017年，化州市组织开展2017化州橘红文化节、振兴粤东西北重大项目建设、“问责不作为、鼓励敢作为”专项活动、《魅力中国城》茂名投票等新闻专题和系列报道，刊发“名家名人代言优秀传统文化”“楷模代言核心价值观”等系列公益宣传画，宣传贯彻党的十九大精神和习近平总书记对广东重要批示精神等。抓好文明城市创建、精准扶贫、生态创建、招商引资等重点题材的新闻宣传工作，全年制作播出本地新闻1500多条，其中制作播出电视专栏节目《橘州聚焦》75期，《文化橘州》85期，广播类新闻1000多条，广播专题专栏800多期，被上级台采用新闻200多条。

【网络舆论监督管理】 2017年，化州市成立市委网络安全和信息化领导小组，贯彻落实国家和省、茂名市网络安全和信息化发展战略、宏观规划和重大政策，研究制定全市网络安全和信息化发展战略、宏观规划和政策；推动全市网络安全和信息化法治建设；统筹协调涉及全市各个领域的网络安全和信息化重大问题；督促全市网络安全和信息化重大战略、规划和政策的落实。领导小组下设办公室，简称市网信办。市网信办采取多种措施，切断网络谣言的传导路径，联合公安机关依法依规加大打击查处力度，防止媒体刊播虚假信息，防止谣言在网上传播泛滥。对发布虚假失实报道的相关单位、机关责任人严肃处理，对利用政治敏感话题编造、传播谣言的机构、个人，各有关部门依法打击。加强商业网站和新闻客户端首页首屏、微博微信、网上互动环节以及“自媒体”传播平台管控，强化网络新技术新应用事前评估和事后监管。

【网络宣传】　2017年，化州市探索网络媒体管理和网络宣传工作的新模式、新机制、新做法，加强网络媒体的领导，做好网络宣传平台建设，指导网络新媒体开展网络正能量传播，构建“上下一心、全网共唱”的网络宣传工作格局，为该市的稳定发展营造和谐的网络舆论环境。通过成立互联网协会，在2017年化州橘红文化节赏花活动、开幕式和晚会、“走汕湛高速，看化州发展”大型徒步活动进行网络图文直播，发挥其协调作用。通过“官方指导，全网共传”的模式打造网络宣传平台。推广化橘红民俗文化和化橘红生态旅游、《魅力中国城》投票活动、“万人评机关”活动的网络评议，引导网民合理有序客观地对相关单位进行评议。配合各级党委政府的宣传工作，包括在刊发或转发党的十九大大宣传画、创建文明城市系列公益宣传画等，组织发布转载宣传文章1689篇，网络宣传标语3560次。配合市网信办开展网络安全法律法规宣传活动，发布或转载文章480多篇次，网站、公众号悬挂宣传标语1600多条。

【文化宣传】　2017年，化州市抓好省级文化消费补贴项目，覆盖全市23个镇（区、街道办）17738户47391人（其中，城镇低保2234户4850人，农村低保15504户42541人），省财政下拨的2017年度省级文化消费补贴资金267万。开展群众性文化演出活动和参加省、市少儿艺术花会比赛。陈爱锦创作的表演唱《橘州鬼仔戏新唱》获茂名市第二届群众音乐舞蹈花会金奖、广东省第七届群众音乐舞蹈花会金奖、广东岭南童谣节比赛三等奖；舞蹈《我家橘红香》获茂名市第二届群众音乐舞蹈花会金奖，歌曲（作曲）《你是最美的那朵橘花》获茂名市第二届群众音乐舞蹈花会银奖，舞蹈《我在岸边等你》获茂名市第二届群众音乐舞蹈花会铜奖，李粤明歌曲《橘红赞歌》获茂名市第二届群众音乐舞蹈花会铜奖，廖奇芳创作、黄亦明导演的小戏曲《初心不改》和陈红胜、陈文操创作、张曾叶导演的表演唱《橘州清风》获“茂名市廉政小品曲艺创作大赛”铜奖。

2017年中共化州市委宣传部领导班子成员名录

市委常委、宣传部长：梁金福

宣传部副部长：陈治寰（4月任职）

曾子芬

姚亚新（任至10月）

黄士杰（11月任职）

（吴东霞）

统战工作

【概况】　中共化州市委统一战线工作部（以下简称市委统战部），为市委工作部门，加挂中共化州市委台湾工作办公室（化州市人民政府台湾事务办公室）牌子；化州市民族宗教和外事侨务局与市委统战部合署办公，列入市政府工作部门序列，不计市政府机构个数。该部内设办公室、人事股、经济联络股、港澳台工作股4个正股级职能股室。市委统战部核定机关行政编制人员12名，工勤人员2名，设部长1名，副部长3名。2017年，有在职行政编制人员10名（其中，部长1名，副部长3名），工勤人员3名。下辖1个公益一类事业单位——化州市台湾同胞接待站（正股级），核定事业编制2名，2017年有在编工作人员1名。

2017年，化州市深入推动中央、省委和茂名市统战工作会议精神及《统战条例》的贯彻实施。3月，化州市成立以市委书记为组长、市委和市政府分管领导为副组长，相关单位为成员的市委统战工作领导小组，加快构建统一战线大统战格局。3月30日下午，在化州市行政中心十楼会议室召开统战工作会议，深入贯彻落实全国、全省统战部长会议和茂名市统战工作会议精神，分析研究当前统战工作面临的新形势和新问题，部署化州市2017年的统战工作。加强学习培训，组织人员参加茂名市统一战线大讲堂和业务培训班。强化督促检查，开展“统战工作大调研”行动，解决当前统战工作的重点、难点问题，总结经验、发现问题、及时整改，落实中央、省委和茂名市委的工作部署以及《统战条例》规定。

【政党协商建设】　2017年，化州市推进政党协商工作。协助中国民主同盟化州市委员会（以下简称市民盟）完善班子建设。2017年10月市委统战部协助市民盟增补1名副主委和1名委员，帮助市民盟补齐2016年6月换届后仍空缺的副主委及委员职位，完善民盟班子建设。加强党外代表人士队伍建设，继续开展党外干部信息摸底调查工作，掌握党外干部信息情况；与化州市委组织部协调沟通，举办“党外干部综合能力提升班”，提高化州市党外干部政治把握能力、参政议政能力、组织领导能力、合作共事能力；做好党外知识分子工作，调查研究国家机关和国有企事业单位党外知识分子的情况，把思想政治教育放在首位，加强传统领域党外知识分子工作。探索有效方式方法，做好新媒体从业人员、留学人士、新生代非公有制经济人士等新的社会阶层中的党外知识分子统战工作。

【民族宗教事务】 2017年，化州市维护民族宗教领域和谐稳定。做好民族工作，落实民族工作的方针政策，指导市民族宗教和外事侨务局落实民族政策，特别在扶持少数民族经济社会发展和协助申请资助少数民族困难家庭学生等方面予以政策指导。依法协调管理宗教事务，做好化州市宗教工作形势分析，研究宗教工作面临的新情况新问题，加强指导、检查和督促。规范全市宗教活动场所管理，重点抓好南山寺的后续整治工作，巩固和扩大整治成效，确保宗教领域和谐稳定。2017年6月27日，化州市委统战部牵头组织召开全市民间信仰普查工作会议，贯彻落实《中共中央办公厅转发〈中央统战部、国家宗教局关于做好民间信仰工作的意见〉》精神，全面开展化州市民间信仰普查工作。

【非公有制经济领域统战工作】 2017年，化州市围绕城市发展战略，推进非公有制经济领域统战工作，加强工商联建设，促进非公有制经济健康发展，引导非公有制经济人士健康成长。

“亲”“清”新型政商关系构建　贯彻落实《省纪委省监察厅关于推动构建新型政商关系的若干意见（试行）》以及茂名市、化州市的有关工作部署，牵头制定《化州市构建新型政商关系调研走访活动工作方案》，从市直相关单位抽调人员组成4个工作组，对全市80家非公有制经济企业和7家台胞台属企业进行调研走访，每季度末一次将调研走访情况及时整理报送市委办和市纪委。

支持商会建设　2017年，化州市委统战部多次到异地商会（联谊会）进行调研，协调、指导商会加强自身建设，引导非公有制经济人士做合格的中国特色社会主义事业建设者。

搭建交流平台　2017年6月19日，化州市委统战部组织在化州市区召开化州市商（协）会联席会议，该地及异地商（协）会代表参加会议，并邀请市领导、相关部门和金融机构领导及知名人士参加会议，为党委政府和商（协）会搭建一个有效的沟通交流平台。

配合开展招商引资　2017年9—12月，化州市委、市政府开展化州市招商引资百日行动，全市组建5个招商攻坚小组，市委常委、统战部部长刘冬以及2名副部长、2名股长参与招商行动。刘冬带队到佛山与佛山商会洽谈对接，促成招商引资项目落地。11月底至12月初，刘冬陪同市委书记黄永拜访各地商会、企业，商谈对接一批项目，推进签约工作。

促进各种联谊活动开展　2017年，化州市委统战部组织召开4次异地商会（联谊会）联席会议，为该地、异地商会与党委、政府搭建沟通交流平台，服务政府招商引资，组织商协会代表参加橘红文化节，组织该地商协会举办月饼文化节。促进“光彩事业”，教育引导广大非公经济人士回报社会，热心参与化州市公益事业和社会慈善事业。如：引导各商协会和广大非公经济人士参与广东省630扶贫济困日捐款活动；化州市旅港同乡会、澳门化州同乡会多次探访化州福利院，捐赠电器、衣服、文具、食品等物资；澳门化州同乡会组织会员参与“6·30”捐款，捐资3万元。指导开展游学之旅活动，广州市化州商会连续三年组织“化州百名优秀学子广州游学之旅”活动。推进新时期精准扶贫精准脱贫工作，选派干部到扶贫驻点村任第一书记，落实干部长期驻村，发动捐款资助贫困户发展生产，在社会保障、教育、医保、危房改造等方面为贫困户排忧解难。组织化州市各商协会和异地商会开展赈灾活动，为受台风灾害严重的澳门化州同乡和珠海市化州商会开展捐款赈灾活动，捐款近40万元，为受灾企业提供复产救助。组织化州市10家商协会和11家民营企业代表30多人开展拥军优属活动。

正面宣传引导　化州市委统战部加强与非公经济代表人士沟通联系，宣传市委、市政府为民便民政策，引导非公经济代表人士不造谣、不信谣、不传谣，发挥正能量，维护社会和谐稳定。

【港澳台海外统战工作】　2017年，化州市委统战部协调、引导、指导同乡会带领广大居港澳乡亲和同乡会会员爱国爱港爱澳，团结、把握好政治上靠得住、关键时候能发挥作用的人，服务中心工作，按时按质全面超额完成上级交办的任务。做好乡亲资料库建设，在2016年全面开展港澳乡情调查的基础上，2017年进一步深入开展澳门乡情调查，广泛收集乡情资料，掌握港澳台地区的化州乡亲情况；加强港澳台代表人士队伍建设，培养后备力量，引导港澳政协委员履行职责，发挥参政议政作用；加强联谊交往，多次到深圳、珠海、香港、澳门等地，联系港澳乡亲。市长谭剑锋率队到香港参加香港茂名同乡总会“庆祝香港回归祖国二十周年暨香港茂名妇女联会就职典礼”。做好港澳回乡乡亲接待工作，3月18—19日澳门同乡会30多名会员回乡寻根、考察、交流；6月9—12日旅港同乡会和政协香港工作组组织旅港同胞100人回乡寻根、考察、交流；6月17—19日澳门同乡会9名骨干成员回乡参加橘红文化节；6月下旬邀请香港珠海学院近30名师生到茂名地区进行为期4天的考察交流，并与广东石油化工学院师生开展联谊交流活动，推动香港珠海学院与广东石油化工学院深化交往；7月21—23日澳门同乡会组织120名会员回乡寻根、考察、交流。2017年，指导化州市旅港同乡会、澳门化州同乡会在港澳地区开展联谊交流活动30多次，包括：7月1日化州市旅港同乡会举办逾百人参加的庆回归活动、11月7日澳门化州同乡会举办约800人参加的成立八周年庆典活动、12月10日澳门化州同乡会组织140人参加公益金百万行公益活动。澳门化州同乡会2017年在《澳门日报》《濠江日报》等知名媒体上刊登有关报道11篇。做好台情普查，2017年6月完成普查工作。调处纠纷工作方面，2017年指导、协调新安镇党委、政府调处台属蔡某与当地村民小组的土地承包使用纠纷；指导、协调平定镇党委政府和新华农场党委调处台属与新华农场历史遗留的房产土地纠纷。

【统战理论研究】　2017年，化州市委统战部加大宣传力度，加强统战理论研究，上报理论调研文章5篇，通讯报道29篇。该部连续三年获得茂名市委统战部通报表扬，有18篇理论调研文章获奖，获奖篇数连续三年在各县（市、区）排位的前列。

【化州市各商协会为茂名竞演《魅力中国城》投票加油】　2017年，化州市委统战部指导化州市各商协会为2017年茂名竞演《魅力中国城》开展投票加油活动。市委常委、统战部部长刘冬带队到各同乡会、商会、协会、企业进行动员，化州港澳乡亲全力拉票，在播扬镇举办港澳台同胞与粤桂边远山区播扬群众万众同心“我爱茂名、我投茂名”决战启动仪式暨文艺晚会，为茂名投票加油。

2017年中共化州市委统一战线工作部领导班子成员名录

市委常委、统战部部长：刘　冬

副部长、市工商联党组书记：麦耀文

副部长：庞春梅

　　　　戴务贵

（郭少华）

市直机关工委工作

【概况】　中共化州市直属机关工作委员会（以下简称市直工委）成立于1997年8月，办公地址设在市委市政府大楼东十楼，内设书记室、副书记室、纪检监察室、办公室、组织宣传培训股、计划生育办公室和武装部。2017年，有在岗人员9人。受市委的委托管理党委13个，党总支部37个，党支部440个，党员9396名。

【基层党组织建设推进】　2017年，化州市直工委督促指导届满的党组织按期换届，班子出缺的党组织及时调整任命。是年，及时督促和指导地税局、烟草局等9个任期届满的机关基层党组织按期换届选举，对市纪委、工商局、橘州山庄等26个班子出缺的党（总）支部的班子成员进行补选和调整。

【党员发展工作】　2017年，化州市直工委严格按照“坚持标准、保证质量、改善结构、慎重发展”的要求，做好党员的培养、考察、发展和转正工作。2017年3月，化州市直工委举办入党积极分子培训，培训内容主要是党的性质、党员权利义务、党的纪律，做合格党员等。7月，举办预备党员培训，结合入党宣誓一起进行，培训内容以党章、党的基本知识、党风廉政建设为主。全年全市发展新党员57名，转正预备党员36名，培养入党积极分子216人，转接党员组织关系283人次。

【党务培训】 2017年，化州市直工委全面提升党务干部能力。4月，与江门市委党校联合举办“化州市直机关党务干部能力提升班”，98名党务干部参加培训学习；7月，开展市直机关组工干部业务大练兵活动知识竞赛活动。

【党内生活制度落实】 2017年，化州市直工委落实“三会一课”、领导干部参加双重组织生活等制度，完善党内民主监督、民主评议党员、党员党性分析等制度，从制度落实上保障机关党建工作正常开展。抓好基层党支部的“三会一课”的开展，建立“三会一课”工作计划、分类记录、定期调阅、以奖代补、督促检查等制度，市直工委每季度召开落实“三会一课”制度督促分析会，使“三会一课”制度规范化、常态化。抓好民主评议党员工作，2017年度市直机关9396名党员参加民主评议，参评率100%。

【党费收缴】 2017年，化州市直工委实行党费统一到农行网点缴交，实行银行代收，规范缴交党费基数，做到月收季缴，设专人专账专责管理，定期在党务公开栏公示。

【党建工作制度建立健全】 2017年，化州市直工委编印《市直机关抓机关党建工作责任清单》。《责任清单》由责任主体、责任项目、基本内容、具体要求等4个部分组成。对抓机关党建工作责任清单的责任主体，按照“三级两类七岗”界定，其中“三级”是指党委、机关党委、党支部（总支）3个层级；“两类”是指把组织和个人这两类主体责任分别编制；“七岗”是指把责任清单的主体确定为党委、机关党委、机关党委书记、党支部（总支）、总支部（总支）书记等岗。“七岗”责任项目共28项，基本内容87项，具体要求20项。

【党建活动形式多样】 2017年，化州市直工委组织举办形式多样的党建活动，增强党组织的凝聚力战斗力和党员归属感。7月，市直工委、市委组织部和市党史办联合发文要求市直机关参观革命历史纪念馆，接受革命传统和爱国主义教育；12月，牵头组织机关方队1300人参加“走汕湛高速看化州发展”徒步活动。开展纪念建党96周年系列活动，组织举办化州市直机关第三届“先锋杯”男子篮球赛、召开党建工作座谈会、牵头组织市直机关“扶贫济困日”开展爱心捐赠活动、庆七一等主题系列活动。在七一、中秋、春节等节日期间，开展“党内关怀”走访慰问活动，走访慰问部分优秀党员、老党员和困难党员，倾听他们的心声，征求他们的意见和建议，帮助他们解决生活中的实际问题，给他们送上节日温暖和慰问金、慰问品。开展党建工作调研，深入市直机关对党建工作现状、重点、难点及创新机关党建的途径进行专题调研，通过深入基层党组织听取汇报、座谈交流、查阅资料和实地查看，全面准确了解机关党建工作，探索新时期机关党建工作的规律、特点和有效途径。

2017年中共化州市直属机关工作委员会领导班子成员名录

书　　记：赵善统
副 书 记：余锡文
　　　　　全晓博（任至10月）
　　　　　余　瑾（10月任职）
纪工委书记：黄宇信

（李　亚）

党校工作

【概况】 中共化州市委党校（化州市行政学校）位于化州市河西中山路76号。1958年11月，中共化州县委党校成立。1959年，化县和吴川县党校合并，中共化州县委党校搬迁至吴川县；1961年，中共化州县委党校从吴川县搬迁回化州县河东三角口（原水泥厂）；1964年，中共化州县委党校再次搬迁到化州县河东教师进修学校；1972年7月，中共化州县委党校搬迁到现址。“文化大革命”期间，干部培训工作中断。1994年，化州撤县设市，中共化州县委党校更名为中共化州市委党校。中共化州市委党校属化州市委工作部门，业务受茂名市委党校指导，下设23个基层乡镇分校。2017年，校区占地面积5328平方米，办公楼、教学楼和学员楼综合建筑面积5224平方米。内设办公室、教务室、教研室和联络室，有在职干部教师17名，其中高级讲师2名，讲师5名，助理讲师2名。

【干部理论教育】　2017年，中共化州市委党校举办干部主体培训班8期，培训干部3868人；开展学习党的十九大精神、十八届六中全会精神、《习近平谈治国理政》（第一卷、第二卷）、习近平总书记对广东工作重要批示精神和广东省、茂名市、化州市党代会精神等的宣讲272场，培训干部28004人次。

2017年中共化州市委党校举办培训班情况一览表

培训时间	培训班别	培训类型	培训地点	期（场）数	培训人数
2017年7月	化州市村（社区）“两委”干部培训班	主体班	化州市海利文化中心	3	2157
2017年7月	化州市镇（区、街道）党政正职综合能力提升培训班	主体班	化州市橘州山庄会议室	1	46
2017年11月	化州市第十三期青干班	主体班	化州市华伟图书馆/中山大学	1	104
2017年11月	化州市电子商务人才培训班	主体班	深圳市经理进修学院	1	52
2017年12月	化州市科级干部学习贯彻党的十九大精神专题培训班	主体班	化州市海利文化中心	1	1100
2017年12月	化州市村（社区）党组织书记、村（居）主任培训班	主体班	化州市华伟图书馆	1	409
2017年	学习党的十九大精神培训班	宣讲	镇（区、街道）、市直机关、企业、学校	98	11760
2017年	学习习近平总书记对广东工作重要批示精神培训班	宣讲	镇（区、街道）、市直机关、企业、学校	33	2904
2017年	学习《习近平谈治国理政》（第一卷、第二卷）培训班	宣讲	镇（区、街道）、市直机关、企业、学校	18	1321
2017年	学习广东省、茂名市和化州市党代会精神培训班	宣讲	镇（区、街道）、市直机关、企业、学校	67	6633

续表

培训时间	培训班别	培训类型	培训地点	期（场）数	培训人数
2017年	学习十八届六中全会精神培训班	宣讲	镇（区、街道）、市直机关、企业、学校	27	2106
2017年	化州市各级党代表培训班	宣讲	镇（区、街道）、市直机关	24	2958
2017年	社区党员培训班	宣讲	社区会议室	5	322
总计				280	31872

【师资队伍建设】 2017年，中共化州市委党校开展教研活动10场，6人参加党校“教学大比武”的备课和上课评比活动。全年安排32人次到上级党校学习和听课。一人获中共广东省委宣传部授予的“广东省基层理论宣讲先进个人”称号。

2017年中共化州市委党校领导班子成员名录

校　　长：邱　锋（任至9月）
　　　　　林文泽（9月任职）
常务副校长：吴浩光（任至10月）
　　　　　董汉良（10月任职）
副 校 长：陈伟武
　　　　　严振钟
校委委员：廖家胜

（李万甘）

党史研究工作

【概况】 中共化州市委党史研究室是受中共化州市委及市委组织部直接领导的正科级单位。原办公地址设在化州市委党校，1998年迁至化州市委、市政府大楼9楼，办公面积40平方米。人员编制4人，设主任1名，副主任1名。

【化州市革命历史纪念馆】 2017年，中共化州市委党史研究室继续完善化州革命历史纪念馆有关史料的补充修改工作和文物收集工作。对馆内的一些历史史实、人物事迹进行修订和完善，重新装裱上墙；继续通过各种渠道征集历史文物。7月，化州市第十三次青年干部培训班学员到化州市革命历史纪念馆接受党史和爱国主义教育，强化青年干部“不忘初心”的意识。

【革命遗址保护和开发利用】 2017年，中共化州市委党史研究室进一步抓好良光镇斋塘坡村革命历史遗址、石湾街道办中火岭村革命历史遗址、杨梅镇竹根园村革命历史遗址、杨梅镇乐岭村革命历史遗址的保护和开发利用工作，这些遗址有些建成，有些在开发建设。市党史研究室以建立革命纪念馆、纪念碑为契机，深入基层开展调研，促进化州市党史工作发展。

【《中共化州地方史》（第一卷）修改和送审】 2017年，中共化州市委党史研究室将地方史第一卷初稿送中共茂名市委党史研究室进行第一次审核，并根据反馈的意见进行修改和补充完善，准备第二次送审。

2017年中共化州市委党史研究室领导班子成员名录

主　任：陈土富（任至9月）
　　　　陈刘雄（9月任职）
副主任：杨　东

（陈麒全）

老干部工作

【概况】 化州市老干部局隶属市委组织部，是市委管理老干部的工作机构，核定行政编制6人，事业编制1人，设1名局长，2名副局长。下设办公室、待遇落实股两个股室，下辖市离退休干部活动中心、市老年大学、市企业离休干部管理服务中心等3个股级事业单位，挂靠单位关工委办公室。2017年，全市有副科以上离退休干部1270人，其中，副处级以上离退休干部39人。2017年，化州市成立离退休干部工作领导小组，撤销原市老干部工作领导小组和市老年教育工作领导小组，以加强对新形势下我市离退休干部工作的领导；曾华坤辞去市老年大学职务并任市老年大学名誉校长，刘林保担任市老年大学校长。

【化州市老干部工作会议】 2017年4月7日，化州市老干部工作会议在市行政中心十楼会议室召开。会议总结该市2016年老干部工作情况，具体部署2017年老干部工作。市委常委、组织部部长邱锋肯定该市2016年的老干部工作，就如何做好2017年的老干部工作，提出三点要求：要切实增强做好老干部工作的责任感和使命感；要用心、用情做好老干部工作；要大力加强老干部工作部门的自身建设。

【老干部生活待遇落实】 2017年，化州市报销离休干部医疗费900多万元，保证老干部正常看病就医。只要家属或单位通知，化州市老干部局均组织参加去世老干部送别仪式，做好家属慰问安抚工作。解决离退休干部遇到的各类日常问题。老干局安排人员全程免费代其办理或帮助办理离退休干部订阅报刊、医疗费报销、办理老年优待证等，为离退休干部提供便利。组织抓好离退休干部体检工作，通过提前与化州市人民医院联系，科学合理选择离退休干部体检项目，8月组织200多名离退休干部开展体检活动，确保离退休干部的身体健康。

【老干部文化生活】 2017年，化州市老干部局开展“畅谈十八大以来变化、展望十九大胜利召开”和“建言十九大”活动。3月，将文件转发至各镇（区、街道）党委、市直副科级以上单位。4月初，召开化州市老干部工作会议，对该项工作进行动员和部署，开展以“畅谈十八大以来变化，展望十九大胜利召开”为主题的正能量活动，讲好党的故事、中国故事、广东故事、化州故事、家庭故事，征集“我最爱的习近平总书记的一句话”。全年开展17次活动，展示老干部珍惜光荣历史、不忘初心、永葆政治本色的可贵品质。

【老干部活动中心建设】 2017年，化州市老干中心活动利用省拨给的活动场所建设专项资金300万元，为中心综合大楼加建一层，面积1570平方米，竣工并投入使用。市老干部活动中心重新对市老干部活动中心综合大楼实行功能区划，优化布局，实现空间利用最大化。

2017年中共化州市委老干部局领导班子成员名录

局　长：吴晓玲

副局长：钟汉文

　　　　林　强

（化州市老干部局）

信访工作

【概况】 化州市信访局属化州市委办公室办代管局，职能主要为办理群众来信、来访、网上信访，督促指导相关职能部门处理群众信访事项，向本级党委、政府提出相关工作意见、建议。办公地址位于市行政中心大楼东219室、221室、117室、123室，面积88平方米；接访室位于市行政中心大楼一楼西，面积380平方米。2017年，有在编在职人员16人，其中局长1名（市委办副主任兼任），副局长3名，工作人员12名，没有具体分设科股室。4月24日，广东省信访工作联席会议印发《关于2016年广东省信访工作考核结果的通报》，通报表扬化州市2016年信访工作。

【群众走访】 2017年，化州市群众进京到非接待场所上访5批6人次（均属涉法涉诉问题），与2016年同比批次下降28.5%，人次下降33.3%。群众到广东省集体上访登记为“零”。群众到茂名市集体上访2批46人次，与2016年同比批次下降50%，人次下降47.1%。群众到化州市群众来访接待中心上访737批2632人次，与2016年同比批次上升42.8%，人次下降2.5%；其中集体上访115批1542人次，与2016年同比批次上升17.3%，人次下降22.6%。

【案件办理】 2017年，化州市信访局受理并交办群众来访案件270宗（其中上级转办95宗，本级交办175宗），期限内办结239宗，期限内办结率99.2%；受理并交办群众来信案件206宗（其中，上级转办178宗，本级交办28宗），期限内办结193宗，期限内办结率98.0%；受理并交办群众网上信访案件304宗，期限内办结272宗，期限内办结率97.5%。茂名市排查交办信访积案3宗、化州市排查交办信访积案5宗、茂名市交办两批重点信访案件共10宗均全部办结或化解。

【改革创新】 2017年，化州市信访工作强化问题导向，强化责任落实，印发《化州市开展信访突出问题治理专项行动工作方案》，对7大领域（即涉农、涉土地、涉劳资纠纷、涉环保、涉金融、涉房地产和涉卫计领域）和3类特定利益群体（即涉复退军人群体、涉企业和自主择业军转干部群体，原民办教师群体，离任村干部群体）信访突出问题开展排查化解。全年全市排查信访突出问题89宗，梳理出信访重点人员148名。印发《落实省、茂名市信访工作任务明细表》，对信访突出问题及重点人员均落实市领导包案调处或落实市、镇、村三级进行化解稳控。要求包案领导按照“三到位一处理”原则，综合运用法律、政策、经济行政等手段和教育、调解、疏导等办法切实开展调处工作。党的十九大期间，化州市信访群众签订息诉罢访协议书15宗。

【信访平台建设】 2017年4月25日，化州市人民政府拨款65472元为化州市信访局安装视频信访系统，10月安装完毕并投入使用，并拨款11668元添置信访局视频信访室（会议室）音响设备。6月29日，化州市人民政府拨款8万元建设化州市信访微信公众号及手机APP，12月底建设完毕。

2017年化州市信访局领导班子成员名录

市委办副主任、市信访局局长：黄　哲

副局长：严业锋

黄　吨

陈一政（1月任职）

吴艺文（任至3月）

（李耀平）

机构编制

【概况】 化州市机构编制委员会办公室（以下简称化州市编办）设在化州市行政中心九楼西，是化州市机构编制委员会的常设办事机构，正科级，既是市委工作部门，又是市政府工作部门，列为市委机构序列。内设机构5个：综合股、监督检查股、机构编制股、行政体制改革股、行政绩效管理股；直属机构1个：化州市事业单位登记管理局（股级）。人员编制15名，其中公务员编制13名，2017年有在编在岗人员15人。

【行政审批制度改革】 梳理市级行政许可和公共服务事项目录　2017年，化州市政府印发《化州市行政许可事项目录（2017版）》及《化州市公共服务事项目录（2017年版）》。《化州市行政许可事项目录（2017版）》梳理出市级行政许可事项295项，对比2016年行政许可事项减少14项。《化州市公共服务事项目录（2017年版）》公开公共服务事项目录280项，包括规范事项名称、实施依据、服务对象等内容。

事权下放力度加大　2017年，化州市编办通过梳理目录、征求意见等程序，完成向县域副中心和化州产业转移工业园下放事权目录梳理工作。待化州市委常委会议、化州市政府常务会议研究审定后，将通过下放、委托等方式，向县域副中心下放事权113项、向产业转移工业园下放事权79项。

政府服务优化　2017年11月，化州市推进职能转变协调小组转发《广东省推进职能转变协调小组关于在全省开展“减证便民”行动的通知》，要求全市各有关单位对凡没有法律法规依据的证明和盖章环节，原则上一律取消，确保减证便民，优化政府服务。

行政绩效管理和评估　2017年，化州市人民政府办公室印发《化州市人民政府办公室关于开展行政许可事项实施情况专项督查的通知》，由市编办会同市纪委监察局、市政管办组成专项督查组，对国家和广东省明确取消、转移、下放、委托的行政许可事项及各单位正在实施的行政许可事项的执行情况开展专项督查，有效巩固行政审批制度改革成果，规范行政许可行为。

【机构改革】 机构设置和职能配置优化　2017年，化州市推进监察体制、城市执法、盐业体制改革和环保垂直管理等改革工作。重新组建12个派驻纪检组、设立化州市公安局出入境管理大队、复退军人服务中心、公证处等机构；撤销化州市国有资产经营公司（正科级特殊性企业），将人员编制、财产、债权债务等并入化州市国有资产管理中心；撤并化州市桔城中学、东方红初级中学等15间学校。通过编制总量控制，内部调剂方式，增加化州市马车学校市第九中学编制。

专项改革重点推进　2017年，化州市推进全市部分镇（区、街道）设立人大工委，在河西、东山等6个街道设立人大工委，在全市17个镇单独设立镇人大办公室，为化州市基层人大工作提供机制保障；出台《化州产业转移工业园管理体制调整工作方案》，组建化州产业转移工业园管理委员会，实行“园镇互动，区镇合一”“一区多园”“跨域管理”模式，推动化州市形成产业集聚区、粤西空港物流园、化橘红产业园、碳酸钙产业园错位发展的产业集聚格局；草拟《化州市县域副中心合江镇行政管理体制改革实施方案》；做好事业单位分类改革，理顺化州市疾病预防控制中心和市就业服务管理中心分类问题，将化州市疾控中心由公益二类事业单位变更为公益一类事业单位，化州市就业服务管理中心由公益三类变更为公益一类事业单位；推进化州市综合行政执法体制改革，11月27日以化州市人民政府名义草拟《化州市人民政府关于化州市城市综合管理局更名的请示》，申请将“化州市城市综合管理局”更名为“化州市城市管理和综合执法局”，整合市政公用、市容环卫、园林绿化、城市管理执法等城市管理相关职能，作为化州市政府的城市管理主管部门。

【机构编制管理】 机构编制实名制系统日常管理　2017年，化州市编办建立机构编制台账56条，办理人员调动、编制变动、机构撤并等实名制审批事项1002次。

出入编管理机制完善　严格执行出入编核准制度，落实由机构编制部门核编后，再由组织、人社、财政部门办理相关事项的实名制管理流程，根据组织任命、人员调配、招录招聘、人员退休等情况，同步实现人员出入编手续办理、实名制信息处理、出入编事后备案“三位一体”工作流程。2017年，全市办理在编财政通知书205人次，办理调出外市人员出编备案22人次。

控编减编　至2017年12月，化州市的行政编制、政法专项编制、行政执法专项编制均不突破中央、省和茂名市核定总额，全市事业编制总量较2012年减少211名，比茂名市编委批复少13名。

各类人才招聘编制使用　2017年，化州市编办为全市各行政单位审核招录2018年公务员136名（乡镇招录公务员51名）；为市卫计系统核准招聘事业编制人员257名；为市教育系统核准招聘事业编制人员300名，为市食品药品监督管理局增加2名行政执法专项编制；为市环保局增加1名行政执法专项编制。

【事业单位登记管理】 事业单位年度报告书制度落实　2017年，化州市应报送年度报告的事业单位809个，已报送单位778个，报送率96.1%。

统一社会信用代码制度改革推进　2017年，化州市实行事业单位法人证、组织机构代码证、税务登记证“三证合一”，改为核发统一社会信用代码证。至12月，全市办理事业单位设立登记5个、变更登记101个、证书补领9个、遗失声明的10个，办理机关群团机构统一社会信用代码证72个。

中文域名注册和网上名称管理　2017年，化州市完成981个单位域名运行费的续费缴交工作，完成率100%。

2017年化州市机构编制委员会办公室领导班子成员名录

主　任：彭亚旺

副主任：叶斐斐

　　　　龙　旖（11月任职）

（曾斯琦）

化州市人民代表大会

【概况】 2017年，化州市有县、乡两级人民代表大会18个，其中，（县）市级人民代表大会1个，镇级人民代表大会17个。各级人大代表1822人，其中，全国人大代表1人，省人大代表7人，茂名市人大代表91人，化州市人大代表407人，镇人大代表1305人。化州市第十五届人民代表大会常务委员会组成人员35人，其中，主任1人，副主任6人，委员28人。化州市十五届人大常委会设有办公室、研究室、选举联络人事任免工作委员会、内务司法工作委员会、财政经济工作委员会、农村农业工作委员会、教科文卫侨外事工作委员会、城乡建设环境与资源保护工作委员会等8个正科级单位。

【市人民代表大会及其常务委员会主要会议】 市十五届人大二次会议 2017年3月16—18日在化州市区举行。会议听取和审议市长谭剑锋代表市人民政府所做的工作报告，审查和批准市发展和改革局局长王忠权受市人民政府委托所做的《关于化州市2016年国民经济和社会发展计划执行情况与2017年计划草案报告》（书面报告），审查和批准市财政局局长李雅受市人民政府委托所做的《2016年预算执行情况和2017年预算草案报告》（书面报告），听取和审议市人大常委会主任陈坦代表市人大常委会所做的工作报告、市人民法院院长郑明海代表市人民法院所做的工作报告、市人民检察院检察长张峥鸣代表市人民检察院所作的工作报告。会议表决通过《关于化州市人民政府工作报告的决议》《关于化州市2016年国民经济和社会发展计划执行情况与2017年计划草案报告的决议》《关于化州市2016年预算执行情况和2017年预算草案报告的决议》《关于化州市人大常委会工作报告的决议》《化州市人民法院工作报告的决议》《化州市人民检察院工作报告的决议》，批准化州市2017年国民经济和社会发展计划、化州市2017年市级预算。

化州市人大常委会会议 2017年，化州市人大常委会召开10次常委会会议，主要内容：传达贯彻茂名市十二届人大一次会议精神，传达学习习近平总书记对广东工作作出的重要批示精神，学习党的十九大精神；审议有关人事任免案；初步审查和批准2016年预决算及国民经济和社会发展草案及相关议题；听取和审议市政府相关专项工作报告；通过向市政府交办市十五届人大一次、二次会议人大代表建议事项；征求市人大常委会组成人员对“一府两院”工作报告初稿的意见；审议《化州市人民代表大会代表履职暂行规定》；听取市人民法院关于司法改革工作情况报告；通过召开化州市第十五届人民代表大会第三次会议有关事项的决定；审议有关其他内容的提请。

【监督工作】 2017年，化州市人大常委会围绕建设“粤西县域经济综合发展先行市、特色产业经济强市、茂湛都市圈重要节点城市”的发展定位，围绕落实重点民生工程，依法开展监督工作。

经济运行监督 化州市人大常委会坚持稳中求进工作总基调，科学分析化州市经济运行中出现的新情况，初步审查2017年计划草案，听取和审议市级2017年1—9月国民经济和社会发展计划执行情况报告，督促支持市政府应对复杂的内外经济环境，全面落实各项政策措施，提高经济运行的质量和效益。初步审查2017年预算草案；听取和审议市级2017年1—9月预算执行情况报告及2016年预算执行和其他财政收支的审计工作情况报告；听取市政府关于2017年全年上级财政补助和重大项目资金的安排和使用情况报告；听取市政府对2016年度本级预算执行和其他财政收支审计中发现问题的整改落实情况报告；审查批准市级2016年决算草案；高标准建设在线实时预算联网监督室，着力规范政府财政预算管理行为，推动依法理财、科学理财，为稳增长、促改革、调结构、惠民生、防风险提供支撑。

环境保护监督　化州市人大常委会顺应群众对良好生态环境的新期待，加强对水污染防治工作的监督，听取和审议城区安全饮水工作情况报告，听取市政府关于落实省人大决议加强整治小东江污染情况、河长制实施工作情况和生态公益林工作情况报告。组织各级人大代表对全市列入市、镇两级“河长制”管理的31条河流，2宗中型水库，1宗高低排渠，1宗工业渠和1宗农业渠进行视察督查。

民生改善监督　化州市人大常委会回应民生需求的关切，听取镇（区、街道）敬老院建设和管理工作情况报告，督促政府真正落实老有所养政策，让老人安享晚年。听取省级新农村建设示范点工作情况报告，建议政府要抓好整体规划，统筹兼顾，结合实际，稳步推进。听取全市职业教育工作情况报告，督促教育部门要加大投入，根据市场需求适时调整专业，培养各类人才。听取农村土地使用权确权工作情况报告，要求政府有关部门要做过细群众工作，依法依规，稳妥推进，保护群众合法权益。

法治建设监督　化州市人大常委会以“让人民群众在每一个司法案件中感受到公平正义”为切入点，听取市人民法院关于司法改革工作情况报告和市人民检察院反渎职侵权工作情况报告，支持法院、检察院深化司法体制改革，公正司法。加强对政府规范性文件的备案审查工作，维护法制统一和法律尊严。开展《道路交通安全法》执法检查，督促政府职能部门加强交通安全宣传教育，严格执法，确保法律法规的正确实施。组织新任命的24名政府机关工作人员向宪法宣誓，强化他们法律意识、责任意识、监督意识。处理群众来信来访，加强信访督办落实力度，维护群众合法权益。

【讨论重大决定工作】　2017年，化州市人大常委会根据《宪法》《监督法》《预算法》等相关法律，审查和批准市政府提请的化州市2017年预算调整方案，依法作出相应决议。

【人事任免工作】　2017年，化州市人大常委会坚持党管干部与人大依法行使任免权相统一原则，严格任免程序，落实市委的人事安排意图，确保地方国家机关正常运转。全年依法任免地方国家机关工作人员62人次，对新当选和任命的国家机关工作人员实行宪法宣誓制度，督促他们忠于国家、忠于法律、忠于人民；依法接受辞去代表职务3人，确保代表队伍的纯洁性和先进性。

【代表工作】　延伸代表工作平台　2017年，化州市人大以良光镇为试点率先在茂名市创建人大代表选区（村级）联络站，将人大代表工作平台延伸到村级。化州市已创建101个村级联络站，联络站以“四阶段工作法”开展工作，发挥人大代表当政议政、当家做主作用。8月15日，茂名市人大常委会在化州召开经验交流会，广东省人大常委会选联工委领导到会指导；9月，由良光镇代表茂名市在全省县乡人大负责人专题学习会上做经验介绍；广东省人大常委会机关刊物《人民之声》专门报道化州市创建村级联络站开展“四阶段工作法”的经验；11月，省人大常委会副主任黄业斌在调研笪桥镇莞塘村和南盛街道蒲山村人大代表联络站时给予高度评价；12月，省人大常委会主要领导在省市人大常委会主任座谈会上，充分肯定化州市“四阶段工作法”。

完善代表履职机制　2017年，化州市人大继续推行代表履职登记、代表履职考核和满意度测评，严格代表活动请假制度，强化责任，完善代表履职机制、保障机制。提高代表履职积极性、责任感。

拓宽代表监督渠道　2017年，化州市人大常委会推荐人大代表担任各种监督员、评议员、人民陪审员等。邀请各级人大代表、镇（区、街道）人大主席（联络员）列席常委会会议，参加专题调研、集中视察、执法检查，建立常委会和“一府两院”联系代表制度，定期为代表寄送《人民之声》，拓宽代表知情、知政渠道和监督渠道。

加大代表建议办理力度　2017年，化州市坚持人大常委会领导领衔督办代表议案、建议机制，要求各单位“一把手”负总责，分管领导具体抓，定出具体承办人员、办理要求、办理时限、办理进度，使建议办理工作级级有人抓，事事有落实。十五届人大一次、二次会议交给市政府办理建议共140件，全部答复完毕，答复率100%，满意率100%。如投资1100多万元的省道285线合江至平定段新铺路面工程，完成工程量的70%；投资1200多万元的省道284线宝圩至播扬段灾害防治（加宽）工程动工建设。

【信访工作】　2017年，化州市人大常委会以学习、宣传、贯彻落实《广东省信访条例》为重点，贯彻落实国家、省、茂名市、化州市关于信访工作的工作部署，围绕中心工作，畅通信息渠道，结合工作实际，解决民生、维护民利，落实信访工作责任制，开展矛盾纠纷排查调处活动，运用法治方式解决信访突出问题，全力化解社会矛盾，有力维护群众的合法权益和社会稳定。常委会领导日常主动接访、约访群众，督办重要信访件，信访室与相关单位密切沟通协作，共享信息，提高办理效率，减少群众多部门重复信访，重视群众诉求，督办、协调化解信访案件，给人民群众合理答复。全年受理群众来信来访31件（次），及时跟踪落实并答复，有效化解社会矛盾，维护群众合法权益。

2017年化州市人大常委会领导班子成员名录

主　任：陈　坦

副主任：宋丹青

陈运勇

赵兰钦

梁　驹

张伟海

陈志红

2017年化州市人大常委会机关各委室主任名录

办公室主任：刘春飞

研究室主任：黄诗潮（任至12月）

曾楷瑞（12月任职）

选举联络人事任免工作委员会主任：吴浚百

内务司法工作委员会主任：郭里德

财政经济委员会主任：庞涂娟

农村农业工作委员会主任：罗强达

教科文卫侨外事工作委员会主任：陈开云

城乡建设环境与资源委员会主任：李壮伟

（化州市人大办）

化州市人民政府

综 述

【化州市政府常务会议】 2017年，化州市人民政府召开30次常务会议。会议主要研究讨论：政务公开工作、《化州市全民科学素质行动计划纲要实施工作方案（2016—2020）》、《化州市全民健身实施计划（2016—2020年）》、《化州市粮食流通管理办法》、提高村（社区）办公费和村干部补贴等；卫片执法和违法建筑查处、《化州市培育壮大工业主导产业五年行动计划（2016—2020）》、《化州市农村人居环境综合整治建设美丽乡村行动计划》、《化州市国有建设用地使用权“净地”出让制度》、工作经费、人事处分等；精准扶贫、第三次全国农业普查、2016年镇级财政收入奖励、文楼碳酸钙项目推进、城区生活垃圾转运处理、城东公路建设、207国道至广湛高速杨梅出口一级公路建设工程二标段项目回购、提高退养民办教师退养生活待遇、人事处分等；2017年经济社会发展指标、《化州实行政府定价管理的经营服务性收费目录清单》等；《广东省深化泛珠三角区域合作实施意见》、清理规范化文件、调整市绿能发电项目建设规模等；《化州市2016年国民经济和社会发展计划执行情况和2017年计划草案报告（稿）》及《化州市2017年重点项目计划（草案）》、化橘红文化节筹备、《化州市区域卫生规划（2016—2020）》、林尘拦河坝除险加固工程资金等；巡察工作、化州市全域永久基本农田划定、机关事业单位职业年金实施、《化州市禽畜养殖污染整治方案》、《化州市政策性生猪养殖保险试点实施方案》、《化州市政策性家禽养殖保险试点方案》、《化州市政策性特色水果种植保险试点实施方案》等；《市化工总厂、市建筑陶瓷厂、市双桥建材集团有限公司棚户区改造拆迁安置方案》、《推进河西街道、东山街道征地工作会议纪要》、成立园区开发公司、向农发行融资建设机场大道：《化州市村村通自来水一期工程项目施工合同》等；传达贯彻省卫生与健康大会精神、近期市政府重点工作推进、《化州市美丽乡村评选和奖励实施方案》、《化州市调整农村边远地区学校教师生活补助实施方案》、《化州市省级新农村连片示范建设工程项目房屋外立面改造以奖代补实施方案》、《广东橘乡投资有限公司组建方案》、《化州市广海路改造工程EPC项目初稿方案》、解决国有资产（土地、房屋）不动产登记等；习近平总书记对广东批示精神、学习贯彻省委办《关于贯彻“三个区分开来”治理为官不为的意见》及《黄先耀同志在问责为官不为和落实容错机制工作座谈会上的讲话》、安全生产、《化州市创建广东省推进教育现代化先进市实施方案》、《化州市重点项目建设进度预警及协调处置工作规程》、《化州市禽畜禁养区养殖场关闭补偿方案》、中国粤西化橘红特色小镇首期启动一期工程项目投资协议书、工作经费、人事处分等；《矿业权出让制度改革方案》、《政府工作报告》决定事项责任分工、《陈金章文化艺术馆建设设计方案》、《化州市城市道路和建筑物住宅名称命名工作实施方案》、《化州市2017年市级储备粮轮换工作方案》、补发机关事业单位在职人员调整工资标准后增资及公务员职级晋升增资等；2017年人大建议及政协提案交办、“城乡清洁工程”考核通报、计生、殡改、整县推进镇村水质净化设施建设计划、高中住宿费标准调整、人事处分等；化橘红文化节筹备、文明城市创建、《化州市深入开展茂名市创建广东省质量强市示范城市工作实施方案》、《化州市卫生重点五年行动计划（2016—2020）》、《化州市扶贫小额贷款工作实施方案（2016—2020）》、《化州市绿能环保农业项目工作会议纪要》等；省十二次党代会精神、中央预算内投资项目建设、禽畜养殖污染整治、精准扶贫、《化州市开展普惠金融“村村通”实施方案》、《化州市食盐监管体制改革方案》、《下郭街道城区道路纳入市级统一管理工作协调会议纪要》、人事处分等；消防、农村土地承包经营权登记颁证、《金融重点项目大干120天活动实施方案》、《2017年省十件民生实事工作化州市任务分解表》、《化州市北京路扩改建设工程EPC项目实施方案》、《化州市城市建设发展基金战略合作协议》、建设绿景国际花城项目配套小学教学用房、人事处分等；2017年市级财政预算调整方案报告、南斋坑垃圾场经费、人事处分等；《转发财政部关于坚决制止地方以政府购买服务名义违法违规融资的通知》、《化州市2017年度城镇职工养老保险扩面征缴工作实施方案》、《化州市国有林场改革工作实施细则》、《中心卫生院升级改造项目协调推进会议纪要》、工作经费、安全生产、计生、《2017年万人评机关实施方案》、《建立和完善复退军人服务体系实施方案》、调整《化州市城市总体规划（2011—2020）》修编年限等；国务院第四次大督查迎检、《化州市人民政府加强和改进机关作风工作实施方案》、推进基础设施供给侧结构性改革实施情况、殡改等；《广东省党政主要负责人履行推进法治建设第一责任人职责实施细则》、社保扩面征缴、省十件民生实事落实、《化州市建立完善守信联名激励和失信联合惩戒制度的实施方案》、地方政府举债融资行为清理整改、人事处分等；省金融工作会议精神、《化州市社会主义新农村示范村建设和农村人居环境综合整治、“以奖代补”激励方案》、《推进红砖厂整治工作会议纪要》、设立化州市瑞丰粮食有限公司等；《广东省降低制造业企业成本支持实体经济发展若干政策措施》、《全面加强招商引资工作意见》、《化州市一门式一网式政府综合服务窗口建设工作方案》、《深化供销社综合改革的实施意见》、《化州市促进医疗与养老服务相结合实施方案》、《化州市引水工程政府和社会资本合作模式（PPP模式）特许经营实施方案》、化州市市民公园规划设计任务书、招商引进三级甲等医院、划拨建设交流干部公寓土地等；《化州市“政银保”合作信用贷款实施方案》、《化州市稳增长促外贸财政措施》、明确化州市充电基础设施建设主体等；《化州市公共租赁住房管理实施细则》、《化州市就业服务管理中心改革工作实施方案》、市人民医院升级建设项目用地等；落实化州市前三季度主要经济指标增长任务、精准扶贫精准脱贫、社会主义新农村建设、《化州市计划生育目标管理责任制评价方案》、《加快财政扶贫资金使用进展，切实发挥扶贫资金使用效益的实施方案》、《化州市河西产业集聚区水质净化厂BOT+EPC融资工作实施方案》、确定玉林至茂名一级公路茂名段改建工程建设模式等；计生、《迎接茂名建市60周年民生专项行动计划》、《做好2018年最低生活保障工作的通知》、《化州市加快县域副中心规划建设发展实施方案》、工作经费等；《化州市深化医药改革2017年重点工作任务》、糖烟酒公司处置、公安交警部门依法扣留车辆停放场地等；食品安全生产、农村土地承包经营确权登记颁证、《化州市行政许可目录（2017年版）》、《化州市河长制会议制度（试行）》、《中国国民经济核算体系（2016）》、《关于将化州城区户外广告设置使用权分片区出让经营》、《市疾控中心机构改革工作会议纪要》等；《联合开展无证幼儿园清理整治工作方案》、市麻纺织厂破产财产处置、官桥化橘红产业园配套设施用地、《化州市环境保护税法实施准备工作方案》、经费等；省委十二届二次全会精神、政务公开、中央预算内投资项目建设、《化州市水质净化处理设施全市整体打包PPP项目实施方案》、玉茂一级公路建设、市东堤路改造建设等。

【化州市政府工作会议】 2017年，化州市政府主要召开75次工作会议，讨论研究：北京大桥重建房屋拆迁、AA经营性平台公司孵化项目评估中介服务经费、乡村旅游、消防大道建设、卫生专题工作、社保局服务大厅标准化建设、地养危桥改造、机场大道二期改建工程融资、卫生重点项目推进、东堤南路建设、《化工总厂、市建筑陶瓷厂、双桥建材集团有限公司、棚户区改造拆迁安置方案》、罗江平定段治理、河道采砂管理、河西街道及东山街道征地、解决国资产（土地、房屋）不动产登记、卫生院标准化项目建设用地置换、北大青鸟化州实验学校等建设、机场大道新改建工程推进、绿能环保节能项目建设、解决班主任津贴和教师超课时补贴、烟花爆竹“打非”、村村通自来水工程及中小河治理、公费医疗、中国化橘红产业园项目推进、下郭街道城区的道路纳入市统一管理、加快陈金章文化艺术馆建设、“城南片区改造”项目土地确权、市国有粮食企业改革、六皇山森林公园建设、创现创强工作、城区停车智能管理系统项目可行性研究、垦造水田和提质改造项目建设、村公共卫生站规范化建设、推进红砖厂整治、棚户区拆迁安置、高标准农田建设、鉴江高岭拦河闸重建、省道285线化州南段改建工程征地拆迁户安置区道路建设、城乡环卫市场化服务项目招标、鉴江水秀音乐喷泉及激光水帘瀑布工程设备采购安装、公共场所安全工作、东堤路天子教堂教产退还、环境保护、加快省道贫困村创建新农村示范村编制、碧桂园项目、红砖生产企业改造升级、变更广海路改造工程项目投资规模、市疾控中心机构改革、市社会福利院人员工资、城区“三江六岸”综合整治、广海路改造征地拆迁、铁路电气化输出线路占用储备土地、河西工业园水质净化用地征地、市属融资平台公司组建推进、市农信社改制农商行工作、省道松仙线（S283）联络线化州宝圩段改建工程、市产业园建设、市城东公路春运保畅通、中央环保督察交办案件办理、养殖污染整治、医保报销结算、茂名恒兴养殖公司平定项目选址、良光卫生院标准化项目建设用地置换、合江卫生院升级建设项目推进、茅岭高低排渠污水处理设施建设、县城发展筹备、《市国营医药系统改制职工分流安置方案》、广电网络改革重组、市城区LNG气化站建设、原化工总厂二级泵房土地转移。

【重要政事和决策】 培育壮大七大工业主导产业　2017年，化州市实施《培育壮大工业主导产业五年行动计划》，加大对主导产业项目建设、投融资服务、用地用林、品牌奖励等支持力度，重点发展农副产品、金属制品、矿产资源、食品、木材加工和生物制药、油脂化工等产业。实施“二三四”计划，即擦亮“中国化橘红之乡”“中国拖罗饼之乡”两块招牌；打造“化橘红”“文楼白石”“罗非鱼”三个品牌；建设化橘红检验检测中心、中药工程技术研究中心、水产工程技术研究中心、碳酸钙深加工研发中心等四个省级以上科研中心，全力提升地方特色产品的科技含量和竞争力。2017年有规模以上工业企业197家，新增18家，完成产值296.6亿元，增加值102.2亿元，增长13.8%。

园区提质增效　2017年，化州市进一步理顺并创新园区管理体制，组建产业园区信息服务中心，提升园区用地、融资和经营水平，把园区打造成为带动全市发展的产业高地和产业聚集发展的核心区。完成碳酸钙产业园首期33.33公顷和空港物流园首期66.67公顷的用林用地申报工作。启动化橘红产业园一期建设。完成杨梅产业集聚区控制性详细规划修编及一、二期基础设施建设和三期54.53公顷用林用地申报等工作。动工建设杨梅、河西产业集聚区水质净化厂。是年，已入园企业51家，建成投产48家，完成固定资产投资23.7亿元，规上工业增加值35.2亿元，增长28.2%。

重点项目建设　2017年，化州市把列入省重点建设项目的化橘红产业园等5大项共11个子项目、粤西空港经济区等4大项共5个子项目和茂名市重点建设项目15个，全部纳入绿色通道管理，减少项目建设“中梗阻”，加快项目建设。

现代服务业发展　2017年，化州市编制完成电子商务发展规划，支持电商经营主体和电商产业园（物流园）发展，建成电商公共服务共享平台，创建农村电子商务示范市。在建设完善村级农村淘宝服务站的基础上，引入社保、银行、保险、民政等业务，实现电子商务发展效益最大化。支持农信社向农村商业银行转制改革。创新政银企合作模式，引导金融机构创新产品和服务。

特色旅游品牌打造　2017年，化州市完善旅游发展规划，打造冼太文化、孔文化、化橘红文化旅游品牌，举办2017化州化橘红文化节。搭建“互联网+旅游”模式，加强与旅游服务电商平台合作。支持广垦（茂名）国家热带农业公园创建国家AAAA级旅游景区，加大对中火嶂、尖岗岭、扶荫地、六王山、飞鹅岭等景区景点的建设力度，加快培育休闲度假、乡村旅游、健康养老等旅游消费新业态，全力打造在粤西乃至全省具有一定影响力的全域旅游目的地。

外快内畅交通网络构建　2017年，汕湛高速化州段建成通车。河茂铁路电气化改造顺利推进。沈海高速茂湛段“四改八”工程扎实推进。实施“一纵三改四大出口”工程。“一纵”即加快玉茂一级公路和省道284线合江至宝圩段公路扩改；“三改”即抓好国道207线绕城段北移、新国道325线绕城段南移项目的前期论证；“四大出口”即建设机场大道，改建城区至汕湛高速丽岗出口道路，扩改省道284线城区至官桥段及国道207线南盛至汕湛高速良光出口段。

城市建设加强　2017年，化州市高起点规划建设“三大新区”，即：城东新区、罗江新区、下郭新区，构筑大架构城市建设。重点推进“一带一园二桥二馆八路”建设。“一带”即启动鉴江、罗江两个休闲产业带建设。“一园”即筹建市民体育公园。“二桥”即重建北岸大桥，扩建民主大桥。“二馆”即完成华伟图书馆装修，动工建设陈金章文化艺术馆。“八路”即建成东堤南路，建设城东公路、茂化快线人行景观通道，扩建广海路、迎宾大道，改造旧茂化路，黑底化北京路，改建县道729线江岸至勒垌段。优化城市功能，城市地下管线普查、地下管线管理信息系统建设和城区排水（雨水）系统改造推进。城区水厂扩容及管网扩改加快推进。实施数字城管工程，推动智慧城市建设。加快推进城市停车智能管理系统建设，完成市区公共自行车系统一期建设。建设城市慢行系统，提升行车安全。进一步规范城区户外广告监管。加强城区“六乱”整治。推进流动摊档疏导点建设。制定城乡清洁工程工作问责机制，城乡环卫实行市场化运作。编制城区绿化规划，完善城区主干道照明系统，全面提升美化绿化净化亮化水平，建设干净整洁平安有序城市环境。北岸大桥建成通车，音乐喷泉、激光水幕瀑布等项目建成投入使用。

城乡管理强化　2017年，化州市编制城乡全域规划，完善市总体规划，加快推进镇村规划编制，村庄规划覆盖率60%。加快杨梅工业重镇、合江县域副中心“两大重镇”建设。打击违法用地、违法建筑行为。强化镇级政府服务职能。用足用活镇村建设奖补政策，鼓励社会资本投资建设镇村公共服务设施。加快推进村村通自来水工程和农村电网升级改造。继续推进农村集体土地承包经营权确权登记工作。完善农村集体“三资”管理服务平台。加快推进省级新农村示范片建设，强力推进抓“三清”（即清村巷道乱搭建、乱堆放、乱拉线，清房前屋后杂草杂物、卫生死角，清沟渠池塘小溪（河）淤泥、漂浮物和障碍物）、拆“三旧”（即拆旧危房、旧残垣断壁、旧废弃猪牛栏和露天厕所）、促“三建”（即建栅栏圈围、污水处理设施、垃圾卫生保洁机制）工作。打造特色小镇、名镇名村和幸福村居，建设美丽乡村。

招商实现新突破　2017年，化州市全力抓好与珠三角地区产业共建工作，瞄准珠三角大型骨干企业和特色优势产业的加工制造环节、转型升级项目，实现招商突破；完善招商引资优惠办法，打造政策洼地，引进大型企业的配套企业和加工贸易业，实现引企、引资、引技三结合。与意大利其乐多市正式缔结友好城市，在意大利巧克力、火腿、果酱、红酒等项目上达成合作协议。全年招商引进项目99个，投资总额379.24亿元，其中投产项目29个，在建项目40个。

发展新平台打造　2017年，化州市高起点、高标准规划粤西空港经济区，拓展空港经济腹地，完成杨梅产业集聚区与杨梅镇“园镇合一”工作。整合平定、文楼等镇的位于两省三市节点、资源丰富等优势，启动集两广贸易、区域性加工制造、资源合作开发生产、农产品深加工、旅游等多功能于一体的粤桂经济合作平台。主动融入北部湾城市群发展规划，打造化州乃至茂名市落实“一带一路”发展战略的新平台。

重点领域改革深化　2017年，化州市抓好综合执法、商事制度、电力、气象、供销、企事业单位、户籍、监察、审计、环保管理等体制改革。强化国有资产摸查与管理，盘活国有资产。深化协税护税管理，加强税费征管。进一步做好“营改增”工作。全面推进国地税共建服务大厅。推进财政信息公开尤其是不涉密的“三公”经费公开，逐步推进预算管理全过程公开。推进市场准入负面清单改革。严格落实减税降费政策，让企业轻装上阵。推行“双随机、一公开”，增强事中事后监管。加速推进“一门式网格化”全科政务服务创新体系建设，落实“并联审批”

制度。完善市镇村三级公共服务平台。抓好“互联网+政务服务”改革，优化网上办事大厅系统平台，让数据多跑路、群众少跑腿。

投融资改革深化　2017年，化州市在基础设施和公用事业领域加大政府和各金融机构及社会资本合作力度，完成AA经营性融资平台组建。推进农村和中小微企业信用体系建设，支持中小微企业直接融资。试点开展农村普惠金融，发展众创、众包、众扶、众筹等创新模式，促进科技、产业、金融融合发展。

农业供给侧结构性改革　2017年，化州市扶持发展农业龙头企业、农民专业合作社、家庭农场、专业大户等新型经营主体，构建高水平农业供给体系。提升种养规模化水平，加快化橘红、罗非鱼、蚕桑、油茶、沉香等特色农产品产业化进程。推进“互联网+现代农业”，增强农产品供给的灵活性，拓展化州市特色农产品市场。2017年化州市有国家级农民专业合作示范社3家，省级农业龙头企业8家。

科技创新加快　2017年，化州市开展争创国家知识产权示范城市工作，加强产学研用合作对接，推进化州市企业与高校、科研院所合作。完善高端人才引进政策，加快培育发展高新技术企业。抓好中小微科技型企业“小升高”工作。以省降低技改财政专项资金扶持门槛为契机，引导鼓励全市80家企业实施新一轮技术改造，完成技改企业全覆盖任务。引导企业做好专利申请、转化、维权工作。2017年，全市申报各类专利1005件，具有省市知识产权优势的示范企业10家，知识产权试点学校5家。申报省高新技术企业认定5家；申报高企入库培育4家，申报省级工程研发中心4家。建成电子商务园1个，在孵企业15家。全市有国家地理标志证明商标2件、省著名商标12件，在茂名各区（市）名列前茅。

环境综合整治　2017年，南斋坑垃圾填埋场实现规范化运行。动工建设绿能环保发电项目。建成平定、合江和同庆镇（茂名监狱）水质净化厂。建成城区生活水质净化厂二期管网。推进全市镇村水质净化设施和病死畜禽无害化处理项目建设。制定环境保护“十三五”规划，设立环保警察，严厉打击环境领域违法行为。科学划定畜禽养殖禁养区、限养区、适养区，高压整治禁养区养殖场。全力整治高污染企业、城市黑臭水体，清理城乡垃圾黑点。加强河道、采砂和水资源、水环境监管。全面推行“河长制”，落实责任综合整治鉴江、罗江和小东江等化州辖区河段。加大“黄标车”限行执法力度，完成“黄标车”淘汰任务。严守耕地红线和林业生态红线。加快高标准基本农田建设和提升耕地质量。依法关闭禁养区养殖场4379家，合江、平定、同庆及杨梅产业集聚区水质净化厂基本建成，淘汰黄标车2036辆，立案查处环境违法行为58宗，鉴江、罗江水质明显好转，江口门断面水质达到三类标准。

教文卫工作　2017年，化州市大力发展教育事业，优化教师队伍结构和教育资源配置，开展创建省级职教示范市工作，创建广东省推进教育现代化先进市。完善镇级文化站，建设村级文化室示范点。实施全民健身行动计划，进一步推动群众体育广泛开展。推动新青少年宫建设。创建卫生强市。改进医保支付方式。全面开展分级诊疗工作。加快推进市人民医院创“三甲”和搬迁选址、市中医院整体搬迁工程。抓好公立医院升级建设，加快乡镇卫生院标准化和村卫生站公建规范化建设。高考上重点率、本科率首次跻身茂名各区（市）首位。

社会保障底线筑牢　2017年，化州市推进社保经办服务大厅标准化建设，抓好机关事业单位工作人员养老保险制度改革，统筹落实社保扩面征缴工作。建立孤儿、残疾人、低保、五保、灾民等社会救助标准与经济社会发展相适应的自然增长机制。推进市级公益性生态墓园建设。推进市化工总厂等“三家企业”棚户区改造。

精准扶贫推进　2017年，化州市按照“三年攻坚、两年巩固，到2020年如期完成脱贫攻坚任务”的目标要求，落实脱贫攻坚责任制，高标准严要求做好扶贫工作，加快推进农村危房改造、基本公共服务提升、产业扶贫等工作，改善农村生产生活条件。加强农村低保与扶贫开发制度有效衔接，将政府兜底保障与扶贫开发政策结合起来，做到应保尽保、应扶尽扶，完成1.3万人脱贫任务。

行政效能提升　2017年，化州市继续深化清理非行政许可审批事项，落实好权责清单。落实控编减编各项措施，完成财政供养人员只减不增的目标。加大清退借调、临聘人员力度。强化考勤制度。进一步深化政务公开，加强政府网站管理和信息公开，完善政府新闻发言人制度。开展“问责不作为、鼓励敢作为”“万人评机关”等专项活动，整治“庸懒散拖”，严查“吃拿卡要”，转变作风，提升政府行政效能。

2017年化州市人民政府领导班子成员名录

市　　长：谭剑锋
常务副市长：冯　浪
副 市 长：莫　燕
　　　　　吴　校
　　　　　何林国
　　　　　巫卫国
　　　　　李秋儒
　　　　　郑大鹏

2017年化州市人民政府办公室领导班子成员名录

主　任：朱华晓
副主任：罗圣志（任至3月）
　　　　黄建新（任至4月）
　　　　朱万炎
　　　　冯孔浪（任至1月）
　　　　张启锋（任至7月）
　　　　姚　勇（6月任职）
　　　　庞宝生（7月任职）
　　　　李　强（10月任职）
　　　　陈　政（10月任职）

（廖志明）

政府法制工作

【概况】 化州市政府法制局是市政府法制工作机构。负责抓好市政府的法制建设；处理有关行政应诉和行政复议案件；抓好规范性文件的备案和审核工作；开展行政执法监督检查工作；做好法制咨询服务，为市人民政府的重大决策、重要行政行为、合同行为等提供法律意见；开展法制宣传教育和业务培训工作；承办市政府、市政府办公室领导交办的法律事务。

【规范性文件审核】 2017年，化州市按照《广东省行政机关规范性文件管理规定》的要求，开展规范性文件合法性审查，遵守规范性文件制定权限和发布程序，强化规范性文件审查、备案、清理的各项工作，维护社会主义法制统一、确保政令畅通、推动法治政府建设。对化州市出台的规范性文件，按照有关要求向化州市人大和茂名市政府备案，接受监督指导。依照《政府信息公开条例》要求，对经审查合法的规范性文件，通过政府网站、新闻媒体等载体向社会公布，未经公布的规范性文件不得作为行政执法的依据。2017年审查规范性文件7份，备案规范性文件7件，办理广东省和茂名市的立法草案和规范性文件草案征求意见稿17件。根据《国务院法制办公室关于做好法规清理工作的函》《广东省人民政府法制办公室关于做好“放管服”改革、生态文明建设涉及法规规章规范性文件清理工作有关事项的通知》的具体要求，该市拟对1983年7月1日至2016年12月31日以化州市人民政府及化州市人民政府办公室名义制定颁布的22件政府规范性文件进行废止。

【行政决策】 化州市按照《化州市人民政府重大决策程序暂行规定》规定，规范市政府重大事项决策制度。在处理各项重大项目决策及国有土地出让、国有资产管理、城市规划管理、对外签订建设合同等之前，按照规定征求听取相关业务部门意见或公众意见，通过专家咨询论证，风险评估及合法性审查，再由市政府常务会议集体讨论决定，提高政府决策的科学性、民主性、合法性。

【行政执法监督】 化州市根据《广东省依法行政考评办法》及《化州市人民政府办公室关于印发化州市2017年度依法行政考评方案的通知》的要求和部署，由市依法行政工作领导小组办公室按市政府工作安排对该市23个镇（区、街道）人民政府（管委会、办事处）、22个行政执法任务较重的市直部门，共45个单位的依法行政工作情况进行考评。执行《广东省〈行政执法证〉管理办法》，按照省、茂名市的部署，化州市政府法制局于2017年6月29—30日在化州职校组织全市400多名新申领执法证人员进行广东省行政执法人员综合法律知识网上考试。5月26日在海利文化活动中心举行全市综合法律知识培训班，培训执法人员800多人次，提高行政执法人员的能力和水平。

【社会矛盾防范和化解】　化州市重视行政复议和行政应诉工作，市政府领导定期听取市法制局行政复议与应诉工作汇报，研究解决复议应诉工作中存在的问题，通过行政复议个案解决共性问题。2017年，收到行政复议申请21件，受理19件，不予受理2件。受理的案件全部审结，其中驳回3件。有效化解大量行政争议，保障和监督行政机关依法行政。

【行政机关负责人出庭应诉】　2015年，化州市制定出台《化州市行政机关负责人出庭应诉工作暂行办法》，要求行政机关负责人每年至少代理一起行政应诉案件，特别是对于社会影响较大的重大、疑难案件、涉及群体性纠纷的案件或人民法院建议行政机关主要领导出庭的案件，必须由行政机关的主要领导出庭应诉。行政机关负责人出庭应诉制度是化州市政府全面推行依法行政、建设法治政府的一项重要举措，体现诉讼主体平等和政府对法律尊重，有助于进一步规范和完善工作程序，推进依法行政工作。2017年，化州市政府法制局做好应诉工作，代市政府出庭应诉16次。

【履行法律顾问职责】　化州市政府法制局贯彻落实《化州市人民政府重大决策程序暂行规定》和《化州市政府法律顾问工作规则》，2017年，审查政府合同和招标文件69份，审查法律文书870多份，各类涉法文稿346份，参与处理其他重大涉法事务58件，履行政府法制机构参谋、助手和法律顾问职责。

2017年化州市政府法制局领导班子成员名录

局　长：唐林光

（化州市政府法制局）

综合政务服务管理

【概况】　化州市人民政府综合政务服务管理办公室（以下简称市政管办），为参照公务员法管理的正科级事业单位，隶属市人民政府管理。内设综合股、行政审批服务股、项目协调股、公共资源交易管理股、电子政务股等5个机构。市公共资源交易中心归口市政管办管理。市政管办主要工作职责为负责本级综合政务服务的组织、协调、保障和监督，统筹管理本级政务服务信息公开、公共资源交易、便民服务等工作，负责市行政服务中心的日常运作管理。办公地址设在化州市橘城北路500号，有编制19个。2017年实有16人，其中，本科及以上学历10人，大专学历6人。

【基层公共服务平台“五统一”建设】　2017年，化州市按照广东省、茂名市全面创新基层治理、推动公共服务向基层延伸的统一部署，通过整合资源，在原有的三级政务服务平台的基础上升级改建为三级公共服务平台，按照“五统一”（场所统一、系统统一、内容统一、制度统一、保障统一）要求，全市建设完成23个镇（区、街道）和367个村（社区）公共服务中心，达到“八有”标准，即有机构、有牌子、有办公场所、有办公设备、有制度、有人员、有系统、有经费，提升基层公共服务水平。2017年，化州市镇级公共服务中心可办理事项48项（行政许可事项10项，公共服务事项38项），村级公共服务中心可代申请办理事项11项。

【一体化网上办事大厅拓展和完善】　2017年，化州市市级网上办事大厅平台有35个单位（668项行政许可和公共服务事项）进驻，可在线申办事项668项。截至2017年12月底，化州市网上办事大厅平台行政许可事项网上全流程办理率78%，公共服务事项全流程办理率91.97%，网上办结率77.54%，按时按质完成广东省、茂名市下达的工作任务和考核指标。2017年，化州市结合一门式一网式政府服务模式改革要求，按照茂名市“统一采购、统一建设开发、统一部署应用、统一实施”的原则，采用广东省统建系统的建设模式，依托网上办事大厅，逐步建设全市统一的申办受理平台、事项目录管理系统、身份认证平台、电子证照管理系统、效能监督系统等应用软件系统，形成一门式一网式政务服务系统平台，为实现“一网式”办事提供系统支撑。

【公共资源交易平台建设规范化】　规范公共资源交易场所建设　2017年，按照《广东省公共资源交易平台场所设施标准和服务标准》要求，结合化州市实际情况，交易中心规范设置公共服务区、服务窗口、休息区、样品间、办公区、监控室和档案室、开标区、评标区等功能区，开标、评标区设置高清监控系统，实行无死角视频音频全覆盖，实行视频音频全面监控、同步录像，确保入场交易项目公开、公平、公正进行。

统一规范公共资源交易平台制度规则　依托广东省公共资源交易信息化平台建设基础和茂名市级公共资源交易电子公共服务系统，化州市于2017年6月实现与茂名市公共资源交易信息化平台以及化州市网上办事大厅公共资源交易栏目互联互通，所有公共资源交易信息统一通过地市交易平台发布，统一交易办事指南，统一交易服务管理，统一使用省综合评标评审专家库，统一系统端口进行网上抽取评标专家，在本地专家库未能满足条件的情况下，开展实施异地抽取专家，异地评标、评审，采取屏蔽投标保证金管理制度，从源头上杜绝围标、串标现象。

全力推进电子化交易　2017年，在统一使用市级公共资源交易电子公共服务系统的基础上，化州市配合茂名市全力推进完善全市规范统一的公共资源网上交易平台，土地使用权和矿业权出让交易实现从招标、挂牌、拍卖全程电子化交易，其他类交易项目采用统一网上平台发布公告，现场开标、评标交易。

交易项目情况　2017年，化州市公共资源交易平台完成公共资源交易业务140宗，交易总额18.3051亿元，为财政增收节支1.2352亿元。其中：建设工程招投标项目69宗；累计中标金额11.9258亿，中标价与预算价相比节约0.9288亿元，节约率7.23%；土地使用权出让交易13宗，成交金额5.6299亿元，增值金额为0.278亿元，增收率5.19%；矿业权出让交易数为1宗，交易额0.0078亿元，增值金额为0亿元；政府采购完成交易项目57宗，累计中标金额0.7416亿元，中标价与预算价相比节约0.0283亿，节约率3.68%，公共资源配置的效率和效益进一步提高。

【并联审批制度改革深化】　联合审批制度完善　2017年，化州市为进一步优化企业投资发展环境，提高审批效率，以服务企业为重点，全力推进联合审批工作。化州市企业投资建设工程（市属权限内）项目审批流程简化为立项及用地许可，规划和建筑设计许可和施工许可三个阶段，联合审批时限压缩至44个工作日以内，比法定的审批时限缩短50%以上。2017年5月，市政管办协调联合审批各相关部门根据职能转变和机构改革新情况对《化州市企业投资建设工程项目（市属权限内）联合审批实施办法（试行）》进行再梳理，要求各相关部门优化审批流程，压缩审批时限，为投资企业提供更便捷、周到的服务。

市招商项目审批服务办公室成立　2017年，结合一门式一网式政府服务模式改革要求，化州市招商项目审批服务办公室于9月挂牌运作，办公室设在市公共服务中心一楼，为企业投资建设工程项目审批提供一站式政务服务。市招商项目审批服务办公室参与并对全市重点建设项目和招商项目的用地审批、立项（项目核准、备案）、规划报建、施工许可工作进行全程跟踪服务。

2017年化州市政管办领导班子成员名录

主　任：黄士杰（任至11月）
副主任：吕亚明
　　　　邱华军（11月任职）
　　　　李瑞忠（任至11月）
　　　　陈木贵

（李　猛）

政府金融工作

【概况】　化州市人民政府金融工作局（以下简称市金融局），是化州市人民政府的职能机构；加挂“化州市地方金融风险处置工作领导小组办公室”和“化州市行业基金会金融风险化解工作领导小组办公室”牌子，合署办公，一套人马，三块牌子。办公地址设在化州市河西街道办事处北岸民主北路一横巷1号。内设综合股、金融股2个职能股室；2017年有干部职工15人，其中，局长1人，副局长2人，主任科员1人，副主任科员1人。2017年，化州市金融业总体运行平稳。至年底全市本外币各项存款余额364.48亿元，比年初增加35.78亿元，增长10.89%；全市本外币各项贷款余额140.69亿元，比年初增加9.73亿元，增长7.43%。存贷比38.6%。

【小额贷款公司监管】　2017年，化州市金融局规范小额贷款公司日常监管，推动小额贷款公司贷款业务持续增长。该市两家小额贷款公司贷款余额19377万元（其中涉农贷款余额12359万元）；全年实现账面利润240万元，其中永生公司182万元，铭波公司58万元；全年缴纳税收196万元，其中永生公司125万元，铭波公司71万元。

【企业上市】 2017年3月15日，化州市金融局组织化橘红药业发展有限公司、广东环球水产有限公司等6家上市后备企业到茂名参加茂名市企业上市融资交流座谈会，帮助企业解决股权设计、激励、融资、挂牌前期财务、法律等问题。

【政策性农房保险】 2017年，由化州市金融局牵头，代全市30多万农户投保，投保金额249.32万元，其中化州市财政承担保险保费94.5万元，并成立应急指挥部，应对涉保理赔工作。

【政银企合作加强】 2017年11月16日，经化州市金融局局长罗圣志倡议和指导，化州市成立广东省首个银企协会。化州市委常委、常务副市长冯浪出席并为协会揭牌。化州市银企协会是面向化州市地域内的银行、企事业单位及自然人的一个开放性、联合性、非营利的法人社会团体，将以兴企为目标，推动银行、企业及社会各方之间的交流与合作，搭建行业信息服务平台，为会员寻找、创造商机，发挥平台交流和桥梁纽带作用。首批入会企业单位37家。协会当天召开第一次会员大会，审议通过协会章程，选举产生以陈衍广为会长，苏盛荣为监事长的第一届理事会领导班子，聘请冯孟尧、周仁聪为名誉会长，陈万勇为顾问。

【防范和化解金融风险】 2017年，化州市推进行业基金会金融风险化解工作，做好民昌果业等三家“庄园经济”历史遗留问题的处置工作，做好各类交易场所清理整顿的善后处置工作和开展互联网金融风险的专项整治工作，按照国务院部际联席会议和省处非办的要求组织开展防范打击和处置非法集资工作。

【防范打击非法集资宣传月活动】 2017年5月9日上午，由化州市金融局、人民银行化州市支行共同主办的“化州市2017年防范和打击非法集资宣传教育月活动”，在市康景体育馆南门广场启动。市政府及相关部门领导，域内各大金融机构代表与社会各界人士200多人参加宣传教育咨询活动。该宣传教育月活动为期1个月。

【行业基金会股金问题化解】 2017年，化州市化解行业基金会股金980.03万元，其中现金支付977.83万元，兑单化解2.2万元。尚欠股民股金1.34亿元。

【政府融资】 2017年3月15日，化州市向农业发展银行化州市支行融资3亿元，用于机场大道建设。

2017年化州市人民政府金融工作局领导班子成员名录

局　　长：陈波锋（任至1月）
　　　　　罗圣志（2月任职）
党组书记：罗圣志（2月任职）
副 局 长：杨李梅（任至10月）
　　　　　陈治寰（任至4月）
　　　　　梁　波（4月任职）
　　　　　全晓博（10月任职）

（黄炯燕）

政协化州市委员会

【十二届二次会议】 2017年3月16—17日，中国人民政治协商会议第十二届化州市委员会第二次会议在化州市区召开。政协第十二届化州市委员会全部300名委员出席会议。中共化州市委、市人大常委会、市人民政府的领导，市纪委副书记，市人武部部长、市人民法院院长、市检察院检察长，市直正科以上单位和茂名驻化单位的主职领导，在化州工作的茂名市政协委员，退休的历届市政协领导和市政协机关领导列席会议。

会议听取并审议通过政协第十二届化州市委员会常务委员会工作报告。报告指出，十二届一次会议以来，市政协在中共化州市委的领导下，高举中国特色社会主义伟大旗帜，突出团结和民主两大主题，广泛团结民主党派和社会各界人士，紧紧围绕市委、市政府的工作部署和工作重点，认真履行政治协商、民主监督、参政议政职能，为化州的改革、发展和稳定做出积极贡献。一是与时俱进，加强学习，努力增强做好新形势下政协工作的责任感和使命感；二是围绕中心，建言献策，全力助推化州经济社会发展；三是突出主题，发挥优势，努力凝聚加快发展的合力；四是增强素质，树立形象，进一步加强政协履职能力建设。报告对2017年市政协的工作进行部署：市政协要在中共化州市委的坚强领导下，高举中国特色社会主义伟大旗帜，紧紧围绕市第十三次党代会确定的目标任务，着力做好思想引导、汇聚力量、议政建言、服务大局的工作，使协商民主有新举措、民主监督有新加强、制度建设有新进展、参政议政有新突破，全力助推全市经济平稳健康发展和社会全面进步。一要增进共识，不断推进人民政协事业向前发展。二要服务大局，积极为化州发展献计献策。三要加强监督，切实推动各项工作改进和落实。四要凝心聚力，认真做好汇集力量的各项工作。五要关注民生，努力为群众办好事、实事。六要完善制度，全面提高政协工作科学化水平。

会议听取并审议通过政协第十二届化州市委员会常务委员会关于十二届一次会议以来提案工作情况的报告。报告指出，十二届一次会议以来，全体委员和政协各参加单位以极大的政治热情和高度的社会责任感，紧紧围绕市委、市政府工作部署和全市经济社会发展大局，认真履行参政议政职能，深入调查研究，积极建言献策，共撰写提案81件，其中工作组集体提案18件，社会团体、民主党派、专门委员会提案8件，委员联名提案42件，委员个人提案13件。根据《政协化州市委员会提案工作条例》有关规定，经提案审查委员会审查，立案75件，占提案总数92.6%，转意见处理6件，占提案总数7.4%。本次提案内容丰富，涵盖全市经济建设、政治建设、文化建设、社会建设和生态文明建设的各个方面，密切关注事关人民群众切身利益的热点难点问题，反映各界群众呼声和意愿。提案办理工作正全面推进。

会议期间，出席会议的政协委员列席化州市十五届人大二次会议开幕式，听取和讨论化州市政府工作报告及其他有关报告；审议通过政协第十二届化州市委员会第二次会议决议。

【常委会议】 十二届二次常委会议 2017年3月

9日，政协第十二届化州市委员会常务委员会第二次会议在市政协会议室召开。参加会议的有市政协常委、各工作组组长、不是常委的委员会负责人。会议由市政协主席阮汉主持。会议商议通过有关人事任命事项；审议通过《政协化州市委员会常务委员会2017年工作要点》；审议通过政协第十二届化州市委员会常务委员会工作报告；审议通过政协十二届化州市委员会常务委员会提案工作情况报告；商议决定召开政协第十二届化州市委员会第二次会议的有关事项；初步商议成立市政协历届委员联谊会有关事项。

十二届三次常委会议　2017年3月15日，政协第十二届化州市委员会常务委员会第三次会议在市华为图书馆2号会议室召开。参加会议的有市政协常委。会议由市政协主席阮汉主持。会议商议通过政协第十二届化州市委员会增补委员建议人选名单；审议通过关于增补委员编入有关工作组的决定；商议通过市政协十二届二次会议选举大会的《选举办法》（草案）；商议通过市政协十二届二次会议选举大会总监票人、副总监票人、监票人建议名单（草案）；商议通过政协第十二届化州市委员会增选常务委员预备候选人名单（草案），提交市政协十二届二次会议酝酿；商议通过有关人事任命事项。

十二届四次常委会议　2017年3月17日，政协第十二届化州市委员会常务委员会第四次会议在市华为图书馆2号会议室召开。参加会议的有市政协常委、各讨论组召集人。会议由市政协主席阮汉主持。会议听取各讨论组召集人汇报审议常委会工作报告、提案工作报告及讨论化州市政府工作报告和其他报告的情况；商议通过大会《选举办法》（草案）及监票人名单（草案），提交全体会议通过；商议确定增选政协第十二届化州市委员会常务委员候选人名单，提交全体会议选举；审议通过《关于十二届二次会议期间提案审查情况的报告》（草案）；商议通过《政协第十二届化州市委员会第二次会议决议》（草案）。

十二届五次常委会议　2017年7月14日，政协第十二届化州市委员会常务委员会第五次会议在市政协会议室召开。参加会议的有市政协常委、各工作组组长。会议由市政协主席阮汉主持。会议通报市政协2017年上半年工作情况；审议通过《中国人民政治协商会议化州市委员会委员履职工作规则（试行）》；商议通过有关人事任命事项；学习广东省第十二次党代会会议精神。

【协商议政】　2017年，化州市政协坚持通报情况与双向交流相结合、协商讨论与实地调研考察相结合，组织委员对涉及化州发展大局的有关问题，广泛发表意见，提出建议。在市政协十二届二次会议上，委员通过小组讨论、提出提案等形式，围绕化州市经济社会发展的大局开展协商讨论，提出很多有建设性的建议，主要有“加快推进杨梅产业聚集区和茂名空港物流园建设，推动化州经济社会快速发展”“发挥化州的特色资源优势、区位优势、外出成功乡贤多和劳动力充裕的优势，积极主动开展招商引资”“参考周边（区）市的工业园区招商引资优惠政策，制定适合化州的投资优惠政策，推动化州经济社会发展”等建议33条。这些建议得到市委、市政府及有关部门重视和采纳，为推动经济社会加快发展提供智力支持。

【民主监督】　2017年，化州市政协通过参与“万人评机关”活动实施民主监督。参加活动的市政协机关代表和200名政协委员，通过了解被评议单位工作情况，找出有关单位机关作风存在的问题，有针对性地提出解决问题的意见，使活动取得实效。为助推化州市重点项目实施，市政协各专委会将市重点项目建设列为监督对象，实施专项监督。通过对机场大道、东堤南路建设和市中医院门诊住院楼等重点项目的监督，提出加快项目建设的建议28条，对重点项目的实施和推进起到积极作用。市政协通过视察机关作风建设实施民主监督。组织调研组先后到市政管办、市公安局、市城管局、下郭街道办等单位开展专题视察，察看和了解各单位工作人员在服务态度、办事效率、执行政策法规、党风廉政建设以及党员干部精神面貌等方面情况。针对化州市机关作风建设存在的问题，提出“抓学习教育，提高干部队伍整体素质”“选贤任能，营造风清气正的用人环境”等六方面的意见建议，为促进化州市机关作风建设提供很好的思路，产生明显效果。

【专题调研】　2017年，化州市政协领导带领各专委会和相关工作组，重点就工业园区建设、县域副中心建设、发展现代农业、城乡清洁工程、城乡管理法治化、新农村示范村建设等专题开展调研12次，视察15次，考察6次，形成专题报告20篇。其中，财经工作组到阳西、恩平以及化州市“一园五区”开展考察和调研活动；党群工作组对化州中药厂二期增资扩产项目、化橘红药材发展有限公司（化橘红博物馆）和南盛街道蒲山村委会新农村示范村建设工作开展调研活动；城建工作组围绕合江建设县域副中心开展视察活动。各专委会和工作组通过开展调研、视察和考察活动，掌握第一手资料，形成专题报告，为市委、市政府科学决策提供重要依据。市政协经济委所撰写的《关于化州市工业园区建设情况的调研报告》，提出加快化州市工业园区建设六方面的意见建议，得到市委、市政府领导的高度肯定。市委书记黄永做出：“要把相关政策、建议融入我市的优惠政策中”的批示。

【提案工作】 2017年，化州市政协提出提案稿169件（含一次会议），其中：集体提案39件，委员联名提案77件，个人提案53件。经提案委员会审查，立案156件，立案率92.30%。在立案的提案中，经济建设方面37件，占23.7%；政治建设方面17件，占10.9%；文化建设方面14件，占9%；社会建设方面70件，占44.9%；生态文明建设方面18件，占11.5%。这些提案按照“分级负责、归口办理”的原则，移交市政府转47个部门和单位办理。截至2017年12月底，承办单位对立案的156件提案予以答复。其中，提案所提问题落实42件，占30%；正在解决或拟采纳的103件，占66%；因法律法规和客观条件限制暂时难以落实的11件，占6.5%。

【港澳台侨及外事工作】 2017年化州市政协十二届二次会议期间，召开港澳委员和外地委员座谈会。在会上，通报化州经济社会发展情况，委员们就家乡建设提出意见建议。

【其他重要活动】 2017年7月中旬，化州市政协在深圳召开工作组长会议。会议总结和交流各工作组上半年的工作和经验，并走访在深圳的化州市政协委员所办企业，形成做好政协工作的新共识。此次在外地召开工作组长会议的做法，在茂名市各区（市）政协中属首创，受到茂名市政协领导肯定，茂名市政协主席黄心强批示要求各地政协组织要学习借鉴化州的经验和做法。化州市政协领导和专委会主任还走访珠三角工作组委员，和委员们进行深入的交流，引导和鼓励委员支持家乡建设和家乡公益事业。2017年，常委梁壮忠捐资100万元改善丽岗小学办学条件，和吴泾华委员捐资成立丽岗中学奖教奖学基金；委员杨慧捐资50万元支持家乡修路建校；常委曾国寿捐资20万元支持家乡发展文化事业。

2017年政协第十二届化州市委员会领导班子成员名录

党组书记、主席：阮　汉

党组成员、副主席：邱　岩

劳亚荣

李红兵

陈春光

副　主　席：苏凯愈

何向东

党组成员、秘书长：李剑锋

2017年政协化州市委员会机关各委室主任名录

办公室主任：李剑锋

教科文卫体委员会主任：赵　玲

经济委员会主任：李树果

提案法制委员会主任：吴玉梅

文化和文史资料委员会主任：陈可珺

委员三胞联络委员会主任：李康土

（李俊达）

中共化州市纪律检查委员会

【化州市纪委十三届二次全会】 2017年1月25日下午，中共化州市第十三届纪律检查委员会第二次全体会议在化州举行。全会传达学习十八届中央纪委七次全会、省纪委十一届六次全会和茂名市纪委十一届二次全会精神，听取茂名市人大常委会副主任、化州市委书记邓永明的讲话，审议并通过市委常委、市纪委书记朱金生代表市纪委常委会所做的《保持定力，忠诚履职，推动全面从严治党向纵深发展》工作报告。报告分“2016年工作回顾”“正确把握当前纪检监察工作新形势新要求”“2017年工作任务”三部分。报告指出，过去一年，全市各级纪检监察机关把全面从严治党落实到监督执纪问责全过程；实践“四种形态”，以严明的纪律规矩推进全面从严治党；纠正“四风”，夯实农村基层治理工作；抓好纪律审查，继续保持惩贪治腐强劲势头；层层压实主体责任，推进纪律检查体制改革；持续深化标本兼治，提高源头防治工作水平；加强自身建设，打造过硬纪检监察干部队伍。党风廉政建设和反腐败斗争取得新的重要阶段性成果，反腐败斗争压倒性态势已经形成。全会第三次大会审议通过市纪委十三届二次全会工作报告，通过市纪委十三届二次全会决议。

【党风廉政建设和反腐败工作】 *全面从严治党* 2017年，化州市强化新时代纪检监察工作的政治责任感和担当精神。把“四个意识”作为政治标杆，强化监督，推动党员干部更加自觉坚持党性原则，遵守党的政治纪律和政治规矩，严格执行新形势下党内政治生活若干准则。通过落实责任清单、召开“三述”会议、量化考核等措施推动落实全面从严治党“两个责任”。全年全市追究“两个责任”落实不力12人，对考核评为“差”等次的9个单位相关责任人进行诫勉处理。加强对选人用人的监督，防止“带病提拔”“带病上岗”，全年审核评优评先、干部选拔、人大代表人选及出国出境干部等党风廉政信息4500多人次。开展村级“两委”换届风气专项巡察，从严从快查处杨梅镇竹根园村党支部李某某等6人违反换届纪律问题。

整治“四风” 2017年，化州市运用“四种形态”处理439人次，其中，第一种形态178人次，占40%；第二种形态179人次，占41%；第三种形态45人次，占10%；第四种形态37人次，占9%，被开除党籍、移送司法机关处理的真正成为极少数。全面落实谈话提醒制度，全市谈话提醒6099人次，其中副处级以上领导干部开展谈话提醒820人次，谈话人次数居茂名各区市之首。严查顶风违纪和隐形变异的“四风”问题，全市查处违反中央八项规定精神问题19起，给予纪律处分23人，通报典型案例4个。坚持明察暗访强化作风监督，开展明察暗访4613人次，发现问题641个，问责16人，函询2人，谈话提醒800人，转立案2件，拍摄暗访专题片3期。创新开展“万人评机关”活动，全市5万多名干部群众参与，对干部群众提出的1412个问题和1604条意见建议进行认真整改，责令10个落后单位公开检讨、对26个被评为“基本满意”的单位进行集体约谈，发

出监察建议书59份、问题整改函44份、督促整改函21份。创新开展“问责不作为、鼓励敢作为”专项活动，全市查处“为官不为”问题75个，问责75人，其中给予党纪政纪处分54人，通报典型案例22件。廉政教育有效开展，围绕纪律教育学习月活动主题，完成省委和茂名市委要求的“五个一”规定动作，创新开展“九个一”动作。制作警示教育片《“村蝇”之害》《“地鼠”之祸》，用身边事教育身边人。《“村蝇”之害》被广东省纪委列为2017年纪律教育学习月活动警示教育片之一。突出廉政文化教育基地建设，全市建设廉政文化教育基地17个。强化日常廉政宣传教育，开展任前谈话提醒275人次，发送廉言警句10万多条，组织党员干部到廉政文化教育基地接受廉政教育10多万人次，利用化州孔庙广场LED彩屏播放警示教育片7500多次。撰写反腐倡廉宣传报道，省级报刊采用15篇，地级市媒体采用170多篇。

严惩腐败 2017年，化州市纪检监察机关受理群众信访举报661件，处置问题线索322条，立案260件，结案261件，给予党纪政纪处分259人；移送司法机关处理9人；立案数、结案数均居茂名各区市首位。重点查处鉴江国土资源所原所长柯某某、鉴江区规划部原副部长凌某等严重违纪违法案；严肃查办杨梅镇杜村、中垌镇青山村、文楼镇垌生村等扶贫领域违纪违法案，其中杨梅镇杜村村干部集体侵占扶贫款违纪案被广东省纪委作为扶贫领域8宗典型案例之一全省通报。配合茂名市纪委核查秦刚案、黄亚华案等案件。深入整治群众身边的不正之风和腐败问题。开展扶贫领域专项巡察、问题线索督办直查、入户核查、专题暗访等，全市查处扶贫领域违纪问题线索46件，问责49人，其中立案45件，给予党纪政纪处分35人，移送司法机关6人。督促各镇街和财政、民政、农业、国土、住建等部门自查自纠，核销不符合条件低保户1793户7482人，五保户966人，动态调整新增纳入低保户1109户3492人，五保户723人；取消不符合条件危房改造补助农户32户66人。深入开展农村基层党员、干部违纪违法线索集中排查整治工作，排查农村基层党员、干部违纪违法线索411条，立案242件，结案255件，问题线索数、立案数和结案率均居茂名市各区市前列。追逃追赃工作取得成效。成立追逃追赃工作办公室、追逃追赃工作专班，与检察、公安等部门联合作战，做好外逃人员家属思想工作，全市劝返外逃人员3人，居茂名各区市之首。

党内监督合力加强 2017年，化州市高举巡察利剑，精准发力。成立市委巡察领导机构，组建4个巡察组，制定《中共化州市委巡察工作实施意见》《中共化州市委巡察机构“两员两库”建设管理办法》等制度。建立巡察机构“两员两库”，巡察专业人才库143人，巡察工作人员库110人。全年开展村级换届、扶贫领域两轮专项巡察和三轮常规巡察，覆盖全市367个村和8个镇街、9个部门及其355个下属单位，发现问题315个，移交问题线索63条，立案54件，给予党纪政纪处分39人。注重巡察成果转化，适时组织巡察“回头查”工作，完成对教育局、水务局、交通局、环保局等7个单位“回头查”。督促整改问题302个，完善制度101项。巡察单位数、发现问题线索数、转立案数居茂名市各区市前列。深化派驻纪检组体制改革，制定完善派驻纪检组工作指引和考核办法，推动派驻纪检组转职能、转方式、转作风，提高监督执纪能力。全年派驻纪检组列席派驻单位“三重一大”会议193次，开展明察暗访684人次，发现问题285个，谈话提醒324人次，问责43人，其中立案35件，给予党纪政纪处分35人，督促完善规章制度125项。

化州市监察委员会完成组建 2017年，化州市委带头担负改革试点主体责任，市委书记带头履行“施工队长”职责，市纪委当好“突击队员”，联合市委组织部、市检察院等部门，按照广东省、茂名市和化州市委制定的时间表和路线图，倒排工期、精准施工，抓好调研摸底、方案编定、编制调整、干部选配、提名考核以及办公场所安排等工作，在茂名各区市中率先完成人员转隶、线索移交、资产划转工作。围绕改革目标任务，突出思想政治工作，对转隶人员进行全覆盖谈心谈话，广泛征求意见建议，推动合编、合心、合力，完成监委组建暨挂牌等各项重要阶段性工作任务。

教育管理监督 2017年，化州市纪委采取业务知识考试、集中培训、选送培训、跟班学习等方式，加大纪检监察干部培训力度，提升监督执纪问责能力水平。全年组织业务知识考试4期1012人次，集中培训4期1012人次，跟班学习72人次。实施纪检监察干部家访监督制度，加强“八小时外”监督。组成13个家访小组，走访社区65个，家访纪检监察干部284人、纪检监察干部家属420人。对纪检监察干部坚持有信必查、违纪必究。全年受理反映纪检监察干部问题信访件9件，立案2件，给予党纪处分2人，谈话提醒3人。加强镇街纪委建设。落实镇街纪委书记、专职副书记和专职委员三个专职。对镇街纪委工作进行量化考核，对排名靠后的镇街纪委书记进行约谈。实行市纪委领导、室（组）包片包案工作机制，解决镇街纪委不想办案、不敢办案、不会办案问题。全市镇街纪委立案145件，占全市纪检监察机关立案总数的55.8%，立案较多的镇街纪委有林尘镇纪委、东山街道纪委和杨梅镇纪委。

【纪律教育学习月】 精心组织实施 2017年，化州市转发《化州市纪委2017年纪律教育学习月活动实施意见》，于8月4日在茂名市各县（市、区）中率先召开全市2017年纪律教育学习月动员会议暨“三纪”教育培训班。市委、市人大常委会、市政府、市政协领导，市人民法院院长，市人民检察院检察长；各镇（区、街道）党政班子全体成员，国有农林场党政主要负责人；市委各部委、市直各单位、市各人民团体、市属有关企事业和上级驻化有关单位的领导班子全体成员，其他有关单位的主要负责同志，700多人参加培训班。化州市委书记黄永在培训班上做动员讲话。市委常委、纪委书记朱金生做“三纪”专题辅导报告，对化州市的系列腐败案件进行专题剖析。动员会后，各部门结合本单位实际，制定《纪律教育学习月活动实施意见》，出台具体措施抓落实，推进纪律教育学习月开展。

宣传教育强化 在2017年纪律教育学习月活动期间，化州市举办《“讲政治、强党性、严纪律、守规矩”清廉化州》电视节目30期，举办宣传专栏750多期，拉挂横幅标语5000多幅（条），向党员干部发送廉洁教育短信25000多条，展出廉政公益广告8500条（次），利用网络平台、政务微博和微信进行廉洁宣传500多次。组织征订学习资料和电教片下发到各单位各部门，全市征订纪律教育学习资料书籍3141本，党风廉政教育电教片780套。

“自选动作”创新 在2017年纪律教育学习月活动期间，化州市重点抓好“九个一”的活动：组织拍摄一部《“地鼠”之祸》警示教育片，制成光盘下发到各单位组织观看；开展“万人评机关”活动，对各单位各部门进行一次评议，涉及的评议单位103个；开展一次全市（第七届）廉洁读书月活动；举办一次领导干部党纪政纪法纪培训班，市委书记黄永，市委常委、纪委书记朱金生上专题辅导课；举办一次新提任副科级领导干部集体廉政谈话教育会，市委书记黄永进行集体廉政谈话；举办全市村（居）支部书记党纪政纪法纪教育培训班；组织党委（党组）书记到茂名监狱接受一次警示教育，全市近130名单位主职领导到监狱接受现场警示教育；组织全市党员进行一次党章党规党纪知识学考，全市4.9万党员参加，参考率96.3%；组织全市党员、干部分期分批到市反腐倡廉教育基地参观，接受一次廉政文化教育。

警示教育片录制 2017年，化州市以市纪委查处的涉农涉土基层腐败典型案例为题材，先后拍摄和制作《“村蝇”之害》和《“地鼠”之祸》两部警示教育片，作为全市纪律教育学习月的反面学习教材，在纪律教育学习月活动动员会议暨“三纪”教训培训班上播放，并制作光盘发放到全市170多个单位部门及乡镇，组织党员干部集中观看。其中，《“村蝇”之害》被广东省纪委采用，作为2017年全省纪律教育学习月活动学习资料的5部党风廉政教育片其中之一，向全省推广观看。

“万人评机关”活动开展 化州市委、纪委把开展纪律教育学习月活动与开展“万人评机关”活动紧密结合，通过组织实施网络评议、短信评议、微信评议、电话回访评议、街头驻点评议、问卷调查评议、问题征集评议等7个评议方式，发送短信12万条，收集网络投票3.9万份，电话回访1048人次，回收问卷调查1500份，街头发放测评表8000多份，收集问题征集表1000份。组织召开“万人评机关”集中评议大会，邀请社会各界代表对化州市103个被评议单位进行集中评议。由党代表、人大代表、政协委员、离退休干部代表、企业界代表、干部群众代表等组成1100多人的社会各界评议团，通过填写评议票和问题征集表的形式，对103个被评议单位的作风建设情况进行现场评议和提交书面意见和建议。

2017年中共化州市纪律检查委员会领导班子成员名录

书　记：朱金生
副书记：莫正科
　　　　董　明
常　委：彭　卓（任至3月）
　　　　颜凌波
　　　　唐天雨
　　　　李　毓
　　　　黄勇艺（9月任职）

2017年化州市监察局领导班子成员名录

局　长：莫正科
副局长：李　毓（任至10月）
　　　　彭大新（任至2月）
　　　　梁亚文（10月任职）
　　　　李建华（10月任职）

（李洁琼）

民主党派和工商联

中国民主同盟化州市委员会

【概况】 中国民主同盟化州市委员会（以下简称民盟化州市委员会）成立于1987年6月，是以文教界的中上层知识分子为主的具有政治联盟特点的，致力于社会主义事业的政党。2017年末，民盟化州市委员会有支部10个，盟员201人，其中，7人任茂名、化州人大代表，11人任茂名、化州政协委员。内设办公室，核定行政编制2人，2017年有在职1人，退休2人。

【组织建设】 2017年4—6月，民盟化州市委各支部相继完成换届选举工作。10月31日，召开民盟化州市第八届委员会增补副主委和委员选举会议，增补市城市管理监察大队王新娣为民盟化州市委员会副主委，增补东山社区卫生服务中心主任李灼明为民盟化州市委员会委员。10月27日，民盟化州市委员会举办以“表爱心、做好事、送温暖”为主题的慰问老盟员座谈会”，传承和弘扬“立盟为公，以天下为己任；正直正派、学有专长、甘于奉献；修德守身、淡泊名利、自尊自强”的“民盟精神”。

【参政议政】 2017年6月15—18日，民盟化州市委员会主委李润生、副主委黄志锋作为茂名地区的代表到广州参加中国民主同盟广东省第十五次代表大会。在2017年化州市人大、政协两会期间，民盟化州市委员会围绕市委、市政府工作中心，履行参政议政职能，向市政协提交提案及调研报告9件。

【社会服务】 2017年6月29日，民盟化四中支部前往播扬镇塘楼小学进行图书捐赠活动，收到捐赠图书2363册并全数捐给塘楼小学；7月14日，民盟化州市委员会与化州市中医院联合中山大学爱视客团队在笪桥镇举办白内障免费筛查义诊活动；10月28日，民盟化州市委员会联合化州市中医院和广东省中医院珠海医院专家，在宝山公园正门举行大型综合义诊送健康活动。

【获奖情况】 2017年1月23日，民盟机关二支部廖奇芳被茂名市委宣传部评为“2016年度茂名市首届优秀宣传文化人才”。廖奇芳创作的曲艺作品数来宝《拜年》获2016年度广东省群众文艺作品评选三等奖，小戏曲《初心不改》获2017“茂名市廉政小品曲艺创作大赛”表演铜奖。张曾叶歌曲（作曲）《你是最美的那朵橘花》获茂名市第二届群众音乐舞蹈花会银奖，张曾叶导演的表演唱《橘州清风》获2017“茂名市廉政小品曲艺创作大赛”表演铜奖。2月22日，在2016年度茂名市统战理论政策研究创业成果评比中，民盟化州市委黄毅撰写的《加强民盟基层组织建设 发挥民盟参政议政优势》和民盟化州一中支部黄景保撰写的《网络意见人士的影响力形成浅谈》均获得优秀奖。10月22日，民盟化州市委员会获民盟广东省委授予“坚持和发展中国特色社会主义学习实践活动先进集体”称号。

2017年民盟化州市委员会领导班子成员名录

主　委：李润生

副主委：刘付春波

　　　　黄志锋

　　　　王新娣（10月任职）

（方　雯）

化州市工商业联合会

【概况】　化州市工商业联合会（以下简称化州市工商联）始建于1907年。中华人民共和国成立后于1950年3月召开首次商人代表会，选举产生县商会第一届执委会；1954年5月25日召开县第三次工商业者代表会，成立化县工商业联合会；1958年11月，化县、吴川县合并，化县工商业联合会改称化州县工商业联合会；“文化大革命”期间，工商联组织受到冲击停止活动。1976年县工商联逐步恢复正常活动。化州市工商业联合会（总商会）办公地址在市委市府十楼西，设党组书记、第一副主席1名，专职副主席1名，内设机构1个，即办公室。编制4人，其中公务员3人，工勤1人。2017年，有在编干部5名，其中2名主任科员；聘任工作人员1人，化州市工商联（总商会）执委规模156人。

【组织建设】　2017年，化州市工商联加强行业协会组织建设。指导成立化州市电子商务协会和互联网协会，推动该市电商行业发展；指导茂名市企业家协会化州分会注册为化州市企业家协会；协助指导成立银企协会，利用化州金融资源为企业服务。促进商会协会规范内部管理，指导广州、深圳和惠州3个异地化州商会换届选举，选出新的商会领导班子，保证商会稳步健康发展。开展调研工作，组队到化州市民营企业商会和下郭商会及广州市、湛江市的异地化州商会开展调研工作，为探索和创新开展商会工作掌握第一手资料。

【新型政商关系构建】　2017年，化州市工商联开展构建新型政商关系活动，组织商协会代表和非公企业代表召开构建新型政商关系座谈会，学习宣传贯彻习近平总书记关于构建新型政商关系的重要讲话精神和茂名市、化州市构建新型政商关系座谈会议精神。

【推动非公经济快速发展】　2017年，化州市工商联到化州市非公企业实地走访调研，了解企业生产经营情况和发展规划，收集、分析、解决企业反映的共性或疑难问题，为督促相关责任单位推动各项惠企政策落地，提高服务企业办事效率提供第一资料。在化州市非公有制企业中开展融资需求情况调查工作，为茂名市支持实体经济融资对接会提供准确数据，组织代表参加茂名政银企座谈会，实现银企融资对接双赢，帮助企业及时高效低成本融资，促进企业良性发展。组织化州市非公企业开展降低实体经济企业综合成本调查工作，为在广东省深化开展降低实体经济企业成本行动中，减轻企业负担，提升企业盈利水平，助推企业转型升级，解决企业生存发展问题。联合市人社局、市总工会在全市开展创建和谐劳动关系示范企业工程（以下简称创和），发动全市企业参与创建工作，按照工作要求到各镇组织企业代表举办培训班，部署创和工作，并对创和企业进行检查验收。

【为非公经济人士搭建参政议政平台】　2017年，化州市工商联在茂名、化州两级人大、政协增补人大代表和政协委员人选工作中，协调15个相关部门开展对茂名市、化州市两级人大代表、政协委员初步人选提名推荐综合评价工作，把好人选质量关，为优秀非公经济人士代表畅通参政议政渠道，提交有建设性的提案议案。市工商联与非公有制经济人士保持联系，了解他们的意愿和要求，向党委和政府提出相关意见和建议。参与党委政府有关方针政策、法律法规的制定和贯彻执行，为化州市区域经济的发展创造软环境。

【服务方式创新】　参与举办2017化州橘红文化节　2017年，化州市工商联组织化州市各商协会企业代表及外出乡贤300多人参加化橘红文化节，宣传化橘红文化，在更大范围、更深领域、更高层次展示“中国化橘红之乡”独具特色的化橘红文化、优美的自然风光和丰富多彩的民俗文化。

商协会联席会议召开　2017年，化州市召集异地化州商会、联谊会及本地商协会召开化州市商协会联席会议，加强该市各商协会的联系、交流和合作，促进政商互动，凝聚商界力量，助力会员企业和化州经济发展。

助力茂名竞演《魅力中国城》 2017年，化州市工商联组织化州市各商协会举办主题为“助力茂名，商界有我”再动员大会，号召全市各商协会、企业、社会团体及外出乡贤广泛发动宣传助力茂名竞演《魅力中国城》。通过出动宣传车、挂横幅、贴标语、海报等方式到全市各镇进行宣传发动，通过新媒体、网络等宣传发动投票，在全市人民的同心协力的努力下，茂名市夺取总分第一名。

非遗月饼文化节 2017年，化州市工商联指导市食品行业协会举办月饼文化节，组织月饼企业开展调研走访活动，参与月饼文化节，打响化州月饼品牌，推动化州建成全国一流的月饼名都，促进化州经济、文化、社会各项事业快速健康持续发展。

组织参加全民徒步活动 2017年，化州市工商联组织全市10个商协会180人组成“商协方队”参加市委、市政府主办的“走汕湛高速，看化州发展”化州市首次大型全民徒步活动，通过参加活动，展示商界风采，进一步团结商界力量，提高工商联凝聚力影响力，发挥桥梁纽带作用。

【社会公益事业】 2017年，化州市工商联（总商会）组织开展多项社会公益活动。开展6·30扶贫济困日捐款活动，联合市民政局、市住建局组织房地产企业和建筑企业召开捐款动员大会；向化州各异地及本地商协会发出倡议书，引导广大会员热心参与慈善公益事业，捐款30多万元。开展游学之旅活动，联合市教育局组织市一中、二中、三中、实验中学、官桥中学、九中等六间中学100多名优秀学生和教师，到广州参加由广州市化州商会赞助开展的“化州百名优秀学子广州游学之旅”，助力该市教育事业发展。开展赈灾活动，组织化州市各商协会和异地商会为受台风灾害严重的澳门化州同乡和珠海市化州商会开展捐款赈灾活动，捐款近40万元。开展拥军优属活动，组织化州市10家商协会和11家民营企业代表共30多人先后到市武装部、市消防大队和驻化武警中队开展拥军优属走访慰问活动；为家庭困难的士兵母亲捐款治病，组织企业参加退伍兵欢送仪式，为他们送上留念品。

2017年化州市工商业联合会（总商会）领导班子成员名录

主席（会长）：杨伟雄

党组书记、第一副主席：麦耀文

专职副主席：陈泓羽（7月任职）

（陈泓羽）

台湾事务

【概况】 化州市于1949年前去台人员1147人，至2017年6月止，在台第一、第二、第三代化州籍台胞约5700人，居住在大陆境内的台胞亲属6.6万人。

【台情普查】 2017年，按照中共茂名市委统战部、茂名市委台办《关于开展台胞台属情况普查工作的通知》的部署要求，化州市抓好台情普查工作，及时将上级文件、调查表格和历史资料转发、送至各镇（区、街道）、市直有关单位，对全市各镇（区、街道）开展培训、指导开展台情普查工作，使该项工作走在茂名市的前列。茂名市在化州市合江镇召开“茂名市台情普查工作现场会议”，化州市及合江镇分别介绍经验。至2017年6月底，化州市完成普查工作，并将资料整理上报。

【台企服务】 2017年，化州市台办做好台胞台属台资企业的服务工作，帮助涉台企业解决生产、工作中遇到的实际困难和存在的问题。配合有关部门妥善调处文楼富大农产品股份公司槟榔种植基地的土地纠纷、高压线迁建问题；帮助茂名鸿业水产有限公司解决办公楼报建验收遗留问题；引荐台企广东德利生物科技有限公司与湛江市恒辉彩色印刷有限公司洽谈达成包装印刷合同，年印刷额600万元；引导市台联兼职副会长陈东注资扩大生产，2017年广东东弘科技皮具有限公司拥有松架总厂和合江蚕种场、化州江湖、高州祥山3间分厂以及信宜、化州两间“又一居”连锁酒店，解决500多名当地留守妇女、农村富余劳动就业问题，公司年产值5000多万元，成为化州市招商引资及“反哺工程”的重点项目。

【涉台维稳】 2017年，化州市台办做好台胞台属台商的来信来电来访的接待工作，配合有关部门调处涉台纠纷：协调处理河西凤泉区一蒋姓台胞父亲因部分房屋赠予他人及房屋转让、楼梯改建发生的纠纷；协调处理台胞蔡刚毅来函、新安镇台属蔡亚勇上访反映的两起山岭承包权属纠纷；协调处理台胞陈瑞德来函反映其侄陈平位于播扬镇山咀村的祖屋房产纠纷；协调处理江湖镇连界村钟姓台属的祖屋房产纠纷；协调处理海基会、国台办层级转来的平定镇朱姓台胞反映的祖坟被毁投诉案件；协调解决播扬镇施姓台胞祖坟纠纷等。深入理事和台胞亲属家中走访贫问苦，为台胞台属台商排忧解难，维护他们的合法权益，帮助河西教育路台属刘付素仙解决低保问题、合江镇松架村新生代台胞毛华友解决入学难题，协调同庆镇谢白村台胞陈上康回乡申请建房解决土地及报建手续事宜，协助大陆台属查询、申办去台身故老兵林福万、梁家振、黄宗仁、龚文飞、陈荣、劳志详、劳志明等人在台遗产及继承问题等。

【对台交流活动加强】 2017年，化州市台办与市台联会多次组织台联理事前往茂名滨海新区、电白、高州、茂南等县（市、区）台联和台胞台属台商企业开展联谊交流、参观考察活动，到茂名参加“一带一路战略下的台湾前景分析”等讲座和中秋、春节台胞台属台商联欢晚会；在市内组织台联会理事利用喜庆、元宵等节日进行相互探访；组织全市各阶层人士参与茂名组团赴台开展考察交流活动；重阳节组织退休老干部前往南山寺、尖岗岭进行登高和参与市老干局举办的联欢活动。做好7月8日到化州开展的“广东茂名——台湾学生荔枝文化营夏令营活动”，接待120名台湾学生；11月30日，接待在台茂名籍妇女返乡团19人到化州参访。

【引导台属企业家参与社会公益事业】 2017年，化州市台办指导台属企业家黄升贻、黄升柯办好江湖镇车木根四季岭村“翰林学会”的奖学助学扶困活动，元宵节派员参加该学会本年度奖学助学暨募捐大会，现场带头捐款，发动该村外出乡贤捐款捐物，使“翰林学会”的奖学助学基金余额增至15万元。该会还引导、鼓励台联会理事踊跃参与社会公益事业，发动台胞彭亚其、台属企业家陈茂海捐款帮助台胞台属解决年老多病、危房改造等实际困难，动员台联兼职副会长陈东、李华亨、吴声壮等台属企业家捐款支持家乡公益事业和扶贫脱困项目。

【慰问特困台胞台属】 2017年春节前，化州市台办与市台联会筹备慰问物资，争取市民政局支持，深入那务、新安、笪桥、杨梅、河西、江湖、合江、播扬等地，对回大陆定居的台湾老兵黄为咏和台胞彭亚其、彭郁林以及刘付素仙等特困台属进行春节慰问，送上棉被、大米、花生油和慰问金。

（郭少华）

外事侨务

【概况】 化州市民族宗教事务局与市外事侨务局于2015年整合，组建“化州市民族宗教和外事侨务局”，与市委统战部合署办公，列入政府工作部门序列，不计市政府机构个数。市民族宗教和外事侨务局机关行政编制8名，行政执法编制2名。设局长1名、副局长2名；设正股级职数4名。机关后勤服务人员1名。

【缔结友城申报工作】 2017年，化州市在巩固与准友城交往交流、缔结友情的基础上，推进与意大利共和国奇内托罗马诺市政府的缔结友城的申报审批工作。10月，广东省政府以及中国友协分别批复同意化州市与奇内托罗马诺市正式缔结友好城市。

【外事外宾接待工作】 2017年6月16—19日，化州市民族宗教和外事侨务局在化州市举办橘红文化节期间，邀请意大利共和国罗马省奇内托罗马诺政府一行12人到该市参观考察，开展经贸、文化、教育等方面洽谈投资推介活动。橘红文化节期间，化州市与意方就经济、文化、教育等方面签订9个意向项目。

【出国（境）证照初审】 2017年，化州市民族宗教和外事侨务局贯彻执行中央、省、市的有关规定，严把党政干部因公出国（境）的初审关，全年全市无党政干部公费出国（境）旅游现象发生。2017年，化州市民族宗教和外事侨务局审核呈报因公临时出国（境）59批75人次（含政府部门和企业），其中党政领导9批25人，出访领导11人。

【外事相关业务知识宣传普及】 2017年，化州市民族宗教和外事侨务局加强宣传教育，为来办理因公签证、申办APEC商务旅行卡单位及个人，提供相关外事知识，宣传办理商务卡的好处、便利等；提供便捷服务，为企业申办商务卡提供全方位的高效服务，为企业解答申办APEC商务卡的资格、审批申办流程以及办理费用等方面的问题，与上级沟通，提高出证效率。

【配合做好追逃追赃工作】 2017年，化州市民族宗教和外事侨务局严把领导干部出国（境）资格审查关，严格执行领导干部因公出国（境）证件集中保管制度，配合有关部门做好化州市的追逃追赃工作。

【侨胞互动交流加强】 2017年，化州市民族宗教和外事侨务局通过微信、登门拜访、组织联谊等方式与侨胞加强互动交流。全年接待来自美国、澳洲、俄罗斯、意大利、马来西亚、泰国等涉侨团组10批100多人次。2017年，化州市民族宗教和外事侨务局拜访回乡侨胞30多人，其中包括“三新”“四有”人士8人。

【关注侨界民生】 2017年，化州市民族宗教和外事侨务局为侨胞解决实际问题，全年受理涉侨来信来人上访7人次，来电访问18人次，办结率100%；为4个侨胞或归侨家庭协调解决祖屋有关权益纠纷问题。推动组建“村级侨联”，夯实基层侨胞之家。是年，在化州文楼双坡村组建村级侨联。实施“温暖侨心，关爱成长”工程，2017年年初推荐澳门茂名同乡总会副会长黎坤参加第36期海外华裔青年企业家中国经济高级研修班学习。

【借助侨力，引资促贸】 2017年6月，化州市民族宗教和外事侨务局牵线并通过旅泰侨胞，推动化州橘红企业与泰国侨胞有关企业合作；推动旅俄侨胞企业与化州环球水产公司合作。为侨胞提供国内市场信息，提供国内相关政策法规咨询，提供各种社会经济各界人脉关系，为侨胞推介国内创新技术以及提供其他各种合作契机等。

【引导侨胞支援家乡】 2017年，化州市民族宗教和外事侨务局继续引导开展“侨爱工程——万侨助万村”活动。至2017年年底，港胞李勇鸿投入超过3000万元人民币支持家乡笪桥镇莞塘村建设。2017年，华人华侨港澳同胞捐资助学化州市第一中学68万元，其中，华侨宁一海捐10万元奖学金、助学金；港澳同胞杨敏夫妇捐36万元奖学金、6万助学金；港澳同胞李康捐13万奖学金、3万助学金。

2017年化州市民族宗教和外事侨务局领导班子成员名录

局　长：莫爱新

副局长：李福伟

　　　　何小明

（翁麒雅）

法 治

法 治

综 述

【概况】 2017年，化州市政法战线围绕党的十九大维稳安保这条主线，推进和加强政法、综治、维稳、法治各项措施，深化和提升“平安化州”“法治化州”建设水平，维护社会和谐稳定。2017年，化州市以广东省考核总分第一名的成绩获得“全国创建无邪教示范市”称号；严重精神障碍患者救治救助工作成效突出，被广东省委政法委确定为五个先进培植示范点之一；化州市国安办连续第4次被广东省国家安全厅通令嘉奖，被国家安全部评为“一级国安办”；化州市人民检察院接访工作突出，连续第六次被评为全国文明接待室。全市社会治安状况持续向好，刑事警情和治安警情实现“两降一升”，发案同比分别下降20%、11%，破案率同比上升17.5%。

【“平安化州”建设】 2017年，化州市全面加强综治措施，“平安化州”建设迈上新台阶。

打击各类突出违法犯罪　2017年，化州市公安机关保持严打高压态势，开展“飓风2017”、“春夏打击整治”、“打黑除恶”、缉枪缉爆等系列专项行动，对威胁人民群众生命财产安全的各类违法犯罪予以打击，侦破“USA金至尊”特大集资诈骗等多起大要案，摧毁一批电信诈骗和涉黑涉恶涉枪团伙，打击震慑不法分子。

加强立体化巡防机制建设　2017年，化州市以“一村一警”机制为基础，在全市推行民警挂任村（社区）主任助理，实现警力下沉，将治安管理向基层延伸。推进“雪亮工程”、“红袖章”平安志愿者工程和“中心+网格化+信息化”建设，完善治安防控网络，压减各类违法犯罪。

重拳整治突出治安问题　2017年，化州市对那务镇碰瓷，良光镇、宝圩镇涉赌等突出治安问题开展重点整治，对综治及平安建设末位镇林尘镇进行重点治理，经过治理这些单位的治安面貌和工作形势得到根本好转。

推进平安细胞工程建设　2017年，化州市推进平安村（社区）、平安家庭、平安企业、平安文化市场、平安校园、平安医院创建工作，重点抓好平安家庭创建，全市30多万个家庭签订平安家庭创建承诺书，平安细胞覆盖率100%，达标率90%以上。

抓好示范工程建设　2017年，化州市开展无邪教示范工程创建，夯实全市无邪创建基层基础，提升防范处理邪教工作水平。抓好严重精神障碍患者救治救助示范点培植工作，将对严重精神障碍患者的救治救助纳入常态化规范管理，推行治疗康复庄园式新疗法。2017年，化州市被广东省精神卫生中心授予“广东省严重精神障碍管理治疗工作先进市”称号。

【社会维稳】 2017年，化州市以妥善处置化解基层矛盾纠纷为抓手，创新维稳工作机制，确保社会大局稳定。完成党的十九大信访维稳安保任务。先后制定下发《化州市迎接党的十九大胜利召开维稳安保特别防护期工作方案》《2017年化州市预防化解社会矛盾总体工作方案》等一系列文件，明确目标任务，强化压实责任，对维护社会稳定工作进行周密的组织部署。推进“一村（居）一律师”和人民调解“以案定补”工作。做到落实领导责任、落实律师服务、落实工作制度、落实经费保障、落实考核督查五个落实，发挥驻村律师作用和基层调解员积极性，实现小问题不出村委会，大问题不出镇。创新工作机制。实行“一周一接访、一周一研判、一周一化解、一周一提醒、一月一座谈”的“五个一”机制，以政法、公安、信访、司法四个职能部门和涉事责任单位成立快速反应处置重大矛盾的“四加一”工作机制，提升调处化解社会矛盾纠纷的成效。做好重点工程项目的社会稳定风险评估，在施工推进过程中化解不稳定因素，为项目建设营造稳定良好的环境，确保机场大道、杨梅产业集聚区、绿能环保发电等项目建设的推进。畅通信访渠道。化州市四套领导班子分片包干，定点定时到基层接访人民群众，倾听民声、民情、民意，落实领导包案制跟踪化解。开展积案攻坚化解工作，维护信访工作秩序。

【法治建设】 2017年，化州市全面提升法治水平，推进法治建设。党领导法治建设机制进一步完善，化州市委、市政府制定《化州市贯彻落实〈广东省法治政府建设实施纲要（2016—2020）〉的实施方案》，把法治建设纳入地区发展总体规划和年度工作计划，与经济社会发展同部署、同推进、同督促、同落实。法治政府建设加强，发挥法制机构和政府法律顾问室的作用，推进行政决策科学化、民主化、法治化，进一步完善公众参与、专家论证和政府决策相结合的决策机制。建立政府法制机构负责人列席政府常务会议制度，实施政府重大决策、重要涉法事项、重大执法决定合法性审查制度和政府法律顾问制度。法治创建活动推进，化州市开展“四级同创”活动，全面推进法治市、法治镇（街道）、民主法治村（社区）创建工作，全市创建镇街总数达73.9%。参与创建省级“民主法治村（社区）”的村（社区）169个，占全市村（社区）总数46%。

【司法体制改革深化】 2017年，化州市政法各部门根据中央的统一部署，落实司法责任制，执行法官、检察官遴选标准和程序，完善员额退出机制，加快构建权责明晰、监管有效、保障有力的司法权运行新机制。化州市人民法院推行刑事审判方式改革，依法严把案件事实、证据、程序和适用法律关，强化对审判工作的管理，提高审判质效。反映案件质量的重要指标“一审判决案件改判发回重审率”为1.14%，在茂名市各基层法院中名列前茅。化州市人民检察院坚持检察官下访巡访机制，由检察官定期不定期深入乡镇基层一线巡访接访，了解群众诉求，把矛盾化解在基层，打造“乡间检察路”品牌。化州市公安局推进警务新机制，强化派出所基础防控主业，对社会治安的打防管控能力大幅提升。2017年全市盗窃、抢夺、抢劫等街头警情同比分别下降18.3%、42.4%、59.5%。化州市司法局打造普法教育网，推动普法教育全覆盖，加强法治公益媒体宣传力度，取得良好的宣传效果和社会效果。

【政法队伍建设展现新面貌】 2017年，化州市加强政法队伍思想作风建设，坚持司法、执法为民，把维护和保障人民群众的合法权益摆在首位，锻造出政治思想坚定、业务素质过硬、工作作风优良的过硬政法队伍。化州市人民法院围绕群众热切关注的执行难问题，开展“夏季雷鸣”“攻坚2017”等执行专项活动，院领导带队执行，推出“繁简分流”执行、联动执行等多项改革措施，提升执行社会效果。化州市人民检察院突出监督重点，对群众反映强烈的危害食品药品安全和破坏环境资源犯罪进行专项立案监督，走访环保、药监等行政执法部门，加强刑事司法与行政执法的“两法衔接”工作，加大涉食品药品安全和环境资源违法犯罪的打击查处力度，维护群众的合法权益。化州市公安机关开展“一村一警”工作，实行警力下沉，组织民警走村入户，联系帮助群众解决困难。开展道路交通秩序专项整治，加强道路交通安全管理工作，全市道路交通安全事故伤亡人数明显下降。化州市司法局加强法律援助工作，扩大法律援助范围，把更多的民生事项纳入法律援助的补充范围，做到应援尽援，保障困难群众的法律权益。

2017年中共化州市委政法委员会领导班子成员名录

书　　记：周太强
第一副书记：吴　校
副 书 记：张一敏
　　　　　李超英
　　　　　汤永政
　　　　　董坤盛
专职委员：陈　波
　　　　　李　波
　　　　　李福磊
　　　　　李福寅
　　　　　温信汉（4月任职）
　　　　　李志文（12月任职）

（李　波）

公　安

【概况】 化州市公安局位于化州市区河西街道办中山路1号，即原化州县委县府大楼旧址。2017年，化州市公安局内设机构15个，包括指挥中心、3大功能室、12警种（其中副科级单位6个，正股级单位4个，不定级单位2个）；监管场所2个，均为副科级；派出机构32个，均为副科级。有正副局长5人，政委1人，党委副书记2人（其中1人由政委兼任），纪委书记1人，党委委员2人，民警643人。警用汽车117辆，警用摩托车165辆，防暴广播照明车1辆，防暴装甲车1辆，防暴水炮车1辆。

【维稳工作】 2017年，化州市公安局信访中队接访群众212批次395人次，办结群众信访案件55件，化解群众信访案件27件，其中办理公安部交办信访积案5件，广东省政法委交办案件1件，广东省公安厅交办案件3件，茂名市公安局交办案件3件；办理公安信访系统转办信访件167件，其中公安部转办25件，广东省公安厅转办57件，茂名市公安局转办85件；办理化州市信访局转办信访件153件，其中国网信28件，粤网信51件，茂名网36件，化州群网38件。

【刑事犯罪打击】 2017年，化州市公安局立刑事案件2116件，破刑事案件1440件，刑事拘留1114人，逮捕803人；查处治安案件1047件，行政拘留1654人；强制隔离戒毒486人。2017年侦破南盛“2·15”寻衅滋事案、河东“2·13”非法拘禁案、鉴江“3·15”故意伤害案等恶性案件。刑事侦查第二机动专班成立，打掉“碰瓷”团伙1个，刑拘3人，破获“碰瓷”违法犯罪系列案件5件。2017年，该局还破获特大盗窃牲畜案、特大盗窃摩托车案、特大入室盗窃案、“USA金至尊”特大集资诈骗案、“8·4”北岸涉枪案及“8·10”红阳农场大排档涉枪案、“11·28”杨梅挟持人质案。

【重点场所和行业治安管理】 2017年，化州市公安局加大对涉黄、涉赌、涉赌案件的破案攻坚力度，铁腕整治黄赌毒，从源头上铲除毒祸，杜绝赌风，扫除黄患，净化社会环境。是年，全市查处吸毒案件1040件，抓获1167人；查处嫖娼案件108件，抓获241人；查处赌博案件544件，抓获2099人。加强民爆物品安全管理，开展缉枪治爆的专项行动，全年销毁非法运输储存的“私炮”53吨，收缴赌博游戏机35台，通过全市旅业信息预警抓获网上逃犯34名。

【户籍管理】 2017年，化州市公安局改进户籍、交通、出入境管理工作，推出多项便民、利民、惠民措施，将户政中队合并到市行政服务中心集中办公，简化群众手续，缩短办证时间。户政窗口全年办理出生登记30998人，市外迁入2849人，迁出登记10966人，移居登记31123人，死亡注销11940人，注销重复户口2219人，受理有关部门和群众人口信息查询8890人次。制发临时证40050张。

【道路交通管理】 2017年，化州市公安局交警部门查处交通违法行为103727起，其中无证驾驶2936起，酒驾281起（其中酒后驾驶253起、醉酒驾驶28起），客车超员12起，货车超载737起，不戴头盔7330起，校车违法94起，行政拘留189人，刑事拘留75人，暂扣机动车8916辆。联合化州电视台制作播出《法治橘州》之《拒绝酒后驾车》专题、《关爱生命，安全出行》警示教育片等节目，利用电视专栏节目进行宣传96次。深入中小学、企业和单位上交通安全课139次，派发《酒后莫驾驶》《文明交通倡议书》等宣传单张1.8万份。举办交通安全宣传培训班310期，受训学员1.1万人。深入机关、单位、公路沿线村庄、学校建立宣传专栏56个，在交通要道悬挂宣传横幅186条。

【消防安全管理与宣传】 2017年，化州市消防大队整改消防隐患69处/起；指导派出所查处消防行政处罚案件3件；办理易制爆案件8件；查处物流快递行政案件2件；整改物流快递违章隐患33次。

【出入境管理】 2017年，化州市出入境部门建立24小时出入境办证服务厅，全年受理立等可取的卡式电子通行证16107个，本式通行证5045个。出入境办证窗口受理各类证件108728人次，其中办理护照43805人次，往来港澳通行证62104人次，往来台湾通行证2819人次。

【外国人管理】 2017年，化州市治安部门查获“三非”外国人15名，遣返“三非”外国人6名，待遣返5人，批捕4人。

【社区警务】 2017年，化州市公安局整合优势警力，实施精准打击。以派出所“每周一研判”为核心，结合“每日一设卡”“每周一清查”，集中片区警力，对辖区治安乱点、治安黑点等重点场所进行清查整治。全年设卡10244次，盘查人员207453人，盘查车辆189099辆，清查次数3792次，清查重点部位396551个，查获涉嫌违法犯罪人员2096人，其中涉嫌网上在逃人员77名，有效压缩违法犯罪空间。整合农村治安力量，实施网络化巡逻。推动“每村一组织”、“红袖章”志愿者工程建设，整合农村治安力量，发动退休干部、留守村民、五保户及治安积极分子等，组建自然村一级治安防范组织，对自然村进行分片包干。2017年，化州市建立“每村一组织”373个，发展“红袖章”志愿者9587人，成立“红袖章”组织422个，建立“红袖章”微信群422个，入群人数6297人，协助开展宣传564次，协助调解矛盾纠纷362起，协助公安机关抓获违法犯罪嫌疑人35人。

2017年化州市公安局领导班子成员名录

副市长、局党委书记、督察长、局长：吴　校
党委副书记、政委：张　璇
党委副书记：梁文勇
党委委员、副局长：陈忠良
陈述佳
李毅强
李东辉（12月任职）
党委委员、政工室主任：郭华雄
党委委员、纪委书记：黄礼基（12月任职）
党委委员、指挥中心主任：钟雷云

（陈春苹）

检　察

【概况】 化州市人民检察院始建于1955年，重建于1978年，1994年7月撤县建市后改为现称。位于化州市北京路88号，建筑面积约8000平方米。2017年有内设机构18个，派出机构行政单位1个，直属行政单位1个，直属事业单位1个，分别是：政工科、纪检监察室、办公室、侦查监督科、公诉科、反贪污贿赂局、反贪污贿赂局侦查科、反贪污贿赂局综合科、反渎职侵权局、反渎职侵权局侦查科、反渎职侵权局综合科、刑事执行检察科、民事行政检察科、控告申诉检察科、职务犯罪预防科、检察技术科、案件管理科、检察委员会办公室、驻林尘检察室、司法警察大队、机关服务中心。2017年有政法专项编制92个，事业编制18个。在编人员126人，其中，政法编制公务员80人，政法编制工勤2人，事业编制18人，合同制检察辅助人员20人，合同制职工6人。2017年，化州市人民检察院再次（连续六届）被最高人民检察院评为“全国文明接待室”，院工会被省工会评为“先进职工之家”，院反贪污贿赂局被茂名市人民检察院记集体三等功，院控申科被茂名市妇联评为“三八红旗集体”；该院被推荐为广东省法治文化建设示范点、茂名市文明单位。

【刑事检察】 2017年，化州市人民检察院受理公安机关呈捕案件678件1042人，经审查批准逮捕550件781人，受理移送审查起诉案件629件908人，经审查提起公诉476件641人。从快打击危害公共安全犯罪、多发性侵财犯罪及“黄赌毒”犯罪，批准逮捕

故意杀人、故意伤害、强奸、绑架严重暴力犯罪案件90件120人，提起公诉49件59人；批准逮捕抢劫、抢夺、盗窃等侵财犯罪案件87件126人，提起公诉67件98人；批准逮捕涉毒犯罪案件107件129人，提起公诉84件99人。重拳打击电信诈骗犯罪，批准逮捕电信诈骗犯罪案件4件29人。

【职务犯罪检察】 2017年，化州市人民检察院查处职务犯罪案件22件30人，件数同比上升83.3%，人数同比上升36.4%，所有案件均侦查终结。其中，反贪污贿赂部门立案侦查16件20人，大案12件，要案5件，移送审查起诉16件20人；反渎职侵权部门立案侦查2件5人。突出查办涉农领域职务犯罪案件，查办涉农领域职务犯罪9人。加强追逃工作，将3名在逃犯罪嫌疑人劝返归案。

【控告申诉检察】 2017年，化州市人民检察院接待群众来访741人次，办理各类信访案件90件，办理国家司法救助案件7件、国家赔偿案件5件，发放救助金6.1万元，同比上升60.5%。坚持检察长接访日制度，接待群众来访40多人次。落实省党代会和十九大期间维稳工作措施，开展带案回访40余次，实现敏感时期“零”赴省进京上访。建设“乡间检察路”，以乡镇检察接访点为轴心，拓宽检察触角，深入基层听取民意、解决民忧、调解纠纷。

【刑事诉讼监督】 2017年，化州市人民检察院办理立案监督案件12件，监督侦查机关立案2件、撤案2件，成功追捕犯罪嫌疑人16人，追诉漏犯60人。对不符合逮捕条件及没有羁押必要性的273人作出不捕，对不符合起诉条件及刑事和解的82人作出不诉。对侦查违法行为发出侦查活动监督通知书10份、检察建议书53份、纠正违法通知书20份。向审判机关发出纠正违法通知书2份，提起抗诉案件8件，抗诉成功2件。

【民事诉讼监督】 2017年，化州市人民检察院受理民事申请监督案件5件，其中，受理对民事审判程序中审判人员违法行为案件3件，对民事执行活动监督案件2件，促进当事人息诉案件4件。

【刑事执行监督】 2017年，化州市人民检察院对看守所安全防范检查9次，对劳动现场安全巡查50多次，清理违禁物品5件，针对安全隐患提出书面检察建议20份。接访在押人员家属20多人次，与在押人员谈话教育210多人次。开展羁押必要性审查，发出改变强制措施并被采纳的检察建议20份。开展财产刑执行检察，筛查“五类罪犯”61名，涉案金额440多万元。开展监外执行监督，对违法情形提出书面意见并被采纳的案件20件，对300多名社区矫正人员进行不定期考察，监督收监脱管人员3名。

【职务犯罪预防】 2017年，化州市人民检察院到区、镇（街道）、市直企事业单位开展警示教育活动30次，受教育人数约1.8万人次。开展“预防职务犯罪邮路”活动。开展廉政审查62批次4300余人次。向社会提供行贿犯罪档案查询1132次。

【未成年人权益保障】 2017年，化州市人民检察院与学校联合挂牌成立多间未成年人心理健康咨询室，为未成年人提供心理咨询。举办以关爱保护未成年人为主题的“检察开放日”活动，拍摄关爱未成年人题材的微电影，编著印发《未成年人检察工作宣传手册》《未成年人权益保护宣传手册》《未成年人心理维护宣传手册》等系列宣传资料2万余册，坚持法制副校长上法制课制度，举办“法治进校园”巡讲活动16场次，受教育师生、家长1.6万人次。

【阳光检务】 2017年，化州市人民检察院通过案件信息公开网，及时发布重要案件信息60余条、程序性信息1079条，公开终结性法律文书478份、工作动态700多条。开通案件信息公开网微信平台，实现网上律师查询、预约阅卷、案件程序性信息查询。接待律师约见38人次，接待律师阅卷165人次。通过内网、外网门户网站、“两微一端”平台、案件信息公开网等，及时宣传公开检务情况、典型案例和最新法律法规，发布各类检察信息1020多条。向广东省人民检察院门户网站、茂名市人民检察院门户网站、市政府门户网站、《茂名日报》《茂名检察》等媒体平台报送宣传信息，刊编宣传110多篇。自编印发《检察情况反映》177份，《检察要情》

478条。

【公益诉讼】 2017年，化州市人民检察院围绕“保护公益”开展公益诉讼工作，发现公益诉讼案件线索92件，办理公益诉讼诉前程序案件46件，两项数据均列茂名市基层检察院第一。其中，办理生态环境保护领域的诉前程序案件37件，占办理诉前程序案件总数的80%，发出诉前检察建议书37份。开展中央环保督察迎检工作专项监督行动，参与鉴江流域水污染专项整治，督促相关单位落实中央第四环保督察组交办的案件14件，督促市食品系统筹集1000多万元，为21间镇级生猪屠宰场配套建设“物理化学+生化处理+MBR”等工艺的污水处理设施，督促有关行政部门完成医疗废水治理工程、城区截污管网建设、关闭沿岸畜禽养殖场等。开展红砖厂整治行动，督促有关部门对6个红砖厂采取强制关停措施。

2017年化州市人民检察院领导班子成员名录

党组书记、检察长：张峥鸣
党组副书记：苏荣周
党组成员、副检察长：苏荣周（12月任职）
郑北峰（任至11月）
梁　杰
李　雁
纪 检 组 长：苏荣周（任至5月）
反 贪 局 长：梁　杰

（周谱光　李晓龙）

审　判

【概况】 化州市人民法院成立于1949年11月1日。原办公地址在化州城区河西民主路，即化州县文化宫对面。2005年5月搬迁至化州市鉴江经济开发区，新址位于茂名市至化州市交通主干道旁即北京东四路。法院大院面积3公顷，综合审判办公大楼于2001年动工兴建，2005年5月建成搬迁。大楼高九层，建筑面积13469.36平方米。内设审判业务部门9个：审判管理办公室、刑事审判庭、民事审判第一庭、民事审判第二庭、民事审判第三庭、行政审判庭、立案庭、执行局（管理执行一庭、执行二庭和执行三庭）和少年审判庭；综合职能部门4个：政工科、监察室、办公室、研究室；直属行政单位1个：法警大队；直属事业机构1个：机关服务中心；派出机构有杨梅、同庆、官桥、丽岗、合江、那务、平定、中垌等8个人民法庭，其中中垌法庭已批复，但暂未派遣人员。2017年，全院有175人，员额法官34人，法官助理48人，审判辅助人员23人。其中，本科以上学历120人，研究生以上学历5人。事业编制5人，职工48人。

【受理案件】 2017年，化州市人民法院受理各类案件6302件，办结5622件，同比分别增长3.4%、6.9%；存案680件，同比下降19%，结案率89.2%，同比增长3个百分点，是茂名地区结案率最高、存案最少的基层法院，解决诉讼标的金额11.7亿元。

【刑事审判】 2017年，化州市人民法院受理各类刑事案件575件，审结527件，判处罪犯696人，结案率91.6%。打击毒品犯罪以及故意伤害、抢劫、盗窃、强奸等重大刑事犯罪，维护社会稳定，审结劳某等9人聚众扰乱社会秩序罪案，确保化州市“绿能环保发电项目”顺利推进。严惩贪污、贿赂等犯罪，审结职务犯罪案件10件12人。坚持宽严相济刑事政策和“双向保护”司法原则，寓教于审，落实未成年人犯罪记录封存等制度，保护未成年人权益，全年审结未成年人刑事案件39件，服判率90%。

【民（商）事审判】 2017年，化州市人民法院强化民商事审判，依法调节经济关系，妥善审理涉民生案件，确保社会秩序规范和谐。全年受理各类民事案件3581件，审结3029件，同比上升11.8%、19.9%，诉讼标的金额6.8亿元，其中，调解、撤诉各类民事案件998件，同比上升6.1%。审理婚姻家庭、继承抚养、侵权赔偿、交通事故、劳动争议等涉民生案件1223件，保障民生民权。其中，针对1宗婚姻案件中存在家暴行为，发出化州市首张“人身安全保护令”，阻止该家庭暴力行为发生。注重平等保护各类市场主体，审结金融借款合同纠纷案件296件，维护金融正常秩序。审理房地产纠纷案件149件，促进房地产市场健康发展。推进供给侧结构性改革，创新破产案件审理方式，盘活企业资产，促进“僵尸企业”进一步清理，变现资产1.6亿元，妥善安置职工1000多人。

【行政审判】 2017年，化州市人民法院贯彻落实《行政诉讼法》，履行行政审判职责，保护行政相对人的合法权益，化解行政争议，推进法治政府、法治社会建设。全年受理各类行政案件28件，审结25件；受理国家赔偿案件3件，审结2件；审查非诉行政案件530件，结案530件，其中准予执行131件，不予执行399件。

【案件执行】 2017年，化州市人民法院受理各类执行案件1561件，办结1484件，结案率95.1%，执结标的金额4.8亿元。开展“攻坚2017”“夏季雷鸣”等专项执行活动，从难点、热点执行案件入手，加大执行工作力度，营造“失信必严惩”氛围，真正形成执行一案，影响一大片的“示范效应”。全国“两会”召开前夕，由该院院长郑明海带队攻坚执行1件排除妨碍案，邀请包括全国人大代表在内的各级人大代表、政协委员现场见证执行，该执行工作经验被最高人民法院《人民法院报》、省法院、茂名中院工作简报等采用。完善执行联动机制，依托各司法查控平台，与公安、工商、金融、房管等部门实现信息共享，运用罚款、拘留、限制高消费、列入“黑名单”等惩戒措施，对87件案件103名被执行人实施司法拘留，公布“老赖”97人，对1人追究刑事责任，有效督促失信被执行人履行义务。抓好党政机关为被执行人的积案清理，在化州市基本解决执行难工作领导小组部署下，依法办案，由该院负责办理的党政机关为被执行人的90宗案件全部执结，标的4.2亿元。

【审判管理】 2017年，化州市人民法院以提升司法公信力为目标，以人民满意为标准，推进司法体制改革，司法改革初显成效，审判质效不断提升。组建审判团队优化资源，按照“1+1+1+N”模式，组建以员额法官为核心，法官助理、审判辅助人员分工协作、互促互补、紧密配合的专业审判团队31个，遴选出法官助理48人充实审判团队，增强一线办案审判力量。

司法责任制改革落实 2017年，化州市人民法院制定《化州市人民法院关于员额法官办理案件的暂行规定》等配套实施规定，全面下放案件审判及文书审批权限，细化审判执行流程，规范审限及长期未结案件管理，坚持院、庭长办案常态化，对其审判管理和监督活动全程留痕，院、庭长全年承办案件4062件，占全院案件64.5%，同比增长51.7%。

审判委员会建设加强 2017年，化州市发挥审判委员会（以下简称审委会）职能作用，限缩审委会讨论个案的范围，全年召开审委会15次，讨论案件40件，同比分别减少37.5%和47.4%。

审判及执行创新推进 2017年，化州市人民法院探索公开透明、公正高效的审判执行新方法、新模式。针对该市基层农信社案件较多特点，建立农信社金融巡回法庭，通过巡回审判方式审理涉基层农信社金融案件195件，追回不良贷款8000多万元。创新执行思维，破解执行难题，通过社会融资执行方式，全额执结1件标的3700多万元执行案。

“智慧法院”建设推进 2017年，化州市人民法院运用互联网+、大数据、云计算、人工智能等新技术，推进法院纠纷解决和诉讼服务现代化，构建业务、服务一体的“智慧法院”。推进法院档案数字化系统建设，方便当事人、法官快速调阅电子案卷；全面实行电子送达，提升司法工作效率，全年确认电子送达案件3137件。建成9个现代化数字化法庭，提升庭审质效。法院实行智能执行，网络查控系统与全省多个协助查询单位和联合惩戒单位联网，实现足不出户查询被执行人身份信息和18类财产信息，为解决“执行难”提供保障。

【队伍建设】 2017年，化州市人民法院把党建工作和法院中心工作结合起来，学习党的十九大、十九届一中全会精神，以开展“两学一做”、“三会一课”等党建活动为契机，通过组织召开党组中心组学习会、院务会、庭务会、研讨会及业务培训等形式提高干警政治素养和业务能力，全年组织培训2178人次。

【惠民司法】 2017年，化州市人民法院坚持以人民呼声为第一信号，依法审理各类民生案件，促进改善民生。完善巡回审判工作，解决人民群众“诉讼难”问题。加强信用惩戒，打击“老赖”，解决“执行难”。创新司法为民举措，拓展司法公开深度，为人民群众提供更优质高效的司法服务。加大司法救助力度，把司法救助制度落到实处，为12件案件经济困难的申请执行人发放司法救助金共26万元，对66名符合条件的当事人减、缓、免诉讼费累计36.3万元，为55名符合法律援助的刑事被告人指定律师出庭辩护。

【首批31名员额制法官宣誓就职】 2017年3月13日上午10点，化州市人民法院首次举行员额法官宣誓仪式。化州法院是广东省第二批司法改革试点基层法院，经过组织报名、资格审查、考试、考核、遴选委员会审议、公示等程序，确立首批31名员额法官。此次宣誓仪式采用最新70字新誓词宣誓，31名员额法官在宣誓仪式后，进入中央确定的员额制法官序列，以全新身份依法履行审判职责。

【化州市人民法院开启网络庭审直播模式】 2017年4月6日上午，广东化州市人民法院通过新浪微博平台、中国庭审公开网同步直播谢某某交通肇事案庭审，是茂名地区基层法院进行的首次庭审视频直播。此次公开庭审由院党组书记、院长郑明海主审，邀请化州市部分人大代表、政协委员现场观摩，网民可以在线观看旁听，展示人民法院审判工作成效和法官的司法能力。

2017年化州市人民法院领导班子成员名录

党组书记、院长：郑明海
党组副书记、副院长：文　云
党组成员、副院长：马朝明
李宣霖
朱昭光（9月起任党组成员、12月任副院长）
党组成员、政工科科长：房亚金

（李秋静）

司法行政

【概况】 化州市司法局负责化州市的司法行政工作的开展，位于化州市区北岸民安路88号，实有办公面积为1266.15平方米。设政治处（副科级）和5个内设机构：办公室、法制宣传教育股、基层工作管理股、社区矫正工作股、公证律师管理股。市普法办设在司法局，下设法律援助处为副科级事业单位，公职律师事务所为正股级参公管理事业单位，公证处为正股级事业单位，业务指导24个基层司法所工作。2017年，有局机关公务员编制21名，公职律师事务所事业编制（参公管理）5名，法律援助处事业编制10名，公证处事业编制5名，基层司法所公务员编制53名。

【律师改革】 2017年7月，化州市律师改革工作全面完成。全市先后成立合伙律师事务所2个，个人律师事务所3个，全市的执业律师由改革前的9名发展到20多名。化州市律师改革工作自2016年上半年启动，根据化州市司法局出台的《化州市律师改革方案》，对全市三个国资律师事务所进行改革重组，按照法定程序注销三个国资律师事务所，并对原有公务员身份的律师按政策分流，鼓励分流的律师自由组合成立合伙、个人所，目的是规范全市法律服务市场的管理，为市民提供优质高效的法律服务。

【公证改革】 2017年，化州市推进公证改革，设立公证处机构，确定为公益一类股级事业单位，事业编制5名，解决该市公证处自1981年司法局成立起一直属于无机构、无编制，从业人员从司法局机关公务员中调剂使用的历史遗留问题。

【一村（居）一律师】 2017年8月，化州市在全市推行建立先进村（社区）法律顾问工作的示范点，以点带面，以落后赶先进，促进全市村（社区）法律顾问工作。是年，全市村（居）律师为基层提供法律服务5561人次，开设法治讲座663场次，协助选举148场次，接访咨询1085次，审查合同9件，出具法律意见书、代书10件，谈判签约64次，调解纠纷52件，参与法律援助1次，协助处理其他涉法事务509件。

【普法】 2017年4月5日，化州市在市行政中心十楼会议室召开化州市“六五”普法总结暨“七五”普法动员大会，启动“七五”普法工作。是年，制发《化州市“七五”普法讲师团巡讲活动实施方案》，组建化州市“七五”普法讲师团，印发《化州市建立国家机关“谁执法谁普法”责任清单制度的工作意见》；组织开展化州市关爱留守儿童专项法治宣传活动，“4·15”国家安全教育日、“6·26”国家禁毒日、“12·4”国家宪法日等重要节点专题法治宣传教育活动。

【人民调解和“以案定补”】 2017年，化州市各级人民调解组织共调处矛盾纠纷5777件，调处成功5700件，调处率100%，调处成功率98.67%。全年开展矛盾纠纷排查855次，预防矛盾纠纷激化888件，防止民间纠纷转刑事案件7件，防止群体性上访66件，防止群体性械斗67件，防激化率100%。申报“以案定补”5700件，申报率98.66%，审核通过5428件，通过率为95.22%，发放补贴80.4万元。

行业性专业性人民调解委员会机构建设 2017年，化州市推进婚姻家庭、金融纠纷、劳动争议、交通事故、校园纠纷、消费纠纷等领域的行业性专业性人民调解组织建设。是年，全市建立行业性专业性调解会7个，其中交通事故纠纷调委会1个、劳资纠纷调委会2个、医疗纠纷调委会1个、婚姻家庭纠纷调委会1个、校园纠纷调委会1个、金融纠纷调委会1个、消费者权益纠纷调委会1个。

【社区矫正】 至2017年，化州市累计接收社区矫正人员1306人，累计解除矫正1057人。2017年实际在册249人，其中缓刑234人，假释11人，暂予监外执行4人。全市社区矫正人员均得到相应的思想矫正、心理矫正和行为约束，没有发生脱管、漏管、失控等现象，没有发生社区服刑人员参与群体性事件。

【刑释解教人员安置帮教】 2017年，化州市接收刑释解教人员461人（刑满释放人员287人，看守所释放17人，解除矫正157人），其中落实责任田399人，其他安置方式62人，安置率100%，帮教率100%，重新犯罪率保持在3%以下；全年接收刑释解教人员信息1799条，核查率100%，核实成功1793条，核实失败6条，核实成功率99.66%。

【公共法律服务体系建设】 2017年，化州市在市、镇（街）、村三级公共法律服务平台实现全覆盖的基础上，提升平台的服务效能，全市司法行政系统依托市、镇（街）、村三级实体平台，结合“七五”普法和“一村（社区）一法律顾问”工作，开展法制宣传、法律行业便民服务、人民调解和民服务、法律援助惠民服务、安帮矫正安民服务。2017年，全市建成24个镇级公共法律服务实体平台，367个村（社区）公共法律服务实体平台融入化州市村级公共服务平台+网格化建设并全面完成。全年全市公共法律服务实体平台办理各类服务5040件。

【法律援助】 2017年，化州市扩大法律援助覆盖面，为经济困难公民、特殊案件当事人提供法律援助。简化法律援助审查程序，法律援助案件审批期限由7个工作日缩短为3个工作日。开通农民工、残疾人、未成年人等多条法援“绿色通道”。针对老年人的诉求特点和生理特点，采取电话预约、上门服务、服务窗口配备老花眼镜等一系列方便老年人的法律援助工作措施，为老年人提供暖心服务。全年全市法援处办理法律援助案件222件，其中刑事案件114件，民事案件108件；解答法律咨询1336人次，代写法律文书21件。

【公证】 2017年，化州市公证工作以预防化解社会矛盾为主线，以服务政府重点工程、服务人民群众为宗旨，提升公证质量和服务水平。全年全市公证机构办理公证业务887件，其中，国内经济公证107件，国内民事公证503件，涉外公证184件，涉港澳台公证93件。

2017年化州市司法局领导班子成员名录

党组书记、局长：柯炳华
党组成员、副局长：陈杰明
　　　　　　　　　赖文雄
党组成员、政治处主任：陈志天

（赖 云）

消 防

【概况】 化州市公安消防大队成立于1993年，为副团级建制单位，位于化州市鉴江开发区北京东四路樟九岭村，占地2万平方米，建筑面积9000平方米。下辖一个正连级消防中队，2017年有现役官兵

24人（其中警官9人、士兵15人）、政府专职消防员21人。化州市公安消防大队和中队分别被广东省公安消防总队评为“基层建设先进大队”和“基层建设先进中队”，1人被评为“广东省优秀团干部”，2人被省总队评为“优秀共青团员”，中队团支部被省总队评为“五好”团支部”，中队连续10年续评广东省青年文明号。

【消防监督】 2017年，化州市公安消防大队推动化州市委、市政府、各职能部门落实消防安全责任。提请化州市政府制定2017年度消防工作计划，提请市政府组织召开全市消防安全形势分析暨夏季消防检查动员部署会；推动市委办、市府办印发《化州市“十类场所，十项必查”消防安全专项行动方案》，检查社会单位2212家次，发现火灾隐患2214处，督促整改火灾隐患2182处，下发责令改正通知书2131份，下发行政处罚决定书34份，下发临时查封决定书19份，责令“三停”单位14家，罚款32.65万元。全市社会面火灾形势持续稳定，重点单位火灾“零发生”。

【消防安全宣传与培训】 2017年，化州市消防大队在中央电视台播放宣传新闻稿1篇，法制日报刊发宣传稿件7篇，在茂名日报、茂名晚报、名升网等刊发宣传稿件10余篇；开展“119”消防宣传月活动，向群众发放消防宣传资料3000余份；向全市学校师生发放消防教材2万册。是年，化州市公安消防大队对23个镇（街道）进行网格化管理人员培训，举行培训会23场次，培训人员1500余人；对重点单位消防安全责任人、管理人，行业主管部门消防安全责任人、公安派出所消防民警开展培训800人次。

【消防队伍建设】 2017年，化州市公安消防大队提升战斗力，锻造现代消防铁军。调研全市政府专职消防队建设情况，大队新招收政府专职消防队员8人。推广“防消联勤”模式，全市19个镇、街完成“一镇一队一车”建设，全部完成事业单位法人登记。组织专职消防队队长培训，对辖区19支乡镇政府专职消防队进行考核，与微型消防队开展联勤联训，消防队伍初战灭火救援与协同作战能力提升。

【消防演练】 2017年，化州市公安消防大队开展重点单位消防演练10次，中队开展演练90多次。结合重点单位的调整，制定灭火救援数字化预案60份。印制道路水源“一本通”手册30本；承担化州市政府“6·6”下郭街道办危化品事故处置“双盲”演练任务。

【灭火救援】 2017年，化州市公安消防大队接警216次，出动消防车411辆次，出动官兵2096人次，抢救被困人员19人，疏散人员60人，抢救财产价值256.5万元，完成“2·13”同庆市场火灾、“2·22”北岸出租屋火灾等一系列急难险重的灭火救援任务，完成香港回归20周年、党的十九大等重大活动消防安保任务，承担橘红文化节、康景体育馆文艺会演等多次消防执勤安保任务。

【消防后勤保障】 2017年，化州市公安消防大队研究解决制约消防发展的瓶颈问题，基础设施建设和装备建设进一步完善。位于下郭街道环市西路的第二消防站，占地面积6400平方米，完成招投标；位于合江镇的第三消防站完成土地划拨；化州市消防科普教育基地建成。2017年，化州市政府投入1800万元为大队新购置一辆泡沫消防车、一辆抢险救援车、一辆城市多功能主战消防车、一辆60米举高喷射消防车以及相应的配套器材。

2017年化州市公安消防大队领导班子成员名录

党委书记、教导员：周大海
党委副书记、大队长：彭祥飞
党委委员、副大队长：陈志强
党 委 委 员 、参 谋：陈昌同
党委委员、中队长：陈名兢

（谢　胜）

军事

军　事

人民武装

【概况】　2017年，化州市武装工作按照“铸军魂、维核心、搞整编、保稳定”的工作思路，开展专题理论学习，加强武装部和基层专武干部队伍建设，强化党管武装工作落实，抓好人民武装部（以下简称人武部）调整整编、民兵组织整顿、民兵训练和年度征兵工作任务。人武部全面建设稳步推进，发展态势良好。是年，化州市人武部被广东省军区评为“先进人武部”，化州市被茂名市征兵办评为“征兵工作先进单位”。

【思想政治建设】　2017年，化州市人民武装部党委落实学习教育活动，推进从严治党、确保调整整编落地和牵引新的职能任务开局起步。

抓理论武装　严格按照制度要求，紧跟形势发展变化，强化党的创新理论武装，特别注重对习近平新时代中国特色社会主义思想、党的十九大精神、党在新形势下的强军目标和习近平主席系列讲话中的“军事篇”“国防篇”“改革篇”等内容的学习。

抓思想引领　贯彻新的《思想政治教育大纲》、新古田会议精神和军委《关于全面深入贯彻军委主席负责制的意见》，按照建设“四铁”部队（铁一般信仰、铁一般信念、铁一般纪律、铁一般担当）、培养“四有”（有灵魂、有本事、有血性、有品德）新时代革命军人要求，突出“三个维护”（维护当中央权威、维护核心、维护和贯彻军委主席负责制），抓好学习教育和实践锤炼。

抓改革整编　2017年，市人武部落实调整整编任务，把理论学习与当好新一代“国动人”结合起来，自觉看齐追随，坚定维护核心，当好新“国动人”第一代，干好新编岗位第一任。从党委班子抓起，统一思想认识，主动转变思想观念，适应新体制、新职能、新使命。

抓文化熏陶　以纪念建党96周年和建军90周年为契机，开展“强军风采”群众性文化活动，组织干部职工观看“沙场阅兵”和茂名市“魅力茂名、军歌嘹亮”文艺演出。利用化州作为广东省7个一类革命老区的资源优势，开展传承红色基因教育，干部职工在潜移默化中强化教育效果。

【日常战备建设】　2017年，化州市人民武装部坚持战斗力标准，依据人武部六项工作职责，按照专司主营的要求，提高人武部国防动员的组织动员力、快速反应力和综合保障力，提升民兵预备役部队遂行多样化军事任务能力。

强化战备制度落实　围绕调整整编后新的任务定位，修订完善作战、应急处突、日常战备三类共19种方案预案，与上级和地方搞好对接。落实值班、值勤和民兵应急分队节假日值班备勤等日常战备制度。加强国防工程、军事设施保护和军民共管工作。加强与地方公安、国安和维稳、应急部门联系，建立军地情报会商机制，实现情报资料共享互通。

加强应急力量建设　依据标准抓好远海民兵队伍建设，细化完善一船一案，配齐物资器材，编实训好人员，做到编制、人员、船只、岗位、职责“五定位”。7月，选派14名分队骨干参加茂名军分区业务集训，增强海上民兵分队遂行任务能力。

提高遂行任务能力　突出应急维稳、抢险救灾等应急队伍建设，提高民兵分队遂行应急任务的能力。针对当年台风多、强度大的实际，召集基层专武干部召开专题防汛形势分析会，梳理各镇防汛风险点，研究完善23份防汛应急预案。在防御台风“天鸽”“帕卡”“玛娃”等过程中，3次集结民兵共513人次做好抢险救灾准备。组织民兵应急分队72人协助扑救丽岗镇山火，派出人员处置鉴江河道1艘失控漂流挖沙船的险情。

【武装部正规化建设】　2017年，化州市人民武装部围绕“全面从严治党，坚决听令而行，确保人武部改革和各项工作顺利推进”这个主题，强化“起步就严格、运行就规范、开局就良好”的管理模式，加强人武部正规化建设。7月份，市人武部在迎接省军区安全大检查时，总评975分，达到优秀标准，得到上级首长机关的肯定。

抓秩序正规　2017年，市人武部规范机关战备、训练、工作、生活“四个秩序”。教育引导干部职工充分认清政治之年、大事之年、改革之年安全稳定工作的重要意义，对表看齐、清除隐患、管控风险、守住底线。

抓安全稳定　2017年，市人武部重点抓好人、车、枪、弹、密、网、营院等重要目标安全管控，分两个回合开展燃爆危险品清查整顿活动。定期进行安全形势分析和安全检查，落实值班值勤和干部住库制度。通过抓各项规章制度落实，人武部保持安全稳定。

抓仓库管理　2017年，市人武部落实军委《关于加强重大风险目标安全管控的通知》要求，落实干部住库值班、双人双锁、查库巡更等工作制度；加强看管队伍教育管理，定期对仓库安防设施设备进行检查维护，修订仓库应急预案，组织仓库警卫、武警中队和民兵应急分队3支应急力量落实每季度一次的应急处置演练。

【党组织建设】　2017年，化州市人民武装部落实全面从严治党的一系列指示要求，加强党的建设。7月20日，召开人武部党委第一书记任职大会，茂名军分区政治委员黄育振宣读关于黄永同志兼任化州市人民武装部党委第一书记的任职决定，并颁发任职证书。坚持民主集中制度原则，在新班子成立后的第一次党委会上，把议训、议管、议教、议重大经费开支事项作为重要内容，分析形势，研究对策措施，加强党委对重大工作任务的组织领导。加强对党员的教育管理，组织党员进行履诺践诺情况“回头看”，对照党员标准填写和宣读《党员承诺践诺书》，接受群众监督。高标准开好新体制下新班子成立后的第一次民主生活会。第三季度，新一届班子成员围绕“坚定维护核心，聚焦主责主业，建设过硬党委班子”这个主题，深入查找问题，诚恳交心谈心、剖析深层原因。全面彻底肃清郭徐流毒。通过反复学习习近平总书记重要讲话精神和郭徐案件通报，班子成员带头从思想观念、价值标准、作风做派、选人用权、特权特殊等方面查找不足，逐一认真反思和对照检查，清理潜规陋习，落实“三个维护”。抓实“两个责任”（党委负主体责任，纪委负监督责任），党委带头担起主责，组织学习上级关于从严治党，纠治“四风”问题的一系列指示精神，强化全面从严、依法从严的思想认识。纪委牵头组织问题调研，从信念信仰、专司主营、谋事创业、守纪自律等方面查找干部队伍存在的问题。贯彻落实中央“八项规定”、军委“十项规定”和宴请喝酒问题“十一条禁令”等一系列制度规定，从规范就餐收费、纠治身边“微腐败”、建立廉洁征兵“零报告”和廉洁征兵监督员制度等细节入手，进一步改进作风、纯正风气。

【国防动员】　2017年，化州市人民武装部抓好兵役登记、民兵组织整顿和国防动员潜力调查工作。落实兵役登记和国防潜力调查。2月，发布兵役登记公告，3次召开专题会议部署兵役登记工作任务，依托“全国征兵网”，分设市征兵办、各镇（区、街道）、高中兵役登记站、村（社区）兵役登记点，按程序要求合力展开兵役登记工作，辖区内18周岁男性公民兵役登记率99%。协调市国防动员委员会成员单位完成7个类目国防动员潜力数据统计采集上报工作。抓好征兵任务完成。按照《广东省“阳光征兵”实施办法》的要求，以“五率”量化考评标准为依据，以兵员质量为核心、以大学生征集为重点、以廉洁征兵为底线，坚持“四公开”（征兵条件公开、征集标准公开、体检政审结果公开、定兵结果公开），落实“四监督”（领导监督、群众监督、上下级监督、纪检监察部门监督），建立廉洁征兵“零报告”制度和廉洁征兵监督员制度。在大学生征集工作中，坚定征集态度，主动作为，广泛宣传优惠政策，向应征青年算清五笔账，组织专武干部、民兵营长上门做工作，确保“两个优先”有效落实，完成430余名新兵征集任务，其中大学生170余名，超额完成茂名市征兵办下达的大学生征集任务。

2017年化州市人民武装部领导班子成员名录

党委第一书记：邓永明（任至7月）
　　　　　　　黄　永（7月任职）
党委副书记、部长：柳　洲（任至6月）
　　　　　　　张　鹏（6月任职）
党委书记、政治委员：周　涛（12月任职）
党委委员、纪委书记：刘国庆（任至12月）
　　　　　　　吴文田（12月任职）
党委委员：胡　勇
　　　　　　　李晓辉（7月任职）

（化州市人民武装部）

武警化州市中队

【概况】 中国人民武装警察部队化州市中队（以下简称武警化州市中队）组建于1949年11月，历经9次沿革，1994年9月，化州县撤县建市，改番号为“武警茂名市支队化州市中队”，主要担负化州市看守所外围武装警戒和处置化州地区突发事件等任务。2017年，武警化州市中队以迎接保卫学习贯彻十九大为主线，以中心任务圆满完成和内部安全稳定为目标，提高支部三个能力，培育官兵忠诚品质和战斗意志，夯实部队发展基础，中心任务完成，各项工作开展有序，部队实现安全发展。是年，被武警茂名市支队评为“执勤工作先进单位”“安全工作先进单位”；士官陈宣旭记三等功一次；中队长曾桓东被武警省总队评为“优秀基层干部”，政治指导员林志耿参加武警省总队优秀政治教员评选，被评为“优秀政治教员”；邓红兵等8人被武警茂名市支队评为2017年度“优秀士兵”，同时被支队嘉奖表彰。

【组织建设】 2017年，武警化州市中队学习党章党规和系列讲话精神，严抓组织建设，发挥战斗堡垒作用。推进“两学一做”常态化制度化学习教育，严肃组织生活，搞好“三会一课”，严肃承诺践诺，新党章颁布后，掀起学党章热潮，强化党章党规意识。根据党日活动实施计划和党课教育计划，中队结合实际开展活动。中队坚持每周五下午的党团日活动，注重组织生活的多样性，开展与耀明集团、化州汽车站文明创建、学雷锋等活动。针对两个群众组织工作不主动、活动不经常等问题，有针对性的组织1次专题培训，团支部结合五一、八一、国庆等节日，组织各项文体活动，五四青年节组织新团员入团仪式；军人委员会发扬三个民主，在军事训练、评选先进、推荐集训、伙食管理等方面发挥积极作用。是年，政治指导员林志耿、卫生员邓红兵被武警茂名市支队评为“优秀党员”；副中队长齐天楚被武警茂名市支队评为“优秀团干部”。

【思想政治建设】 2017年，武警化州市中队开展思想政治教育，确保官兵思想稳定。突出理论学习。中队设置“习主席系列重要讲话书籍”专柜，抓实“读原著、抄要点、背金句、写心得、谈感悟、践承诺”六个环节，开展读习主席的书、听习主席的话、当习主席的好战士活动，每天组织“用习主席一句话点亮心灵”，引导战士学思践悟，形成浓厚的群众性自我教育氛围。抓实政治教育。抓好“维护核心，听从指挥”主题教育，开展“五项铸魂”“五红”传承红色基因活动，开展“读好书、书好读、好读书”读书分享会、强军故事会、军人运动会等“卫士风采”系列忠诚文化活动，发动官兵读好用好《“八一勋章”英模风采录》，用军队正能量充实灵魂、赓续血脉。中队战士田帅取得武警茂名市支队强军故事会第二名。做好思想工作。抓实“大谈心、过思想，解难题”活动，坚持每日思想汇报，完善谈心登记，搞好随机教育，确保官兵思想稳定；抓好一人一事工作，联系化州青年企业家对一名母亲患癌战士进行资助，先后抓好4名病号的治疗和2名亲属患癌战士的思想稳控工作，让官兵暖心舒心。

【军事训练】 2017年，武警化州市中队按照年度训练计划，坚持战斗力标准，从难从严从实战出发锤炼打赢本领。坚持按纲抓训，坚持分层施训，针对训练人员水平不齐，场地受限的实际，发挥教练员优势，按照新老分训，强弱分训的办法，提升单位时间训练质量。突出应急班训练，选准配强应急班成员，每月组织应急班人员考核，将素质过硬，思想坚定的战士纳入应急班，立足本级加强基础训练，突出负重五公里、处突着装三公里和射击瞄准训练，抓好重点敏感时段备勤及训练演练，突出抓好“两会”、“一带一路”高峰论坛、十九大及台风、山火高发时期的训练演练，提高应急班紧急出动并有效处置能力。

【执勤和处置突发事件】 2017年，武警化州市中队坚持中心居中，研究执勤战备工作的特点规律，确保执勤目标绝对安全。执勤教育经常有效，常态抓好《执勤通用规定》《战备规定》的学习，结合敏感时期、典型案例进行形势任务和警示教育，消除官兵麻痹思想。执勤训练紧贴实际。每周五开展专哨专训，通过网络查勤员专职培训、情况处置操场模拟训练、哨位实地训练等方式，提升官兵执勤能力；支部专题研究，制定对策措施，突出抓好应急班紧急出动、情报收集和营区防袭击工作，确保十九大期间部队内外安全稳定。执勤制度落实见效。突出抓好老兵退伍后兵力配置工作，落实规定；抓好三个执勤专项整顿和“战备月”活动开展，对照文件规定，突出执勤隐患治理，全年进行13次执勤隐患排查，所有隐患均按计划、按时间有序整治。

【拥政爱民】 2017年，武警化州市中队组织官兵与耀明集团、化州汽车站、丽登饼业等开展“军民共建”活动。是年，武警化州市中队先后参加学雷锋活动6次，植树300多棵，组织官兵义务献血1800多毫升。

2017年化州市武警中队领导班子成员名录

中队长：曾桓东

指导员：林志耿

（林志耿）

人民防空

【概况】 2017年，化州市人民防空工作按照《人民防空法》的要求，坚持“长期准备，重点建设，平战结合”方针，围绕上级人防部门、市委市政府的工作部署和人民防空年度工作安排，推进全市人防的各项工作。人防各项工作进展顺利，各项建设取得长足的进步，呈现出良好的发展势头，基本达到预期的工作目标。

【人防工程建设管理】 2017年，化州市人民防空办公室按照“调结构、强管理、重质量、增效益”的工作要求，加大人防工程建设管理工作力度。对已建成的人防工程定期督查、维护，确保人防地下室处于良好的备战状态。对新建人防工程设计、施工和质量监督等环节进行严格监管。健全质量监督工作机制，完善相关管理制度，狠抓日常质量监管，对发现的工程质量问题，责成相关单位进行处理和整改，将质量隐患消除于萌芽状态。建立人防工程竣工验收备案制度，确保人防工程质量达到规定的标准和要求，确保人防工程在不影响防护效能情况下增加经济效益。

【依法行政管理】 2017年，化州市人民防空办公室坚持“应建尽建、应收尽收、以建为主、以收促建”的原则，依法行政，落实行政审批和防空地下室建设工作。杜绝一切政策外的缓交或减免人防费现象。与住建、不动产等相关职能部门充分沟通、齐抓共管，有效杜绝少报、漏报现象。强化人防结建服务。是年，人防业务进驻市行政服务中心，为办理人防结建业务的单位提供一站式服务，开通网上办事大厅，方便办理人防报建的单位和群众；全市“结建”人防工程及易地建设审批管理工作，全部及时办结，办结率、承诺时限和满意率均为100%。

【依法执法检查】 2017年，化州市人防执法工作实现常态化、规范化，执行每月一周的人防执法检查，实现执法全覆盖。对近年建设的楼盘项目进行全方位核查，对应征未征和漏征的人防异地建设费全力追缴入库。对人防工程进行日常监督检查，确保在建人防工程按图施工，确保投入使用的工程防护设备完好运行、使用合理。加大人防执法人员的培训，提高执法人员的执法能力和水平，坚持持证执法、亮政执法和文明执法，全年没有发生人防执法过错行为。

【通信警报维护管理】 化州市加强人防通信警报工作建设，对人防警报通信设施定期进行维护和保养，确保人防警报通信网络时刻保持通畅。完善警报设施设备管理制度，明确设点单位职责，协助社会设点单位健全相关管理制度和措施，严抓责任落实。2017年9月16日下午15时30分，化州市试鸣全市防空警报。经过检验，全市防空警报设备运行良好，鸣响率100%。

【人防知识宣传教育】 2017年，化州市人民防空办公室宣传人防结建的各项政策和法规，全方位、多层面开展人防宣传教育活动：在市德育学校开设“三防知识”教育课程，全面提高中学生的防空防灾知识，增强中学生的安全防护技能；在化州市第七中学开展防空警报试鸣演练活动，通过实际演练培养和提高学生的防空防灾知识和技能；开展人防知识进社区、进企业，通过展览挂图、张贴画册和派发宣传资料等方式广泛开展人防宣传教育活动，全方位普及人防知识。

2017年化州市人民防空办公室领导班子成员名录

主　任：刘付成坤

副主任：陈怀超

（童　明）

经济

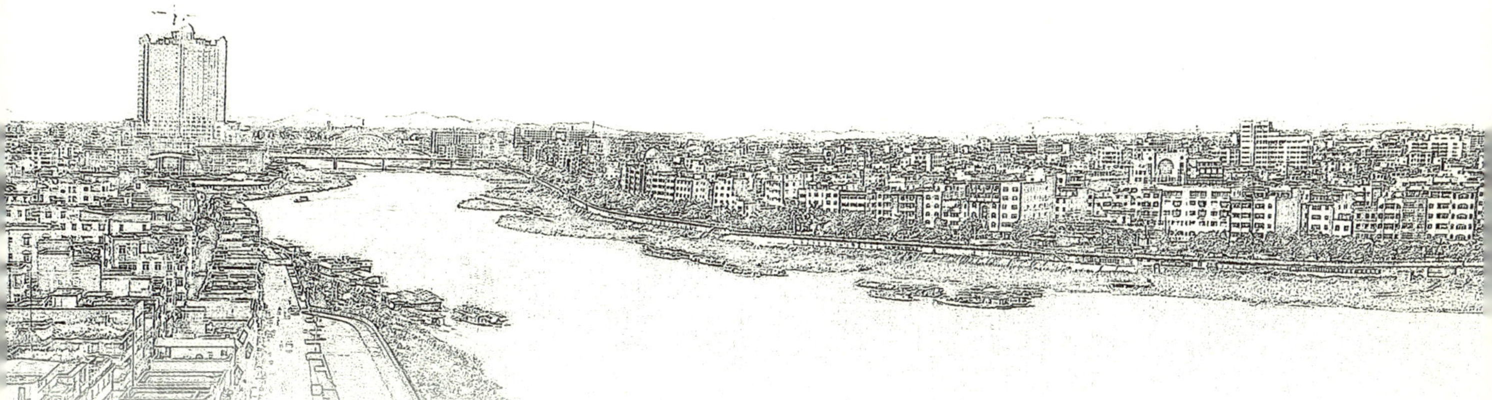

农业和农村

综　　述

【概况】　化州市农业局地址设在化州市委、市政府综合办公大楼七楼西。内设16个股室，分别是办公室、人事股、政策法规股、发展计划股、综合协调股、农村建设与改革指导股、农村经济体制与经营管理股（加挂市农民负担监督管理办公室、生猪屠宰管理办公室牌子）、财务与审计股、市场经济信息与交流合作股（加挂市“菜篮子”办公室、市农产品质量安全监管股牌子）、科技教育股、种植业管理股（加挂市发展南亚热带作物办公室牌子）、土肥环保能源股、农业机械化管理办公室（加挂市农业机械安全监督管理办公室牌子）、水产渔业股、扶贫开发办公室（副科级，加挂市扶贫开发办公室、市老区建设办公室牌子）、综合行政执法股。2017年有行政编制39名，其中机关行政编制30名，行政执法编制9名；后勤服务人员编制5名。

【农业贸易合作】　2017年，化州市先后组织参展团参加第十五届中国国际农产品交易会、第八届广东现代农业博览会等活动，展销产品种类多，向外界推介该市化橘红、笪桥黄瓜、番石榴、蚕丝、蔬菜等多种名特优新农产品，加强与外地农业交流合作，发展该市现代农业。全年全市参展企业16家，现场销售总额近230万元，签订合同金额2600万元。2017年，化州市联合珠海市共同举办珠海帮扶化州精准扶贫成果展暨化州特色农副产品推介会，全市50多家企业参展，参展品种包括化橘红果、化橘红茶、胭脂红番石榴、笪桥黄瓜等40多种极富地方特色的农副产品。展会上，该市赖李园橘红有限公司等 8 家企业分别与珠海市星园扶贫市场有限公司现场签订农产品销售协议。

【农产品质量安全】　2017年，化州市对各镇（区、街道）开展蔬菜例行监测、特色水果专项监测、粮食专项监测及监督抽查等工作，全年抽样快速检测种植业类农产品样品2718个，合格率98.72%；渔业产品抽检合格率100%。开展放心农资下乡进村活动，组织开展春夏季农资打假专项治理行动，打击违法制售假劣农药、肥料、种子、兽药和违禁药物、高毒农药等坑农、害农行为，全市各级农业部门出动执法人员925人次，检查农资店铺350家次，查处违法案件5宗。

【农业科技装备】　2017年，广东省下达化州市农机购置补贴中央财政资金313万元。全年发放补贴资金311.82万元，购置补贴机具1960台（套），受益农户1530户。全市农业机械总动力44.027万千瓦，比上年同期（对比期下同）增长4.16%；全市水稻耕种收综合机械化水平70.8%，增长2.39%；农机深松整地完成作业面积666.67公顷，全面完成广东省下达化州市的任务。

【农业科技进步】　2017年，化州市确定五大主导产业，推广主导品种38个，主推技术32项，科技示范基地5个，科技示范户1000户。全年全市举办各类农业技术培训班65期，培训人员5000多人次；专业技术指导员培训5期共300多人次，活动期间接受农民咨询2000多人次，派发宣传资料5000多份。全年完成100多名农技人员知识更新培训，培育农业科技示范户1000户，阳光工程完成500名骨干农民培训，辐射带动2万多户农民增知识、长技能。引进水稻、玉米、蔬菜、花生等36个新品种，主推技术22个，推广应用面积达100多万亩。良种覆盖率95%以上。

【水产养殖业】　2017年，化州市推广渔业生态健康养殖技术和提高管理水平，主推罗非鱼。该鱼价格在相对合理的水平维持稳定，经济效益较好，全年全市罗非鱼总产量8.3万吨，同比增长3.8%。全市从事水产养殖有4970户，其中水面面积50亩以上的有235户，100亩以上的有44户。有3家规模较大的罗非鱼种苗场，其中1家省级罗非鱼良种场在创建国家级罗非鱼良种场；2家在创建省级罗非鱼良种场。有省级水产品质量安全示范场4家，农业部健康养殖示范场3家，水产品无公害产地认定企业12家，无公害产地认定面积166.67公顷，备案面积6000公顷。有水产加工企业6家，其中规模较大的加工企业4家，水产品加工生产线10多条。

种植业

【粮食生产】　2017年，化州市粮食播种面积6.03万公顷，同比增加406.67公顷；全年粮食总产量48.95万吨，同比增加1.52万吨，比增3.2%。其中，全年水稻播种面积2.26万公顷，同比增加93.33公顷，总产量14.41万吨，同比增加0.53万吨，比增3.8%，全市粮食生产实现“七连增”。

【甘蔗】　2017年，化州市种植甘蔗4546.67公顷，总产量34.51万吨，分别同比增长100公顷、0.78万吨。

【油料】　2017年，化州市种植花生11860公顷，总产量3.7万吨，分别同比增长206.67公顷、0.1万吨。

【果蔬类】　化州市是全国著名的北运菜产销基地和出口蔬菜基地。2017年，化州市有蔬菜种植面积2.57万公顷，总产量61.88万吨，分别同比增加486.67公顷、2.6万吨。全市水果种植以荔枝、龙眼、番石榴、香蕉为主，种植面积4.6万公顷，年产量75万吨，实现产值19.32亿元。

【桑叶蚕茧】　2017年，化州市有全蚕桑面积6000公顷，年产茧2.6万吨，产值11.18亿元。全市有2间蚕丝加工企业。化州市加快落实省丝绸集团与茂名市政府签署框架协议，建设合江丝绸特色小镇，规划建设用地66.67公顷，一期预计有3~4间企业入园。

【化橘红】　2017年，化州市建成河西、官桥、林尘、平定等9个化橘红专业镇，1000亩以上高标准生产示范区5个，化橘红种源复壮育苗基地25个，化橘红种植面积5333.33公顷，年产鲜果1.96万吨以上，该市平定镇是化橘红的主要产地，种植面积1333.33公顷，总年产量2500吨，总产值1.5亿元以上。有化橘红为主要原料的大小加工企业65家，其中药字号4家，食字号10家，生产的化橘红系列产品20多种，产品种类从原料加工发展为药品、保健品、美容品、干果、橘红片、橘红花、橘红茶、工艺品等八大类。创建“橘星”“橘利”等一批名优品牌。加工产品产值30亿元，年加工能力5万吨左右。

新农村建设

【精准扶贫精准脱贫】　2017年，化州市有建档立卡贫困户13383户30040人。通过落实教育、医疗、危房改造等“三保障”政策，开展产业扶贫、就业扶贫、金融扶贫，实施最低生活保障兜底等措施，2016—2017年，全市累计实际预脱贫贫困人口11062户21315人，占总贫困人口70.96%，其中，2017年全市脱贫计划任务9800人，全市年底实际减贫人口3137户10651人。39条贫困村居民人均可支配收入11874.74元，全部超过全省人均可支配收入的60%。全市建档立卡贫困人口人均可支配收入9248元，其中，预脱贫的有劳动力贫困户人均可支配收入9199.3元。全市建设特色产业扶贫基地128个；贫困户参与资产性收益项目人数14404人，占贫困户总人数比例75.51%。全市统筹利用各级财政资金建设的帮扶贫困户增收项目有4422个，其中，分散建设项目4083个，集中建设项目339个，涉及资金18932.44万元，占下达资金的82.84%。全市建设光伏扶贫发电项目有584个，其中，分散光伏发电项目323个，集中光伏发电项目261个，建设规模11479.4906千瓦，涉及资金11472.4475万元，占全市建设项目总投资资金的60.64%。全市帮扶贫困户增收的建设项目每年预计可为贫困户增收2250多万元，仅建设光伏发电项目每年预计可为贫困户增收1200多万元，确保贫困户增收脱贫。

【省定贫困村创建示范村】 2017年，化州市39条省定贫困行政村468条自然村的编制规划、“三清三拆三整治”工作全部完成，完成率100%。化州市财政安排建设资金2684万元。群众自筹、社会捐资8000多万元，39条省定贫困行政村基本建立计划实施项目库，进村道、环村道、村内道路硬底、文化广场、文化楼及垃圾收集点等一大批项目实施。按照“民富、村美、产业兴”的目标，化州市将新农村建设与产业发展、精准脱贫紧密结合，打造“一村一品”“一村一景”，扶持贫困村发展特色产业，形成现代农业、乡村旅游、精准扶贫和新农村建设相互促进的局面。

【省级新农村示范片建设】 2017年，化州市成立市、镇、村、组四级工作领导小组，形成“上下联动、齐抓共建、人人参与”的工作格局。按照渠道不乱、用途不变原则，整合农业、水利、交通、住建、国土、林业、环保、旅游、文化体育、扶贫开发等职能部门资金6000多万元。高标准完成示范片总体规划，完成5个核心自然村详细规划设计工作，启动博带、长安、南良、旺绿、竹头平等5条中心建设村具体项目建设工程，辐射带动山枭、新秧地等52条自然村建设。实现示范片通过环绕公路相连接的规划布局。5条中心建设村的所有项目动工建设，包括村公厕、村史馆、文化室、文化广场、停车场、体育场、污水处理等120多个子项目全部开工。是年，完成石湾河改造800米，完成长安、旺绿、竹头平、博带、南良等村的村道硬底化15千米。

2017年化州市农业局领导班子成员名录

党组书记、局长、市委农办主任：彭劲松

党组成员、副局长：邱华军（任至10月）

陈　灏（市委农办副主任）

黄凤麟（任至6月）

李文忠（任至7月）

黄彦儒

陈文天（10月任职）

吴　亦（任至6月）

党组成员、总农艺师：刘积超

党组成员：苏庆平

李亚贵

叶广森

陈亚强（10月任职）

（曾国荣）

林　　业

【概况】 2017年，化州市有林业用地79842.86公顷，生态公益林25659.0公顷，商品林54183.86公顷，森林覆盖率42.01%，林木绿化率42.5%（以上数据为2017年新一轮森林资源调查成果数据）。全年全市造林1061.3公顷。全市参加义务植树72.6万人次、植树276万株。

【林业重点生态工程】 2017年，化州市继续开展新一轮绿化化州大行动，助力推进茂名市创建国家森林城市工作，推进四大生态项目工程建设。完成森林碳汇造林325公顷；绿化美化乡村41条，打造同庆宏道村、中垌塘村、同庆山口村3个省级示范村；加快推进六王山森林公园建设，加强公园内森林抚育和基本设施建设，提升森林公园质量，编制《拟设立广东六王山森林公园可行性报告》并通过省专家组论证；在丽岗、石湾、官桥辖区内设立化州市石龙山森林公园，公园总规划面积1333.33公顷，首期建设333.33公顷，公园配套休闲、观赏、文化、娱乐科普项目和特色商业项目；规划中垌、新安、石湾3个镇级森林公园。

【森林灾害防治】 2017年，化州市无发生大的森林火灾，全市组建一支由50人组成的专业森林消防大队，规划5000平方米森林消防队营房建设用地；开展林业重大有害生物薇甘菊防治工作，抓好苗木产地检疫和植物调运检疫，全市完成木材及木制品检疫3.2万立方米，林业有害生物防治面积1686.67公顷。

【林政资源管理】 2017年，化州市上报审核审批征占用林地22宗，面积21.97公顷。全市经审批的采伐林木蓄积13.1万立方米，发放林木采伐许可证511个。

【打击破坏森林资源违法活动】 2017年，化州市林业局组织开展打击破坏森林资源、林地资源和野生动物资源的行动。联合森林公安开展“2017利剑行动”“2017森网行动”“2017红线行动”“百日专项大行动”“2017年打击破坏野生动物资源专项行动”“2017飓风1号”“查处野外违规用火严惩火灾肇事者专项行动”等一系列打击涉林涉野专项行动。全年查处林业行政案件29件。

【林业产业】 化州市有以经营密度纤维板、胶合板、刨花板以及锯材、半成品、家私料等大小企业195家，年产值1.8亿元。2017年，发展林下种植、林下养殖和相关产品材积加工等为主要内容的林下经济，支持油茶、沉香等多功能、高效益的绿色产业。全市沉香种植面积4666.67公顷，南药基地666.67公顷，油茶种植面积3000公顷，文楼蜜柚基地2000公顷，发展林下经济面积4000公顷。

【和谐林区建设】 化州市林业局加强山林纠纷调处工作，落实督办信访案件领导包案制，2017年山林纠纷案积案17件，新立案8件，结案20件。

【林业法制建设】 2017年，化州市执行《中华人民共和国森林法》《中华人民共和国森林法实施条例》及其他有关法律法规，开展森林防火、山林纠纷调解条例、野生动物保护等法律知识专项宣传活动，规范林业行政执法程序。规范文件审核登记和整理工作。

2017年化州市林业局领导班子成员名录

党组书记：冯孔浪
局　　长：冯孔浪（1月任职）
党组成员、副局长：吴汶财
　　　　　　　　　李宇润
　　　　　　　　　谢松柏
党组成员、森林分局局长：彭文荣
党组成员、副主任科员：岑汉周
　　　　　　　　　　　彭永平

（陈裕昌）

森林资源保护

【概况】 化州市公安局森林分局原址在化州市河东街道办橘城中路13号，2004年8月整体搬迁到新址化州市鉴江开发区向阳路21号林业局二楼。内设政秘股、法制股、治安股（加挂刑警队牌子）等3个机构。有政法专项编制16个，2017年实有19人，其中，在职在编民警15人，工勤人员4人。

【打击涉林违法犯罪】 2017年，化州市公安局森林分局开展一系列打击涉林违法犯罪的专项行动，打击辖区内破坏森林资源和野生动物违法犯罪行为，维护林区秩序稳定，构建和谐化州、生态化州。全年开展“2017利剑行动”“2017森网行动”“2017红线行动”“百日专项大行动”“2017年打击破坏野生动物资源专项行动”“2017飓风1号”“查处野外违规用火严惩火灾肇事者专项行动”等一系列打击涉林涉野专项行动，共查处涉林案件41件。其中，立刑事案件20件，包括非法占用农用地案4件、失火案件5件、盗伐林木案1件、滥伐林木案9件、破坏生产经营案1件，侦破10件，刑事拘留11人，取保候审5人，逮捕4人，移送起诉6人；查处林业行政案件21件，行政处罚违法人员21人；收缴各类野生保护动物1004（只/头），清理拆除捕鸟网22张、面积2800立方米；全年接待来信来访群众20多人次，受理涉林信访案件6件，办结5件，1件在办理中。

2017年化州市公安局森林分局领导班子成员名录

林业局党组成员、森林分局党支部书记、局长：
　　　　　　　　彭文荣
森林分局党支部委员、教导员：王　雄

森林分局副局长：凌一航

（岑志江）

林场简介

【茂名市国有平定林场】 创建于1958年，位于化州北部山区，地跨化州市的平定、合江、那务三个镇，涉及11个村委会，场部设在平定镇红榄村委会，距化州市区70千米。于2017年4月通过林场改革变更为正科级公益二类事业单位，核定事业编制16名，政府社会购买服务人员6名；下设3个内部机构，分别是人秘股、生产股、财供股；设七个生产工区：那平工区、罗村工区、双底工区、水仲田工区、掘埇工区、多例工区、杨梅工区。2017年，有职工82人，在职职工月平均工资3400元，退休人员月平均工资2300元，干部职工收入稳定。林场种植树种以松树、桉树等用材林为主，兼种有沉香、竹子、珍贵绿化树等经济林。有林地面积2040.2公顷，其中，生态公益林面积353.3公顷，占17%；商品林面积1686.9公顷，占83%。林场全年迹地更新363.45公顷，新增加封山育林面积40公顷，完成中幼林抚育面积99.67公顷，中龄林长势良好。林木蓄积8.8039万立方米，森林覆盖率91.14%；全年完成砍伐林木面积257.69公顷，总出材6432立方米。2017年林场总收入92.6万元，支出129.7万元。

2017年林场的工程项目主要包括：生态公益林示范区建设项目，到12月底完成所有基建工作；国有贫困林场资金建设项目，7月完成工程设计，8月完成投审，9月完成招标，10月开工建设，11月完成施工，12月组织验收；薇甘菊防治项目，防治时间从8月到12月，完成防治有害生物薇甘菊66.67公顷；湿加松标准化示范区项目，完成66.67公顷湿加松的种植。

2017年召开场群森林防火联席会议2次，组织工作人员10多人，出动警车、宣传车20多台次，设置森林防火宣传牌30个，永久性宣传碑10个，粘贴森林防火标语50条，悬挂森林防火横幅10幅。全年出动人员90多人次，设立森林防火临时检查站5个，检查进入林区的可疑车辆100多台（次），登记进山祭祖人员25名（组），暂扣危险物品（烟花）12件、拜祭用品2件。林场全年发生森林火警火4宗，火灾案1件。召开场群会议2次，处理场群林地纠纷5件。

2017年茂名市国有平定林场领导班子成员名录

党委书记、场长：欧阳余旋

党委委员、副场长：蒋仲少

林时平

（陈晓明）

【茂名市国有丽岗林场】 始建于1958年，内设人秘、生产、财供3个股室和龙头、大埇、林尘、谢松、上垌、梅垌6个生产工区。共同维管植物30科20类55种，有三级保护植物桫椤等，人工林主要有马尾松、加勒比松，湿加松、桉树等；野生动物比较丰富，一般动物有野猪、蛇、巨晰等，昆虫500多种。区内气候温暖而湿润，地理环境复杂，生态环境复杂多样：有灌木林、阔叶林、针阔混交林等，森林景观丰富；林场经营总面积2135.5公顷，森林覆盖率84.8%。2017年，林场职工总人数为71人，其中在职职工14人，退休职工49人，长期聘用8人。全场干部职工都参加基本养老保险、医疗保险、失业保险、工伤保险、生育保险和住房公积金。2017年完成林场改革工作，由国营丽岗林场改名为国有丽岗林场。全年实现安全事故零发生，未出现群体上访和越级访行为，未发生因山林权属纠纷而引起群体性事件，林场内无黄、赌、毒现象，未发生安全生产事故和违法犯罪案件。营林方面完成中幼林抚育66.67公顷，对林区范围内坟墓进行清点，对乱埋乱葬进行清理，完成森林二类调查工作。全年砍伐林木196.93公顷，消耗林木蓄积7656立方米（全部是外包林地）。2017年，该场加大对林木和野生动植物的保护力度，加强对林地资源的管理，严禁林区内乱建坟墓，严抓未经许可随意破坏地形地貌、乱搭乱建、开山采石、乱采滥挖、乱砍滥伐等破坏森林资源的行为，林场资源得到进一步的保护。全年安装防火宣传大牌16个、中牌24个、小牌14个，悬挂防火宣传横幅26条，张贴宣传标语100多张，发放宣传单1000多份。

2017年茂名市国有丽岗林场领导班子成员名录

党委书记、场长：王桂珍

副 场 长：陈华军

邓木兰
党委委员：朱伯任

（林美娟）

【茂名市国有文楼林场】 属茂名市林业局生产事业性正科级公益二类事业单位，经费按财政补助二类拨付。创建于1958年，位于化州市北部，地处化州市与广西北流市两省交界的化州市文楼、平定两镇。生产林区与化州市平定镇、播阳镇、广西北流市石窝镇接壤。新场部于2009年新建在文楼镇政府旁边，2017年设有财供股、人秘股、生产股、场务股4个股室，下辖9个生产工区，有办公室人员15人，在职人员34人，退休人员93人，定额编制是34人，茂名市公安局森林分局文楼派出所驻在茂名市国有文楼林场内。经营树种以国外松、桉树、杉木为主，经济林有龙眼、荔枝等。2017年，林场有经营面积2672.6公顷，其中林业用地面积2667.1公顷，占99.8%。有林地面积2275.8公顷，占林业用地面积85.3%，未成林地面积231公顷，占林业用地面积8.7%，灌木林地12.3公顷，占林业用地面积0.46%，无林地面积148公顷。占林业用地面积5.54%。生态公益林面积328.7公顷，全场活立木蓄积71503立方，森林覆盖率85.2%。2017年，林场营造林面积40公顷，其中人工更新面积40公顷、森林抚育面积713公顷，年末实有封山育林面积247公顷。收入主要是砍伐林木、松树采脂。2017年木材产量8972立方米、收入600万元，松树采脂产量246吨、收入246万元、其他收入18万元合计收入864万元。年内狠抓安全生产工作，实现事故零发生。

2017年，斥资32万元维修下水工区、双板工区、长埇工区的危旧住房，保障生产一线工人有安全的住所。茂名市公安局森林分局文楼派出所新办公楼在兴建中，其中省级投资75万元、茂名市国有文楼林场投资23万元。

2017年茂名市国有文楼林场领导班子成员名录

场　长：吴伟应
副场长：梅展铭
　　　　李亚生

（姚文新）

【茂名市国有播扬林场】 创建于1958年，2017年4月通过林场改革变更为正科级公益二类事业单位，核定事业编制16名，政府社会购买服务人员6名。位于云开山脉余脉的化州市北部，地跨化州市的平定、播扬二个镇，场部设播扬镇境内，距化州市区80千米，距茂名市区95千米。下设3个内部机构，分别是人秘股、生产股、财供股；设7个生产工区：大化工区、泽平工区、水尾工区、文龙工区、雷埇工区、沙垌工区、东岸工区；2017年有办公面积500平方米，职工总数109人。林场种植树种以松树、桉树等用材林为主，兼种有沉香、橡胶、珍贵绿化树等经济林。有林地面积1873.6公顷，其中生态公益林面积631.13公顷，占34%；商品林面积1242.47公顷，占66%，2017年的林木蓄积49050立方米，森林覆盖率95%。2017年经济收入65.9万元，支出170万元，年度职工人均收入33144元，比2016年增长7.6%。林场全年迹地更新160公顷，完成中幼林抚育面积466.67公顷，中龄林长势良好。木材生产全年完成木材采伐262立方米，其中场自有木材生产182立方米，木材生产收入349010元。

2017年该场的工程项目主要包括：中央森林抚育项目，安排林场森林抚育任务133.33公顷，安排森林抚育补贴资金19.8万元，于12月底完成抚育任务，通过省的检查验收合格；薇甘菊防治项目，防治时间从8月到12月，完成防治有害生物薇甘菊200公顷，其中，人工除治20公顷，化学药物除治180公顷。

2017年召开场群森林防火联席会议2次，组织工作人员10多人，出动警车、宣传车20多台次，设置森林防火宣传牌20个，永久性宣传碑8个，粘贴森林防火标语20条，悬挂森林防火横幅10幅，保持无火灾火警的良好记录。全年召开场群会议2次，处理场群林地纠纷1件。

2017年茂名市国有播扬林场领导班子成员名录

党委书记、场长：黄　晓
副 场 长：黄炳汉
党委委员：梁　勇
　　　　　邱中海

（宋一广）

畜牧业

【概况】 化州市畜牧兽医局位于化州市区罗江南路，为化州市农业局管理的公益一类事业单位，副科级。内设机构有办公室、人事股、财会股、兽医股、畜牧股等五个股室，下属单位有市动物卫生监督所（副科级）、市动物疫病预防控制中心、福田种猪场、水产畜牧研究所和23个乡镇畜牧兽医站。2017年，全系统有干部职工545人，其中在职317人（财政供养112人），退休228人，有高级技术职称2人，中级技术职称30人，初级技术职称130人。

【畜禽养殖】 2017年，化州市生猪年末存栏90万头，年出栏量161.5万头；家禽存栏734.3万只，年出栏量1312.6万只；肉类总产量31.5万吨，禽蛋总产量820.9吨。肉牛饲养量13.9万头，年出栏8.1万头。畜禽养殖业产值45.4亿元，比上年增长3.5%，占农业经济的主要部分。

【畜牧养殖污染减排】 2017年6月，化州市畜牧兽医局协助各镇（区、街道）、农（林）场做好禁养区养殖场关闭工作，在环保部门的带领下对有关关闭的养殖场进行抽查核实，确保数据真实有效；5—7月，开展畜禽养殖调查摸底工作，构建全市畜禽养殖基础数据库。2017年全市依法关闭禁养区养殖场4486家（其中拆除1641家，拆除栏舍面积45.6万平方米），关闭率91.38%。全市签订关闭协议4737家，协议签订率96.5%；化州市财政对2323家养殖场支付关闭拆除补偿资金8582.37万元，13个镇借款经费2900万元，镇级经费支出241.6万元，合计11723.97万元。2017年，多次组织养殖户开展畜禽养殖废弃物处理技术培训，按相关技术处理规范，指导养殖户建设沼气池、储液池、堆粪棚、雨污分流等设施。引导养殖户利用畜禽粪便、沼液等废弃物种植牧草和南瓜等植物吸附有机物净化环境，推广青贮饲料、氨化饲料等。

【动物防疫与监督】 2017年，化州市进行猪口蹄疫免疫280万头次，牛口蹄疫14万头次，禽流感免疫1729万羽次，达到应免畜禽100%免疫。全年全市处置乱丢病死猪事件94件，深埋无害化处理病死猪2970头。

【疫病监测】 2017年，化州市采集监测样品3155份，其中猪血清666份，禽血清1310份，禽拭子940份，猪淋巴结60份，犬血清29份，犬唾液拭子10份、羊血清40份，羊拭子40份，牛血清30份、OP液30份，经检测血清样品绝大部分抗体水平达到国家要求，对检测发现个别抗体水平未达标的，及时进行补免。全年全市进行流行病学调查83场次，未发现疫情。

【动物检疫】 2017年，化州市检疫生猪198.5万头，家禽1030.1万只（羽），屠宰检疫42.2万头，检疫合格率100%，动物检疫合格证明全部电子出证，动物产品电子出证1万张。

【“瘦肉精”抽检】 2017年，化州市印发宣传单张1253份，出动宣传车51车次，执法人员184多人次；与全市生猪养殖场签订不使用瘦肉精等违禁药物承诺书1280份；监督抽查生猪养殖场3856场次，生猪屠宰场297场次，生猪收购点17560次。抽取养殖场尿样28175份，生猪屠宰场尿样789份，生猪收购点37865份，通过盐酸克伦特罗、莱克多巴胺、沙丁胺醇试卡测试，全部尿样均呈阴性。与生猪屠宰场签订防疫责任书，督促购买瘦肉精检测卡，做好生猪屠宰场“瘦肉精”自检工作，全市生猪屠宰场均开展“瘦肉精”自检工作，建立自检记录。

2017年化州市畜牧兽医局领导班子成员名录

党组书记、局长：李俊祺

党组成员、副局长：陈　哲

吴　素

吴　锋

党组成员、副主任科员：庞水金

（黄冰莉）

农垦业

【广东省建设农场】 创建于1952年，是以橡胶为主产业的国有农业企业。场部位于化州市西郊，地理位置优越，东临茂名市和水东港，西近湛江市、湛江港和粤西国际机场；交通便利，207国道、284省道和广湛铁路纵横从场部经过。2017年有土地2667.53公顷，分布在3市（化州、廉江、吴川）13个镇区，生产队25个，直属二级单位3个（学校、幼儿园、医院），居民点33个，总人口9472人，有在职职工459人，离退休人员2457人。2017年完成社会总产值40081万元，比上年增加2423万元，增幅6.4%，完成确保指标的98.5%；完成国民生产总值19388万元，比上年增加1177万元，增幅6.5%，完成确保指标的98.5%；干胶产量380吨，比上年增加80吨，增长26.7%，完成300吨指标的126.7%；营业收入9256.9万元，完成确保指标的162.4%；利润1224万元，完成确保指标的222.5%；职均收入31948元，比上年增加1850元，增幅6.2%，完成计划指标的100.2%；人均收入16798元，比上年增加752元，增幅4.7%，完成确保指标的100.2%。

橡胶产业提质增效　2017年，该农场更新橡胶33.47公顷，围绕现代农业展示、技术推广示范、绿色低碳的要求，实施机械化管理、葛藤覆盖、病虫害统防统治、水肥一体化自动灌溉，进一步巩固橡胶生产管理基础，提高示范带动能力；推进“猪、沼、胶”循环农业发展模式，推广适度规模经营，继续扩大中小苗和开割树岗位定额，推行高效低频割胶，严控生产成本。2017年平均每吨干胶直接生产成本11890元/吨，比2016年降低1662元/吨。

物业基础巩固强化　2017年，该农场逐步整合土地资源，重点解决物业发展的用地需求，抓好地方“扩容提质”“三旧改造”及政府回收国有土地等机遇，加快落实政府收回土地返还留用地工作，储备建设用地，为农场经济发展打好基础。2017年全场有建设用地234.27公顷。抓好新增物业建设工作，完成两个仓库，面积共1200平方米；完成1栋医院住院大楼，面积2988平方米，3669平方米的精神病病房即将完工；抓好物业出租工作。出租商铺41间、储物房18间、厂房5间，面积共3.2万平方米。2017年，全场物业及土地承包费收入372.3万元。

自营经济注入动力　该农场推进精准扶贫，在资金上和环保配套设施上给予职工更大的支持，为职工发展自营经济注入新的创业动力。连续两年争取到化州市妇联为该场妇女创业提供无息扶贫贷款302万元。加快养殖小区配套设施建设，其中，投入资金9.5万元用于养殖小区硬底化道路建设，投入资金78.6万元完善养殖小区沼气池配套设施，推进自营经济与环境保护协调发展。有6个养殖小区完善沼气配套和排污设施。2017年，职工养殖小区出栏肉猪11022头，出栏小猪19572头，总产值3035.54万元，纯收入657.31万元。

企业管理规范完善　该农场完善企业内控机制，推进企业民主管理，坚持“三重一大”民主决策机制，落实场务公开、场情通报、民主评议、民主监督等工作，增加农场运作透明度，保障干部职工的知情权和参与权，促进企业规范健康发展；强化财务管理，执行全面预算制度，规范开展会计工作，执行费用开支和报销程序，控制“三公经费”、会议费及培训费等相关费用开支，2017年“三公经费”实现连续七年下降，全年各类支出得到合理管控。

社会事业蓬勃发展　该场推进社企内部分离改革试点工作，按要求设置社区职能部门和工作人员，明确部门、人员的职责和分工，社区管理工作正常化开展；持续扩大生态文明创建覆盖面，进一步加强基层单位公益性基础设施建设，实施生产队绿化亮化美化硬底化及饮水安全等工程；推动企业文化建设，丰富职工文化娱乐生活，该场篮球队获得广垦“燕塘乳业杯”职工篮球赛冠军；安全生产、人口与计划生育、信访维稳综治等工作常抓不懈，农场保持稳定和谐的发展局面。该场连续四年获得化州市总工会授予的“先进职工之家”称号，连续七年在茂名垦区年终安全生产考核检查中获得优秀档次，连续七年获得茂名市计生局授予的“人口与计划生育工作先进单位”称号。

2017年广东省建设农场领导班子成员名录

场　　长：温耿明
党委书记：张　贵
副 场 长：李传华
　　　　　陈麒丞
纪委书记、工会主席：钟朝辉

（董思良　李国星　吴惠红）

【广东省红阳农场】　隶属于广东省农垦总局，成立于1952年春，是国有大中型企业。位于广东省粤西地区，茂名市化州市西南部，与茂名市、湛江市、广西玉林市接壤，毗邻鹤地水库。2017年，农场总人口8248人，其中在职职工401人，离退休人员2276人，土地总面积5846.67公顷，其中橡胶920公顷，油茶2400公顷，水果560公顷，直属中小学3间、医院1间、化州市红阳农产品销售有限公司1间，下设42个生产队。2017年，完成农垦社会总产值23803万元，比上年增加1827万元，增幅8.31%；完成国内生产总值15472万元，比上年增加1209万元，增幅8.5%；营业收入5429.93万元，利润99.63万元；完成干胶产量98吨，比上年增加15吨，人均产5.29吨；油茶试产鲜果201吨（油茶籽31.25吨）；职均收入30402元，比上年增加1702元，增幅5.9%；人均收入16253元，比上年增加717元，增幅4.6%。

橡胶产业　全场橡胶树18.69万株，其中开割树8.81万株（2017年新增开割树3.5万株），中小苗9.88万株。2017年推行适度规模经营，推行五天一刀，试行六天一刀割制，进一步减少劳动成本，对第三代胶园的四龄以上苗采取公管措施，不设岗位；对三龄以下苗实施葛藤覆盖、扩岗增收等措施，进一步降低农场用工成本。全年完成干胶产量98吨，完成局下达任务的122.5%。

油茶产业　截止2017年底，油茶种植面积2400公顷，在19队、22队、42队形成“国家农业部万亩油茶示范基地”，20队20公顷油茶精品园。按照油茶公司的要求，统一规划、统一技术规程、统一定额标准，保质保量地完成基地的开荒种植、抚管及采果等生产建设任务。2017年油茶年终清点保苗率98%，油茶一龄苗保苗率95%。2011年、2012年种植油茶已投产，收获油茶鲜果201吨（干油茶籽31.25吨，产毛油5.45吨）。

民生工程　一事一议项目，建设540平方米篮球场2个，采购安装太阳能路灯150盏，总投资79.22万元；直属机务小区三通一平2处（平整宅基地7000平方米，挖运土8400立方米），安装排污管道500米，砂井10个，路面硬化2450平方米，总投资100万元；在中学新建校园围墙290米，投资40万元；11月份在场部生活区动工建设2个多功能一级A级排放标准的污水处理站，污水管网1000米，总投资200万元。按照“应保尽保、应退即退”的原则，做好低保工作，全年向128户低保户发放补助金额110多万元，为符合条件2名职工申请低保；走访慰问困难职工、退休职工、生病职工、劳模等200多人次，发放慰问金3.6万元；为全场54位80岁以上老人申请生活津贴；为34位职工申请医疗救助6.4万元。工会投入近2万元为职工送去清凉饮料。

安全维稳工作　2017年，农场开展安全生产工作，加强安全生产宣传教育、安全生产大检查、安全隐患整改以及安全生产专项整治等活动，安委会与辖区内各单位都签订安全生产责任书，把安全生产责任层层分解、落实，形成一级抓一级、层层抓落实的局面。在各项工程的招标过程中，每项工程都与施工单位签订安全生产责任书或协议书，确保工程建设的安全。农场全年安全事故为零。场党委把维稳工作列入到日常工作来抓，建立信访维稳工作领导小组，制定维稳信访工作应急措施，实行场领导分片负责制，责任包干到人，明确领导责任，对重点上访对象实行跟踪、政策宣传、思想教育、劝阻等办法，确保重大会议期间进省、京“零上访”。

2017年广东省红阳农场领导班子成员名录

场长、党委副书记：陈永波
党委书记：谢伟标（11月任职）
　　　　　黎俊雄（任至11月）
纪委书记：刘文华
工会主席：卢惠强
副 场 长：梁福有
　　　　　钟　愉
　　　　　杜孙源（11月任职）

（广东省红阳农场）

【广东省和平农场】　建于1952年，地处广东省化州市中垌镇、林尘镇、合江镇、廉江市石角镇及广西古城镇两省三县（市）五镇范围。场部、10余个生产队分布在长湾河水库库区，依山傍水，环境优美。县道646公路从场部通过。主营天然橡胶种植、油茶种植、果类种植、茶桑种植。2017年，农场有土地面积5307公顷，开垦利用4147.35公顷。其中种植天然橡胶面积1266.67公顷，油茶面积2400公顷，水果面积338公顷。全场总人口8521人，国有职工603人，离退休1702人。下属企事业单位有36个，包括30个生产队以及商贸公司、直属居委会、中学、小学、医院、和丰公司。至2017年底，发展种植国家级油茶生态示范基地2400公顷，拥有橡胶树开割树25.42万株，年产干胶369吨、职工养猪年出栏量31179头、职工养鱼产量1122吨、荔枝、龙眼等水果产量754吨。完成社会总产值25753万元，完成国民生产总值16077万元，完成营业收入6724.5万元，职工年平均收入27908元。

橡胶产业　2017年，农场抓好橡胶产业发展工作。提早部署冬春管理和“两病”防治工作，保持橡胶良好生势。培训新胶工和强化新开割树的割面规划及开割工作。推行五天一刀割制，对第三代胶园推广“七天一刀”割制，开展劳动竞赛，做好产胶动态分析，为干胶稳产增产打下坚实基础，全年完成干胶369吨。抓好杯胶试验工作。在17队、18队、30队实行杯胶割制，杯胶试验株数6573株，全年杯胶干胶产量7.3吨。推行中小苗管理扩岗增收工作。推广机械灭荒、深沟定位施肥等有效作业方式，对橡胶中小苗4龄苗以上采取公管的管理方式，降低劳动强度，提高劳动生产率。

油茶基地　2017年，农场抓好油茶产业基地建设。抓好开荒备耕工作。落实和规划好2017年66.67公顷油茶种植任务的开荒备耕。抓好油茶春种植工作，种植油茶66.6公顷6.9万株，新种油茶苗全部配套种植绿肥。抓好油茶基地配套设施建设抓好油茶果采摘和晾晒工作。农场统一采摘时间，将采摘和拣籽任务量化到人，结合综治队“红袖章”创建平安活动，确保茶果采摘和晾晒工作有序进行。加强油茶管理。强化修枝整形和病虫害防治工作，推广半月型施肥法高效作业方法，促进油茶速生快长和果率提高，油茶挂果率60%，2017年采摘油茶鲜果224.5吨、油茶干籽38.9吨。

民生工程　2017年，农场投入150万元建设基层生产队配套设施，其中路面硬化、水沟、球场、管网建设投入47.04万元，绿化、三通一平、太阳能路灯入102.96万元。投入200万元完善水库移民生产队基建工程，其中路面硬化5.49万元、文化室36.25万元、仓库76.93万元。投入200.22万元建设中学科学楼一座。投入180万元建设民生工程，其中街道办居委会安装6米、8米杆太阳能路灯工程投入56.83万元；街道办、12队水管网线安装投入43.45万元；11队、25队道路硬底化、16队新建简易广场、街道办、25队新建排污沟、25队羽毛球场、1、4、5、6、19队垃圾焚烧炉投入47.07万元；街道办新建6米水井投入41.41万元。

社会事业　2017年春节、重阳节日期间，农场走访慰问236人，发放慰问品及慰问金4.3万元，发放重大病职工医疗救助金7.5万元，对于原有低保进行重新核定，符合条件的有98户154人。抓好计生工作，增添办公设备和完善全面二孩服务管理工作，提高优生优育水平。年内政策生育率100%，人口出生率14.29；自然增长率8.67；社会抚养费70865.8元。安全生产工作，重点是做好监督落实工作、出现问题及时发出通知整改，全年实现安全生产零事故。和平医院的发展工作。新建农场医院住院楼一座，购入价值40多万元的医疗设备仪器。抓好学校交接地方准备工作，抓好教师的教学任务，教学质量有较大提高，年内，初中考上重点高中2人，小学升初中有6人达到重点中学分数线。巩固和加强内部治安管理，全年抓获违法犯罪人员29人，其中刑拘11人、行政拘留7人、强制隔离戒毒11人，破刑事案件4件、治安案件27件、调解民事纠纷2件。做好信访维稳工作，全年来访人员2例，在十九大和全国、省两会期间没有一例越级上访。

2017年和平农场领导班子成员名录

场长、党委副书记：李土振（任至11月）
郑晓初（12月任职）
党委书记：黄和双（任至12月）
党委委员、纪委书记、工会主席：吴明华
党委委员、副场长：张春霞
张勇清（任至5月）
周　业（11月任职）

（邹春龙）

【广东省新华农场】　创建于1952年，地处化州市平定镇，横跨化州市合江、平定、文楼镇和廉江市石角镇，与广西陆川县清湖镇接壤，省道285线贯穿其中，是茂名农垦重要的橡胶生产基地、油茶基地、畜牧基地和唯一的茶叶生产、观光旅游基地。2017年，农场土地总面积4853.33公顷，总人口7396人，在职职工581人（含临时工），离退休职工1848人，下辖单位33个，其中：农业生产单位

27个，茶厂1家，公司1家，中学1所和小学2所、一级甲等医院1家。农场主产业为橡胶、茶叶、油茶生产和生猪养殖，其中橡胶面积886.67公顷43万株（开割树22.9万株，中小苗20.1万株）；油茶面积1686.67公顷152.46万株；茶园面积122.1公顷；3万头养猪场1个；水果193.33公顷，林地866.67公顷。2017年通过抓好产业布局，利用精准扶贫项目，加快产业建设发展，橡胶产业优化提升，油茶产业规模壮大，有机茶叶规模扩大。2017年实现农垦社会总产值30380万元，增加569万元，增幅1.9%；完成农垦生产总值19603万元，增加375万元，增幅2%；营业总收入8567.22万元，实现利润总额276.2万元，同比增盈185.2万元%；2017年完成干胶362.66吨，与2016年持平；完成干茶35吨，同比增产9吨，增幅34.6%；收获油茶鲜果117.3吨，同比2016年增产89.5吨，增幅320.8%。职均收入32517元，增加1870元，增幅6.1%；人均收入17286元，增加760元，增幅4.6%。

产业发展　2017年，农场橡胶产业优化到886.67公顷40.77万株；油茶产业发展到1686.67公顷152.46万株；茶叶产业累计面积155.47公顷。茶文化体验区总体规划设计完成。

生产经营　2017年，农场全面推行橡胶开割树五天一刀新割制，试行六天一刀割制。通过定员、定岗、定株，人均割株2500株以上，人均割株比2016年增加600株。按照定岗定编以及扩岗减员的要求，实行大部分生产队只保留1名干部的做法，撤销副队长、辅导员、收胶员、仓管员等人员；对橡胶、油茶等一线员工进行扩岗，有效减少非生产性人员和生产性人员。强化全面预算管理，统筹安排好企业资金运作，坚持双签制度，执行先预算后支出，严控三公经费开支和非生产性项目开支，各项费用支出明显下降。

重点项目　2017年，农场通过合理规划，强化土地清理回收，抓好精准扶贫项目1200油茶种植、500茶叶扩种工作，产业结构进一步优化升级。利用美丽乡村建设项目对2队队部及2队茶园基地进行规划、整合，美丽乡村建设项目如期推进，取得阶段性成效。企业自筹资金完成2栋、10套民工房建设工作，做好8座天然橡胶收胶站建设工作，改善基层单位生产生活条件。利用一事一议、小城镇及民生基础建设政策改善职工安居环境。推进医院综合楼室内布置以及医疗器械购进安装等工作，医疗卫生条件明显改善。

土地管理　2017年，根据《茂名农垦局土地承包经营专项清理整治工作的通知》，农场对发包土地进行全面实地核查。通过核查，全场发包土地274宗（包含对内承包255宗，对外承包19宗），其中找到有档案土地承包合同207份，有收费没有承包合同67份。承包土地总面积合计399.63公顷，实地核查GPS测绘面积620.6公顷，面积相差220.97公顷。抓好土地侵占清理工作，全年出动500多人次清理侵占土地种植竹木、果树6.65万多株，回收当年被侵占土地31.67公顷。做好历史被侵占土地清理回收工作，2017年清理回收历史被侵占土地16.73公顷。

社企分离　2012年成立社区管理委员会以来，农场社区管理委员会开展农场社会职能内部分开等深化改革对接工作。通过学习培训、与其他试点单位交流，正做好社企分离、医院集团化整合和中小学校移交摸底调查、清产核资、教职工档案核查等工作。加强文教、卫生人员教育，稳定医、教职工队伍。

2017年广东省新华农场领导班子成员名录

场长、党委副书记：苏　武

党委书记：冯小林

副 场 长：肖广达（任至11月）

郑晓初（任至11月）

陈　伟

钟继艺（11月任职）

纪委书记、工会主席：李国强

（黄威奇）

【广东省新时代农场】　创建于1952年，位于化州市北部，横跨化州市那务、播扬、宝圩和高州市荷塘镇，北与广西壮族自治区北流市青湾镇接壤，是一个以生产天然橡胶为主产业的国有企业。2017年，农场推进农垦深化改革和产业发展，全年完成橡胶产品干胶1594.37吨；实现社会总产值37979万元，同比增加3004万元，增幅8.6%；实现国内生产总值23178万元，同比增加1807万元，增幅8.5%；全年职均收入47146元，同比增加2643元，增幅5.9%；营业收入3303.28万元，同比增加258.18万元，增幅

8.5%。

橡胶产业有新提升　农场把好橡胶开割树基础管理关，提高橡胶产胶潜力。2017年在适当降低开割树肥料投入成本的基础上，进一步规范施肥技术，召开施肥现场会，布置工作要求，提高施肥质量。按照开割树1.2公斤/株，中小苗一龄苗4公斤/株，二至四龄苗1公斤/株，五龄苗以上0.5公斤/株标准施生物基肥；开割树分别按0.25公斤/株、0.2公斤/株的标准追施复合肥和尿素。把好“两病”防治关，确保正常开割。2017年，农场抓早完成对全场81台喷粉机的保养工作。橡胶树“两病”防治工作从2月12日开始，到6月底结束，累计喷粉9次（局部11次），配比使用硫磺粉131.575吨，代森锌6.62吨，多菌灵1.032吨。由于橡胶树落叶不整齐，橡胶树带病过冬现象普遍，年初阴雨天持续时间较长，防病工作难度加大，部分地区出现白粉病流行，最终防病指数20.4，属于重病年，防病效果不理想。把好割胶技术质量关，做到科学取胶、向技术要胶。做好老胶工复训和新胶工培训工作，全年全场累计培训新老胶工331人，新胶工割技等级均达到良好水平。开展劳动竞赛，调动干部职工夺胶积极性。每月坚持组织召开夺胶竞赛总结会，对每月完成1500吨指标且排名前5名的生产队进行奖励。

提高中小苗管理水平　农场打造第三代绿色生态胶园。新种“热研7-33-97”2.65万株，每株小苗配种2株葛藤，配种葛藤近5.3万株，实行葛藤全覆盖，打造绿色生态胶园。推广葛藤生态覆盖，提高肥力保水保土。2017年，农场1-3龄苗全部实现葛藤覆盖，最大限度发挥葛藤保水保土、提高肥料利用效率及降低生产成本等作用。实行岗位责任制，提高管理水平。实行作业量定额制度，定岗、定员、定费用、定增粗和保苗率，明确管理目标和任务；落实中小苗施肥出入库和把好施肥验收关，保证投入到位、管理到位，全场中小苗生势良好，平均增粗5.8厘米。

畜牧产业有新进展　2017年，农场优化产业结构，促进橡胶产业发展，推进畜牧业发展。配合广垦畜牧公司推进2队生猪养殖基地建设，总投资8451万元，其中：中央投资582万元、自筹7869万元。项目建设面积44419平方米，其中猪舍42111平方米、辅助用房2308平方米；配套建设道路、赶猪道、围墙、水电工程、污水处理等附属工程；配套各类猪舍设备42套、附属设备12套，环保配套治理设施工程完成70%。设备安装调试完成，12月28日第一批818头优良种母猪顺利进场，2队生猪养殖基地项目正式投产。

打造农场生态文明示范区　推进场部职工安居工程建设。2017年新建硬底化道路4.55千米；新增绿化面积1710平方米；投入80万元，在场部第二移民村、9队安装路灯24盏；在5队、9队新建文化室2间；在16队建挡土墙408立方米，排水沟140米。推进生产队安居工程建设。新增绿化面积1000平方米，新安装太阳能路灯142盏，新建职工文化室3栋共计300平方米、道路900米、挡土墙900立方米、排污沟渠450米及公共厕所1座，新建设等级外道路26.7千米，维修等级外道路34.6千米。加大环境整治力度。2017年发动职工群众1300人次，清运及填埋垃圾210吨，建立社区相关环境卫生管理制度100多条。

2017年广东省新时代农场领导班子成员名录

场长、党委副书记：李林洲

党委书记：周永杰（任至11月）

工会主席、纪委书记：李家栋

副 场 长：莫　辉

　　　　　王晓辉

（陈玉陶）

【广东省红峰农场】　地处化州市官桥镇，始建于1959年，主营天然橡胶，兼营生猪及南亚水果，是茂名垦区的主要橡胶生产基地、万头优质瘦肉型猪养殖基地和国家级现代农业示范区。2017年有人口6398人，其中在职职工614人，退休1607人；土地3720公顷（橡胶2911公顷，水果66.67公顷）；下设22个农业生产队、5个直属单位；年产干胶近千吨、出栏肉猪26629头、各类水果114吨；利润约500万元，劳均收入26563元。2017年全场实现生产总值26710万元，营业总收入8383.4万元，利润总额盈利76万元，比上年有一定幅度的增长，经济总量呈现稳中向好、好中向优的发展态势。主导产业不断壮大，干胶产量完成755.3吨目标任务，自主产品收入13776万元。

推进深化改革　按照广东农垦办社会职能改

革实施方案的要求，该场开展基础教育移交前期工作，整理、完善教育人员相关资料，明确移交人员名额、编制等，确保稳妥、有序、顺利移交。公车改革全面完成，压缩公务用车，全年节省经费8.6万元。领导用车功能转变为业务保障和生产经营，公车实行集中管理，统一调配。

产业发展 2017年，农场继续更新淘汰疏残低产老胶园104.87公顷，完成茂名农垦局预定目标任务131%，新植速生、高产、高抗橡胶优良品种3.1万株，继续扩大第三代胶园总体规模和优良品系比例，进一步夯实橡胶主产业基础。实行科技创新，狠抓高效低频新割制示范岗建设，建成2队300亩七天一刀新割制技术示范区，辐射、推动全场第三代胶园20多万株新生代橡胶树的割制改革，降本增效，为企业发展积蓄更大潜力。投入5万元举办橡胶树基础理论与割胶技术培训班，对全场150多人次进行全面强化培训。

创建平安社区 2017年，农场吸取“10·27”火灾事故教训，增强安全生产防范意识，形成人人参与，共建平安红峰的浓厚社会氛围。执行信访维稳工作条例和垦区十九大期间维稳安保信访信息“零报告”制度，开展领导干部接访、约访、下访和巡访活动，为党的十九大顺利召开和农场经济发展创造良好的社会治安环境。建立土地巡查制度，开展土地巡查监察，制止土地违法行为11宗。

加强重点项目建设 2017年，农场投资456万元的红峰医院门诊住院楼竣工并交付使用，100万元医疗设备购置项目落地完工；建成红峰中学围墙196.8米、公共厕所1座、文化长廊129.3米；三通一平、供电工程和挡土围墙等水库移民后期扶持资金111万元的建设目标达成；一事一议财政奖补资金158万元的公益性事业项目，包括道路、环卫工程、路灯照明和视频监控系统等竣工。困难职工、弱势群体保障水平大幅提高，其中城乡低保51户，全年发放低保金46.8万元；大病救助22人，发放救助金5.2万元；残疾人员安置60人，发放安置金1.1万元。城乡居民医疗保险参保人员稳中有增，全场参保人数2035人，覆盖范围进一步扩大。

加强生态文明建设 2017年，农场抓好中央环保督察反馈问题的整改，开展生态环境综合整治，投入37万余元对18队泥场进行围蔽和复绿，前期整治目标初步达成。抓好化州市禽畜养殖区域划定和禽畜养殖污染整治工作，拆除禁养区内生猪养殖场3户，对限养区内的1户养殖场进行重点、达标整治，生态环境逐渐改善。抓好文明示范队的建设，投入15万元对4队进行绿化、净化、亮化、美化改造，营造良好居住环境。

强化土地管理 进一步规范农场土地管理，落实国土、生产、保卫等职能部门管理权限与职责，提高土地利用效率和经济效益，修订施行《广东省红峰农场土地经营管理办法》，进一步明确了国有农场土地使用用途、经营范围、申请使用程序、承包期限、合同履行情况、主体责任落实等。全面规范农场土地承包经营行为，开展土地承包经营专项清理整治工作，对土地承包面积、期限、承包费标准、承包费到账、合同履行情况等进行核查、清理、整治，防止土地资源和收益流失，全场80户果园承包户进行逐一核查，实际使用面积比承包面积增加38.96公顷，历史拖欠租金追缴10万余元。

2017年广东省红峰农场领导班子成员名录

场　　长：谢伟标（任至11月）
　　　　　黎俊雄（11月任职）
党委书记：黄奕军
副 场 长：廖　标
　　　　　黄庆锋（任至11月）
　　　　　温怀荣（11月任职）
场长助理：温怀荣（任至10月）

（陈忠华）

水利事业

【概况】 化州市水务局位于东山街道办站前路188号，建筑面积4937平方米。内设11个机构，分别为办公室、人事股、政策法规股、规划计划股、财务审计股、水资源管理股、工程建设与管理股、水土保持股、农村水利股、农电管理股、河湖管理股。化州市人民政府防汛防旱防风指挥部办公室和化州市水库移民工作办公室为挂靠单位。化州市水务局编制26人，2017年有在册职工36人，其中副科以上领导干部9人，工程师13人。

【小型水库除险加固工程】 2017年，化州市大营水库、担水塘水库、大陂水库、石壁水库、大塘口水库、石罗水水库、亚婆埒水库、白沙塘水库、石坑塘水库、旺义塘水库、三了水库、南塘水库、白花庙水库、龙沟启水库、水良塘水库、下南埇水库、油渣塘水库、平山塘水库、龙谷埚水库、东边月水库、羊埇水库、荷木甬、廿十四岭水库、天六水库、旧窖塘、文岭共26宗小（2）水库列入省小型水库除险加固计划，工程总投资2860万元。工程建设内容为坝体加固、新建棱体排水及完善排水设施、加固溢洪道、重建输水涵管、新建溢洪道、完善大坝观测设施等。至2017年底，26宗水库加固工程均完工，进入验收阶段。

【化州市农村学校师生饮水安全工程】 化州市农村学校师生饮水安全工程涉及全市23个镇（区、街道）的237家小学，解决饮水不安全人数12.1277万人。工程的水源大部分取自各镇（区、街道）的集中式供水水厂，小部分取用地下水，工程主要建设内容为：205宗农村学校饮水扩网工程，31宗挖井工程及3宗水厂厂区改造工程等，2017年进行工程验收资料整理工作。

【中小河流整治工程】 化州市境内集雨面积50平方千米以上的中小河流有26条，河流总长666千米，主要分属鉴江水系、九州江水系和良田河水系。纳入省中小河流治理（二期）实施方案的项目有28宗，规划治理河道总长350.7千米，护岸总长563.5千米，总投资7.6亿元。2017年，化州市列入省中小河流治理（二期）第一批项目的石滩河、官桥河治理工程全部动工建设，完成项目测量、地质勘查、初步设计、环评、土地预审、施工招标等前期工作。旺岭河、石湾河、罗江（宝圩段）、平定水（文楼段）等治理工程加快推进。

【化州市中垌镇化橘红种植基地高效节水灌溉项目】 中垌镇化橘红种植基地高效节水灌溉项目位于化州市中垌镇石岭、高峰两个村委会内，工程设计灌溉范围为项目区内12个大区62座山岭，设计灌溉面积666.67公顷，其中改造现有山岭灌溉设施面积446.67公顷，新建灌溉系统山岭面积220公顷，全部采用滴灌的节水灌溉方式。主要建设内容包括：新建13.6㎡抽水泵站18座，改建、新建蓄水池33座，新建18座抽水泵房共245平方米，铺设PPRΦ90mm给水管7.968千米，PVCΦ160mm干管5.319千米，PVCΦ110mm干管4.879千米，PVCΦ90mm干管0.194千米；pcvΦ63支管道15.4千米，pvcΦ50支管道1.9千米；PE滴灌带Φ20滴管带554.4千米；新建供电设备2套：S11-80KVA/10KV变压器设备1套，S11-100KVA/10KV变压器设备1套；架设高压线4千米、低压线5千米，初步设计批复概算总投资2045.69万元。

【村村通自来水工程】 2017年，化州市村村通自来水工程总投资78489万元，规划新建水厂3宗、改扩建及更新改造集中式水厂19宗，建设小型集中供水工程13宗、水塔32座、加压泵站10宗，铺设管网4123.2千米。大规模集中供水厂覆盖337个行政村，小型集中供水工程涉及2个镇覆盖13个行政村，供水规模为121025立方米每日，供水农村人口155.74万人。

【水库移民后期扶持工作】 2017年，化州市有移民人数12327户58096人，主要分布在新安、中垌、那务、南盛、同庆、东山、鉴江、文楼、良光、平定、笪桥、合江、江湖、石湾、杨梅15个镇（区、街道）69个村委会227条自然村。其中，大中型水库移民主要分布在新安、中垌、那务、南盛、同庆、东山、鉴江、文楼、良光、平定10个镇（区、街道）40个村委会130条自然村共6446户28112人；小型水库移民主要分布在新安、中垌、文楼、良光、笪桥、合江、江湖、石湾、杨梅9个镇（区、街道）29个村委会97条自然村共5879户29984人。2017年度水库移民后期扶持工程计划投入资金4485万元，完成2671.14万元。其中，完成道路工程15.67千米、水陂1处、填塘工程1处、农桥1处；硬底化1处、文化戏台1处、文化室工程1处、滑坡治理1处、商铺1处、挡土墙工程3处、晒地工程2处、排水1处、太阳能路灯79盏，总受益人口16846人。

【水行政执法工作】 2017年，化州市水务局没收非法所得3.45万元，行政处罚15万元，征缴、追缴水资源费38.7万元。全年进行河道采砂日常巡查518

次，派出巡查人员2072人次，车辆532台次，出动船只6艘次，巡查路程50780千米。开展执法行动22次，出动执法车辆65辆次，执法人员330人次，查扣非法装载河砂车6辆，就地拆除摧毁抽砂机头泵17台，强制清理违法采砂点11个。

2017年化州市水务局领导班子成员名录

党组书记、局长：董志鹏
党组成员、副局长：刘付有寿
陈　伟
凌伟辉
钟　伟（1月任职）
党组成员、总工程师：陈　东（7月任职）
党组成员、自来水公司经理：杨　权
党组成员、三防办主任：杨国泉
党组成员、移民办主任：黄星杰

（董文静）

城市供水

【概况】 化州市自来水公司设职能机构13个：办公室、人事股、财务股、生产技术股、供应股、供水厂、客户服务中心、管网监测维护股、保卫监察股、安装队、化验室、丽岗供水站、杨梅供水站，主要经营供水、安装、维修服务。2017年，有在职员工203人，退休员工112人，固定资产原值11237万元。日供水能力5万立方米，供水水质合格率99%以上，供水覆盖面积325.87平方千米，口径DN80以上的供水管线228.947千米，口径DN80以下的供水管线284.58千米。用水户66405户，新安装入户水表6710户，全年供水水量2051万立方米，销售水量1675万立方米，销售收入3035万元。

【供水情况】 化州市供水厂出厂水水质实行四级监控，确保水质符合国家饮用水标准。每月对全市管网水检测2次末梢水检测1次，同时委托市疾病预防控制中心每月对全市末梢水进行检测，确保出厂水全分析指标检验综合合格率达99.3%以上，管网水常规指标综合合格率达99.1%以上，各项检测数据显示均符合《生活饮用水卫生标准》。2017年，全市售水1675万立方米，其中生活用水1206万立方米，行政用水113万立方米，工业用水61万立方米，基建用水66万立方米，商业用水199万立方米，其他用水30万立方米，同比增长3.59%。

2017年化州市自来水公司售水量情况表

各类售水量	2017年售水量（万立方米）	比率（%）	2016年售水量（万立方米）	比率（%）	2017年比上年同期增减（%）
生活用水	1206	72	1121	69.33	7.58
工业用水	61	3.64	62	3.83	–1.67
行政用水	113	6.75	116	7.17	–2.59
商业用水	199	11.88	149	9.22	33.56
基建用水	66	3.94	60	3.71	10
其他用水	30	1.79	109	6.74	–72.48
合计	1675	100	1617	100	3.59

【水厂扩容】 2017年，化州市自来水公司水厂扩容及城区管网扩改项目（水厂标段）工程建设项目全面进入施工阶段，12月完成主体工程量的45%。该工程建成后，水厂日供水量将扩容至9.8万吨，改善市区的供水能力和质量，缓解化州市高峰供水量与水压不足问题，确保正常优质供水。12月，茅岭高低排渠污水口下移300米，原排污口位置动工建筑一条砼坝，安装闸门调度，建成后可缓解茅岭高低排渠污染压力。

【管网建设和改造】 2017年2月，化州市自来水公司在北岸大桥头改造安装一条60米长的DN800PE供水管线，于3月完工投入使用。3月，从北京路发展银行边至登高小区安装一条170米长的DN150PE供水管线，在橘州幼儿园安装一条60米长的DN200PVC供水管线，均于3月完工投入使用。5月，在下郭梅桔小区第四期安装一条172米长的DN150PVC供水管线，于6月完工投入使用。7月，在碧桂园安装一条490米长的DN200PE供水管线，于8月完工投入使用。8月，在北岸界排村安装一条216米长的DN150PVC供水管线，于8月完工投入使用。8月，在茅岭商住小区安装一条478米长的DN300PE供水管线，于9月完工投入使用。10月，迁移汕湛高速丽岗管道，安装一条440米长的DN300球墨管供水管线，于10月完工投入使用。10月，改造远航花园小区段供水管线300米，替换为DN100PVC管，于10月完工投入使用。2017年，化州市自来水公司口径DN80以上的供水管线增长3627米，口径DN80以下的供水管线增长16.18千米。

【服务窗口建设】 2017年，化州市自来水公司对客户服务中心的电脑主机更新换代，购买服务器及防火墙等软件，建设网上查询系统；7月，推广电子发票；10月，开通网上查询及微信支付水费的服务，实现信息发布、水费缴交、用水知识宣传等信息传递，管道抢修通过微信及时发布停水公告，计划停水提前24小时通过电视台、微信、短信等多种方式告知用户，用户可以随时随地查询用水情况并缴交水费。

【安全生产】 2017年，化州市自来水公司完善和修订内部安全生产管理制度、生产操作规程、部门岗位责任制。组织员工召开《自来水公司应急预案学习动员会议》，学习《消防安全知识》《城区供水应急预案》《突发性水质应急预案》和《化州市自来水公司水源突发水质事故或异常应急处理预案》等内容。制定详细的安全生产目标和消防安全目标，公司职工签订安全生产责任书，全年签订安全生产责任书203份。公司对制水厂区坚持每月定期排查与不定期安全巡查、重点时段专项检查相结合进行安全检查，对检查情况及时整改、消除隐患，并向相关责任部门下发《整改通知书》，明确隐患整治内容、责任部门、整改期限、整改要求、责任人、整改验收责任人，全年下达安全隐患整改通知书42份，并全部完成整改工作。提高消防建设，邀请市消防支队的教官到公司开展消防安全知识讲座培训和演练198人次。全年全市实现安全、优质供水。

2017年化州市自来水公司领导班子成员名单

经　　理：杨　权

党支部书记：董祖振

党支部委员、副经理：郑小浩

赖汉德

徐衍文

党支部委员、工会主席：周　菊

（陈洁华）

农业机械推广

【概况】 化州市农机发展服务中心原址在化州市河西街道办凤泉路一横巷27号，2017年12月整体搬迁到新址河东橘城北路18号，新址建筑面积200平方米，下设3个科室，编制10人，其中公务员1人，事业编制6人。2017年，化州市农机部门实施省人大《关于扶持农业机械化发展议案》，推广农机先进适用技术。通过在笪桥召开的农业机械化现场、演示会和组织大中小型拖拉机、水稻联合收割机、插秧机、旋耕机、起垄机、鱼塘增氧机、投饵机等各类先进农机具进行引进试验、示范、宣传和推广使用。至2017年底，全市拥有农业机械总动力436521千瓦，机耕面积741691公顷，全市机耕水平87.08%，机收面积40869公顷，全市机械水稻收割水平85.13%。

【农业机械购置财政补贴】 2017年，化州市争取到农业机械购置财政补贴资金500万元，主要对农民购置农业机械进行补贴，带动农民投资农业机械1650多万元。是年，通过实施农机购机补贴项目，全市增加大中小型拖拉机50台，水稻联合收获机22台，微耕机1100台、旋耕机55台，其他各类先进农机具共1227台（套）。

2017年化州市农机发展服务中心领导班子成员名录

党支部书记、主任：李亚福（任至10月）

汲广东（10月任职）

（方妙苗）

气象事业

【概况】 化州市气象局位于广东省化州市河西街道丰木岭（山顶），位于北纬21° 39′，东经110° 37′，海拔高度32.2米，占地总面积10432.21平方米。2017年，化州市气象局秉承“你的冷暖，在我心中，你若安好，便是晴天”的服务理念，以“准确、及时、创新、奉献”的气象精神做好各项气象服务工作。

【气象宣传】 2017年3月18日，化州市气象局在局大院举办以“观云识天”为主题的世界气象日开放活动。4月13日，参加广东省文化科技卫生“三下乡”科普进校园、进社区活动（茂名站）。5月12日，防灾减灾日组织开展防灾知识进乡镇、社区、学校宣传活动。修订《2017年化州市气象公共服务白皮书》，制作网页版微杂志，利用手机网页，微信等推广，在化州市人民政府网站公开发布。日常通过电视、电台、“12121”电话、手机短信、电子显示屏、微博、微信、农村气象大喇叭等方式向社会发布各种气象科普信息。

【涉农气象科研】 2017年，化州市气象局加强科研技术成果总结，促进科研成果业务转化，通过加大涉农气象科技的应用研究，提升气象为农服务能力。与农业部门联合开展研究的项目《南方水稻黑条矮缩病发生规律及防控关键技术研究与应用》及时业务转化应用，进行科技成果登记，获得广东省农业技术推广奖二等奖和茂名市科学技术奖二等奖。

【全年气候特点】 2017年，化州市总体天气气候特征是“开汛早、强降水时空分布不均，台风数量多，气温偏高，高温日数多、降水接近常年”。全市平均气温为24.0℃，比常年平均偏高1.0℃。全市高温日数20天，较常年平均值多13天。全市年降水量1966.6毫米，接近常年，强降水时空分布不均，其中6—7月降水严重偏多，全年有6次大范围强降水、4次局部强降水，有“塔拉斯”“天鸽”“帕卡”“卡努”4个台风影响。

【2017年天气气候事件及影响】 2017年6月10—22日连续13天化州市出现较明显的强降水，其中累积雨量达200毫米以上的站点有12个，播扬录得全市最大累积雨量409.6毫米，全市多个乡镇（区、街道）受灾严重。8月，台风“天鸽”带来全市性大暴雨，22日20时至24日16时化州市普降暴雨到大暴雨，100毫米以上站点有20个：播扬（185毫米）、南盛（171毫米）、中垌兰山（168毫米）、平定（166毫米）、同庆（160毫米）、丽岗（178毫米）、那务（157毫米）、中垌（137毫米）、文楼（136毫米）、林尘（136毫米）、官桥（127毫米）、新安横岭下（124毫米）、市区（122毫米）、名富果业（114毫米）、宝圩（114毫米）、平定大车（107毫米）、新安（105毫米）、合江（104毫米）、杨梅（102毫米）、文楼樟平（100毫米）。9月，化州市高温日数6天，打破1959年有气象记录以来的最高纪录，全市多地破同期最高气象纪录。10月，受秋台“卡努”影响，化州市出现6到7级阵风，最大风力站点为文楼23.2米/秒（9级），15日8时至17日8时普降大到暴雨，最大为同庆74毫米。11月，化州市日照时数82.4小时，打破1959年有气象记录以来的最低纪录。

【防灾减灾、重大灾害性和关键性天气预报服务】 2017年，化州市气象局做好重大活动气象保障服务，全年启动台风Ⅳ级应急响应2次、台风Ⅲ级应急响应3次，启动一线带班19次，发布《重大气象信息快报》48份、《天气报告》62份、《春运专报》8份、《重大气象信息专报》4份、《高中考专报》7份、《春耕春播专报》3份，与化州市国土资源局联合发布《地质灾害气象风险预警》22份；通过省突平台发布决策短信529条、114万多人次。全年通过气象预警平台（手机短信）、12121电话、气象网站、微博等方式对外向公众发布各种预警信号144次。其中，暴雨黄色预警信号40次，暴雨橙色预警信号11次，暴雨红色预警信号3次；雷雨大风蓝色预警信号42次，雷雨大风黄色预警信号8次；台风白色预警5次，台风蓝色预警5次，台风黄色预警3次，台风橙色预警1次；高温黄色预警7次，高温橙色预警1次；大雾黄色预警信号3次；寒冷黄色预警信号6次；森林火险黄色6次，森林火险橙色3次。

2017年化州市气象局领导班子成员名录

党组书记、局长：颜松毅

副　局　长：陈蔚翔

党组成员、纪检组长：彭荣南（6月任职）

党组成员、局长助理：陈　冰

局长助理：马路金

（陈　冰）

防震减灾

【震灾预防和紧急紧急救援体系建设】　防震减灾工作事关人民群众的生命安全、国家安全和社会稳定。为确保地震应急工作高效有序进行，最大限度减少地震灾害造成的人员伤亡和经济损失。2017年12月27日，化州市人民政府新修订《化州市破坏性地震应急预案》。

【防灾减灾宣传】　2017年5月12日是中国第九个防灾减灾日，5月9—15日为“防灾减灾宣传周”，该年的主题是“减少灾害风险 建设安全城市”。化州市地震办围绕宣传活动主题，弘扬中国传统防灾减灾文化，坚持以人为本、预防为主，以保障人民群众生命财产为根本，以预防和应对突发性灾害事件为重点，普及防灾减灾知识和避灾自救技能，增强市民防灾减灾观念，全面提升市民应对各类灾害事件的防范意识和自我保护能力。5月12日，该办与茂名市地震局、化州市气象局在兆康时代广场门前开展2017年“防灾减灾日”科普宣传活动。活动现场发放防震减灾知识手册并解答市民的相关问题；悬挂宣传标语，营造防灾减灾活动氛围和利用网络、电视宣传防灾减灾知识。

【地震预警】　根据广东省地震预警与烈度速报台网建设项目安排，2017年10月，化州市地震办及化一小被列为“地震预警与烈度速报信息接收终端”的示范使用单位。烈度速报系统则是通过各个观测点反馈回来的震动强烈程度，在震后十分钟左右快速确定地震强烈程度的分布情况，为灾情估算和救灾部署提供依据。

工　业

【概况】　化州市立足本地特色资源和传统产业基础，推动传统产业转型升级，走出一条“优势突出、产业集聚、布局合理、质量提升”的工业主导产业发展新路子，农副产品加工、金融制品、医药制药与健康、矿产资源加工等四大工业主导产业齐头并进、加速发展。2017年四大主导产业产值166.14亿元，四大主导产业增加值55.49亿元。

【农副产品加工产业】　2017年，化州市有规模以上农副产品加工企业62家，产值102.13亿元。其中，水产品加工企业6家，产值28.08亿元；规模以上木材加工企业23家，产值31.26亿元；规模以上缫丝制品企业3家，产值5.23亿元；规模以上制糖企业2家，产值3.88亿元；规模以上月饼糕点生产企业5家，产值8.61亿元；规模以上饲料加工企业7家，产值15.47亿元。骨干企业主要有：广东恒兴水产科技有限公司、广东雨嘉水产食品有限公司、化州市新海水产有限公司、化州昌茂木业有限公司，化州市中元木业有限公司，化州市中大木业制品有限公司、广东耀明糖业有限公司，化州市笪桥糖业有限公司、化州市丽登饼业有限公司、化州市海龙阁餐饮有限公司食品分公司、广东橘洲饼业有限公司、化州市恒远茧丝有限公司、化州市鹏程茧丝有限公司、化州市九仕坡茧丝有限公司、茂名市恒兴饲料有限公司等。

【金属制品产业】　2017年，化州市有以具备年产10万吨不锈钢管材综合生产能力的广东昌华海利科技有限公司为龙头的金属加工规模以上企业17家，从业人员2000多人，2017年产值28.04亿元。产品主要是以不锈钢管、板、五金配件；门业则以锌合金门、电解板门为主。骨干企业主要有：广东昌华海利科技有限公司、化州市英煌不锈钢制管有限公司、化州市铭波不锈钢有限公司、化州市荣利门业有限公司等。

【医药制药与健康产业】　化州市有中药、中药饮片、明胶、胶原蛋白等规模以上企业14家，2017年产值18.02亿元。骨干企业主要有广东化州中药厂制药有限公司、化州市济群药业有限公司、化州市华聪药业有限公司、化州市健群药业有限公司、广东百维生物科技有限公司、广东明洋明胶有限公司、广东欧帝玛生物工程有限公司等。

【矿产资源加工产业】　化州市有规模以上矿产加工企业11家，2017年产值17.95亿元，其中以碳酸钙为原料的规模以上加工企业3家，2017年实现产值9.39亿元。骨干企业主要有广东鑫钰矿业股份有限公司、化州市文楼龙发石场、化州市永利碳酸钙有限公司等。

2017年化州市科工商务局领导班子成员名录

党组书记、局长：凌晓文
党组成员、副局长：姚　勇（任至5月）
李　强（任至10月）
刘付海林
苏　兴

周火明

李瑞忠（10月任职）

党组成员：吴族盛

袁　勇

李明光

李海球

（化州市科工商务局）

【电力工业】 广东电网有限责任公司茂名化州供电局（以下简称化州供电局）是广东电网责任有限公司公司属下的分公司。原是广东电网公司属下的全资子公司，于2007年4月13日被广东电网公司接管。机构设置为9个职能部门、3个二级部门和18个供电所、4个营业点。2017年9月4日，根据《关于成立广东电网有限责任公司茂名电白供电局等15家县区供电局的通知》文件精神，成立广东电网有限责任公司茂名化州供电局，由全资子公司改为分公司，原机构设置不变，固定资产原值16.59亿元。化州境内有500千伏变电站1座，220千伏变电站2座，110千伏变电站13座，35千伏变电站3座。2017年，供电量完成13.18亿千瓦时，同比下降2.88%；售电量完成12.60亿千瓦时，同比下降2.35%。电网连续安全运行天数3840天，实现3个百日安全周期。2017年，化州供电局获得“广东省安全文化建设示范企业”“茂名供电局先进基层党组织”“茂名供电局安全生产先进单位”“化州市模范职工之家”等称号；杨梅供电所、合江供电所获得“广东电网公司2016年模范职工小家”，河东营业点、宝圩供电所获得“化州市模范职工小家”称号。

抢修复电　2017年3月5日，化州供电局响应茂名供电局支援信宜供电局消除低压隐患专项活动，成立战地指挥部，集结415名队员的支援队伍，于6日到信宜市开展工作，历时5天，完成消除低压隐患专项任务。

水电站自供区接收　2017年，化州供电局完成望宝岭水电站自供区和江边村水电站自供区的接收工作，化州供电局与11条自然村签订接收协议，全年投资640万元对接收自然村进行电网改造，提高供电可靠性。

智能电表轮换　至2017年12月底，化州市完成化州营业厅（河东、河西、石湾）、同庆、杨梅、中垌、笪桥、南盛、平定、兰山、官桥、新安等10个区域的智能电表轮换，共计轮换电表23万块，台区2200个，覆盖率100%；同步建设集抄调试，集抄调试率100%，完成上列全部区域的抄表工转岗。新换的电能表提高抄表数据的准确性，避免因人工错抄、抄表不及时给客户造成的麻烦；系统可自动定时抄表，提高抄表的实时性，为广大电力客户准确查询、灵活缴费、余额提醒等服务措施提供技术支撑平台；为国家节约能源、合理用电提供快速便捷的决策分析数据。通过系统，可以了解各地区实时用电情况，更科学合理地调节负荷，有效缩短客户停电时间；实现智能家居，客户可以通过网络即时查询用电情况，根据用电需求形成良好用电习惯。

抗风加固　2017年7月30日，化州供电局完成抗风加固项目的建设。该工程总投资5060万元，共65个项目。其中，组立电杆2143基、铁塔435基，防风拉线电杆278条，更换变台杆台区151个，解决沿海60千米范围防风能力不足的10千伏线路182千米，有效抵御卡努、天鸽等台风，经加固的10千伏线路无断倒杆，防风效果明显，保证电力供应。

配网工程　至2017年12月底，化州市完成基建配网投资1.45亿元（不包含修理和电表轮换），新建中压架空线路110.15千米，台区低压线路1941千米，新增变电容量6.866万伏安。其中，解决配变重过载13台，3640千伏安；更换残旧设备或线路（如更换高损坏配变等）39个；解决台区电压偏低问题97个台区；配电自动化项目91个；新建台区满足负荷增长115个，30670千伏安。

人才储备　根据《贯彻落实2011—2020年南方电网公司所属单位领导班子和干部队伍建设规划纲要实施意见》和《广东电网公司后备干部管理规定》等文件精神，严把审核关，在兼顾工作经验的基础上，更加注重选拔培养学历层次高的青年人才，通过综合能力测评，2017年选送20名青年后备人才（平均年龄30岁），到江门、阳江等单位交流对标培训，进一步加强化州供电局后备人才队伍建设。

2017年度广东电网茂名化州供电局售电量和售电结构一览表

单位：万千瓦时

各类售电量	2017年售电量	比重（%）	去年同期售电量	比重（%）	与同期比电量增长	与同期比电量增减（%）	与同期比比重增减（+/–）
大工业	34593.23	27.46	42030.71	32.58	–7437.48	–17.70	-5.12
非、普工业	16853.91	13.38	16557.77	12.83	296.14	1.79	0.55
农业生产用电	9297.51	7.38	8640.05	6.70	657.46	7.61	0.68
商业	11897.05	9.44	10856.52	8.42	1040.53	9.58	1.02
住宅	53163.18	42.20	50763.93	39.35	2399.25	4.73	2.85
稻田排灌	170.58	0.14	157.90	0.12	12.68	8.03	0.02
合计	125975.45	100.00	129006.88	100.00	–3031.43	–2.35	0.00

2017年广东电网有限责任公司茂名化州供电局领导班子成员名录

局长、党委副书记：朱子坤
党委书记、副局长、工会主席：陈宏辉
副协理员：梁　森
纪委书记：刘　群
副 局 长：贺　臣
　　　　　杨　帆

（李飞鸿）

交通·邮政

公路运输

【概况】 至2017年底，化州市境内有公路总里程2417.2千米，其中，高速公路2条共65.2千米，国道2条共80千米，省道2条共210千米，县道16条共192千米，乡道391条共1870千米；另有自然村道6770千米，硬底化2500千米，未硬底化4270千米。境内有铁路长39.5千米，有二级火车站1个。全市有货运公司15家，货运汽车2702辆；客运公司7家，拥有客车485辆；公共汽车公司1家，公共汽车32辆；出租车公司2家，出租车6辆；客运站场20个，其中，二级站2个（河东、河西），三级站3个（北岸、林尘、播扬），四级站4个（城北、中垌、那务、平定），其余为简易站；一级维修厂2家，二级维修厂21家；驾驶员培训学校4家。

【交通基础设施建设】 2017年，化州市有交通基础设施主要建设项目24项，完成投资25.28亿元，同比增长27.61%。

“一高一铁二纵三横”项目建设　2017年，“一高”（汕湛高速公路）项目建设基本完成，该高速公路全长45.2千米，年内完成投资23.2亿元，于12月28日通车。“一铁”（河茂铁路）电气化改造项目涉及化州市需要征地的点有23个，8.67公顷，2017年化州市完成土地移交铁路方施工的点有21个，共6公顷，完成投资920万元。“二纵”分别是玉林至茂名一级公路茂名段（省道277线化州市双坡至平定段、省道285线化州市平定至白鸠垌段）改建工程和机场大道新改建工程。玉林至茂名一级公路茂名段项目主线长78.1千米，新塘支线长1.2千米，全长79.3千米，总投资42亿元。2017年，该项目经化州市政府常务会议通过，采用PPP建设模式，完成项目立项，其中首期（城东快线）于8月动工建设，完成路基60%、桥涵58%，完成投资约3000万元，用地用林报批及环评、风险评估、压覆矿床、水土保持等评估工作和财政“两评一案”、PPP建设实施工作方案，招投标文书等编制工作在进行中。机场大道新改建工程分三期建设，第一期完成路基及桥涵工程的50%工程量，第二期完成施工招投标工作，第三期开始路线踏勘等前期工作，全线完成投资1.07亿元。“三横”（中垌至林尘公路、丽岗至官桥公路、良光（经杨梅）至同庆公路三条乡道升级改造）项目前期工作推进。

大风岭森林公园景区道路建设　景区内规划道路9条，全长21.5千米。首期建设A、B、C、D、E五条道路（含绿道），长11.5千米，2017年完成1：2000地形测量、路线平面及纵断面设计及施工预算。景区外道路暂定2条，其中，汕湛高速丽岗出口至大风岭连接线3.75千米于年内完成项目建议书，与汕湛高速公路业主单位初议纳入高速公路配套工程建设；省道285线化州市区至绿能环保发电厂建设工程9.5千米，完成工程建设方案。

国、省道改造工程　2017年，化州市有在建的国、省道项目改造修复工程共4项。省道284线石板至宝墟道班段路面改造工程全长5.6千米，总投资1099万元，年内完成砼路面加铺2.3公里，完成投资

989万元。国道207线化州段养护示范路工程全长24.6千米，工程总投资1642万元，年内完成工程投资600万元。省道285线段塘坑至合江段灾毁修复工程全长8.1千米，总投资796.58万元，年内完成投资334.5万元。省道283松仙线全长0.83千米，总投资1996万元，年内完成路基填方8000立方米，涵洞1/2座，完成工程投资30万元。

县乡道路及危桥改造等工程项目建设　2017年，化州市有在建的县乡道路及危桥改造项目15个，其中，公路7个，桥梁2座，危桥改造6项，完成投资约1000万元。

新农村公路路面硬底化项目　2017年，化州市完成80千米农村公路硬底化，完成投资3200万元。

【三项民生实事推进】　2017年，化州市发展城乡公共交通，完成窄路面加宽40千米，完成20个行政村通客车；茂化公交实现网络互联互通，乘客可通过手机信息平台查阅该线路班车到站时间及运行情况。发展农村交通，推进“四好农村路”建设，实现农村公路建养管运协同发展；加强农村公路养护管理，镇（区、街道）落实农村公路管理养护主体责任，农村公路管养工作基本步入常态化，“行政村通客车”得到巩固，农村客运持续稳定发展。开展行业文明创建，在春节及清明节、中考、高考等特殊时段，公交车、出租车开展专线服务、志愿服务；在全行业开展“十行百佳”“最美驾驶员”等文明创建活动。

【法治交通建设】　2017年，化州市运输市场秩序正常，公路路产路权完好。全年全市查处各类违法案件1460宗，其中，查处超限超载896宗，查处非法改装84宗，查处非法营运50宗，查处违法建设45宗，查处其他案件570宗，卸载货物13090吨。

交通法治宣传教育　2017年，化州市交通运输局举办各类法治培训6次，培训近200人次，提升干部队伍依法行政意识；制定交通“七五”普法规划。结合行业特点，在出租车汽车、公交车、客运车辆上张贴法制宣传标语，汽车站、码头等公共场所电子显示屏循环播放法制标语，向服务对象发放法治宣传卡片8000余张。

交通法治机制健全　2017年，化州市交通运输局深化行政审批改革，简化审批流程；细化行政职权清理，组织开展市级交通运输行政权力和政务服务事项清理工作，对交通行政处罚、行政审批等事项集中建立信息档案，规范行业管理行为；强化行政执法评议，建立健全行政执法评议考核制度，定期采取交叉检查的方式组织全系统执法部门互相查找问题、交流经验、督促整改，重点开展执法案卷评查，督促各执法单位每月自查、各业务部门每季度检查、半年集中评查，提升执法案卷规范化水平；开设“指尖办公室”，建立执法微信群，做到即时反馈，即时雷霆出击，促进执法成效。

交通运输行业管理加强　2017年，化州市加强交通运输安全监管，全年全市交通运输行业安全态势平稳，无较大以上安全生产事故发生。抓好“平安春运”工作，落实重大节假日运输应急保障方案，督促汽车客运站健全和落实安全生产制度，落实“三不进站，六不出站”的安全工作制度，加大隐患排查治理力度。开展常态化行业安全生产大检查，深入企业、施工现场、站场、渡口渡船的检查督促，排查治理安全隐患。重点利用GPS系统24小时加强对客货运输车辆的监管，对辖区内货运企业包括危险品运输企业进行普查统计和安全检查，全市危险品运输车辆、重型货车、教练车、客运车辆全部安装带卫星定位行驶记录仪。每月对辖区危险品运输企业的安全管理措施落实情况和安全教育进行督查。强化客货运输管理，强化队伍建设，规范行政执法行为，打造诚信客运管理。全年举办驾驶员培训班8期，邀请有关专家为从业人员授课，培训驾驶员20904人；开展安全宣传，发放宣传资料10000余份；加大道路运输市场整治力度；加强对维修行业及驶校的管理；加强对汽车维修、驾校的行业管理。

法治交通构建　2017年，化州市交通运输局联合开展超限运输治理。联合公安、工商、国土、安监等部门集中开展车辆超限运输专项治理，实行“四个一律”（对超限车辆一律严查、一律卸货、一律行政处罚、一律强制切割加高墙板），强化源头治超、路面治超、科技治超，遏制车辆超限运输等违法行为。打击车辆非法营运。全年全市出动执法车辆216车次，执法人员917人次，查扣非法营运车辆46辆，净化运输市场环境。全面推进平安交通建设。开展交通安全隐患大排查、大整治，对车站、码头、危货企业、建设项目等重点部位进行隐患排查、安全巡查，全年下发整改通知书46份，逐一督促整改销号。

2017年化州市交通运输局领导班子成员名录

党委书记、局长：刘积权（1月任职）
党委委员、副局长：李　瑜
林　森（任至12月）
戴　广
袁　滔（7月任职）
姚华锋（12月任职）
党委委员、纪委书记：黎国伟（任至12月）
党委委员、总工程师：黄伟国（任至6月）
陈　波（11月任职）
综合行政执法局局长：姚华锋
党委委员、工会主席：吴广新
党委委员：张剑雄

（庞志超）

茂名市化州公路局

【概况】　茂名市化州公路局隶属茂名市公路管理局垂直管理，参照公务员管理的正科级事业单位，内设人事股、行政股、财务审计股、养建股、安全保卫股、路政股（挂路政所牌）、工会等7个股室，基层设1个工程队、2个养护中心，养护中心下辖15个养护站，分布在各镇（区）公路沿线。年内，有在编人数291人。该局主要负责国、省道及部分县道公路的规划、养护、建设、路政管理。管养化州境内国道207线35.29千米，省道285线42.94千米、284线89.78千米、372线13.7千米，县道620、660、729线共19.82千米，乡道011、012、013线共9.87千米。管养总里程211.34千米，其中，水泥混凝土路面公路163.75千米，沥青路面公路47.59千米。

【公路建设】　2017年，茂名市化州公路局实施省道284线石板至宝圩道班段路面改造工程，项目全长5.6千米，总投资1099万元，年内完成主体工程。实施国道207线化州段养护示范路工程，项目全长24.6千米，总投资1642万元，完成砼路面挖补工程28665平方米，交通安全设施路面标线1779平方米、安装标志牌148块，工程进度完成50%。实施省道285线塘坑至合江段灾毁修复工程，总投资796.58万元，2017年9月动工建设，完成全幅基层3.2千米、单幅砼面层4.8千米，工程进度66%。实施县道平文线（X620）线路面改善工程（二期），对K1+600～K6+100段4.5千米沥青路面进行沥青表处及局部挖补，总投资92.3万元，完成沥青表面处治1.8千米，工程进度21%。实施省道284线宝圩至播扬段灾害防治工程，项目全长12千米，总投资973.7万元，对该路段两侧2×1.5米路肩硬化加宽，完善相关标志标线，完成半幅基层1.38千米水泥稳定碎石基层摊铺。实施省道松仙线（S283）（联络线：LK3+200～LK4+030）工程，项目全长0.83千米，总投资1996万元，2017年7月进场施工，完成路基填方8000立方米，涵洞完成0.5座。实施宝圩养护站站房改建工程，总投资98.8万元，2017年5月完工并通过验收。新圩养护站普通国省道服务区建设项目2017年12月动工建设，完成扩大基础浇筑及地坪回填。

【公路养护】　2017年，茂名市化州公路局抓好日常养护工作，强化预防性养护；开展“城乡清洁工程”，加强路容路貌和卫生整治；及时排险抢修，确保安全畅通。年末优良路率80.5%，晴雨通车里程100%。年内投入沥青116.29吨，完成国道207线与河茂铁路平交口，省道284线、285线，县道729线、620线等多处路段水毁路面的修复。绿化国、省、县道公路，至2017年累计种（补）植马占相思树苗25000多株，在省道284线K61+000～K68+5007.5千米路段种植大叶紫薇火焰树、黄花风铃树等风景树784株，打造文明示范路。

2017年茂名市化州公路局领导班子成员名录

党总支书记、局长：李日华
党总支副书记、副局长：李家丽
副　局　长：颜海建
工会主席：黄晓萍
总工程师：梁华正
副主任科员：陈柯晓
黄秋宇

（彭　程）

地方公路局

【概况】 化州市地方公路局是化州市交通运输局管理的正科级事业单位，主要负责全市地方公路及部分省道建设、养护、路政管理工作。内设办公室、人事教育股、财务股、路政股、县道股、工程股、安全监督股、乡道股等8个股室，下设省、县道道班23个，乡镇公路站23个，有人员编制282人。2017年管养化州市境内公路总里程3670.2千米，其中省道42.2千米，县道205千米，代养乡道1706千米，代养村道总里程1717千米。是年，该局工会被化州市妇女联合会评为“三八红旗集体”，被化州市总工会评为“先进集体”。

【公路建设】 2017年，化州市地方公路局完成省道285线路面维修工程；完成县道木塘线（X645线）良光圩段路面维修工程；完成县道平山线（X620线）大拓桥改建工程；完成乡道浦山至丽岗（Y420线）4千米路面改造工程。完成化州市机场大道新改建工程第一期总投资（含设计变更）1.03亿元，完成总投资的47%；第二期全长9.195千米，总投资3.9亿元，进入全面开工建设阶段；第三期全长6.8千米，计划投资5亿元，进行前期工作。河茂铁路电气化改造工程化州段征地拆迁工作完成95%；乡道蒲丽线（Y420线）扩建及镇安桥桥面改造工程工作前期工作推进中。

【公路养护】 2017年，化州市地方公路局加强公路养护管理工作，开展创建“平安化州”“百日安全大检查”“安全专项整治”等活动，与领导班子成员及各道班班长签订责任书，加强公路工程、施工工地和公路养护现场排查，管养的省、县、乡道路路况基本稳定，在茂名市地养公路考评中，省、县道年平均好路率92.5%以上，居茂名市第二名。全年全市投入18万元购买沥青修补坏烂路面2800平方米；投入45万元修整铺设路肩11千米，整治清理水沟46千米；投入38万元安装完善公路警示标志牌198块、示警桩496支，更新公路中心标线35千米，增设减速带8组；完成地方公路生命防护工程项目14个，完成整治里程79.624千米；抓好县道X642石兰线、X614高新线，省道S285蓬吴线会展至雄大路段、连界圩路段、合江桥头段等坏烂路面挖补整治工作；投入28万元分别对县道X623山板线杨梅路段（工业大道）K5+300处损坏路面进行沥青修补，对县道X645木塘线良光路口至良光圩2千米等损毁水泥路面进行修补；投入资金60多万元用于省道S285，县道X642、X645、X623山板线杨梅路段（工业大道）等路线种植5.63万株马占相思公路树、海南红豆树1200株，成活率85%以上。

接养扩改路段 2017年，该局接养完成平山线（X620）、那岭线（X654）、石兰线（X642）新安至大坡段、中那线（X646）、山板线（X623）、南深线（X655）共52千米扩改路段的路面建设。

路政路域整治 2017年，该局开展路政路域综合整治活动，加大公路巡查。全年全市出动巡查人员1863人次，巡查26300千米，安装固定路政宣传牌80块，清理违法堆积物1200立方米，拆除违章广告牌110块，上报化州市交通综合行政执法局违法建筑55宗，强制拆除违法立杆15支。

2017年化州市地方公路局领导班子成员名录

局　　长：刘积权（任至1月）
　　　　　陈波锋（1月任职）
副 局 长：李德海
　　　　　袁　滔（任至7月）
　　　　　李振汉
　　　　　龙师文（8月任职）
总工程师：何盛荣

（李华倩）

铁路运输

【概况】 化州火车站位于化州市东山区东山街道办站前路108号，中心里程位于河茂线39公里549米处，隶属南宁铁路局玉林车务段管辖。按技术作业为中间站，按业务性质为客货运站，按查定等级为三等站。始建于1958年，2017年有站线6股道。正线有效长979米，其他到发线总长4162米。化州火车站客货源主要吸引区为化州市、高州市、吴川市、信宜市等地。

【铁路客运】　2017年，化州火车站有客运站房3120平方米，候车室1350平方米；基本站台及备用站台各1个，面积4800平方米；行包房240平方米，广场1000余平方米。

【铁路货运】　2017年，化州火车站有130万吨的多功能综合性货场，面积6.69万平方米；货物线3股道，货场仓2座，共4330平方米；露天货物站台2个，面积9950平方米，货场全部硬底化；26吨的龙门吊1台；化州站有茂名农垦橡胶公司和化州铁路服务公司专用线2条专用线。化州火车站货物运输主要为木材、化肥、瓷砖、钢材等产品，通过货物线装车发往全国各大中城市；从外运入粮食、煤矿、磷石、农药和各厂家的原材料等通过货物线卸下就地批发或转运，是南货北运、北货南销的装卸、储存、中转、销售的重要场所。

2017年化州火车站领导班子成员名录

站　　长：刘　戈

运转副站长：吴宗才

客运副站长：甘文亮

（化州火车站）

2017年化州火车站各项生产指标完成情况表

旅客发送人数（人）	旅客周转量（人千米）	货物发送量（吨）	货物周转量（吨千米）	换算周转量（吨千米）	日均装卸车数（个）
188630	58382651	162610	1171531	216518	237

邮　政

【概况】　中国邮政集团公司广东省化州市分公司位于化州市罗江北路45号，下设4个管理部室，8个专业中心，25个自办邮政支局（所），其中，城市5个，农村20个。开办23个代理金融业务网点，其中，二类网点7个，代理网点16个。至2017年底，邮政企业有从业人员262人；在全市拥有城市投递段道14条（全长565千米），农村投递段道47条（长2616千米），连接起全市25个邮政服务网点、18处报刊亭、1万多个信报箱；有邮政生产用车辆18辆，其中，邮运车辆1辆、代理金融车辆1辆、投递专用车辆5辆、其他生产用车11辆。全年实现考核收入13116万元，完成进度100%，比上年同期增长6.34%。是年，化州市邮政分公司邮务党支部获“化州市直属机关先进基层党组织”称号；分公司2017年度获“茂名邮政系统文明单位”等称号。

【代理金融业务】　2017年，化州市邮政企业代理金融实现收入10005万元，同比增长6.98%。年内，化州市分公司代理金融新增资产84569万元，完成茂名市下达的全年保底总资产目标83170万元101.7%。其中，余额累计规模52.02亿元，市场占有率19.01%，新增6.5亿元，同比多增2.2亿元，新增市场占有率29.57%；代理保险新增加1.83亿元，其中期交保费1143万元。拓展扫码付商户4444户，新增激活手机银行16682户，提前超额完成原计划的全年目标（10000户）；9—12月新增激活11701户，完成新计划9—12月目标（10500户）的111%。

【寄递业务市场】　2017年，化州市邮政企业包裹快递实现收入241.47万元，同比增长45.9%，收件包裹快递26万件，同比增长63.06%。

【传统邮务业务】　2017年，化州市邮政企业函件实现收入330.83万元，进度100.75%，其中约投挂号实现收入7500多万元，同比增长33%，“预防职务犯罪邮路”“书信节”等项目成效突出。集邮实现收入568.14万元，同比增长63.27%。报刊实现收入281.52万元，同比增长4.3%。

【电子专业】 2017年，化州市邮政企业发展电子专业，全年实现收入1422.25万，同比增长4.51%。银信通新增户数9.35万户，销售车险保费规模307万元，简易险保费规模440万元，同比增长296.39%。

【科学管控深化】 2017年，化州市邮政企业围绕“六大机制”建设，以市场为引导，探索性建设市场化管控新模式，通过科学管理促进企业全面发展。完善考核奖励机制，推行储蓄营业员业务量挂钩绩效考核、大堂经理积分晋档绩效考核、保安业绩积分考核机制，推动厅堂产能提升。推进挂钩支撑机制，管理部室人员除关注挂钩网点余额、保险、简易险等重点项目的发展情况外，每月不少于三天以大堂经理身份到网点驻点支撑网点开展爆点活动、厅堂营销。优化人力资源管理，新增盘活人员6名，充实到储蓄营业员队伍中，缓解窗口服务压力。强化财务管理，严格控制非生产性费用支出，规范营销费用使用，加强用户欠费管理，强化资金集中、固定资产管理，提升经营效益。做好各项安全保卫工作，强化对支局ATM自助机具巡查防范、库房值守、押钞运行等制度落实的监督检查，与专业消防维保公司签订合约，落实三个百分百，抓好邮件寄递安全管理，确保香港回归二十周年活动、厦门金砖会议、内蒙古自治区两项重大活动、十九大会议等重要国内国际活动期间的邮件安全。加强质量监督，邮银持续联合开展“控投诉、保质量、化风险”专项活动，定期组织服务质量不达标的员工进行培训，年内开展服务质量专题轮训3期次；定期开展日常检查和积分考核，开展投递服务质量专项整治活动，邮件投递及时率和妥投率得到提升，加强营业现场检查和问题整改力度，组织前台人员开展服务质量提升和投诉处理答规范培训，员工的投诉处理能力提高；机要通信实现通信质量全红。

2017年化州市邮政分公司领导班子名录

总 经 理：朱汝明

副总经理：何仕春

　　　　　李苗才

（郭金梅）

信息服务业

综　述

【信息化发展】 2017年9月15日，化州市召开信息基础设施建设三年行动计划加温会。该市各镇（区、街道）和三大通信平台展开行动，确定通信基站选址意见，分别与化州铁塔公司签订2017年通信基站建设目标责任书。2017年，化州市选址任务总数167个，年内项目完成选址72个，总体选址完成率43.11%；未完成选址95个；在建通信基站受阻16个，受阻比例22.22%。其中，官桥镇率先完成选址任务，并主动要求增加基站建设。2017年，化州市光纤入户25.1万户，光纤入户率54.6%。

【无线电监测防考试作弊】 2017年1月7—8日，高等教育自学考试、普通高中学业水平考试及中职技能证书理论考试开考。为防范利用无线电设备进行考试作弊的行为，化州市无线电管理办公室组织该市无线电监测执法力量，启用监测设备对在化州市第三中学考点进行无线电信号监测全程，保障考场无线电安全。

中国电信化州分公司

【概况】 2017年，中国电信化州分公司全业务收入完成13095万元，同比增加788万元，增长6.4%，完成年度收入指标103%；移动净增15622户，同比增长393%，完成率156%；4G净增25412户，同比增长19.3%，完成率102%；宽带净增7630户，同比增长1.94%，完成率77%；光宽净增19920户，同比增长-17.8%，完成率81.3%；ITV净增22163户，同比增长56.5%，完成率85.6%。是年，分公司获“2017年消费者满意共建单位”称号；1人获“中国电信集团公司五星级销售经理”及“中国电信广东公司巾帼能手”称号。

【市场经营】 2017年，中国电信化州分公司通过多种方式开展光改，克服资源覆盖不均衡及竞争对手干扰蚕食等不利因素，加快智能组网发展，以高频次差异化精确营销应对宽带竞争白热化，促宽带业务发展；抓好业务培训和营销实操演练、强化融合推广、组织开展一系列的融合劳动竞赛，全年发展融合套餐12700户，拉动移动业务发展；围绕“保存激增”工作，开展一系列针对性存量营销专项活动，促业务发展及收入双丰收；开展流量经营和天翼视讯、翼支付等新兴业务推广，增值业务规模快速增长；通过全网通手机城升级改造拉动和推进业务发展。

【通信建设】 2017年，中国电信化州分公司推进传统设备退网工作，完成141个传统DSLAM设备、46个窄带设备接入网点退网，完成7440线宽带用户、2453线窄带用户割接；实施“节能减排”工作，对退网设备下电、拆除，盘活现有光缆资源，为光网建设快速提供宝贵的纤芯资源。对零占用OBD进行清理核实，完成446个零占用OBD调优专项工作，提高光资源利用率；规范退铜资源管理，开展退铜工作，完成3.67万线对公里退铜；加强网络优化及设备扩容、更新改造。对三个支局机房早期防火自动报警系统隐患进行整治。更换下郭85千瓦柴油机1台，改造合江支局珠江电源S5000为S6300及石湾接入网电源。优化扩容城域网一期、二期工程，中继传输扩容一、二期工程。更新8个支局1个接入网共18组蓄电池，更换8个支局机房空调，搬迁下郭专用变压器。对老旧传输设备进行缩容退网工作，完成2426*2M电路及其资源修改；自建端口5724个端口，缓解市场放号压力；加强工程质量把关，提升线路质量；打造精品4G网络，重新打造800MHz4GLTE网络，全年开通174个800MHz4GLTE，4G覆盖率达到90%。改造12个C网基站，新增20个C网基站，增补30个1.8GHz4G LTE基站，新增5个大型室分系统；完成长岐金宝来商务酒店、站前宾馆等几间酒店通信项目建设，完成化三中、四中校园网班班通工程建设。

2017年中国电信股份有限公司化州分公司领导班子成员名录

总 经 理：董天祯

副总经理：丁帅雄

严　绍

黄友泽

（黄广武）

中国移动化州分公司

【概况】 2017年，中国移动通信集团广东有限公司化州分公司（以下简称中国移动化州分公司）提升市场份额、家庭宽带、网络建设等重要工程，夯实基础能力，提升市场份额，推动数字化转型发展。全年实现收入5亿元；预缴税超810万，市场客户规超80万，日均活动客户超69万，日均活动客户市场份额保持82%以上。其中，4G客户超49万；宽带覆盖超23万，用户数超5万，其中，宽带电视用户超3万，2017年宽带市场份额超4%；基站建设方面，宏站超1000个，微站超270个，室分超170个，市场运营健康度指标较好，宽带建设和拓展改变往年落后的状况，取得飞跃性成效。

【新增市场份额】 2017年，中国移动化州分公司借助重大节日契机，围绕人流密集、院校周边区域开展针对性营销；开展常态化的促销；关注短板，制定提升举措，多方面夺取新增市场份额。

【市场运营健康发展】 2017年，中国移动化州分公司在市场运营健康度上提升短板，保证整体健康度。重视客户质量，提升高质量客户占比，分析高质量客户离网原因，做好挽留工作；强化渠道管理，通过强化渠道支撑，细化渠道执行，形成与渠道网点的有效互动和互惠合作，提升渠道掌控力；提升宽带业务短板，加大覆盖，打好基础，提升宽带净增。2017年，中国移动化州分公司在市场运营监控体系中客户运营方面长期保持全市前二，其中市场运营健康度指标多次在全市前第一。

【移动宽带发展】 2017年，中国移动化州分公司通过加大乡镇第三方宽带回收，提升产能，推动移动宽带发展。形成有效的沟通机制，紧抓时间节点进行产出，验收通过即通知各渠道网点进行驻点促销，提前预收单。调动各界面的积极性，引导员工开展常态化的促销活动，酬金引导和协助渠道网点开展专项营销。

【创新解决信号覆盖问题】 2017年，中国移动化州分公司通过创新手段，采用“微、小、快”方式、天面创新方式、漏缆方式，解决移动信号覆盖问题。根据市公司相关专业线条指导，分公司根据实际场景，对部分地区尝试新手段解决黑点信号覆盖；在常规站建设方面，尝试使用天面铁皮屋的方式建设多个站点，解决黑点覆盖；对部分高层楼宇以及微站，采用漏缆覆盖，根据无优评估显示漏缆覆盖效果理想，解决黑点区域及深度覆盖站点覆盖问题。

2017年中国移动化州分公司领导班子成员名录

总 经 理：潘朝裕（任至7月）

唐　兵（8月任职）

副总经理：曾宪华

（尤小香）

中国联通化州分公司

【概况】 中国联合网络通信有限公司化州市分公司（以下简称中国联通化州分公司）位于化州市北岸开发区罗江花园A29号。2017年有员工15人，其中，总经理1人，总经理助理1人，主管人员3人。该公司履行“三个责任”（政治责任、经济责任和社会责任），加快“三个转型”（经营理念转变、运营模式转型、增长方式升级），实现企业发展“三个促进”（经营业绩健康增长、运营管理健康提升、干部员工健康成长），强化合作创新，加强质效管理，坚持“一切为了客户、一切为了市场、一切为了一线”，实现企业转型升级、健康快速发展。

【经营业务拓展】 2017年，中国联通化州分公司推出腾讯王卡O2O线上线下业务，移动业务得到拓展。宽带业务大部分实现光纤到户，城区、镇区完成光改项目，宽带用户稳步提升。

【网络建设加快】 2017年，中国联通化州分公司加大无线工程投入。至年底，化州市完成宏基站302个，宏基站累计投资1.7亿元，光缆线路1194千米，光纤网络投资1.1亿元，4G网络投资额6000万元。

【市场管理强化】 2017年，中国联通化州分公司强化市场管理，打击新型电信网络等诈骗活动。持续推进用户实名制登记，加强渠道管理规范，全渠道铺设二代身份证阅读器，保证新用户入网人证合一。加强源头管理，杜绝人证不一、翻拍用户身份证等不合规操作。

【服务质量提升】 2017年，中国联通化州分公司落实监管政策，推出“护企爱岗敬业，争当优秀员工”系列活动，提升服务质量。强化执行“三大系列十大服务承诺”，加强用户流量与资费使用透明化管理，全面推广线上服务，通过网上营业厅、手机营业厅、微信营业厅、短信营业厅等载体，实现足不出户、自助办理。

2017年中国联合网络通信有限公司化州市分公司领导班子成员名录

总 经 理：龚 粤

总经理助理：吴先干

（劳伟志）

城乡建设·房地产业

城乡规划建设

【概况】 化州市住房和城乡规划建设局（以下简称化州市住建局）位于化州市河西区桔城西路90号。主要负责组织编制和实施城乡规划；负责住宅与房地产业管理、加强城镇住房保障管理；监督管理建筑活动，规范建筑市场行为；负责建筑工程质量及安全监管；指导村镇建设；负责建筑节能、城镇减排；负责全市污水处理设施建设管理；负责全市燃气市场监督和管理；负责全市“城乡清洁工程”、危房改造、查处“两违”工作。2017年，内设9个职能股室（办公室、人事股、规划编制股、规划管理股、建筑管理股、房地产业管理股、城乡建设股、质量安全与验收股以及政策法规股），有干部职工39人（其中，公务人员22人，工勤人员17人），退休干部职工26人；有下属单位9个（化州市城乡规划设计室、化州市建设工程质量监督站、化州市建设工程质量检测站、化州市建设工程安全监督站、化州市建设工程造价站、化州市建设监察中队、化州市散装水泥管理办公室、化州市城建档案馆、化州市建筑设计院），干部职工136人，退休干部职工12人。

【城市总体规划修编】 2017年12月28日，《化州市城市总体规划（2011—2035年）》方案通过化州市城市规划委员会审议。该总体规划明确化州市为粤西地区重要节点城市、特色产业基地。《总体规划》确定城市规划区面积370.9平方千米，到2035年，中心城区常住人口规模控制在48万人以内，城市建设用地规模控制在49.8平方千米以内。规划中心城区形成“一心，三轴，一带，十三片”的总体空间结构。一心即化州主中心为城区综合服务主中心。三轴分别为：机场大道城市发展主轴线，促进中心城区南拓的重要轴线；北京路城市发展次轴线，串联石湾片区、河西工业片区、河西片区、北岸片区、河东片区、城东片区，为化州中心城区西进东拓的重要发展轴线；迎宾大道城市发展次轴线，串联城东片区、城南片区、河东片区。一带即滨江发展带，是化州市重要的公共服务、绿地景观带。十三片即河西片区、河东片区、下郭片区、罗江片区、北岸片区、城东片区、城南片区、南盛片区、石湾片区、河西工业片区、龙湾湖片区、空港工业片区、空港物流片区。

【市政工程专项规划修编】 按国务院办公厅《关于加强城市地下管线建设管理的指导意见》及相关文件要求，化州市住建局整体打包将城市排水排涝专项规划、城市地下管廊综合专项规划、海绵城市专项规划等3个专项规划的编制服务工作，通过公开招标，由广东省城乡规划设计研究院开展具体编制工作。2017年，3个专项规划完成规划方案、多次征求部门意见。

【县域副中心——合江镇总体规划编制】 2017年，《化州市合江镇县域副中心城镇总体规划（2016—2035年）》通过化州市规委会审议，并上报茂名市政府审批：合江镇近期建设区的控制性详细规划正有序推进。

【镇总体规划编制】 2017年，化州市17个建制镇中，平定、合江、同庆、官桥、丽岗、良光等6个镇完成城镇总体规划并经批准实施，其中丽岗、平定、官桥等镇正组织修编城镇总体规划，丽岗总规成果报市规委会审议通过，因玉茂一级公路选址未定而未能最后修改完成报批；宝圩、笪桥、新安、中垌、那务、文楼、长岐、江湖、杨梅、播扬、林尘等11个镇未完成城镇总体规划。镇控制性详细规划编制有所突破，官桥镇的中国化橘红产业基地、那务镇三合口片区经市政府批准实施，化州市住建局直接组织编制的化州市文楼重质碳酸钙产业园控制性详细规划通过专家评审。

【村庄总体规划编制】 化州市有基层村334条，自然村4256条。2017年全面完成39条省定贫困村创建社会主义新农村整治创建规划，整县村庄规划编制工作有序推进，基本达至计划目标要求。

【茂名粤西空港经济区规划】 2017年，茂名粤西空港经济区规划完成并经化州市城市规划委员会审议通过。该规划包括广东茂名粤西空港经济区总体研究和产业园控制性详细规划2个层面规划，产业园控制性详细规划包括市民营科技园（4.2平方千米）、空港经济区起步区（7.8平方千米，含杨梅工业园、空港物流园）控制性详细规划编制。

【控制性详细规划编制】 2017年，化州市加紧推进控制性详细规划编制，覆盖率有较大提高。完成控规面积21.42平方千米，占中心城区规划建设用地面积的43%，包括城南（2.54平方千米）、橘州新城（3.17平方千米）、迎宾片区（3.71平方千米）、市民营科技园（4.2平方千米）、杨梅工业园（4.8平方千米）、空港物流园（3平方千米）等；在编制控规面积23平方公里，包括：城东片区（4.2平方千米）、罗江新区（6平方千米）、鉴江片区（4.8平方千米）、府后小区（1平方千米）等；中心城区已编在编控规面积36.42平方千米，占城市规划建设用地面积的73%。

【规划信息系统】 2017年，化州市完成中心城区地下管线普查信息系统。

建筑业

【概况】 2017年，化州市建筑业总产值122亿元，建筑施工面积600多万平方米。全市建筑业税收超5亿元。建筑业仍然是该市财税收入的主要来源之一。是年，广东京邦建筑工程有限公司、广东超越建设工程有限公司、广东乾煌工贸实业有限公司等3家新设立的企业取得资质证书。至年底，全市有建筑施工企业42家（其中，一级企业3家、二级企业14家、三级企业25家），劳务分包企业6家，混凝土搅拌企业7家，监理企业1家，设计单位1家。从业人员超过10万人，企业数量和规模在茂名市县市区级稳居第二位。

【对外扩展施工业务】 2017年，化州市建筑施工企业拓宽建筑地域，扩展对外施工业务，施工队伍遍布广东省内的广州、深圳、珠海、中山、东莞、惠州、肇庆、佛山等城市以及广西、云南、海口、浙江、贵州等省、自治区、直辖市，工程质量合格率100%。年内完成建筑业总产值约40亿元，从业人员约3万人。

【建筑市场管理】 2017年，化州市基本建设程序得到强化。全市建设工程项目报建率、招投率、图审率、工程质量安全监督率均达到较高水平，工程质量稳步提高，施工安全生产保持平稳态势。全年全市有施工总项目45项。其中，市城区施工项目20项（市政工程占3项），建筑面积81.45万平方米，合同价格12.32亿元；乡镇施工项目25项，建筑面积13.59万平方米，合同价格2.01亿元。加大查处违章建筑力度，由市住建局组织牵头，城管、公安、国土、水务、供电以及鉴江开发区、下郭街道等部门和单位，组成200多人的执法队伍，分别对鉴江开发区内700多平方米的违章建筑、下郭西堤路将近1000平方米的违建烧烤场、下郭环市路200多平方米的违规临时建筑物实施强制拆除。

【安全生产管理】 2017年，化州市有受监在建工程117项（其中，公建工程51项，私人建房66项），建筑总面积103.08万平方米。开展建筑施工安全监督管理工作，全年发出建设工程安全隐患限期整改通知书176份，停工整改通知书90份。办理施工机械安装登记手续63台次（其中塔吊23台，施工升降机

36台，井架4台）。落实安全生产责任制，年内组织全市性安全检查7次，对4个企业及21个相关责任人实施动态扣分，施工实现安全监督管理工作既定的目标。

【建筑节能推广应用】 化州市从2017年4月1日起，不再征收散装水泥和新型墙体材料两项基金。是年，新增节能设计备案建筑面积57.3万平方米；绿色建筑备案建筑面积48.98万平方米。8月起，由化州市住建局牵头，市国土、工商、交通、公安、法制、供电等部门共30多人组成联合执法队，先后对合江、那务、新安、平定、中垌等5个镇的无资质搅拌站实施查封、断水、断电、强制停产等措施。

【招标投标管理】 2017年，化州市招标投标管理部门继续推行招标文件文本使用，规范建设工程招投标监督管理工作，修改和完善工作流程及内部管理制度，与纪检、监察、计划等部门协作，提高工程招投标的透明度。全年进入交易中心招标的工程项目有60项，招标预算价11.62亿元，中标价10.94亿元，招标率100%。

【工程监督】 2017年，化州市受监在建公共建筑和房地产工程46项，建筑面积112.8万平方米，竣工工程44项，建筑面积102.43万平方米。

【管道燃气工程】 化州市中燃城市燃气发展有限公司是化州市城区天然气特许经营企业。2017年，化州市建成管道燃气中压市政管网78千米、庭院管网59千米，安装接驳天然气用户3.2万户，天然气年用气量200万立方米。是年，完成计划投资额1551.06万元，投资完额6604.92万元；完成市政中压管道62.8千米；完成庭院低压64.86千米，天然气用户覆盖26146户。

村镇建设

【概况】 化州市有23个镇（区、街道），367个村（居）委会。其中，平定、合江、同庆3个镇是中心镇。至2017年底，有建制镇建成区面积2973.52公顷，建制镇实有住宅筑面积4670.84万平方米，新增195.32万平方米，总投资11.3亿元；实有公共建筑面积362.21万平方米，新增5.12万平方米，投资4538万元；实有生产性建筑面积94.61万平方米，新增0.52万平方米，投资912万元。建制镇有自来水厂28座，年供水总量1843.52万立方米；道路全长3971.32千米，新增90.1千米，农村道路硬底化1350.52千米；各镇、村有路灯7042盏，新装路灯570盏；绿化覆盖面积493.15公顷，绿化面积238.85公顷，新增11公顷；编制村庄规划205个，新增14个；开展村庄整治的行政村有209条，新增85条，基础设施建设完善。

【城乡清洁工程】 2017年，化州市完成“一县一场、一镇一站、一村一点”建设任务。化州市生活垃圾无害化处理场（南斋坑填埋场）位于化州市北面的丽岗镇丽岗村委会南斋坑岭，距市中心12千米，是该市重点工程项目，其中一期工程建成，填埋库容40万立方米，日处理垃圾200吨~300吨，通过环保验收和工程竣工验收。全市投入资金2100多万元，建成23个镇级生活垃圾转运站，配置压缩设备和运输车辆。全市建成垃圾收集点（屋）4216个，超额完成“一村一点”建设任务。全市生活垃圾无害化处理总量为26.48万吨，其中，城区5.95万吨，乡镇20.53万吨。

重点工程建设

【房地产业】 2017年，化州市有房地产企业85家，其中，三级企业4家，四级企业26家，暂定级企业55家。全年全市房地产完成投资203285万元，房地产新开工面积68.5万平方米，商品房销售面积63.8万平方米，商品房销售额334745万元。

【绿景国际花城项目】 该项目由化州市绿景房地产开发有限公司投资建设，位于化州市河西街道橘州公园西北侧，占地面积80多万平方米，建成后建筑总面积300多万平方米，总投资估算80亿元。项目分七期进行建设，于2013年开工建设第一期的A1区，建成建筑面积3.8万平方米商住楼，投资额1.5亿元。2014年动工建设A2区18.5万平方米的商住楼和2.5万平方米的商业体，投资额6.8亿元。2016年动工建设B区实施一期一区8.7万平方米商住楼，投资额3

亿元；B区实施一期二区6.8万平方米商住楼，投资额2.5亿元；2017年，建设B区实施二期13万平方米商住楼，投资额4.5亿元；建设B区实施三期10.5万平方米商住楼，投资额4亿元；建设B区实施四期18万平方米商住楼，投资额5亿元。至2017年底，建成100万平方米商住楼，投资总额27.3亿元。

【化州碧桂园项目】 该项目由化州市鉴江碧桂园房地产开发有限公司投资建设，位于化州市鉴江区京河西北路8号（鉴江旧消防办公楼东北侧），占地面积5.8万平方米，建成后建筑总面积21万平方米，总投资估算10亿元。该项目整体一期建设完成，于2017年9月开工建设，均处于主体结构施工阶段。2017年投资总额3.7亿元。

【粤西国际建材城项目】 该项目由化州南粤建材市场有限公司投资建设，位于化州市迎宾大道中段两侧，占地面积6.5万平方米，建成后建筑总面积30多万平方米，总投资估算29亿元。于2017年9月开工建设第一期的B、E、I区，至年底建成建筑面积5.8万平方米商业楼，投资额1.3亿元。

【橘州一号项目】 该项目由广东鸿基房地产开发有限公司投资建设，位于化州市鉴江开发区北京路，占地面积12.3万平方米，总建筑面积70万平方米，建成后将成为化州较大规模社区。项目共分三期建设，首期建成建筑面积19万平方米的商品房；2015年动工建设并于年内建成第二期工程A区16万平方米的商住楼。2016年建设第二期工程B区13万平方米的商住楼项目，建设第三期工程A区8万平方米的商住楼项目。至2017年底，建成56万平方米商住楼。橘州一号分组团开发，有休闲广场和大型商业配套等高端生活配套设施，实行全封闭式管理，打造一个安全、舒适的诗意生活空间。

【垃圾处理场项目】 2017年，化州市南斋坑生活垃圾无害化填埋场（一期）投入使用，后续配套设施工程正推进中；投资900多万元建成占地1.33万平方米的建筑垃圾填埋场；投资2100多万元建成23个镇级生活垃圾转运（压缩）站，配置压缩设备和运输车辆；投入500万元建成农村垃圾收集点“一村一点”。

【污水处理厂】 2017年，化州市平定镇污水处理厂厂区建设完成，管网工程完成85%。合江镇污水处理厂厂区建设完成，管网工程完成70%。同庆镇污水处理厂厂区土建主体工程完成，进入装修施工，设备进场安装，管网工程完成80%。笪桥镇莞塘村、合江镇共话村污水处理设施建成投入使用。南盛街道乐塘村、浦山村、山尾村污水处理设施进行前期相关工作。按广东省和茂名市的工作要求，镇村污水处理设施建设实行整体捆绑打包推进。化州市通过公开招标方式确定第三方咨询机构为广东省建筑研究设计院，由其完成该市镇村污水处理设施整体推进的前期相关工作。项目实施方案经化州市政府常务会和市委审议通过，物有所值评价报告、财政承受能力论证报告送财政部门审批，审批后申请入库开展政府采购工作。

【农村危房改造】 2017年，化州市完成3504户建档立卡贫困户、五保户、低保户和残疾人贫困家庭的危房改造任务，解决该群众的房屋居住问题，实现安全住房保障。

2017年化州市住房和城乡规划建设局领导班子成员名录

局　　长：何向东
党组书记：邱志德
副 局 长：龙师文（任至8月）
　　　　　陈文海（任至9月）
　　　　　李　森（任至8月）
　　　　　彭伟康
　　　　　李周雄（任至3月）
总工程师：李文涛
党组成员：庞一凌
　　　　　梁　明

（朱声望）

城市建设与管理

【概况】 化州市城市综合管理局（以下简称化州市城管局）原办公地址位于化州市河西文仙路60号，2017年6月10日搬迁到化州市北京东三路交通大楼11楼至13楼办公，办公楼面积约1200平方米。内设6个股室，分别是办公室、人事股、计划财务股、市政股、法制股（加挂审批服务股牌子）和经营场地管理股。2017年有在编公务员22人，工勤人员3人；下设4个下属单位，分别是化州市城市管理监察大队、化州市市容卫生管理处、化州市市政园林管理处和化州市路灯管理处。

【城区市政基础设施建设】 2017年，化州市有在建或正在推进建设的市政基础设施项目7个。“三江六岸”综合整治工程，总投资1.7亿元，音乐水秀喷泉、激光水帘瀑布安装工程完成80%；北岸大桥重建工程，投资2800万元，完成工程总量的80%，完成投资2016万元；东堤南路建设项目，总投资1.1亿元，完成工程总量的73%，完成投资8500多万元；化合线东侧排水渠建设工，总投资500万元，完成工程量90%，完成投资450万元；消防大队西侧二十四米规划路工程，总投资500万元，于11月动工建设；旧茂路改造项目，总投资8000万元，完成环评、可研、立项、勘察设计招标及初步方案设计等工作；北京路改扩建工程，总投资1.7亿元，完成立项、EPC招标和监理招标等工作。

【城区市政基础设施维护】 2017年，化州市城管局投资90万元完成化二中门前道路（橘城北路至康华医院段）维修工程，全长200米，宽15米，水泥混凝土路面；投资45万元完成化州市文仙路（实验小学至绿景路段）升级改造工程，全长134米，宽7米，水泥混凝土路面；投资76万元对下郭大道道路进行维修，年内动工建设；投资21万元完成市府广场百汇地产营销中心前面下陷修复应急工程；投资130多万元，完善城区上街垌片区、北京路（广伦山红绿灯至交通局路段）、向阳路、东山桥涵底、橘城北路（广伦山红绿灯至行政服务窗口路段）、橘城南路（东山铁路桥涵底至六中路口）、橘洲一号箱涵等路段排污管道清疏及维护，共清理污泥4324立方米，维修塌陷沙井120多座，新建检查井及雨水井37座，更换及修复沙井盖板、防护栏等一大批设施。

【城区市容整治】 2017年，化州市城管局发放《市容环境卫生“六乱”现象整改通知书》1.2万份，整治占道经营出门点经营现象1200余家、清理流动商贩1300多人次，暂扣经营工具1200多件，处罚违章经营现象410多户，清理影响市容市貌的条幅、横幅6000余条，查处违章占道、开挖行为200余起，暂扣乱摆卖、占道经营三轮摩托车、手推车310多辆，处罚230多宗，城区“六乱”现象得到遏制，市容市貌改善。

【城区户外广告治理】 2017年，化州市城管局加大对规划区内未经审批擅自设置户外广告的整治力度，对城区主要道路和国、省道两侧大型立柱广告和楼顶广告进行集中安全检测，规范户外广告牌匾的设置、安装，对不符合要求的限期整改或依法拆除。全年拆除不规范的店面招牌1000余块、大型户外广告布幅130余块，清理违规设置横幅、标语3000多条，取缔陈旧破损、字迹模糊的户外广告牌100处，清除乱贴的宣传画200个；要求广告业主对北京路、站前路比较旧破旧的12处户外广告进行重新制作。

【城区园林绿化】 2017年，化州市投入25万元，在市府广场大花带、鉴江区府转盘绿化带、交通局红绿灯花带、207国道与北京路交汇处花带、迎宾路同庆路口花带等地点规划种植季节花，总面积6000多平方，种植花苗11万株。投入10万元，对城区主次干道、街巷两侧、商铺门前裸露、缺失、坏死的绿化树木进行补植，共补种树木800多棵。投入3万元，对城区各主要路段树木树干涂刷灰水，涂刷树木1.45万棵。对城区绿化带、黄土裸露地块补植苗木约10万株，施肥2.5吨，喷洒农药4万平方米，造型修剪及修剪乔木1500多株，修剪灌木及地被13万平方米。

【城区公共照明】 2017年，化州市城管局投入路灯维修费用80多万元，维修路灯1700多盏，修复、更换被盗、短路、损坏的电缆2100多米，电线8800多米，路灯杆盖120块，路灯终端控制时钟122只，交流接触器130只，空气开关105只；投入18万元在市府广场消防主题公园中央安装一盏广场照明灯，改善该公园周边照明条件。2017年，化州市城区路灯的亮灯率和设施完好率保持95%以上，重点路段、中心区域98%以上。

【城区环境卫生治理】 2017年，化州市城管局按照网格化管理规定，把全城区430万平方米的保洁面积分为14个大网格、705个小网格，每个网格实行每天两清扫、两保洁制度，保证18小时/天的清扫保洁时间。做好垃圾清运及无害化处理工作，全年清运垃圾79760吨，无害化处理79760万吨，清运率和无害化处理率100%。

【垃圾处理设施建设】 2017年，化州市城管局完成南斋坑垃圾填埋场竣工验收工作。绿能环保发电项目位于该市丽岗镇南斋岭，距城区13千米，建设用地7.13公顷，总投资4.3亿元，至2017年底完成该项目的立项、核准、环评报告等前期支撑性文件审批工作，项目三通一平工作于7月21日开工建设，至年底完成箱涵工程，边坡工程完成50%，场平工程完成50%。

2017年化州市城市综合管理局领导班子成员名录

党组书记、局长：杨正军（任至7月）

张启锋（7月任职）

党组成员、副局长、主任科员：陈卫海

党组成员、副局长：黄贵文

吴宁峰

党组成员、总工程师、主任科员：陈文海（9月任职）

党组成员：庞华东

马　荣

吴艺文（3月任职）

（吴李彬）

房地产业

【概况】 2017年，化州市推行和实施一系列调控房产业发展的政策，新区开发与旧城改造并重，商品房开发与保障性住房建设相结合，全市房产业健康发展。全年全市完成商品房交易3591宗，成交总金额27.39亿元，总建筑面积50.95万平方米，房屋均价5376.14元/平方米。完成二手房交易787宗，其中，城区682套，成交总金额3.01亿元，建筑面积11.95万平方米，房屋均价2521.39元/平方米；圩镇105套，成交总金额4070.71万元，总建筑面积2.2万平方米，房屋均价1833.67元/平方米。

【城镇住房保障体系建设】 *落实、执行住房保障制度* 2017年，化州市进一步完善住房保障工作制度，通过电视台、政府网络、住房保障信息专栏等，如期公布化州市住房保障政策和2017年保障性住房的建设规划、规模等信息情况，增加工作及信息透明度，自觉接受社会群众的监督，建立严格的申请、审核、公示、轮候制度。是年，对全市857户住房保障申请对象，联合民政、工商、国税、地税、人社、公安车辆管理、住房公积金管理、各商业银行等10多个部门进行审核，将符合条件的672户及不符合条件的185户予以公示。

保障性住房建设 2017年，化州市有在建保障性住房项目11幢，其中幸福路一横巷廉租房、南盛公租房、林尘公租房、平定公租房、那务公租房、合江公租房、官桥公租房、杨梅公租房竣工验收备案，解放路231、260号两幢工程和笪桥公租房正在进行主体装修。是年，城市棚户区改造住房开工396套；公租住房分配645套；基本建成公租住房200套的年度目标责任任务。

公房房屋安全鉴定 2017年，化州市房产管理局在原来基础上加强房屋安全使用，加大巡查力度，制定应急预案，组建应急队伍，落实成幢危险房屋解危腾退工作。全年全市鉴定房屋70宗，面积7.08万平方米；精准扶贫鉴定7幢，面积380平方米。

【房产管理业务】 2017年，化州市房产管理逐步实现信息化、规范化，服务窗口提供优质、高效、规范的服务；加大商品房预售监管力度，整顿中介市场，全市房管业务健康发展。

房政窗口业务管理 年内，化州市房产管理局房政股受理业务8013宗。其中，商品房合同备案3994宗，预购商品房抵押预告登记备案2033宗，房屋抵押登记备案1946宗，在建工程抵押登记备案22宗，商品房面积确认备案18宗。

直管公房管理 2017年，化州市房产管理局组织召开房屋维修工作会议，制定年度维修计划，发放房屋维修服务卡、便民服务手册，健全危旧房普查、定期检查、汛期巡查、房屋报修、质量回访等制度。根据全市所有公产房的质量安全情况，在经济十分困难的情况下，加大对公房的维修力度。年内维修那务001幢公租房、播阳008幢公产房、那务012幢公产房、笪桥006幢商铺

和化良001幢公产房，经过维修的公产房和商铺，确保安全。2017年度，房屋维修资金归集4492户，归集金额2338.74万元；房屋维修资金交易变更数120户，面积58.77万平方米，为相关楼盘的房屋维修提供保障。

房屋租赁市场管理 2017年，化州市房产管理局继续做好房屋租赁登记备案管理工作，各房管所结合辖区房屋租赁实际，加大宣传，走访辖区办事处和居委会，争取支持配合，全面摸底调查，做好咨询工作，做好登记备案办理、资料装订、归档等工作。全年全市发放《房屋租赁证》1545份，其中商业类852份，住宅类693份。

二手房交易管理 2017年，化州市房产管理局采取措施，预防二手房交易中虚报漏报等违法违规行为的发生，维护市民的合法权益。做好二手房交易资金监管，优化二手房交易监管工作流程，基本上做到程序规范，便捷高效，管理科学，工作窗口得到社会认可。

房产中介市场管理 2017年，化州市房产管理局通过市物价局及市住建部门的组织，联合有关部门对全市房产市场进行检查，重点查处中介机构捂盘惜售、不明码标价、虚假宣传、哄抬屋价、恶意炒作房源等违法违规行为，进一步规范房产中介机构经营行为。

物业管理 2017年，化州市房产管理局编制指导资料，进一步规范物业服务市场，制定《化州市2017年物业管理专项整治工作实施方案》，指导业主大会和业主委员会成立工作。是年，指导协助6个小区成立业主委员会，并进行备案。

房产档案信息化管理 2017年，化州市房产管理局规范档案管理，做好房产交易、抵押、备案档案收集保管利用工作。执行相关档案管理制度，完成档案的移交、整理、归档、入库。档案信息全部采取电脑化管理，通过电脑管理，提高档案查询的正确率、使用率。

白蚁防治 2017年，化州市房产管理局办理房屋防治白蚁机构备案登记1宗，办理房屋防治白蚁合同备案登记25宗，出具房屋白蚁预防验收合格证明84份。

2017年化州市房产管理局领导班子成员名录

局　　长：黄　山
副 局 长：吴卫国
　　　　　翁一华
　　　　　陈永冲
　　　　　姚　春
　　　　　王前荣（任至8月）
人事股股长：钟飞凤

（刘春香）

住房公积金管理

【概况】 2017年，茂名市住房公积金管理中心化州管理部以归集扩面为工作主线，狠抓催缴催建工作，规范资金管理、使用，完成住房公积金新业务系统上线。至年底，归集单位635个，缴存职工37166人，其中，当年新增单位43个，新增人数1312人，归集率39.41%；累计归集总额18.44亿元，其中当年归集金额2.56亿元；累计办理提取33938宗，金额7.34亿元，其中，当年办理提取8973宗，金额2.19亿元；累计办理住房公积金贷款4340宗，金额12.32亿元，其中，当年办理住房公积金抵押贷款524宗，金额1.63亿元。

【住房公积金归集】 2017年初，茂名市住房公积金管理中心化州管理部对化州市的未建制单位进行全面排查，据此筛选民营医院和各大私企作为重点催建单位，制定详细的催缴、催建计划。该管理部成立催缴工作小组，借助受托银行的力量，深入全市大型私企及民营医院进行催缴，在每季度的第一个月对未开户单位寄送《关于抓紧办理住房公积金缴存的通知》，电话跟进作为常规性工作开展。做好职工的政策宣传，介绍缴存公积金的作用和好处，现场指导业务办理，派发宣传资料。当年该部工作人员走访大部分重点催缴单位，未建制单位管理层人员和职工对公积金政策的认识得到提高。

【住房公积金贷款】 2017年，茂名市住房公积金管理中心化州管理部加强市场调查，掌握各大楼盘的套房面积、销售价格、销售进度等情况，了解房屋销售动态，严把合作楼盘准入调查初审关。在贷款的审批中，该管理部执行茂名市住房公积金管理中心贷款文件规定，遵守贷款业务三级审批制度，级级把关，严格审核贷款人抵押物情况、家庭工资收入、还贷能力。制定《保证金账户核查表》，要求各受托银行于每季度首个工作日，定期报送该管理部，以掌握各个合作楼盘的开发商保证金账户资金额、查冻扣、动用等情况。

【住房公积金资金管理】 2017年4月，茂名市住房公积金新系统开发及测试工作完成。茂名市住房公积金管理中心化州管理部组织两批人员到茂名市住房公积金中心学习，业务人员熟练掌握上机操作技术。5月22日，住房公积金新系正式上线办理业务。住房公积金新系统上线后，该管理部的缴存、贷款、提取等各项业务以及各个业务环节全部实现线上受理和审批。职工办理提取实现即时到账，即提取职工办理面签、实名认证，关联银行卡后，其在管理部申请办理住房公积提取业务，经系统审批通过，所提取的资金即时直接划入关联的银行卡内，职工不再需要到银行办理提款手续。茂名市住房公积金中心开通微信公众号，缴存职工可通过智能手机扫描二维码关注微信公众号或下载安装APP，查询其本人公积金缴存明细、提取和贷款业务的办理情况。

2017年茂名市住房公积金管理中心化州管理部领导班子成员名录

主　任：陈卫强

副主任：郑　勇

（郑　勇）

环境保护

综 述

【概况】 化州市环境保护局成立于1985年6月，位于化州市政府大楼九楼东，正科级建制，是人民政府组成部门。2017年，有在编在岗20人，其中，公务员17人（正科级2人、副科级7人、科员4人、执法编制6人），工勤人员3人；班子成员5人，其中局长1名，副局长2名，党组副书记1名，总工程师1名。内设6个股室（办公室、环境监察分局、环境监督管理股、建设项目管理与规划股、法规宣教股、污染物排放总量控制股），下属2个正股级三类事业单位（化州市环境监理所、化州市环境监测站）。

【环境质量】 2017年，化州市进一步改善环境质量，全年城市环境质量较好。市区的大气各项监测指标的年平均值都达到（GB3095-1996）Ⅱ级标准，大气环境质量总体状况良好；市区区域环境噪声、交通道路噪声均有不同的下降，噪声环境状况良好。

【污染物排放】 2017年，化州市围绕结构减排、工程减排、监管减排，控制污染物排放。优化经济结构，加快落后产能的淘汰步伐，优化产业结构；坚持走新型工业化道路，发展循环经济和清洁生产，提高资源利用效率，节能降耗减排；开展污染源综合整治，重点推动工业企业治理工程建设，实现工程治理减排；抓农业源减排，进一步开展畜禽养殖业专项整治，推动一批规模化养殖场完善污染治理设施，全面开展禁养区内养殖场的清理工作；推进机动车减排，加大机动车检测、环保标志发放和黄标车淘汰工作；推行清洁生产技术，制定《化州市开展大气污染防治重点行业清洁生产行动方案》，全年全市有15间企业开展清洁能源生产审核工作；加大减排资金投入，向上级申请使用环境保护专项资金或列入财政预算，为减排管理工作提供保障。全年全市化学需氧量、氨氮和二氧化硫、氮氧化物排放量均控制在总量指标以内，完成污染排放总量控制的减排任务。

【水环境污染治理】 2017年，化州市成立综合整治工作领导小组，市长任组长，分管环保、农业及水务的两位副市长任副组长，属地镇（区、街道）及相关单位负责人为成员，加强对鉴江整治工作的领导。年内多次召开市委书记专题会议、市委常委扩大会议、市政府常务会议听取养殖污染整治、污水处理厂建设、河长制工作专题汇报，研究部署工作。加大资金投入力度，全年投入水污染防治资金5.7亿元，包括养殖整治1.2亿元、污水处理设施建设2.2亿元、河道治理2.3亿元。市政府与各镇（区、街道）及市直有关单位签订《水环境综合整治目标责任书》，推进水污染防治工作。

畜禽养殖污染整治 2017年，化州市出台《化州市畜禽养殖区划定方案》《化州市畜禽养殖场清理整治实施方案》《化州市畜禽养殖禁养区养殖场（专业户）关闭补偿方案》等系列指导文件，推进畜禽养殖污染整治工作。全年全市投入养殖污染整治本级财政资金1.2亿元；全市张贴整治公告2300多张、悬挂宣传横幅标语800多条、印发宣传资料3000多份，宣传车进镇村宣传100多车次、电视台进行养殖整治报道30多次；对整治工作进展情况实行每周一通报一排名，全年通报29期，对各地整治进展进行每周排名；市政府召开5次约谈会，对整治工作进度后五名的镇（区、街道）进行约谈，约谈55人次；开展51次联合执法；全市依法关闭禁养区养殖场4537家，拆除栏舍面积46.5万平方米，关闭完成率92.42%。报广东省农业厅的763家禁养区养殖场全部关闭，拆除栏舍10.77万平方米；宣传推广养殖转型，年内有一批养殖户转型为农庄、水产养殖、花卉种植、果菜种植经营等，取得较好的经济效益，养殖转型工作实现“零上访”。

污水处理厂和管网建设　2017年，化州市投入污水处理建设资金2.2亿元。是年，城区污水处理厂二期管网工程完成4.8千米，完成80%。3个中心镇污水处理厂建设加快推进，完成镇级管网建设22.3千米。其中，同庆（茂名监狱）污水处理厂厂区土建主体工程完成，设备安装工程完成85%，管网工程完成90%（11千米）；合江镇水质污水处理厂厂区建设全部完成，管网工程完成70%（6.3千米）；平定镇污水处理厂厂区建设完成，管网工程完成90%（5千米）。红阳农场污水处理站完成80%。茅岭高低排渠黑臭水体水质提升处理项目建设加快推进，工程投资完成85%，主体工程完成95%。投资16.6亿元的水质净化设施整体打包PPP项目进行挂网招标。

城镇生活垃圾收集及处理设施建设　2017年，投资4.2亿元的日处理量900吨的垃圾焚烧发电项目推进，箱涵工程完成，边坡工程完成82%，场平工程完成96%，桩基工程完成28%；化州市垃圾无害化填埋场一期工程建成并通过环保验收；完成“一镇一站，一村一点”基础设施建设，流域内建成标准化垃圾收集点4063个，“户收集，村集中，镇转运，市处理”的生活垃圾收运体系初步建立。化州市原有9个镇级生活垃圾简易填埋场，部分按要求关闭停止使用且进行简易覆土。其中，良光镇生活垃圾简易填埋场的垃圾全部清理外运，进行规范化封场。

河长制全面实施　2017年，化州市完善“河长制”工作的河湖管理体系。列入市级“河长制”管理的河流、水库、渠道共有35条（宗），列入镇村级“河长制”河流、水库106条（宗），全市设立市级总河长2名、河长5名，镇级总河长46名、河长105名，村级河长285名、村级保洁员（含巡管员等）625名，三级河长体系基本建立。中小河流治理加快推进。是年，完成鉴江东堤南路河段、罗江合江镇段、良光镇三禾垌河、石湾街道博带河等4宗治理工程，整治河长11.7千米，新建、加固堤防8.1千米，完成投资2.28亿元；列入广东省中小河流治理（二期）第一批项目的石滩河、官桥河治理工程动工建设；旺岭河、石湾河、罗江（宝圩段）、平定水（文楼段）等治理工程加快推进；投资350万元完成樟九河（石滩河）16千米河道清淤整治工程；开展河流清障、清违工作，累计清障207千米。组织开展河长制面水质监测。自2016年12月起，开展对河长制确定的全市79个水库及市62条河流111监测断面共190个点进行水质采样。各断面水质结果将作为镇级河长考核的重要依据。2017年，化州市委托第三方检测机构对190个河长制断面定期每月进行一监测，为该市河长考核提供数据依据。

水源保护区内违法项目清理　2017年，化州市根据广东省环保厅《广东省环境保护厅关于加快清理整治饮用水源保护区内违法建设项目和违法建筑的函》要求，于10月召开清理整治饮用水源保护区内违法建设项目和违法建筑专题会议研究部署推进清理整治工作。全市核实违法项目总数36个，涉及3个区域，工业河、上岭水厂保护区（罗江）、塘岗岭水厂保护区（鉴江），违法建设项目21个（养殖场20个、抽沙场1个），建筑项目15个（207国道公路穿越2个，村庄民居13个）。是年，21个违法项目完成关闭取缔工作，总完成率58.3%。住建部门将13个村庄纳入该市水质净化设施整体打包PPP项目方案实施推进。

【大气污染防治】　2017年，化州市空气环境质量比上年略有改善，各项指标均达到国家空气质量Ⅱ级标准。加大淘汰黄标车力度，依法划定及扩大“黄标车”限行区域，实行“黄标车”限行。加快推进“黄标车”淘汰工作，2017年完成淘汰黄标车任务2036辆，比茂名市下达1990辆的任务超额完成136辆。开展工业锅炉整治，淘汰燃煤小锅炉，完成高污染燃料禁燃区的划定和调整，完成淘汰、停用、改造燃煤小锅炉18家19台锅炉。严格新建燃煤锅炉准入，在高污染燃料禁燃区及城市建成区禁止建设核准规模以下的燃煤小锅炉。加快推进机动车排气污染简易工况法检测线建设，全市有4家检测线建成营运。

【土壤污染防治】 2017年，化州市环境保护局贯彻国家《土十条》总体要求，开展土壤防治工作，确保土壤污染防治目标如期实现。编制印发《化州市土壤污染防治行动计划实施方案》和报茂名审定《化州市土壤污染状况详查实施方案》，督促各镇（区、街道）人民政府（管委会、办事处）及时制定并公布本辖区土壤污染防治工作方案，确定本辖区重点任务和工作目标，并报化州市人民政府备案；与市农业局共同牵头开展农用地污染状况详查点位信息核实工作，全市核实7个镇（街）共68个点位，完成化州市农用地块土壤环境质量国控监测点位及土壤环境质量监测网络建设严格执行危险废物规范化管理的重点企业进行现场检查，确保企业按新标准规范化管理。开展土壤污染重点行业企业遥感核实工作，对9家土壤污染重点行业企业逐一进行遥感核实，得到茂名市环保局及广东省环保厅的确认。

【重金属、危险废物污染防治】 2017年，化州市编制《化州市“十三五”危险废物规范化管理督查考核方案》和《化州市涉油及涉危险废物企业专项整治方案》。根据化州市广东省固体废物信息管理平台，指导相关企业注册危险废物管理账号，危险废物的申报、贮存、转移及处置全部实行网络管理，2017年申报危险废物2845公斤，依法转移处置危险废物2007公斤。开展化州市汛期辐射源及危险废物环境安全大检查工作，杜绝环境安全隐患，确保化州市汛期辐射源及危险废物环境安全。环保部门对同庆石窝污染案、下郭多谷污染案、建设农场九队鱼塘污染案、和平农场大岭污染案等4件涉危险废物倾倒案件，依法移交公安机关。3件已破，抓获犯罪嫌疑人3人，均已刑拘，在呈捕阶段；另1件，已刑拘1人上网追逃，案件在进一步办理中。

环境保护法律法规实施

【《环保法》实施】 2017年，化州市进一步强化政府对环境保护监督管理力度，完善环境保护基本制度，强化企业污染防治责任，加大对环境违法行为法律制裁。开展形式多样、针对性强的环保宣传教育活动。在全市组织开展公益广告展播、节能进校园进企业进社区、节能技术推广、节能产品进商场、绿色出行、节能有奖知识竞答、发送主题短信以及促进工业低碳发展、培育绿色低碳发展意识等多种形式的活动。组织“六·五”环境日宣传活动，营造全社会共同参与生态文明建设，改善环境质量，推动绿色发展的良好氛围。

【《大气污染防治法》实施】 2017年，化州市环保局加强对工业企业废气、机动车污染、加油站等行业挥发性有机污染、城市区域空气污染等方面进行综合整治和执法检查；加强对建设施工工地扬尘污染防治政策的监督，提高空气环境质量；推进汽车环保标志免费发放工作，完成对“黄标车”淘汰进度，推进机动车减排工作，遏制车辆尾气排放污染。

【《水污染防治法》实施】 2017年，化州市环保局在全市广泛开展《水污染防治法》的宣传教育活动，全面增强全市人民水环境保护意识和法制观念；履行统一监督管理职责，开展污水治理和河流整治，重点是小东江流域（化州段）水污染整治和罗江整治；实行排污申报登记、排污费征收和开展污染纠纷调处工作，开展来信来访接待、建设项目咨询及新建项目现场排污设施检查和“三同时”验收；针对化州市生猪养殖业养殖污染严重现状，多次开展养殖场专项整治行动。

【《环境噪声污染防治法》实施】 2017年，化州市继续推进“宁静工程”，综合整治城市噪声污染；继续扩大噪声控制区面积，强调有关建筑施工单位在开工前必须办理环保审批手续，纳入环保监管范围，开工后必须配套降尘、降噪设施，遵守国家规定的施工时间；对商业经营、文化娱乐等产业噪声单位，要求其严格按照有关规定进行营业；在城区划定区域实行机动车禁鸣喇叭；开展夜间噪声环境污染执法检查，加强相关部门落实夜间噪声污染防治政策的监督。

【《固体废物污染防治法》实施】 2017年，化州市环保局启用新固体废物管理信息平台，督促企业做好新平台的注册登记、数据填报、资料上传等工作，实现危险废物网上申报登记、管理计划网上备案、电子转移联单、经营情况网上报告等。组织开展对医疗废物的专项执法检查，监督检查医疗废物非法加工，防止医疗废物流入市内污染环境。组织开展对危险废物的专项执法检查，检查产生和处置企业危险废物管理措施及其落实情况，对企业危险废物的申报登记量、产生量和转移量进行检查，防止危险废物非法转移，保证全市环境安全。

【《环境影响评价法》《建设项目环境保护管理条例》实施】 2017年，化州市环保局加强建设项目环境保护管理，组织开展环境影响评价制度和“三同时”制度执行情况的执法检查，以重点区域为突破口，打击不遵守环境影响评价制度和“三同时”制度行为，提高市环境影响评价制度和“三同时”制度执行率。

建设项目环境管理

【建设项目环境管理】 2017年，化州市环保局按照《环境影响评价法》等法律、法规和国家、省、市产业发展导向目录，发挥环保规划审批的预警、龙头作用，坚持环境影响评价和“三同时”制度，强化建设项目环境管理，保护好环境，为经济建设服务。全年审批项目29个（其中报告书项目7个、报告表项目22个），登记表网上备案项目43个，建设项目竣工环保验收项目29个（包括登记表项目）。对不符合环境保护规划、重污染、工艺落后的项目，坚决否决，严把项目审批关，有效地控制新污染源的产生。按《建设项目环境保护分类管理名录》进行审批管理，把好环保关，对新、扩、改项目实行污染物总量控制，做到增产不增污、增产减污，发挥环境影响评价工作预防和控制源头污染手段，使环评工作不仅参与综合决策，而且从调整结构，合理规划布局的角度来分析评判问题。强化“三同时”管理，加强建设项目环境保护设施竣工验收，保证新建项目投产后稳定达标，控制和防止新污染源的产生。创新服务机制，开辟绿色服务通道。对符合国家产业政策、资料齐全的项目，采取“一座楼办公、一个窗口受理、一网式审批、一站式服务”的项目审批“一条龙”服务，提高服务水平。做好对市招商引资项目跟踪服务工作。对市招商引资项目，实行提前介入，安排专人跟踪服务，做好项目环境影响评价、技术审查和审批管理等全方位的技术咨询服务，确保项目及时完成环保审批。

环保规划实施

【概况】 2017年，化州市执行建设项目环境影响评价制度，把好环保关，避免污染和破坏环境。加强安全隐患排查，分别对重金属行业、禽畜养殖业、饮用水源保护区、垃圾处理项目、工业园区、化工业等开展专项检查和整治，防范环境风险能力进一步加强。环保机构和队伍建设日臻完善。环保部门基础设施逐步完善。环境监管力度不断加强。实行建设项目环境影响评价与“三同时”制度、排污许可与排污收费制度、污染物总量控制与限期治理制度和环境管理目标责任制。2017年全市征收排污费2778391元，环境影响评价与“三同时”执行率100%。

【实施生态战略】 2017年，化州市实施《生态县（市）建设规划》和《农村环境保护规划》，做到生态保护与治理并重，从源头上控制不合理资源开发活动。加强矿产资源和旅游开发环境监督，严厉打击非法采矿，按照“谁开发，谁保护；谁破坏，谁恢复”的原则，落实国家矿山环境治理制度，做到废弃矿山生态恢复。

【强化监管力度】 2017年，化州市环保局加强饮用水源保护区违法违规项目清理整治。一级、二级保护区内无排污口，确保饮用水源水质达标率稳定在100%，地表水水质类别均符合《地表水环境质量标准》（GB3095-1996）Ⅲ类水质标准；市区的大气各项监测指标年平均值都达到（GB3095-1996）Ⅱ级标准。大气环境质量总体良好；市区区域环境噪声，交通道路噪声均有不同下降，噪声环境状况良好。主要污染物排放总量得到控制。化学需氧量、氨氮和二氧化硫、氮氧化物排放量均控制在总量指标以内。水环境污染趋势得到有效遏制，通过淘汰落后产能、抓好重点工程建设、开展农业源污染减排等措施，减少污染物排放。

【开展“三废”排查】 2017年，化州市环保局开展医疗废物、危险化学品、电子废物排查和监管，掌握危险废物产生、处置、贮存和处置现状，建立和完善危险废物与医疗废物的全面监管。

生态环境保护

【生态文化教育加强】 2017年，化州市把建设生态文明作为深入贯彻落实科学发展观、全面建设小康社会和实现社会和谐的迫切需要，通过开展各种生态文明创建活动，加大生态环境的保护力度，全面提高全市生态文明建设水平。强化生态危机意识，客观地认识面临的生态危机现状。加强生态文化建设，培育全民生态道德意识，强化全民生态文明观念。开展生态文明宣传教育活动，提高群众的资源环境意识，使环境友好型社会的理念成为全社会的共识和奉行的价值观。营造全社会推进生态文明建设的良好氛围，使生态文明理念深入人心，使建设生态化州成为人人参与的自觉行动。

【环境保护力度加强】 化州市加强城区环境基础建设，加大对“水、气、声”的治理力度，提升城区环境质量。2017年环境监察执法出动2430人次，检查企业（养殖场）670家（次），责令109家企业改正违法行为，报市政府依法责令关闭违法企业6家（小炼油、小电镀、小造纸等十五小企业3家、酒吧1家、砖厂1家、马赛克加工厂1家）。依法实施查封1宗，限产停产整治5宗，涉刑移送公安机关侦办案件3宗。加大环保行政处罚力度，依法立案查处违法企业22家，处以罚款139.8万元。推进重点企业开展环境风险评估，编制突发环境事件应急预案，有78家企业编制应急预案报环保部门备案。办理检察机关检察建议书，督促市食品集团公司完成下属23个食品公司配套污水处理设施建设，确保污水达标排放。加强重点区域重点企业环境风险防控。加强对河西民营科技工业园企业的环境监管，确保化州市饮用水安全。开展涉环境问题矛盾纠纷专项治理，全年来依法依规调处各类环境信访和举报案件245宗，全市没有发生过因环境问题集体上访事件。

【生态文明机制建设加强】 2017年，化州市加快建立和完善生态文明建设齐抓共管的组织领导体制和工作机制。加强领导，常抓不懈，及时研究和统筹解决生态文明建设的重大问题。建立健全资源有偿使用制度和生态环境补偿机制。加快制定相关政策，利用经济、法律、行政等多种手段，协调解决经济快速发展与资源环境约束的突出矛盾。按照“谁开发谁保护，谁破坏谁恢复，谁受益谁补偿”原则，探索建立科学合理的生态系统功能恢复机制。完善多元化多渠道的生态系统投资体制，引导和鼓励社会各方面投资参与化州市的生态文明建设。

城市环境质量

【城市环境综合整治加强】 2017年，化州市继续加强城市环境综合整治，全市工业污染防治水平有所提高，空气环境质量保持优良等级；市区空气质量与上年基本持平，稳定在国家二级标准水平，全市空气质量优良天数占全年天数100%，烟尘控制区覆盖率85%，可吸入颗粒物年平均值下降；市区声环境质量总体与上年基本持平。

【大气环境质量】 大气可吸入颗粒物浓度 2017年，化州市大气可吸入颗粒物的浓度第一季度平均值为0.096毫克每立方米，第二季度平均值为0.057毫克每立方米，第三季度平均值为0.035毫克每立方米，第四季度平均值为0.057毫克每立方米，全市年平均值为0.058毫克每立方米；均低于国家的GB 3095-2012II级年平均值0.07毫克每立方米的标准。从测点年平均值看，博龙初级中学测点的可吸入颗粒物浓度值最高，为0.058毫克每立方米，大桥小学测点的可吸入颗粒物浓度值为0.057毫克每立方米，市环境监测站点可吸入颗粒物浓度值为0.056毫克每立方米。2017年化州市大气中可吸入颗粒物符合GB 3095-2012II级标准，全市大气可吸入颗粒物平均值与上年有所上升。

大气二氧化硫浓度 2017年，化州市大气二氧化硫的浓度第一季度平均值为0.017毫克每立方米，第二季度平均值为0.011毫克每立方米，第三季度平均值为0.013毫克每立方米，第四季度平均值为0.009毫克每立方米，全市年平均值为0.012毫克每立方米。均低于GB3095—2012II级年平均值0.06毫克每立方米的标准值。从测点年平均值看，博龙初级中学测点的二氧化硫浓度值最高，年平均值为0.015毫克每立方米，大桥小学测点年平均值为0.010毫克每立方米；市环境监测站测点年平均值为0.012毫克每立方米。2017年化州市大气中二氧化硫符合GB 3095-2012II级标准，全市二氧化硫平均值与上年有所上升。

大气二氧化氮浓度　2017年，化州市大气二氧化氮的浓度第一季度平均值为0.006毫克每立方米，第二季度平均值为0.021毫克每立方米，第三季度平均值为0.018毫克每立方米，第四季度平均值为0.026毫克每立方米，全市年平均值为0.018毫克每立方米；均低于国家的GB 3095-2012II级年平均值0.04毫克每立方米的标准，从测点年平均值看，大桥小学站点的二氧化氮浓度值最高，为0.023毫克每立方米；博龙初级中学测点年平均值为0.013毫克每立方米；市环境监测站测点年平均值为0.017毫克每立方米。2017年化州市大气中二氧化氮符合GB 3095-2012II级标准，全市二氧化氮平均值与上年略有所上升。

【噪声环境质量】　2017年度化州市区域环境噪声的平均等效声级为57.5分贝，总的来看，化州市2017年的区域环境噪声质量和2016年相比略有下降。

鉴江、罗江水质

【鉴江】　鉴江发源于信宜市乾和岭南麓，流经信宜市、高州市祥山镇进入化州市，经南盛、丽岗至化州城区与罗江汇合，转向南流至长岐入吴川市至黄坡出海。鉴江全长232千米，流域集雨面积9464平方千米，其中化州境内流程44千米，集雨面积2104平方千米，河床平均坡降1.32‰，化州市境内南盛到长岐平均坡降为0.79‰，沿程有江边村拦河闸和高岭拦河闸。

【罗江】　罗江是鉴江一级支流，发源于广西壮族自治区北流市六靖区上珍乡崩山田村鸦髻顶北麓之西0.8千米的鸦髻顶北麓附近，于坡头进入化州市，流经、平定、合江、江湖、林尘、官桥至化州城汇入鉴江。全长141.5千米，流域集雨面积2609平方千米，化州市境内流程111.5千米，集雨面积1550平方千米。河床平均坡降4.9‰，该市文楼至合江段2.38‰，合江至化州城1.7‰，全程总落差54.6米。河床多为沙、卵石。平时河水清澈，每遇暴雨山洪暴发，河水则变为浑浊。沿程有文楼拦河闸、翰堂拉河闸、合江拦河闸和林尘拦河闸。

【水质现状及整治】　2017年，鉴江、罗江流域化州段内有部分工业及大量的农业养殖及居民生活污水排入，对流域的水质产生影响。鉴江、罗江流域化州段工矿企业不多，主要水污染企业是在河西工业园的水产食品加工企业以及其他地区中药加工，蚕丝厂为主要污染企业，其余多是一些技术含量较低的乡镇企业。发展势头迅猛的禽畜养殖业，是鉴江、罗江流域化州段最重要污染源之一。由于大部分养殖企业规模小，投资少，而污染治理设施建设严重滞后，大部分养殖场粪便和污水排入附近河流、鱼塘，造成水质恶化，是造成河流水质污染的主要原因。随着城镇化进程的加快，农村农民聚居点规模迅速扩大，城乡生活垃圾和生活废水也是鉴江、罗江流域化州段重要污染源。农村生活垃圾、生活废水没有得到有效处理排入周边环境中，沿江文楼、平定、合江、江湖、林尘、宝圩、播扬、那务、南盛、丽岗、中垌、官桥、石湾等镇（街道）有常住人口总数842641人，污水排放量168528吨，化学需氧量11527吨/年。

【养殖场污染整治】　2017年，化州市将生猪养殖污染整治作为年度重点工作抓落实。把畜禽养殖污染整治工作纳入《政府工作报告》决定事项，坚持政府主要领导亲自抓，成立以市长谭剑锋为组长，分管农业、环保工作的副市长为副组长，市直有关部门和各镇（区、街道）政府（管委会、办事处）、国有农（林）场主要领导为成员的化州市畜禽养殖污染整治工作领导小组，把畜禽养殖污染整治工作列为“一把手”工程。出台《化州市畜禽养殖区划定方案》《化州市畜禽养殖场清理整治实施方案》《化州市畜禽养殖禁养区养殖场（专业户）

关闭补偿方案》等系列指导文件。各镇（区、街道）相应成立党政主职任组长的畜禽养殖污染整治工作领导小组。加强财政投入。2017年，市政府压缩财政其他支出，安排1.3亿元推进畜禽禁养区养殖场关闭和补偿工作，用于畜禽养殖污染整治，推进养殖污染整治工作。对准养区内的养殖场，按照“谁污染、谁治理”以及“污染者付费”的原则，采取由业主投入为主，政府以奖代治和社会投入为辅的治理工作资金筹集方式，推进养殖污染治理工作。市领导小组定期召开工作会议，专题听取各成员单位工作汇报，总结分析治理工作中的好经验和突出问题，制定措施，及时解决存在的问题，定期通报治理工作进展情况，推进畜禽养殖污染治理工作。定期对整治工作进展缓慢的镇（区、街道）后5名及进度落后的农场进行约谈。2017年全市依法关闭禁养区养殖场4379家，关闭率89.2%，其中拆除1620家，拆除栏舍面积45.04万平方米；全市签订关闭协议4735家，协议签订率96.46%。报广东省农业厅的763家禁养区养殖场，关闭（拆除、退养）763家，关闭率100%，其中拆除386家，拆除栏舍面积10.56平方米。

【沿岸企业污染整治】 2017年，化州市环保局加强平定钛矿的巡查。自2012年市政府关闭平定钛矿后，坚持每年每季度与平定镇政府巡查一次，防止钛矿生产死灰复燃。组织拆除或堵塞鉴江、罗江沿岸违法排污口，责令违法企业停产整改。关闭影响鉴江、罗江水质的小皮革、小造纸等“十五小”企业。加强环保治理设施建设，减少污染物排放，改善鉴江、罗江水环境质量。

2017年化州市环境保护局领导班子成员名录

党组书记、局长：陈俊玮（任至8月）
　　　　　　　　吴浩光（10月任职）
党组成员、副局长：李海浩
　　　　　　　　吴永军
党组副书记：曾秀奇
党组成员、总工程师：梁创尧

（何志业）

商贸流通业

【概况】 2017年，化州市社会消费品零售总额207.48亿元，增长10.1%。

【汽车销售监管】 2017年，化州市加强对汽车销售市场的管理，优化供给环境。化州市推进《汽车销售管理办法》宣传解读工作，市科工商务局市场股人员申报执法证考试，成功考取执法证。9月21日开始，市科工商务局市场股人员对化州市汽车销售店逐间逐间进行宣传解读《汽车销售管理办法》。12月8日，化州市科工商务局在市行政中心八楼科工商务局会议室举办《汽车销售管理办法》宣传解读培训班，全市23家汽车销售经销商参加培训。

【石油销售】 2017年，化州市有加油站63座，销售成品油10.87万吨，同比下降20.89%；其中，销售汽油7.36万吨，销售柴油3.51万吨，同比分别下降15.11%和29.38%。实现销售收入7.55亿元。其中：中石化化州公司实现成品油零售89373吨，同比下降2.78%；汽油零售62254吨，同比上升7.38%，柴油27119吨，同比下降18.37%；非油品（便利店业务）销售收入4694万元，同比增长38.22%，成品油零售市场占全市80%以上。全市全年成品油供应充足，市场秩序运行正常，成品油价格整体平稳。

【批发零售业】 2017年，化州市维护市场秩序，优化社会供给环境。加强典当、拍卖、单用途预付卡等领域监管，维护和形成好的市场秩序。配合省和茂名市做好典当、拍卖行业年审工作，开展非法集资专项排查。2017年，利用茂名商务局拨付的专项资金，购买手提电脑、执法记录仪等器材一批，加强化州市科工商务局执法硬件建设，全局20人参加全市执法证申请考试并获得通过，已领证有19人，建立“双随机，一公开”制度，加大执法力度，加大在消费品质量方面的监管力度。市科工商务局市场股对市内各大商场、店铺消费品质量、发售单用途商业预付卡及安全生产等进行随机抽查。

【冷链物流业】 2017年，化州市推动冷链物流的发展，保障食品安全，促进消费升级。6月，广东省举办现代物流经济高级研修班学习，组织具有相关业务的行政和企事业单位的业务人员在广东外语外贸大学MBA教育中心学习现代物流知识，化州市派出分管该项工作和相关股室人员参加学习。8月31日，派员参加广东省现代物流研究院在茂名市举办的冷链物流信息化及标准化培训班学习。11月，根据茂名市商务局和财政局《转发广东省商务厅广东省财政厅关于组织申报2017年冷链物流发展项目的通知》要求，科工商务局组织调查组，分别对化州市食品企业集团城区中心屠宰厂粤西（化州）肉品加工冷链配送中心、新海水产有限公司、广东环球水产食品有限公司、化州市化冷贸易有限公司等企业进行调查，了解化州市冷链物流情况，发动相关企业申报冷链物流发展项目，提高食品配送品质和水平，确保食品配送链安全。

【工业企业诚信管理】 2017年12月8日，化州市科工商务局召集市内6家食品生产企业在局8楼会议室进行食品工业企业诚信管理体系国家标准培训，学习食品工业企业诚信管理体系国家标准。

【商贸流通行业管理】 2017年，化州市强化监管，确保商贸流通企业安全生产，保障安全供给。为保证商贸流通企业生产安全，化州市科工科工商务局根据茂名市商务局的要求。制定《化州市科工商务局防汛抗旱应急预案》《化州市2017年食品安全工作评议考核细则》《关于开展全市商贸流通领域安全生产大检查的工作方案》等文件，对典当、拍卖行、大型商场、二手车行等行业开展安全生产工作大检查，强化商贸流通企业安全生产监督管理，推进商贸流通企业安全生产工作，防范各类安全事故的发生。

【质量提升管理】 化州市科工商务局做好提升质量管理水平的工作，提升优质供给。2017年3月15日，在康景体育馆南门，组织10多名干部职工参加由工商、质监等部门联合举办的“3·15世界消费者权益日”以“网络诚信，消费无忧”为主题的宣传活动。结合“3·15国际消费权益日”宣传活动，加大对商超企业开展诚信质量宣传，制定诚信、质量投诉机制，发挥“12312”投诉热线作用，受理并协调解决质量、失信投诉等热点问题，维护人民群众利益。7月27日，组织5名干部职工参加在兆康时代广场由食安委等部门联合举办的2017年化州市食品安全宣传活动周启动仪式大会。宣传质量知识、讲好质量故事、弘扬质量文化，使质量强市战略深入人心。企业质量意识、诚信理念不断增强。

【化州市现代物流业】 2017年，化州市实现电商服务镇村站点全域覆盖。化州农村淘宝建成电子商务农村淘宝县级服务中心1个、全职服务站74个、淘宝特约服务分站80个。服务站站点数在广东已签约26个县域中排名第4。化州邮政建成县级运营中心1个，电商智慧产业园1个，邮政农村电商加盟点414个，全面推广应用邮掌柜系统，推进“工业品下乡，农产品进城”，每日交易额6万元，交易额在不断增长。完善利用自有邮乐网、邮掌柜等电商购物平台配套设施完善，丰富业务种类，实现电子商务业务在邮政渠道迅速及大规模叠加，为邮政农村电商建设提供基础保障。

（化州市科工商务局）

【化州市商业企业集团公司】 位于化州市河东向阳路8号，前身是化州市商业局。1993年3月，化州县政府批准成立商业企业集团公司，与商业局实行“两块牌子，一套人马”办公；1997年政府机构改革撤销化州市商业局，保留商业企业集团公司。负责管理原商业局系统属下公司的管理、协调、服务工作；负责搞好上传下达、维护商业系统的稳定以及完成市委市府部署的工作任务。公司本部办公场所面积约200平方米。至2017年底，本部在职人员6人，离休干部4人，退休人员29人，设秘书股、财会股、人事股、保卫股。下属企业10个（原化州市饮食服务公司于2016年12月破产清算终结），预算内企业5个（其中破产企业1个），预算外企业4个，集体企业1个。至2017年底，1400名在册干部职工中离退休人员下岗失业人员超过1300多人，在岗的干部职工仅22人。

企业现状 全系统10个独立核算企业，其中预算外4个企业自1997年后停止运作，人员下岗失业，无任何资产，职工无安置。5个预算内公司中，正处于实施破产过程的化工原料公司破产案至2017年底仍未清算终结。仅有百货公司和纺织品公司依靠门店出租、收取租金维持运作，烟糖公司和五金公司处于停产状态。2017年，化州市政府牵头成立协调小组，正在组织协调，拟处置糖烟酒公司酒仓（103仓库）的资产，筹集资金一榄子解决糖烟酒公司的历史遗留问题及妥善安置职工。至2017年底，企业拖欠社保统筹金的问题仍存在，有的公司欠额超过百万元，除破产的化工原料公司和百货公司、五金公司没有拖欠社保金外，2个预算内（烟糖、纺织品）和4个预算外公司拖欠社保金本金高达1500多万元（部分职工塾交，转为企业拖欠职工欠款），欠缺安置费600多万元。

2017年化州市商业企业集团公司领导班子成员名录

总经理：张惠新

副经理：彭兴华

（彭兴华）

【化州市供销合作联社】 位于化州市桔城西路80号，内设机构6个，属下单位34个。2017年，市供销社全系统商品总购进4.55亿元，比上年同期增长5.7%；其中农副产品采购9479万元，比增85.6%；商品总销售4.78亿元，比增14.1%；其中生活资料零售7281万元，比增19.8%；农业生产资料销售2.52亿，比增4%。2017年，化州市供销社被评为广东省供销社系统县级社优胜单位。

改革经验推广　2017年，化州市供销合作联社做好综合改革试点经验可推广、可复制工作。在笪桥、平定、合江、官桥、同庆、杨梅、丽岗、长岐8个基层社推进基层社分类改造改革经验的复制，分别对丽岗社现有网点、长岐社旧圩网点进行升级改造，对4栋供销大厦进行引资完善经营设施，新增经营面积1.7万平方米。

完善为农综合服务体系，完善农资经营机制　2017年，化州市供销合作联社结合供销社实际，制订和完善农资经营服务机制，细化服务内容，巩固和提升农资供应中心龙头企业功能，发挥基层社、专业合作社农资经营终端网络作用，完善农资“五统一”（统一计划、统一标识、统一价格、统一管理、统一配送）经营，使配送服务功能遍布全市各镇村，保证全市农资供应，杜绝假冒伪劣农资商品进入市场。2017年，全系统销售化肥、农药10万多吨，没有出现假冒、伪劣化肥农药现象。实施农资流通向农技服务转型，抓好基层社农资经营与土肥测配、技术指导于一体的农技服务平台建设。笪桥供销社投入资金购置土肥测配仪等设备，帮助和指导农民合理安全有效使用化肥农药，聘请庄稼医生，邀请农技专家，举办农技培训班，到田间地头指导农民科学种田。市供销社在完善农贸经营机制的同时，抓好网点建设，推进日用消费品、农产品、再生资源等网点建设。重点抓好“五个一”（即每个基层社建设一个农资、日用消费品、农产品、再生资源、土肥测配中心）网点建设工程，在巩固第一批10个基层社“五个一”网点工程的基础上，抓好第二批“五个一”网点工程建设，使全系统网点总数由原来609个增加到705个，新增96个。市供销社推进电子商务平台建设，在用好OA政务信息平台的基础上，建立起供销社系统短信群发平台和微信群发平台，为全系统提供信息收集、整理、发布服务，促进经营业务发展。2017年，全系统保险代理业务收入近100万元，成为广东省供销社系统保费收入最多的县级供销社。

办好特色农民专业合作社　2017年，全系统有17个农民专业合作社被评为省级示范专业合作社，其中新增省级示范专业合作社4个。宝圩供销社利用当地资源优势，建立黄栀子专业合作社，发展合作社社员2060人，种植黄栀子666.67公顷，被评为省级示范专业合作社。提升农民专业合作社服务功能，推动合作社发展。市供销社农资供应中心与全市20个农资专业合作社，建立紧密的业务联系，通过开展农资配送经营，发挥各自优势，做大做强农资经营业务，2017年，全系统农资网点达300多个，年购销额2亿多元，市场占有率80%以上。健全组织机构，加强对合作经济组织的指导和监督。建立林尘专业合作社联合社和化州市农民合作经济组织联合会。2017年，全系统创办、领办各类农民专业合作社61个，入社社员7704人，农民成员7094人，成员出资1775万元，营业额2.47亿元。

2017年化州市供销合作联社领导班子成员名录

党总支部书记、主任：蔡名华

副　主　任：刘付尹（10月任职）

工会主席：梁雄沛（任至12月）

（陈　鑫）

【化州市市场物业管理中心】　是直属市政府参照公务员管理的正科级事业单位，代表市政府管理全市国有市场，经济上实行收支两条线管理。中心机关内设办公室（秘书股）、人事股、市场管理股、财会股等4个职能股室，核定编制12人，2017年有干部职工20人。中心领导班子配置领导为一正二副，中心设立党支部，其中党支委5人，中心办公地址为化州市橘城中路100号。该中心有直管商场1个，属下单位（物业所）24个，2017年有在编在岗干部职工226人，退休122人。2017年，化州市市场物业管理系统市场铺位租金收入约760万元，创造较好的社会效益和经济效益。

市场服务管理　2017年，中心严格市场摆卖秩序，对所有进入市场摆卖的商品（含农贸产品）实行划行归市，实施网格化管理，严禁乱摆乱卖；严格市场进入要求，配合工商、食药监等部门，与商户签订食品安全责任书，对进入市场交易的产品进行检测，在河西市场、橘州市场、兆康时代广场设置电子屏对检测结果进行公示；加强市场卫生管理，中心执行市城乡清洁工程实施方案并结合行业实际，坚持对所辖市场一日一清扫，一周一清洗、一月一消毒；提升服务质量，坚持对市场管理人员进行服务知识培训，河西市场、橘州市场、新安市场、同庆市场等设置公称处、饮水处方便群众；加强市场铺位租金征收，中心每年年初制定各物业所征费任务，要求各物业所市场铺位租金必须做到应收尽收，杜绝人情费、关系费。有条件的市场对固定门店、铺位引进竞争机制，通过招标方式竞标，发挥市场经营设施经济效益，实现国有资产保值增值。

直管商场　兆康时代广场位于北岸民主路路段，建筑面积约11400平方米，隶属中心直接管理，广场系化州市综合购物大型超市，装修豪华、管理先进、服务优质、商品种类多、销售额大、人气最旺，是提升化州市品味的标志。

物业管理及市场设施　橘州物业所辖下的橘州市场建于20世纪90年代初，该所占地面积6000平方米，营业面积9400平方米。河西物业所管理的河西大市场营业面积约7600平方米，该市场是城区开发建成使用最早的市场。同庆物业所辖下同庆中心市场面积约5500平方米，是化州市镇级营业面积最大的市场。笪桥物业所辖下市场有笪桥中心市场、笪桥珠砂市场、笪桥旧市场。官桥物业所辖下市场有官桥中心市场、官桥三鸟市场。长岐物业所辖下市场有长岐中心市场，长岐南安市场、长岐农贸市场。杨梅物业所辖下市场有杨梅中心市场、杨梅三鸟市场、杨梅旧圩市场、杨梅滨江市场、杨梅和平市场。平定物业所辖下市场有平定中心市场、平定岭下市场、平定旧猪肉行市场。石湾物业所辖下市场有石湾新市场、石湾旧市场、石湾莞塘市场。宝圩物业所辖下市场有宝圩市场。林尘物业所辖下市场有林尘农贸市场、林尘坦塘市场。中垌物业所辖下市场有中垌市场、中垌旧市场、兰山市场。文楼物业所辖下市场有文楼开发区中心市场、文楼白梅市场、文楼甲龙市场。合江物业所辖下市场有合江新圩市场、合江开发区市场、合江新（肉菜）市场。良光物业所辖下市场有良光中心市场、良光出拔市场、良光路口开发区市场。新安物业所辖下市场有新安农贸市场、新安工业品市场。江湖物业所辖下市场有江湖市场、江湖连介工业品市场、江湖连介农贸市场、江湖连介耕牛市场。丽岗物业所辖下市场有丽岗市场、丽岗镇安市场。播扬物业所辖下市场有播扬市场、播扬大贵坡市场。那务物业所辖下市场有那务工业品市场、那务农贸市场、那务壶垌工业品市场。南盛物业所辖下市场有南盛农贸市场、南盛工业品市场、南盛耕牛市场。鉴江物业所辖下市场有鉴江大市场，该市场占地面积8500平方米，是化州市占地面积最大的国有市场。凤泉物业所辖下市场是凤泉市场。北岸物业所辖下市场是北岸耕牛市场（租用），是化州市交易最活跃、成交量最大的耕牛市场。

2017年化州市市场物业管理中心领导班子成员名录

主　任：朱家强
副主任：陈　东
　　　　张洪波（1月任职）
　　　　陈学锦（任至1月）

（王汉华）

【生猪屠宰】　化州市食品企业集团公司是一家集生猪生产、生猪屠宰和饲料加工于一体的综合型企业，资产总额2.24亿元，属下有24个独立核算的食品公司。化州市食品企业集团公司总部位于河东站前路，办公面积1300多平方米。下设6个股（室），分别是办公室、财务股、人事股、业务股、兽医卫检股、工会，2017年食品系统有在岗职工1080人。2017年，化州市食品企业集团公司屠宰生猪420973头，比2016年增3543头，增幅0.8%；超额完成市府下达的生猪屠宰任务，全市所有基层公司超额完成市府下达的生猪屠宰任务。2017年，化州市食品企业集团公司商品销售总额8.45亿元，实现利润增幅5%，实现年度的增长目标；全年上缴税费427万元。

2017年化州市食品企业集团公司领导班子成员名录

党总支书记、经理：黎东权
副 经 理：郭　明
　　　　　钱景华（任至9月）
　　　　　宋春风
　　　　　黄春龙
工会主席：李土红

（化州市食品企业集团公司）

【烟草专卖】　化州县烟草专卖局（公司）于1990年10月28日挂牌成立，行政隶属化州县人民政府领导。1991年2月茂名市烟草专卖局（公司）成立后，于1993年4月直接由该局（公司）垂直领导。化州市烟草专卖局（分公司）是当地烟草专卖工作主管部门，在化州市范围内行使烟草专卖管理职权。广东烟草茂名市有限责任公司化州市分公司（以下简称分公司）成立于2007年12月29日，隶属广东烟草茂名市有限责任公司，系非独立法人核算单位，负责化州市范围内卷烟（雪茄烟）的批发经营业务。专卖局与分公司合署办公，内设综合管理部、专卖管理办公室、营销部三个部门。2012年10月成立茂名市烟草专卖局派驻化州市局内部专卖管理监督工作组，正股级建制，系茂名市烟草专卖局的派出机构，接受上级局内管派驻办和本级局的双重领导，与化州市烟草专卖局专卖管理办公室合署办公。广东烟草茂名市有限责任公司在化州市设立物流对接点，由化州市烟草专卖局（分公司）协管。2017年末，有在册员工108人。2017年4月，被茂名市劳动竞赛委员会评为2016年度茂名市劳动竞赛先进集体，被化州市总工会评为五一趣味运动会企事业单位组二等奖；6月，被化州市直工委评为化州市直机关第三届“先锋杯”男子篮球赛优秀组织奖，被化州市总工会、化州市安全生产监督管理局评为全国“安康杯”竞赛化州市优胜单位；7月，被中共化州市直属机关委员会评为先进基层党组织。该局（分公司）2017年卷烟销售为24497.06箱，完成销售额66927.41万元，实现税收3391.32万元。

专卖管理　2017年，该局（分公司）出动执法人员3413人次；查获各类违法案件415起，同比增长42.12%；查获各类违法卷烟934.201万支，同比增长443.58%；其中，查获假烟6.31万支，走私烟761.609万支，非法流通卷烟166.282万支，涉案卷烟总案值487.7116万元；协助司法机关刑拘5人，逮捕2人。许可证管理水平不断提高，2017年新办证件396户，延续证件553户，变更证件9户，补办证件15户，停业7户，恢复营业1户，歇业522户。

卷烟经营　2017年，卷烟单箱结构为27320.59元/箱，同比增加3640.51元/箱，增幅为15.37%。做好重点品牌宣传促销，进一步扩大重点品牌卷烟的市场知名度和市场复益率，使卷烟结构提升和市场稳定有机结合。2017年，一类卷烟销售3345.4232箱，同比增加888.5892箱，增幅为36.17%；二类卷烟销售4939箱，同比增874.72箱，增幅为21.52%；三类卷烟销售13434.1箱，同比减少2490.88箱，减幅为15.64%；四类卷烟销售1768.72箱，同比减少1203.33箱，减幅为40.49%；五类卷烟销售1006.304箱，同比减少12.016箱，减幅为1.18%；无价类卷烟销售3.5182箱，同比增加1.791箱，增幅103.69%。夯实网建基础，提高现代终端建设质量，清退“不合格”终端；推动市场化试点和零售户自律互助小组建设。到12月31日，成立自律小组15组，已签约的现代终端户数为287户，签约率10.28%。

2017年化州市烟草专卖局领导班子成员名录

书记、局长、经理：黎　洪（任至6月）
宁文辉（7月任职）
副经理：谢尚乾
副局长：温建起（7月任职）
宁文辉（任至7月）

（翁伟莉）

【盐专卖】　广东省茂名市盐务局化州分局（广东省盐业集团茂名有限公司化州分公司），以下简称化州盐务局（化州盐业公司），负责管理化州市辖区盐业市场管理及盐产品的供应工作，实行政企合一的机制。位于化州市下郭区建设一横路一号，设立综合事务部、营销部、盐政法规股、三个股室。2017年有干部职工11人，其中，经理、局长、党支部书记1人，副局长、副经理1人，综合事务部主管1人，营销部主管1人，盐政法规股主管1人。2017年12月31日，依据《关于印发化州市食盐监管体制改革实施方案的通知》取销广东省茂名市盐务局化州分局。2017年，该公司加强盐政管理转变执法模式，以宣传教育促进盐政执法在日常工作中，将宣传教育与行政执法相结合，深入农户宣传教育提高群众食用加碘盐意识。利用3·15、5·15等宣传活动增强群众食用碘盐的意识，确保食盐安全及保障工作。全年销售各类盐6163.259吨，出动执法人员836人次。

2017年广东省盐业集团茂名有限公司化州分公司（广东省茂名盐务局化州分局）领导班子成员名单

局　长：卢田木（任至12月）
党支部书记、经理：卢田木
副局长：陈李炎（任至12月）
副经理：陈李炎

（莫尚飞）

开放型经济

【对外贸易】 2017年，化州市科工商务局围绕全市经济社会发展总体要求，通过调整优化外贸结构、促进外贸提质增效、培育壮大外贸新业态新模式，强化政策支持与业务指导，促进外贸高质量发展。全年全市进出口贸易总额16.29亿元，同比增长19%。其中外贸出口16.26亿元，同比增长19.4%；进口310万元，同比下降60.6%。

【招商引资】 2017年1—9月，化州市引进项目69个，投资总额352.63亿元（其中竣工项目13个，投资总额2.37万元；在建项目29个，投资总额15.98亿元；签约项目27个，投资总额334.278亿元）。有在谈项目11个，投资总额71.867亿元。

【招商引资项目推进和考核工作机制完善】 自2016年化州市出台《化州市招商引资工作联席会议工作规则》《化州市招商引资工作责任考核暂行办法》等文件后，2017年9月该市重新调整化州市招商引资工作领导小组机构人员，组长由市委书记黄永担任，年内起草《关于全面加强招商引资工作的意见》，重新拟订《化州市招商引资优惠办法》。

【招商引资活动】 2017年，化州市策划组织各类招商引资活动。6月18日，以“2017化橘红文化节”为契机，举办招商引资签约会，签约项目21个，签约总额超过200亿元。组团参加在香港联合举办的“2017粤港经济技术贸易合作交流会”，宣传化州营商环境。9月下旬至12月底，开展招商引资“百日行动”，引进一批推动全市产业转型升级、提升全市招商引资水平的重大产业项目和产业集群项目。

【签约项目全程跟踪服务】 2017年，化州市签约落地的项目有香雪集团化州市中药厂二期扩建项目，该项目用地已落实，各种手续在办理中。广东大合生物科技有限公司“特色产业小镇建设项目项目”拟选址在化州市鉴江经济开发区，项目用地8.05公顷，投资约10亿元。中农联控股有限公司的“中农联·粤西农旅电商冷链批发物流产业园项目”、广东新供销天豹电子商务有限公司“广东新供销粤西电商物流园项目”、珠海市弘明集团有限公司“国际化医养基地项目”、中国北大荒产业集团控股有限公司“化州国际农产品交易中心&现代农业产业园项目”、华信水东湾（茂名）投资发展集团有限公司“化州市粤西空港经济区开发建设项目”、上海的“红星美凯龙项目”等项目持续跟进中。

民营经济

【概况】　2017年，化州市新登记私营企业1377户，新登记个体工商户4674户，新登记农民专业合作社69户。截至2017年12月，全市私营企业（含个人独资企业、合伙企业、私营公司制企业，下同）4570家，个体工商户33122户，农民专业合作社819户。全市民营经济呈现行业分布过于集中；文化产业市场主体比重过低，增长缓慢；农民专业合作社发展走向平稳的趋势。从全市内资企业的行业分布的情况看，批发和零售业虽较上年同期有所增加，位居第一，其次是而涉及第三产业中的企业如邮政、农资、电信行业、农信社、供电公司、农资推广中心、银行、保险公司、金融业等大量企业的分支机构存在，基数庞大。这些企业的总数占全市内资企业的九分之一。该市市场主体中文化、体育和娱乐业市场主体仅11户，文化产业市场主体总量过小，增速缓慢。2017年新登记农民专业合作社69家，而2016年有74家，发展势头呈下降趋势。

【新登记企业数量继续增长】　2017年，化州市私营企业投资规模明显加大。全市市场主体增长加速趋势明显，有增无减的格局不会变化。从市场主体类型看，国有、集体企业改变不大，仍将保持户数减少、注册资本下降的趋势。私营企业户数将持续增长。新登记冠省名企业152家，比2016年多140家。

【以个体私营经济为主体的私营企业仍占国民经济主导地位】　2017年，化州市私营经济在适应经济发展方式加快转变和促进产业政策调整的大背景下，呈现出传统产业提质升级、优势产业加快发展、新兴产业潜力巨大、新登记私营企业实力增强等特点。2017年，经过引导有341家个体工商户转型为企业，转型企业的个体工商户以批发、零售业居多。至年底，该市有个体工商户33122户。

【个体私营经济呈现高速发展态势】　2017年，化州市个体私营企业登记量及投资规模不断加大，拉动全市企业登记持续冲高。随着一系列优惠政策和措施的下发，特别是公司认缴制度的的实施，企业和个体私营经济的投资创业热情被进一步激发，民间投资进一步活跃，全市私营经济将呈现出市场主体增长、经营规模扩张、经济结构优化、经济效益提升的新特点。

【企业类型不断调整优化】　化州市企业组织形式以内资私营企业为主导，多种组织形式并存。截至2017年12月，该市私营企业达到4570户。内资私营企业是现代企业制度的主要形式，具有科学的产权关系、相互制约的治理结构、先进的管理理念、快速有效的运营方式，《公司法》自2013年12月新修订实施后，从2014年3月1日起，实施公司注册登记认缴制，降低企业准入门槛，使内资私营企业成为大多数投资人选择登记的企业类型。公司这一现代企业形式，逐渐成为该市企业的主体。内资私营公司成为投资者的首选，内资企业的新设立数逐年增加。

（化州市工商局）

财政·税务

财　　政

【概况】　化州市财政局位于化州市罗江南路13号，办公占地面积1628平方米，局机关行政编制51名，内设办公室、法规股、预算股、国库股、综合股、行政政法股、教科文股、企业股、农业股、经济建设股、社会保障股、外经金融股、会计股、统计评价股、人事教育股、监督检查股行政事业资产管理股、政府采购监督股和化州市国有资产监督领导小组办公室等20个股室。下辖化州市公费医疗管理办公室、化州市财政局机关服务中心、化州市国库支付中心、化州市投资审核中心、化州市票据监督管理中心、化州市财政局信息中心、化州市农业财务管理办公室和化州市财政局直属所等8个事业单位。

【一般公共预算收支】　2017年，化州市一般公共预算总收入605566万元，同比增收94556万元，增长18.5%，其中：一般公共预算收入118650万元，上级补助收入466389万元，债券转贷收入20000万元，调入资金527万元；一般公共预算总支出585858万元，同比增支49636万元，增长9.26%，其中：一般公共预算支出575744万元，上解上级支出8514万元，债券还本支出1600万元。总收支相抵，本年收支结余19708万元，上年结转结余12905万元，国债转贷资金结余250万元，滚存结余32863万元，其中：结转下年支出32613万元，国债转贷资金结余250万元。

2017年，化州市一般公共预算收入118650万元，比2016年同期增收5893万元，增长5.22%，完成年初预算任务124035万元的95.66%。税收收入方面，2017年化州市税收收入71775万元，占一般公共预算收入的比重为60.49%，比2016年同期增收5742万元，增长8.7%；其中：国税收入17618万元，比2016年同期增收5864万元，增长49.89%；地税收入54157万元，比2016年同期减收122万元，减少0.22%。非税收入方面，2017年化州市非税收入46875万元，占一般公共预算收入比重的39.51%，比2016年同期增收151万元，增长0.32%。

2017年，化州市一般公共预算支出575744万元，同比增支44972万元，增长8.47%，完成年初预算任务467706万元的123.1%。各项支出情况如下：一般公共服务支出54322万元，同比增支3305万元，增长6.48%；公共安全支出15577万元，同比减支2819万元，减少15.32%；教育支出196708万元，同比增支9360万元，增长5%；科学技术支出232万元，同比减支227万元，减少49.46%；文化体育和传媒支出19074万元，同比增支16977万元，增长809.59%；社会保障和就业支出125401万元，同比增支22250万元，增长21.57%；医疗卫生与计划生育支出82922万元，同比增支1811万元，增长2.23%；节能环保支出10844万元，同比增支9326万元，增长614.36%；城乡社区支出17280万元，同比增支5756万元，增长49.95%；农林水支出34131万元，同比减支17108万元，减少33.39%；交通运输支出7180万元，同比减支3285万元，减少31.39%；资源勘探信息等支出1098万元，同比减支403万元，减少26.85%；商业服务业等支出741万元，同比增支346万元，增长

87.59%；金融支出1462万元，同比减支623万元，减少29.88%；国土海洋气象等支出2782万元，同比增支464万元，增长20.02%；住房保障支出3029万元，同比增支222万元，增长7.91%；粮油物资储备支出1511万元，同比增支248万元，增长19.64%；债务付息及发行费支出395万元；其他支出1055万元，同比减支394万元，减少27.19%。

化州市2017年一般公共预算收支决算总表

单位：万元

预算科目	决算数	预算科目	决算数
一、公共预算收入	118650	一、公共预算支出	575744
（一）、税收收入	71775	1、一般公共服务支出	54322
增值税	17626	2、外交支出	——
营业税	221	3、国防支出	——
企业所得税	6335	4、公共安全支出	15577
企业所得税退税	——	5、教育支出	196708
个人所得税	1554	6、科学技术支出	232
资源税	665	7、文化体育与传媒支出	19074
固定资产投资方向调节税	——	8、社会保障和就业支出	125401
城市维护建设税	4879	9、医疗卫生与计划生育支出	82922
房产税	1632	10、节能环保支出	10844
印花税	962	11、城乡社区支出	17280
城镇土地使用税	822	12、农林水支出	34131
土地增值税	21691	13、交通运输支出	7180
车船税	2426	14、资源勘探信息等支出	1098
耕地占用税	5752	15、商业服务业等支出	741
契税	7210	16、金融支出	1462
烟叶税	——	17、援助其他地区支出	——
其他税收收入	——	18、国土资源气象等支出	2782

续表

预算科目	决算数	预算科目	决算数
（二）、非税收入	46875	19、住房保障支出	3029
专项收入	3574	20、粮油物资储备支出	1511
行政事业性收费收入	15218	21、预备费	
罚没收入	8766	22、债务付息支出	374
国有资本经营收入		23、债务发行费用支出	21
国有资源（资产）有偿使用收入	15882	24、其他支出	1055
其他收入	3435	二、上解上级支出	8514
二、上级补助收入	466389	三、债券还本支出	1600
三、地方政府一般债务转贷收入	20000	四、增设预算周转金	
四、国债转贷资金上年结余	250	五、国债转贷资金结余	250
五、调入资金	527	六、年终结余	32613
六、上年结余	12905	七、安排预算稳定调节基金	
总计	618721	总计	618721

【政府性基金收支】 2017年，化州市本级政府性基金预算收入61808万元，同比增收11693万元，增长23.33%，完成年初预算任务50861万元的121.52%，加上上级补助收入6413万元，债务转贷收入1700万元，总收入为69921万元。本级政府性基金预算支出54889万元，同比减支10232万元，减少15.71%，完成年初预算任务53406万元的102.78%，加上调出资金395万元，债券还本支出1700万元，总支出为56984万元。总收支相抵，2017年政府性基金本年结余12937万元，上年结余2502万元，滚存结余15439万元。

2017年度化州市政府性基金收支决算总表

单位：万元

项目	决算数	项目	决算数
政府性基金收入	61808	政府性基金支出	54889
政府性基金上级补助收入	6413	政府性基金补助下级支出	0

续表

项目	决算数	项目	决算数
政府性基金下级上解收入	0	政府性基金上解上级支出	0
待偿债置换专项债券上年结余	0		
政府性基金上年结余	2502		
政府性基金调入资金	0	政府性基金调出资金	395
一般公共预算调入	0		
调入专项收入	0		
其他调入	0		
债务收入	0	债务还本支出	1700
地方政府债务收入	0	地方政府专项债务还本支出	1700
专项债务收入	0		
债务转贷收入	1700	债务转贷支出	0
地方政府专项债务转贷收入	1700		
政府性基金省补助计划单列市收入	0	政府性基金计划单列市上解省支出	0
政府性基金计划单列市上解省收入	0	政府性基金省补助计划单列市支出	0
		待偿债置换专项债券结余	0
		政府性基金年终结余	15439
收入总计	72423	支出总计	72423

【社会保险基金收支】 2017年，化州市社会保险基金预算收入361252万元，实际收入219318万元，完成年初预算任务的60.71%，其中：企业职工基本养老保险基金预算收入91137万元，实际收入75863万元，完成年初预算的83.24%；失业保险基金预算收入1865万元，实际收入1642万元，完成年初预算的88.04%；城镇职工基本医疗保险基金预算收入20548万元，实际收入21632万元，完成年初预算的106%；生育保险基金预算收入936万元，实际收入991万元，完成年初预算的106%；工伤保险实际收入1202万元（工伤保险2017年预算由茂名市级统筹预算，不细分区县）；城乡居民养老保险基金预算收入34515万元，实际收入29150万元，完成年初预算的85%；城乡居民医疗保险基金预算收入93278万

元，实际收入87699万元，完成年初预算的94%。机关养老保险基金预算收入84352万元，实际收入1139万元（属改革前收入，新机关未实行）完成年初预算的2%。机关职业年金预算收入34621万元，实际收入未启动征缴。2017年社会保险基金预算支出263393万元，实际支出218150万元，完成年初预算的82.82%，其中：企业职工基本养老保险基金预算支出91137万元，实际支出83871万元，完成年初预算的92%；失业保险基金预算支出910万元，实际支出416万元，完成年初预算的46%；城镇职工基本医疗保险预算支出20414万元，实际支出21058万元，完成年初预算的103%；生育保险基金预算支出1210万元，实际支出1871万元，完成年初预算的155%；工伤保险实际支出779万元（工伤保险2017年预算由茂名市级统筹预算，不细分区县）；城乡居民养老保险基金支出26042万元，实际支出26644万元，完成年初预算的102%；城乡居民医疗保险预算支出89078万元，实际支出83508万元，完成年初预算的94%。机关养老保险基金预算支出33562万元，实际支出3万元（新机关改革未启动），完成年初预算的0.01%。职业年金预算支出1040万元，实际支出未启动。社会保险基金实际本年结余1168万元，实际累计结余181759万元。

2017年化州市社会保险基金收支决算总表

单位：万元

项目	金额	备注
一、社会保险基金总收入	219318	
1、养老保险	75863	含上级补助29196元
2、医疗保险收入	21632	
3、失业保险收入	1642	
4、工伤保险收入	1202	
5、生育保险收入	991	
6、机关养老收入	1139	
7、城乡医保收入	87699	
8、城乡养老收入	29150	
二、社会保险基金总支出	218150	
1、养老保险支出	83871	含上解上级支出970万元
2、医疗保险支出	21058	
3、失业保险支出	416	含上解上级支出50万元
4、工伤保险支出	779	含上解上级支出54万元
5、生育保险支出	1871	

续表

项目	金额	备注
6、机关养老支出	3	
7、城乡医保支出	83508	含上解上级支出5779万元
8、城乡养老支出	26644	
三、上年结转结余	180591	
四、年末滚存结余	181759	

【国有资本经营预算收支】 2017年，化州市国有资本经营预算收入132万元，同比减收152万元，减少53.52%，完成年度预算任务142万元的92.96%；国有资本经营预算转移性支出132万元（作调出资金调入一般公共预算），同比减支152万元，减少53.52%，完成年度预算任务142万元的92.96%。

2017年化州市国有资本经营预算收支决算总表

收支项目	金额（万元）
一、国有资本经营预算收入	132
1、其他收入	132
二、国有资本经营预算支出	132
1、其他支出	132

【强化财税征管】 2017年，化州市财政局协调税务部门税收征管工作，加大征收力度。定期协调召开财税部门收入分析会，协调督促税务部门加强税收征管，促进财政收入增长；合理开发利用土地，用好用活土地储备资源，增加土地出让收益；抓好社保各项基金的征收，确保各项基金发放有充足来源，保障人民群众的基本生活需求；争取上级各项补助支持政策和资金，为全市经济社会事业发展做好保障。

【筹集资金保障供给和促进经济发展】 2017年，化州市一般公共预算支出575744万元，同比增长8.47%，其中涉及有关GDP核算的八项支出503286万元，占一般公共预算支出的87.41%，同比增长10.73%。2017年向广东省财厅争取22983万元激励性转移支付补助资金。保障社会和就业支出，城镇低保标准每人每月提高到580元，农村低保标准每人每月提高到400元，五保集中供养标准每人每月提高到875元，五保分散供养标准每人每月提高到730元；发放全市公职人员2017年元旦、春节补贴和补发2016年节日补贴以及年终一次性奖励工资合计1.64亿元；投入2000万元用于北岸大桥重建；投入18390万元用于市机场大道建设；上解茂名汕湛高速公路资本金915万元；投入2046万元用于市东堤南路建设；投入783万元用于“三江六岸”整治工程建设；投入11000万元用于市食品集团公司注资农商行。

【财政改革创新】 2017年，化州市深化供给侧结构性改革，围绕推进“三去一降一补”的重点工作任务，发挥积极财政政策的作用，出台《化州市供给侧结构性改革降成本行动计划（2016—2018）》，全市年初降成本工作目标任务为4.2亿元，完成4.5亿元，完成任务的107%。创新政府投融资方式。支持通过债券、股权、争取政策性金融机构专项建设基金贷款等方式筹集建设资金，2017年省下达化州市新增债券额度2亿元，用于杨梅产业集聚区项目、鉴江高岭坝工程、机场大道二期工程建设；推广PPP模式。在基础设施和公用事业领域加大政府和社会资本合作（PPP）模式推广力度，推进玉茂一级公路、化州市水质净化处理设施项目等PPP项目；推进政府购买服务改革。安排政府购买服务经费500万元，用于投资审核聘请造价师、其他部门购买社会服务经费等；推进政府采购业务和电子化改革，2017年，化州市完成157个政府采购招标项目，项目预算金额为60648.7万元，中标金额为59899.1万元，节约资金749.6万元。

【加大财政资金监管】 2017年，化州市推进乡镇国库集中支付制度改革。出台《化州市乡镇国库集中支付制度改革实施方案》，23个乡镇全部实行国库集中支付；推行镇级公务卡结算工作，要求23个乡镇预算单位在公务活动中实行公务卡结算，杜绝大额现金支出；提高政府投资审核工作效率，加快重点项目建设进度。2017年审核工程预结算项目1010宗，预结算送审总额152527万元，审定总额144899万元，核减总额7678万元，核减率5.0%；以市纪委巡察组巡察财政系统为契机，重点加大对农业专项资金及“三公”经费的检查力度，规范专项资金的管理。推进基层公共服务综合平台和农村财务监管平台建设，组织人员对农村财务管理进行换届审计检查；开展税费征管大检查，市府组织由市财政局、审计局和广州大信会计师事务所组成的税费检查组，抽查48户企业税费征管情况，经检查，其中有35家需要补缴各项税费金额共7473万元。

2017年化州市财政局领导班子成员名录

局　　长：李　雅
党组副书记：王信志（任至10月）
　　　　　吴瑞勇（10月任职）
副 局 长：卢一鹏
　　　　　王　丹
　　　　　陈　武
　　　　　李　活
总会计师：陈永亮
党组成员：王信志
　　　　　李盛芳
　　　　　朱秀华
　　　　　吴伟亮

（宋治华）

国家税务

【概况】 化州市国家税务局成立于1995年，是广东省化州市主管国家税收工作的职能部门，正科级全职能局，实行垂直领导的管理体制。办公地点设在化州市鉴江开发区府前路2号，总建筑面积11179.37平方米。有办公室、政策法规股、收入核算股、纳税服务股（办税服务厅）、征收管理股、人事教育股、监察室、税源管理一股、税源管理二股、税源管理三股等10个内设机构，级别为正股级，另设机关党委办公室；有1个副科级直属机构（稽查局）；设置1个正股级事业单位（信息中心），同庆税务分局、良光税务分局、官桥税务分局、林尘税务分局、那务税务分局、平定税务分局等6个副科级派出机构。2017年有正式干部职工167人，协管员69人。全年开展各类宣传活动20多次，在市级主流媒体刊发8篇；通过各类门户网站主动公开信息500篇次，编发内部刊物39期。全年获得化州市委市政府主要领导表扬性批示4次，茂名市国税局领导表扬性批示7次，茂名市级主流媒体正面报道改革推进情况及成效9次。

【依法征税】 2017年，化州市国家税务局坚持依法征税原则，深入各行各业开展调查，摸清税源的底子。加强重点税源监管，强化税源情况分析。分组分行业开展专项检查评估，把握组织收入工作主动权。全年组织税收收入75820万元，增收24867万元，同比增长48.8%；县级税收收入实现17618万元，增收5693万元，同比增长47.7%。支持小微企业税收优惠减免税款突破400万，全年新增小微企业445户，同比增长37.8%。

【税源基本情况】 2017年，化州市国家税务局管辖税务登记户数15638户，包括企业3099户，占登记户数19.88%，个体工商户12539户，占登记户数80.12%。

【税收收入结构分析】 化州市国家税务局税收收入主要来源于增值税、企业所得税和车辆购置税三大税种，其中增值税是收入的主体税种。2017年，化州市国家税务局国内增值税66413万元，占总收入87.6%；国内消费税47万元，占总收入0.099%；企业所得税5817万元，占总收入7.7%；车辆购置税3542万元，占总收入4.6%；代征城建税1万元，占总收入0.001%。

纳税规模分析 化州市纳税30万元以上企业是收入的主体，2017年入库30万元以上企业有218户，总入库金额60798万元，占总收入80%。其中，入库1000万以上企业11户，入库税额25117万元，占总收入的33%；入库500万至1000万企业21户，入库金额13597万元，占总收入的18%。

企业类型分析 股份公司、私营企业和国有企业是化州市国税收入主体。2017年，化州市的国有企业收入11699万元、集体企业1882万元、股份合作企业2893万元、联营企业20万元、股份公司收入38017万元、私营企业收入13011万元、港澳台投资企业收入395万元、外商投资企业收入890万元、个体税收收入6079万元、其他企业收入934万元。

产业税收分析 2017年，化州市第一产业税收收入512万元，占总收入0.7%；第二产业税收收入43693万元，占总收入57.6%；第三产业税收收入31615万元，占总收入41.7%。其中，第二产业税收主要来自建筑业22205万元，电力、热力、燃气及水的生产和供应业4478万元，金属制品业3760万元，农副产品加工业3531万元，非金属矿物制品业2865万元，医药制造业2437万元；第三产业税收主要来自房地产业9292万元，批发零售业8293万元，金融业6132万元，租赁和商务服务业1076万元，居民服务、修理和其他服务业1044万元。

【税收改革深化】 2017年，化州市国家税务局加强“营改增”后续管理，上门辅导纳税人38次，召开座谈会4次，引导纳税人了解、用好税收政策。全面落实国地税合作规范3.0版，按照时间节点推进。国地税助力化橘红行业发展，同化橘红产业协会联建，召开税企座谈会、成立“税务参事团”、开展互换体验活动等，培育“橘城文化”品牌。深化“放管服”改革，仅保留符合该局实际的6项行政审批事项。推进“一照一码”改革。加强税警协作办案，查结1户企业，入库税款、滞纳金412万元。

【征管质效提升】 2017年，化州市国家税务局研究出台日常税收管理监督办法以及四项配套工作指引，包括纳税评估、查账征收小规模纳税人管理、个体“双定户”管理、一般纳税人管理等指引，强化日常税收管理。加大第三方涉税信息采集工作，从化州市供电局等部门采集涉税信息88条。制定“纳税提示清单”及“涉税风险提示清单”，通过电话、短信、微信等方式着重做好新办企业的纳税提示和风险提示，提高纳税人办税意识，防范涉税风险。开展数据质量管理工作，全年清理数据17348条。加强风险防控系统运用，完成对320户风险纳税人的应对处理，入库税款3161万元，滞纳金150多万元。开展虚开增值税发票案件问题剖析整顿工作，实行“地毯式”排查，发现并整改问题50多条。配合市政府开展税费征管大检查，协税护税进一步加强。

【便民办税】 2017年，化州市国家税务局推出广问需求、电子办税、推送提示等6项服务举措，让纳税人更有获得感。广问涉税需求，召开4次纳税人座谈会、发放调查问卷500余份和走访企业（含电话访问）10067户次，了解企业的涉税需求。推广电子办税，推广应用电子税务局，实现网上办理各项涉税事项，让纳税人少走“马路”，多走“网路”。2017年电子税务局网上办税率96.5%，实名制认证率94.41%。推送办税提示，根据纳税人实际生产经营情况、所属行业以及当前工作重点，2017年推送涉税信息2000多条。整合国地资源，全市第二个全职能联合办税服务厅并投入使用，实现“一人一机一屏双系统”模式，一窗受理国地税134项基本业务，5个基层税务分局迁移至对应的地税分局办税服务厅办公，实现基层服务资源共享。深化银税互动，化州市邮政储蓄银行为A级、B级纳税人共12户企业发放贷款1710万元，其中小微企业10户，发放贷款1260万元，助力企业转型升级。

【国税队伍建设】 2017年，化州市国家税务局推进数字人事，促进干部考核、人才选拔、考勤管理等工作逐步数字化；改善干部职工待遇，向市委市政府和茂名市局争取经费支持，缓解经费压力，在政策允许的前提下改善干部职工的待遇；推进人才队伍建设，组织参加省国税局、茂名市国税局“岗位大练兵、业务大比武”活动，2人获得全省国税系统纳税服务类“岗位能手”称号，组建一支包括市局兼职教师10人、省级兼职教师1人，省级人才库4人和茂名市级人才库27人的人才队伍。加强教育培训力度，制订2017年度培训方案，采取集中授课、学习讨论、视频培训等方式，举办各类培训班46期，培训干部2350人次。

2017年化州市国家税务局领导班子成员名录

党组副书记、副局长：蒋　柏（8月任职）
党组成员、副局长：黄天立（任至8月）
吴　波（8月任职）
翁尚立　洪剑文
党组成员、纪检组长：郑旺年（任至8月）
苏国青（8月任职）

（胡　平）

地方税务

【概况】 2017年，化州市地税系统组织税费收入183257万元，可比（剔除营改增因素，下同）增长5.5%，同比下降1.5%，减收2838万元。其中，税收收入107316万元，可比增长7.8%，同比下降4.2%，减收4695万元。税收各级次中，中央级收入23151万元，可比下降15.7%，同比下降13.4%，减收3567万元；省级收入29901万元，可比增长36.2%，同比增长0.5%，增收159万元；市县级收入54264万元，可比增长8.0%，同比下降2.3%，减收1287万元。组织社保费收入71125万元，同比增长2.94%，增收2033万元，组织其他非税收入4815万元，同比下降3.55%，减收177万元。

【税收分析研判和预测监控】 2017年初，化州市地方税务局开展2017年税收调研工作，采集全市范围内房地产建安行业、重点建设项目的第一手数据，建立房地产开发项目备案台账，及时从国土局、土地储备中心、财政局等部门获取第三方数据，通过进行数据对碰和综合分析进一步摸清税源分布和结构情况，特别是对重点行业、重点企业、重点税源项目及年内市政府计划推进的一系列项目，掌握税源变化情况，科学预测全年税收收入规模，为制定税收收入预期目标和各项工作决策提供重要的依据。联合国税部门对共管的房地产企业、家具制造企业进行联合税收调查，了解其经营、库存和销售情况以及有关税款申报缴纳情况，掌握全市房地产和家具制造行业的整体经营状况，促进行业规范管理，堵漏增收。

【各税种管理加强】 2017年，化州市地方税务局加强所得税管理。企业所得税管理方面，抓好2016年企业所得税年度汇算清缴工作，实际汇缴449户，汇缴面100%，补缴税款1758.4万元；加强企业所得税风险管理，组建风险管理团队，针对省局下发的疑点数据，全面开展核查工作，1户企业按规定补缴企业所得税20959.33元。个人所得税管理方面，做好年所得12万元以上个税申报工作，受理纳税人自行申报870人，比2016年度增加380人，申报年所得额18766.8万元，应纳税额1492.15万元，减免税款152.61万元，补缴税款10.18万元；推进个人所得税全员全额明细申报工作，全年申报入库税款4775.63万元，同比增长29.6%，累计申报次数24678次，同比增加14.8%。加强财产行为税管理。做好土地增值税清算工作，全年办理土地增值税清算项目70个，全部采用查账征收方式清算，清算入库土地增值税36636.4万元。完善房产税及土地使用税税源信息登记，按要求做好城镇土地使用税适用税额调整工作。加强房地产交易税收管理，全年全市通过系统受理住宅类存量房交易766套，系统评估后调增计税价12962.3万元，增幅52.2%；非住宅类存量房交易158套，系统评估后调增计税价7077.7万元，增幅149.7%。受理土地交易121宗，系统评估后调增计税价5468.8万元，增幅153%，有效堵塞存量房和土地交易的税收漏洞。

【便民办税春风行动】 2017年，化州市地方税务局开展“便民办税春风行动”。完善首问责任制、免填单、限时办结、预约办税、延时服务、24小时自助办税、简并申报缴税等便民措施。推广电子办税，加大资源配置力度，夯实电子办税渠道基础，响应纳税人合理诉求，实现办税“实体+电子”的融合对接，实现税收业务“全省通办”、二手房交易微信预约办理。加强办税服务厅的规范化建设，让纳税人享受更便捷、更经济、更规范的办税服务。组织召开全系统纳税人满意度调查整改工作专项会议，部署落实相关工作，年内完成税务登记信息比对清理工作，基本信息确认率100%；完成对企业纳税人开展走访工作，年内走访纳税户2478户，走访率100%；帮助纳税人解答涉税疑难700多次，吸纳纳税人合理建议60多条。联合化州市国税局开展2016年度纳税信用等级评定工作，评出A级纳税人54户、B级纳税人300户。推行办税服务厅人力资源全市调配，落实前台征收人员统筹调配机制，提高办税效率。在广东省地税局纳税人满意度调查中，该局在全省149个参评的县区局中名列第6名，得到省局、茂名市局的充分肯定。

【打造良好营商服务环境】 2017年，化州市地方税务局贯彻落实中央推进供给侧结构性改革工作部署，发挥税收调节作用，在管理权限范围内，用足、用活各项税费优惠政策，全年落实各项税收优惠4467.57万元，其中小微企业所得税优惠实际政策受惠面100%，减免税额107.48万元，同比增长131.78%。推进“税贷通”合作项目，推动信用等级评价结果向资本转变，年内因“税贷通”合作服务项目受惠的企业12户，获得信用贷款1710万元。全面推进落实依法行政实施方案，编制公布权责清单，开展规范性文件清理，发布执法指引，加大执法督察力度，规范税收执法行为，完善权利救济机制，推进法治税务示范分局建设。为纳税人提供“订制服务”，召开“民营企业税收座谈会”问效、问需、问计于纳税人，共同构建“亲+清”新型政商关系；组织干部走访企业，上门为化橘红、农村淘宝等特色产业企业送政策；组织开展“深化税收改革、优化营商环境、助力企业发展”专题税宣活动，助力推动2017年化州市第二届橘红文化节。指导开展税费调研，利用税费大数据优势，为市委、市政府建言献策，更好地服务地方经济大局。

【税费宣传】 2017年，化州市地方税务局组织干部走访企业，上门为化橘红、农村淘宝等特色产业企业送政策；组织开展“深化税收改革、优化营商环境、助力企业发展”专题税宣活动，派发自行制作的《橘红产业税收优惠政策知多D》宣传手册，为参展企业量身打造符合橘红产业实际的政策汇编，助力推动2017年化州市第二届橘红文化节。联合开展税收宣传和纳税辅导，联合发布国地税合作工作动态和宣传税收政策法规，与市国税局联合拍摄倡导诚信纳税的微电影《一张票，家国情》；联合开展主题为“伴税成长·税法进校园”税收知识普及活动，帮助学生们树立诚信纳税的意识。

【推进各项规费征收管理】 2017年，化州市地方税务局抓好社保费全责征收工作。推进规费专岗专责管理工作，专人负责抓好分局辖区范围内的社保费和其他规费征缴日常管理业务。开展社保欠费清理工作，利用“茂名地税一体化数据应用平台”和协同办公系统，通过实施征管质效考核、社保欠费催缴工作专项检查、建立社保费欠费台账等系列措施，持续加大清欠力度，巩固社保扩面征缴成果，全年清理社保欠费1045万元。推进社保扩面征缴工作，加强部门协作，强化政策宣传，及时分解任务，聚焦重点群体参保。通过强化督导落实，全年全市新增参保缴费人数8854人，续保15475人。

【深化征管改革】 2017年，化州市地方税务局推动征管方式转变。推进数据管税，年内开展数据清理，提高征管信息系统数据的准确率。对全市纳税人实行以风险管理为基础的分类管理，利用推送的疑点数据，强化整理核查，年内对1735户纳税人进行涉税风险提醒，入库税款5570.27万元。落实简政放权，加强事中事后管理，深化涉税事项行政审批制度改革和实施“多证合一、一照一码”商事登记制度改革，减少审批环节，简化审批流程，全面推行“先办后审”制度，全年国地税联合办理开业登记4080户次，登记信息变更33361户次（含四批数据质量检查及国地税共管户信息比对的变更情况），办理税务登记注销1455户。做实大企业管理，年内为广东昌华海利科技有限公司提供7项个性化纳税服务，包括建立与企业沟通交流的工作机制、组织一次高层互访、建立涉税诉求的快速响应机制、协调企业提出的跨区域跨层级税收争议等，推动管理方式靠前设置，配合大企业局开展广东电网有限责任公司茂名供电局及其成员单位分事项风险管理，股改专项促进个人所得税收入290万元。

【国地税深度合作】 2017年，化州市地方税务局全面落实《国家税务局 地方税务局合作工作规范（3.0版）》，推进国地税深度合作。联合办税取得突破，在下郭共建城区第二个联合办税服务厅，实现城区南北办税全覆盖；对6个基层办税服务厅进行整合，实现与国税部门合署办公，从城区到基层真正实现“进一家门、办两家事、三方共赢”，让纳税人有更多的获得感。联合开展税收宣传和纳税辅导，联合发布国地税合作工作动态和宣传税收政策法规，与市国税局联合拍摄倡导诚信纳税的微电影《一张票，家国情》；联合开展主题为“伴税成长·税法进校园”税收知识普及活动，帮助学生们树立诚信纳税的意识；成立“税务参事团”，搭建沟通桥梁，联合召开税务机关、化橘红产业协会、橘红行业纳税人三方座谈会；组织“民营企业税收座谈会”1次、纳税人学堂培训2次，为辖区内重点企业化州市绿景房地产开发有限公司主动提供为期4天的上门服务，为纳税人办理契税前置审核业务及推广预约办税。加大对纳税人权益的保护力度，联合建立涉税中介沟通制度，召开税务机关、涉税专业服务机构和纳税人三方沟通座谈会。联合开展税收调查，年内对共管的房地产企业、家具制造企业进行联合税收调查。联合服务“走出去”纳税人，年内联合走进化州河西（省级）产业集聚区，开展服务“一带一路”税收政策宣传活动，为工业园区涉及对外支付业务的企业进行政策宣讲。

【加强税收合作共治】 2017年，化州市地方税务局以深化国地税合作为契机，成立化州国地税联合风险应对小组。共同制定风险应对任务，共享相关资料；建立信息交换机制，共享双方获取的第三方信息；联合进行数据分析，确定风险等级；联合进行纳税评估和实地核查；共同对大企业进行纳税辅导和税法宣传。拓展跨部门税收合作，完善执法堵塞漏洞。联合市国税局、市公安局召开三方联席会议，成立化州市警税联合执法领导小组，抓好联合选案和联合进户检查工作，共同推进涉税信息共享、打击涉税违法行为的查处工作，开展涉税专项行动，年内对1户企业展开调查。实现信息共享、管理互助，年内与国税局、供电局、水务局、住建局、公路局、农业局等单位加强沟通，实现双方内部涉税信息共享。

【依法治税】 2017年，化州市地方税务局规范税收执法行为。推进税收执法责任制及过错责任追究工作，细化执法责任，规范执法程序，强化监督职能，把考核执法质量，追究执法过错责任的执法监督制度作为一项重要工作来抓。做好税收执法督察工作。对重点行业及重点事项税收管理情况、土地增值税征收管理情况、纳税人注销清税管理情况、行政执法案卷评查等4个项目开展专项执法督察，对“放、管、服”改革措施贯彻落实情况开展执法督察调研。

【强化税务稽查】 2017年，化州市地方税务局开展税务稽查随机抽查工作，重点对建安房地产行业及“营改增”行业进行全面调查，对纳税情况进行全面核查，开展欠税专项清理工作，有针对性地采取清欠措施，确保欠税清理工作落到实处。建立刑事司法衔接工作制度和联络机制，与公安部门成立刑事司法衔接工作办公室和联络机制办公室，加强税警合作。年内参与抽查企业5户，其中立案检查企业3户，调查2户，督导自查入库184万元。

【“一把手”出庭应诉带头】 2017年，化州市地方税务局“一把手”出庭应诉，带头提升依法行政意识。根据《中华人民共和国行政诉讼法》相关规定，年内在税务行政确认纠纷案中，局“一把手”主动出庭应诉，为诉讼双方创造平等对话的平台，以身示范，提高干部职工法治意识，提高依法行政水平。

【教育培训】 2017年，化州市地方税务局加大教育培训提升业务水平。围绕税收工作需要和地税干部的自身特点，分层次、分类别开展教育培训。全年组织参加上级举办各类培训78期，培训448人次，自主举办业务培训40期，培训727人次。年内参加全国《网络安全法》（广东省赛区）知识竞赛团体赛获三等奖（地税系统唯一获团体奖队伍），组队参加“化州市组工干部业务大练兵活动知识竞赛”获得优秀奖；1人获得“广东省优秀共青团员”称号，1人入选茂名地税系统“素质提升‘115’工程——岗位能力项目”。

【推进地税文化建设】 2017年，化州市地方税务局加强文化建设，成立化州市地方税务局机关工会委员会，发挥工会的桥梁和纽带作用。组织开展党员志愿者进社区、最美地税人事迹宣讲、老党员成长经历报告会、三八妇女节、五四青年节、七一建党节等文体活动，拓展活动阵地，倡导“八小时以外”健康生活方式。开展扶贫工作，按要求高质量开展精准扶贫和“第一书记”挂点工作，派出驻村干部和4名挂任“第一书记”，从人力、物力等方面对挂点村及贫困户进行帮扶，年内投入近110万元帮助修建道路、改造危房等项目，协调落实有利项目，增加贫困户收入；挂点鉴江开发区大桥村委帮扶综治维稳工作，每个季度深入村委了解情况，年内投入10万元帮助该村做好村中治安视频监控等，提升该村治安防控能力。年内，该局获得“化州市三八红旗集体”“茂名志愿服务行动先进集体”等称号。

2017年化州市地方税务局领导班子成员名录

党组书记、局长：吴燕邦
党组成员、副局长：黄秋铭（任至7月）
　　　　　　　　　李土龙
　　　　　　　　　李华龙（任至7月）
党组成员、纪检组长：温绍平
党组成员、副局长：林康权（10月任职）
党组成员、总经济师：胡　海
党组成员、总会计师：张广超

（张传平　李雪莹　赖圣冠）

金融业

综　　述

【概况】　2017年，化州市金融业贯彻落实稳健中性货币政策，坚持稳中求进的总基调，推进金融供给侧结构性改革，持续增加现代农业、民生工程以及消费领域的信贷支持，主要金融指标增量、增幅持续向好，全市金融运行形势健康平稳。2017年末，化州市金融机构各项存款余额352.64亿元，比年初增加23.96亿元，增长7.29%，比全茂名市平均增速低3.35个百分点。存款增量及增速均在茂名四个县市（区）中居第四。化州市金融机构本外币各项贷款余额137.95亿元，比年初增加6.99亿元，增长5.34%，增量较2016年同期减少8.94亿元；化州市金融机构累计发放贷款64.68亿元，同比增加1.53亿元；从茂名市内横向对比，化州市贷款增量、增速均在茂名四个县市（区）排名第三。

【平台建设】　2017年11月16日，广东省首家银企协会——化州市银企协会成立，发挥宣传、推广国家货币政策的作用，加强银企合作，推动地方实体经济发展。12月6日，中国人民银行茂名市中心支行行长林晓峰、副行长卢海浪一行到化州市调研金融支持民营经济发展情况，在银企协会召开银企座谈会，对协会的成立表示高度肯定。

【普惠金融发展】　2017年，化州市推进普惠金融发展，普惠金融“村村通”试点工作进展顺利。构建普惠金融工作合力，引导金融资源向创业就业、“三农”、城镇改造、保障安居等领域倾斜，突出做好对城镇就业困难人员、青年、妇女等特殊群体的创业金融支持，扩大民生金融促进创业的政策覆盖面。按照化州市的分工，2017年推进普惠金融“村村通”试点工作。推进建成县级综合征信中心、信用村、乡村金融（保险）服务站、乡村互助取款点等“四个基本平台”，推广农村“两权”抵押担保贷款、“政银保（担）”合作农业贷款、妇女创业小额担保贴息贷款、扶贫小额信贷、特色产业发展贷款等5项贷款业务。试点工作被茂名市评为优秀，通过省的检查验收。

主要银行机构简述

【中国人民银行化州市支行】　是中国人民银行派出机构，位于化州市河西区宝山路10号。内设办公室、综合业务股、会计国库股，2017年在册职工25人。

加强信用环境建设　2017年，该支行加强征信宣传，持续开展征信知识宣传活动，全年牵头组织化州市金融机构开展征信宣传教育活动11次。开展征信知识“进社区、进学校、进农村”活动。利用3·15消费者权益日在市康景体育馆广场开展“珍爱信用记录，享受幸福人生”主题宣传活动；5月9日，联合化州市金融局，以2017年防范和打击非法集资宣传咨询活动为平台开展征信知识宣传；5—6月，联合化州农信社在市第二小学开展以“信用点亮梦想，征信伴我成长”主题征文比赛，近1800名学生踊跃参加，编印《小学生诚信教育读本》，集获奖作品、诚信文化、征信知识等于一身，在“6·14信用记录关爱日”举办征文比赛颁奖仪式，促进中小学生的诚信教育；10月25日，组织人员到化州市东山街道劳村社区公共服务中心开展征信知识宣传进社区活动。持续加强“诚信文化教育基地”的建设。自化州孔庙这个茂名市诚信文化教育基地的建立以来，该支行持续跟进基地的建设，定期更新基地宣传资料，举办诚信文化大讲堂。加强征信日常管理工作，布放个人信用报告自助查询机，规范信用报告查询使用等工作。截至12月，征信中心接受查询个人信用报告16471次、企业信用报告95次。6月14日，中国人民银行征信管理局韩鹏副局长、广州分行穆西安巡视员等领导到化州现场指导征文比赛颁奖、征信宣传活动和孔庙诚信文化教育基地建设，充分肯定化州市相关工作的开展。《中国城市信用状况监测评价报告2017》公布的结果，化州市在全国361个县级市综合信用指数排名中位居全国第23名、广东省第3名。

加强人民币管理　2017年，该支行优化人民币流通环境。督促辖内金融机构提高现金服务水平，维护人民币信誉和银行业良好的社会形象。加强对现金流通监测点的监测，定期收集反馈流通中人民币券别结构、现金需求和整洁度等信息。加强合作，发挥反假协作机制作用。加强与公安、各金融机构等反假货币联席会议成员单位的协调与配合，2次组织召开反假人民币联席会议，落实《化州市反假货币工作综合治理考核评比办法》。1—12月，全辖区收缴假人民币4813张，同比增长76.36%；收缴金额376781元，同比增长78.13%。持续开展反假宣传，全年牵头组织反假货币知识宣传活动9次。在农村金融服务站设立反假货币知识宣传橱窗，派放人民币知识和反假宣传资料。通过“进集镇、走乡村”“进社区”“进校园”等形式开大型户外宣传。1月20日，联合人行茂名中支、邮储行茂名分行、化州市金融机构在两广边界的化州市宝圩镇开展反假货币宣传活动。“3·15”联合经侦大队、各银行金融机构在化州康景体育馆门前广场开展大型户外宣传活动。9月7日，联合工行在上街路开展大型反假货币知识宣传活动。9月13日和10月25日，组织人员到河西街道北岸社区、东山街道劳村社区开展送反假货币知识进社区宣传活动。

做好支付结算业务　2017年，该支行加强对《支付结算法》《银行账户管理办法》等支付结算制度业务学习。强化ACS运行管理。加强ACS业务和容易出错案例学习，熟悉各项业务流程操作，按时做好对账、签到签退并及时通过微信群向中支报告。中央银行会计集中核算系统化州网点2017年4季度合计业务量154笔，金额1460.05万元。做好银行结算账户规范管理工作。规范人员分工和业务操作，严格按规办理银行结算账户行政许可。1—12月，办理核准类账户开户1607户，办理销户430户，办理账户变更1097户。加强农村支付服务环境建设，完善银行卡助农取款服务点管理，全市设立助农取款点450个，100%覆盖全市行政村。推广“银行卡助农取款服务+惠农通、村财通、电子商务、投资理财”等金融扶贫特色模式，选点打造农村支付示范点。1—12月取现交易14.79万笔，金额7675.03万元；查询5.27万笔；转账19.84万笔，金额10568.51万元；缴费、刷卡消费等其他业务679笔，金额5.19万元，比2016年均有大幅增长。组织开展支付结算宣传。联合各银行业机构以加强防范电诈犯罪、银行卡信息、账户分类管理与实名制等主题开展支付结算宣传活动，依托助农取款点等平台和新闻媒体，持续将支付结算工具使用知识送到群众手中。1—12月开展支付结算专项宣传4场。

加强风险管理　2017年，该支行强化金融运行风险监测，做好金融业重大事项及重要信息收集工作，加强对重点领域、重点环节的风险监测，坚守不发生系统性、区域性金融风险的底线。支持地方法人银行机构改革。加强对民间借贷、房地产等行业的监测分析，防范潜在的风险。配合地方政府防范打击非法集资等违法行为，有效防范非正规金融体系风险向正规金融体系的传递。

2017年中国人民银行化州市支行班子成员名录

党组书记、行长：周　铨

党组成员、副行长：陈　彪

党组成员、副行长、纪检组长：李　耿

（李志阳）

【中国工商银行化州支行】　2017年，该行有网点3个，离行式自助银行2个，人员41人。至2017年12月底，储蓄存款余额67955万元；对公存款余额23010万元。各项贷款余额68328万元，比年初增长10240万。2017年，该行开拓“三优业务”市场，开展全产品营销活动，确保实现核心业务“保二争一”目标，提高市场竞争力、风险控制能力和盈利能力。员工转变观念，加大培训力度，掌握并创新各类理财产品和虚心学习兄弟行的有效方法经验，以营销模式的创新为切入点，提高代理基金、基金定投、代发工资、信用卡等个人业务在优质客的渗透率，落实信用卡、个人网银、代发工资、第三方存管、代理基金五项核心产品联动营销，提高客户渗透率，以社区营销、职场新营销、小型理财推介会等营销新形式，拓展优质市场和优质客户，以客户为中心，对优质客户的服务做精做细，以服务为途径，全力拓展理财业务，实现中间业务的飞跃式发展以带动全行营业利润的增长。发挥员工的主观能动性和创造性，真抓实干，转变观念，创新营销，强化服务，改变营销方法，主动观察和捕捉信息，寻找客户，增加存款。前台员工保障做好柜台业务和服务工作，挤出力量走出柜台，搜集储源，积极营销，通过走家串户挖掘优质客户。

内控管理　该行推动全行落实内控精细化管理，全面提高内控合规工作管理水平。将内控工作纳入到全行员工的绩效考核，每天监测，每周通报，每月考核。对监测到的问题落实整改。加强日常检查和督促，每周深入一次网点组织检查，对检查出来马上组织检查。开好每月的防案分析会，利用分析会发现问题，整改问题，提高运行管理水平，全年无案件无事故，实现安全营运。

2017年中国工商银行化州支行领导班子成员名录

行　长：陈　武

副行长：杨洪风

　　　　薛观福

（董林衢）

【中国建设银行股份有限公司化州支行】　2017年，该支行有营业网点5个（其中综合型网点4个、轻型网点1个），内设个贷中心和综合部2个部门，有员工65人。在市区及邻近乡镇布设自助银行5个，配置ATM机33台。2017年12月末，建行全口径存款余额32.6亿元，比年初增长5.57%；贷款余额22.6亿元，比年初增长35.12%。2017年，该行深化“以客户为中心”的经营理念，着力网点转型升级，加快创新银行、智慧银行转型发展，全面升级和上线“新一代”系统，开发和推广金融产品，为广大客户提供齐全的金融产品和全方位的服务。以优质服务赢客户。该行秉持以服务为立行之本，提升客户建行服务体验。加强员工服务技能培训，服务规范落地。优化物理渠道布局，在各网点分别投入智慧柜员机的使用，加快网点综合转型；在城区及乡镇加设自助银行，更好地满足客户金融业务需求。做实普惠金融业务。将普惠金融业务作为全年重点工作来抓，利用该行推出的个人助业贷款、中小企业贷款，为当地企业提供个性化服务，支持当地特色产业（如：橘红、茧丝、罗非鱼）和民营企业生产经营。着力内部管理，推进从严治行。全行上下紧绷风险管控这根弦，强化内控合规建设，坚守合规平安底线，实现“合规平安年”。夯实信贷基础管理，提升信贷制度执行力。强化全流程关键环节管理，把好贷前、贷中、贷后三道关，强化日常监测和预警信息处理、风险化解，加强信贷文化建设，推动全面风险管理落地。抓细抓实管控，保证资产质量。做实资产风险分类，该行成立不良处置团队，明确风险化解责任人、目标和进度，一户一策攻坚，全年不良率、逾期率均在最低水平。从严从紧抓内控合规。强化员工行为管理，完善并落实基层员工行为网格化管理，做实日常观察、家访、走访制度，以“三新”活动为切入点强化合规教育，严肃执纪问责到位。

2017年建设银行化州支行领导班子成员名录

行　　　长：谭宏伟（任至2月）

　　　　　　梁　志（2月任职）

纪检特派员：陈　斌

副　行　长：曾　凌（任至4月）

　　　　　　董婉雯（4月任职，任至7月）

　　　　　　赖影虹（10月任职）

行长助理：陈　然（4月任职）

（刘晓丹）

【中国农业发展银行化州市支行】　属国家农业政策性银行。2017年末，营业网点1个，在职员工12人，办公地点设在化州市东山区河东鉴东路67号。

主要业务范围是经营人民币存贷款，办理开户企事业单位结算，办理粮食、油料收购、储备及办理农业基础设施建设贷款等，主要按照国家的法律法规和方针政策，以国家信用为基础筹集资金，承担农业政策性金融业务，代理财政支农资金的拨付。至2017年，形成以支持国家粮棉购销储业务为主体、以支持农业产业化经营和农业农村基础设施建设为两翼的业务发展格局。截至2017年12月底，农发行化州市支行各项存款余额99156万元，比年初增加5517万元，增长率5.56%，日均存款余额82976万元，比年初增加15274万元，增长18.4%；各项贷款余额86377万元，比年初减少10578万元，负增长12.24%，其中粮食储备贷款7927万元，储备油贷款352万元，非经营性农村土地整治中长期贷款48450万元，农村路网及贫困地区公路建设中长期贷款30000万元。

2017年中国农业发展银行化州市支行领导班子成员名录

行　长：颜　军

副行长：苏权能

（农发行化州支行）

【中国银行股份有限公司茂名化州支行】 2017年，该支行坚持科技引领、创新驱动、转型求实，全面深化金融改革和优化信贷结构，壮实客户基础，进一步加大对实体经济发展的支持力度，支持地方经济发展。各项业务稳健发展，经营业绩稳中有升。2017年，中国银行股份有限公司茂名化州支行本外币合计存款余额11.32亿元，其中本外币个人存款余额8.2亿元，对公存款余额3.12亿元。个人信贷余额7.92亿，比上年新增12167万元，对公信贷较上年增长2593万元，银行卡分期付全年投放14953万元。2017年，营业收入4534万元，净利息收入2741万元。风险防控能力增强，资产质量好，不良率0.48%，较上年下降0.15个百分点。创新金融产品，提高结算服务水平，国际结算业务量8520万美元，比上年增长1721万美元。单位基本存款账户数新增92户，企业网银新增73户，信用卡发卡3855张。

2017年中国银行股份有限公司茂名化州支行领导班子成员名录

行　　长：李东喜（任至9月）

　　　　　李桂文（9月任职）

副 行 长：谭晓云

　　　　　汪雨雷

中级经理：邱建军

营业部主任：钟金辉

（李德才）

【化州市农村信用合作联社】 2017年，化州农信在经济下行、贷款需求不足的巨大压力下，各项业务实现较快发展。各项存款余额139.75亿元，存款市场份额39%；各项贷款余额56.66亿元，市场占比40%；利润总额0.81亿元，全年安全营运无事故。截至2017年12月底，化州联社辖内有独立核算机构1个、非独立核算机构52个，其中营业部1个、基层信用社24个、分社28个，在岗职工794人，是辖内金融机构队伍最庞大，营业网点最多，服务覆盖面最广，支农作用最突出，存、贷款市场占有份额最高的综合性金融机构。化州联社坚持“立足农村 服务三农”的宗旨，践行普惠金融，加大支农支小力度，为广大农户和中小企业提供方便快捷的融资服务，是名副其实的农村金融主力军和联系农民的金融纽带。化州联社业务迅猛发展，有效推进地方经济的发展。2017年度该社纳税额3425万元，再次成为化州市金融行业第一纳税大户。

2017年化州市农村信用合作联社领导班子成员名录

党委书记、理事长：周仁聪（任至11月）

党委书记、拟任理事长：黄　挺（11月任职）

纪委书记、监事长：陈卫卫

副主任：赖富有

　　　　刘　文

　　　　吴　红

工会主席：吴　红

（陈晓潮）

【广发银行化州支行】 2017年，该支行做强做优做大资产负债业务，培育多元化中间业务收入增长点，通过提升风控水平，强化从严治行，确保稳健经营；通过深化改革创新，提振经营业绩，实现更好更快发展。2017年末，各项存款余额70375万元，较年初增加17778万元，增长率为33.8%。贷款余额24242万元，较年初增加3959万元，全年发放各类贷款45264万元，年度贷款利息收入1710万元。2017年，实现经营利润1394万元。2017年，广发银行化州支行全面落实金融监管政策，执行国家的金融法规，加强内部治理，防控风险，提升资产质量及经营管理水平；推广电子银行业务，满足社会群众需要；主动转变服务模式，提高服务水平，为广大客户提供更多更优质的服务；深化改革创新，支持地方企业发展，为地方经济建设贡献力量。

2017年广发银行化州支行班子成员名录

党支部书记、行长：郭伟文
党支部委员、副行长：李　森

（广发银行化州支行）

【中国农业银行化州市支行】 2017年，化州农行各项存款余额603178万元，存款市场份额17.35%，比年初增加21629万元，增量市场份额9.05%，其中储蓄存款余额527592万元，比年初增加16599万元；对公存款余额75586万元，比年初增加5052万元。资产业务：年末，各项贷款余额243256万元，比年初净增20956万元，其中个人贷款余额200189万元，比年初净增43358万元；对公贷款余额43067万元，比年初下降22401万元。中间业务：年末，各项中间业务手续费收入4964万元，同比增加367万元，其中基金业务收入215万元，代理保险业务收入715万元，银行卡收入1906万元，其他收入2128万元。经营利润：年末，实现拨备前利润11229万元，比上年同期下降958万元。创新信贷产品“橘红贷”，2017年首季获得省行批复，截至12月，该行投放橘红贷5笔986万元。

网点转型　2017年，该行通过开展压高转岗、“机器解放人”等系列工作，加快网点的转型升级。15个网点智能化升级改造完毕；网点压高转岗释放出更多的柜面人员充实到网点大堂服务和营销队伍中，网点服务水平提升。

2017年中国农业银行化州市支行领导班子成员名录

行　　长：李怡强
副 行 长：何　琰
　　　　　陈燕青（6月任职）
　　　　　陈　雷（任至6月）
　　　　　余尚鸿
　　　　　崔伟国（4月任职）

综合管理部经理：吴名艺
客 户 部 经 理：曾木秀（任至9月）
　　　　　　　　黄　超（9月任职）
风险管理部经理：钟春华
运营财会部经理：黄位秀

（吴煊文）

【中国邮政储蓄银行化州支行】 2017年，该支行秉持普惠金融理念，服务三农、小微企业，支持地方经济发展。该行下辖155个助农取款点，26个基层营业网点，其中自营网点3个，代理网点23个。2017年，个人贷款结余78720万元，比年初增加9652万元；小企业贷款结余3635万元，比年初减少192万元。存款业务：对公存款余额150528万元，比年初增加35666万元；个人储蓄余额125091万元，比年初增加3129万元。2017年，该行保持内控案防工作的高压态势，开展“三违反”“三套利”“四不当”“十乱象”等专项治理自查整改工作，强化“3+N”案防管理，坚持“管生产必须管安全”“发展业务必须确保合规”的原则，建立案件防控长效机制，杜绝安全事故，确保2017年资金安全和实现零案件、零事故的目标。2017年，该行按照“发展是第一要务，合规是第一责任”“发展是硬道理，硬发展没道理”的合规理念，紧跟“内控优化年”的各项工作要求，坚持对标管理，以问题为导向，注重整改实效。该行有序开展合规履职考评、合规检查+、内控优化年等系列活动，合规理念逐步成为员工的“肌肉记忆”。首次对各网点负责人开展合规履职考评，实现各级机构“一把手”合规履职考评全覆盖。创新开展“合规检查+”活动，将合规检查与合规培训、合规考试、合规宣传、合规竞赛等相结合，达到“合规检查促合规”的目的。强化外部金融知识宣传和内部机制体制建设，防控声誉风险。

2017年中国邮政储蓄银行化州市支行领导班子成员名录

行　长：凌家程
副行长：陈慧生
　　　　陈　昀

（李　婷）

保险业

【中国人民财产保险股份有限公司化州支公司】 中国人民财产保险股份有限公司化州支公司（以下简称人保财险化州支公司）作为化州地区最大的财产保险公司，公司设有综合部、理赔分部、出单分中心、三农保险部、中介团队、直销团队、营销团队、车商团队、电销团队等9大部门团队，塘岗岭营销服务部、平定营销服务部、那务营销服务部三大营销网点遍布市区交管所、乡镇中心网点，全市合作汽修厂25间，全方位为客户服务，拥有多家保监局批准的保险代理机构，方便客户就近投保。公司主要经营业务包括机动车辆保险、财产保险、建筑和安装工程保险、货物运输保险、家庭财产保险、责任保险、信用保证保险、人身意外保险、政策性农业保险（水稻、母猪、生猪、甘蔗、农房、蔬菜、橡胶等）等保险业务。秉承“人民保险、造福于民”的使命，遵循“以人为本、诚信服务、价值至上、永续经营”的经营理念。2017年度公司业务保费收入12350万元。该公司先后获得2016—2017年度中国人保财险茂名市分公司先进集体；2016—2017年度中国人民财产保险股份有限公司广东省分公司“五四红旗团组织”；2016年度中国人民财产保险股份有限公司先进集体。

2017年中国人民财产保险股份有限公司化州支公司领导班子成员名录

总　经　理：蔡德娟
副 总 经 理：宋　平
　　　　　　郭旺明
总经理助理：黄红华

（余华伟）

【中国人寿保险股份有限公司化州市支公司】 设在化州市鉴江开发区北京路南侧21号，办公场地面积1500平方米。公司下设经理室、个险部、团险部、银保部、综合部、客户服务中心。下辖乡镇21个营销网点。2017年在册营销人员665人，正式在编人员20人。

业务与发展　2017年，中国人寿化州市支公司遵循总公司“大健康、大养老”发展的战略布局，把产品和服务放在首位。坚持“保险业姓保”，发展“缴费低、保障高”小额的普惠保险，提升低收入人群的保障水平。特别在贴心关爱老年人这块业务上，中国人寿在原有保费的基础上大幅度增长老年人意外伤害保险这块业务。截至2017年12月25日，化州市支公司实现全年新单保费1.26亿元。其中个险长期寿险新单保费5315万元；短期险保费958万元，意外险保费620万元；银保新单保费3223万元，期交保费750万元；团体短期险保费635万元；人身意外保险费262万元；政策老年性保费480万元；员工福利险保费182万元；小额保险费55.28万元；计生险20万；妇女两癌险100万。发生理赔案1015件，赔付金额512.59万元。

队伍建设　2017年，化州市支公司遵循总公司提出“增、育、留”的经营方针，坚持“双领先”的战略定位，扩充有效人力和加大培训力度，快速拉动人力的增长。运用项目管理、PDCA等管理工具，建立科学的国寿荣誉体系和准主管晋升体系，激励更多的人员晋升，让新人举绩、转正、有效留存和增员，在平台上共同发展。按照分公司关于做好农村营销部建设的要求，以农村网点为重点，配套措施，建立网点追踪体系，配置队伍建设专项资金，推动营销服务部队伍建设和业务发展。按照省/分公司331组织架构，严格把关队伍入口，确保销售队伍扩量提质，提高人力队伍的发展与技能提升。销售队伍是支撑公司业务发展的基石和支柱，是公司综合实力核心竞争力的重要体现。2017年化州市支公司成立四大作战指挥部：人力作战指挥部，业务发展作战指挥部，新人育成作战指挥部，收展作战指挥部。截至12月25日，化州市支公司人力规模队伍665人。

客服管理　化州支公司实施创新驱动发展战略，创新服务水平，完善“国寿e宝”和“微信理赔”等一系列E化服务工具和多元化、移动应用专业高效的95519客户服务专线等服务内容。推出开展一系列的增值服务项目，如“国寿大讲台”“健康好帮手”“国寿特惠超值”“国寿资讯通”等个性化服务，搭建起公司与客户交流沟通的新平台。贴心为一线销售服务人员做好各种服务和支持，提高后台业务运营水平，提高柜面工作人员服务水平。依托遍布城乡的网络，发挥中国人寿专业人员和95519服务的优势，为客户提供便利的专业服务。客户可以通过互联网络和公司e宝账的系统，线上线下和手机上，就能办理10万元以下借款、生存金领取、保单查询、保单还款、短期险自动续保、长期险实时代扣、理赔报案等一系列业务。

风险与控管　2017年，中国人寿化州市支公司按照总公司的“依法合规、创新驱动”的经营理念，督促保险销售人员加强风险教育和法规法制的学习，防范经营风险的发生。树立保险行业的良好社会形象，做好维稳工作，做“最大诚信原则”的表率者，合规经营，合规展业，杜绝在展业的销售中误保、误导等欺诈行为。加强关键岗位检查、完善关键风险管控和落实人民银行反洗钱监督。

中国人寿保险股份有限公司化州支公司领导班子成员名录

总　经　理：郭东晓

总经理助理：揭汝钦

（陈振娟）

旅游业

【概况】 2017年，化州市旅游局全面落实市委十三届三次全会精神及《市政府工作报告》要求，立足化州市“建设粤西县域经济综合发展先行市、特色产业强市、茂湛都市圈重要节点城市”的发展定位，推进各项工作有效落实，推动该市旅游产业进一步发展，带动该市旅游经济实现持续增长。全市实现接待国内外游客166.37万人次，比2016年同期增长21.3%；接待过夜游客76.41万人次，比2016年同期增长18.3%，实现旅游总收入7.83亿元。

【旅游节庆活动】 2017年3月19日，化州市在平定镇积田大岭村举办化橘红赏花活动启动仪式，策划文艺会演、徒步赏花寻宝、植树、摄影、书画和文学采风比赛等活动，提升赏花活动的文化档次和吸引力。化橘红赏花活动从单纯的赏花观景转化成为以花为媒、以节会友、以节招商的特色“旅游经济”，成为农民增收和经济发展的重要载体。赏花节启动仪式当天吸引近十万游客前来赏花踏青。举办2017化州橘红文化节，经省批复同意举办化州橘红文化节后，化州市委、市政府成立2017化州橘红文化节组委会，筹办系列活动。文化节结合化橘红的花、果、食、用、赏等不同时期，于6月17—19日组织举办开幕式、陈金章文化艺术馆奠基仪式、主题晚会、慈善拍卖会、招商引资推介会、民俗文化展等一系列活动，全面展现化州开放形象，为弘扬化橘红文化、发展地方经济、提升区位优势搭建平台。12月9日，组织广大化州市民参与“走汕湛高速，看化州发展”大型市民徒步活动。12月23日，配合茂名市政府圆满完成汕湛高速自驾游嘉年华活动。助力茂名竞演“魅力中国城”活动取得成功，茂名市获得“最具人气魅力城市”称号。

【旅游宣传促销】 2017年，化州市在赏花节期间，在电视、报纸、微信、互联网等媒体平台发布2017化州橘红赏花活动信息，印制赏花活动指引手册和导游图，在市区显要位置、交通要道设置广告牌。邀请中央电视台、中新社、广东电视台、南方日报社及茂名电视台、日报社、化州电视台等主流媒体对2017化州橘红赏花活动进行全方位的宣传报道，市互联网同步进行网络直播；利用举办化州橘红文化契机节，邀请中央、省、市等各级媒体大力宣传推介化州，吸引更多宾朋和客商关注、支持、参与化州发展，培育化州新的经济发展增长点；编制化州旅游宣传画册，在橘红文化节期间发放；参加广东省、茂名市各类旅游博览会和推介会推销化州乡村旅游资源；协助做好《魅力中国城》复赛在中央电视台宣传茂名化州特色产品工作。

【景区建设】 化州市的广垦国家热带农业公园获得广东省2017年高端旅游项目发展资金1000万元，用于加强园区基础配套设施建设，加快创建AAAA景区。2017年10月，农业公园创国家AAAA景区通过茂名市A级景区评审小组初审，11月通过广东省A评委专家的复评。积田大岭村投入300多万元，扩改景区的主干道、赏花线路，建成占地约3000平方米的主会场，完善旅游厕所等公共配套设施，增建荷花塘、油菜花等景点，开展环境综合整治，建设1个具有化橘红文化符号和浓郁乡愁的美丽乡村。笪桥镇莞塘村文化广场落成投入使用。化州首个鲜花主题公园樱花小镇开业。石湾李山七彩田园完成首期工程。那务镇泉埇村、新安镇榕树村被省定为旅游扶贫重点村，其中泉埇村完成百香果园、旅游厕所项目建设，那务温泉旅游项目加紧招商；榕树村完成旅游厕所项目建设，下辖的竹头平自然村列入省级新农村示范片主体村之一建设。笪桥镇莞塘村、同庆镇宏道村、合江镇大埇村、鉴江开发区上能村和沐浪堂村、杨梅镇黄槐桐村、宝圩镇巷口村、南盛街道山合村、平定镇大岭村、下郭街道下郭村、石湾街道旺禄村参加2017茂名市十大美丽旅游乡村评选活动。

【旅游基础设施】 2017年，化州市获得省专项资金扶持新（改）建旅游厕所5座，其中，新建榕树、泉埇、博带等3座，改建积田大岭、李山等2座，资金共65万元。其中，积田大岭村的改建旅游厕所于3月竣工并在化橘红赏花节期间对游客开放，榕树村、泉埇村新建旅游厕所基本建设完成；博带村新建旅游厕所、李山村改建旅游厕所正加紧建设。

【旅游安全管理】 2017年，化州市开展旅游安全意识教育，安排旅游企业参加各级安全培训；抓好“春节”“五一”“防风防汛”等节假日或天气突发状况专项大检查，对该市的飞龙宾馆、孔文化产业创意园、茂名国旅、中旅、康辉、恒泰旅行社化州营业部等涉旅企业逐一进行隐患排查并督促做好日常安全工作自查，及时发现问题，及时整改，避免事故发生。按茂名旅游局部署到信宜西江温泉度假村、新城国际大酒店、兴华旅行社等开展安全生产交叉检查。

2017年化州市旅游局领导班子成员名录

局　长：钟　毅

副局长：蔡桂珍

　　　　余有喜

（王　冰）

经济管理

发展和改革管理

【概述】 2017年，化州市发展和改革局有在职干部职工49人，其中，行政编制33人，后勤服务人员15人，特殊人才1人。局长1人，党组书记1人，副局长5人。内设办公室、综合社会与项目稽察股、交通能源与投资股、农村经济与贸易外资股、工商产业协调与体改法规股、重点项目股、价格管理股、收费管理股、价格综合调控股、价格调节基金管理股、国民经济动员办公室、粮食综合管理股、粮食储备监督股和粮食调控统计股等14个股室和物价检查所（直属执法机构）。2017年，化州市实现生产总值487.47亿元，增长8.1%。全市完成固定资产投资178.49亿元，增长15.7%。一般公共预算收入11.87亿元，增长6.3%。社会消费品零售总额207.48亿元，增长10.1%。进出口总额17.13亿元，增长13.8%。年末人民币存款余额和贷款余额分别为352.64亿元和137.95亿元，存贷比39.1%。城镇常住居民人均可支配收入23834.2元，增长9.4%；农村常住居民人均可支配收入15689.4元，增长8%。

【重点项目建设】 2017年，化州市安排重点建设计划项目33项，项目总投资223.14亿元，年度计划投资26.54亿元。1—12月，到位资金26.97亿元，资金到位率101.6%；完成投资27.60亿元，完成年度投资计划104%，比上年高3.8个百分点。鉴江高岭拦河闸重建工程、城镇污水处理设施建设工程、中国化橘红产业园、橘州新城综合开发项目、粤西国际建材城等19个重点项目超额完成年度的投资计划任务。开工项目25项，开工率75.8%，比上年同期高14.8个百分点。

省重点建设项目完成 2017年，化州市列入省重点建设计划项目5项，总投资64.31亿元，年度计划投资3.79亿元。1—12月，到位资金4.02亿元，资金到位率106.1%；完成投资4.79亿元，完成年度计划投资126.4%，环比增幅20.1%，比上年同期高15.9个百分比。5个省重点建设项目都超额完成年度投资计划。开工项目5项，开工率100%。其中中国化橘红产业园（含4个子项目）和鉴江高岭拦河闸重建工程进度较快，分别完成年度投资计划的224.1%和117.7%。

茂名市重点项目完成情况 2017年，化州市列入茂名市重点建设项目15项，年度计划投资20.25亿元。1—12月，到位资金20.14亿元，资金到位率99.5%；完成投资20.31亿元，完成年度投资计划100.3%，比上年同期高11.9个百分点。其中橘州新城综合开发项目、粤西国际建材城进展较快，分别完成年度投资计划205.6%和204.7%。开工项目10项，开工率66.7%，尚有5项未开工建设。

化州市重点项目完成情况 2017年，化州市安排重点建设项目13项，总投资10.14亿元，年度投资计划2.5亿元。1—12月，资金到位2.84亿元，资金到位率112.1%；完成投资2.5亿元，完成年度投资计划100%，环比增幅20.5%。开工项目10项，开工率76.9%。尚有3个项目未开工建设。

【供给侧结构性改革推进】 2017年，化州市有序推进供给侧结构性改革。去产能成效显著，市国有

"僵尸企业"中关停企业全部出清，化州市列入淘汰落后产能范围的大荣水泥厂、双桥水泥厂、中垌水泥厂全部关闭并拆除完毕，完成淘汰落后产能41万吨；去库存超额完成上级下达的1.4万平方米的年度目标任务；去杠杆稳妥实施，全市地方法人银行机构杠杆率保持合理水平；降成本为企业减负4.53亿元；补短板工作推进，完成投资10.63亿元。

【项目融资】 2017年，化州市通过筛选优质项目向社会资本推介，引导社会资本进入化州市经济社会发展的关键领域和薄弱环节，为全市经济社会发展植入新的活力。绿能环保发电项目、三个中心镇污水处理厂管网建设等项目融资成功，共融资9.87亿元。

【价费管理加强】 2017年，化州市发展和改革局把促进化州市经济健康发展作为价格工作的出发点，把解决民生价费问题和价格调控作工作着力点。做好水价、教育、医疗服务等重点领域的价格调研，全面开展价费清理，减轻企业负担；科学调整市第一中学附属实验学校民办高中学杂费标准、市污水处理费、自来水分类价格等，制定化州市整车安全技术检验的收费标准、广垦农业国家公园门票和游览观光车车票价格；强化价格执法力度，加强市场价格巡查，组织多项专项检查，查处价格违法行为。

【保障粮食安全】 2017年，化州市落实新增11870吨储备任务，推进2.5万吨标准化粮食储备仓库扩建项目，强化化州市粮食储备安全。

2017年化州市发展和改革局领导班子成员名录

局　　长：姚亚新（10月任职）
党组书记：王忠权
副 局 长：李曦文
　　　　　洪　凯
　　　　　黄建国

（化州市发改局）

国有资产监督管理

【概况】 化州市国有资产管理中心于2009年3月成立，正科级公益一类事业单位，隶属市政府管理。人员编制43名，其中，主任1名，副主任3名，股长8名，副股长8名。

【构建投融资平台】 2017年，化州市组建化州市城市发展投资有限公司（以下简称城投公司），以城市投公司为母公司，划入城镇投公司、城乡投公司、鉴财公司等作为子公司，构建投融资平台。

【国有资产管理】 2017年，化州市国有资产管理中心对账外国有资产未办证等情况进行全面的调查，研究制订相应措施，加强对国有资产的产权办界定，将确定的国有资产登记入账。为实行"资产统一管理，资源统一配置，资金统一入库，资债统一平衡"的管理模式，对各镇（区、街道），各行政事业单位、国有企业、各人民团体的国有房屋资产产权证书和土地使用权证书进行移交国资中心管理，在办好产权登记后，再移交到市档案局统一保管。至2017年底，移交的产权证书累计1286本（其中，房产证815本，土地证409本，林权证18本，建设用地批准书33本，集体用地证11本）。

【盘活资产】 2017年，化州市盘活麻纺厂、市糖烟酒公司、建筑总公司等沉睡资产，化解历史债务。

【资产运营】 化州市2017年到期的商铺公开招租98宗，原年租金1060万元，现年租金1459万元，增幅38%。2017年收缴租金2658万元（税后）。

【重点项目建设】 2017年，化州市广海路改造按城区主干道标准改造，总投资3.75亿元，全长7千米，宽36米，沥青混凝土路面。增加城市综合管廊、化州一中人行天桥、辅道。完成项目前期审批手续，完成施工及监理工程招投标工作。施工和监理单位进场。正推进新征用土地的丈量和清算，做好征地补偿。

【深化国企改革】 2017年，化州市制定改革任务，明确要进行政企分开、政资分开的改革。对市金叶发展公司（属于烟草局管理）、市城市建设综合开发公司（属于住建局管理）、市食品企业集团公司（属于科工商务局管理）、市建筑工程总公司（属于住建局管理）进行改制，划转到国资中心管理。

2017年化州市国有资产管理中心领导班子成员名录

主　任：吴瑞勇

副主任：李永茂

　　　　黄河浪

（陈理庆）

国土资源管理

【概况】　化州市国土资源局下辖5个直属单位和23个国土资源所，主要职责是宣传贯彻执行国家、省、市有关土地、矿产、测绘管理的方针、政策和法律、法规，拟定该市有关规范性文件并组织实施，包括土地资源、矿产资源和测绘事业等业务。办公地址位于化州市北岸北堤瓜垌小区，办公面积7694.5平方米。2017年有在编公务员101人，事业编制人员101人。

【永久基本农田】　2017年，化州市划定永久基本农田保护片区4132片，面积50946公顷，签订永久基本农田保护责任书364份，落实永久基本农田保护责任人332人，设立永久基本农田保护标志牌69块。永久基本农田方案通过广东省国土资源厅及国土资源部审核。

【耕地保护】　2015年度基本农田建设9个项目于2017年3月底全部完工，其中石湾、良光、官桥、中垌、合江、平定、播扬、宝圩等项目完成茂名市级验收工作。新安项目完成竣工验收资料。2016年度基本农田建设7个项目，完成立项及设计报告资料，茂名组织专家评审，设计报告已送财政审核中心进行工程预算审查。初步选定化州市2017年度耕地地质改造垦造水田项目22个，面积793.87公顷，总投资估算61142.95万元，项目的立项全部获得化州市发展与改革局批复。

【土地供应】　化州市一级土地市场供应情况：化州市2017年度国有土地使用权挂牌出让13宗，共30.47公顷，成交出让价款5.63亿元；无偿划拨供应土地4宗，共3.73公顷。二级土地补办出让手续办理情况：国有土地使用权协议补办出让手续宗地111宗，共4.57公顷，缴纳土地出让金2855.22万元。增加容积率补交差价款办理情况：办理增加容积率补交差价款14宗，共5.14公顷，征收差价款2811.41万元。化州市2017年度土地收益6.2亿元。

【不动产登记】　2017年1—12月，化州市完成不动产登记25064宗，其中，首次登记发证11268宗；转移登记发证4525宗，抵押登记2143宗，预告登记2168宗，预抵押登记1875宗。报政府批准，收回、注销土地使用权3085宗。用化州市财政年度预算不动产统一登记信息管理基础平台建设经费150万元采购服务器等硬件，完成不动产登记信息管理基础平台建设，6月24日成功接入国家平台。全年接收不动产档案1.3万宗，不动产证明查询2万多人次。

【用地需求】　2017年，化州市获上级批准的用地项目5宗，面积58.81公顷，其中有化州市机场大道新改建工程（第一期）项目用地，面积50.12公顷。正在组织报批的用地项目8个，面积107.81公顷，其中，化州市207国道至广湛高速杨梅出入口一级公路改建工程项目用地，面积15.06公顷；化州市2017年度第一批次城镇建设用地（杨梅工业园三期项目用地），面积48.8475公顷；黎湛铁路电气化工程项目用地，面积10公顷。全市全年农（居）民建房用地审批1416宗，面积15.58公顷。

【土地执法】　2017年，化州市立案查处违法用地、违法采矿共799宗，移送法院申请强制执行443宗，拆除违法建筑物32宗，面积0.65公顷，复耕8.13公顷，复绿5.53公顷，取缔非法采矿点10个，查扣非法采矿设备一批，钩机8台次、运输车辆13车次。在开展“化州市整治红砖厂专项行动”期间，立案查处砖厂违法用地、违法采矿45宗，对68家砖厂采取强制停电、停产措施；把江湖镇比较突出的4宗非法采矿案移送公安侦查。打击两违，查处国道、省道、三江六岸、迎宾大道违法用地18宗，拆除3宗。制定小高层整治工作方案，成立整治工作小组，全市排查小高层33宗。

【矿产资源管理】　2017年，化州市对采矿权登记数据库中过期的县市级采矿权进行清理。清理后，化州市现存各类矿山采矿权60个，数据不一致的2个已经在全国矿业权人开采信息公示系统进行公示更正，过期的60户矿山企业予以依法废止。全年申请新立2个采矿权的项目，1个陶瓷土矿采矿权通过招拍挂并公示，1个正在办理报请市政府审定。

【地质灾害防治】 2017年，化州市印发《化州市2017年度地质灾害防治方案》《化州市突发地质灾害应急预案》《关于开展汛期值班的通知及化州市国土资源局2017年汛期值班表》《关于立即开展汛期地质灾害防治工作组分片负责检查的通知》等多份地质灾害防治文件，在文楼镇那播小学组织地质灾害应急演练。在汛期来临前，对全市79处地质灾害隐患点进行拉网式排查，要求各基层所及时向受威胁群众发放地质灾害避险明白卡和地质灾害防灾工作明白卡。起草文件上报地质灾害治理项目4个，其中文楼镇大柘村委会高美村马头岭滑坡、石湾学校崩塌地质灾害点在紧急治理中。在广东省地质灾害防治标准“十有县”建设评比中，化州市以97分广东省第一高分通过验收。

【行政复议】 2017年，诉化州市国土资源局发证侵权行政诉讼案件有57件，其中，申请化州市人民政府复议4件，申请茂名市国土资源局复议2件，申请茂名市人民政府复议3件，向法院起诉48件；不服化州市国土资源局土地行政处罚起诉法院2件；不服市政府土地确权起诉法院3件。通过做好行政复议和行政诉讼工作，认真出庭应诉，有95%以上案件得到复议维持和判决维持。

【法制宣传】 2017年，化州市组织“4·22地球日”“6·25土地日”主题日宣传活动。“6·25”土地日期间召开所在镇（区、街道）的村委会（居委会）书记、主任座谈会，现场发放国土资源知识读本、不动产登记宣传手册、国土资源法律法规等宣传资料。

【土地市场监管】 2017年，化州市国土资源局处理超期未巡查项目142宗，处置疑似闲置土地13宗，将资料完善录入系统。处理后，超期未巡查（交地）5宗，超期未巡查（开工）1宗、疑似闲置宗数4宗，超期未巡查（竣工）0宗，达到广东省国土资源厅规定的指标，茂名市在11月底成为广东省第一个全部县（市、区）用地都达标的地级市。

【土地信访】 2017年，化州市收到各类涉土信访件229件。其中，化州市国土资源局直接办理的来电投诉、举报及一般信访件60件，化州市信访局、化州市市纪委、化州市市检察院、化州市政府12345专线及相关单位转办件41件，广东省国土资源厅和茂名国土资源局、批示网络转办件共128件。其中，转办件重复信访的70件，重复率占受理件的30.6%。反映问题主要集中在征地拆迁、土地权属、违法用地、非法采矿、土地买卖等，越级信访、群体信访、联名来信现象突出；信访事项复杂化，有些信访问题属于历史遗留问题，涉及到当时的一些法律法规和历史背景，跨度时间太长，调查取证难，造成处理难度大。

2017年化州市国土资源局领导班子成员名录

党组书记、局长：张俊青
副 局 长：赵　毅
黄瑞清
李惠聪
林　忠
执法队长：叶芝烈

（李剑亮）

土地储备

【概况】 2009年3月13日，经化州市编委批准，成立化州市土地开发储备中心，为参公管理的正科级事业单位，隶属市政府管理。内设综合股、财务管理股、规划储备股、开发供应股、合江分中心等5个股室，人员编制16名。2017年有在编干部职工15人，其中，主任1名，副主任及党组成员3名。办公地址在化州市国土资源局二楼。有1个下属单位：化州市征地拆迁工作办公室，属公益二类事业单位，2017年有干部职工25人。内设征地拆迁办一股、征地拆迁办二股2个股室，与市土地开发储备中心合署办公，人员调剂使用。市征地办主任由施耀锋兼任。2017年7月1日，该中心党支部被市直工委评为“先进基层党组织”；2017年该中心被评为“计划生育目标管理责任制工作先进单位”；2017年参加市总工会举办的五一趣味运动会获得二等奖。

【土地收储】　2017年，化州市有偿收回国有农林场土地2宗，面积4.53公顷，其中，南斋坑绿能发电项目进场道路用地1.67公顷、播杨镇污水处理厂收回新时代农场2.87公顷。完成项目征地工作任务135.91公顷，其中，天然气管道项目用地15.13公顷，市机场大道一期52.73公顷（下郭段）、市机场大道二期16.27公顷（杨梅段）、下郭行金会用地23.07公顷；杨梅工业园二期用地33.33公顷、河西工业园水质净化厂项目用地2.2公顷。完成收回闲置土地4宗，面积11.73公顷，其中，收回市城镇投公司位于中药厂西侧土地4.91公顷，收回市中药厂位于鉴江开发区茂化公路旁土地4.33公顷，收回市生猪育种站位于中垌镇土地2.33公顷，收回平定茧站位于平定圩镇土地0.15公顷。

【房屋征拆】　2017年，北岸大桥重建项目全部完成北岸大桥7户拆迁户的拆迁、安置工作，拆迁房屋面积2237.9平方米，拆迁补偿3155013.2万元。城南片区改造项目完成朝南路西侧15176平方米房屋拆除工作95%工作量，拆除房屋14417平方米。

【土地出让】　2017年，化州市公开挂牌出让土地13宗，总面积30.48公顷，土地出让价款56298.7万元。其中，商住用地9宗，面积2.09公顷，出让价款52373.32万元；工业用地3宗，面积8.25公顷，出让价款3548万元；交通运输用地1宗，面积1.28公顷，出让价款377万元。

【土地划拨】　2017年，化州市划拨土地2宗，面积1.67公顷，其中划拨中垌卫生院搬迁用地1.53公顷，划拨平定卫生院扩建用地0.15公顷。

2017年化州市土地储备中心领导班子成员名录

党组书记、主任：施耀锋
党组成员、副主任：郑建伟
　　　　　　　　　吴瑞裕
党组成员：王云龙

（化州市土地储备中心）

工商行政管理

【概况】　化州市工商行政管理局位于化州市站前路5号。内设11个职能股室（办公室、人事监察股、装备财务股、政策法规股、消费者权益保护股、登记管理股、行政审批服务股、企业监管股、市场规范管理股、商标广告监管股、网络交易监管股）和1个执法办案机构（经济检查大队）、2个事业单位（化州市工商行政管理局机关服务中心和化州市消费者权益保护委员会）和16个基层工商所（其中，4个在城区，12个在乡镇）。2017年化州市工商系统有编制272名，其中，行政编制255人，行政执法专项编制10名，事业编制7名。

【工商企业登记管理与监督】　2017年，化州市工商局持续深化商事制度改革，进一步优化市场准入环境，化州市市场主体迅速增长，全市新增市场主体5671户，同比增长12%；新增注册资本46.66亿元，同比增长55%。发挥市场监管主力军作用，强化事中事后监管，维护公平有序的市场经济秩序。全面实施简易注销登记改革，完善市场主体退出机制，提升市场退出效率，提高社会资源利用效率，降低市场主体退出成本。2017年办结78户简易注销登记。全面实施“多证合一、一照一码”改革。降低创设企业的制度性交易成本，简化办事程序，以“减证”推动“简政”，实行“十一证合一”改革。2017年发出“多证合一、一照一码”企业营业执照710户。推进“先照后证”改革和“双告知”工作。进一步削减工商登记前置审批事项，前置审批事项87%改为后置审批。履行“双告知”职责，通过向企业告知审批许可事项和向审批部门告知登记信息，引导企业主体自制自律、守法经营，完善与各职能部门协同监管机制。推进电子营业执照和全程电子化登记工作。延伸商事登记窗口服务，推行商事登记银政直通车服务。通过委托商业银行网点免费代为办理商事登记各项业务的系列工作。商业银行按照工商部门要求提交的材料清单收取申请材料，交由登记机关核准并颁发营业执照。2017年发出全程电子化营业执照40户。开展年度报告公示制度工作。化州市2016年度应报年报企业4499户，完成率89.53%；应年报农民专业合作社750户，完成率98.13%；应年报个体工商户30386户、完成率85.10%，超额完成上级下达的任务。推进“双随机、一公开”监管制度。编制市场主体名录库和执法检查人员名录库，2017年随机抽查2次，抽取市场主体1149户次。通过核查，将无法联系的10户企业、96户个体工商户及农民专业合作社列入经营异常名录及标记为经营异常状态。对1户有违法行为的企业进行立案调查，保证监管检查的公平公正。强化质量抽检监管。加强对群众关注、关乎民生、投诉举报较为集中的产品的质量监督抽样。2017年，全市工商系统抽检流通领域服装、电线电缆、人造板、开关插座、车用燃油（不含农资）等5类商品共计57批次，发现不合格10批次，立案8件，结案5件。

【经济检查】 2017年，化州市工商局加大对反不正当竞争、商标、广告、网络、重点商品和农资市场的执法力度，打击传销，规范直销，开展“扫黄打非”、打击走私“洋垃圾”、“老人免费体验店”等专项行动，执法办案取得新成绩。全年立案查处各类经济违法案件514件，案值511.7万元。其中，查处假冒伪劣案件21件，违法广告和商标侵权案件57件。瞄准经济违法重点领域，查处不正当竞争违法行为。全面加强反不正当竞争执法，重点查处仿冒商标标识、虚假宣传等不正当竞争行为，开展整治公用企业限制竞争和垄断行为专项执法行动，打击“老人免费体验店及会议营销”的违法经营行为，突出对房地产行业虚假违法广告的整治。年内，查处不正当竞争案件17件，罚没金额16.5万元；查处违法广告案件35件，罚没23万元。保持打击传销违法行为的高压态势，巩固无传销城市（社区）创建成果。通过加强网络传销的防范和重点整治，开展打击传销宣传活动，规范直销，促进行业健康发展，整合社会资源，加大对重点区域、场所、行业的监管力度。2017年发放《禁止传销条例》宣传手册1300多份，张贴宣传画130余张，悬挂宣传横幅36条；完善打击传销信息库，将打传工作纳入社会治安综合治理范畴，从源头上挤压传销活动的空间。立足民生，保持“双打”常态化。围绕群众反映的热点、焦点问题，深入开展打击流通领域经销假冒伪劣商品的违法行为，净化消费环境。2017年查处经销假冒伪劣商品案件21件，罚没入库18万元。加强与质监、食药监、公安等部门的沟通联系，开展9次联合执法行动，出动执法人员36人次。突出重点，“扫黄打非”取得新成效。以打击非法出版物为重点，结合打击商标侵权开展专项执法行动，行动中，化州市工商局查获假冒知名教辅书籍的非法出版物5457本，立案6件；把搜索引擎、手机网站、视频网站、性药品广告等作为重点对象，整治违法网络广告。年内立案9件，罚没5.8万元。加强协作，开展打私联合执法行动。配合打私办开展打击走私成品油的专项行动，查处走私成品油的违法行为。2017年开展专项执法行动3次，检查油库、加油站67个，均未发现有违法行为。会同公安、打私办等部门，查处流通领域走私旧服装、废旧电器等“洋垃圾”的违法行为，取缔走私“洋垃圾”的集散地和非法经营场所。

【商标广告管理】 2017年，化州市商标广告业务工作按全速转型、全面履职、全心服务、全力落实的“四全”工作理念，和“商标强商、广告活商”的工作要求，推进两个规范化建设，创新监管服务体系，提升全系统商标广告监管水平，推进“法治工商”“信用工商”和“信息工商”建设。加大省著名商标和中国驰名商标的培育力度。截至2017年底，全市发展有效注册商标1939件，广东省著名商标12件，其中，新增广东省著名商标“海龙阁”1件，“化橘红”“化州橘红”地理标志证明商标2件。引导申报注册“笪桥黄瓜”原产地理标志证明商标工作顺利推进。打击商标广告侵权违法行为。深入推进打击侵权假冒工作，开展商标代理市场专项整治行动。2017年，立案查处商标侵权行为案22件，暂扣及入库金额15.02万元。立案查处违法广告行为案18件。推进“化橘红”“化州橘红”地理标志证明商标转让工作。对化橘红协会成员做大量思想工作，希望能协调动员化橘红协会将商标专有权转让到市国资中心统一管理和使用，为促进全市经济发展做贡献。

【市场监管】 2017年，化州市工商行政管理系统进一步加强和改善市场监管，维护市场公平竞争，激发市场活力和创造力，对市场秩序、市场环境进行综合监管，形成综合监管与行业领域专业监管、社会协同监管分工协作、优势互补、相互促进的市场监管格局。开展红盾护农工作。指导工商所加强农资市场监管，落实农资进货索证索票制度，要求辖区内经营者建立进货台账，从事生产批发业务的经营者按要求建立进货销售台账。深入监管第一线，经常性地监督检查或协助工商所严厉查处经销假冒、劣质不合格、过期失效、不实虚假广告宣传等的坑农、害农行为，打击农资违法行为。以种子、农药、化肥为重点，突出把信誉差、屡查屡犯的农资经营户作为重点监管对象，加强对农资市场商品质量的监管，查处农资经营中无照经营、制假售假等违法行为。做好禽流感市场休市监管工作。根据省政府和当地政府的工作部署，指导各工商所组织活禽市场开办者及经营者召开专题会议，明确其在活禽经营过程中应遵守的规定及要履行的义务；落实市场管理制度，市场开办者作为市场第一责任人，指导其督促经营者严格落实进货验票、索证索票、台账登记等各项市场管理制度，确保禽类及其产品来源合法可追溯，流向清晰可追踪，严禁无检疫合格证明以及证物不符的禽类、来自疫区的染疫禽类进入市场销售；依照法定职责分工开展防控工作，督促市场开办者和业户做好禽流感防控工作、认真执行“1110”制度和市场督查工作。做到一日一清洁、一周一大扫除（消毒）、一月一休市，落实“零存栏”规定。做好市场信用分类监管工作。2017年，上报认定市场40个，其中，A类市场 2 4个，B类市场16个。按省市对商品交易市场进行分类监管的具体要求，落实责任并创造性地进行监管；根据化州市场的实际情况制定具体监管方案和措施，做好业务人员培训和指导，检查、督促协助工商所对各类市场进行监管，完善监管制度，内部实行网格化监管责任落实，外部落实市场开办者（市场经营者）及市场内经营业户的经营责任与规范，以开展专项检查、日常按市场类别频率的市场巡查相结合、除接投诉举报或发现其他线索开展重点检查外，重点检查曾经有违法行为记录的场内经营者。对检查中发现的没有造成严重后果的轻微违法行为，以教育和责令改正为主。检查中发现有违法行为，依法查处，加大市场预警频度。电子商务市场监管。强化工商服务，放宽市场准入门槛，扶持服务群众开网店。加强市场监管，加大网上巡查监管工作力度，指导、协助本地区电子商务企业、电子商务平台建立健全商标保护、广告发布等管理制度，做好网上交易的日常监督管理，网上购物纠纷的调解，保护消费者和经营者的合法权益。做好守重企业公示申报审核工作。2017年，全市公示“守合同重信用企业”89家，其中，连续10年以上的“守合同重信用企业”25家，9年以下“守合同重信用企业64家，其中新申请的15家。做好合同帮农工作。引导农民发展订单农业，建立合同帮农和政策惠农工作机制，促进农村经济发展，农民增收。发展订单农业，实现购、销平台的对接，达到企业和农户“双赢”的目的，通过制定专门的工作方案，成立工作领导小组，确立3个市级涉农龙头企业为发展订单合同示范企业，要求各工商所确立1个有特色的农产品作为订单农业作为合同帮农的品种进行推广，在深入涉农企业和农户中广泛宣传《合同法》的基础上，宣传订单业的好处，推广订单农业发展。引导农户和涉农企业通过产销合作，经过农企订单合同的双向发展，有效地实现农产品的转化增值，促进农民增产增收，带动农民发家致富，促使农户从大农业生产向经济生产转型，为服务新农村建设作出一定的贡献。做好企业动产抵押物登记工作。配合窗口开展动产抵押登记工作，帮助企业、个体工商户、农业生产经营者方便从商业银行融资，帮助解决融资难、贷款难问题。2017年，办理动产抵押登记8份，抵押登记金额17361.14万元；办理注销登记6份，注销主债权金额8890万元。

【消费维权】 2017年，化州市工商局围绕百姓消费升级趋势和消费热点，加大消费维权力度，推进消费维权和社会监督体系建设，强化流通领域商品质量监管，改善消费环境，释放消费潜力。强化消费教育引导。举办“网络诚信，消费无忧”为主题“3·15”宣传咨询活动；组织“新消法”知识竞赛等大型文艺晚会；开展引导经营者签署“诚信公约”和“诚信承诺公约”活动，促进诚信经营；开展消费教育和消费指引培训班活动，提高市民消费维权意识。强化投诉维权渠道畅通。推进红盾维权工作站48个、消费者分会13个、“一会两站”26个，建立12315“五进”消费维权服务站11个，进一步完善消费者投诉网络；发挥12315职责作用，推进消费者权益保护工作开展。2017年，消费者咨询233件、举报16件，转交办案单位罚款金额6.88万元；申诉、投诉52件，解决率100%，为消费者挽回经济损失428.23万元。完成12345信息平台转办案件119件，挽回经济损失6.8万元。其中，接到经济违法行为举报23件，诉转案查处违法行为9件。推进“两建”消费体系建设。牵头成立市消费维权和社会监督体系建设工作领导小组，研究建立化州市消费环境评估指标体系。开展服务行业消费教育培训，提高服务行业服务质量。开展重点服务行业标准建设，通过组织化州市7家龙头企业参加茂名市举办的“建立行业标准培训班”，指导上述7家企业制定行业标准。该项工作得到茂名市“两建”消费维权和社会监督体系建设的充分肯定。加强重点领域商品质量专项整治。开展服饰、建筑材料、电线电缆和流通领域无厂名、无厂址等商品的专项整治行动。2017年，查处商品质量违法案件104件，案值50.73万元。

2017年化州市工商行政管理局领导班子成员名录

党组书记、局长：陈志通
党组成员、副局长：姚国林
文海东
黄国桢
党组成员、主任科员：张传彪
党组成员、副主任科员：黎国伟（10月任职）

（陈　丽　劳　幸　冯万彪）

化州市个私协会

【概况】 化州市个体劳动者协会成立于1984年4月30日，设分会21个，会员总数7983户。化州市私营企业协会成立于1991年7月16日，会员总数88户，没有设立分会。化州市个体劳动者协会和化州市私营企业协会是两块牌子一套班子。2017年有市理事会成员24人，其中常务理事12人，下设个体劳动者协会基层办事处13个，理事会成员141人。化州市个私协会和基层办事处共有理事165人，其中，5人是茂名市人大代表，3人是化州市人大代表，4人是化州市政协常委，12人是化州市政协委员。

【党建工作】 2017年，化州市个体劳动者协会中垌、那务、合江、官桥、播扬办事处经批准设立党支部，新增党员29名。2017年全市有13个办事处单独建立党支部，共有党员140名。

【发展会员】 至2017年12月，化州市个体劳动者协会会员发展到19527户，私营企业协会会员发展到758户。

【人事变动】 2017年5月23日召开个协六届、私协四届第十五次理事会研究决定：批准李乃群辞去市个私协会会长职务，选举李儒昌为市个私协会会长。2017年11月25日召开化州市个私协会常务理事会研究决定：增补陈万勇为个私协会副会长、聘任王智敏为常务副会长兼任个私协会秘书长。

（陈　丽　劳　幸　冯万彪）

质量技术监督管理

【概况】 化州市质量技术监督局是管理和组织协调化州市质量（含食品相关产品）、计量、标准化、科技认证、特种设备安全监察和稽查打假工作的职能部门。该局的前身最早为1971年化州县科委设立的计量管理所；1979年9月化州县科委计量管理所改为标准计量管理所，1986年升格为化州县标准计量管理局；1999年起实行省以下垂直管理，2001年更名为广东省化州市质量技术监督局；2015年3月由省垂直管理划归地方政府管理，更名为化州市质量技术监督局。2017年，内设办公室、法规股、质量股、计量股、标准化股、科技认证股、特种设备安全监察股、人事股等8个股室，下设1个直属行政执法单位（稽查队），代管1个事业单位（广东省化州市质量技术监督检测所）。2017年，该局有行政编制24人、工勤编制3人，在编在职23人；广东省化州市质量技术监督检测所编制6人，在编在职2人，聘用编外人员7人。

【产品质量监督】 2017年，化州市质量技术监督局巡查企业40家次，下达整改通知书9份，抽检工业产品45批次，不合格产品发现率2.2%。对8家工业产品和13家食品相关产品获证企业实行分类管理，定期监管。全年开展钢铁行业淘汰落后产能、电线电缆、小家电器、燃气炉具、危化品、食品相关产品等专项检查，共排查企业26家，消除质量安全隐患6处。推进质量强市工作，组织召开2017年质量工作会议，部署开展茂名市创建广东省质量强市示范城市活动，配合茂名市迎接省质量强省办对化州市质量工作开展实地核查。

【标准化管理】 2017年，化州市质量技术监督局完成《地理标志产品 化橘红》（DB 44/T 615-2009）地方标准修订，10月底通过审核并发布公告；对全市生产室内装饰用门的4家企业进行调研，指导其组建产业技术联盟；全年动员2家企业成功申报标准化示范区、1家企业成功立项标准化种植生产研究项目；引导全市企事业单位执行技术标准自我声明企业25家；组织17家相关企业开展条码知识培训，新发展条码会员20家，办理条码续展40家；协助市政府组建化州市笪桥黄瓜、化州拖罗饼地理标志产品保护申报工作领导小组，指导开展地理标志产品保护申报工作；建立完善全市标准化联席会议制度，规范运作。

【计量监督】 2017年，化州市质量技术监督局完成33个乡镇集贸市场和31个基层医疗卫生单位强检计量器具免费检定3430台（件），受检率100%；开展全市大米、面条、超市预包装商品、农药、化肥、水泥、液化石油气等定量包装产（商）品监督检查，抽查超市3家、集贸市场及粮油店16家，检查农资生产经销单位19家，抽检合格率100%；发动企业新增二级计量确认3家、三级20家。至2017年，全市有效一级计量确认1家、二级21家、三级150家；与茂名市质监局联合举办“5·20世界计量日”大型宣传活动，联合稽查对3家机动车检测机构、3家液化气充装站、4家超市、8家加油站、8家水泥经销部、30家餐饮企业进行计量执法检查，未发现计量违法行为。

【科技认证管理】 2017年，化州市质量技术监督局对全市9家检验检测机构和4家3C认证企业进行监督检查，覆盖率100%，下达整改指令书9份，完善“一机构一档案”建档管理；检查食品农产品认证企业2家，质量管理体系和服务认证企业10家；组织全市检验检测机构参加茂名市质监局举办的检验检测机构资质认定宣贯培训，进一步提高检验检测机构的自我管理和综合检测能力。

【特种设备安全监察】 2017年，化州市质量技术监督局坚持在元旦、春节、五一、中秋、国庆等节假日期间开展特种设备安全检查。全年检查使用单位238家次，排查消除隐患65项，下达安全监察指令书57份；检查叉车使用单位25家，下达整改指令书25份；抽查电梯维保单位8家，对不符合维保质量要求的3家企业依法进行处理；检查锅炉企业18家，下达整改指令书6份；检查涉氨制冰企业7家，督促整改全部完成；组织全市液化石油气充装单位进行约谈，组织召开全市电梯安装单位安全监管会议，坚持召开季度特种设备安全形势分析会，通报日常监管存在问题，强化特种设备安全监管；组织电梯维保公司、电梯使用单位联合开展电梯突发事故应急救援预案演练，落实特种设备安全“一岗双责”制度。

【稽查打假】 2017年，化州市质量技术监督局执法检查企业390多家，开展执法专项5个，立案11件，结案11件，罚没收入30多万元。全年处理群众来信来访11件，做到100%办结、100%回复、100%满意。在落实打假责任制方面，组织召开2017年全市打假工作会议，与相关单位签订打假责任书，牵头组织开展应节商品、化橘红、卷烟等打假联合专项整治行动5次，全年全市各相关职能部门查处各类打假案件1025件，其中大案要案33件，涉案货值892万元，捣毁窝点7个。

2017年化州市质量技术监督局领导班子成员名录

党组书记、局长：欧超志
党组成员、副局长：王国荣
　　　　　　　　　黄凤麟
党组成员、主任科员、副局长：董琅丹

（陈水汉　董乃铭）

食品药品监督管理

【概况】 化州市食品药品监督管理局内设机构8个，分别是办公室、人事教育股、政策法规股、综合协调股、食品市场安全监管股、食品餐饮安全监管股、药品医疗器械监管股、保健食品化妆品监管股。派出机构有17个镇级食品药品监督管理所，新增河东、河西食品药品监督管理所编制。直属行政执法机构1个，为稽查大队，下设一中队、二中队。市食品药品监督管理局公务员编制90名，2017年有在职公务员74人（其中局机关在职公务员32人，镇所在职公务员42人），工勤人员3人，食品安全巡查员4人，食品药品监督专职协管员50人。

【食品生产安全监管】 2017年，化州市食品药品监督管理局突出抓好源头治理，严把准入门槛，督促企业责任落实到位。加强全市食品生产加工小作坊进行登记管理，组织召开全市食品生产加工小作坊工作会议，印发《化州市食品加工小作坊登记工作指南》作为工作指引，全市发放《广东省食品生产加工小作坊登记证》204家。重点开展桶装饮用水专项、“两超一非”百日专项、花生油黄曲霉毒素B1专项、生产加工小作坊的专项整治，严肃查处食品生产加工违法行为。

【食品市场安全监管】 2017年，化州市食品药品监督管理局贯彻落实省政府关于推进全省2000家农贸市场农产品快速检测工作部署，落实专人持证上岗，配备快检设备，在基层监管所建成快检室，推进全市22家农贸市场开展食用农产品快速检测工作。全年全市食品农产品快检工作中快检食用农产品经营户295家，快速检测食用农产品56490批次，其中，蔬菜快检合格率99.77%，水产品快检合格率99.95%。在全市范围内开展非法来源猪肚、牛肚等冰冻食用农产品，农村食品安全，畜禽水产品抗生素、禁用化合物及兽药残留超标，食品标签说明书“非法声称”等专项整治。

【食品餐饮安全监管】 2017年，化州市食品药品监督管理局按照广东省食品药品监督管理局示范创建标准，推动食品经营单位优化升级，化州市忠信广场获得“广东省食品安全示范街”称号。落实餐饮服务单位食品安全主体责任，抓好网络订餐监管，开展新一轮餐饮服务量化分级管理提升和明厨亮灶建设的推进工作，全面实施省餐饮业质量安全提升三年行动计划，推进学校食堂“灭C”行动，全市有A级单位20家，B级单位853家。推进餐饮单位实施“明厨亮灶”，主动接受社会监督，全市实施“明厨亮灶”的餐饮单位932间。开展春秋季学校食堂、单位食堂、养老机构食堂，网络订餐、辖区内KTV娱乐场所食品安全等专项整治。完成市“两会”、“化橘红文化节”、“汕湛驾年华”、中考、高考期间食品等重大会议、活动食品安全保障工作。

【食品安全综合协调】 2017年，化州市食安办贯彻落实省委、省政府《关于落实食品安全党政同责的意见》，牵头制定化州市食品安全委员会工作规则，市委常委扩大会、市政府常务会听取食品安全工作汇报，开展对各镇（区、街道）政府（管委会、办事处）的食品安全工作进行评议考核。调整增加市食安委成员单位3个。

【药品医疗器械监管】 2017年，化州市食品药品监督管理局完善药品网格化监管制度，细分监管网格，落实监管责任，加强涉药企业日常监督检查，规范经营行为。全年检查药品经营零售企业645家，限期整改280家，立案187件。检查医疗机构560家（其中镇级以上医疗机构35家），限期整改71家，立案26件。检查医疗器械经营企业117家（其中，三类医疗器械零售企业59家，二类医疗器械备案企业46家），限期整改12家。检查医疗器械使用单位432家次，发出责令整改通知书52份。重点开展中药饮片和药品流通领域违法经营专项整治“回头看”，城乡接合部、农村地区单体药店、个体诊所“清渠行动”，无菌和植入性等医疗器械，医疗机构在用医疗器械等专项整治。在开展药械不良反应（事件）的监测和报告工作中，督促41个医疗机构上报药品不良反应870例，39个医疗机构上报医疗器械不良事件296例。

【保健食品化妆品监管】 2017年，化州市食品药品监督管理局加强化妆品注册备案管理，督促经营业户落实产品追溯、索证索票、进货查验及台账管理等制度，重点加强保健食品、化妆品的进货渠道、标签标识、有效期限及产品合格证明等方面的监督检查，构建保健食品化妆品生产经营企业风险分级监管机制，开展化妆品安全治理示范区建设。全年检查保健品经营企业435家，化妆品经营企业380家。重点开展保健食品非法会议，“南粤护老”，食品、保健食品欺诈和虚假宣传，化妆品经营等专项整治。

【稽查打假】　2017年，化州市食品药品监督管理局完善稽查打假机制，建立信息互通、问题互商、力量互借、优势互补的办案工作协作机制。打击非法添加、制假售假、违法使用禁限用农药兽药等违法行为，开展“清网行动”“清渠行动”等专项行动。2017年，全市立案查处食品药品违法案件701件，结案635件，查处涉案物品金额128万元，罚没款191.3万多元，立案查处较大案件2件，移交公安机关查处涉刑案件2件，吊销食品生产许可证一张。加大重点案件公开曝光力度，总结和推广经验做法，推动两法衔接工作的深入开展。加强与公安、卫计、工商、质监、打私办等部门的配合，加强区域协作，联合执法。2017年，该局联合相关部门开展联合查处行动9次，去函协查调查案件12件，收到协助调查函17件，均及时给予回复。全面完成“四品一械”抽检任务，完成省政府十件民生实事食品抽样检验“每年每千人1.5批次”的任务。全年完成餐饮食品、食用油、食用农产品等重点食品监督抽检971批次，完成药品抽样178批次、化妆品18批次、医疗器械4批次、保健食品11批次。及时对抽检不合格产品采取核查处置措施，处置率100%。

2017年化州市食品药品监督管理局领导班子成员名录

党组书记、局长：陈土飞（任至1月）
谢超杰（1月任职）
党组成员、副局长：李艺锋
魏汉坤
黄泽云
党组成员、副主任科员：吕桂枝（10月任职）
麦　浪

（黄颂凯　黄文彩）

审计工作

【概况】　2017年，化州市审计局开展审计项目33个，审计查出违规金额1865万元，管理不规范金额87984万元，审计决定及催缴入库536万元，提出审计建议96条。

【预算执行审计】　2017年，化州市审计局开展2016年本级预算执行审计，发现未按规定解缴预算收入、虚列预算支出、挤占专项资金等问题。对民政、农业、林业3个部门进行预算执行审计，审计发现3个部门共动用488.31万元以前年度结余资金，未纳入下一年年初预算编制；2个部门单位预算编制不科学；1个部门违规发放征地加班补贴；1个部门未严格执行“收支两条线”管理规定等问题。全面系统地反映本级预算管理、预算资金分配使用、体制机制等问题。对审计发现的问题如实向人大做汇报并向社会进行公开，提出审计建议，督促市财政局及有关部门对审计查出问题进行整改，规范财政资金的监督，促进公共财政体系的完善。

【重大政策落实情况跟踪审计】　2017年，化州市审计局开展2016年供给侧结构性改革推进情况、2016年安居工程落实情况、2016年至2017年上半年简政放权落实及“放管服”改革推进情况等8个项目的跟踪审计，坚持问题导向，关注相关政策的落实和项目推进情况。审计查出，不符合享受住房保障条件仍享受公租房实物配租、地方危房改造补助资金未及时配套到位；省级科研项目未按合同规定时间完成结题验收；重大建设项目未按计划完成征地工作、开工、完工等问题，根据发现的问题，要求相关部门对审计发现问题进行整改，促进“简政放权”放管服改革等重大政策措施落地生根。

【政府交办审计】　2017年，化州市审计局完成对下郭街道办2011年度第四、五批次城镇建设用地项目审计，以及市人社局、国土局等8个单位的财政财务收支审计，审计揭露各单位存在的突出问题，提出相应整改措施和合理化建议，规范政府资金的管理。

【经济责任审计】　2017年，化州市审计局完成经济责任审计项目10个（其中完成4个镇区党政主职履行经济责任情况同步审计），审计发现存在大额现金支付、违反收支两条线、接待费超标准、账务处理不规范等方面的问题。

【内部审计】 2017年，化州市审计局加大对全市内审工作的指导，通过邀请省审计厅专家为各内审单位的内审人员进行培训和转发《茂名市人民政府办公室印发〈关于加强内部审计的工作意见〉的通知》的形式，帮助各内审单位建立和健全内审工作制度，逐步形成内部审计全覆盖，规范基层单位的财务管理，为领导决策提供依据。

【审计干部素质培养】 2017年，化州市审计局加强干部专业理论知识学习，鼓励干部参与职称考试，安排20多人次参加审计署、省审计厅、茂名市审计局组织的各项审计业务培训；“以审代训”，通过平时业务讨论，提高审计人员业务水平和法律法规水平；强化廉政纪律；增强干部职工体能锻炼。

2017年化州市审计局领导班子成员名录

党组书记、局长：李彤波

党组成员、主任科员、副局长：李志伟

党组成员、副局长：朱恒志（任至9月）

总审计师：刘付春波

党组成员、副主任科员：黄泓儒

（刘付春波　劳秋月）

统计工作

【概况】 化州市统计局是化州市政府的一个职能部门，位于市政府办公大楼（八楼西面），内设工会和7个职能股，分别是办公室、综合股、法制股、工交、投资和能源统计股、农村统计股、人口、社会和贸易统计股、数据处理股。2017年有在岗人员21人。

【统计队伍建设】 2017年，化州市统计局补充1名党组副书记。聘请3名调查员参与农业普查及相关调查工作，协助做好统计工作。组织各镇（区、街道）统计业务骨干500多人次，针对统计法律法规、第三次全国农业普查、农业、工业、投资等知识进行培训。2017年，该局举办10次统计业务培训班，其中两次邀请茂名市统计局统计专家授课。

【统计基础建设】 2017年，化州市加强统计信息化建设，购买手提电脑6台，打印机2台、扫描仪2台，安装电子显示屏1个。继续抓好统计双基建设，重点抓好各镇（区、街道）经济发展和统计办公室、“四上”企业的统计基层基础建设，巩固提升统计双基建设成效。抓好基本单位名录库建设。执行“五证合一、一照一码”登记制度改革，利用编制、民政、工商、税务、质监、社保等部门行政记录和专业统计信息，完善基本单位名录库，为2018年的经济普查做准备。

【统计改革】 2017年，化州市统计局全面推进核算制度改革、能源统计改革、投资统计改革、贸易统计改革、服务业统计改革，建立生产型服务业、科技服务业统计制度，改进就业失业统计和人口变动调查等。研究“三新”经济的统计调查方法，重点加强对新服务、四众、互联网金融等现行调查未完全覆盖领域的调查表、指标和调查方法的学习研究。

【农业普查】 第三次全国农业普查历时3年，其中2016年为筹备阶段，2017年为正式普查阶段，2018年为资料开发阶段。此次普查时点为2016年12月31日，时期资料为2016年度；调查内容涉及农业从业情况、土地流转等13项，6套普查表，544条指标；调查方法是使用PDA电子设备采集，现场传送，纸质报表辅助。化州市负责普查农户236946户，规模户5685户，单位户1434户；填报行政村表361个，镇（农场）表29个；有普查两员3436人，全市配置PDA电子设备784台。2017年化州市完成的主要任务是普查入户登记、查漏补缺、数据审核、质量抽查、数据评估、数据汇总、数据上报等。

【人口变动抽样调查】 2017年6—11月，化州市抽选9个镇村小区，从镇村各抽调1名调查员，完成小区图绘制、摸底、入户调查、社区表填报、录入PDA等工作，11月1日为调查时点。

【统计执法】 2017年6月26—29日，化州市对各镇（区、街道）、企业等69个统计调查单位进行为期4天全方位的统计执法检查。检查做到统一规模、统一内容、统一流程、统一通报格式等“四统一”。在检查中发现问题，指导各镇（区、街道办）和企业及时改正。在8月1日《统计法实施条例》正式施行之际，统计局在《南方论刊》（2017.7总第310期）上发表《认真贯彻落实〈条例〉确保数据真实准确》一文，在茂名市统计系统率先学习，率先贯彻执行。

【统计服务】 2017年，化州市统计局全面开展好各项统计调查，发挥统计监测预警功能，做好全市经济运行分析研判和月度监测预警工作，每月每季开展经济运行分析，随时提供领导决策使用数据。全年撰写各类统计分析30篇。不断完善统计服务载体，形成“统计年鉴、统计月报、统计公报、统计分析、情况报告、资料汇编、统计网页”等一系列服务载体，做到领导决策到那里，统计服务就到那里。推行月度分析制度，要求各专业人员每月5日前做好数据预测，15日前提供月度分析，每人每年专业分析不能少于2篇。

2017年化州市统计局领导班子成员名录

党组书记、局长：魏贤凤
党组成员、副局长：李亚创
党组副书记：何旭晓（7月任职）
党 组 成 员：杨郁新

（毛秋燕　李华盛）

统计调查

【概况】 国家统计局化州调查队是国家统计局派驻化州的正科级参公管理事业单位，由原化州市农村社会经济调查队改建而成，2010年6月23日挂牌成立。办公地址设在市行政中心大楼八楼西，办公面积90平方米。主要负责完成国家统计局布置的各项统计调查任务；完成广东调查总队交办的调查任务；协助地方统计局完成重大国情国力普查任务；负责查处调查队组织实施的统计调查中发生的统计违法行为；完成国家统计局和广东调查总队以及由总队委托地级以上市调查队交办的其他事项：经批准，接受地方政府委托的有关调查任务。内设综合法规股、农业和经济调查股、住户和价格调查股等3个机构，核定编制9人。至2017年底，有在编在职干部8人，聘用人员3人，其中队长、副队长、纪检监察员（副主任科员）各1人。有3人取得统计师职称，1人取得助理会计师职称。

【住户调查】 2017年，国家统计局化州调查队开展住户调查样本轮换工作，完成15个样本调查小区、150户记账户轮换等工作，于2016年12月开始正式记账，新样本记账工作有序开展中。春节、中秋前夕，组织开展送温暖活动，提升记账户和辅助调查员对记账工作的理解和支持度。制定考核方案，每月坚持访户，对账本进行“三结合”审核，把好编码、录入、审核、上报等各个工作环节，提高记账质量。

【农作物面积遥感测量和农产量调查】 2017年，国家统计局化州调查队整合选好调查网点。农产量调查和遥感测量样本点18个54个调查样方，购买14台PDA机和1台遥感测量无人机。严格按照条件要求选配18名辅助调查员，加大培训力度，创新培训方式，提高实操水平。4月、8月，分别组织开展“三农普”农作物面积遥感测量和农产量实地调查，按时按质完成农作物面积遥感测量野外调查、数据审核和上报工作。

【主要畜禽监测调查】 2017年，化州市主要畜禽监测调查有调查小区15个、中小型村5个、大型和中小型调查户200多户。国家统计局化州调查队通过加强培训指导，提升调查业务人员工作水平；每月队领导带领业务人员对部分养殖户进行走访，入户采集数据，摸清核实基本情况和基础数据；把好初审、复审、终审“三审”关，确保数据质量。

【其他调查工作】 2017年，化州市劳动力调查、农民工监测调查、农产品生产者价格调查、主要农产品中间消耗调查、农户投资建房等工作均按要求完成。

【统计法治】 2017年，国家统计局化州调查队建立完善管理制度。以广东调查总队巡查反馈意见抓好制度建设，新制定《化州调查队保密制度》等制度15项，修订完善《化州调查队财务管理规定》等制度4项，废除过时制度4项。强化统计执法检查。坚持集中统计执法监督检查与日常数据质量检查相结合，9月开展各专业数据质量检查，检查单位和户59个，其中重点对象2户。搞好二个重要宣传活动。9月20日、12月8日分别在电白区东湖广场、化州市火车站广场举办第八届“统计开放日”和《统计法》颁布实施34周年纪念日宣传活动，宣传统计法律法规和统计新知识新技能，让广大群众深入了解认识统计调查工作。畅通统计违纪违法行为举报渠道。通过电视台、报刊、网络等全方位向社会公布统计违纪违法行为举报联系方式。

【统计调查服务】 2017年，国家统计局化州调查队深入基层开展调研。聚焦经济发展的热点、难点、重点问题，加强综合和专题分析，提高统计分析报告的质量和实效。创新统计服务平台。通过《统计月报》《化州调查》等载体向全社会发布相关统计调查信息，对统计调查数据进行全面的解读，为党委政府、用户提供优质的统计服务。全年撰写统计分析6篇，调查报告《H7N9疫情对化州家禽生产影响调查》被广东调查总队内网采用，《耕地流转好处多，制约因素仍不少》被广东调查总队评为2016年度县级国家调查队优秀统计分析报告三等奖；撰写统计信息47条，被各级媒介采用的16条。

2017年国家统计局化州调查队领导班子名录

队　　长：王豪华
副 队 长：吴福佳
纪检监察员：陈春平

（李盛佳）

安全生产监督管理

【概况】 化州市安全生产监督管理局于2005年10月单独设置为市政府主管的职能局，设有局办公室、监管一股、监管二股、职业安全健康监督管理股，下设机构应急指挥中心、执法监察大队、安全生产宣传教育中心。2017年有在职人员27人，其中，局长1名，副局长2名，党组成员1名，机关工作人员23名。2017年，化州市生产安全事故得到有效遏制，全市安全生产形势总体稳定。全年全市发生各类安全事故295宗，同比下降2.96%；死亡47人，同比上升11.9%；受伤148人，同比上升10.45%；直接经济损失319.986万元，同比上升74.35%。无较大及以上事故发生，各项考核指标均在控制指标内。发生道路交通事故137宗，同比下降3.52%；死亡人数42人，同比持平；受伤人数148人，同比上升12.12%；直接经济损失14.79万元，同比上升2.07%。发生3起生产安全事故。发生火灾155宗，同比下降4.32%；死亡人数1人；受伤人数为零，同比下降100%；直接经济损失305.196万元，同比上升80.55%。全年没有发生渔业船舶事故、铁路交通事故。

【责任落实】 2017年，化州市委、市政府制定印发《中共化州市委办公室 化州市人民政府办公室关于党政领导班子成员开展安全生产检查督查的通知》《市政府领导带队开展安全生产大检查工作方案的通知》等文件，把安全生产职责细化落实到各个党政领导班子成员，全面形成“党政同责、一岗双责、齐抓共管”的工作格局。市安监局协助市委、市政府开展深化摩托车交通秩序专项整治、平安企业创建、烟花爆竹重点地区安全生产攻坚等安全重点难点问题。提请市政府依法召开全市性安全生产工作会议，传达上级对安全生产工作的要求，对各个季度全市安全生产、消防、交通安全形势进行通报。把安全生产目标责任分解到各镇（区、街道）、市安委成员单位，形成市（县）、镇、村三层负责、层层落实的安全生产责任管理体系。市安委会组织市相关部门对各镇（区、街道）及负有控制指标任务的单位进行安全生产责任制考核。

【队伍建设】 2017年，化州市安监局建立定期学习制度，学习新修订的《中华人民共和国安全生产法》《广东省安全生产条例》《广东省生产安全事故隐患排查治理办法》《广东省生产安全事故调查处理办法》等法律规章和安全法规，在全市宣讲学习《中共中央 国务院关于推进安全生产领域改革发展的意见》。市安监局坚持在元旦、春节、

“五一”、“十一”等重要节假日到来之前进行廉洁预防教育；坚持在全市安监部门和局机关举办反腐倡廉教育报告会，由主要负责人和分管领导作报告；坚持向社会公开承诺安监干部廉政事项，刊登市安监局廉洁从政公开承诺事项，以接受服务对象和社会群众对安监干部的监督。

【制度落实】　2017年，化州市加快安全生产制度改革。强化镇（区、街道）安全监管干部业务知识培训，指导各镇（区、街道）完善安全监管实际的一系列规章制度，促进安全监管工作逐步走上规范化和制度化的轨道。严格安全生产行政审批程序，加强对安全生产行政许可企业的动态监管，发现问题及时依法处理，督促企业持续具备安全生产基本条件。严格行政许可要求，进一步推动企业行政许可规范化和程序化。

【安全监管】　加强日常安全监管，履行监管职责，采取措施，督促企业建立健全安全生产规章制度，落实各项安全防范措施，提高企业安全管理水平。严把企业准入关，严格安全生产行政审批程序，加强对安全生产行政许可企业的动态监管，发现问题及时依法处理，督促企业持续具备安全生产基本条件。在非煤矿山、危险化学品和烟花爆竹许可方面，坚持做到两个100%：核查送茂名市的材料必须保证100%的真实可靠，行政许可必须100%符合程序和许可要求。加强职业健康监管，以危险化学品生产、非煤矿山、冶金企业和木质家具为重点开展职业病危害专项治理。完成危化企业、木质家具、鞋厂、非煤矿山企业、汽车修理企业等1756家的职业危害申报工作。

【应急管理】　2017年，化州市安监局应急指挥中心邀请应急管理专家指导市有关单位和生产经营单位制定各类事故应急处置预案、预案评估，结合新修订的《生产安全事故应急预案管理办法》，组织全市乡镇和重点企业学习，对重点高危行业开展监督抽查。6月17日，联合市应急办、公安局、科工商务局、下郭街道等相关单位，开展化州市危险化学品泄漏生产安全事故应急“双盲”演练。

【隐患治理】　2017年，化州市政府制定印发《关于深入开展安全生产大检查督导工作的通知》，由市安委会牵头组织各相关部门排查治理安全生产隐患，检查范围覆盖全市所有行业（领域）、所有生产经营单位和人员密集场所。市政府组织多个督查组采取突击检查的方式对各镇（区、街道）、市有关部门及重点生产经营单位进行两轮覆盖率达到100%的督查。对全市生产经营单位、工商个体户按比例进行抽查。对督查发现的事故隐患及安全问题按照“零容忍”原则落实责任，制定整改措施，在期限内完成整改。

【执法监察及事故查处】　2017年，化州市安监局按照监管执法工作计划开展安全生产监察执法，对发现的事故隐患下达现场检查记录、责令限期整改指令书，督促企业认真整改。全年检查非煤矿山企业120家（次），查出事故隐患16条。对只取得采矿许可未办理《安全生产许可证》的两家石材企业责令其停止一切生产活动。检查危险化学品生产经营企业224家（次），排查隐患29条。检查烟花爆竹批发企业17次，烟花爆竹零售经营点459家（次），排查隐患45条。该局排查、查处一般安全隐患67条，下发各类执法文书183份，其中，下达《现场检查记录》24份，《责令限期整改指令书》45份，《整改复查意见书》41份。该局承担安全监管监察的生产经营单位452个，实际监督监察生产经营单位次数993个，同期比上升119%；查处一般事故隐患67项，完成整改62项，按期整改率100%，同期比上升158%。行政处罚次数18次，同期比上升257%，经济处罚7.3万元，同期比上升152%。

【烟花爆竹“打非”行动】　2017年，化州市政府组织公安、安监、质监、工商等部门开展“打非治违”专项行动，检查烟花爆竹经营零售点320多家次，排查出安全隐患80多处，对能现场整改的责令现场整改，对不能现场整改的责令限期整改并进行复查，联合“打非”行动中查扣“私炮”30余吨，立案处罚4起。在该市两广三市（广东化州、廉江，广西陆川）交界处查获大量“私炮”。

【宣传教育】　2017年，化州市强化宣传，营造“加强安全法治，保障安全生产”良好氛围，开展安全生产知识咨询及宣传活动。以“安全生产月”

活动为契机，围绕“全面落实企业安全生产主体责任”活动主题，开展安全生产知识咨询及宣传活动，在“安全生产月”活动咨询日当天，为市民提供咨询，免费发放安全生产宣传资料，悬挂横幅50余幅，宣传展板100多块，发送宣传帽500多顶，安全生产宣传书籍1000多本，安全生产宣传资料1.5万份，通过大量事故案例、安全应急常识和安全生产大巡游、开展扫二维码关注微信参与现场体验等活动，向市民宣传安全生产法律法规和常识，解答有关安全问题。组织开展生产经营单位人员安全知识培训，培训各类人员1600多人。其中，危险化学品从业人员250人，非煤矿山从业人员300人，烟花爆竹零售从业人员700多人，幼儿教育领域从业人员400多人。

2017年化州市安全生产监督管理局领导班子成员名录

党组书记、局长：莫忠杰

党组成员、副局长：彭强章

王国东

党组成员：陈亚浩

（林梁琼）

教科文卫体

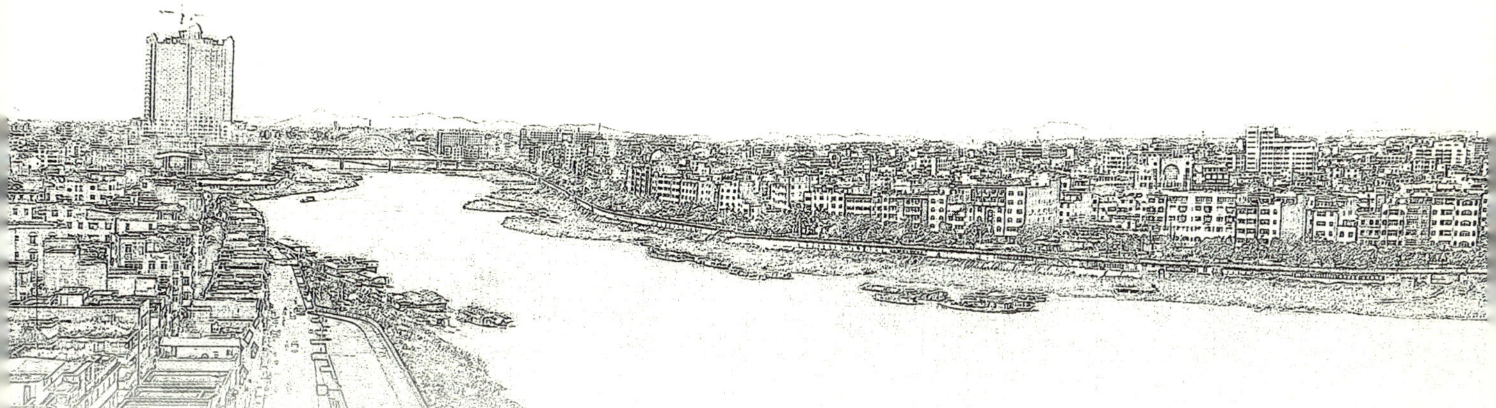

教　　育

综　　述

【概况】　化州市教育局原址在化州市河西街道办教育路5号。2013年整体搬迁，新址在化州市河西街道办北岸207国道边北面，即原化州市成人中专学校内。化州市教育局下设16个科室，分别是教育工会、办公室、人事股、纪检监察室、计财股、基础教育股、高中教育与职业成人教育股、德育股、体育卫生艺术教育股、安保股、中小学生保健所、化州市人民政府教育督导室、教研室、招生办（考试中心）、电教股、勤工俭学办公室。编制117人，其中，公务员28人，事业编制89人。党组书记、局长1人，党组副书记1人，副局长3人，党组成员8人。

2017年，化州市有学校、幼儿园867所，其中，小学404所，初中30所，九年一贯制3所，完全中学16所，高中1所，职校1所，特殊学校1所，德育学校1所。全市中小学校有在校生249476人，其中，小学在校生132856人，初中在校生73070人，高中在校生43550人。学前教育在园人数63652人，学前教育入园率90.5%。全市中小学校、幼儿园在编在职教职工14920人，其中，幼儿园教师221人，小学教师7872人，初中教师3730人，高中教师2777人，中职教师259人，特殊教育教师13人，德育专职教师48人；退休教职工4480人。

【教育民生工程】　化州市有2017年春、秋季学期学前教育受助儿童25294人次，共资助资金1264.7万元。资助义务教育农村家庭经济困难学生46926人次，生活费补助1227.8475万元。资助普通高中困难学生4707人次，资助金额941.4万元。2017年为考上省内外大学生受理贷款业务957笔，发放贷款757万多元。

【教育精准扶贫】　2017年，化州市教育扶贫助学资金1704万元，受惠学生5644人。

【学校布局调整】　2017年，化州市高中学校形成“一个龙头（市一中），五架马车（市二中、市三中、实验中学、官桥中学、市九中）”高中办学格局，筹建化州一中合江校区分校。保留合江中学、官桥中学2所化北高中，逐步将普通高中集中城区办学。筹建“青鸟实验学校”及“山车教育城”项目。该市签署“青鸟化州实验学校合作框架协议”，计划建成办学规模约1万人的从幼儿园到高中十五年一贯制非营利性民办学校；引资筹建山车教育城。新建、改扩建绿景花城小学、大坡小学，石龙中学、市职校、市九小等学校。

【德育工作】　2017年，化州市校级家委会成员22433人，家长志愿者队伍28911人，召开各种家校联动会议2420多场次，组织亲子活动、家校双向交流会等1647多场次，家长学校为家长授课2350次，构建学校、家庭、社会“三结合”教育网络。中国教育报、南方日报、茂名日报、广东电视台等多家媒体刊登报道化州市家校联动成效。

【强师工程】　化州市大力实施“强师工程”。

2017年，组织3700人参加学历提升工程。公开招聘16名高中教师、公开招考164名新教师、选聘在编在岗教师71名中小学教师。组织评选33名青年名师培养对象。落实教师福利待遇“两相当”政策，农村学校教师的生活补助从2014年人均每月719元提高到2017年人均每月911元的标准，2018年人均每月将达到1008元，享受农村教师生活补助的教师达到10547人。

【教研工作】 2017年，化州市推进“一师一优课，一课一名师”工作建设，建设4个“微课（优课）”优质资源制作基地及广东省名师网络工作室，5人被选为省名师网络工作室主持人，《基于“互联网+儿童文学阅读”的微课资源共建共享研究》被纳入十三五教育技术专项课题，在全市开展该项课题研究工作。

【教育创现】 2017年1月，化州市委、市政府召开全市创现工作动员会。3月，调查摸底全市中小学校、幼儿园信息化设备配置情况；5月，召开全市教育系统创现工作会议，印发《教育局创现工作方案》，选定4所创现示范点学校，规划第一、二、三批省奖补资金分配方案。6月，召开全市2017年强镇复评工作会议，全面推动强镇复评及创现工作，12月中旬迎接省教育创强复评，全市第一批10个镇区（南盛、宝圩、播扬、江湖、鉴江、同庆、长岐、笪桥、石湾、下郭）全部通过省强镇复评及抽查认定工作。

【体卫艺工作】 2017年11月20日，化州市第一中学、化州市实验中学承办2017年茂名市第十二届运动会学校体育组竞赛项目，化州市学校代表团获得体育道德风尚奖和团体总分二等奖；组队参加茂名市2017年“市长杯”校园足球竞赛，合江中心小学低年级组女队获得冠军；12月4—13日，那务中学、榕城中学、市第二中学、市职校四个赛区举办2017年中小学生排球赛，共有150支代表队参加比赛。2017年，全市学校没有发生一例食品安全事故。

基础教育

【学前教育】 化州市落实学前三年行动计划，科学规划、合理布局，以省级规范化幼儿园标准抓好各镇（区、街道）中心幼儿园建设，成立公办幼儿园杨梅镇实验幼儿园。2017年，重点开展清理整治无证学前教育机构工作，取缔20间无证非法幼儿园；严格审核民办幼儿园的准入条件，提高全市幼儿园的规范化率，推进原有不达标幼儿园的整改力度，做到每一所新建或整改验收的幼儿园都达到省规范化幼儿园的标准。2017年，全市有幼儿园401所，其中，公办幼儿园118所，民办幼儿园283所。化州市幼儿园和所有乡镇中心幼儿园都达到省规范化幼儿园的标准，按《广东省教育厅关于规范化农村幼儿园的办园标准（试行）》建设或整改达标的民办幼儿园有16所，在按《广东省教育厅关于规范化农村幼儿园的办园标准（试行）》筹建的或整改的民办幼儿园有100所，全市幼儿园的规范化率提高。2017年5月，茂名市学前教育宣传月活动在全市海利会议中心举行，同时举行全市幼儿园的文艺会演。

【义务教育】 2017年，化州市规范义务教育阶段的入学安排工作。根据全市义务教育阶段学校适龄入学学生人数、学校分布、学校规模、交通状况等因素，按照就近免试入学原则，科学、合理安排全市小学和初中划片范围，规范义务教育阶段学生的入学行为，推进均衡编班，减少大班额。推进全市特色教育学校建设，全市丽岗中心小学和化九小被评为茂名市特色教育学校。抓好特殊教育工作。向广东省教育厅、省财政厅申报广东省特殊教育资源教室的立项，为中心小学全部配足特殊教育资源教室，6所初中配备特殊教育资源教室，落实残疾儿童少年的随班就读工作。全年全市在校的残疾儿童少年有813人，其中，在市特殊教育学校就读有115人，随班就读有698人。配合做好国家义务教育质量监测工作，推进学生综合素质评价改革。以学生的道德品质、公民素养、学习能力、交流与合作、运动与健康、审美与表现、学业成绩为基本内容，以学生的实际表现为依据，以学校评价为主体，改革小学生考试成绩呈现方式，取消“百分制”，实行“等级加评语”的评价方式，小学升初中采取均衡招生，就近入学原则。学校执行教育收费政策，不超标准收费和擅立项目收费。在职教师有偿补课现象得到遏制。

【民办教育】 2017年，化州市按照“积极鼓励，大力支持，正确引导，依法管理”的政策，吸纳民间资本发展民办教育。该市有经教育行政部门审批的义务教育阶段民办学校4所，其中，小学3所（新兴小学、德明小学、爱民学校），九年一贯制学校1所（邓村学校）；在校生2147人；专任教师114人。民办幼儿园283所，幼儿教师2611人，在园幼儿45275人。

2017年化州市初中招生计划安排表

学校名称	人数	班数	学校名称	人数	班数
市第一初级中学	850	17	江湖中学	430	8
实验中学	300	6	林尘中学	500	10
化州二中	350	7	林华中学	400	8
化州三中	550	11	中垌中学	800	16
化州四中	1200	24	榕城初中	715	14
化州六中	800	16	合江中学	750	15
化州七中	500	10	陵江中学	600	12
化州九中	600	12	兰山中学	420	8
儒城学校	200	4	官桥中学	1000	20
石龙中学	350	7	新安中学	410	8
百室堂初中	100	2	新安第一中学	310	6
宝圩中学	302	6	笪桥中学	560	11
播扬中学	400	8	良光中学	900	17
播扬二中	300	6	杨梅中学	800	15
那务中学	550	11	笔亨怀德学校	150	3
银丝中学	500	10	长岐中学	665	13
文楼中学	863	17	同庆中学	590	12
平定中学	950	19	同庆初中	390	8
圣古初中	650	13	南盛中学	510	10
平定第二初中	150	3	丽岗中学	650	13

高中教育与中等职业教育

【高中教育】 2017年，化州市有普通高中16所（其中民办1所），高中生40418人，高中专任教师2710人，其中研究生学历教师人数269人，占比9.93%。2017年普通高考，全市上重点线1268人，上本科线以上6514人，上专科线以上14227人。全市上重点线、本科线以上、专科线以上人数均排茂名第二，上线率排茂名前列；上重点、本科人数连续三年居茂名市县区第二，上重点率、本科率首次跃居茂名市县区第一。尖子成绩突出，文理科总分600分以上56人，排茂名第一。

【中等职业教育】 2017年，化州市有化州市职业技术学校、合江职业高级中学、新安中学和化州市鉴江职业技术学校等4所中等职业学校。其中，化州市职业技术学校是省重点职业技术学校，鉴江职业技术学校是民办中等职业学校。2017年，全市中职学校招生2693人，有在校生4786人；专任教师434人（其中专业课教师271人），双师型教师人数164人，双师型教师占专业课教师的60.5%。

2017年化州市高中招生情况

学校	招生人数	班数	其中			备注
			正取生	体艺生	择校生	
化州一	1616	30	1556	60		化州七中、杨梅中学高中部分不招生
化州市第一中学附属实验学校	990	18	990			
化州二中	2035	38	1990	45		
化州三中	1669	30	1630	39		
化州六中	882	16	882			
化州九中	961	18	935	26		
实验中学	1870	36	1836	34		
官桥中学	1831	36	1797	34		
新安中学	98	2	98			
平定中学	240	5	240			
中垌中学	190	4	190			
林尘中学	207	4	207			
杨梅中学	0	0	0			

续表

学校	招生人数	班数	其中			备注
			正取生	体艺生	择校生	
那务中学	295	6	295			化州七中、杨梅中学高中部分不招生
合江中学	178	4	178			
化州七中	0	0	0			
市职业技术学校	898	20	898			
合江职业高级中学	79	2	79			
新安中学	143	3	143			
鉴江司法职业学校	1573	30	1573			

成人文化技术教育

【概况】 2017年，化州市有乡镇成人文化技术学校23所，村成人文化技术学校367间，覆盖全市23个镇（区、街道）和367个村（居）委。各管理区的成人文化技术学校结合各自的产业结构及其自身特点，采用长、短结合形式，办好禽畜饲养及疾病防治技术、水果种植及病虫害防治技术、淡水养殖及疾病防治技术等培训班。2017年，全市各类社会培训7万多人次。

【职业与成人教育示范县创建】 2017年3月，广东省评审专家到化州市实地考查，向教育部推荐化州市为国家级农村职业教育和成人教育示范县创建单位。5月，化州市被教育部确认为第四批国家级农村职业教育和成人教育示范县创建单位。12月，化州市被广东省教育厅确认为第二批省级农村职业教育和成人教育示范县创建单位。

2017年化州市重大项目立项、建设情况表

项目名称	批复立项机构	批复立项时间（年、月）	申报立项机构	承办（建）单位	投资总额	201年底项目进展
科学实验楼	化州市发改局	2017年4月20日	化州市第九中学	广东荣丰达建设集团有限公司	522万元	建设主体
教学楼	化州市发改局	2017年7月12日	化州市第九中学	广东致业工程建设有限公司	541万元	建设主体

续表

项目名称	批复立项机构	批复立项时间（年、月）	申报立项机构	承办（建）单位	投资总额	201年底项目进展
科学楼	化州市发改局	2017年7月14日	化州市第九中学	广东永骏建筑工程有限公司	773万元	建设主体
学生宿舍楼	化州市发改局	2017年9月28日	化州市第二中学	广东省化州市建筑工程总公司第二公司	1100万元	立项、招投标
综合楼	化州市发改局		中垌镇白鸠地小学		729万元	拟立项
教学楼	化州市发改局	2018年5月18日	新安镇龙潭秀英水学校		591万元	拟立项

2017年化州市教育局领导班子成员名录

党组书记、局长：廖建诗
党组副书记：杨　伟
党组成员、副局长：陈　强
　　李晓宇（7月任职）
党组成员、副主任科员：李晓斌
　　黄经儒
副局长：严　旭
党组成员、工会主席：招观康
党组成员：陈　瑾

（梁晓辉　黄文勇）

社会办学

【化州市第一中学】 创办于1914年，原址位于化州城宝山脚下西南面，1995年被评为广东省一级学校，2008年被评为广东省国家级示范性普通高中。2002年，化州市委、市政府在化州城北岸开发区征地40公顷做新校址，2003年动工兴建，2004年9月高一级新生搬到新校区上课，2010年8月高中部整体搬迁，2011年8月，初中部整体搬迁。2017年，学校有教职工607人，高中134个班，学生9828人。

办学条件　学校有1栋建筑总面积3.7万平方米的主教学楼，1栋建筑总面积5100平方米的阶梯课室，1栋建筑总面积6000平方米办公楼，1栋学生饭堂，2栋实验楼（设备达到国家级示范性普通高中的标准），7栋建筑总面积3.5万平方米的学生宿舍楼，1个400米跑道运动场，9个篮球场，10个排球场，2个网球场，11个羽毛球场，1个配备百套健身器材的师生健身区。学校建有千兆主干网络，建立教育信息网站，有线电视信号系统，每间教室装配多媒体电教平台及教学监控系统，学校安装并使用网上阅卷系统，安装直饮水系统。图书室总面积1650平方米，有62.34万册图书（生均128册）及13万册电子读物。

教育教学质量　2017年高考，该校600分以上有55人，重点线以上有957人。

2017年化州市第一中学领导班子成员名录

校　长：钟小玲
副校长：苏春华
　　陈　劲
　　莫信忠

（何思远）

【化州市第二中学】 创办于1970年，是公办完全中学，广东省一级学校。学校先后三易其址，1999年8月迁到鉴江开发区银威花园南侧。新址占地面积90099平方米。2017年有108个教学班，学生7200人。有教职工426人，专任教师410

人，其中正高级教师1人，高级教师148人，一级教师195人，“中学特级教师”4人，“南粤优秀教师”4人，省市“名校长名教师”3人。化州市第二中学于2017年10月被评为茂名市高中教育工作先进单位。

办学条件　化州市第二中学坐落在鉴江开发区银威花园内，207国道和橘城北路从校旁经过。该校校园分为教学、运动、生活3个区。其中，教学区有2栋教学楼、1栋科学楼、1栋德育楼（设有心理辅导中心）和1栋科组活动楼，有教室113间，有物理实验室、化学实验室、生物实验室、地理室、历史室、怡心室、多媒体网络计算机室等102间；生活区有5栋学生公寓，1栋学生饭堂，4栋教师套间楼和1个教师村；运动区有1个标准化运动场、1个大型舞台、1栋运动功能楼。

特色教育　该校秉承“励志、博学、尚礼、自强”的校训，确立“以人为本、尊重个性、全面发展”的办学思路，树立“团结协作、务实创新、开拓进取”的领导作风，实行“集体领导、分工负责、分级管理”的管理模式，实行“半封闭式”管理。该校实施“讲义式教学模式”多年，倡导教师爱岗敬业、德艺双馨，启迪学生德慧双修、尊师尚学。

教育教学质量　2017年，该校有国家级课题3项，省级课题4项，市级课题13项；出版课题成果著作4部，获省市教育教学成果奖各1项，获茂名市优秀论文、优秀课例共210项。2017年高考上重点线93人，上本科线977人。

2017年化州市第二中学领导班子成员名录

校　长：黄　岐
副校长：张康瑞
　　　　王伟儒
　　　　陈祖文
　　　　赖贤记

（陈标球　李华锋）

【化州市第三中学】　创办于1983年。位于河东向阳路四横巷五号，校园面积5万平方米。2107年，有教学班104个，其中，初中班30个，高中班74个；学生人数6515人，其中，初中1698人，高中4817人；有教师人数419人。学校分为教学、运动、生活3个区。其中，教学区有教学楼、科学楼、艺术楼，生活区有学生公寓、学生饭堂、教师套间楼，运动区有体育场所。学校有图书331089册。2017年该校有1698人参加高考，上重点线41人，完成任务率241.2%；上本科线525人，完成任务率102.5%；上专科线1557人，完成任务率104.3%。三线（重点线、本科线、专科线）上线人数超额完成市局任务。其中，普通文科类上重点人数6人，比上年增加5人，上重点线人数创该校历史新高，艺术类高考再创佳绩，艺术、体育上重点线人数分别为：美术类6人，音乐类4人，体育类1人。其中美术类考生黄康企全省术科联考成绩251分，化州市第一名。

全市教学质量监测　2017年，该校在全市“龙头马车”学校教学质量监测考试中，该校春季高一级获得平均分、完成任务率和总综合排名第四位，秋季高一级获得平均分、完成任务率和总综合排名第三位；春季及秋季高二级获得平均分、完成任务率和总综合排名均排在第四位；初中各级质量指标排名为：初一级名列全市第三，初二级名列全市第五；初三级名列全市第四。

2017年化州市第三中学领导班子成员名录

校　长：黎有龙
党总支部书记：李耀富
副校长：黎庆东
　　　　陈国春
　　　　郭　敏
　　　　李　林（任至1月）
　　　　梁　俊（1月任职）

（化州市第三中学）

【化州市官桥中学】　创办于1969年，学校位于化州市官桥镇官桥圩东南，距离县城20多千米，是茂名市一级学校、示范性普通高级中学和国家考试高考定点考场。校园占地17公顷。2017年有教学班152个，其中，高中班101个，初中班51个；学生8221人，其中，高中5459人，初中2762人；教职工476人，其中，高级教师83人，全国优秀教师1人、南粤优秀教师12人，地市级名教师、名班主任、学校教学骨干教师61人。学校有教学楼4栋；实验楼、科学楼各1栋；有教工宿舍楼9栋，学生宿舍8栋。学校拥有闭路电视监控系统、全国联网高考监控系统和后勤IC管理服务系统，教室均配备多媒体教学平台和空调；学生宿舍按公寓式标准，安装热水和空调；拥有400米跑道田径运动场、标准足球场、篮球场、排球场；学校实验室场合符要求，能满足教学需要，建设有一类标准的理、化、生实验室和准备室，拥有标准化的电脑室和多媒体综合室多个。2017年高考，官桥中学考上重点线79人，上本科线以上970人。上重点线、本科线以上人数均稳居茂名市农村中学第一位。

2017年化州市官桥中学领导班子成员名录

校长、党支部书记：王　土

副校长：陈春尧

　　　　张强文

　　　　张良超

（王鹏程）

【化州市第一初级中学】 学校是化州市人民政府于2014年4月批准设立的示范性初级中学。学校占地面积4.67公顷，包括北校区（化州一中原初中部）和南校区（市电大原校区）两部分。2017年有学生2600多人；教师167人，均为本科以上学历，其中，硕士研究生1名，省市级名、特教师和名班主任4名。学校初步形成“一念”“两心”“三风”“四士”“五星”文化育人体系。在“让优秀成为习惯”的文化理念的指引下，学校坚持“品学兼修，志存高远”的校训，修品尚学，注重学生品格的培养与知识的学习并重，在学校推广国学文化、感恩文化等教育，逐步形成“学习国学文化，做堂堂正正的中国人；学习感恩文化，感恩伴随一生成长”的办学特色。学校开设文学、科技创新、绘画、手工制作、篮球、排球、足球、棋艺、武术、合唱、舞蹈、乐器、书法等13类兴趣班，选拔优秀的辅导教师，定期开展活动。在2017年广东省中小学生创客大赛中，初二级学生李春儒获得一等奖。在全市教学质量监测考试中，九年级、八年级、七年级均以较大优势获得第一名；2017年九年级教学质量监测竞赛考试中，该校有189人进入全市前300名。2017年中考，该校有567人考上化州一中，创历史最佳成绩。

2017年化州市第一初级中学领导班子成员名录

校长、党支部书记：唐　明

副校长：余　恒

　　　　李路华

（魏朝仪）

【化州市实验中学】 于2011年8月17日挂牌成立。校址在化州市河西区教育路原化州一中旧校区，占地12.4公顷。2017年，学校有初一至高三六个年级共99个教学班，在校学生7191人，教职工352人（其中支教6人）。学校有教学楼4栋，多媒体教室99个；学生宿舍3栋；餐厅楼1栋；科学实验楼1栋，图书馆总面积2856平方米，学生阅览室、教工阅览室、语音室、计算机室、美术室、舞蹈室、音乐训练房、理化生实验室、通用技术实验室、心理辅导室、体育器材室、卫生室、网管中心（主控室）各1个，多媒体多功能室（报告厅）2个。室内体育馆一栋，300米运动场1个，400米跑道运动场1个，足球运动场1个，篮球场11个，排球场5个。办公场所设在科学楼二楼，内置校长室、副校长室、党政办、总务处、政教处、体卫处、教务处、教研室、工会室、档案室。小会议室及大会议室各1个。在2017年高考中，实验中学考上重点线99人、本科1017人，人数和上线率都居于马车学校第一。5月，学校开展化州市乃至粤西地区的课改，分别在高二和高一各取两个班进行试验，由“小组合作式”代替“学案式教学”，在期末取得优异成绩；2017年秋季，课改在全校铺开。

2017年化州市实验中学领导班子成员名录

校　长：黄华广

副校长：李竞伟

　　　　彭东渝

　　　　李亦鸣

　　　　陈列平

（王　贤）

【化州市第四中学】 成立于1987年，是一所公办普通完全中学。原校址在化州市三里堂，1990年迁至北岸新区与化州市职业技术学校（原化州市职业中学）一起办学，成为一所化州市第四中学与化州市职业技术学校两个牌子一套班子的综合型完全中学。2012年9月，化州市职业技术学校从北岸校址分离，搬迁至下郭街道梅石路，化州市第四中学成为一所独立的完全中学。2014年8月，根据市区学校布局的调整，化州市人民政府决定化州四中从2014年9月1日起停止高中招生（在读的高二、高三学生在原校直到毕业）。化州市第四中学下设处室5个，分别是办公室、教务处、政教处、总务处、体卫处，有工会、团委、女工委等社团组织。2017年，化州四中占地面积41996平方米，建筑面积40780平方米；初中66个班，学生3995人。学校有教职工306人，其中，中学高级教师101人，中学一级教师138人，中学初级教师65人，研究生学历1人，本科学历有242人，专科学历63人。化州市第四中学建立健全教学教研制度。加强师德教育，加大"传帮带"的力度，鼓励教师一专多能，建立优质课评选、学科带头人评选、教师基本功训练、课件制作辅导与比赛等平台。2017年度该校有8人次获市、县优秀教师、优秀班主任称号；3人次获市、县级优秀课例奖，有18篇论文获市、县奖励。2017年中考，化州四中有101人上重点中学正取分数线，居全市面上中学第一位。2017年高考，化州四中上重点线1人，上本科线以上7人，上专科线以上156人。

2017年化州市第四中学领导班子成员名录

校长、党支部书记：张化兴
副校长、党支部委员：吴志作
吴伟锋
李　委
副校长：庞诗达（1月任职）

（周　柱）

【化州市职业技术学校】 化州市职业技术学校（原职业中学），位于化州市下郭梅石西路，是化州市教育局直属的一所全日制中等职业学校、广东省重点职业技术中学、广东省中等职业教育实训中心、广东省农村劳动力技能培训转移就业定点培训机构。新校区于2012年2月13日开学。2014年9月，化州市委、市政府决定将化州市广播电视大学、化州市教师进修学校和化州市技工学校合并入该校。该校开设计算机应用、电子技术应用、汽修运用与维修、烹饪与营养膳食、会计、音乐与舞蹈学、电子商务、电梯安装与维修、制冷和空调设备运行与维修、畜牧兽医等10多个专业。教学以技能为中心，以实践为重点；以"学会做人、学好技能、适应就业、学会创业"为学生的成长目标，让每一位学生发挥自己的特长，掌握一门以上的技能。该校打造丰富多彩的校园文化，围绕"以优质的校园环境感染人，以浓厚的文化氛围陶冶人"开展一系列活动。"首届技能体艺节"的成功举办，让学生尽展青春靓丽、乐观进取的精神风貌。

2017年化州市职业技术学校领导班子成员名录

校　长：黄国昌
副校长：庞伟金
杨　君
李朝峰
莫秋锋

（欧富珲）

【化州市第一小学】 创办于1920年，原位于化州市河西幸福路9号，始名为化县一区一小学，解放后为化州附城小学；1978年改为化州县第一小学；1995年改为化州市第一小学。2012年，化州市委、市政府将河西街道北岸开发区的第六小学和第八中学合并改建为化州市第一小学新校址，2016年3月28日整体搬迁到新校址。学校占地30521.27平方米，有教学楼4栋，综合楼1栋，建筑面积3.56万平方米。设多媒体规范化教室89个，计算机室6个，综合实践活动室、科学教室各4个，多媒体电教室、音乐室、舞蹈室、美术室、书法室、图书室各2个，藏书8.3万册。运动场占地面积5.9万平方米，塑胶球场2个，足球场、200米塑胶环形跑道运动场各1个。2017年，学校有87个教学班，学生4229人，教职工238人，其中高级职称14人，中级职称203人。

学校先后被评为"化州市语文教师专业发展基地""茂名市先进工作单位""茂名市示范性家长学校""茂名市现代教育技术实验学校""广东省现代信息技术实验学校""广东省排球传统项目学校""广东省书法教育名校""全国教育科学'十二五'规划教育部重点课题实验基地""全国青少年冰心文学大赛创作基地""全国十佳文学社""全国十面红旗大队"。

2017年学校报送的录像课《酿》获国家级二等奖，《MoDule4→unit 2 Does lingling like oranges》《四、千克 克 吨有多重》获省级“优课”奖，茂名市教育科学“十二五”规划重点课题《基于生本教育的小学英语课堂教学实践研究》《克服学困生厌学情绪与阅读能力低下的对策研究》已结项。

2017年化州市第一小学领导班子成员名录

校　长：刘付中兴（任至11月）
　　　　黄永茂（12月任职）
副校长：李乃中
　　　　董佩诗
　　　　张启生
　　　　庞亚明（任至11月）

（戴　明）

【化州市化州幼儿园】　前身为化县人委幼儿园，创办于1949年，是化县人民政府在县城办的第一所幼儿园，1956年与公交幼儿园合并改名为附城幼儿园。1972年以后由化州县委直接管理，改名为化州县幼儿园。1994年，化州撤县建市，改名为化州市幼儿园。化州市幼儿园坐落在河西街道办陵园路1号，占地面积7550平方米，建筑面积9295.96平方米，是化州市教育局直属管理的省一级公立幼儿园。幼儿园有教学用房7栋，其中，教工宿舍1栋，办公楼1栋，教学楼5栋（其中1栋底层设置厨房），内有音乐室、美术室、科学发现室、体育室等功能室，有教师电脑办公室、多媒体会议室和卫生保健室。校园内有PVC塑胶运动场、游泳池、沙池和草坪，90米塑胶跑道，大型玩具3座，配备全套的体育器械，校园绿化覆盖率56%。2017年有教学班23班，幼儿人数1091人；全园教职工104人，其中，在编教师84人，高级教师4人，一级教师73人，其他7人；本科学历13人，专科学历70人，茂名市优秀教师1人、优秀班主任1人。

2017年，该园教师撰写论文9篇参加“中国梦，全国优秀教育教学论文、课例评选”大赛，获一等奖2篇，二等奖4篇，三等奖3篇；有3名教师的课件分别获一等奖和二等奖；8名教师的课例参加广东省首届中小学幼儿园特色课堂精品课例比赛；4名教师的课题申报广东省教育学会“十三五”教育科研规划小课题；1个茂名市级课题结题，2个申报化州市级课题；1个音乐活动课获化州市教育局2017年优秀课例比赛一等奖，9名教师的课例向化州市新任教师培训班公开观摩。该园将体育蓝球课、音乐小钟琴课和美术绘画课打造为该园的教学特色。2017年，有700多幅幼儿美术作品参加第十六、十七届“童画之星”美术大赛获奖。该园获得优秀组织奖；幼儿节目《山娃娃》获化州市文艺汇演金奖；5月28日该园组织一场有2000多人参加的亲子运动会，家长委员会组织一场亲子文艺节目在惠影剧院汇报汇演。

2017年化州市化州幼儿园领导班子成员名录

园　长：黄燕明
副园长：张　媚
　　　　李静静（9月任职）
　　　　林翠萍（9月任职）

（徐家乐）

科学技术

【概况】 化州市科工商务局是化州市人民政府组成部门，内设科技股和知识产权股负责科学技术业务工作。2017年，化州市科工商务局完成科技项目的立项筹备工作和落实项目实施工作；推进全市防震减灾事业的发展；引导企业加大自主创新力度，普及知识产权知识，加强企业和广大市民专利意识，取得显著成效。

【重大科技活动】 为贯彻实施《化州市全民科学素质行动计划纲要实施方案（2016—2020年）》文件精神，根据《广东省科协关于深入开展2017年广东省文化科技卫生“三下乡”活动的通知》部署和要求，助力全民科学素质提高，化州市联合广东省科普中心、茂名市科学技术协会于4月13日举办2017年广东省文化科技卫生“三下乡”科普进校园、进社区活动（茂名化州站）启动仪式。在启动仪式上，化州市科工商务局组织业务骨干进行科技活动宣传，发放宣传资料300多份，悬挂标语5条。

2017年度化州市获茂名市以上科技立项情况一览表

序号	项目编号	项目名称	承担单位
1	2017068	visfatin在非酒精性脂肪性肝病中的表达及其意义	化州市人民医院
2	2017069	血浆晶体渗透压对急性心肌梗死患者预后影响的研究	化州市人民医院
3	2017071	清肠排毒灌肠汤治疗慢性重症肝炎肠源性内毒素血症的临床疗效观察	化州市人民医院
4	2017111	骨间后动脉带蒂逆行岛状皮瓣修复掌背部、掌指背部创面的疗效观察	化州市人民医院
5	2017112	锁定钢板内固定治疗严重股骨粉碎性骨折	化州市中医院
6	2017122	斜仰卧联合改良截石位经皮肾镜技术（PCNL）的临床研究	化州市中医院
7	2017123	腓骨近端段切术治疗膝关节退行性骨关节炎在基层医院的应用	化州市人民医院
8	2017124	VSD联合明胶海绵修复肌腱外露创面疗效对比的临床研究	化州市人民医院
9	2017127	B超引导下臂丛神经阻滞在临床麻醉中的应用	化州市人民医院

续表

序号	项目编号	项目名称	承担单位
10	2017148	循征护理在胎膜早破护理中的效果观察	化州市人民医院
11	2017150	套扎法在腹腔镜下大子宫肌瘤剔除术中的应用效果观察	化州市人民医院
12	2017233	预充式导管冲洗器与无针密闭式输液接头在PICC封管中的应用	化州市人民医院
13	2017236	硫酸镁联合山莨菪碱湿敷治疗输液外渗的临床疗效	化州市人民医院
14	2017237	抓痧调神法推拿配合耳压治疗老年性失眠的应用研究	茂名市中医院
15	2017263	高效液相色谱法测定蔬菜中噻虫胺与联苯菊酯含量	化州市疾病预防控制中心

【产研学结合工作】 2017年，化州市科工商务局协助茂名建立化橘红产业高新技术开发区，完成高新技术企业省级入库工作。开展罗非鱼产学研项目，完善生态养殖及食品安全关键技术，组织产学研重大项目预备库，特别是化橘红生物制药项目的国际合作。

【化橘红科研开发】 2017年，化州市科工商务局与茂名市科技局、化州市各相关职能部门配合，抓好化橘红产品开发研究工作。局领导多次到化橘红基地调研，专程邀请茂名市石油化工学院的教授到化州市江湖镇给种植户进行指导培训，为化橘红研发工作注入更大的动力。

【高新技术及产业】 2017年，化州市科工商务局扶持和培育高新技术产业，组织科技攻关，开发高新技术产品，重点是化橘红和罗非鱼的开发，进一步推动高新技术的发展。

【科技成果与奖励】 为加快实施创新驱动发展战略，促进自主创新，茂市政府于2017年10月16日决定对获得2016年度茂名市科学技术奖的单位和个人给予通报表彰。其中化州市中元木业有限公司的多层实木地板生产关键技术应用示范获得茂名市科学技术奖二等奖，获奖人员为：叶柯蕾、曾钦繁、赖蕾磊、陈彩娥、梁炜、郭中勤、苏星、钟英勇、田庆祖。

【知识产权】 2017年，化州市科工商务局增强知识产权服务能力，创新知识产权工作机制，让宣传、执法、服务“三驾马车”并驾齐驱，强化知识产权工作，开创全市知识产权工作的新局面。2017年度全市专利申请1005件，比2016年同期增加336件。其中，发明专利申请267件，比2016年同期增加185件；已授权的发明专利13件，比2016年同期增加7件。化州市的一种无卡轴木材旋切机（化州市中元木业有限公司）和无糖型橘红痰咳颗粒剂（广东化州中药厂制药有限公司）获第七届茂名市专利奖优秀奖。

2017年化州市科工商务局领导班子成员名录

党组书记、局长：凌晓文
党组成员、副局长：姚　勇（任至5月）
李　强（任至10月）
刘付海林
苏　兴
周火明
李瑞忠（10月任职）
党组成员：吴族盛
袁　勇
李明光
李海球

（化州市科工商务局）

文　化

综　述

【概况】　2014年8月，化州市文化体育局与化州市文化广电新闻出版局合并，设立化州市文化广电新闻出版局，加挂化州市版权局、化州市体育局牌子，列入市政府工作部门序列，不计市政府机构个数，与中共化州市委宣传部合署办公。办公地点位于化州市区河西民主路80号文化宫三楼。中共化州市委宣传部、化州市文化广电新闻出版局（市版权局、市体育局）设14个内设机构：办公室、调研室、理论股、宣传股、文明办、互联网宣传管理股、文化艺术股、政策法规股、广电股、新闻出版股、市场监管股、文物博物股、体育股、产业发展股；直属机构1个：文化市场综合执法队，为化州市文化广电新闻出版局副科级直属机构。下属单位11个：电影公司、粤剧团、剧院、文化馆、图书馆、博物馆、演出管理站、文化稽查队、社会文化管理站、体育场馆服务中心、业余体育运动学校。2017年，化州市群众文化和体育工作蓬勃发展，全市性各类群众文化和体育健身活动经常开展，人文素质不断提高，多项工作得到广东省、茂名市和化州市委市政府的充分肯定和好评。

【群众性文化活动】　2017年，化州市文广新局在市康景体育馆承办化州市2017年春节联欢晚会、化州市第五届少儿艺术花会、2017广东省第七届“精英杯”国际标准舞和体育舞蹈公开赛、2017化州化橘红文化节大型文艺晚会、2017年化州市“三八”汽排球赛、2017年化州市总工会庆五一职工趣味运动会、2017年化州市“体彩杯”大中学生男子篮球赛、化州市直机关第三届“先锋杯”男子篮球赛等活动20多场（次）。支持老年人、残疾人等各类人群，开展各类不同人群、不同年龄的文化体育活动。

【拓展基层服务】　2017年，化州市图书馆接待读者34768人，书刊外借人次6572人，外借图书19433册，举办专题读者活动10次，参加读者1354人次。3月25日，市图书馆提供图书2083册，4组双面书架，为石湾街道莞塘小学建立图书室。11月下旬，成立化州市图书馆河西分馆，内置图书2400多册。为配合4·23世界读书日活动，市图书馆组织“粤读越精彩”朗诵大赛，引导养成良好的阅读习惯。

【读者活动】　2017年，化州市开展“伴我成长”故事会活动。市图书馆每月举行2次故事会活动，活动时间为每月的第二、第四周星期六下午。举办演讲和征文比赛活动。演讲比赛在5月前举行，征文比赛在6月读书活动月里举行。开展“你阅读·我采购”活动，从购书经费中拿5000元的购书经费，通过现场派发“阅读券”的形式，将采选图书的权限交给读者，由读者直接在新华书店选购喜欢的图书，阅读完后再交回给图书馆进行分类编目。

【文献资源结构优化】 2017年，化州市图书馆为华伟图书馆立项采购的4万册纸质文献全部入库并完成编目数据；购进自助借还书机和自助办证机各1台；新增多功能触摸屏2台，里面包含读报系统提供的120份国内报纸、50份热门期刊以及廉政阅读、党建专题阅读电子资源一批，并提供二维码下载；增加采订电子文献资源6万册；完成《化州橘红文化多媒体数据库》结项工作，从经费分配中进一步加大对数据库等电子资源的倾斜力度，电子资源的投入占全部资源经费的50%。

【开展阅读多元化服务】 2017年，化州市开展世界读书日活动。4月23日，由市委宣传部、市文明办、市文广新局联合主办，市图书馆承办的“全民阅读·创文化州”朗诵比赛在市百诺艺术中心举行，参加活动1864人次。开展留守儿童服务活动。6月8日，市图书馆联合市第七小学在七小校园举行“关爱留守儿童，放飞童年梦想”活动，活动中图书馆工作人员为留守儿童送上精美学习文具和食品一批。开展校园图书漂流活动。与市第一中学熔芽文学社合作，市图书馆提供100至200册精品图书和文学期刊，熔芽文学社负责把这些书按照漂书规则放到各班级漂流，定期更换新书。

【拓展图书馆流动服务点建设】 2017年，化州市图书馆新增社区服务点2个，分别为河西区、东山区服务点；村级服务点4个，分别为六堆、曲径、宏道、莞塘服务点。其中莞塘服务点设在莞塘文化广场，是首个村级“一卡通”图书馆流动服务点。市图书馆为该服务点提供14个书架，全新图书3000多册，安排工作人员驻点一周把所有图书加工著录，实现跟市馆及分馆间的“一卡通”借阅，每年提供一到两次流动图书的更换。莞塘文化广场图书馆流动服务点总面积150平方米，有阅读座席30个，每周开放时间不低于36个小时。首个村级公共图书馆图书借阅“一卡通”服务点的开通，实现公共服务重心下移，更好满足基层群众日益增长的文化信息需求，推进化州市公共文化服务体系建设。

【公共文化服务活动】 2017年，化州市文化馆常设视听、展览、培训、讲座、演出等免费项目，每天活动时间12小时，每周对公众提供服务60小时以上。多次在广场或社区举办义演、图片展、讲座等活动。承办2017年化州元旦文艺晚会。组织文化志愿者到各乡镇、社区辅导群众开展各项文化活动。3月，市文化馆组织节目参加化州市举办的“2017化橘红赏花节”文艺表演。6月18日，市文广新局承办“2017化州化橘红文化节文艺晚会”，6月17—19日在市康景体育馆南门广场开展“民族文化展”活动，向市民展示“化橘红系列产品”“笪桥黄瓜系列产品”等多种非遗项目；协助市纪委组织开展“廉政建设征文”活动；“七一”前夕，在康景体育馆南门广场举办“永远跟党走，迎接党的十九大胜利召开暨庆祝‘七一’文艺晚会”。8月上旬，举办化州市暑期少儿舞蹈、硬笔书法、少儿美术三个培训班，时间半个月，参加学习培训学生150多人。免费为学生提供舞鞋、钢笔、笔记本和临摹字帖、画笔画纸等学习用具。协助市纪委搞好廉政建设宣传工作，组织节目参加“茂名市廉政小品曲艺创作大赛”；8月11—14日完成“2017茂名南国书香节化州展厅的布展工作；8月16日，市“跳花棚”老年培训基地人员参加“南海开渔节暨第五届岭南民族文化节”活动，表演化州市国家级非遗项目民间舞蹈《跳花棚》。开展群众性文艺活动，挑选并组织5支群众广场舞队伍参加茂名市广场舞大赛。

【打造文艺精品】 2017年，化州市李蔼、廖奇芳创作的曲艺作品数来宝《拜年》获2016年度广东省群众文艺作品评选三等奖；陈爱锦创作的表演唱《橘州鬼仔戏新唱》获茂名市第二届群众音乐舞蹈花会金奖和广东省第七届群众音乐舞蹈花会金奖、舞蹈《我家橘红香》获茂名市第二届群众音乐舞蹈花会金奖，歌曲（作曲）《你是最美的那朵橘花》获茂名市第二届群众音乐舞蹈花会银奖，舞蹈《我在岸边等你》获茂名市第二届群众音乐舞蹈花会铜奖；周燕超创作的歌曲《橘乡颂》《化橘红之歌》《化橘红》获2016年度茂名市群众文艺作品评选三等奖；李粤明创作的歌曲《橘红赞歌》获茂名市第二届群众音乐舞蹈花会铜奖，廖奇芳创作、黄亦明导演的小戏曲《初心不改》和陈红胜、陈文操创作、张曾叶导演的表演唱《橘州清风》获“茂名市廉政小品曲艺创作大赛”铜奖。

【行政服务窗口优化】 2017年，化州市文广新局不断优化网上审批系统，明确行政许可依据、办理时限、工作流程等相关业务，确保审批许可规范运作；优化行政处罚网上公开系统，强化案件处罚网上流转办理程序，保证行政执法的公开、公平和公正；强化网上权力运行平台的有效监管与日常维护，确保网上运行规范、透明、稳定、合法。2017年，市文广新局在网上办理出版物零售许可10宗，年检83宗；营业性演出许可1宗，演出备案13宗；电影放映许可2宗，年检1宗；高危性体育项目许可1宗；互联网上网核发许可证4宗，变更6宗；娱乐场所许可3宗，娱乐场所延续8宗；核发内部资料性出版物准印证5宗。

【文化市场环境净化】 2017年，化州市结合全市“扫黄打非”专项行动，开展“反盗版天天行动”，全面清查出版物市场，打击各类盗版盗印活动；开展互联网上网服务营业场所专项整治，查处无证无照经营、超时经营和网吧接纳未成年人活动；加强演出市场管理，查处无证照、一证多用或未经审核批准的演出活动；加强网络文化市场监管，查处违法经营网站和网络经营行为；加强游艺、歌舞娱乐场所管理，打击游艺、歌舞娱乐场所“涉黄”“涉赌”“涉毒”等违法活动；加强印刷、复制、出版物市场监管，全面清查出版物市场，重点查缴政治性非法出版物、色情淫秽出版物、六合彩出版物等，不断规范文化市场经营秩序。年内，市文广新局出动执法力量1321人次，检查文化经营单位1533家，收缴非法图书2000多册、非法音像制品260盒、六合彩资料4000多份；没收电子游戏机19台，电路板9块；查处网吧接纳未成年人11宗，打掉非法印刷窝点1个；立案查处违法违规经营场所16家，受理举报8宗，责令整改83家，行政处罚16宗，罚款67800元。

【网络文化市场监管加强】 2017年，化州市文广新局坚持网上网下两条线，加强网络文化市场监管，打击查处网络文化市场各类违法违规行为。对化州境内注册的QQ群、微博、微信、微话等即时通信工具、论坛和网站实行排查和监控，重点对《化州之声》《关注化州》《化州动态》《化州社区》及《化州论坛》等即时通信工具及论坛开展“全天候”监控；加强辖区内网络游戏、网络视听、网络文学、网络动漫、网络娱乐和网络演出等网站的巡查和监控，查处违法经营网站，查处非法互联网视听节目和无证视听节目网站、非法手机电视集成播控平台，查处网络侵权行为，严防淫秽色情、暴力低俗及违背社会公德等文化垃圾通过网络市场传播泛滥。2017年4—6月，部署开展全市游戏（艺）、歌舞娱乐场所专项整治，查处游艺、歌舞娱乐场所违规接纳未成年人、超时经营、播放违禁曲目、违规演出等行为，查处无证经营游艺、歌舞娱乐场所违法行为。配合公安部门打击利用游艺、歌舞娱乐场所“涉黄”“涉赌”“涉毒”等违法活动。开展迷尼歌咏亭的执法检查，引导迷尼歌咏亭办好登记备案。

【文物日常保护】 2017年，化州市博物馆加强馆内及所辖区内的清洁卫生工作，责任到人，实行每周一小洁，每月一大洁制度，确保所辖的地方有一个洁净亮丽的环境。定期对文物库房进行彻底清扫，对各级文物重新标签，按文物级别分类保管，进一步规范完善书画藏品分类账和钱币藏品分类账。对馆藏文物进行修复保护。2017年市博物馆有古书画6幅、瓷器187件，由于年代久远，许多已折损严重，安全状况堪忧。在经费极其紧张的情况下，市博物馆对这些破旧文物进行修复保护。搞好孔庙秋祭大典活动。

【非遗项目保护】 自2006年起，化州市文广新局抓好非遗项目的调查、挖掘、整理、申报、保护工作。至2017年12月，化州市有国家级非遗项目1个，省级非遗项目4个，茂名市级非遗项目14个，化州市级非遗项目24个。其中，国家级非遗项目为《跳花棚》《禾楼舞》《化橘红中药文化》《化州拖罗饼制作技艺》；茂名市级非遗项目为《跳花棚》《禾楼舞》《化橘红中药文化》《化州拖罗饼制作技艺》《十八学士》《陈鉴故事》《木偶戏化州木偶戏》《合江龙舟》《赛龙舟化州赛龙舟》《笪桥黄瓜干制作工艺》《合江梧村庙会》《王家拳》《橘州田艾粄制作技艺》《化州广之月大月饼制作技艺》；化州市级非遗项目为《跳花棚》《禾楼舞》《化橘红中药文化》《化州拖罗饼制作技艺》《十八学士》《陈鉴故事》《化州木偶戏》《合江龙舟》《赛龙舟化州赛龙舟》《笪桥黄瓜干制作工艺》《合江梧村庙会》《冼夫人在化州的故事》《化州年例》《潦口姑婆》《化州婚俗》《化州年画》《合江广福寺庙会》《笪桥隔水蒸鸡制作技艺》《化州橘红的传说》《王家拳》《化州洪拳》《化州狮子舞》《广之月大月饼制作技艺》《橘州田艾粄制作技艺》。

【文艺戏曲】 2017年8月，化州市粤剧团第八次赴广州市文化公园粤剧文化广场会演，分别演出《晨妻暮嫂》《百劫同心》《碧海狂僧》三本精品剧目，受到广州观众的热烈欢迎，票房售罄，座无虚席，外围观众水泄不通。南方电视台拍成录像在戏曲频道滚动播出，全省观众反响热烈，盛赞该团的精彩演出。

2017年化州市文化广电新闻出版局领导班子成员名录

市委宣传部副部长，市文广新局党组书记、局长，市版权局局长，体育局局长：黄士杰

党组成员、副局长：朱栋文

党组成员、副局长：刘　一

（李　斌　李梓茜　周群华）

化州市新华书店

【概况】 化州市新华书店成立于1952年4月，2013年12月根据省委办公厅、省政府办公厅《关于加快推进全省新华书店重组工作的通知》，完成文化体制改革、重组交割和对接等硬性工作任务，更名为“广东新华发行集团化州新华书店有限公司”。2017年，市新华书店拥有固定资产1100多万元，年图书发行量2000多万元，实现税利80多万元。

【组织实施二项工程】 2017年，化州市新华书店组织实施做好“化州市本级2016—2017年度省级文化消费补贴项目”和“农家书屋”二项惠民服务工程。化州市本级2016—2017年度省级文化消费补贴项目的配送工作涉及到24个乡镇、区、街道办，364个村委会、区，20358名低保户。通过成立以单位第一把手负总责的项目配送领导小组，制定以中层以上干部分片包干负责、责任到人等项目实施方案，该项惠民工程在上级部门指定的时间内全部完成各项工作任务。

【营造全民阅读氛围】 2017年4月21日，在“4·23世界阅读日”前夕，市新华书店参与市教育局在化州市第九中学举办的全市中小学“全民阅读活动”启动仪式。活动现场，市新华书店向该校捐赠“班级图书角”图书一批，为该校师生发放购书优惠券，满足广大师生读者的需求。12月8日，在广东省教育厅和发行集团的倡导下，化州市开展名师名家进校园活动，市新华书店特邀著名作家邓楚涵以“未来，仍是少年”为主题，为化州市第三中学、市职业技术学校的师生们带来一堂以校园为主题的阅读和写作讲座，与广大师生一起分享自己的阅读和写作经验，引导和鼓励广大青少年养成多读书、读好书、善读书的良好习惯。

【抓好教材发行】 2017年，化州市新华书店抓好教材的发行工作，确保“课前到书，人手一册”的服务承诺。在教材、教辅的征订和发行工作中，执行国家政策对教材、教辅发行的相关规定。加强与教育部门沟通，经常深入学校走访、调查、征求意见，了解教材教辅是否满足教学需求，对有问题的教材及时调换，对学校追加或多订数量及时调剂、上报，确保教材教辅征订和发放足额、配套齐全。做到随收随发，多快好省地完成全市各中小学教材、教辅的发行工作任务，确保课前到书、人手一册的服务承诺。

【提升企业社会形象】 2017年，化州市新华书店提升服务理念，展示新华风采。市新华书店提高员工自身素质，树立企业整体形象，加强员工的思想素质、行业礼仪、服务水平等方面进行系统性学习；要求每一位员工坚持做到“为读者找书、为书找读者”的服务理念。加大改造投入营造优质的服务环境。发挥新华书店品牌经营和规模经营的优势，发挥现代网络连锁经营的强大功能，利用现代网络进一步拓宽图书发行市场，不断提升企业竞争力，实行统一售书、统一征订，及时掌握门店销

售、库存等情况，实行全面连锁供给，及时进行图书余缺调剂，为广大读者提供更好、更优质的服务。2017年完成门店软硬件升级的工程改造。降低利盈回馈社会，每逢节假日坚持进行形式多样的促销活动回馈社会。

2017年广东新华发行集团化州新华书店有限公司领导班子成员名录

总经理、党支部书记：宋永志
副 总 经 理：王　升
总经理助理：苏进章
综合部经理：苏录章
教材部经理、党支部副书记：李　奕
营销部经理：李海良

（宋永志　王　升）

档案工作

【概况】 化州市档案局办公室设在市委、市政府大楼西二楼，办公面积425平方米，设3个股室，档案管理股、编研股和监督指导股，编制人员12名。

【档案新馆建设】 化州市档案局（馆）设在华伟图书馆五六七层，由财政拨款建设装修，2017年前期工程完工。新馆正在进行后期装修工作，后期工程进入重新招投标阶段。

【档案馆藏资源】 化州市档案馆加强督促档案进馆，丰富馆藏量，至2017年底，市档案馆有密集架27列、排架长度810米，配有空调机9台，配备电脑12台，视频监控3个，抽湿机1台，消毒机1个，防磁柜1个，配置消防栓、吸尘器和灭火器。馆藏全宗178个，档案7.7万卷51944件（册），其中，有族谱档案132卷，名人、名村及历届"两会"照片563幅，书法作品195件。编研材料有交通、自然灾害史、人口状况、自然环境四个门类，主要包括有《化州市档案志》《化州市档案馆全宗指南》《化州记忆》《化州城市变迁》等。

【档案基础业务】 至2017年底，化州市有档案综合目标管理达标单位144个，其中，国家二级4个，省特级29个，省一级40个，省二级66个，省先进5个；公检法系统全部省一级。2017年完成水泥厂、建筑陶瓷厂、化工总厂三家破产企业档案进行整理，历时3个月，新增案卷200卷又1500件（册），其中，文书档案100多卷又800件，会计凭证及帐部、报表档案3000多卷。完成大番坡林场档案进行整理提升，检察院档案规范化试点工作。围绕市委、市政府重要工作、会议及重大活动、重要项目，拍摄、声像采集73项（次），拍摄可提供利用照片680多张。

【档案宣传展览】 2017年"6·9国际档案日"，化州市档案局在体育馆南门举办"化州记忆""航拍化州""城市变迁"图片展，展出时间从6月7日起至6月12日，为期6天，吸引大量市民以及外地工作化州籍人士观看。组织全市档案员联合化橘红公司、联通公司等单位进行现场宣传活动，派发档案法规小册子、三折页宣传彩页等，现场解答市民对档案法律法规提问。组织宣传车统一装饰车体广告，播放录音，在市区及相关镇进行巡游宣传。利用微信进行档案宣传，在《化州档案》《关注化州》《化州一线》和《我的化州》等微信发布相关宣传消息，统计阅读有关档案宣传微信人数30万人次。

【档案执法检查】 2017年，化州市档案局（馆）坚持常态化档案行政执法，提高依法治档水平。7月重点对应移交未交和合撤并的发改局、科工商务局等单位，开展年度档案执法检查，对执法检查情况进行全市通报，责令限期整改，对其他违法行为进行查处。2017年继续跟进处理城建局原股长利用职权，没有履行档案查阅利用有关程序，任意处置文件材料，造成档案资料丢失的事件，督促纪委立案处理。对肖鹏等3人投诉案件，多次派人负责跟踪调查，核实取证，定期汇报事件进展情况，依照法规处理，维护档案工作的严肃性和震慑力。

【档案信息建设】 至2017年底，化州市档案馆馆藏文书档案目录全部电脑录入，录入目录68.46万多条，占馆藏目录100%。全市23个镇（区、街道）的婚姻登记档案5108卷216838条全部录入。主要由北京量子公司对婚姻登记档案、1962年土地、1982年山林权证进行扫描数字化，全文数字化扫描录入2万多卷64万多页，新增扫描录入6000卷42万多页，占全文数字化比例的25%。全市120个单位安装档案管理软件，系统软件管理率65%。信息化实行专用电脑、软件，专人专管，定期维护、更新，对异质数据备份等，确保档案保密和安全，实现档案信息资源共享。

【新农村档案】 2017年，化州市完成23个镇（区、街道）的新农档培训及开展整理工作。在巩固新安、笪桥和河西3个镇（街道）通过茂名市示范镇、村的验收的基础上，化州市档案局继续通过以点带面、逐步推进的形式，重点抓好下郭、鉴江、石湾、长岐、文楼等镇（区、街道）新农档工作，以起到推动作用的效果。石湾、长岐2个镇档案整理工作全部完成。

【档案文化展览】 2017年，化州市档案局根据化州特有的橘红文化，将档案文化、橘红文化结合起来，打造独具化州的橘红档案文化。市档案局与李家园化橘红有限公司进行合作，将李家园化橘红展览厅重新进行调整、补充，广泛搜集、征集增加各类化橘红图片、各级领导参观化橘红相片87幅、文字资料1.2万字，建设全市性化橘红档案文化展馆。收集有关化橘红的荣誉实物档案（包括奖杯、奖牌、证书、工艺品等）、名人档案画册，在档案馆陈列室展出评。

【档案开放利用】 2017年，化州市档案馆完成2.1万多卷档案开放鉴定，利用服务档案1500多卷（件），通过档案阅览窗口、政府信息公开窗口和档案网站窗口全方位向社会公开开放档案，开展档案利用服务，为各级领导决策、编修史志、案件审查、落实和确认工龄、学历、工资、职称政策、婚姻关系证明及解决城乡土地、山林、房产纠纷等提供证据。2017年，档案馆接待利用档案人员1890人次，查阅利用档案2470卷（件）。

2017年化州市档案局领导班子成员名录

局　长：杨锡勇

副局长：梁　玻

　　　　李冬辉（4月任职）

（彭　颖）

地方志工作

【概况】 化州市地方志编纂委员会办公室属市政府直属参公管理事业单位。内设综合股、地志年鉴股，编制人员6名。2017年，完成《化州年鉴·2017》总纂，编纂出版《化州年鉴·2016》等书，完成上年度地方志资料的收集整理，开展自然村落历史人文普查，完成“化州市地情网”栏目及版面调整，指导莲塘边村编纂《莲塘边村志》。

【地方志资料年报】 2017年，化州市志办继续做好地方志资料收集整理工作。督促全市供稿单位及时报送上一年的地方志资料并对收集到的资料进行整理归类存档。在日常工作中，加强收集整理全市各系统各行业重大项目、重要工作等相关资料，为下一轮修志储备资料。

【年鉴编纂】 2017年，《化州年鉴·2015》在中国地方志指导小组、中国地方志学会组织开展的全国地方志优秀成果（年鉴类）评审中被评为提名年鉴。市志办编纂出版《化州年鉴·2016》。完成《广东年鉴·2017》《茂名年鉴·2017》化州市部分的组稿工作。完成《化州年鉴·2017》总纂。举办2017年度化州市地方志资料年报、年鉴编写培训班，培训全市年报、年鉴编写人员170多人。

【自然村落历史人文普查】 2017年，化州市继续开展自然村落历史人文普查工作。全市23个镇（区、街道）组织镇干部、村委干部、小学老师进村开展普查，填写普查表，撰写普查文稿。至年底，大部分镇完成第一轮普查表的填写、录入普查系统工作，完成普查文稿初稿撰写。全市有720个自然村文稿进入复审，320个自然村文稿送茂名终审。

【信息化建设】 2017年，化州市志办对“化州市地情网”进行改版，调整部分栏目，美化版面。设置一级栏目8个，二级栏目11个，新增“市情动态”“化州掌故”“民俗民风”“政声传递”等栏目，丰富网站内容，突出地方特色。将已出版的《化州年鉴·2015》上传网站，丰富网站市情资料，让广大读者能通过地情网信息深入了解化州。

2017年化州市地方志编纂委员会办公室领导班子成员名录

主　任：陈刘雄（任至9月）

　　　　陈小康（9月任职）

副主任：李素珍

副主任科员、工会主席：郭　军

（化州市志办）

传播媒体

报　　刊

【概况】　化州市新闻中心属全民所有制正科级公益一类事业单位，事业编制15名，经济独立核算，单位人员工资及经费由市财政预算列支。化州市新闻中心主任、党支部书记朱裕德负责全面工作，副主任、总编辑钟凯泉分管业务工作。下设3个股室：新闻股、人事股和综合股。办公地址位于市行政中心办公大楼三楼西面，办公室面积146平方米。《化州新闻》报为对开四版周报，第一版为重要新闻，第二版为综合新闻，第三版为文艺副刊，第四版为文摘，第一版和第四版为彩印。每期印发1万份，属内部资料，全市股级以上单位免费赠阅。2017年，市新闻中心围绕宣传重点，精心策划，全面做好新闻报道工作，做到时政报道注重党性、民生报道关注基层，不断提高新闻宣传的舆论引导力，发挥《化州新闻》报纸主阵地作用，发稿（图片）1000多篇（幅）；上传时政新闻至化州政府新闻网1300多篇（幅）；刊出《化州新闻》手机报近150期，加强新闻上传、报纸刊登、手机报随时阅读的同步化和多样化，有效推动化州市新闻的传播。

【重要工作新闻宣传】　2017年，化州市新闻中心以服务中心、服务大局为出发点，坚持团结和谐、昂扬向上的宣传基调，加强对社会热点的正确引导，发挥新闻宣传工作在推动经济发展、引导人民思想、培育社会风尚、促进社会和谐等方面的重要作用。在化州市政府网站《今日化州》栏目、《化州新闻》手机报、《化州新闻》报设立“学习宣传贯彻党的十九大精神和学习宣传贯彻《习近平谈治国理政》”等专题教育活动宣传专栏。根据市委学习“十九大”学习宣传贯彻《习近平谈治国理政》的统一部署，掀起学习宣传贯彻党的十九大精神、《习近平谈治国理政》的热潮，通过开辟专栏报道。完成“两会”即政协第十二届化州市委员会第二次会议和化州市十五届人民代表大会第二次会议的宣传报道。会前出人大、政协宣传专稿并及时上传政府新闻网，为“两会”营造氛围；会议结束后，《化州新闻》以特刊形式全面及时报道“两会”盛况，准确把握今年“两会”特点、重点以及热点和焦点。开辟专栏刊出相关报道，为重大项目建设推进营造浓厚的舆论宣传氛围。宣传贯彻中央、省、茂名市、化州市重大会议精神，领会和把握会议精神实质。全面贯彻落实党的十九大精神，围绕化州市各阶段中心工作，宣传报道南大建材城和杨梅工业园建设推进情况、“三会一课”开展、问责不作为鼓励敢作为专项活动、寻找“最美家庭”活动、化橘红文化节、《魅力中国城》投票，“万人评机关”活动，“红袖章”活动，“三清三拆三整治”工作、党的十九大精神宣讲活动、全面实施河长制工作推进会、精准扶贫等工作，组织策划相关报道。策划社会主义核心价值观公益广告。从2015年起至2017年底，市新闻中心在《化州新闻》纸质报刊的头版报眼处共刊登社会主义核心价值观公益广告100多期，在《化州新闻》手机报的显眼位置，刊登社会主义核心价值观公益广告90多条，超量完成社会主义核心价值观公益广告工作中要求的任务指标。

【《化州新闻》报纸主阵地作用发挥】 《化州新闻》报为对开四版周报，第一版为重要新闻，第二版为综合新闻，第三版为文艺副刊，第四版为文摘，第一版和第四版为彩印。每期印发1万份，全市股级以上单位和市内《茂名日报》订户均免费赠阅。全年刊发《化州新闻》30多期，发稿（图片）400多篇（幅），加强报纸的可读性和多样化。

【政府网《今日化州》栏目宣传功能全面加强】 2017年，化州市新闻中心利用网络媒体化州政府门户网站《今日化州》栏目，准确、及时上传新闻，灵活有效地宣传、推介化州，做到及时采写，及时编校，及时更新，坚持每天编发时政新闻稿件3~5条，及时把化州市的重要活动和重大项目建设进度宣传报道好。市新闻中心围绕化州市各阶段中心工作，宣传报道南大建材城和杨梅工业园建设推进情况、“三会一课”开展、问责不作为鼓励敢作为专项活动、寻找“最美家庭”活动、化橘红文化节、《魅力中国城》投票，“万人评机关”活动，“红袖章”活动，“三清三拆三整治”工作、党的十九大精神宣讲活动、全面实施河长制工作推进会、精准扶贫等工作。

【传统媒体与新兴媒体融合发展】 根据传统媒体和新兴媒体融合发展的特点，结合单位工作实际，化州市新闻中心推进传统媒体与新兴媒体融合发展。《化州新闻》报原来是市新闻中心的唯一媒体，2014年《化州新闻》手机报正式创刊，得到市委市政府扶持，划拨专项经费，保证业务工作的正常运作。市新闻中心全体干部加强自身的学习，及时了解信息传播技术的新变革，掌握传统媒体与新兴媒体融合的各种有效途径，了解新媒体发展动向，做到有效地提高自身驾驭各种新兴媒体的能力，推进新兴媒体与传统媒体的融合。至2017年，《化州新闻》手机报编发近200期，出版周期为每周一期。自创办以来，《化州新闻》手机报坚持正确的舆论导向，围绕化州市的中心工作，发挥新兴媒体的作用，加大宣传力度，以彩信形式向全市副科以上单位领导干部免费发送。

2017年化州市新闻中心领导班子成员名录

主　任：朱裕德
副主任：钟凯泉
　　　　吴　勇（7月任职）

（梁宇飞）

广播·电视

【概况】 化州市广播电视台位于化州市河西区宝山路39号，办公场地占地面积1700多平方米，建筑面积（含职工宿舍楼）9900多平方米。台机关设办公室、总编室、计财股、技术事业股，台下辖两个副科级单位（广播中心、电视中心），2017年有干部职工53人。广播电台全天播音18个小时，从早上6点开始至晚上12点结束。化州电视台设有线频道和无线频道。2017年，该台制作播出广播类新闻2500多条，广播专题专栏1000多期；电视本地新闻2500多条，其中，制作播出电视专栏节目《橘州聚焦》52期，《文化橘州》156期，《法治橘州》26期。

【加大主题策划力度】 2017年，化州市广播电视台围绕把化州建设成为“粤西县域经济综合发展先行市、特色产业经济强市、茂湛都市圈重要节点城市”的发展定位，中心记者深入一线，对全市的重点工程项目进行深度采访，策划推出一批有分量的新闻报道和专题。广播节目开辟《长征故事》《释放从严治党最强音》等专栏，深度诠释习近平总书记提出的“长征永远在路上”的讲话精神，深入学习宣传贯彻十八届六中全会、十九大精神。

【“走转改”贴近民生】 2017年，化州市广播电视台深入开展“走转改”活动。依托《化州新闻》栏目，让记者深入基层一线采编，把镜头对准老百姓，聚焦民生发展；配套相应规章制度，保障经费和采访用车需要，调动社新部记者的积极性，使从过去的报道领导活动为主，转为反映人民群众的生产、生活，反映群众呼声为主。2017年，记者围绕党的群众路线教育实践活动、领导干部驻点普遍直接联系群众等重点工作，深入基层一线采写一系列鲜活的民生新闻。

【对外宣传】 化州市广播电视台抓住亮点，精心策划，主动出击，深入采访，使大批能反映化州市重点工作动态的新闻稿件在上级电台、电视台播出，外树化州良好形象。2017年，有450条新闻被上级台采用，播出总量在全茂名市各县（市、区）台前列；在节目创优方面取得好成绩。2017年广播电视优秀作品评比中，广播新闻《家庭医生签约服务利民便民》、电视新闻《“互联网+小吃”：化州牛腩插上“电商翅膀”走出“家门”》分别获得广东省县级台好新闻二等奖；广播新闻《社会各界齐帮手，文楼孤儿姐弟新居喜入住》《化州新安：智慧物流快线首期项目建成》，电视新闻《乡村互助取款点便民利民 群众齐点赞》分别获得广东省县级台好新闻三等奖，获奖条数及质量居茂名县级台首位。2017年6月至12月，“化州广播电台”微信公众号推送1780篇文章，累计阅读数623万，累计点赞数3.7万；“化州广电传媒”南方号阅读量186.6万，连续跻身全省前100名；“化州市广播电视台”触电号推送视频新闻203条，阅读量178万；蜻蜓FM订阅数5.28万，全国综合类排名58位，全省广播电台排名44位，每日收听数5000多人次。

【强化安全责任播出】 化州市广播电视台保障节目的安全优质播出，2017年投入100万元购置11套高清编辑系统和一套媒资系统的基础上，投入30万元购置3台先进的摄像机和投入3万多元购置1台1kw广播发射机。该台成立安全播出领导小组，强化安全生产责任制，强化三审制度，严把质量关，严格把好采、编、播每一个环节，实行谁审查谁签字，谁签字谁负责的追究制度。在全国、省、市党代会、“两会”以及党的十九大转播及重大节庆活动期间，实行领导24小时带班制度，确保安全播出工作万无一失。加强对播出机房日常巡查、督查和设备安全维护工作，确保广播电视播出设备的安全运行，做好各类应急预案，确保广播电视节目的安全播出。

2017年化州市广播电视台领导班子成员名录

党支部书记、台长：何明锋
党支部委员、副台长：李施浩
副台长：周海忠
党支部委员、工会主席：黎　新（任至12月）
党支部委员、广播中心主任：杨柳春
党支部委员、电视中心主任：陈金明

（化州市广播电视台）

医疗·卫生·保健

综　述

【概况】　化州市卫生和计划生育局是主管全市卫生、人口计划生育工作的政府组成部门，是市政府建制机构。内设办公室、人事股、规划财务股、政策法规与综合监督股、疾病预防控制股（挂市卫生应急处理办公室、市爱国卫生运动委员会办公室牌子）、医教股（挂市无偿献血办公室牌子）、信息与统计股、食品安全监测与药政管理股、计划生育家庭发展股、流动人口计划生育服务管理股、妇幼健康服务股、宣传和科技教育股、考核评价股等13个股室。下属单位有：市人民医院、市中医院、市妇幼保健计划生育服务中心、市疾控中心、市卫生监督所、市茶根医院和18间卫生院、6间社区卫生服务中心，以及3个计生下属单位（计划生育协会办公室、人口与计划生育目标管理责任制考核办公室、计划生育监察大队）。管理6间农场医院、7间民营医院、个体门诊及诊所39间、村级卫生站589间。

【公立医疗机构编制、职称学历】　2017年，化州市公立医疗机构核定岗位编制4769人，其中，市直单位2169人，乡镇卫生院和社区卫生服务中心2469人，4个计生单位131人。2017年有在编在职人数3488人，其中，市直单位1737人，乡镇卫生和社区卫生服务中心1660人，4个计生单位91人。有临聘人员848（含合同工和劳务派遣）人。有卫生技术人员3083人，其中，高级职称197人，中级职称425人，初级职称（师、士）2461人。研究生学历5人，本科学历763人，专科学历1385人，中专（高中）1619人。全市有注册医师（含临床、公卫、口腔、中医执业医师与执业助理医师）2303人，注册护士2242人。全市每万人拥有医师18.19人，护士17.7人；全市农村有乡村医生862人。

【医疗机构床位数】　至2017年底，化州市医疗机构实有病床位5336张。其中：综合医院1021张，中医医院700张，农场医院594张，民营医院532张，社区卫生服务中心271张，卫生院1489张，妇幼保健院194张。平均每千人口拥有病床4.21张。万元及以上医用设备共1279台（件），价值13947万元，其中100万元以上17台（件）。

【医疗服务能力】　2017年，化州市总诊疗人次668.2万人次，其中乡镇卫生院门急诊人次581.3万人次；全市入院病人19.05万人次，其中，综合医院6.62万人次，中医院1.53万人次，专科医院2844人次，卫生院9.34万人次，妇幼保健院1.26万人次。全市县域内住院率77.1%，名列全省第25位。全省1155间乡镇卫生院排名前100名，化州市占5间。

【卫生创强稳步推进】　2017年，化州市成立领导小组，市委书记任组长，市长任第一副组长，市委常委会、市政府常务会多次专题研究卫生创强工作。出台《化州市创建卫生强市实施意见》《化州市医疗机构设置规划（2014—2020年）》《化州市卫生强市五年行动计划（2016—2020年）》《化州市乡镇卫生院标准化项目建设达标方案》《化州市村卫生站公建规范化建设实施方案》等文件。召开全市卫生与健康大会，多次召开全市卫生工作会议，对每项重点工作进行具体部署和实施。公开招聘176名医疗人才，进一步壮大医疗卫生队伍。市政府无偿划拨2.86公顷土地并安排977万元给市中医院迁建；无偿划拨1.53公顷土地给整体搬迁的中垌卫生院；安排960多万元回收平定茧站1900平方米土地，无偿划拨给市第三人民医院（平定卫生院）进行升级项目建设用地；搬迁市福利院并无偿划转福利院资产和土地（0.89公顷）给市人民医院用于升级项目建设。全面实施基本公共卫生服务，全年为19346人提供免费孕前优生健康检查。完成特设岗位人才（6名）引进及产科、儿科、全科医生等基层卫生人才培养、培训任务；免费孕前优生检查覆盖率88.41%（要求80%以上）；30个基层医疗单位全部上线；居民电子健康档案建档率83.25%（要求75%以上）。

【重点项目推进】 *县级公立医院升级项目加快推进* 2017年，化州市人民医院升级建设项目14项前期手续完成6项，在进行地质勘探、图纸设计；市中医院异地搬迁新建工程主体框架完成，正进行内墙装饰、水电安装等；市妇幼保健计划生育服务中心升级建设项目14项前期手续完成7项，在进行图纸设计。

两家中心卫生院升级项目稳步推进 2017年，化州市第三人民医院升级项目于3月14日动工建设，该院第一期完成主体，外墙砖粘贴好，在进行水电安装及装修；第二期工程正在办理相关手续，平定茧站房屋已拆除。市第二人民医院升级项目于9月27日动工建设。12间乡镇卫生院标准化建设项目全部动工建设，开工率100%，完工率83.3%，排在茂名市第一位，其中，建成4间，6间完成主体工程。120急救体系建设项目完成7项前期手续，在进行项目施工图设计、审查及招标等。村卫生站公建规范化建设及社区卫生服务中心标准化设备配置项目加快推进。村卫生站全部开工，完成主体建设100间（年度目标134间），其中装好标识21间，开工率100%、完工率74.6%，均排茂名第一。6个社区卫生服务中心申报材料上报省卫计委。

【分级诊疗】 2017年，化州市人民医院、市中医院、市妇幼保健计划生育服务中心分别派出12名、5名、4名专家到20家乡镇卫生院挂职副院长。12家卫生院共派送出30名医护人员到市人民医院进修学习。截至2017年12月31日，医联体内成员单位由基层卫生院转上市人民医院诊疗患者368人次，比2016年同期上升28.6%；市人民医院转下基层卫生院诊疗患者28人次，比2016年同期提高30%，2017年12月住院病人首次突破1000人；12家基层卫生院门诊总人次比2016年同期提高11.5%，住院人次比2016年同期提高7.8%，手术患者比2016年同期增加4.5%。化州市分级诊疗工作经验在全省卫生工作会议上做介绍。

【家庭医生服务签约】 2017年，化州市组建103个签约团队为群众提供面对面的医疗优质服务，家庭医生签约服务覆盖率（一般人群43.9%、重点人群69.59%、特殊家庭100%）均达到省的要求。茂名市家庭医生签约服务工作经验交流会在化州市官桥镇召开，化州市在会上作经验介绍。

【医联体建设】 2017年，化州市人民医院与南方医院建立对口支援关系，与珠江医院建立儿科专科联盟，与全市24个基层医疗单位建立对口技术支援和协作关系。市中医院与省中医院签订《华南中西医普外医疗联盟合作协议》，建立普外科联盟多学科会诊中心（MDT），与珠江医院签订普通外科专科联盟合作框架协议。化州市开展松散型医联体建设，派出市直医院24名骨干医生挂任乡镇卫生院副院长。

【社会资本办医】 2017年，化州市支持建成东方医院（98张床位）和橘城医院（85张床位）。茂名市联合医疗投资有限公司拟在化州市鉴江区建设一所三级甲等综合性民营医院（项目总投资13亿元，建筑面积13.5万平方米，设计床位1500张）。

【中医药事业快速发展】 2017年，化州市建成中医馆22间，个别卫生院中医科每月的业务收入达到20多万元。市中医院通过二级甲等中医医院的评估。全市社区卫生服务中心和乡镇卫生院均可以提供中医药服务，所有村卫生站能够提供中医药服务。全市有334条行政村开展中医药文化的宣传，实现行政村全覆盖；6个社区开展中医药文化宣传。中医药文化进入全市85%的家庭。6月2日，市中医院与南方医科大学珠江医院签署普通外科专科联盟合作框架协议。自签订协议后，双方协作开展高难度手术30多台。

【无偿献血及平安医院创建】 2017年，化州市超额完成茂名市下达的献血任务。化州市医调委全年接待医疗纠纷上访28起，全部成功调解签协议，调解成功率100%。

疾病预防控制

【常规免疫接种】 2017年，化州市使用一类疫苗513918支，“八苗”报告接种率均达到98%以上，与2016年相比有一定的上升。其中，新生儿乙肝疫苗接种率99.87%，乙肝疫苗首针接种及时率98.39%，卡介苗接种率99.88%，脊灰疫苗接种率98.85%，百白破疫苗接种率99.86%，含麻疹类疫苗接种率99.86%，乙脑接种率99.87%，流脑疫苗接种率99.85%，甲肝疫苗接种率99.84%。

【疫苗针对疾病防控】 2017年，化州市除加强常规免疫和做好计免针对疾病监测外，重点抓好麻疹、乙脑防控工作，将1月和2月定为麻疹、乙脑疫苗查漏补种月，其中，乙脑疫苗补种5301针次，含麻类疫苗9023针次。2017年全市乙脑病例仅发生1例，全年无死亡病例；发生1例麻疹，近4年持续处于较低发病水平。

【儿童入托、入学查验预防接种证】 2017年，化州市抽查57个单位（其中，小学33间，幼儿园24间），2414名新生，查验接种证的儿童数2168名，查验接种证率89.81%。抽查其中10个单位，开证明前应补种剂次321次，已补种178次，补种率55.72%。

【预防接种安全和AEFI监测】 2017年，化州市加强对全市的AEFI的监测，提高防疫人员的素质，减少不良反应的发生。全年全市无发生严重的预防接种相关纠纷。

【居民健康档案、65岁以上老年人健康管理】 2017年，化州市建立电子健康档案1046478份，电子建档率83.25%，档案管理工作进一步规范，总体达到省市的要求。全市至少享受1次免费体检65岁以上老年人数103215人，体检率67.64%，体检表完整率81.3%。

【高血压、糖尿病及重性精神疾病管理】 2017年，化州市高血压患者已管理62575人，高血压患者任务数50948人，任务完成率122.82%；规范管理48372人，规范管理率77.3%。糖尿病患者已管理17655人，糖尿病患者任务数16772人，任务完成率105.26%；规范管理人数12872人，规范管理率72.91%。化州市严重精神障碍患者在册6934例，在管患者6633例，管理率95.66%，报告患病率（检出率）5.24‰，年规范管理率87.38%，服药率74.4%。化州市糖尿病、高血压和重性精神疾病均超额完成上级下达的医改任务数。

传染病防控及突发公卫事件

【传染病监测情况】 2017年，化州市按现住址统计法定传染病报告24种，3806例，29例死亡病例（艾滋病11例、HIV12例、肺结核1例）。报告发病数比上年同期下降16.75%。无甲类传染病报告，乙类传染病16种，2887例，丙类传染病8种，919例。发病总数中发病前五位的传染病是肺结核（1128例）、肝炎（1122例）、梅毒（298例）、手足口病（284例）、其它感染性腹泻（120例），和上年同期发病前五位疾病序列一致。全市报告现住址2802例死亡病例，每个镇区均有死亡病例报告。化州市有36个单位有死亡病例报告（除茂名市监狱医院无死亡报告），报告2720例，死亡率245.56/10万，总体报告及时性为53.19%，全年全市传染病自动预警信息系统发出预警病种7种，其中，手足口病预警数为39条、其他感染性腹泻病预警数为37条、流行性感冒为19条、麻疹预警数为5条、乙脑、流行性腮腺炎及丝虫病各1条，共103条预警信号，无疑似事件，均为散发病例。响应率和及时率均为100%。

【重点传染病监测防控】 2017年，化州市重点抓好流感、手足口病、人禽流感、狂犬病、流脑、乙脑、登革热等传染病的防制工作，落实预警病例监测、疫情报告、疫情处理、接触者的隔离观察和医学观察等措施，做到“早发现、早报告、早隔离、早治疗”，防止疫情暴发流行，降低疫情对社会、经济的破坏和对公众生命健康的威胁。

【传染病疫情报告质量情况】 2017年，化州市具备传染病诊疗能力医疗机构37间，网络均能正常运行，本地医疗机构正常运行率100%。2017年本地医疗机构报告3174例病例，及时报告3171例，及时报告率99.91%。

【地方病防治】 2017年，化州市对长岐镇霞山管区、官桥镇大岭脚、合江镇大埇、同庆镇六塘村、新安镇新安圩等5个地方的学校8~12岁儿童（200名）、孕妇（100名）的尿碘及家庭用盐调查，其中8~12岁儿童调查200名，平均的尿碘为207.21毫克每升，家庭用盐平均含碘量为21.6毫克每升；孕妇调查100名，平均尿碘135.71毫克每升，家庭用盐平均含碘量24.57毫克每升。

【饮水型地方性氟中毒监测】 2017年，化州市对那务镇车田尾、麦地、湖塘，合江镇书房头、鉴江街道旺竹圩等5个饮水型地方氟中毒病区村进行监测，其中对病区的8~12周儿童141名进行氟斑牙诊断，中度的1个、极轻度的8个、轻度的3个，可疑16个、正常的113个，5个病区均进行集中改水工程，除那务镇麦地是正常使用自来水外，其余病区只是部分使用或者未能正常使用自来水。

【疟疾消除】 2017年，化州市实现消除疟疾的目标，相关工作得到省级专家组的肯定。

【突发公共卫生事件监测】 2017年，化州市无突发公共卫生事件报告。

【人感染H7N9禽流感防控】 2017年，化州市每月对市场的家禽档口外环境进行抽查抽样10份，送至茂名市疾病预防控制中心进行检测，其中上半年的检测结果显示禽流感相关检测项目中，有3份标本显示H7亚型阳性。按照相关要求，对山背市场连续外环境监测3周，共采样30份，所有检测项目均为阴性，结束监测工作。

【登革热疫情监测及蚊媒监测】 2017年，化州市各医疗卫生机构主要采用布雷图指数的方法，市疾病预防控制中心诱蚊诱卵器指数的方法进行蚊媒监测，共有4例输入性登革热病例，1例疑似登革热输入性病例（已排除），市疾病预防控制中心分别对辖区内的5个疫点72.66万平方米进行环境消杀工作；对5个疫点按照有关要求开展蚊媒密度监测工作至最长潜伏期25日。

【艾滋病综合防治】 按现住址统计，2017年化州市HIV/AIDS累计365例，死亡157例，在活208例。新发现HIV/AIDS57例，HIV抗体阳性者报告数（52例）较上年同期上升9.6%；其中，HIV40例、AIDS17例、死亡21例；男性占33例，女性占24例；年龄主要集中在20~55岁之间人群，占49.1%；其次为60岁以上人群，占47.4%；按传播途径而言，主要以性接触传播，异性传播占93.0%；同性传播3.5%；母婴传播途径占1.75%；其他为1.75%。

【健康教育】 2017年，化州市出动宣传车60多车次，向各医疗单位和居民派发各种健康小册资料5000多份，预防H7N9人禽流感宣传画、登革热宣传海报4万张

【肺结核防治】 *肺结核病人诊治* 2017年，化州市初诊病人检查1266人；新发现结核病人607人，其中初治涂阳83人，初治涂阴509人，结核性胸膜炎7例，肺外结核1人，复治涂阳7人；筛查涂阳病人密切接触者294人，其中有26例有症状者，全部进行X光胸片或透视检查，没有发现活动性结核病患者。

耐多药肺结核可疑者检查 2017年，化州市发现耐多药肺结核可疑者37人，其中，复发4人，初治33人。耐多药可疑者37人都在市疾控中心进行痰培养，并在茂名慢性病防治中心进行药敏试验，有21人痰药敏试验结果，发现5人耐多药，2人广泛耐药，2人单耐药，11人药敏均敏感，1人菌株活力下降，无法做药敏；13人痰培养菌在茂名慢性病防治

进行药敏试验，结果未出；3人痰培养阴性。全年发现学生结核病病例20例，其中，8例学生在外地读书，12例结核病学生在本地读书。

肺结核“五率”完成情况　2017年，化州市医疗机构病人报告率100%，病人转诊率94.32%，结核病防治机构追踪到位率87.93%，结核病整体到位率89.82%，病人系统管理率100%，病人家属筛查率100%。

药政管理

【公立医疗机构集中采购】　2017年，化州市各公立医疗机构基本药物销售金额13520.3万元，全部药品销售金额万20520.1万元，基本药物销售金额占全部药品销售金额比例65.23%。

【医用耗材集中采购】　2017年，化州市各医疗机构医用耗材采购金额为7416.31万元，网下采购金额为3000.15万元，网下采购金额比例为40%。

【全市村卫生站实施基本药物制度】　2017年，化州市加强村卫生站药品配备使用情况的管理，完善村卫生站实施基本药物的制度，巩固落实国家基本药物政策。化州市325个镇村一体化村卫生站基本实施国家基本药物制度。是年，化州市村卫生站考核结果优秀65间、良好236间、合格144间，所有考核合格以上的村卫生站2017年基本药物以奖代补款项下拨到位。

【药品和医用耗材集中采购监管】　2017年，化州市按照广东省卫生计生委等九部门《广东省医疗机构药品交易暂行办法》《广东省医疗机构耗材交易办法（试行）》的有关要求，4月起对全市基层医疗机构的药品、医用耗材采购情况进行督查，督促各医疗机构严格执行省《关于规范全省医疗机构药品备案采购有关工作的通知》，规范医疗机构药品备案采购行为，禁止网下采购或从非规定渠道采购等违规行为的发生。

【药品及医用耗材配送】　2017年，化州市卫生和计划生育局加强与药品及医用耗材配送商的沟通，确保化州市医疗单位药品及耗材的及时配送。下发相关通知，收集全市各大药品和耗材配送企业，联系企业规模较大的负责人进行交流，要求药品配送商做好已签合同药品的配送。

卫生监督

【公共场所卫生】　2017年，化州市加强对公共场所卫生监督量化分级管理，量化工作由住宿业向游泳场所、购物场所推广。5月12日，化州市住宿业卫生监督量化分级授牌仪式在天悦酒店举行，天和宾馆、天悦酒店、丽登酒店、星河酒店、绿湖湾酒店、海利酒店等6家宾馆饭店获得茂名市住宿业卫生监督量化分级A级牌。

【放射卫生】　2017年，化州市卫生和计划生育局监督36户次，出动人员81人次，其中，检查二级及以上医疗机构3间、疾控机构1间和一级以上医疗机构24间，共检查放射工作人员103人。经检查，所有放射机构均能现场出示有效《放射诊疗许可证》；所有单位都能按规定对放射诊疗工作人员进行个人剂量监测、健康体检；已检查单位放射工作人员均持有《放射工作人员证》上岗；但个别单位未按规定配备足够的医务人员和病人个人防护用品。

【生活饮用水卫生】　2017年，化州市采取查阅资料与现场检查相结合的形式对全市水厂进行监督检查，监督集中式供水单位19间，其中市级水厂1间，乡镇级水厂18间，监督户次23次，出动人次67人次。

【学校卫生】　2017年，化州市按照《化州市学校卫生综合评价工作方案》目标要求，对市区及乡镇部分学校进行综合卫生监督检查。出动卫生监督员156人次，执法车辆32车次，检查中小学校（含托幼机构）36间，其中市区学校12间、镇级学校23间、职校1间。

【餐饮具集中式消毒单位监督】　2017年，化州市检查餐饮具集中式消毒服务的单位3间，发现全部单位消毒管理落实仍有待加强，卫生监督员当场下达监督意见书并责令立即整改。

【医疗综合监督执法检查】 2017年，化州市组织全市医疗综合监督执法检查各类医疗机构39家进行检查。经检查，各医疗机构能按照相关法律法规开展依法执业、传染病防控、消毒隔离工作、医疗废物管理、放射诊疗和母婴保健等工作，但不同程度存在一些问题，针对存在问题，制作《监督意见书》39份，要求各医疗机构限期整改，并提交书面整改报告。

【医疗废物处置专项监督检查】 2017年，在检查中发现化州市有39间医疗卫生机构与茂名粤西危险废物处理中心签订收集合同。大多数医疗卫生机构建立医疗废物管理制度，明确医疗废物管理的监控组织，指定专（兼）职人负责该机构的医疗废物处置工作。大部份单位建立医疗废物分类回收、集中暂存、交接等工作流程。

【传染病防治分类监督综合评价试点】 2017年，化州市的试点工作检查各级各类医疗卫生机构33间，其中一级医疗机构21间、二级及以上医疗机构3间、未定级医疗机构6间、采供血机构2间、疾控机构1间。主要检查各医疗卫生机构的传染病防治管理组织建立情况、预防接种、传染病防控、消毒隔离执行、医疗废物管理和病原微生物实验室生物安全管理情况。针对检查中存在的问题，当场下达卫生监督意见书责令整改。

【“双随机一公开”抽检】 2017年，化州市被国家、省抽中各监督专业单位共55间，传染病防治2间、放射卫生3间、医疗卫生4间、学校卫生24间、生活饮用水卫生10间和公共场所卫生15间。7月起，对辖区内被抽中的单位开展监督监测检查，将检查结果上报国家卫生和计划生育监督平台。

【卫生计生监督执法全过程记录试点】 2017年，化州市制定《化州市卫生计生监督执法全过程记录试点工作实施方案》及相关的配套制度。采取自主学习、集中授课、交流讨论、互助培训、现场操作“五学”培训模式，因材施教，针对不同岗位，不同年龄、不同学历层次的需求，开展全过程执法记录仪使用、行政执法文书填写、行政许可审查验收标准，以及行政处罚法等法律法规知识培训。开展调查取证设备建设，争取上级支持，配置执法记录仪6台、数据采集站1套，装备调查询问室1间，基本符合设备配置标准，基本满足行政执法全过程记录工作需要。

【食品风险监测】 2017年，化州市卫生和计划生育局配合茂名市疾病预防控制中心做好化州市4个镇级监测点的重点食品抽样监测，检查104间学校，其中，中学36间，中心学校（教办）9间，小学26间，幼儿园31间，特殊学校1间，职业技术学校1间。

2017年化州市卫生和计划生育局领导班子成员名录

党组书记、局长：庄木荣
党组副书记、副局长：黄泽红
党组成员、副局长：陈凯琳
洪　健
林　瑜
李亚明

党组成员：杨琼寿
李与云
黎委帼
陈　生
林　敏

（黎　贵）

主要医疗机构简介

【化州市人民医院】 成立于1924年，是一所集医疗、教学、康复、预防保健于一体的三级综合医院，是广东省普通高等医学院临床教学医院、化州市120急救中心、化州市危重孕产妇及儿童救治中心。建筑面积127957.41平方米；2017年有在岗职工1128人（正高级职称11人、副高级职称117人、中级职称214人；外聘医学博士13人，硕士研究生4人，本科生501人），开设22个临床科室、9个医技科室；有CT、DR、MR、DSA、腹腔镜、手术显微镜等万元以上的器械400多台套，全院开放床位991张。

2017年，医院按照三级甲等综合医院评审标准，加强内涵及软硬件建设，提升综合服务能力。上半年，医院综合服务能力由全省58家县级医院排名的29位上升到25位，县域内住院率从2015年74.8%提升到2016年78.6%；分级诊疗做法在广东省卫生工作会议上做经验介绍。医院每月定期举办一次省级以上学术会议，定期下乡举行大型医疗义诊扶贫公益活动。医院加强医联体建设，与南方医科大学华银病理检验中心合作，率先在粤西地区建立病理检验中心；与广东医之云病理医生集团合作开展妇科细胞学DNA检查；与南方医科大学珠江医院建立了“珠江专科医疗联盟”；与南方医院神经外科、肿瘤科建立专科联盟。医院派出12名高年资的医务骨干到乡镇卫生院挂职副院长，着力提高基层卫生院的医疗技术水平。医院综合服务能力大幅提升，2017年完成门急诊290068人次，同比增加45605人次，增长18.66%；出院人数42669人次，同比增加7030人次，增长19.73%。医院神经内科、消化内科、呼吸内科、心血管内科、骨科、妇科、儿科等专科建设取得一定的成绩。2017年，肿瘤科建设成省癌痛规范化治疗病房，呼吸内科、骨科、普外一科建设成茂名市临床重点专科。新成立中医科，儿科扩充NICU，增加PICU和儿童康复治疗中心，建设成粤西先进的智能雾化室。2017年，医院进行升级改造建设，同时立项升级建设项目和内科大楼建设项目，两个项目采用EPC模式进行建设，化州市委市政府将市社会福利院的0.91公顷土地划拨给医院作为升级项目改造建设用地。

2017年化州市人民医院领导班子成员名录

负责人：黄泽红

副院长：彭云安

李纳万

黄　波

廖鸥飞（10月任职）

（吴志宁　童　莎）

【化州市中医院】 始建于1956年6月，位于化州市河西街道中山路80号，占地面积4200平方米，建设面积10610平方米，是一家中医特色突出、功能齐全、多学科并举的综合性二级甲等中医医院。中医院是化州市事业型单位，编制人数330人，2017年有在职职工372人，在编人数301人，退休职工108人。编制床位700张，实际开放床位300多张。病房楼功能齐全、设备完善。中医院门诊部设内科、外科、妇科、儿科、骨伤科、腰腿痛科、急诊科、眼科、口腔科、皮肤科、针灸理疗科、血液透析科、治未病科等13个门诊科室，其中骨伤科、针灸理疗科为中医特色专科。住院部设内一科、内二科、内三科（老年病科）、外一科、外二科、妇产科、骨一科、骨二科、针灸理疗康复科、血液透析科、重症医学科11大病区。医疗设备齐全，拥有医用红外成像诊断系统、中医经络检测仪、子午流柱低频治疗仪、钬激光治疗仪、高清腹腔镜、进口西门子16排螺旋CT、0.4T永磁型开放式核磁共振成像系统（MR）、飞利浦DR、飞利浦四维彩色B超、C臂及遥控X光机、腹腔镜、电子胃镜、经颅多普勒、血液净化系统、溶出分析仪等先进医疗设备。中医院针灸理疗康复科被定为国家重点专科，对中风、脑病、脑瘫、弱智等病人疗效独特，康复治疗效果最佳，可显著减少后遗症；糖尿病、呼吸道疾病、肝病中西医结合独具特色；骨伤科被定为省重点专科，骨伤科及腰腿疼痛科名扬周边区县；白内障囊外摘除联合人工晶体植入术，被广东省残联命名为“白内障无障碍市复明手术”定点医院。医院被评为2016—2017年度茂名市文明单位；获得2017年度化州市好医院，2017年度化州市“万人评机关”比较满意单位和2017年度医疗卫生工作先进单位称号。截至2017年12月，发表国家级论文40篇，省级论文98篇。

医院建设　2017年，投资1000多万元引进20多套高端设备，包括钬激光治疗仪、高清腹腔镜、多功能呼吸机、中医经络检测仪、医用红外成像诊断系统、生物信息反馈治疗仪、子午流柱低频治疗仪、彩色多普勒超声诊断仪等；投资40多万元建立重症医学科（ICU），提高急危重症患者抢救的成功率，医院整体医疗实力得到进一步提升。是年，完成老年病科三楼的改造工程，增加40张床位；完成骨一科病房扩增改造，增加10张病床；至2017年底，医院门诊住院大楼主体工程完成90%的工程量，完成投资4000多万，支付工程款2700多万元，项目缺口资金得到落实。

医德医风　医院健全完善“精神文明和医德医风建设考核标准”，形成加强医德医风考核、投诉举报、激励和惩戒等长效机制。定期组织各科病人及其家属召开院级行风建设座谈会，征求意见建议并及时解决。针对患者提出的各项问题逐以进行解决，有效提高患者的满意度。

人才培养　医院坚持培养引进并举的方针，全面提高队伍质量，医护人员在上岗前安排到广州、湛江、茂名等三甲医院进行专业进修培训学习后再上岗。2017年，多批次、多专业引进专技人员72名，其中，本科生22名，专科生17名，中专生23名，医生19名，护士45名，医技、药剂等8人。是年，医院举办21场业务学习班，安排在职的医护人员到上级医院进修39人次。

中医特色　2017年4月，医院成立中医职能科，完成23个中医课程培训，发挥中医药适宜技术在防治常见病中的优势和作用；为治未病科购置中医经络检测仪、红外热像检测仪、子午流注低频治疗仪等，提高该科室的硬件实力；与国家中医药局信息平台建立中医药网络视频平台，加强中医药适宜技术的推广和学习，实现三甲医院对该院远程会诊、技术指导，加强与上级医院的联系，利用上级医院专科和技术优势促进该院专科建设；广泛应用中医特色护理技术，进一步完善和优化52个中医护理方案，增强中医护理能力，提高患者的满意度。

医疗联盟　2017年，医院与省中医院签订《华南中西医普外医疗联盟合作协议》，建立普外科联盟多学科会诊中心（MDT）；与南方医科大学珠江医院签订神经外科、心血管内科、重症医学科、骨科（关节骨病外科）及普通外科专科联盟合作协议。实现便民惠民、群众在家门口即可享受三甲医院的服务。

2017年化州市中医院领导班子成员名录

院　长：李润生

书记、副院长：陈永强

副书记：彭敬文

副院长：卢东亮

副院长（挂职）：曹建斌（4月任职）

蔡德珺（任至3月）

工会主席：马君仪（8月任职）

（杨　赛）

【化州市疾病预防控制中心】　2017年，化州市疾病预防控制中心履行防病工作职能，以儿童免疫规划、传染病防控、慢性病防治及健康教育活动为工作重点，推进各项工作，取得显著的成绩，为保障人民群众身体健康，构建幸福化州做出贡献。

常规免疫接种　2017年，化州市疾病预防控制中心通过加强一类疫苗调拨管理，加强对防疫组的检查和技术指导，全市使用一类疫苗513918支，“八苗”报告接种率98%以上，与2016年相比有一定的上升。其中，新生儿乙肝疫苗接种率99.87%，乙肝疫苗首针接种及时率98.39%，卡介苗接种率99.88%，脊灰疫苗接种率98.85%，百白破疫苗接种率99.86%，含麻疹类疫苗接种率99.86%，乙脑接种率99.87%，流脑疫苗接种率99.85%，甲肝疫苗接种率99.84%。2017年全市抽查接种率分别是：新生儿乙肝疫苗接种率99.7%，卡介苗接种率99.40%，脊灰疫苗接种率96.3%，百白破疫苗接种率95.1%，含麻疹类疫苗接种率98.8%，乙脑接种率97.4%，流脑疫苗接种率93.6%，甲肝疫苗接种率96.8%，除了流脑疫苗外，其余7苗接种率均在95%以上，和上年基本持平。

疫苗针对疾病防控　2017年，化州市加强常规免疫和做好计免针对疾病监测，重点抓好麻疹、乙脑防控工作，将1月、2月定为麻疹、乙脑疫苗查漏补种月，其中，乙脑疫苗补种5301针次，含麻类疫苗9023针次。通过查漏补种，巩固化州市儿童的免疫屏障。2017年全市乙脑病例仅发生1例，在合江镇，发病患者2岁；全年无死亡病例，较2016年（7例乙脑病例）发病率有明显降低。2017年全市发生1例麻疹，近4年持续处于较低发病水平。

儿童入托、入学查验预防接种证　2017年，化州市教育局和卫计局联合下发《关于加强儿童入托、入学查验预防接种证的通知》，再次加强化州市儿童入托、入学查验预防接种证的工作，至11月，全部乡镇开展该项工作。10月的督查中，全市抽查57个单位（其中小学33间，幼儿园24间）2414名新生，查验接种证的儿童数2168名，查验接种证率89.81%。抽查其中10个单位，开证明前应补种剂次321次，已补种178次，补种率55.72%。

预防接种安全和AEFI监测　化州市疾病预防控制中心通过规范疫苗流通和运输过程，多次对接种安全问题进行现场指导，加强安全注射的监管，规范接种操作规程，推广使用预防接种知情同意书，2017年无发生严重的预防接种相关纠纷。

传染病监测　2017年，化州市按现住址统计法定传染病报告24种，3806例，29例死亡病例（艾滋病11例、HIV12例、肺结核1例）。报告发病数比上年同期下降16.75%。无甲类传染病报告，乙类传染病16种，2887例，丙类传染病8种，919例。发病总数中发病前五位的传染病是肺结核（1128例）、肝炎（1122例）、梅毒（298例）、手足口病（284例）、其他感染性腹泻（120例），和上年同期发病前五位疾病序列一致。全市报告现住址2802例死亡病例，每个镇区均有死亡病例报告。化州市有36个单位有死亡病例报告（除茂名市监狱医院无死亡报告），报告2720例，死亡率245.56/10万，总体报告及时性为53.19%，全年全市传染病自动预警信息系统发出预警病种7种，其中，手足口病预警数为39条、其他感染性腹泻病预警数为37条、流行性感冒为19条、麻疹预警数为5条、乙脑、流行性腮腺炎及丝虫病各1条，共103条预警信号，无疑似事件，均为散发病例。响应率和及时率均为100%。

重点传染病监测防控　2017年，化州市重点抓好流感、手足口病、人禽流感、狂犬病、流脑、乙脑、登革热等传染病的防制工作，落实预警病例监测、疫情报告、疫情处理、接触者的隔离观察和医学观察等措施，做到“早发现、早报告、早隔离、早治疗”，防止疫情暴发流行，降低疫情对社会、经济的破坏和对公众生命健康的威胁。

传染病疫情报告质量情况　2017年，化州市具备传染病诊疗能力医疗机构37间，网络均正常运行，本地医疗机构正常运行率100%。2017年本地医疗机构报告3351例病例，及时报告3345例，及时报告率99.82%。

地方病防治　碘缺乏病：4月25—28日，在广州市番禺区广东省疾病预防控制中心接受相关培训；6月12日开展相关调查工作；2017年，化州市对长岐镇霞山管区、官桥镇大岭脚、合江镇大埇、同庆镇六塘村、新安镇新安圩等5个地方的学校8~12岁儿童（200名）、孕妇（100名）的尿碘及家庭用盐调查，其中8~12岁儿童调查200名，平均的尿碘为207.21毫克每升，家庭用盐平均含碘量为21.6毫克每升；孕妇调查100名，平均尿碘135.71毫克每升，家庭用盐平均含碘量24.57毫克每升。饮水型地方性氟中毒监测：4月25—28日，在广州市番禺区广东省疾病预防控制中心接受相关培训；9—10月，对那务镇车田尾、麦地、湖塘，合江镇书房头、鉴江街道旺竹圩等5个饮水型地方氟中毒病区村进行监测，其中对病区的8~12周儿童141名进行氟斑牙诊断，中度的1个、极轻度的8个、轻度的3个，可疑16个、正常的113个，5个病区均进行集中改水工程，除那务镇麦地是正常使用自来水外，其余病区只是部分使用或者未能正常使用自来水。消除疟疾工作：根据市政府制定并下发的《关于印发化州市消除疟疾行动计划（2010—2020年）实施方案的通知》及市卫生局下发的《关于印发化州市消除疟疾实施方案的通知》要求开展相关工作。2016年，化州市实现消除疟疾的目标，相关工作得到省级专家组的肯定；2017年继续开展消除疟疾的工作。

突发公共卫生事件监测　2017年，化州市无突发公共卫生事件报告。化州市疾病预防控制中心开展下列卫生应急工作：中心成立由主任李兆通为组长的化州市疾控中心突发公共卫生事件应急工作领导小组和突发公共卫生事件应急处置工作组。中心重点储备人感染H7N9禽流、埃博拉出血热、疟疾、登革热等重点传染病控制的物资；开展人感染H7N9禽流感防控工作，全年每月抽查化州市市场的家禽档口外环境进行抽样10份，送至茂名市疾病预防控制中心进行检测；2017年对全市的活禽经营市场进行休市、环境采样监测等防控措施，1—5月对鉴江街道的山背市场、11—12月对东山街道的美怡市场的家禽档口外环境采样，采样108份并送至茂名市预防控制中心检验室进行检测，其中A型流感病毒15份，H7型流感病毒3份，其余病毒型均未阴性，结束监测工作。3—11月开展全市机构监测登革热疫情监测及蚊媒监测工作；各医疗卫生机构主要采用布雷图指数的方法，化州市疾病预防控制中心诱蚊诱卵器指数的方法进行蚊媒监测；全年全市辖区内所有的镇区进行蚊媒监测工作，主要监测幼虫密度（布雷图指数BI）和成蚊密度（诱蚊诱卵器法MOI）；布雷图指数法对25576户进行监测，其中，976户阳性，35670个积水数，1135个积水阳性，布雷图指数为4.44；诱蚊诱卵器法监测

612户，诱蚊诱卵器数3.90；化州市的登革热传播风险可防可控。10月，化州市有4例输入性登革热病例，1例疑似登革热输入性病例（已排除），户籍地分别为：中垌镇、中垌镇兰山、杨梅镇、长岐镇、南盛街道，除户籍为杨梅镇的在广州市确诊为登革热病例后返回本地后有意识地隔离防蚊外，其余4个均为在发病时或发病前2天就从疫区返回户籍地，在家均未明显防蚊；此4个患者的乡村、就诊医疗机构均为疫点，共6个疫点；发病前后的密切接触者共有45个，在最长潜伏期25日的监测时间内均未见异常，未感染上登革热病。化州市疾病预防控制中心分别对化州辖区内72.66万平方米的5个疫点进行环境消杀工作；对5个疫点按照有关要求开展蚊媒密度监测工作至最长潜伏期25日。7月20日，在化州市疾病预防控制中心的7楼开展化州市关于人感染高致病性禽流感的应急演练，中心主任李兆通、流行病科、应急科、消杀科、公共卫生监测科、检验科等20个专家参与。

艾滋病综合防治　2017年，化州市艾滋病防控工作大部分指标达到国家的考核要求。按现住址统计，截止到2017年10月31号，化州市HIV/AIDS累计365例，死亡157例，在活208例。截止到2017年10月，化州市新发现HIV/AIDS57例，HIV抗体阳性者报告数（52例）较2016年同期上升9.6%；其中HIV40例、AIDS17例、死亡21例；男性占33例，女性占24例；年龄主要集中在20~55岁之间人群，占49.1%（28/57）；其次为60岁以上人群，占47.4%（27/57）；按传播途径而言，主要以性接触传播，异性传播占93.0%（53/57）；同性传播3.5%（2/57）；母婴传播途径占1.75%（1/57）；其他为1.75%（1/57）。对发现的每一例感染者或病人，中心均进行流调，首次流调率100%。截至2017年10月，HIV/AIDS随访率100%、HIV/AIDS CD4检测率69.59%（135/194），配偶检测率为91.23%（52/57），结核病筛查率100%（172/172）。截至2017年10月，中心开展自愿咨询检测项目3项，受理咨询检测72人次，发放相关宣传资料700份，安全套1000只，其中抽血检测43人，发现初筛阳性7例；每个查询者均有检测咨询个案表，并于每月10日前准时将上月咨询个案录入艾滋病检测咨询信息管理系统。截至10月，化州市艾滋病筛查实验室检测50236人次，其中，孕产期检查18571人次，有偿供血（浆）人员检测17701人次，术前检测6053人次，其他就诊者检测5114人次，强制/劳教人员羁押人员检测为1139人次，娱乐场所检测人次数530人次，性病门诊515人次，婚前检查（含涉外婚检）351人次，受血（制品）前检测217人次，自愿咨询检测43人次，筛查阳性人次数为20人。其检测数据都在每月10日前准时将上月检测数据录入中国疾病预防控制系统中的艾滋病防控系统。对高危人群进行干预，对化州市娱乐场所的高危人群进行艾滋病防控知识的宣传，并采血进行HIV检测。其间暗娼干预530人，派发宣传资料6100份，安全套8000只，检测血样530份，筛查结果全部阴性；对化州市戒毒所和看守所人员进行艾滋病防控知识的宣传并采血进行HIV检测，干预1200余人次，检测血样1066份，筛查出1例阳性病例，其余为阴性。

慢性病管理　高血压、糖尿病及重性精神疾病管理情况：截至2017年11月20日，化州市管理高血压患者62575人，高血压患者任务数50948人，任务完成率122.82%（62575/50948）；规范管理48372人，规范管理率77.3%（48372/62575）。管理糖尿病患者17655人，糖尿病患者任务数16772人，任务完成率105.26%（17655/16722）；规范管理人数12872人，规范管理率72.91%（12872/17655）。化州市严重精神障碍患者在册6934例，在管患者6633例，管理率95.66%，报告患病率（检出率）5.24‰，年规范管理率87.38%，服药率74.4%。化州市糖尿病、高血压和重性精神疾病均超额完成上级下达的医改任务数。）日常督导、指导情况：成立化州市高血压、糖尿病及重性精神疾病的督导小组，定期对24个社区中心及乡镇卫生院开展督导工作。

健康教育　2017年，中心围绕公共卫生服务相关内容、重点传染病及重要的宣传日等开展工作，出动宣传车60多车次，向各医疗单位和居民派发各种健康小册资料约5000份，预防H7N9人禽流感宣传画、登革热宣传海报4万张。3月，在“结核病日”宣传活动中，市区、各乡镇街道贴墙报、海报约1000份；组织有关医务人员和肺结核志愿者上街进行大型义诊和结核病咨询，约300人进行咨询。6月，通过与茂名市卫计局、茂名市健康教育所、化州市卫计局组织全市的基层卫生院、社区卫生服务中心的健康教育骨干人员开展培训工作，包括乡镇卫生站的乡医、农场医院的健康教育骨干人员共400多人参加培训活动。与化州市卫计局、化州市教育局共同开展卫生系统、教育系统的控烟工作，创建“无烟单位”，2017年度成功创建10个“无烟单位”。国家中医药管理局、卫计委抽化州市的河西街道办、良光镇、播扬镇作为该项目的监测点，初步通过广东省健康教育中心复核工作。

肺结核防治　肺结核病人诊治情况：至2017年10月，化州市初诊病人检查1266人；新发现结核病人607人，其中，初治涂阳83人，初治涂阴509人，结核性胸膜炎7例，肺外结核1人，复治涂阳7人；筛查涂阳病人密切接触者294人，其中有26例有症状者，全部进行X光胸片或透视检查，没有发现活动性结核病患者。耐多药肺结核可疑者检查情况：至10月，化州市发现耐多药肺结核可疑者37人，其中，复发4人，初治33人，耐多药可疑者37人在中心进行痰培养，并在茂名慢性病防治中心进行药敏试验，有21人痰药敏试验结果，发现5人耐多药，2人广泛耐药，2人单耐药，11人药敏均敏感，1人菌株活力下降，无法做药敏；13人痰培养菌在茂名慢性病防治进行药敏试验，未有结果；3人痰培养阴性。学生肺结核情况：至10月，化州市发现学生结核病病例20例，其中有8例学生在外地读书，12例结核病学生在本地读书。2017年1—6月发现4例涂阳学生，其中外地2例涂阳结核病学生，已通知学生学校所在辖区结防机构筛查密切接触者；本地学生有2例涂阳，已与所在学校的校长联系，该结核病学生所在的班级、宿舍学生及科任老师等密切接触者到中心或结核病定点医疗机构X光透视，没有发现活动性肺结核病人。2017年1—6月化州二中和官桥中学各有三位结核病学生，都做现场调查报告，并通知卫计局防保股和教育局学生科。2017年6月后要求所有的结核病学生的密切接触者所在的班级、宿舍学生及科任老师到中心或结核病定点医疗机构X光透视和PPD检查。2017年6—11月，发现7例结核病学生，3例结核病学生在外地，已通知学生学校所在辖区结防机构筛查密切接触者。4例本地结核病学生，已和所在学校的校长联系，该结核病学生所在的班级、宿舍学生及科任老师等密切接触者到中心或结核病定点医疗机构X光透视和PPD试验，没有发现活动性肺结核病人，发现20人试验强阳者，拒绝预防性服药干预，均已建议首次筛查后3月末、6月末、12月末到结核病定点医疗机构各进行一次胸部X光片检查。肺结核“五率”完成情况：2017年，化州市医疗机构病人报告率100%，病人转诊率94.32%，结核病防治机构追踪到位率87.93%，结核病整体到位率89.82%，病人系统管理率100%，病人家属筛查率100%。

2017年化州市疾病预防控制中心领导班子成员名录

主　　　任：李兆通
党支部书记：陈统才
党支部副书记：杨冰华
中心副主任：李永达
　　　　　　庞增熙
中心工会主席：王妙云

（赖海雁　黄文杰　潘丽红）

【化州市妇幼保健院】　创建于1959年2月，属副科级事业单位，爱婴医院、国家三网监测点。是集医疗、保健、科研、教学于一体的二级妇幼保健院。担负全市妇女、儿童医疗保健和基层妇幼保健专业人员的进修、培训任务。医院占地总面积3819平方米，建筑总面积13506平方米，其中业务用房11348平方米。编制床位150张。2017年，全院职工328人，在编284人。其中，本科以上学历61人，专科学历101人；正高级职称1人，副高级职称28人，中级职称28人；医生89人，护士116人，医技53人，专业技术人员258人。内设职能科室8个；门诊设妇产科、儿科、儿童保健、婴儿游泳室等科室；住院设妇产科、儿科、新生儿重症监护室等临床科室。医技设DR室、B超室、心电图室、检验科、电子阴道镜室、婴儿高压氧室、乳腺诊查室等科室。拥有进口飞利浦HD15彩色超声诊断仪、美国纽邦婴儿呼吸机、法国SEBIA毛细管血红蛋白电泳仪、日本罗氏全自动生化分析仪、全自动麻醉机、胃肠DR诊断系统、微量元素分析仪、听力筛查仪、电脑胎心监护仪等先进设备。2017年，医疗业务完成门诊量18.73万人次，住院量13676人次，业务收入8004.3万元。

机构改革　根据《关于整合我市妇幼保健和计划生育技术服务资源的通知》文件精神，2016年10月，市编委办印发《化州市妇幼保健计划生育服务中心机构编制方案》，将化州市妇幼保健院与化州市计划生育服务站整合，组建化州市妇幼保健计划生育服务中心，为副科级公益二类事业单位。至2017年底，还未完成机构、职责和人员的整合。

“妇女儿童保健楼”建设　“妇女儿童保健楼”获批为省县级公立医院升级建设项目，总投资4200万元，楼高15层，建筑1.16万平方米。建设项目完成土地权证明（用地预审意见、土地产权证等）、环境影响评价、选址规划许可（建设项目选址意见）、编制项目可行性报告、项目可行性研究报告批复、建设用地规划许可证、建设项目地质勘探、项目施工图设计、建设项目图审查等工作。

2017年化州市妇幼保健计划生育服务中心领导班子成员名录

党支部书记、主任：陆　雄
副　　主　　任：许达开
　　　　　　　　黄世勇
党支部副书记：王世林
　　　　　　　苏春霞

（李伟杰　张乃鑫）

体　育

【竞技体育活动】 2017年，化州市重视青少年体育工作，为全市竞技体育储备力量；加大业余体育训练工作力度；做好优秀苗子选材工作，多次召开教练动员会，组织教练员深入基层学校进行拉网式选材，对全市小学生进行初步选材测试，筛选出身体素质较好、有培养前途的苗子到茂名市体校培养。2017年输送3名学生到省体校集训并转正，输送到茂名市体校集训15人。推进体教结合，继续与教育部门联合命名篮球、田径、乒乓球、排球传统项目学校，提供场地让学校体育教师和社会篮球、乒乓球、游泳、武术、跆拳道等专业教练开设培训班。开展教练进校指导中考、高考体育训练，为考生提供服务，协助市教育部门组织化州一中参加省传统项目比赛。组队参加各级各类赛事，不断提高运动技术水平。2017年，化州市组队参加茂名市第十三届运动会，竞技体育少年组获得金牌38枚、银牌23.5枚、铜牌45枚；成年组以16枚金牌夺茂名市金牌榜第一名，团体总分以235分夺团体总分第一名。其中足球、篮球、气排球、围棋、传统武术获得第一名。

【体育产业发展】 2017年，化州市体育馆发挥场地优势，提高场馆经营效益。体育场馆运营确立以安全为中心，组织干部职工参加消防、救生员和公共场馆管理人员等专业培训，增强公共体育场馆管理能力。利用体育中心有利位置，办好各项目暑期培训班，提高体育中心场馆的利用率。为市民文化生活提供场地，在体育场馆为市畜牧局和市人社局职介中心联办的下岗职工招聘会、大型演唱会等提供场地，提高场馆的使用率。加强高危险性体育市场监管能力，规范市场原则。高危险性体育市场监管坚持以安全为基调，针对游泳场所的特殊性，部署开展3次专项安全检查；组织救生员培训班，做好高危险性体育项目经营许可在市政府服务窗口统一办证等工作。

【体育彩票发行】 2017年，化州市体育彩票树立经营新理念，围绕提高销量这个核心目标开展各项工作，体育彩票销售持续创新高。抓住全省体彩网点升级改造的机遇，拓宽思路，狠抓服务质量，开展富有地方特色的符合该市体彩可持续发展的营销宣传活动，获得体彩销量和品牌形象双提升。全市有47个体彩销售网点，2017年体彩销售额3500多万元，比同期有所增长。

（李　斌　李梓茜　周群华）

社会生活

人口和计划生育

【概况】 2017年，化州市投入计生工作经费4800多万元，继续执行市领导挂钩联系镇（区、街道）、市直单位挂钩帮扶镇（区、街道）帮扶计生工作制度，全年全市筹集计生帮扶经费210万元，优先提拔计生干部15人次，否决个人15人，较好地完成上级下达的年度任务。至2017年底，化州市户籍总人口176026万人，已婚育龄夫妇30.52万对，出生27077人，出生率15.37‰，自然增长率10.31‰；政策内出生26409人，政策生育率97.53%，政策外多孩出生519人，政策外多孩率1.92%；出生人口性别比为105.32。

2017年，化州市医疗卫生计生相关做法被《人民日报·民生周刊》、民生网、《广东医改》杂志、《广东卫生计生》报道推介；先后被评为《中国人口报》《人口与计划生育》杂志新闻宣传工作先进单位、广东省严重精神障碍管理治疗先进单位、茂名市严重精神障碍管理治疗先进单位；播扬卫生院、江湖卫生院被国家卫计委评为全国“群众满意乡镇卫生院”单位（全市共10间）；中垌卫生院被国家卫计委作为全国“百佳卫生院”候选单位；笪桥、同庆两镇被评为茂名市婚育新风进万家活动先进单位；市卫计局党委被评为化州市先进党委；无偿献血工作首次超额完成茂名市下达的任务。

【计生综合治理】 2017年，化州市调整计生兼职单位，进一步明确计生兼职单位职责，完善全面两孩政策配套服务、政策衔接、协同管理等制度，推进与公安、社保、民政、财政等部门的人口信息互通和资源共享机制，建立计生工作预警预报机制，齐抓共管计生工作格局更完善。

【计生宣传教育】 2017年，化州市在国道、省道、县道、乡道及各道路主要出入口竖立800多块“全面两孩”政策宣传牌，投入15万元印制新修订的《广东省人口与计划生育条例》；全市所有计生“三栏”张贴“全面两孩”政策宣传画；在化州电视台、《化州新闻》报开设“全面两孩”政策专栏，播（刊）专栏25期（次）；出动宣传车，开展“全面两孩”政策集中宣传活动52车次；开通卫生计生微信微博平台，推送、发布全面两孩政策、避孕节育、优生惠民等有关卫生计生信息；编印《化州市卫生计生报》12期；印《广东省人口与计划生育条例》6万份、《流动人口计划生育工作条例》2万份、《健康素养66条》5万份，组队参加茂名市组织的健康素养活动竞赛；拍摄《计生国策谱新篇》《魅力中国城 卫计撑茂名》“四好（好医院、好院长、好医生、好护士”评选活动等专题片3部；举办23期健康教育讲座，近1万人参加；在各级刊物发表计生稿件数量居全省前列。

【计生月考核】 2017年，化州市每月对各镇（区、街道）计生经常性工作进行考核，将结果通报全市。每月市政府常务会议都听取计生工作专题汇报，排名倒数后两名的相关镇（区、街道）镇长（主任）要在会上做表态发言；连续两次倒数后两名的相关镇（区、街道），单位主职要在全市计生大会作检讨；连续三次或年累计达五次倒数后两名的，对单位评先评奖实行“一票否决”，党政主职及分管领导一年内不得评先评奖，扣发全年绩效；每月抽调相关乡镇、农场信息员对全市上一季度的信息情况进行核查、反馈、录入，保证计生信息处理准确、及时；每月组织工作组对乡镇计生业务督促检查，把督查情况现场进行反馈，并通报全市；开展打击“两非”专项行动，2017年完成打击“两非”案件3宗。申请法院立案49件，强制执行案件25宗，执结18宗，行政拘留9人，依法征收社会抚养费3600多万元。全市没有发生因计生问题引发的集体上访和重大恶性事件。

【计生优质服务】 2017年，化州市享受计生“三奖一扶”对象总人数2557人，发放奖励金365万元。全面启动计划生育家庭意外伤害保险工作，投入生育关怀资金100万元，有2087户计生家庭、963户计生工作人员家庭参加保险，为10户失独家庭购买保险；加强妇幼健康服务能力建设，抓好妇幼健康服务，规范母婴保健管理服务，加地中海贫血防控血常规检测29323人，初筛率171.35%；做好妇幼信息规范化管理，推进儿童营养与健康监测，全年落实监测1712人，占任务的85.6%；将“两癌”免费筛查项目列入计生月考核中，所占分值比例且较高；婴儿纯母乳喂养率85%以上。

【流动人口均等化服务】 2017年，化州市各地先后开展流动人口均等化服务宣传30次，发放健康咨询资料6万多份，发放避孕药具7000多盒，免费为流动人口做B超检查3000多人次；全面开展清查清理工作，加强流动人口计生的区域协作和信息社会化采集，清查出租屋、工地窝棚、厂区宿舍、商铺等1700多间，新建流动人口信息档案500多份、通报反馈流动人口信息2200条，提高流动人口的避孕措施及时率，减少政策外生育。在长岐镇、东山街道建立流动人口均等化服务示范镇，在全市起到示范引领作用。投入12万元开展关爱流动人口留守儿童活动。

（黎　贵）

人力资源·社会保障

综　　述

【管理机构设置】　化州市人力资源和社会保障局有20个内设机构，分别为办公室、人事股、综合规划股、财务和社会保险基金监督股、就业促进股、人力资源市场股、军官转业安置股、调解仲裁管理股、培训教育股、专业技术人员管理股、事业单位人事管理股、劳动关系股、退休人员社会化管理股、工资福利股、养老失业保险股、医疗生育保险股、工伤保险股、农村社会保险股、公务员管理股及劳动保障监察综合执法大队；11个直属单位，其中，市社会保险基金管理局、市人才开发管理办公室为副科级参公单位，市就业服务管理中心为副科级公益一类事业单位。系统核定总编制（行政、事业）235名，2017年有公务员（含参公）87名，事业人员109名。

【管理机构职能】　化州市人力资源和社会保障局主要职能是负责化州市有关人力资源和社会保障事业发展的事项，包括：统筹推进各类人才队伍建设，实施人才开发和管理工作；负责促进就业创业工作；统筹建立覆盖城乡的社会保障体系；负责就业、失业、社会保险基金预防、调节和控制工作；贯彻执行机关、事业单位人员工资收入分配政策；会同有关部门指导事业单位人事制度改革及专业技术人员职称改革；负责军队转业干部的安置和教育培训工作；负责行政机关公务员和参照公务员法管理事业单位工作人员的综合管理和职位设置；执行劳动、人事争议调解仲裁制度和劳动关系、劳动工资、劳动标准政策，完善劳动关系协调机制；组织实施劳动监察，协调劳动者维权工作，依法查处重大案件。

人事工作

【概况】　2017年，化州市政府口公务员基本情况为：从年龄结构来看，35岁及以下的有643人，占公务员总数的23.22%；36岁至45岁的有872人，占公务员总数的31.49%；46岁至54岁的有965人，占公务员总数的34.85%；55岁及以上的有289人，占公务员总数的10.44%。从学历结构来看，研究生及以上的有34人，占公务员总数的1.23%；大学本科学历的有1207人，占公务员总数的43.59%；大中专学历的有1448人，占公务员总数的52.29%；高中以下学历的有80人，占公务员总数的2.89%。2017年，化州市招录公务员64名，其中，市直机关公务员35名，镇级机关公务员34名。完成全市67个政府系统公务员管理单位（含参公）的年度考核工作，确定全部参加2017年度考核人员的等次：参加考核的股级以下公务员2059人，经综合审查，优秀等次305人（优秀比例为14.81%）；称职（合格）1643人；不定等次90人；基本称职（基本合格）4人；不称职（不合格）17人。2017年印发任免通知文件14份，任免领导干部34人，办理公务员转任手续50人，办理公务员辞职3人、辞退1人。

【事业单位工作人员公开招聘】 2017年，化州市组织公开招聘事业单位工作人员14次，招聘432人，其中事业单位人员364人、政府雇员12人、政府购买服务56人。全年招聘工作保持零投诉。事业单位人员聘用按照岗位设置相关政策，坚持按岗聘用，没有空岗一律不予调动和聘用。2017年办理事业单位工作人员聘用900余人次，其中调动240人，正常晋升聘用330人。全年受理5次“吃空饷”举报查处工作，全年辞退事业单位人员12人，规劝和自动辞职30人（其中财政供养29人，差额拨款1人），每年为财政节约190余万元。

【化州市机关事业单位养老并轨制】 2017年，化州市提高全市在职财政供养人员年终一次性奖金，由一个月基本工资提高到一个月应发工资总额；提高农村边远地区学校教师生活补助，不低于月人均1000元标准；对财政供养退休人员养老金调待。

【职称评审】 2017年，化州市中小学教师申报职称评审通过总人数661人，其中高级234人，中级247人，初级180人。2017年非教师类申报职称评审通过总人数191人，其中高级33人，中级118人，初级40人。

【继续教育】 2017年广东省专业技术人员继续教育公需科目学习内容确定为“大数据前沿技术及应用”“以供给侧改革推进跨区域产业共建”“工匠精神与广东制造”3个专题。化州市人社局指导全市专业技术人员16599人完成公需科目的学习任务。对年度继续教育证书进行验证，促进化州市专业技术人员继续教育工作的有效开展，保障该市教育强市的软件建设工作。

【公务员培训】 2017年，化州市委组织部、市人社局联合举办公务员践行发展新理念和职业道德建设专题培训班，全市实行（参照）公务员法管理单位科级及以下的公务员3400多人参加培训。培训时间从8月8日开始至8月11日结束，分4期进行。公务员全员培训结束后，对全市公务员进行考核，培训证书审验证等。

【“三支一扶”】 2017年，化州市人社局结合化州市农村基层的现状，因地制宜制定“三支一扶”大学生的服务岗位。2017年在化州市从事“三支一扶”的高校毕业生54人，分布在16个镇的52个服务岗位上。组织2016届“三支一扶”人员参加在岗培训和2017届“三支一扶”人员的岗前培训和派遣安置工作，为“三支一扶”大学生提供必要的生活条件，承担日常的管理工作。做好跟踪管理，做好服务期中和服务届满的“三支一扶”毕业生的考核工作，为服务期满的大学生落实就业岗位，保证化州市“三支一扶”计划的稳步推进。

【大学生档案管理】 2017年，化州市接收2016年毕业的大学生档案6650份，2017年毕业的大学生档案7500份，办结780份档案转出。按照省人才服务局要求，把2016年的6650份学生档案信息录入新电脑系统，方便学生调档、阅档、查档。2017年高校毕业生按省人才服务局要求，采取网上报到。网上报到系统是一个全新系统，审核通过4666人次的报到资料，方便大学生网上查询报到结果。

劳动就业

【概况】 2017年，化州市城镇新增就业10350人，认定就业困难人员322人；受理及初审社保补贴1985人，社保补贴金额339万元；为24人办理岗位补贴5.15万元；办理创业担保贷款8笔，发放贷款138万元，促进创业562人，创业带动就业2853人。录入省网实名登记就业23.79万人，提前超额完成茂名市人社局下达化州市的21.8万人目标任务，完成目标任务的109%。有劳动意愿贫困人员实现就业2825人，其中，在外地实现就业1123人，在本地实现就业1679人，公益性岗位安置就业困难人员23人。2017年，化州市有2个创业孵化基地，1个向茂名市人社局申报市级创业孵化基地，在审批中；另1个正在按市级创业孵化基地的标准筹建中。建立与广西隆安县劳务协作联系，成立“化州市驻隆安县劳务输出服务站”，拨出专项办公经费，帮助其有外出转移就业意愿的劳动力实现转移就业。

【创业培训】 2017年，化州市培训1170多名创业人员，为推行创业实训工作，邀请北京豪达教育科技有限公司欧阳教授到化州市举办创业实训师资培训班，培训的对象为职校教师及培训机构人员，30人参加培训。开展技能晋升培训工作，围绕市场就业及用工需求，开拓新思路增设新培训工种，以电子商务、中式面点、中式烹饪、育婴师、保育员为主要工种开展技能晋升培训工作。截至年底，共培训5250人，其中，考试合格的创业培训1170人，技能晋升培训2500人（通过省考核取得合格证书并获得晋升补贴1800人）。

【就业创业】 2017年，化州市人社局推进各项扶持政策的落实，搭建求职平台，抓好精准扶贫对象、大中专毕业生、就业困难人员等困难群体的就业工作。全年组织召开招聘会18场（次），其中大型招聘会2场，共有100多家企业进场招聘，包括化州市的重点经济支柱企业以及广州、深圳、珠海等珠三角地区的知名企业，涉及制造业、零售业、加工业、服务业等多个行业，提供6000多个就业岗位。2月，化州市举办“南粤春暖·就业援助”大型现场招聘会；9月，举办“百企千岗·精准扶贫”大型现场招聘会。市人社局每月利用周末、节假日以及晚上时间在人流集中的地方举办2场有针对性的各类企业用工现场招聘会，把招聘信息及时公布在市政府官方网站。

【劳动事务代理】 2017年，化州市职业介绍服务中心为2562人代办社会保险接续，办理工龄补缴的农场户籍人员有150多人，为26名退役军人办理社会保险参保年限视同建帐，代办退休业务862宗。2017年城镇登记失业率2.45%。就业失业动态监测样本（监测点）企业69家，其中，就业动态监测样本企业53家，失业动态监测样本企业16家。

【专项劳动保障监察执法检查】 2017年，化州市劳动监察综合执法人员到210多家用人单位开展各项劳动保障检查，涉及劳动者1.9万人，立案受理劳动监察案件15件，涉及劳动者255人，协调化解劳资矛盾纠纷21件，涉及劳动者300多人，为劳动者追回应得工资113.21万元，移送人民法院强制执行案件1件，涉案金额21.3万元，涉嫌拒不支付劳动报酬罪移送公安机关案件1件，涉及44名劳动者22.2万元；社保执法专项工作，向未参加社保登记单位发出《劳动保障监察信息采集通知书》40多份，督促缴纳社会保险费180万元。

【创建和谐劳动关系示范区工程】 2017年，化州市制定《关于印发化州市2017年创建和谐劳动关系示范区工程工作方案》，全面落实劳动合同制度是创建和谐劳动关系的重要内容。2017年，化州市建立创建和谐劳动关系示范点23个，参与创建企业566家，职工33102人。企业劳动合同签订率95%，已建立工会的企业集体合同签订率83%。

【劳动人事争议仲裁】 2017年，化州市劳动人事争议仲裁委员会坚持快立、快审、快结的办案原则，处理各类劳动人事争议案件，维护和谐稳定的劳动秩序。全年接访劳动人事争议纠纷案37件，接待来访群众95人，其中，案外和解19件，不予受理2件，案内立案处理16件，包括调解9件，裁决6件，裁定撤诉1件，涉案总金额170多万，人事争议案件为0，劳动人事争议案件法定审限内结案率100%。

【工伤认定和工作保险参保】 2017年，化州市受理工伤认定申请116件，其中，认定工伤109件，不予认定4件，不予受理3件。工伤职工伤残鉴定24宗，非因工或因病劳动能力鉴定18宗。推进建筑施工企业按建设项目参加工伤保险工作，全市建筑施工企业新开工建设发证项目参保率100%，征缴工伤保险费150多万元。

【企业薪酬调查】 2017年，根据广东省人社厅《关于开展2017年企业薪酬调查工作的通知》精神，化州市开展2017年企业薪酬调查工作，正确反映企业人工成本和在岗职工工资的基本情况。化州市参与调查的企业53户，其中，农、林、牧、渔业4家，制造业16家，燃气业2家，建筑业7家，批发零售业11家，交通运输业5家，住宿餐饮业5家，房地产业1家，服务业1家，广播文化业1家。

【企业最低工资标准执行】 2017年，化州市仍按照茂名市人民政府《关于调整化州市企业职工最低工资标准的通知》规定，继续执行最低工资标准1210元/月，非全日制职工小时最低工资标准12元/小时，保障职工的合法权益。

社会保障

【概况】 化州市职工参加养老保险人数110763人，征收基金63644万元，享受待遇人数35687人，待遇支出基金106252万元；城乡居民参加养老保险人数562413人，征收基金为39262万元，享受待遇人数187480人，待遇支出基金82344万元。全市职工参加失业保险人数40177人，征收基金1512万元，待遇人数102人，待遇基金367万元。职工参加医疗保险人数65085人，征收基金20774万元，待遇人数8642人，待遇基金20945万元。全市职工参加工伤保险人数51797人，征收基金1160万元，待遇人数195人，待遇基金725万元。全市职工参加生育保险人数44365人，征收基金936万元，待遇人数2631人，待遇基金1871万元。

【社保扩面征缴】 2017年，化州市参加城乡居民养老保险参保人数56.2413万人，完成茂名市任务55.7万人的100.97%，缴费人数27.7638万人，完成茂名市任务23.56万人的117.84%，参保缴费均在8月提前超额完成茂名市下达的任务，在茂名市各区（县级市）中排名第一。城镇职工养老保险参保人数（含离退休）20.058万人，其中企业职工养老保险参保人数为134866人，完成任务的100.57%，城镇职工养老保险覆盖率及缴费率名列茂名市各区（县级市）第二。化州市参加2018年城乡居民医疗保险参保缴费人数1335870人，其中政府全额资助人数为76172人，完成茂名市任务的101.77%。

【标准化服务大厅建设】 化州市社保局服务大厅建设工作于2017年8月18日完成建设场地债权回赎工作，在工程招标公示后，10月27日上午，社保标准化服务大厅动工兴建，12月28日工程项目全部竣工，设备采购、安装等已全面完成。

【城乡医保缴费标准提高】 2017年，化州市2018年城乡居民参保缴费征收按照茂名的统一部署，以户为单位，每人每年缴费标准从150元调整到180元。执行国家和省、市对跨省就医直接结算政策，7月开始办理跨省直接结算业务。化州市社保局从9月开始城乡居民医保备案表中不再填写医疗机构信息，取消需就医地提供的所有审批盖章程序，由化州市社保局直接审核，缩短办理业务时间。

【生物特征采集服务】 化州市需进行待遇领取资格认证人数188057人，截至2017年12月底，通过认证（生物特征采集）人数154637人，认证不通过的有33346人，尚未进行认证的有74人，认证率（含认证通过和认证不通过）99.96%。

【机关事业单位养老参保信息登记】 2017年7月，开展机关事业单位的参保登记工作暨业务培训班。全市应参保登记在职人数24484人，应参保登记退休人数8199人，至12月31日止完成在职人员23565人和退休人员7733人的参保登记工作。按照“先易后难，分批启动，收支同步，先启动后结算”的原则，9月率先成功试点10个单位的机关事业单位养老保险费的征收和1个单位的退休人员养老待遇发放工作，至12月31日止，全市启动缴费人数13478人，发放待遇人数2人。

【待遇调整】 化州市调整提高企业退休人员基本养老金，从2017年1月起，按照2016年企业退休人员月人均基本养老金的6.5%左右（55元定额、3.2%定比）进行提高；2017年城乡居民养老保险基础养老金调整于2017年7月18日全部发放到位，其中按照新的基础养老金标准（120元每人每月）发放待遇人数181612人，发放待遇金额2210.1026万元；补发2017年1—6月基础养老金差额179643人次，补发基础养老金差额1066.9815万元；从2017年1月起，供养亲属抚恤金按全市上年度在岗职工平均工资增长率10.1%调整；从2017年7月起提高工伤护理费，一级2652元，二级2210元，三级1768元，四级1326元。

2017年化州市人力资源和社会保障局领导班子成员名录

党组书记、局长：姚亚新（任至1月）
吴瑞勇（3月任职，任至11月）
朱恒志（11月任职）
党组成员、副局长：彭仕松
何亚佳

黄小青
李亚勇
陈　兴
吴瑞勇（任至3月）
党组成员：陈金生（任至2月）
李志儒
王日庆

（周　伟　谢观梅　杨芳艺）

社会保险

【概况】 化州市社会保险基金管理局（以下简称化州市社保局）直接经办全市机关、企事业单位（含省、茂名市驻化州行业单位）的社会保险登记，办理社会保险关系的建立、中断、转移、接续和终止工作；审核各项社会保险待遇。承担全市各项社会保险数据信息的采集、统计分析及其管理工作；负责管理全市机关、企事业单位（含省、茂名市驻化州行业单位）各项社会保险缴费记录、档案和个人账户的信息资料。至2017年底，全市职工参加养老保险人数110763人，征收基金63644万元，待遇人数35687人，待遇基金106252万元；城乡居民参加养老保险人数562413人，征收基金为39262万元，待遇人数187480人，待遇基金82344万元。全市职工参加失业保险人数40177人，征收基金1512万元，待遇人数102人，待遇基金367万元。职工参加医疗保险人数65085人，征收基金20774万元，待遇人数8642人，待遇基金20945万元。全市职工参加工伤保险人数51797人，征收基金1160万元，待遇人数195人，待遇基金725万元。全市职工参加生育保险人数44365人，征收基金936万元，待遇人数2631人，待遇基金1871万元。

【标准化服务大厅建设】 根据茂名市人力资源和社会保障局《转发省人力资源和社会保障厅关于开展省级就业及技工教育专项资金督导的通知》文件精神，化州市社保局服务大厅于2017年8月18日完成建设场地债权回赎工作，在工程招标公示后，10月27日上午，社保标准化服务大厅动工兴建，12月28日工程项目全部竣工，设备采购、安装等全面完成。

【社保扩面征缴】 2017年度化州市社保局社保扩面征缴工作启动，落实挂点责任，强化进度考核，把城镇职工养老保险覆盖率和参保缴费率纳入2017年度各镇（区、街道）经济社会发展考核指标，定期全市通报各镇（区、街道）进度情况。根据《化州市2017年企业职工基本养老保险扩面征缴专项行动工作方案》要求，全市成立4个专项行动工作组，按照《社会保险法》和省、市有关文件规定做好征缴范围内各用人单位的社会保险登记和征缴工作。利用社会保险费征缴的稽查手段，定期、不定期的有重点稽查用人单位申报的基数、比例、工资总额及员工工资发放情况等，强化基金征缴力度；对违反《社会保险法》规定的行为采取相应处罚措施，确保做到应保尽保、应收尽收。

【城乡医保缴费标准提高】 2017年10月，化州市启动2018年度城乡居民参保缴费征收。按照茂名的统一部署，以户为单位，每人每年缴费标准从150元调整到180元。

【简政放权】 2017年，化州市执行国家和省、市对跨省就医直接结算政策，7月开始办理跨省直接结算业务。从9月开始城乡居民医保备案表中不再填写医疗机构信息，取消需就医地提供的所有审批盖章程序，由化州市社保局直接审核，缩短办理业务时间。

【生物特征采集服务】 2017年，化州市需进行待遇领取资格认证人数188057人。至12月底，154637人通过认证（生物特征采集），33346人认证不通过，74人尚未进行认证，认证率（含认证通过和认证不通过）99.96%。

【城乡居民养老保险创新参保方式】 2017年，化州市发挥镇干部、村干部的表率作用，鼓励村干部带头先参保，引城乡居民自觉参保缴费。通过市、镇加温会议，定期通报全市扩面和续保缴费的工作进展情况，确保城乡居保目标任务全面完成。利用镇级人社所城乡居民养老保险窗口和邮储银行网点广布乡镇优势，设置柜台缴费专窗，利用62台自助终端，103个助农取款服务站，做到便民参保。化州市率先完成茂名市下达的2017年度城乡居民基本养老保险参保缴费任务。

【机关事业单位养老参保信息登记】 2017年7月，开展机关事业单位的参保登记工作暨业务培训班。全市应参保登记在职人数24484人，应参保登记退休人数8199人，至12月31日止完成在职人员23565人和退休人员7733人的参保登记工作。按照“先易后难，分批启动，收支同步，先启动后结算”的原则，9月率先成功试点10个单位的机关事业单位养老保险费的征收和1个单位的退休人员养老待遇发放工作，至12月31日止，全市启动缴费人数13478人，发放待遇人数2人。

【待遇调整】 化州市调整提高企业退休人员基本养老金，从2017年1月起，按照2016年企业退休人员月人均基本养老金的6.5%左右（55元定额、3.2%定比）进行提高；2017年城乡居民养老保险基础养老金调整于2017年7月18日全部发放到位，其中按照新的基础养老金标准（120元每人每月）发放待遇人数181612人，发放待遇金额2210.1026万元；补发2017年1至6月基础养老金差额179643人次，补发基础养老金差额1066.9815万元；从2017年1月起，供养亲属抚恤金按全市上年度在岗职工平均工资增长率10.1%调整；从2017年7月起提高工伤护理费，一级2652元，二级2210元，三级1768元，四级1326元。

【内控制监督检查加强】 2017年，化州市社保局从相关股室抽调工作人员16人组成核查组从6月15日至7月13日对全市部分定点医疗机构和零售药店进行随机核查。检查在院患者300多人，抽查在院病历200多本，查看出院病历150多本。零售药店社保卡消费小票1300多份，对定点医疗机构有违规规约行为，根据《服务协议》的规定，按违规违约人次处以2个以上5个以下住院人次平均定额的扣罚，同时限期责令整改，对整改不办的，终止执行《服务协议》，终止定点医疗机构结算资格。对定点零售药店涉及违规违约行为的，下达限期整改通知，对整改不力的，终止《服务协议》。加强和规范全局工作人员的管理，按《内控细则》要求建立严格的内审制度，每个业务股室每月自查一次，专项检查每年至少两次，对预警信息及时核对，对信息系统数据进行严格监测。

2017年化州市社会保险基金管理局领导班子成员名录

局　　　长：董盛文
党支部书记：洪朝晖
副　局　长：伍庆茂
　　　　　　翁丽程
　　　　　　张　涛
党支部副书记：李婵清

（李伟瑞　吴栩曼）

民政工作·社会事务

【社会福利】 2017年，化州市有孤儿1065人，其中，分散供养孤儿954人，集中供养孤儿111人；孤儿供养水平达到最低生活保障标准，分散供养标准每人每月880元，集中供养标准每人每月1450元。有事实无人抚养儿童710人，每人每月补助500元。有“两项”残疾人补贴对象18075人，其中，重度残疾人13270人，困难残疾人4805人；重度残疾人补贴标准每人每月200元，困难残疾人补贴标准每人每月150元。2017年，全市办理收（送）养登记22件。年度批复成立民办养老机构1家。

【最低生活保障】 2017年，化州市实施城乡低保救助对象城市低保救助17793户、49849人，其中，城市低保对象2245户4881人，农村低保对象15548户44968人。城市最低生活保障标准、补差水平为每人每月580元、457元，农村最低生活保障标准、补差水平为每人每月400元、206元。全年全市发城乡低保生活救助金13463.6万元。

【五保供养】 2017年，化州市有特困供养对象7550人。其中，城镇特困供养对象63人，农村特困集中供养对象335人，农村特困分散供养对象7152人。特困供养对象每人每月救助标准为：城镇特困供养对象928元、农村特困集中供养对象875元、农村特困分散供养对象730元。全年全市发特困供养金6851.3万元。

【临时救助】 2017年，化州市资助城乡低保、农村五保免费参加城镇居民医疗保险998.71万元；城乡特困居民医疗救助8283人，发放医疗救助金3689.57万元；临时救助691人次，发放临时救助金189.86万元。

【慈善事业】 2017年“6·30”扶贫济困日活动，化州市筹集善款185万元。

【村民自治和区划地名】 2017年，化州市完成334个村委会、33个社区居委会“两委”换届选举，依法选出村（居）委会成员1650人、村（居）务监督委员会成员1103人，村（社区）书记、主任“一肩挑”比例92.10%，“两委”干部交叉任职比例91.69%。2017年，19个镇（街道）中心圩道路命名179条，第二次全国地名普查通过茂名市、广东省地名普查核查验收。

【双拥工作】 2017年春节、“八一”期间，由化州市委、市政府领导带领慰问团慰问茂名军分区、茂名武警支队、茂名消防队、化州市武警消防官兵、伤残军人、老复员军人、参战人员等重点优抚对象，送上慰问金和慰问品。

【优抚工作】 2017年，化州市有优抚对象8080人，其中，伤残军人（1—10级）337人，在乡老复员军人268人，三属（烈属、因公牺牲军人家属、病故军人家属）96人，带病回乡退伍军人515人，“五老”人员893人，参战涉核人员2507人，60周岁以上农村籍退役士兵3265人，60周岁以上烈士（含错杀被平反人员）子女199人。全年发放优抚抚恤金和生活补助金5975.38万元，义务兵（895人）家属优待金

665.7万元。

【安置工作】 2017年，化州市接收退役军人398人（其中退役义务兵285人、复员士官109人、转业士官4人），398名退伍兵的档案全部归档，推荐和介绍安排军地两用人才386人，解决2006年以前7名城镇退役士兵安置历史遗留问题。

【婚姻登记】 2017年，化州市办理结婚登记12376对，离婚登记2264对，补领结婚证1340对，办理涉外（港澳台、华侨）结婚登记24对，涉外离婚登记9对，登记合格率100%。取消婚姻登记证书收费。

【民间组织管理】 2017年，化州市在册社会组织290个，其中社会团体100个，民非组织190个；新成立社会组织22个，其中社会团体14个，民办非企业单位8个。

【殡葬改革】 2017年，化州市火化遗体3927具。全市建成市级树葬区2个、市级生态公墓园3个、镇级生态公墓园14个、村级公益性生态公墓园24个、镇级骨灰楼4个。

【福利彩票发行】 2017年，化州市有福利彩票销售站点67个。

【老龄工作】 2017年，化州市有80周岁及以上老人33950人，发放高龄老人生活津贴765万元。“九九”重阳节，市政府拨出专款10万元开展敬老爱老“重阳节”活动。开展“银龄安康”行动，免费为全市10800名高龄老人购买意外伤害综合保险。落实《茂名市老人优待暂行办法》，免费为3000多名老60周岁以上年人办理老年人优待证。落实“银龄安康”行动，免费为10800名老年人免费购买意外伤害综合保险。

【灾害·事故救济】 2017年“5·12”防灾减灾宣传活动日中，化州市开展防灾减灾知识宣传，发放宣传资料1万份。投入120万元采购储备救灾棉被7200床、军大衣1000件。10月，化州市遭受台风“卡努”袭击，全市倒塌户3户、倒塌房间7间，无人员因灾伤亡。全市开展帮扶重建家园工作，中央、省、茂名和地方四级政府给予每户补助4万元支持重建。

2017年化州市民政局领导班子成员名录

党组书记、局长：余　辉

党组成员、副局长：郑翠英（任至10月）
李超雄
廖　海
李　开（10月任职）

党组成员：梁彩信
魏　炎
陈　统

（李明豪）

城乡居民人均可支配收入

【概况】 2017年，化州市经济发展稳中向好，居民收入水平明显提高，城乡收入差距较小。

【居民人均可支配收入】 国家统计局化州调查队分市县城乡一体化住户调查结果显示：2017年化州市全体居民人均可支配收入18836.6元，比上年增加1388.7元，增长8.0%，增幅与茂名市的基本持平，比全省的低0.9个百分点。其中，化州市城镇常住居民人均可支配收入23834.2元，比上年增加2054.1元，增长9.4%；化州市农村常住居民人均可支配收入15689.4元，比上年增加1165.8元，增长8.0%。

【城乡收入差距小】 2017年，化州市城乡居民人均可支配收入比是1.52：1，而全省是2.6：1，茂名市是1.61：1。化州市城乡居民收入差距小，处全省最低行列。

【化州市与广东省、茂名各区（县级市）比较】 2017年，广东省居民人均可支配收入33003.29元，与化州市的比例是1.75：1。其中，2017年广东省城镇常住居民人均可支配收入40975.14元，与化州市的比例是1.72：1；2017年广东省农村常住居民人均可支配收入15779.74元，与化州市的比例是1.006：1。化州市农村常住居民人均可支配收入与全省平均水平基本持平。2017年茂名市全体居民人均可支配收入19885.2元，比化州市的高1048.6元。2017年茂南区、电白区、高州市、化州市、信宜市全体居民人均可支配收入分别是24663.9元、19836.7元、18853.6元、18836.6元、18746.5元，化州市处五区（县）第四位。

（李盛佳）

民族·宗教

民族事务

【概况】 化州市少数民族人口主要集中在平定、文楼和合江镇。2017年，平定镇的那宾民族行政村少数民族人口1210人，占村委会总人口的30%；文楼镇的塘表民族行政村少数民族人口623人，占村委会总人口的33%。

【扶持那宾民族村搞好基础设施建设】 为扶持少数民族地区发展经济，搞好特色村寨、民生等工程，2017年化州市民族宗教和外事侨务局向上级民宗部门申请民族专项资金10万元，主要用于平定那宾村委会的民族村道拓建。

【指导文楼塘表村委会规范使用少数民族资金】 2017年，化州市民族宗教和外事侨务局向上级部门争取回拨97万民族资金，推动文楼塘表村委会搞好油茶种植生产工作。至2017年底，该油茶基地一期完成种植8公顷。5月，化州市民族宗教和外事侨务局组织带领文楼镇塘表村委干部到信宜市民族村学习取经，增强文楼镇塘表民族村发展壮大集体经济的信心。

【为民族村办实事好事】 2017年，化州市民族宗教和外事侨务局为文楼塘表民族村的1名少数民族大学生申报每人每年度1万元的省政府专项资助资金。

【加强少数民族人员的管理】 2017年，化州市民族宗教和外事侨务局通过调查、调研等多种形式，进一步掌握化州市少数民族人员的基本信息，密切关注少数民族群众的思想动态和日常生活，正确引导，帮助他们解决实际困难。

宗教事务

【概况】 化州市有宗教派别4个，分别是佛教、道教、基督教和天主教。有批准登记的宗教活动场所12个，其中道教8个、佛教3个、基督教1个。12个宗教活动场所中，被核准登记为一类场所（寺观教堂）的10个、二类场所（固定处所）的2个。2017年度登记在册的宗教教职人员66人，其中，佛教的比丘45人、比丘尼7人，道教的乾道14人。

【加强宗教活动场所日常监管】 2017年，化州市民族宗教和外事侨务局建立日常巡查制度，通过日常巡查，全面掌握全市12个宗教活动场所和4个基督教聚会点有关情况，发现问题及时处理。指导基督教化城福音堂、新安琉璃庵、化州东庆堂、南盛大庙等宗教场所完成换届选举工作。分别向平定武帝庙、南盛大庙、合江福田庙等发出告知书，督促场所做好安全整改工作，确保场所安全有序。在春节、清明节和大型宗教活动开展前，除常规的安全检查外，还根据情况，指定专人针对性地进行书面、电话督查和实地检查。

【市宗教场所风险预防】 2017年，化州市民族宗教和外事侨务局健全制度，规范管理。针对以往宗教场所安全意识不够强及举办宗教活动不够规范等问题，该局与宗教活动场所签订《茂名市宗教场所安全管理工作责任书》，督促、推动宗教场所抓好日常安全管理，建立健全安全工作责任制，制定落实安全管理各项规章制度。指导各宗教场所制定健全《大型宗教活动报批办法》，加强对各类大型宗教活动报批管理，按照《宗教事务条例》的规定和“就地、分散、小型、从简、有序、安全”的原则，积极引导、控制规模，按照化州市宗教活动场所举行大型宗教活动报批办法把好关。督促宗教活动场所举行大型的宗教活动前，做好相应的应急预案，落实安全责任，杜绝宗教活动场所因人员拥挤出现踩踏事件，确保宗教活动安全有序和社会的和谐稳定。

【依法规范宗教事务管理】 2017年，化州市民族宗教和外事侨务局指导督促宗教场所建立、健全治安、消防、财务等管理制度，继续开展“和谐寺观教堂创建活动”，推动场所规范化建设，保证全市宗教活动的健康有序发展。

【东堤路天主教教产回退】 2017年，化州市民族宗教和外事侨务局推动东堤路天主教教产的回退落实工作。经反复与天主教湛江教区沟通，协调教育、国土、土储等有关部门，达成“异地还建”教堂的方案，呈送给化州市政府，市政府于10月26日召开常务会议通过《关于解决化州市东堤路天主教教产退还问题的会议纪要》，化州市民族宗教和外事侨务局正督促天主教区做好用地确权以及迁建的准备工作。

【民间信仰场所普查】 2017年，化州市民族宗教和外事侨务局启动民间信仰场所普查工作，制定工作方案，成立领导小组，召开动员会，逐级开展培训等。至8月底，普查工作完成，全市普查有符合条件的民间信仰场所1938间。11月，化州市民族宗教和外事侨务局做好宗教信仰的宣传释疑工作，印发5000多份《宗教信仰知识答疑》，分发到全市各村庄、宗教场所，提高广大群众的宗教政策知识。

（翁麒雅）

群众团体

化州市总工会

【概况】 化州市总工会成立于1951年10月。办公地址设在化州市河西区民主路。2017年，总工会机关内设办公室、组织宣传部、经济工作部、权益保障部。属下事业单位有：化州市职工文化技术学校，在编干部职工13人；化州市工人文化宫，在编干部职工9人；化州市困难职工帮扶服务中心，在编干部职工3人。全市有工会组织1095个，其中，工委会51个，基层工会1044个；有工会会员106247人。

【“安康杯”竞赛】 2017年，化州市总工会组织开展“安康杯”竞赛活动。6月13日召开化州市2016年全国安康杯竞赛活动总结推进会，总结2016年度全国“安康杯”完竞赛活动工作情况，部署全市2017年度全国“安康杯”竞赛活动工作，为获得优胜单位和优秀组织单位进行颁奖。

【庆“五一”】 2017年4月26日上午，在化州市行政中心十楼会议室召开庆祝“五一”国际劳动节大会，号召大力弘扬劳模精神，增强主人翁责任感和使命感，发挥主力军作用，最大限度焕发创造潜能和创造活力，为建设幸福福化州做出新的更大贡献。

【基层工会换届】 2017年，化州市总工会按照《工会法》和《中国工会章程》的有关规定，对16家基层工会进行换届，督促基层工会各项职责的落实。

【“三个一批”示范点建设】 2017年，化州市总工会贯彻落实广东省、茂名市工会组建工作相关要求，统筹、规划、推进化州市“三个一批”建设（即在全市建设一批村社、园区工会联合会，建设一批社会化工会工作者队伍，建设一批会、站、家一体化的职工之家）。市总工会班子成员先后到南盛街道办南盛社区、石湾街道办石湾社区、东山街道劳村社区、官桥镇官桥社区调研指导“三个一批”建设，了解各社区的实际情况，现场研究帮助解决实际困难，提出具体指导意见和建设要求。示范点建设初见成效。

【困难职工帮扶】 2017年春节期间，化州市总工会协助茂名和化州市委上门慰问7家困难企业、8名劳动模范和15户特困职工。市总工会为170户特困职工发放21.7万元慰问金。7月中旬，市总工会开展2017年夏送清凉活动，到广东昌华海利科技有限公司和恒兴水产科技有限公司、市机场大道及其他交通设施建设现场，给企业员工和一线施工人员送去一大批清凉饮料，并检查现场劳动保护和防暑降温工作落实情况，以实际行动关爱员工，助推化州重点项目建设。

【拓展工会文体工作】 2017年4月20—21日，化州市总工会在市康景体育馆组织举办庆五一“强体魄·激活力·促发展”职工趣味运动会，全市有97支队，1000多人参加。争取“中国梦·劳动美——广东工人艺术团走进化州”文艺晚会在市康景体育馆举行，广东省总工会及茂名市、化州市党政工领导与化州各界职工代表、劳模代表约2000人观看晚会。6月1日晚上，由茂名市总工会和市广播电视台主办的“创文明城市·展职工风采”茂名市排舞电视大赛在茂名文化广场举行，来自全市各基层工会经层层角逐优选出的15支队伍近500名选手参加决赛。化州市代表队——广东昌华海利科技有限公司的《精忠报国》以9.97分获役念奖第一名，同时获得优秀组织奖，茂名市委书记李红军为其颁奖。该队在10月27日闭幕的第六届全国职工全健排舞比赛中获金奖第一名，获得全场唯一一个大满贯满分，获最佳推广奖。

【荣誉】 2017年，化州市总工会组织市代表队——广东昌华海利科技有限公司的《精忠报国》在第六届全国职工全健排舞比赛中获得第一名。

2017年化州市总工会领导班子成员名录

主　　席：宋丹青

常务副主席：宋　凯

副 主 席：彭　冲

（吴　佳　余景林）

共青团化州市委员会

【概况】 共青团化州市委员会办公地址设在化州市委市政府大楼十楼，内设三部一室（办公室、团务部、城乡部、学少部），有公务员编制7个和工勤编制1个，其中班子成员3人，一正两副。团化州市委下设96个团委，其中，镇级团委23个，中心学校团委24个，中学团委38个，中专团委2个，企事业团委6个，市直属机关团委1个，非公团组织团委2个。2017年，化州市14~28周岁青年人数35万人，团员青年158610名，其中在校团员33810名。全市有少先队组织390个，少先队员168180人。

【共青团换届选举】 2017年12月20日上午，共青团化州市第十六次代表大会在化州市华伟图书馆召开，应出席大会的代表243名。化州市委书记黄永，团茂名市委书记何龙江，化州市政协主席阮汉，市委副书记、政法委书记周太强，市政协副主席苏凯愈及市委组织部副部长李良勇等领导出席会议，市总工会、市妇联等八大群团单位领导参加开幕式。团茂名市委书记何龙江、化州市委书记黄永、市总工会副主席彭冲向大会致辞。大会听取和审议共青团化州市第十五届委员会工作报告；确定新一届团委会工作努力方向、奋斗目标；选举产生共青团化州市第十六届委员会。

【团建活动】 2017年，共青团化州市委员会坚持学习政治理论召开团的工作会议，组织全市团干学习贯彻党的十九大精神、以习近平新时代中国特色社会主义思想为指导，深入贯彻习近平总书记对广东重要指示批示精神，深刻领会党的十九大精神以及“四个坚持、三个支撑、两个走在前列”的实质内涵，向广大团员青年传达好精神。开展“学习总书记讲话 做合格共青团员”教育实践，成立教育实践领导小组和工作机构，制定《关于在全市集中开展“学习总书记讲话 做合格共青团员”教育实践的通知》，召开全市开展“学习总书记讲话 做合格共青团员”推进会议，广泛组织开展自学活动，撰写心得体会，开展专题组织生活会、主题团课等。

坚持创新主题教育实践　化州市各级团组织、少先队结合工作实际以“学习总书记讲话做合格共青团员”为主题，开展徒步、篝火联谊晚会、青年气排球比赛、团干团员拓展活动、讲团课、歌咏比赛等一系列的团日主题活动。在全市表彰一批共青团系统的工作先进集体和优秀青年工作者，通过发挥先进典型的示范带动作用，引领全市广大团员青年学先进、当先锋、做模范。全面开展青少年思想引领，结合“学雷锋”“五四”青年节等节日契机，开展“青春礼”新团员入团宣誓仪式和“成人礼”等活动，开展“社会主义核心价值观”、寻找“最美南粤少年”等宣传教育活动。

【共青团队伍建设】 2017年，共青团化州市委员会加强团干部队伍建设，开展机关团干部谈心谈话，加强团干部作风建设，开展“1+100”直接联系青年活动，组织团干部线上与青年交流，线下开展联系青年活动，密切干群关系。制定《团化州市委“八小时以外”监督管理办法》《团化州市委贯彻落实中央政治局改进工作作风、密切联系群众八项规定实施办法》等管理制度，从严要求团干部。注重规范，按照规定选拔团干部，2017年，团化州市委挂职干部5人次，提拔任用镇街团委书记14人。发展团员队伍，制定《关于下达2017年我市发展团员调控计划的通知》，将发展团员名额分配到各基层团组织，将基层发展团员细则相关要求执行情况作为基层团组织评优考核内容之一，制定《关于做好团费收缴、管理、使用工作的通知》，做好团费收缴、管理、使用。

【共青团改革】 2017年，共青团化州市委员会夯实团组织基础，落实《广东共青团改革方案》，推进“智慧团建”工作，拟定《化州市落实广东共青团改革方案工作任务责任分工安排（稿）》，明确各单位改革分工安排和落实时间表情况。全市23个镇（区、街道）、367个村（社区）团组织完成换届工作，市级团代会于12月完成换届选举。一大批理想信念坚定，综合能力强，党性觉悟高的优秀团员被选任到团的岗位上来，基层团组织力量得到明显增强。团的代表大会、委员会、常委会的广泛性和代表性增强，团的领导机构中基本群众代表的比例合理。2017年，化州市团的代表大会、全委会、常委会组成人员中来自基层和一线的人员比例分别为86%、82.6%、42.8%。

【青少年健康成长】 2017年，共青团化州市委员会开展“1+100”“8+4”“4+1”“万名团干讲党团课”“机关开放日”工作，结合社区“三化”建设，组织团干部到社区开展志愿服务活动。全年组织机关开放日活动4次，覆盖面165人次。开展“网上共青团”工作，推进广东“青年之声”互动社交综合服务平台应用推广，把青年之声推广工作压实责任压实任务到镇级，发动化州市青年到广东“青年之声”平台注册使用，利用“青年之声”开展共青团宣传工作，倾听青年心声，解答青年疑惑。

志愿服务推进和“广东志愿者”平台应用推广 2017年，共青团化州市委员会发动化州市青少年注册成为志愿者，持续发布“化橘红赏花活动志愿服务行动”、创建省文明城市“创文惠民·从我做起”志愿服务行动、助力茂名竞演《魅力中国城》投票等志愿服务活动，得到志愿者的热情参与。推进新媒体平台建设，打造“化州共青团”微信公众号，持续更新微信公众号内容，发布青少年喜爱的内容。

创新阵地建设 2017年，共青团化州市委员会通过开展镇、村“青少年服务中心”建设等举措，实现团组织的有效覆盖，为青少年提供培养、交流、平安、关爱综合服务。2个镇级（播扬镇、良光镇）及76个村级青少年服务中心投入使用。

创新社会治理 2017年，共青团化州市委员会开展青少年社区矫正教育帮扶工作，维护青少年合法权益。开展展翅计划、青少年事务社工队伍建设工作，感化和挽救涉罪未成年人，挖掘200个实习（见习）工作岗位。开展禁毒宣传教育活动，提升全社会对禁毒工作的认识，增强广大人民群众的禁毒意识。开展“法治育苗·守护成长”暨禁毒宣传图片校园巡展，提高学生拒毒防毒意识和自觉抵制毒品侵袭的能力。

关注留守儿童 2017年，共青团化州市委员会组织优秀农村留守儿童代表参加广东省第八届留守少年儿童茂名市福彩夏令营、南粤会亲等拓展活动，通过组织留守少年儿童参加各项活动结交新朋友，开阔眼界、增长见识，感受来自社会的温情与关爱。组织全市基层辅导员骨干教师100余人参加“一起爱·乡镇（农村）小学辅导员心理辅导培训班”，帮助乡镇（农村）小学辅导员更好地关心、关爱留守儿童，促进留守儿童的健康成长。联合广东石油化工学院、市消防中队开展科普知识下乡活动，在新安镇大坡小学进行危化品、消防知识科普教育，呵护他们的健康成长。结合“希望工程”等公益项目品牌建设，动员社会热心人士、企业关爱农村困难留守儿童，扶贫助学。

【服务青年】 持续推进青年创业就业 2017年，共青团化州市委员会与市人大、市政协联合开展与创业青年“面对面”倾听日活动，听取优秀青年人才在创业所面临的问题、困难及所期盼政府给予的帮扶、拓宽青年创业投融资渠道、促进青年创新创业、促进青年人才培养等方面的意见，形成提案《关于完善促进农村青年返乡创业扶持体系的建议》向市政协会议提交，把创业青年人才的心声反映好。推进“圆梦计划”提升务工青年素质，推荐50名新生代产业工人参加继续教育本科学历，帮助10名工人通过北京大学网络学院进修。

培养农村青年电商人才 2017年，共青团化州市委员会分别与市委组织部、市关工委等部门组织全市农村创业青年“领头雁”、电商人才共180多人开展种养技术、电商运营技术等方面知识的培训，增强他们创业致富的能力。开展“金种子”农村淘宝电商人才培养工程，团化州市委配合市科工商务局组织广东省电子商务协会到化州市调研农村电商发展状况，助推化州电子商务发展，邀请广东省电子商务协会专家委员会委员、专家李华强开展农村电商实战专题培训讲座，组织化州市涉农电商企业、创业者60多人参加培训，加强宣传“互联网+现代农业”的新模式。

开展青年精准扶贫 2017年，共青团化州市委员会实行“领头雁”计划，挖掘、聚集农村青年人才100名，组建创业导师团队，发挥农村优秀青年在助力脱贫攻坚战中的骨干引领作用，辐射带动更多农村青年创新创业、脱贫致富，助力化州市精准脱贫工作。组织青年企业家、农村青年人才举办新时期企业转型升级战略研讨会、分享会等活动，学习企业转型升级知识，打造企业核心价值品牌。组织青年创业团队参加茂名市第三届“地税杯”创业创富大赛，获第二名。

【学校团建】 *加强学校团干自身建设* 2017年，化州市有各级中学42所，已建团校2所，全市中学团委书记配备率100%。各校团委根据自身的工作经历制定出一系列制度，定期召开团支书工作会议，明确职责，依据《团章》和有关制度分别制定《团委会工作制度》《团员纪律处分办法》等，团委工作更趋制度化、规范化、自主化。通过建立规范的团支部民主评议制度、支部换届管理制度及团费收缴制度，通过座谈会、课外拓展、团校等多种形式，对团干部进行培训，提高团支部的战斗力。

强化学校志愿组织建设 2017年，化州市各中学根据团市委与教育局联合下发的《关于推动团员成为注册志愿者的通知》，发动适龄团员学生注册成为志愿者，提高团员青年注册志愿者比例。各中学通过开展学雷锋全民志愿、扶贫助学等系列志愿活动，发挥校团组织的作用。

激发学校共青团活力 2017年，共青团化州市委员会组织50多名少先队辅导员到东莞参加广东省少先队辅导员181期鼓号技能培训班。利用“六一儿童节”、“少先队建队日”、宪法宣传日等节日契机，开展“飞扬的红领巾”少先队队日竞赛活动、“做雷锋式的好少年”主题队日活动、“开学第一课”、“入团仪式”等主题日活动，激发中小队组织活力；通过征文、演讲等多种方式开展“喜迎十九大——我向习爷爷说句心里话”主题活动，强化学生的思想教育；开展“重温誓词、合唱团歌”、六一文艺会演、歌咏比赛、书香文化艺术节、书画艺术校园公益巡讲等活动，着力加强中小学生的德育工作。通过开展“学习总书记讲话 做合格共青团员”等主题性教育实践活动，以社会主义核心价值观强化对学生团员的思想道德教育，引导他们树立正确的人生观、世界观、价值观。通过开展“最美南粤少年”、“五四”青年表彰等评先评优活动，选树先进，发挥先进模范的带头示范作用，强化团员自身的光荣感。

2017年共青团化州市委员会领导班子成员名录

书　记：麦　钊

副书记：李琬铭（11月任职）

　　　　李宇鹏（11月任职）

（麦　钊　黄金谷）

化州市妇女联合会

【概况】 化州市妇女联合会（以下简称化州市妇联）的前身是1949年11月创建的化县妇女联合委员会，1951年、1953年、1958年先后改称化县民主妇女联合会、化县妇女联合会、化州县妇女联合会，1994年8月改为现名。其基本职能是：贯彻执党和国家的方针政策和上级的工作部署，制订妇女儿童事业发展规划、工作计划并组织实施；全面提高妇女素质，组织妇女学习马列主义理论、毛泽东思想、邓小平理论，学习党在各个时期的路线、方针和政策，帮助妇女解放思想，更新观念，增强自尊、自信、自立、自强的意识，帮助妇女学文化、学技术、学法律，开展家庭美德教育，全面提高妇女的政治思想道德素质和科学文化水平；围绕党的经济建设中心，组织动员妇女投身改革开放和社会主义现代化建设，促进经济发展和社会全面进步，开展“双学双比”（学文化、学技术、比成绩、比贡献）和巾帼建功活动；承担市妇女儿童工作委员会办公室职责，维护妇女儿童的合法权益，推进社会和有关部门贯彻实施《妇女权益保障法》《婚姻法》，促进男女平等，向社会各界宣传妇女、反映妇女的意见和要求，代表妇女参加社会协商对话，参与民主管理、民主监督，参与有关妇女儿童内容的规范性文件的制定，加强与社会各界的联系，协调和推进社会各界为妇女儿童做好事、办实事；指导基层妇联开展工作、配合党委组织部门做好镇（区、街道）妇联班子的配备工作，做好中青年优秀妇女人才的培养选拔和推荐工作；密切与外地妇联的联系和合作，加强同港澳台地区及华侨、民主党派、宗教团体妇女组织的联谊，加强对外友好合作；承办市委、市政府和省、茂名市妇联交办的其他工作事项。设主席1名，副主席2名，内设机构4个，即权益部、儿少部、宣传部、办公室。2017年有在编干部7人。下属事业单位2个，即化州市妇女儿童活动中心和市妇联幼儿园。下辖镇（区、街道）妇联会23个，村委会（社区）妇联367个，市直党政机关、事业单位妇女委员会71个。

【化州市妇联十届十一次执委（扩大）会议】 2017年3月6日，化州市妇联在市行政中心十楼会议室召开妇联十届十一次执委（扩大）会议暨表彰大会。市政府副市长莫燕出席会议并讲话。各镇（区、街道）分管妇联工作领导和妇联主席、市直副科级以上单位及茂驻化单位妇委会主任、女工主任、受表彰的优秀妇女集体和妇女先进典型代表等200多人参加会议。市妇联主席颜晓燕受十一届执委的委托，向大会作工做报告。莫燕充分肯定过去一年化州市的妇女工作，对下一步的妇女工作提出工作意见。市妇联副主席余瑾宣读通报表彰决定，表彰“三八红旗集体”18个、“三八红旗手”50名、“维护妇女儿童权益工作先进集体”11个、“维护妇女儿童权益工作先进个人”53名。

【纪念“三八”国际劳动妇女节107周年系列活动】 为纪念“三八”国际劳动妇女节107年，化州市妇联在2017年“三八”期间，开展系列有益身心健康，内容丰富、形式多样的庆祝活动。3月3日，化州市妇联、化州市政法委、检察院、司法局联合在市北岸兆康广场，开展以“化解矛盾纠纷·创建平安家庭”为主题的法律咨询活动，为群众解答法律咨询100多人次，发放法律法规知识资料1000多份。3月6—10日，开展“树巾帼形象·展女性风采”系列宣传活动，市妇联联合市广播电视台深入城乡，对市优秀妇女典型和先进集体的精神风貌进行专题拍摄。3月8日，在市妇联办公室开展12338维权热线接听活动。3月20—25日，化州市妇联、市文广新局、市农信联社联合在市康景体育馆联合举办以“魅力女性·活力化州”为主题的化州市“农信杯”三八女子气排球比赛。全市56支队伍报名参加，历时5天共130场比赛。“三八”期间，开展全市妇女干部职工参观学习新农村建设活动，100多个单位1.2万名妇女干部职工参与活动。化州市老年大学太极舞蹈班、东湖舞蹈团举办庆三八妇女节联欢会；化州农信联社举办“开心生活巧媳妇好厨艺”大赛活动；化州市地税女职工深入该局扶贫帮扶点开展“关爱母亲·温暖儿童”慰问活动，为单亲特难母亲及残疾困难儿童家庭等弱势群体送上慰问金和慰问物资一批。

【妇联基层组织建设】 *推进妇联改革* 2017年，化州市妇联以“建强组织、强化服务”为目标，推进“乡镇妇联组织区域化建设”“妇代会改建妇联”等各项工作。全市23个镇（区、街道）妇联全部换届完毕，镇（区、街道）妇联主席23人，进入同级领导班子的8人，配备专职妇联副主席27人，兼职妇联副主席28人，执委607人；全市367个村（社区）完成妇代会改建妇联工作，改建后共产生村（社区）妇联主席367名，专职副主席367名，兼职副主席358名，执委4071人。

女性进村、社区“两委”实现历史新高 2017年，化州市各级妇联深入宣传政策法规，推广成功经验，促进女性进入村（社区）“两委”，确保村民委员会成员中至少有一名妇女。全市367个村（社区）两委首次100%配备女委员，100%村（社区）建立，100%村（社区）妇代会主任进入村（社区）“两委”。

“妇女之家”建设加强 2017年，化州市妇联依托村、社区办公活动场所和党员群众服务中心，在全市建立369个村、社区“妇女之家”。全市有省级“妇女之家”13个，市级“妇女之家”4个。

【下岗失业妇女就业与再就业】 *开展妇女小额担保财政贴息贷款工作* 2017年，化州市推进妇女创业小额担保财政贴息贷款项目。联合市农村信用合作联社召开化州市妇女创业小额担保贷款贴息项目工作会议。对2014—2016年实施项目工作期间表现突出，成效显著的22个集体以及26位个人颁发奖牌和证书；召开市妇女创业小额担保贷款贴息项目培训班，与会人员交流经验和做法；争取省、市财政贴息资金共113万元，为全市累计发放妇女小额贷款1960.5万元，直接扶持332名妇女创业发展，间接带动1770多名妇女创业就业。

创造妇女发展环境 2017年，化州市妇联联合化州市人力资源和社会保障局、市扶贫办、市总工会，在康景体育馆南门前广场举办化州市2017年“春风行动”就业服务现场招聘会，有30多家该市及周边地区知名企业进场招聘，提供1000多个工作岗位，提供免费服务人数874人，提供劳动维权服务和法律援助女性人数43人，成功推荐女性就业人数52人，其中包括农村留守妇女19人。进一步提升妇女就业技能，拓宽妇女就业门路，市妇联联合茂名市华恩培训学校举办2017年育婴师免费培训班，全市开展17期“育婴师”培训班，培训人数1500多人。

【创岗活动推进】 2017年，化州市妇联开展“巾帼建新功·共筑中国梦”主题实践活动，动员妇女为经济社会发展贡献“半边天”力量，宣传报道创岗活动的动态，报道“巾帼文明岗”先进事迹，号召各行各业的女职工参与职业道德建设，在各个岗位上建功立业。化州市共创建“巾帼文明岗”160个，其中，全国级岗4个，省级岗25个，地市级岗44个，县市级岗87个。

【队伍建设】 2017年，化州市妇联进一步加强全市妇女干部队伍建设，提升妇女干部的综合素养和履职能力。6月12日，化州市委组织部与市妇联联合在广东女子职业技术学院举办“化州市第六期妇女干部培训班”。来自各镇（区、街道）和市直机关单位部分女领导干部、妇联主席、女工委主任约50人参加培训。

【巾帼志愿服务活动】 化州市继续开展巾帼志愿服务活动，动员广大妇女行动起来，开展热心志愿服务。2017年，市巾帼志愿服务队伍充实壮大，各镇（区、街道）、村都创建巾帼志愿队伍。

【《妇女儿童两个规划》实施】 2017年，化州市妇联健全维护妇女儿童合法权益联席会议制度，协调公、检、法、司等职能部门，形成维权长效机制；推进妇女儿童发展新规划的颁布实施，推动各重点难点问题的解决，全面完成各个时期的监测评估工作。

【维护妇女儿童合法权益】 *法制宣传* 2017年，化州市妇联利用“三八妇女维权周”及到社区开展”三化“服务的契机，开展以“化解矛盾纠纷·创建平安家庭”为主题的“三八”妇女维权周法律咨询活动、“创建平安家庭服务指导”、“珍惜生命、拒绝毒品”、“七五”普法知识、创建“平安茂名”等5场宣传活动，向群众发放《宪法》《婚姻法》《劳动者权益保护法》《妇女权益保障法》等法律法规资料8000多份，为群众解答法律咨询2500多人次。开展“创建平安家庭·共筑幸福化州”迎新春、拒邪教文艺联欢晚会。12月1日，化州市人民政府、卫计局、市妇联、疾控中心、计生服务站等单位，在市人口流量较大的地方举办以“共担防艾责任，共建健康权利，共享健康中国”为主题预防艾滋病大型宣传活动。11月24日，联合市人民法院在化州市康景体育馆南门广场开展“反对家庭暴力维护妇女儿童合法权益”主题普法宣传活动，现场发放《反家庭暴力法》《妇女权益保护法》《致化州市一封信》等宣传资料2000多份。

“建设法治化州·巾帼在行动”——“不让毒品进我家无毒万家兴”主题禁毒宣传系列活动 在2017年的6·26国际禁毒日，化州市妇联联合市禁毒委、市委政法委、市公安局、南盛街道办在南盛中学操场举行以“建设法治化州·巾帼在行动”——“不让毒品进我家无毒万家兴”为主题的全市禁毒宣传系列活动启动仪式，1000多人参加启动仪式。2017年，全市各镇（区、街道）妇联建立阳光妈妈禁毒志愿服务队。

“化解家庭矛盾纠纷”法治宣传教育活动 2017年4月11日，茂名、化州两级妇联、广东省妇女维权与信息服务站（茂名站）在化州市东山街道劳

村社区召开“化解婚姻家庭矛盾纠纷”民生座谈会和“化解矛盾纠纷，创建平安家庭”法治宣传教育活动。

畅通维权信访渠道　2017年，化州市妇联发挥妇联信访室、妇儿法律援助联络站、基层妇女维权服务站、12338维权热线等平台作用，畅通维权渠道，为妇女群众解难事、办实事。与司法部门合作，长期对妇女进行法律援助。2017年，市妇联接待妇女群众的来信、来访、来电72宗，对在本地发生的大案、要案和上级妇联转办的信访案件及时处理率为100%，确保矛盾纠纷得到及时有效的排查调解。

健全机制　2017年，化州市妇联健全维护妇女儿童合法权益联席会议制度，协调公、检、法、司等职能部门，形成维权长效机制；推进妇女儿童发展新规划的颁布实施，推动各重点难点问题的解决，全面完成各个时期的监测评估工作。5月19日上午，市妇联牵头在橘州山庄会议室召开化州市2017年维护妇女儿童合法权益暨法规政策性别平等咨询评估委员会工作会议。

【特色家庭争创评选活动】　2017年4月27日，化州市委宣传部、市精神文明办、市妇联联合在市行政中心十楼会议室召开“化州市2017年寻找‘最美家庭’活动动员会”，倡议全市各级妇女组织要积极行动起来开展寻找“最美家庭”活动，激励和引导全市广大妇女争做幸福女性，共建幸福化州，助推化州市争创“广东省文明城市”。全市有84户家庭参与评选。

【实施妇女儿童民生实事】　帮扶困境妇女　2017年，化州市妇联援建“母亲安居房”。争取省、茂名市妇联的支持，为20户单亲特困母亲家庭援建安居房，援助资金25万元。关爱单亲贫困母亲，开展“两癌”筛查服务及为单亲贫困母亲赠送安康保险活动。9月19日，茂名市妇联在化州市举办2017年“茂名市妇联关爱单亲母亲暨精准脱贫合作签订仪式，活动中茂名市妇联为化州市900多名贫困单亲母亲和200多名村（社区）妇代会主任（妇联主席）每人赠送2份安康保险，年内市妇联联合市卫计局、市保健院在全市范围内免费开展妇女病普查和“两癌”筛查活动，到各镇（区、街道）举办18场义诊活动，为5000多名妇女群众进行“两癌”筛查服务。联合中垌镇党委政府、茂名市晶亮眼科医院在中垌镇开展免费救治白内障患者公益活动，发放宣传资料500余份，免费发放诺氟沙星滴眼液等300多瓶，为200多名有眼疾的农村群众提供正规检查以及治疗。

关注困境儿童　2017年7月15日，化州市妇联合市耀明企业集团在飞龙宾馆一楼大厅举办“牵手困境儿童十周年总结及表彰活动”，表彰市耀明集团十年持续帮扶困境儿童的善举，发动、引导更多的爱心企业、个人加入市“牵手困境儿童”志愿大行动。7月5日，在化州市东山街道上街社区开展暑期安全知识教育宣传活动，当地200多名儿童、家长及监护人参加活动，活动发放儿童安全知识宣传折页300多份，小册子120本，悬挂横标5条。

开展“六一”系列主题活动　2017年，化州市妇联联合市老促会、平定镇政府、化州市女企业家协会在平定镇大车小学开展以“相伴成长·共庆六一”为主题的关爱留守儿童活动，举行化州市关爱留守儿童活动启动仪式。在市特殊教育学校运动场举行由化州市妇联主办，市残联、市女企业家协会协办的“阳光关爱共成长”主题儿童节游园公益活动。

发放助学金　2017年，化州市妇联争取市老促会对化州市90名困境儿童进行助学帮扶，每名儿童600元助学金，每年扶持资金5.4万元，帮助这些困境儿童解决学习上、生活上的经济问题。

发动爱心企业、集体捐资助学　2017年5月24日，化州市妇联组织教育局、女企业家协会的部分会员到化州市特殊学校调研。6月3日，市妇联联合化州市旗袍文化协会的会员，到中垌镇杨村村委会帮扶困境妇女儿童。发动化州市宝贝艺术园捐赠价值9万元的新衣服给有需要群众。

创建儿童友好社区　2017年，化州市全面开展创建儿童友好社区工作，在该市留守儿童集中的社区（村）建立儿童友好社区，将官桥镇三角车村列为省儿童友好社区创建项目。2017年，该市创建57个儿童友好社区，留守儿童示范之家3个，省级儿童友好示范社区3个。

2017年化州市妇女联合会领导班子成员名录

主　席：颜晓燕

副主席：杨李梅（10月任职）

董海涛（11月任职）
余　瑾（任至10月）

（黄美乐）

化州市科学技术协会

【概况】　化州市科学技术协会（以下简称市科协）是中国共产党领导下的人民团体，是党和政府联系科技工作者的桥梁和纽带，是国家推动科学技术事业发展的重要力量。2017年，化州市科协机关人员编制10名，在职在岗人员11人，全市有市级学会（协会、研究会）15个。2017年，市科协以做好青少年科普、提高公民科学素质为核心，以全民科学素质长效机制建设为重点，采取大联合、大协作的工作方式，聚集社会力量，全面落实“积极推进全民科学素行动、积极建设‘软’‘硬’工程”等2项重点任务，形成政府推动、部门实施，全社会广泛参与的工作格局，推动全民科学素质整体稳步提升，各项工作取得新进展、新成效。

【全民科学素行动】　推进未成年人科学素质行动　2017年，化州市科学技术协会加强对青少年的科技创新和实践能力的培养，发挥科学教育特色学校及科技辅导员的作用，搭建青少年科技活动平台。举办科技辅导员培训班，培训学员50人次；组织实施“科普大篷车进校园活动”5场，受众3000人次；组织“科普专家进校园活动”1场，受众300人次；组织科普报告会2场，受众500人次；举办化州市青少年科技创新大赛，组织其中的优胜者参与国家和省级的青少年科技创新大赛，其中，化州市第一中学学生的作品《安全智能型吹风机》获第32届全省科技创新大赛二等奖，并获广州市执信中学元培创新奖，《节能型自动喂鸡器》获省三等奖，化州市的青少年科技创新工作得到市委、市政府和茂名科协的充分肯定。

推进农民科学素质行动　2017年，化州市科学技术协会实施“科普惠农兴村计划”，表彰科普惠农先进单位和个人，带动农户提升专业技能，依靠科技创业致富，有2个单位获得省“科普中国”落地应用E站建设指定单位，各获省奖补资金10万元。进一步强化科技在提升农村群众科学素质中的示范引领作用。市全民科学素质工作领导小组加强协作，组织开展文化科技卫生“三下乡”“农业技术推广”“农村实用技术培训”等科普惠农行动，普及科学文化卫生知识，推广先进实用技术，培训农村专业人才，培养有文化、懂技术、会经营的农村青年。举办“化橘红种植技术”培训班3期，培训学员300人次；举办“养猪技术”培训班2期，培训养殖户150人次；举办“沉香种植技术”培训班1期，培训学员100人次；举办“荔枝种植技术”培训班2期，培训学员130人次，举办“香蕉种植技术”培训班2期，培训学员120人次。化州市农村群众的科学素质有显著的提高，大部分农村青年掌握2、3项生产技能。

推进城镇劳动者科学素质行动　2017年，化州市全民科学素质工作领导小组组织开展以提升城镇劳动者科学素质为目的，促进就业、创业、岗位技能提升的各类培训活动，依托市劳动服务中心、市培训中心、市技工学校、市各电脑培训学校，举办《电脑打字班》2期，培训学员120人次；举办《摩托车维修班》2期，培训学员100人次；举办《电工技术培训班》1期，培训学员80人次；举办《厨师培训班》1期，培训学员100人次；举办岗位技能提升培训2期，培训学员130人次。

推进领导干部和公务员科学素质行动　2017年，化州市全民科学素质工作领导小组以提高科学发展能力为目标，实施公务员素质能力提升工程。本着“干什么学什么、缺什么补什么”的原则，分层次、分批次开展教育培训、全方位实施岗位练兵、多形式加强实践锻炼，将科学教育课程列入干部培训计划，科学理论和知识专题讲座进入党校课堂，举办《党员干部的道德品行与党性修养，如何提高中层干部执行力，依法思维与依法履职》《十九大精神辅导》《职业道德建设》《电子商务》《转变经济发展方式》《突发事件应急管理》等提升公务员素质能力的培训班，使全市公务员的思想政治素质、职业道德素养、履职尽责能力、开拓创新能力、公共服务能力和谋求科学发展能力等得到显著提升。

推进社区居民科学素质行动　2017年，化州市科学技术协会围绕建设文明和谐的学习型社区，提升社区科普服务能力，完善社区公共服务体系为目的，组织实施国家“社区科普益民计划”和“广东省科普示范社区”创建工作，印发《化州市科普示范社区创建标准》，开展化州市科普示范社区创建工作。在社区中开展内容丰富、形式多样的科普活动。比如，在“三八妇女节”开展《女性健康知识》讲座，提倡科学、健康、文明的生活方式；在“清明节”开展“破除迷信、移风易俗”的殡葬宣传；在安全教育日开展“安全自护社区行”为主题，宣传家庭安全、门户安全、交通安全、游泳安全、网络安全、应急避险等知识；在“全省科技进步活动月”“全国科技周”“全国科普日”，组织科普专家、科普志愿者举办科技集市，举办科普讲座、举办科普知识培训班，发放科普宣传资料；在“环保日”，以“社区——我们共同的绿色家园”为主题，开展“绿色生活大家谈”“热爱绿色、保护环境”等环保教育活动，组织社区居民参与社区的清洁、植树、植灌等“增绿”活动，促使社区绿意萌然、整洁文明。通过开展这些内涵丰富、寓教于乐的科普宣传活动，既使群众喜闻乐见、积极参与，又提高社区居民的科学素养，增强社区的凝聚力。

【“软”“硬”工程建设】 2017年，化州市争取、协调多方投入，加大对基层科普基础工程和科普工作条件的支持力度，让更多基层群众享受到优质、便捷、高效的科普服务。

科学教育与培训基础工程有新提高 在各部门的通力合作下，不断改善科学教育与培训基础条件，实现远程网络教学，建设职业教育基地和学校，实现农村中小学图书馆全覆盖，全市中小学都建有各类常规实验室、电脑室、各类仪器室、校园网。拓展职业学校、函授学校、广播电视学校等机构的科学教育和培训功能，增强科技教育培训的针对性和实用性。培育科普示范学校，支持中小学校开展科技教育和科普活动。

科普资源开发和共享工程有新发展 整合科普资源，推动社会科普资源的高效利用。编印科普知识读本，将上级科协制作的科普光盘、展板、挂图等免费发放，提高科普资源的服务能力。2017年发放科普知识读物近9000册，发放科普挂图800余份。

大众传媒科技传播能力建设有新加强 推进科普信息化，利用新型媒体推出行业科普类手机信息、短信等一系列内容丰富、各具特色的线上、线下网络科普宣传。在微信上开通“化州科普”公众号，拓展科普宣传途径，扩大科普受益覆盖面。

科普基础设施建设有新发展 加快专业行业类科技场馆建设，支持1.5万元建设化州市丝源蚕业科普教育基地和科普示范基地，该基地投入使用。在展示厅中展出蚕桑科普知识及蚕桑系列产品，每天都接待大批的游客。继续推进城乡科普站栏（画廊）建设，全市各乡村基本建有科普宣传栏，公共服务功能明显增强。

科普人才建设工程有新突破 培养面向基层的科普人才，重点抓好农村、社区、企业科普人才和青少年科技辅导员队伍建设。在全市各中小学校中组建科普志愿者队伍，注册人数近百人。

2017年化州市科学技术协会领导班子成员名录

主　席：李正辉

副主席：劳新行

（王劲松）

化州市归国华侨联合会

【概况】 化州市归国华侨联合会（以下简称化州市侨联），成立于1980年8月27日，是化州市委直接领导的由全市归侨侨眷组成的一级人民团体，是党和政府联系全市广大归侨侨眷和海外侨胞的桥梁和纽带。其主要职能是群众工作、参政议政、维护侨益、海外联谊，服务对象主要是化州市归侨侨眷和祖籍化州海外侨胞、港澳同胞。化州市侨联机关是参照公务员管理的正科级单位，办公室设在市政府办公楼十楼，2017年有在职4人，主席黄海。

【为侨服务】 *开展慰问活动* 2017年1月19—24日，化州市侨联主席黄海带领办公室人员，陆续走访慰问归侨侨眷，给归侨侨眷们送上节日的关怀和新春祝福。共慰问归侨侨眷17户，发放慰问金6500元，御寒冬衣60件，老花镜20副，大米、花生油等一批。到医院慰问原主席董清、原副主席谭兆亮，并送上慰问金。原副主席谭兆亮4月因病去世后，协助办理相关手续，给其家属送上抚恤金3000元。

维护侨益 2017年，化州市侨联接待来信、来访、来电信访12人次。热情接待，耐心倾听，细致

做好解释安抚工作，维护归侨侨眷的合法权益，全年没有发生归侨侨眷超级上访事件，化州侨界和谐稳定。

【海外联谊】 2017年，化州市侨联接待来自美国、新加坡、马来西亚、俄罗斯等多地10个访问团，共180多人次。市侨联主席黄海、市侨务局局长莫爱新等热情接待，互相进行友好交流，陪同参观化州南山寺，国家热带农业公园，新海海鲜加工厂、橘红购销公司、茂名钜园农业有限公司等，就化橘红和罗非鱼产业等交流探讨商贸合作的前景。4月，接待俄罗斯教育部奖学金中国区代表巴里加夫·尤里伊·瓦西里耶维奇为团长的教育访问团，与化一中与师生开展座谈互动，参观化一中教育设施和校园环境。10月，马来西亚雪兰莪梳邦高州会馆会长张国郁率领访问团一行23人到化州访问，市委书记黄永会见访问团一行，市委常委、统战部长刘冬，副市长莫燕，市侨务局局长莫爱新，市侨联主席黄海陪同，与访问团一行就两地经济、文化等多方面进行交流，双方表示要继续加强交流，互通信息，共同发展。

【参政议政】 2017年，化州市有侨界茂名市人大代表1名，茂名市政协委员1名，化州市人大代表1名，化州市政协委员3名。注重与侨界人大代表、政协委员的联系，为他们提供服务，引导他们参政议政，关心侨界群众，及时了解广大归侨侨眷和海外侨胞的所思、所需、所急，反映他们的合理诉求，依法代表侨界群众的根本利益，为党和政府的中心工作建言献策。两会期间，茂名、化州两级侨界人大代表、政协委员共提议案、提案10件。

【自身建设】 2017年9月7日，化州市侨联组织干部职工参观化州革命历史纪念馆和廉政主题公园，使侨联干部职工进一步铭记历史，传承红色革命精神，加强廉洁自律，筑牢拒腐防变的思想道德防线。多次组织干部职工及侨联委员认真学习习近平同志近年来对侨务工作的讲话精神，学习《中国侨联章程》和归侨侨眷权益保护法等有关政策法规，提高他们为侨服务的意识，增强他们维护侨益的水平和工作能力。11月16日，化州市首个村级侨联——文楼镇双坡村侨联揭牌成立，召开第一次归侨侨眷代表大会，选举产生侨联主席1名，副主席兼秘书长1名，聘请荣誉主席3名。12月27日，化州市播扬镇侨联成立并召开第一次归侨侨眷代表大会，选举产生播扬镇侨联第一届班子成员，何仁静、陈俏莹、钟源分别当选播扬镇侨联委员会第一届主席、副主席和秘书长。

【驻村工作】 2017年，化州市侨联帮扶社会治安综合治理及平安创建工作，在村级换届期间划拨文楼镇文楼村委会工作经费3000元。开展精准扶贫工作。春节前，侨联主席黄海带领侨联工作人员到联系驻点的化州市丽岗镇水路村走开展慰问活动，给各贫困户送上慰问金、慰问品和新春祝福，慰问贫困户67户，发放慰问品、慰问金共1.5万元。向精准扶贫挂点村赠送办公电脑、打印复印扫描一体机、档案柜等办公设备一批，价值近万元，以改善帮扶村委会的办公条件，保障精准扶贫信息录入工作。给精准扶贫挂点村划拨换届工作经费3000元，支持村级换届工作。给予扶贫工作经费3000元。

2017年化州市归国华侨联合会领导班子成员名录

主　　席：黄　海

兼职副主席：何仁静

（黄妙云）

化州市台胞台属联谊会

【概况】 化州市有1949年前去台人员1147人，至2017年有第一、第二、第三代化州籍台胞约5700人，居住在大陆境内的台胞亲属有6.6万人。化州市台胞台属联谊会（以下简称市台联），成立于1988年1月29日，是化州市台湾同胞和台胞亲属的爱国民众团体，是党和政府联系台胞台属的桥梁与纽带。市台联主要职能是担负联系、服务化州籍台胞、台属的任务和开展对台宣传、对台联谊以及台资企业的服务等对台涉外工作。其宗旨是继承和发扬台湾同胞光荣的爱国爱乡传统，密切联系居住在化州的台胞台属，高举爱国旗帜，广泛团结联络台湾岛内、港澳及国外的台胞台属，同心同德，增进乡亲情谊，为反对“台独”，推动两岸关系和平发展，实现祖国统一，促进中华民族大团结贡献力量。

【参政议政】 2017年，化州市台胞台属联谊会以多种渠道和形式参政议政和发挥作用。台联会密切联系居住在化州的台胞台属，加强与台胞台属的联络和沟通，了解并收集他们的愿望和建议，利用人大政协例会、座谈会、专题会等，向党委和政府及有关部门反映台胞台属的诉求。注重引导该届的青年台胞台属中的人大代表、政协委员参与政治协商、民主监督，为化州经济社会发展建言献策，为他们履行参政议政和民主监督职能提供服务。

【台情普查】 按照中共茂名市委统战部、茂名市委台办《关于开展台胞台属情况普查工作的通知》和茂名市台联的部署要求，化州市台胞台属联谊会完成相关的台胞台属情况普查工作，于2017年6月将所有收集到的资料进行汇总、生成电子和纸质两个版本，方便日后查阅，将汇总后的资料整理装订成册及时上报，使该项工作走在茂名市的前列。

【服务台企】 2017年，化州市台胞台属联谊会注重做好现有台胞台属台资企业的服务工作，加强经常沟通联系，配合涉台企业解决生产、工作中遇到的实际困难和存在的问题，会同市台办配合有关部门妥善调处文楼富大农产品股份公司槟榔种植基地的土地纠纷、高压线迁建问题，帮助茂名鸿业水产有限公司解决办公楼报建验收遗留问题，引荐台企广东德利生物科技有限公司与湛江市恒辉彩色印刷有限公司洽谈达成包装印刷合同，年印刷额600万元；协调引导市台联兼职副会长陈东注资扩大生产，至2017年底，广东东弘科技皮具有限公司有松架总厂和合江蚕种场、化州江湖、高州祥山三间分厂以及信宜、化州两间“又一居”连锁酒店，为当地留守妇女、农村富余劳动解决就业500多人，公司年产值5000多万元，成为化州市招商引资及“反哺工程”的重要项目。

【协处纠纷】 2017年，化州市台胞台属联谊会协同市委台办配合有关部门、镇（区、街道）做好台胞来信来访和涉台纠纷调处工作，调处涉台纠纷多起：协调处理台胞陈瑞德来函反映其侄陈平位于播扬镇山咀村的祖屋房产纠纷及解决建房用地难题；调查函复海基会、国台办逐级转来的平定镇朱姓台胞反映的祖坟被毁投诉案件；调查处理台胞蔡刚毅来函、台属蔡亚勇上门反映的两起山岭承包权属纠纷；协调处理河西凤泉区一蒋姓台胞父亲因部分房屋赠与他人及房屋转让、楼梯改建发生的纠纷；妥善处理江湖镇连界村钟姓台属的祖屋房产纠纷；协调解决播扬镇施姓台胞祖坟纠纷等等。

【联谊交流】 2017年，化州市台胞台属联谊会多次组织台联理事前往茂名滨海新区、电白、高州、茂南等兄弟县（市、区）台联和台胞台属台商企业开展联谊交流、参观考察活动，加强与台胞台属台商之间的沟通与联系，增进相互间的感情和友谊；参与茂名市台办举办的关于具体落实十九大报告中”健康中国战略"的精神，为台胞台商台属普及健康保健养生知识的“中老年养生保健知识”等讲座和中秋、春节台胞台属台商联欢晚会。7月，根据全国、省台联的部署，2017年广东茂名——台湾青年学生夏令营活动，是由台湾科技大学等五所高校与广大石油化工学院选拔的120名优秀学生，根据活动方案的日程安排，市台联协助做好接待工作，让台湾青年深入了解祖国大陆，增强他们对中华文化的认同感和中华民族的归属感。市台联的工作受到茂名主办单位的高度赞誉。

【热心公益】 2017年，化州市台胞台属联谊会协同指导台属企业家黄升贻、黄升柯及台联会的理事们参与社会公益事业，办好江湖镇四季岭村“翰林学会”奖学助学扶困活动，资助贫困学子。发动台胞彭亚其、台属企业家陈茂海捐款帮助台胞台属解决年老多病、危房改造等实际困难，动员台联兼职副会长陈东、李华亨、吴声壮等台属企业家捐款支持家乡的公益事业和扶贫脱困项目，向弱势群体伸出援助之手一系列暖心公益活动。

【开展慰问】 2017年春节前，化州市台胞台属联谊会会同上级台办台联组成慰问组深入到文楼、那务、丽岗、新安、杨梅等地开展年终走访慰问活动，慰问化州的台胞台属。慰问组仔细了解他们的生产、生活情况，为他们送上慰问品、慰问金和新年问候及祝福，请他们向远在台湾的亲人转达家乡人民对台胞的节日问候，使台胞台属们感受到党和政府的亲切关怀。

2017年化州市台胞台属联谊会领导班子成员名录

会　　长：施宗来

兼职副会长：龚良智

梁肱彬

黄升贻

陈　东

彭秀勇

吴声壮

李华亨

彭田福

陈群清

秘　书　长：龚良智（兼）

（化州市台联）

化州市文学艺术界联合会

【概况】　化州市文学艺术界联合会（以下简称市文联）成立于1957年5月，为正科级参公管理单位。办公地址设在市委市政府大楼六楼。历任主要负责人有李青、郑德新、黄德奖、杨德平、王武、童日福、陈可伟、陈刘雄，现任负责人李木天。设主席1人，专职副主席1人，秘书长1人。内设办公室及文艺创作部，人员编制3人。属下有化州市书画院（副科级事业单位）及化州市作家协会、戏剧家协会、书法家协会、美术家协会、摄影家协会、音乐舞蹈家协会、广播电影电视家协会、诗词楹联家协会、民间文艺家协会、曲艺家协会、民间艺术家家协会、硬笔书法家协会、木偶协会、女书法家协会等多个文艺协会以及橘花艺术团、楹联书画院等艺术团体。2017年有会员1200多人。市文联主要职能是做好各协会的组织、协调与指导工作，负责组织、指导全市的文艺创作，培养文艺新人才，出版文艺书籍。

【文艺治理】　2017年，化州市文联贯彻落实习近平总书记系列重要讲话精神，重点学习贯彻党的十九大精神和第十次文代会第九次作代会精神，《习近平谈治国理政》（第二卷）。全面履行“指导、联络、协调、服务”职能，抓好文艺各项工作，取得显著的成绩。化州市文联获得茂名市文联工作先进单位一等奖（唯一），化州市作家协会、美术家协会、音乐舞蹈家协会获得茂名市先进文艺协会，李木天、陈文操、劳卫、林裕洲、冯春树获得茂名市文艺志愿服务先进个人。组织和发动各协会及文艺家为“魅力中国城”茂名投票。年内市文联召开2017年文艺工作会议暨天籁文艺奖表彰会；和摄影家协会、书法家协会、美术家协会、作家协会共同承办2017化州橘红文化节摄影、书画、文学大赛；市影视家协会进行换届改选，廖乾霖当选新一届协会主席；成立市橘城曲艺团，余裕清任团长；市文联应市政协邀请，组织重点文艺家对加强文艺工作和兴建文笔塔进行座谈。

【文艺活动】　2017年，化州市文联（各协会）举办各种大小文艺活动近80场（次），比较大型和影响的有“昌华饼业杯”第二届群众舞蹈大赛，2017橘州歌王争霸赛，橘红文化节书法、美术、摄影、文学征文活动，进行多场（次）送文化下乡入基层文化惠民活动，新春送春联系列活动等。

化州市作协　2月6日，市作协组织部分会员到全国文明村高志塘村和新农村示范点笪桥莞塘村进行采风活动。4月23日，市作协与市文联、市志办联合举办刘等信长篇小说《罗辩传奇》研讨会。10月7日，市作协组织部分会员到高州进行采风活动。市作协由刘文锋创办微刊《粤西文苑》（原名《风听莲语》），从6月起刊发诗文作品228期。

化州市书协　开展文艺志愿惠民活动。市书协在春节前组织书法家开展8场“送万福进万家”写春联公益活动，惠及市民和村民3000多人次。开展书法进万家活动。4月21日，送书法到化州市第九中学，与市教育局、市九中联合举办全市中小学生现场书法大赛；5月21日送书法到化州市第二中学。2017年送书法到南盛社区、石湾社区、劳村社区、北岸社区、上街社区、官桥社区、新安社区等10多次。4月、5月送书法到化州市审计局。开展公益书法培训活动。举办市书协首届会员临创研修班，100多人参加培训，首届会员临创研修班时间为期一年，共12期。市书协利用书协的师资力量，带动化州市女书协为女协会员举办临帖培训班，惠及90多人。举办书法公益讲座。7月25日，茂名市书协副主席李尧林“传承经典之如何将二王写大”书法讲座在市书画院书画培训基地举行，100多名书法爱好者参加学习。加强交流、繁荣创作，多出精品和人才。2月21日，组织书法家到佛山市参加“大沥杯”

广东省第五届中青年书法篆刻作品展；3月30日，化州市书法家协会在市书画院召开书协第八届主席团第二次会议；5月起，组织一批有实力的书法爱好者冲刺全国第五届康有为书法展；7月21日，组织书法家参加茂名市文联和茂南区委宣传部主办的“百名书法家助力中国城茂名竞演投票现场挥毫暨茂名市社会主义核心价值观书法展”活动；8月10日，组织书法家参加在茂名市图书馆举行的南国书香节——“好心茂名”百米长卷书法名家现场挥毫活动；11月18日，组织李国铭、张国枫、袁织道、曾拓华等书法家到广州白云区书协举行书法雅集活动；11月20日，受广东书法院的邀请，黄自东参加中原碑林书法文化考察活动，出席“2017年全国行草十家展”；12月19日，市书协协助茂名市书协发展委员会在化州召开工作会议，茂名市书协主席吴学翔、茂名市书协副主席林雄伟、黄自东及发委会的有关人员出席。2017年度，市书协会员在中国书协主办的比赛活动中，入展1人；在广东省书协主办的比赛活动中，入展1人；在参加茂名市书协主办的“茂名市临书优秀作品展”中入展37人，获奖人数居茂名地区第二名。培养中书协、省书协、茂名市书协会员一批。2017年全市新增中书协会员1名；省书协会员1名；新增茂名市书协会员37名。

化州市女书法家协会　3月8日，与化州市女企业家开展“活力巾帼，我心飞扬——化州女企、书协三八交流活动”。7月，举办《2016年度表彰会暨会员书法作品展》活动，活动现场展示100多名会员作品。8月，与化州市女企业家协会联合举办为期六天的“传承好家训，培育好家风”为主题的亲子公益书法活动。9月30日，与化州市旗袍协会开展“庆中秋・迎国庆”交流活动。该协会年内举办多次书法培训学习活动，从广州聘请3位书法专业的研究生作为协会导师，每月为协会会员授2晚课程。

化州市美术家协会　2月春节期间，召集化州籍的美协会员进行艺术交流，开展为期5天的即席挥毫。2月，联同茂名美协的画家前往合江镇美协理事黄山家乡开笔会，向农民朋友赠送书画作品；举办美协新年美术作品微信展，展出美术作品80多幅。3月，组织画家前往丽岗镇赤坎管区采风写生，同赤坎小学联合办学，打造化州市特色教学示范基地。6月，组织会员前往南山寺、尖岗岭写生采风。8月，美协副主席陈李杜、翁强在化州文化馆开办免费美术培训班，给困难学生提供良好的学习机会。12月，召开年终总结会。

化州市摄影家协会　1月8日，与国家农业公园联合举办《美丽中国梦，广垦敢为先——国家热带农业公园蔬菜工厂彩椒园纪实》摄影活动。3月6日，化州市摄影家协会与化州旗袍协会联合举办《我和旗袍有个约会暨旗袍佳人走进广垦热带农业公园》活动。3月18日晚上，与香港肖龙标，在星河国际假日酒店举办《肖龙标香江三十八载》图书发布会。5月6日，在大阳部落举办“化州市摄影家协会摄影基地挂牌仪式”。5月17日，化州市摄影家协会被邀参加化州市企业协会周年庆典。与企业协会联合举办摄影活动。6月9日，参加化州市档案局举办的国际档案纪念活动。7月2日，参加中保斯通全球第一条智慧物流快线竣工典礼，举办摄影活动。7月7日，组织摄影家参加新安水果文化节摄影活动。8月4日，举办“金池月饼模特摄影大赛”活动。10月16日，与化州市化橘红文化研究会联合举办《橘红飘香・喜迎党的十九大——化州市书法、摄影作品展》活动。化州市摄影家协会编辑出版《化州摄影》3期，为摄影爱好者及会员提供摄影交流平台。

化州市诗词楹联家协会　1月2日，化州市诗词楹联家协会联合广东楹联学会、化州市文联、市文联文艺志愿者服务队、化州市书法家协会、宝圩镇政府等单位到宝圩镇进行“广东楹联书法家送福送春联进万家活动”，新闻频道、央视网、凤凰网等进行报道。1月21—24日，化州市诗词楹联家协会执行主席李景炎带领20多名书法家到全市24个镇区送春联。3月19日，协会组织30多名诗联家到中华橘红第一村参加“国韵天香”赏花采风活动。5月29—30日，协会领导钟宝胜、黄春泰与笪桥镇莞塘村干部参加莲花村、明村、悦义、南津楹联文化示范基地，商讨、研究创建莞塘省级、国家级楹联文化村工作。9月3日，协会组织书画家10名书画家到茂名周庄参加书法雅集活动。市诗词楹联协会每月一次在南津三柏李氏礼堂开办诗词、楹联知识讲座。

化州市音乐舞蹈家　与天籁琴行艺术培训中心、舞之恋艺术培训中心、彩虹舞蹈中心、洪艺拉丁舞培训中心、心动艺术中心举办大型文艺晚会和舞蹈专场以及考级评审活动。组织会员送戏下乡多场。参与学习交流活动，组织参加中国金钟奖大赛观摩活动。举办化州市第二届“昌华饼业杯”群众舞蹈大赛。

化州市戏剧家协会　市戏剧家协会在“九·九”重阳节，到橘城养老院开展“关爱老人，共献爱心”大型文艺晚会。组织部分会员到那务镇和化州热带农业公园采风，为作者积累创作素材提供保障。组织作者参加市纪委、文化广电新闻出版局联合举办的“廉政建设征文”活动和文化馆举办的戏剧曲艺培训班活动，在“廉政建设征文”活动中，剧协多名作者获奖。

化州市橘花艺术团　1月17日，化州市橘花艺术团到化州新世纪酒家演出。2月2日，化州市橘花艺术团和市文联文艺志愿者服务队到那务增村为退伍老兵演出。2月13日，化州市橘花艺术团到茂南区鳌头徐村演出。2月27日，化州市橘花艺术团到化州良光镇演出。5月4日，化州市橘花艺术团到茂南区镇盛演出。8月6日，化州市橘花艺术团市和文联文艺志愿者服务队到良光木贤演出。9月9日，化州市橘花艺术团到化州天悦大酒店演出。10月3日，化州市橘花艺术团到那务增村山车演出。10月28日，化州市橘花艺术团到鉴江大厦敬老院义演。11月11日，化州市橘花艺术团和市文联文艺志愿者服务队到林尘荔枝埒村演出。11月19日，化州市橘花艺术团到化州天悦酒店演出。12月31日，化州市橘花艺术团到化州开发区二合口演出。

化州市橘城曲艺团　3月下旬和4月中旬，橘城曲艺团2次赴吴川进行惠民演出。7月28日和10月18日，橘城曲艺团2次赴廉江良垌圩进行惠民演出。农历九月九日重阳节，橘城曲艺团赴吴川塘缀塘上村进行惠民演出。橘城曲艺团与市文联文艺志愿者服务队应邀到杨梅镇步下村、那务镇那务圩、笪桥镇新村、下郭塘赖村、文楼镇白梅、林尘镇革命老区荔枝埒村、长岐镇新塘村进行8场惠民演出。橘城曲艺团在城区下街垌等人流密集地方为群众义演12场。

化州市楹联书画院、书法培训中心及木偶协会　市楹联书画院、市书法培训中心、市文联文艺志愿者服务队组织书画家到龙头村委会（市文联扶贫点）送春联200副。市楹联书画院、市书法培训中心组织书画家到茂名忠信广场送春联500副。市楹联书画院、市书法培训中心举办“楹联比赛”活动1次。木偶协会组织木偶艺人到平定、播扬镇开展多场演出活动。

化州市民间文艺家协会　民间文艺家协会联合汕湛高速公路化州段工程建设指挥部开展“大道无垠·走近汕湛高速公路”征稿活动，共征集到文艺、新闻、摄影等稿件500多篇（件）。3月9日，组织开展文艺宣讲。在良光镇某小学开展讲文艺故事演讲活动。市曲艺家协会、影视家协会、民间艺术家协会、硬笔书法家协会在年内举办多项文艺活动及惠民活动。

【文艺创作】　2017年，化州市文艺创作花繁果硕。该市作者在全国各级刊物发表文艺作品800多件，出版多部书籍，在省级以上刊物发表或比赛（展览）获奖一大批。例如：舞蹈《精忠报国》，获第六届全国排舞金奖；女声小组唱《鬼仔戏新唱》获省第七届群众舞蹈花会金奖；刘付永坚、曾祥文、郭忠衡、陈刘雄、杨胜赞、陈红胜、陈文操、朱裕德、陈兴、刘莲等的诗歌作品在全国著名诗刊《诗歌周刊》发表；黄远立、黄泽祥、林裕洲、朱裕德等的美术作品入选省展。钟一明年内加入中国书协。阮华媚加入广东省书协。罗伟莲加入广东省青年产业工人作家协会。廖奇芳被茂名市委宣传部评为“茂名市首届优秀宣传文化人才”。

文学类　曾祥文的现代诗《开封·汴西湖梦华录》获由中华诗词学会、开封市委、加拿大文学研究院等主办的第三届诗兴开封国际诗歌大赛优秀奖（国家级）；2月被《河南日报》刊登。现代诗《春天物语》2017年4月发表在《世界华文散文诗年选》；现代诗《凭一场雪起誓……》3月在山东电视台传播；散文诗《科尔沁草原》6月发表于《现代诗歌传媒》，11月发表在《中华文艺》，11月获由中华文艺组委会主办的第二届中华文艺全国文学大赛铜奖（国家级）；《诗歌三首》及《凤井鸣泉·橘乡诗韵》9月发《诗歌周刊》。成功推荐化州十位作者作品登刊《诗歌周刊》；散文诗《早安·梵净山》11月在喜玛拉雅电台FM传播；其中《开封·汴西湖梦华录》被译成多国语言在外国刊载，入选《中国魂2017散文诗选》《第二届中华文艺全国文学大赛获奖作品集》《中国诗歌名家》《抗战诗词选》《2017中国诗歌年选》等。诗歌《科尔沁草原》10月获由世界华语诗歌朗诵大赛组委的“首届世界华语诗歌朗诵大赛入围奖”；《化橘红诗意图（组诗）》获2017化橘红文学大赛银奖；《春日赏橘红花》《采桑子·化州西湖》获第四届化橘红杯铜奖。王迅的随笔《读书四境界》获得中华全国总工会、中央网信办主办的“网络好职工”全国职工读书征文活动大赛“网络人气奖”；散文《怀念故乡的炊烟》发《南方公路》第7期，散文《山乡鸟语梦里香》发《南方公路》第8期，散文《寒菊意韵》发《南方公路》第11期；诗歌《中秋月》发《广东交通教育》第8期，散文诗《根之恋》发《广东交通教育》第10期；散文诗《江南春》发《中国职工教育》第2期；散文诗《月帘中秋》9月19日发《南方工报》，获南粤作家网中秋征文优秀奖；诗歌《橘乡情怀（二首）》3月18日发《南方工报》，获化橘红杯征文三等奖；散文《命运》5月3日发《南方工报》；散文诗《古石有心（二章）》发《中国职工教育》第6期；散文《民心大于天》发《中国公路文化》第8期；散文诗《年轮》《深山养路工》11月发《世界华文散文诗年选》；散文诗《龙之舞》、《歌乐山》12月发《中国魂·2017散文诗选粹》；散文《品梅》发《广东盟讯》第6期；随笔《吃苦务实圆我作家梦》发《广东盟讯》第9期；诗歌《深秋的心笺（二首）》7月8日发《汕头特区晚报》；散文《橘红花开的声音》11月3日发《羊城晚报·民营版》；散文诗《山情水意（散文诗七章）》6月发《南粤作家网》；散文《故乡的年味》11月发《南粤作家网》；散文《水乡寻梦》9月发《广东工运》。陈红胜的小说《橘为媒》6月获橘红文化节征文金奖；9月，与陈文操、张曾叶合作的曲艺《橘州清风》参加茂名市廉政曲艺小品大赛获铜奖；诗歌《故乡橘红》《父亲牛命》发《诗歌周刊》第278期；10月，小说《橘医》入选由中华人民共和国文化部、中国作家出版社等举办的“首届全国翰墨名家”征文活动作品集《名家荟萃》（作家出版社出版，贺敬之主编），陈红胜被文化部等主办单位授予“首届全国翰墨名家”称号；12月，诗歌《喜贺党的十九大》等4首收入纪念中国共产党第十次全国代表大会主题诗词集《伟大历程——从一大到十九大》（中国文献出版社）。庞志超的《档案好人“黄小伟”》获国家档案局征文优秀奖；《像珍惜生命一样珍惜档案》发表在《广东档案》，《货郎担》发表在《广东道路运输》，《表妹的爱情》发表在《广东交通执法》，有20多篇文艺作品发表在《北海日报》及《茂名日报》等。刘文锋的诗歌《春天的月光（外一首）》2月11日发《作家导刊》；诗歌《听你说话（外二首）》2月28日发《南粤诗苑》，《街角闪过母亲的身影》3月7日发《南粤诗苑》，《橘红树下》4月4日发《南粤诗苑》，《春色（外一章）》4月29日获得南粤诗苑征文最佳人气奖，《红樱桃》5月6日发《南粤诗苑》，《飞翔的灵魂》11月26日发《南粤诗苑》；《春天的月光》《幸福的呢喃》《一棵开花的树》《我是你的红玫瑰》3月发《45度角的微笑》；《放手，也因为爱》5月23日发《作家导刊》；《诗一组》9月24日发《诗歌周刊》。刘文锋（刘莲）创办的微刊《粤西文苑》（原名《风听莲语》）获原创功能，从6月起刊发诗文作品228期。李蔼与廖奇芳合作的作品数来宝《拜年》获广东省群众文艺作品评选三等奖，获“红荔杯”茂名市群众文艺作品评选一等奖。廖奇芳的广州方言说唱《橘乡子，橘红情》获“红荔杯”茂名市群众文艺作品评选二等奖；小戏曲《“父子”恩仇》及快板《送戏下乡》同获“红荔杯”茂名市群众文艺作品评选三等奖；小戏曲《初心不改》获茂名市廉政建设专题汇演铜奖。陈振娟11月、12月在《江南诗刊》发表《等待》《心锁》《柳》《积口德》《为人有度品自清》；12月在《散文百家》发表《永不疲倦的翅膀》《乡情杂感》；11月在《羊城晚报·民营版》发表《橘花飘香》。庄辉11月在《茂名晚报》发表散文《缅怀父亲》，12月在《茂名晚报》发表散文《又是一年春草绿》，还在其他媒体发表文艺作品一大批。陈逸梅诗歌《七律醉赏中秋》参加茂名市“双月楼”杯2017中秋征文活动，被评为优秀作品（不设等奖），并编征文作品选《月是故乡明》。《赏橘花（格律诗）三首》在化橘红文化研究会化橘红杯中华诗词大赛中获银奖。杨平创作的故事《化州复兴橘红庄的故事》获2017年化州橘红文化节征文一等奖，同时发表于《羊城晚报·民营版》。李郁茂《七绝二首》获“化橘红杯”文艺大赛铜奖，有诗词作品及摄影作品获橘红文化节征文优秀奖，在各级刊物发表文艺作品一大批。在茂名市“红荔杯”群众文艺作品评选中，陈文操小品《数黄豆》获一等奖，黎美好小品《重聚》、李梅小戏曲《求缘》获二等奖，廖奇芳小戏曲《“父子”恩仇》、杨平小品《良心秤》《守望水土》、刘等信小品《老公请饮“茶”》、曾创小品《夫妻IQ》、张龙小品

《一个老党员的美梦》获三等奖。刘等信小品《我去当国防兵》获得茂名市军分区“保卫祖国，热爱国防”征文获得二等奖；由中国文联出版社出版长篇小说《罗辩传奇》、文集《情系文学》。

书画类　阮华媚获2017年全国第五届“康有为杯”书法入展奖；获2017年“汉山情"女子首届书法入展奖；获2017年化州市橘红文化书画比赛银奖；书法作品参加“茂名市临书优秀作品展”，被评为优秀作品。曾愉茜书法作品参加“茂名市临书优秀作品展”，被评为优秀作品；获2017年“汉山情“女子首届书法入展奖。颜小英获2017年“汉山情"女子首届书法入展奖。黄黎湄获2017年“汉山情"女子首届书法入展奖；2017年12月，书法作品获茂名市临书优秀作品展”优秀作品；黄丹获2017年“汉山情"女子首届书法入展奖；2017年参加化州橘红文化书画比赛获优秀奖；2017年参加“茂名市临书优秀作品展”，被评为优秀作品。黄小镝获2017年“汉山情”女子首届书法入展奖；2017年参加“茂名市临书优秀作品展”，被评为优秀作品。罗乔丹获“汉山情”茂名市首届女子书法入展奖。2017年12月《茂名市临书优秀作品展》入展。陈水燕获2017年“汉山情”女子首届书法入展奖。陈红艳、苏丽、王松劲2017年参加“茂名市临书优秀作品展”，书法作品分别被评为优秀作品。3月，戴郁明的国画《迎宾》入选由中国美协主办的悲鸿精神·第二届全国中国画作品展。10月，美协会员梁山的油画作品《红土地的蜕变》入围由中国美协主办的全国青年油画展。11月，由广东省美协主办的大美茂名风情画作品进省展中，林裕洲版画《甘蔗》获铜奖；戴郁明的国画《橘乡姑娘》、蔡雪花的油画《蓝色之夜》、朱誉德的国画《罗江风情》、欧阳迎春的油画《露天矿资源》、王聪的水彩画《远方》获优秀奖。

音乐舞蹈类　李粤明创作的歌曲《歌唱中国特色道路》在“第二届唱响中国大型音乐活动”中获得词曲金奖，并授予中国文艺振兴先进个人（主办单位：中国大众音乐协会）；反邪教歌曲《众志成城反邪教》在“广东省粤西片区反邪教文艺会演”评选中获得“优秀奖”（广东省政法委）；歌曲《橘红赞歌》在第二届“茂名市群众音乐舞蹈花会”评选中获得铜奖；举办李粤明作品《党在我心中》专场演出。宋景新的专著《中外音乐知识速记手册》获广东省省中小学教育创新成果叁等奖。张曾叶作曲与陈红胜、陈文操共同创作的《橘州清风》2017年参加茂名市廉政曲艺小品大赛获铜奖；创作的歌曲《你是最美的那朵橘花》参加茂名市第二节群众音乐舞蹈花会获银奖；创作的歌曲《橘花盛开》在全国刊物《歌词作家》发表。宁钰萍参演的节目《精忠报国》获茂名市全健排舞大赛金奖、全国第六届全健排舞大赛金奖；参演的节目《又是红荔飘香时》获广东省第七届群众音乐舞蹈花会银奖；创作的《跳花棚广场舞》获茂名市第二届广场舞大赛金奖；主持的广东省教育科研重点课题非物质文化遗产“跳花棚”在校园中的传承与研究》开题；编导《宝宝识“跳棚”》获化州市幼教系统舞比赛金奖。参与编写的著作《广东舞瑶文化——茂名非遗舞路》正式出版：原创歌曲伴舞《你是最美的那朵橘花》，获茂名市第二届群众艺术花会银奖；参与排练的节目《我在岸边等着你》获茂名市第二届群众艺术花会铜奖。周贤2017年5月参加“风雅颂第三届广东省朗诵大赛（江门赛区复赛）获金奖；2017年6月，广东省文化厅指导、广东省公共文化促进会和广东省文化馆等主办的“风雅颂——第三届广东省朗诵大赛总决赛”获金奖；2017年7月，“中央人民广播电台第五届夏青杯朗诵大赛赛（广东赛区）暨广东省第二届广朗杯'暨茂名市第一届重力杯朗通大赛”成人组一等奖。朱丽娜2017年8月，参与的小组唱《鬼仔戏新唱》参加茂名市第七届群众音乐舞蹈花会获得金奖；2017年11月，小组唱唱《鬼仔戏新唱》参加广东省第七届群众音乐舞蹈花会获得金奖；2017年11月，群舞《我家橘红香》参家化州市昌华杯舞蹈大赛总决赛金奖；2O17年11月，参与茂名市中小学生运动会开幕式，与李观芹共同创编舞蹈《橘花盛开，香迎市运》大型歌舞，获得一致好评。陈小娟被评为百花奖全国优秀指导老师，理论文章《试论提高高中音乐课堂教学效率的方法》，在国家级刊物教育部主管《文化研究》发表。陈爱锦被评为广东省文化馆特聘文艺创作员；原创作品作词作曲并编导的女声小组唱《鬼仔戏新唱》获得广东省第七届群众音乐舞蹈花会音乐类金奖；获得“红荔飘香”茂名市第二届群众音乐舞蹈花会音乐类金奖；节目受邀参加广东省首届民俗文化节（开渔节）开幕式优秀节目展演；原创少儿歌曲《鬼仔戏·娃娃唱》获广东省岭南童谣节作品评选三等奖；指导的舞蹈作品《我家橘红香》获“红荔飘香”茂名市第二届群众音乐舞蹈花会舞蹈类金奖；担任茂名市第十三届运动会（教育系统）开幕式大型文体表演总导演。李观芹编导表演唱《鬼仔戏新唱》获得第七届广东省群众音乐舞蹈花会音乐类专场；编导群舞《我家橘红香》获得第二届茂名市音乐舞蹈群众艺术花会舞蹈专场金奖；编编导群舞《我家橘红香》获得第二届化州市“昌华饼业”杯群众舞蹈大赛成人组金奖；编导群舞《落丽大水浸街》获得化州市“关爱青少年.福福彩公益行”少儿舞蹈大赛幼儿组金奖；编导群舞《棒棒棒》获得化州市“关爱青少年福彩公益行”少儿舞蹈大赛幼儿组银奖；编导三人舞《根》获得化州市“关爱青少年福彩公益行”少儿舞蹈大赛少儿组银奖；编导群舞《戏狮》获得化州市“关爱青少年福彩公益行”少儿舞蹈大赛少儿组银奖；编导群舞《快乐的布谷鸟》获得化州市关爱青少年福彩公益行”少儿舞蹈大赛少儿组铜奖；获得2018—2020年度茂名市“业余编舞家”的称号。袁文静获广东省第七届群众艺术花会小组唱金奖；茂名市第二届群众音乐舞蹈花会音乐类金奖；论文《情感教育在音乐教学中的活用》获化州市2017中学音乐科论文一等奖，为第十一届百花奖全国优秀指导老师。陈春松与邱倩丽合唱的原创歌曲《众志成城反邪教》代表茂名市参加"粤西片区"湛江市”反对邪教守护长城“文艺会演中获得优秀奖”。黎晓艺获广东省第七届群众艺术花会小组唱金奖，茂名市第二届群众音乐舞蹈花会音乐类金奖。尤国霞获“红荔飘香”茂名市第二届雇群众音乐舞蹈花会歌曲类演唱《橘红赞歌》铜奖。李莉参演的节目《精忠报国》获第六届全国全健排舞大赛金奖，获茂名名市全健排舞大赛金奖；参与编写的著作《广东舞蹈文化茂名非遗舞蹈》正式出版；参演的节目《又是荔枝香时》获广东省第七届群众音乐舞蹈花会银奖；参演的节目《你是最美的那朵橘花》获茂名市第二届群众音乐舞蹈花会银奖；参演的节目《我在岸边等你》获茂名市第二届群众音乐舞蹈花会铜奖；参与广东省教育科研重点课题《非物质文化遗产“跳花棚”在校园中的传承与研究》研究，是核心成员。黄俊瑞改编作品双人舞《镜中人之你本来就很美》获2017年化州市“关爱青少年·福彩公益行”少儿舞蹈大赛中铜奖；辅导两名学生参加2017年广西艺术学校艺术招生考试，两名都均以第一名成绩考进广西艺术学校；创编作品《妈妈你累吗？》在2017“昌华饼业杯”群众舞蹈大赛中获银奖。李春炎参演的舞蹈节目《精忠报国》获全国第六届全健排舞大赛金奖、茂名市全健排舞大赛金奖；参与编写的著作《广东舞蹈文化——茂名非遗舞蹈》正式出版；创作的舞蹈节目《月愿》获化州市第二届昌华杯舞蹈大赛金奖；创作的舞蹈节目《生命的的守护》、《戏水》获化州市第二届昌华杯舞蹈大赛银奖；参演的舞蹈节目《我在岸边等你》获茂名市第二届群众艺术花会铜奖。陈娟娟在“中国梦”全国艺术特长生比赛中获得钢琴类指导教师组名师奖；在全国百花奖艺术特长生比赛中获得优秀指导老师。董海莹创作的舞蹈节目《月愿》获化州市第二届昌华杯舞大赛金奖，参演的舞蹈节目《我在岸边等你》获茂名市第二届群众艺术花会铜奖。郭欣宜5月15—19日代表学校参加化州市中小学音乐学科骨干教师培训班，获得结业证书。7月在第十一届百花笑全国艺术特长生大会广东选找赛中学生表现出色成绩优异，被授予钢琴专业优秀指导教师。黄莹参演的节目《精报国》获第六届全国空健排舞大金奖、获茂名市全健排舞大赛金奖；参演的节目《你是最的那朵橘花》获茂名市第二届群众音乐舞蹈花会银奖；参与广东省教育科研重点课题《非物质文化遗产“跳花棚”在校园中的传承与研究》的研究，是核心成员。劳洁编导的《我家橘红香》获茂名市第二届群众音乐舞蹈花会舞蹈类金奖和获2017年化州市昌华饼业杯第二届群众舞蹈大赛舞蹈类金奖；编导《橘红赞歌》获茂名市第二届群众音乐舞蹈花会音乐类铜奖。袁振洪2017年参与组织第二届昌华饼业杯群众舞蹈大舞，选送参赛作品获得银奖；组队参加体育舞蹈北海赛和湛江赛共获得少儿组一等奖二十四个；担任茂名市11月17举举行的第13届运动会开幕式节目（梦圆滨海）的编导。李青云获得第十一届百花奖全国艺术特长生大会广东选拔赛暨第十一届青少年艺术节“声乐优秀指导教师”；获得中国文化艺术联合会、国际青年艺术家交流会、中国艺术特长生等级认证委员会举办的第十一届百花奖全国艺术特长生大会暨全国艺术特长生专项技能总决赛“全国优秀指导教师”。李松晓获得第十一届百花奖全国艺术特长生广东赛区古筝专业优秀指导老师。张小玲获得第十一届百花奖全国艺术特长生广东赛区钢琴业优“秀指导老师”。陈艳3月考取中国形象礼仪讲师。徐子英5月获得第十一届百花奖全国艺术特长生优秀指导老师；2017年5月在肇庆学院省级中小学教师发展中心参加2017年化州市中小学音乐学科骨干教师培训班，修完全部培训课；2017年12月完成周铭孙教授全国钢琴教师进修班所有课程学习；2017年3月NLP心理学初级实操课程毕业。

其他　李景炎、黄春泰、刘等信、黄雄心、黄志军、李智林、张士通、岑保章、黄观生、李伟立、邓广元、李郁茂、李荣茂等获诗词楹联不同程度的奖项，其中，11月黄志军、李智林两人获茂名市诗词学会楹联大赛一等奖，张士通、岑保章、邓广元获三等奖。李伟立获济南市文广新局春联征集作品一等奖，获海南陵水文广新局元宵征联一等奖。李朝清、苏建、毛永侯、黄广文、庞涂克、何栋宇、翁君如、李国勇等发表摄影作品较多，获各种摄影比赛奖。廖奇芳编剧、黄亦明导演，黄亦明、陈锡海、王红梅、陈雪月、劳洁等参加表演的小戏曲《初心不改》获茂名市纪律检查委员会主办的“廉政建设专题会演”铜奖。廖奇芳编剧，王红梅导演，王红梅、陈雪月、劳洁等主演的小品《民工的除夕夜》参加化州市2017年春节晚会。曲艺家协会的李秋萍代表吴川队到省参加粤曲比赛获金奖。橘城曲艺团的王明参加茂名市文广新局主办的“红荔飘香”茂名市第三届粤曲私伙局大赛获得三等奖。陈锡海创作的《喜临橘红村》歌舞小戏、朱德琪撰写的《橘红情缘》由夕阳红歌舞团演出，均参加2017年茂名市委老干部局、关工委举办十八大以来所取得的成就专题文艺会演。

2017年化州市文学艺术界联合会领导班子成员名录

主　席：李木天

副主席：陈文操

（劳　卫　日　明）

化州市书画院

【概况】　化州市书画院是化州市文联属下一个副科级事业单位，于2007年1月成立，核定事业编制7名，设院长1名，办公室主任1名，创作部主任1名。办公室地址设在化州市委市政府大楼3楼。其主要宗旨和业务是发展化州市书画艺术文化，组织指导业余作者向上级展览、刊物输送、发表作品；组织对外书画艺术交流；搞好全市书画展览、书画下乡、笔会及其他书画活动。

【主要活动】　2017年1月，化州市书画院组织书法家开展8场“送万福进万家”写春联公益活动。2月21日，化州市书画院组织书法家到佛山市参加“大沥杯”广东省第五届中青年书法篆刻作品展。3月30日，在市书画院召开市书协第八届主席团第二次会议。4月21日，化州市书画院与市教育局、市九中联合举办全市中小学生现场书法大赛。7月21日，化州市书画院组织书法家参加茂名市文联主办的“百名书法家助力中国城茂名竞演投票现场挥毫暨茂名市社会主义核心价值观书法展”。7月25日，茂名市书协主办的“传承经典之如何将二王写大”书法讲座在化州市书画院培训中心举行，100多名书法爱好者参加讲座。8月10日，化州市书画院组织书法家参加在茂名市图书馆举行的南国书香节——“好心茂名”百米长卷书法名家现场挥毫活动。11月18日，化州市书画院组织李国铭、张国枫、袁织道等10多名书法家到广州白云区书协举行书法雅集交流活动。11月20日，受广东书法院的邀请，院长黄自东参加中原碑林书法文化考察活动，出席“2017年全国行草十家展”。2017年，化州市书画院每个季度送书法到南盛社区、石湾社区、劳村社区、北岸社区、上街社区、官桥社区、新安社区等10多次。4月起，化州市书画院举办市书协首届会员临创研修班，为期一年，共12期，参加培训人数100多人。

2017年化州市书画院领导班子成员名录

院　　　长：黄自东

办公室主任：叶天华

创作部副主任：吴晓勤

（吴晓勤）

化州市残疾人联合会

【概况】　化州市残疾人联合会（以下简称化州市残联）成立于1990年12月，其时为全民所有制副局级事业单位，隶属化州市民政局领导，事业编制4名，经费由地方财政列支。1995年4月，化州市残联升格为正科级事业单位，隶属化州市政府直接管理。化州市残联有2个下属单位：化州市残疾人劳动就业服务所、化州市残疾人康复中心。化州市残疾人康复中心成立于1992年9月，为全民所有制股级事业单位，自负盈亏，编制3名。化州市残疾人劳动就业服务所成立于1995年4月，为全民所有制股级事业单位，事业编制1名，人员工资从市财政预算中列支。至2017年底，化州市残联机关核定编制15人（实有15人），市残疾人康复中心核定编制22人（实有25人，其中在编人员15人，临聘人员10人），市残疾人劳动就业服务所核定编制3人（实有3人）。化州市残联是中国残疾人联合会的地方组织，是将残疾人自身代表组织、社会福利团体和事业管理机构融为一体的残疾人事业团体，具有“代表、服务、管理”职能：代表残疾人共同利益，维护残疾人合法权益；开展各项业务和活动，直接为残疾人服务，承担政府委托的部分行政职能，发展和管理残疾人事业；承担政府残疾人工作委员会日常工作等。化州市残联由化州市政府直接领导，业务上接受上级残联指导，机关内设办公室、康复部、教育就业部3个部门。

【残疾人康复】 2017年，化州市残疾人康复中心有在训聋儿16人、智障儿20人、脑瘫儿25人；民办康复机构步步赢残疾人康复中心有在训孤独症儿童113人，智障儿20人。全年完成白内障复明手术3299例，其中，免费康复救助1295例。免费为精神病患者发药，885名精神病患者受惠，为26名贫困精神病患提供免费住院。免费为残疾人发放轮椅等辅助器具1683件。免费为169名低视力残疾人配用助视器。对158名0~6岁残疾儿童实行抢救性康复救助。拓展社区和家庭康复服务，全市建立社区康复站12个，确立16家精准康复服务和评估机构，全市有康复服务需求的残疾儿童和持证残疾人接受康复服务比例达40%以上。全市6个社区康园工疗站为120名会员提供工疗和娱疗康复服务。对60户残疾人家庭进行居家环境无障碍改造。

【残疾人教育】 化州市残疾人联合会对2017年考入大中专院校的12名贫困残疾学生给予资助，发放资助金2.2万元，保证上线的残疾学生全部入学读书。“南粤扶残助学工程”资助本科1人，每人1.5万元；专科8人，每人1万元，共资助9.5万元。推荐13名残疾少年儿童进特教学校读书。

【残疾人就业】 2017年，化州市残疾人联合会推荐2名残疾人参加省就业服务中心举办的培训班，推荐3名残疾人参加茂名市举办的盲人按摩技术培训。市残联搜集市外有关单位用人信息，推荐140名残疾人到外地就业。分散按比例安置残疾人就业政策进一步落实，保障原来各单位安排的300多名残疾人继续稳定就业，新安排25名残疾人就业。向300多个用人单位发出“按比例安排残疾人就业年审通知”，审核确定应缴残疾人就业保障金300多万元。

【残疾人社会保障】 2017年，化州市有4873名残疾人享受最低生活保障。有10823名重度残疾人享受政府代缴政策免费城乡居民基本医疗保险，1805名残疾人享受政府代缴城乡居民基本养老保险。落实重度残疾人护理补贴制度和残疾人生活津贴制度，13669名重度残疾人享受一年2400元的护理补贴，4873名低保残疾人享受一年1800元的生活津贴。

【残疾人文体宣传】 2017年，化州市残疾人联合会结合全国助残日、肢残日、国际聋人节、世界精神卫生日、国际盲人节等残疾人节日，开展慰问、救助、联谊、咨询、宣传等形式多样、内容丰富的活动，营造浓厚的扶残助残社会氛围，进一步激发残疾人自强不息，顽强拼搏的精神。在河西助残健身示范点开展助残健身活动，以带动全市残疾人投入全面健身强体运动中。

【残疾人组织建设】 2017年7月1日至8月9日，化州市残疾人联合会开展化州市残疾人基本服务状况和需求专项调查，掌握22364名残疾人的数据信息。推进残疾人证核发工作，全年核发残疾人证3548个。至2017年底，全市有持证残疾人23616人。11月2日下午，在化州市残联六楼会议室召开化州市残联党支部换届大会，大会选举何超信任市残联党支部书记，何超信、庞允昶、黄胜文、梁惠明、陈木森任市残联支部委员会委员。12月15日上午在化州市星河国际大酒店五楼宴会厅召开化州市残疾人联合会第三次代表大会，出席会议的正式代表及列席代表共124人，大会聘请市委常委刘冬任市残联第三届主席团名誉主席。大会选举产生市残联第三届主席团委员30名，选举产生出席茂名市残联第七次代表大会代表30名，选举市委常委、常务副市长冯浪任市残联第三届主席团主席，陈政、何超信、林光辉、庞春明、廖小平、韦亚胜、李秋雄为副主席。何超信任市第三届执行理事会理事长，庞允昶、黄胜文任副理事长。

【化州市残疾人康复中心】 化州市残疾人康复中心自2002年拓展业务以来，由原来一个老师带几个聋儿康复，发展到有专职教师20人，2017年在训聋儿、脑瘫儿童、智障儿童共61人，建立以康复中心为龙头，社区康复为纽带、家庭康复为基础的康复服务网络，成为粤西县级较大的康复机构。2017年11月8日成立中共化州市残疾人康复中心党支部，有党员3名。2011年，申请建设残疾人康复中心综合服务大楼，获批立项；2016年底该项目完成六楼框架工程；2017年康复中心大楼进行装修工程。

2017年化州市残疾人联合会领导班子成员名录

党支部书记、理事长：何超信（9月任职）
　　　　　　　　　　陈小康（任至9月）
副　理　事　长：庞允昶
　　　　　　　　　　黄胜文

（李晓敏）

化州市老区建设促进会

【概况】 2017年，化州市老区建设促进会（以下简称老促会）健全完善各项规章制度，老促会工作实现制度化；加强基金管理和使用工作增加透明度，保证基金收益合理使用；年度工作计划全面完成，取得较好的成绩。老区宣传工作获《中国老区建设》宣传一等奖。

【产业扶贫专题调研】 2017年，化州市老区建设促进会利用3个月时间，组织人员到平定、新安、值桥林尘、东山、同庆等镇老区村进行调研。全市39个省定贫困村中，有34个是老区村，占八分之七。化州市委市政府按照中央、省市脱贫攻坚的总体部署，发展特色产业，促进老区人民脱贫致富。至年底，全市建立起化橘红（南药）、蔬菜、水果、畜牧、水产、粮油、蚕桑、甘蔗、林木、花卉等十大支柱产业，引导和鼓励贫困户参与，走“新型农业经营主体+基地+贫困户”的路子，帮助老区贫困户脱贫致富。老促会收集大量精准扶贫、产业扶贫的典型，写成调查报告，向市委、市政府和省、市老促会汇报，得到市委、市政府的充分肯定。7月中旬，省老促会领导到化州市新安镇调研产业扶贫工作，对化州市产业扶贫的做法和经验给予很高的评价。

【革命遗址建设和管理】 化州市革命历史纪念馆建成开放后，2017年化州市老区建设促进会做好完善工作。抓好纪念馆建设工程、结算、审计工作，尾欠资金报告化州市政府，由市政府拨款解决。落实纪念馆管理主体。请市委市政府牵头，协调有关部门，落实纪念馆由市德育学校管理；成立专门管理机构，由7人组成，1名副校长主管，内设专职办公室主任1人，讲解员正式调入德育学校。完善电化展示厅。申请市政府拨款15万元，添置电化展示设备、桌椅、空调等。落实管理经费。每年由财政列入预算，拨款18万元，用于纪念馆水电、维维修等开支。建立管理制度，定期开放落实五项措施后，使纪念馆更加完善，有人管、有经费、有制度，对外开放更常态化。2017年，新建良光田介垌垌、白楠埇，官桥丰村等5座革命烈士纪念碑。

【奖学助学】 2017年，化州市老区建设促进会在茂名市老促会的支持下，与化州市教育局合作，筹措资金，组织实施对老区和农村青年升大学、高职成绩优秀的学生进行奖励，对家庭困难的烈土后裔进行助学。全年奖励老区和农村青年升大学、高职优秀生139人，发放奖学金32.1万元，同比增长76.3%，受奖人数和奖学金均居茂名市各县区之首。革命烈士后裔在读大专院校（含硕士、博士）的困难学生给予补助，2017年助学265人，发放助学金38.9万元。单亲孤儿助学金，助学90人，补助5.4万元。

【科技兴果】 2017年，由茂名市老促会拨款支持的项目发展势头良好。南盛谷林蔬菜种植专业合作社通过“合作社+农户”的模式，建设大棚来种植秋葵、迷你小冬瓜等蔬菜，规模和效益得到提高。林尘棠美常有菠萝蜜合作社采取“合作仕+农户+互联网”的方式，通过互联网把菠萝蜜销往往新强哈尔滨、北京等地，每个菠萝蜜售价300多元，拓展销路，提高效益，增加农民收入。宝圩长誉黄栀子种植专业合作社以“合作社+农户”的模式，鼓励农户参与，免费进行技术指导，与农户签订产销合同，以合理价格统一收购，保障农民收益。宝圩长誉黄栀子种植专业合作社由原来4户发展到1960户，种植面积1.1万亩，种植范围跨越两广（广东、广西）三市（化州、高州、北流），年产值1300万元，带动一大批农户致富。宝圩成为全国最大的天然色素原料生产基地。

【美丽乡村建设】 化州市革命老区笪桥镇莞塘村，在外出乡贤的带动支持下，投资400万元，建成环村路，硬底化村道，完善村中排水、排污设施，安装路灯、监控设备等。2017年投资1亿多元，建成多个集观光、旅游、休闲于一体的项目：大唐古典风格的文化广场，风车荷花塘，大榕树景点，革命老区教育基地，两座古典大气的庙堂，李氏宗祠、黄瓜厂区等宝圩镇巷口村，建设公园、沿江路、别墅小区等景点。被称为“中华化橘红第一村”的平定镇大岭村，利用化橘红种植基地，开发观光农业，橘红花开，引来万人赏花。2017年化橘红文化节，有7万人到大岭赏花。2017年化州市老区建设促进会抓好老区民生工程，支持老区饮水和村道硬底化建设。与宝圩镇领导一起实地勘察、调研、做好宝圩水厂选址工作；重点抓好同庆镇塘溪村委会朋坡村等4条村道建设，总长7千米，受益群众近8000人。

【老区宣传】 2017年，化州市老区建设促进会弘扬老区精神，讲好化州老区故事。配合茂名市老促会，编辑出版革命老区村先进事迹选编一书，撰写42条老区村和个老区镇等43篇文章。发动该会工作人员宣传化州老区的人和事，为《中国老区建设》、省《源流》以及各级新闻媒体投稿。2017年，在《中国老区建设》发表文章1篇，省《源流》发表5篇，化州新闻和化州电视台发表、播出多次。协助全国、省老促会做好两刊征订、发行工作。2017年获得《中国老区建设》宣传一等奖

（化州市老促会）

关心下一代工作委员会

【概况】 化州市关心下一代工作委员会（以下简称化州市关工委）于2000年8月经化州市委批准成立的。办公室设在市委市政府大楼九楼东921室，办公面积45平方米，设一个股室，编制人员2名，隶属市委老干部局。

【党史国史教育】 2017年，化州市关工委根据省、茂名市党史国史、军史和红军长征史主题教育的要求，举办“四史”演讲比赛。经过分赛区初赛、决赛，选出中学组28人、小学组25人参加总决赛，同学们围绕主题，缅怀先烈丰功伟绩，讴歌党的光辉历程，讴歌红军的艰苦卓绝，讴歌建党96年来的辉煌成就，描绘新中国的美丽巨变和伟大的中国梦，表达永远跟党走的坚定信念和爱国情怀。经过激烈的角逐，各组评出一、二、三等奖并向获奖同学颁发荣誉证书和赠送《习近平讲故事》一书。通过“四史”教育推动革命传统教育深入开展。清明节组织化二小300多名师生祭扫宝山纪念碑，缅怀先烈，继承遗志，教育青少年将革命精神世世代代相传下去。全市举办祭扫烈士墓暨革命遗址揭幕活动20多场，参加活动干部、师生、群众3万多人。利用革命历史纪念馆、革命遗址、纪念碑（场馆）进行党史国史教育，全市开展教育70多场，受教育6万多人次。

【“三结合”教育】 2017年，化州市关工委巩固南盛、文楼两个社区“三结合”教育活动联系点，广泛调研，探索家校互动融洽教育的新途径。通过家校互动、社区教育阵地、农家书屋平台，依靠全社会力量，参与支持关爱失足、失管、失学、失业、失亲“五失”青少年，组织、动员居住在社区“五老”参与、配合，开展帮教青少年。市关工委将同庆中心小学作联系点，把家校互动与社区教育一齐抓，通过家委会让家长参与学校管理，教育孩

子。家长自发当义工，清洁校园，维护秩序。学校利用QQ群、微信群、校讯通，保持与家长紧密联系沟通，掌握孩子动态。全市各镇家校与社区教育有序开展，经常与留守儿童座谈、牵手互动，让“大手牵小手”，关爱孩子成长。

【“朝阳读书”活动】 2017年，化州市关工委抓好“朝阳读书”活动，推广发挥新安中学典型经验，形成全市读书活动品牌效应。全市读书面不断扩大，458所中小学全部开展，开展率100%，全市有23.5万学生参加“朝阳读书”活动，广大学生在广泛读书中逐步养成良好的社会公德、家庭美德和个人品德。市关工委结合党史国史、军史和红军长征史“四史”主题教育教育，引导学生读红书，唱红歌，讲长征故事，让广大学生铭记历史，永远跟党走，全市开展读红书、唱红歌学生18万人。市关工委开展送书赠书活动，以推动读书活动深向开展，向播扬平山坡小学等5所学校赠送图书3万多册学习用具一批。

【关爱留守儿童】 2017年，化州市关工委下发《关于做好农村留守儿童关爱监护情况调研的通知》，对农村留守儿童全面摸排，造册登记，组织人力对播扬、那务、官桥等镇区、学校进行调研，针对当前留守儿童存在的问题，写成调研文章，作市领导决策重要参考。全市有留守儿童45653人，占在校儿童学生21.9%。留守儿童以隔代监护扶养居多，占57.2%；托亲属寄养的占27.5%；在学校寄养的占10.7%。其他的占4.5%，2人失学（属弱智或残疾），由教育部门定期辅助。中秋节、国庆节，市关工委举办慰问留守儿童活动，向160名留守儿童发放慰问金、月饼和大米，发出《致农村留守儿童的慰问信》，教育他们要遵守纪律，刻苦学习，逐步养成文明礼貌、团结互助、勤俭节约的好品德，就会拥有出彩的人生。通过帮扶活动，使全社会都来关心关爱留守儿童。

【创业青年培训】 2017年，化州市关工委创新培训工作，坚持平常培训与集中学习相结合，培训农村创业青年。组织学员在化北平定、文楼现场进行橘红、沉香和牛大力种植培训，参加学员120多人。联谊会长叶代飞通过牛大力基地，发动83户农户种植，面积33.33公顷，无偿提供种苗培育、种植技术、施肥管理及收获销售等信息技术服务，根据不同季节，经常性组织学员实地参观，现场指导。5月，电白关工委组织30多名学员，前来基地参观考察。至2017年，基地有200多人次参与培训学习。创业青年李田汉通过“华农特”特色笋壳鱼养殖合作社推动养殖，帮助学员树立信心，做大做强这条鱼。11月，市关工委、团市委联合举办农村创业青年培训班，学习牛大力、笋壳鱼、养龟及电商微商知识，全市120多名青年参加培训。全市利用多种形式办班3场，培训农村青年230多人次。市关工委通过走出去、引进来，与吴川、电白等县市交流，为农村创业青年寻找更新的路子及致富项目，推动化州经济发展。

【组织网络建设】 2017年，化州市关工委利用各级完成换届选举的时机，与市委组织部联合下发《关于进一步调整健全关工委机构的通知》，镇（区、街道）关工委主任由分管党群副书记兼任，常务副主任由老干党支部书记或离退休干部担任，从直属单位离退休的“五老”中挑选3至5人为关工委成员。村（社区）关工委主任由村（社区）党支部书记兼任。市直有关单位关工委主任由分管政工工作的领导兼任，挑选几名离退休干部担任副主任。市关工委领导对各级关工组织建设进行调研、检查督促。经过调整充实后，各级关工组织机构及人员全部健全。2017年，全市有关工委225个，关工小组274个，关工委（小组）的领导成员及志愿参与关工工作的“五老”人员共3万多人，基本形成市和市直机关单位、镇（区、街道）、村、学校关工组织网络，推动各级关工委工作正常开展。

2017年化州市关心下一代工作委员会领导班子成员名录

主　　任：卢定强
常务副主任：李　坚
副 主 任：卢超伟
　　　　　杨土珍
　　　　　吴　陆

（麦苗苗）

人物

人　物

新任中共化州市委书记

黄　永　男，汉族，1967年9月生，广东省高州市人，1987年6月加入中国共产党，1989年7月参加工作，华南农业大学法学专业毕业，在职大学学历，华南农业大学农业推广硕士。1986年9月至1989年7月在华南农业大学农业建筑工程专业学习。1989年7月至1994年8月任茂名市计划委员会固定资产投资科科员。1994年8月至1998年12月任茂名市计划委员会固定资产投资科副科长（其间：1994年9月至1996年12月在广东省委党校经济管理专业函授本科学习）。1998年12月至2001年12月任茂名市计划委员会固定资产投资科科长（其间：2000年11月至2001年1月参加茂名市委党校中青班学习）。2001年12月至2002年4月任茂名市发展计划局投资科科长。2002年4月至2004年11月任茂名市发展计划局副局长、党组成员（其间：2002年9月至2004年7月在华南农业大学法学专业本科学习）。2004年11月至2011年8月任茂名市发展和改革局副局长、党组成员（其间：2008年9月至2008年12月参加广东省委党校中青二班学习；2005年1月至2007年6月在华南农业大学读农业推广硕士学位）。2011年8月至2012年2月任茂名市发展和改革局局长、党组成员，2011年11月当选茂名市十届市委委员、茂名市纪委委员。2012年2月至2017年5月任茂名市发展和改革局局长、党组书记，2016年12月当选茂名市十一届市委委员（其间：2015年1月至2017年2月任茂名市人民政府党组成员，2015年2月至2017年2月挂任广东茂名滨海新区党工委副书记、管委会副主任）。2017年5月起任化州市委书记。

新任中共化州市委副书记

周太强　男，汉族，1968年12月生，广东省茂名市电白区人，1997年8月加入中国共产党，1990年7月参加工作，中山大学应用力学专业毕业，大学学历，海南大学法律硕士。1986年9月至1990年7月在中山大学应用力学与工程系读书。1990年7月至1996年12月在广东惠州市中国银行金信发展总公司工作。1996年12月至2005年6月在茂名市委办公室工作，1999年4月至2001年12月任茂名市委办公室信息科副科长，2001年12月至2005年6月任茂名市委办公室信息科主任科员（其间：2004年9月至2004年12月挂任山东省枣庄市市中区委副书记）。2005年6月至2011年11月任茂名市委610办公室副主任（其间：2006年5月至2008年12月在海南大学在职读法律硕士学位，2011年7月至2011年11月挂任化州市委常委）。2011年11月至2016年10月任化州市委常委、市委政法委书记，2016年10月至2016年12月任化州市委常委，2016年12月至2017年6月任化州市委常委、化州市产业转移工业园管理委员会主任，2017年6月至2017年7月任化州市委副书记、市委政法委书记、化州市产业转移工业园管理委员会主任，2017年7月起任化州市委副书记、市委政法委书记、市社会工作委员会主任、市国家安全工作领导小组办公室主任。

新任中共化州市委常委

林文泽　男，汉族，1978年10月生，广东省信宜市人，2001年7月参加工作，2002年12月加入中国共产党，暨南大学应用化学专业毕业，大学学历，理学学士，华南农业大学农业推广硕士。1997年9月至2001年6月在暨南大学应用化学专业本科学习。2001年7月至2002年11月任化州市播扬镇政府党政办公室科员。2002年11月至2004年3月任播扬镇政府党政办公室副主任。2004年3月至2004年5月任化州市委办公室副主任科员。2004年5月至2008年9月任茂名市人事局人才管理开发科副主任科员。2008年9月至2009年8月任茂名市人事局公务员管理科副科长。2009年8月至2010年7月任茂名市人事局公务员管理科主任科员。2010年8月至2013年3月任茂名市人力资源和社会保障局公务员局考试录用科主任科员（其间：2012年6月获得华南农业大学农业推广硕士学位）。2013年3月至2015年1月任茂名市委组织部干部二科主任科员。2015年1月至2017年1月任茂名市委组织部公选办主任（2016年6月起负责干部一科全面工作）。2017年1月至2017年8月任茂名市委组织部干部一科科长。2017年8月至2017年9月任化州市委常委、组织部部长。2017年9月起任化州市委常委、组织部部长，市委党校校长。

广东省“五一劳动奖章”获得者

廖鸥飞　男，汉族，1972年10月生，广东化州人，中共党员，普通内科主任医师。1997年毕业于广东医科大学临床医学系5年制本科。1997年6月至2001年4月于广东省东莞市中堂医院工作，2001年5月起在化州市人民医院工作。曾在心血管内科、呼吸内科、重症医学科工作并担任副主任职务，2017年任化州市人民医院副院长兼呼吸内科主任。担任茂名市医学会呼吸病学分会第一届委员会副主任委员，广东省医院协会医院品管圈管理专业委员第一届委员会委员。曾到广东省人民医院、南方医科大学南方医院、广东医附院进修。因工作表现突出，先后被评为“化州市人民医院先进工作者”“化州市人民医院十佳医生”“化州市人民医院十佳员工”“化州市人民医院优秀共产党员”“化州市优秀共产党员”“化州市好医生”“化州市人民医院十大名医”等。2017年，获得“广东省五一劳动奖章”称号。

镇（区、街道）

镇（区、街道）

广东鉴江经济开发区

【概况】 广东鉴江经济开发试验区于1993年2月经省人民政府批准成立，位于湛茂阳经济圈中心地带，地处化州市区东郊、鉴江河畔，东与茂名市茂南区接壤，南靠东山街道，西临鉴江河、与河西街道为界，北近南盛街道。区域总面积38平方千米，下辖5个村委会和1个社区，2017年户籍总人口5.2万人，耕地面积2000多公顷。交通便捷。东距华南最大的炼油基地城市茂名21千米，南距茂名滨海新区54千米，西距港口城市湛江78千米；毗邻化州火车站，茂湛铁路从南沿经过，茂化一级公路、国道207线纵横贯穿全区，南距广湛高速公路化州出入口8千米。该区分为行政、工业、商贸、商住、文化五大功能区，市政配套设施日臻完善，城区建设已具规模，是化州市招商引资、发展经济的窗口和龙头，是中共化州市委、化州市人民政府驻地，化州市的政治、经济、文化中心。位于鉴江河畔的化州市府广场、市体育馆广场是化州市民休闲、健身的首选之地。1996年被评为广东省“十佳经济开发试验区”。

【社会经济】 2017年，广东鉴江经济开发试验区18间规上工业企业生产总值29.65亿元，同比增长30.1%；17间限上批发零售业营业收入10.68亿元，增长13.9%；5间限上住宿餐饮业营业收入3526.3万元，同比增长7.6%；服务业营业收入4.574亿元，同比增长53.89%。全区两税收入完成4.836亿元，其中地税收入4.233亿元，同比增长45.1%；国税收入6030.6万元，同比增长117.6%。

【招商引资】 2017年，广东鉴江经济开发试验区引进蒲山泉饮料、瑞京金属制品、鑫盛贸易、佰佳酒店等大型企业6家，总投资6800万元；引进东方红三甲民营医院项目，总投资10亿元；高朗岭项目基本完成土地庙搬迁工作；济群药业进驻医药物流园；化橘红特色产业小镇项目推进顺利，项目规划条件获得通过，进入土地招拍挂阶段。

【城市扩容提质】 2017年，化州市位于广东鉴江经济开发试验区原市消防队北侧项目5.73公顷土地挂牌出让，全国著名的房地产企业碧桂园落户；城东新区路网征地拆迁工作展开；城东公路在2017年底单向通车；北京路黑底化改造开始动工；加大“两违”的打击力度，拆除违章违法建筑11栋，面积4900平方米；开展养殖业污染整治工作，关闭养殖场571家。

【村级两委换届】 2017年，广东鉴江经济开发试验区完成村级两委换届工作。村书记主任一肩挑率83.33%，两委交叉率94.5%，村委参选率96.2%，村“两委”干部平均年龄从上届52岁下降到48岁，最年轻干部为25周岁，呈现出高学历和年轻化的特点。

【社会主义新农村建设】 2017年，广东鉴江经济开发试验区以省定贫困村百室堂村为重点开展“三清三拆三整治”工作，全村累计清理杂竹杂木25.33公顷，拆除危旧房、废弃露天厕所、猪栏500多间（1.25万平方米），出动钩机223班次；完成百室堂村总体规划设计平面图及22条自然村的初步规划方案；争取市委组织部下拨经费10多万元，在该村新农村建设示范村庄建成大型高标准的"党建引领新农村建设"宣传专栏2个、宣传海报牌一批。争取市委组织部拨款60万元建设东方红村党员活动中心。

【精准扶贫】 广东鉴江经济开发试验区在2016年105户脱贫基础上，2017年计划脱贫104户253人，年内实际脱贫233户627人，投入脱贫资金550多万元，解决饮水安全问题7户，帮扶贫困子女上学171人，完成农村危房改造44户，帮助转移就业165人，举办农村适应技术及转移就业培训11场次，培训贫困户劳动力250人。百室堂村开创"公司+贫困户"模式引领贫困户脱贫；百室堂、大桥、白鸠垌、旺山4个村委会光伏发电项目建成投入使用。

2017年鉴江开发区领导班子成员名录

党委书记、人大联络组组长：李秋儒
党委副书记、管委会主任：李惠强
党委副书记：李建华
余李进
党委委员、管委会副主任：李　明
党委委员、纪委书记：董虹波
党委委员：岑红娣
廖亚明
吴　雄
陈　明
党委委员、鉴江派出所所长：李土伟
管委会副主任：郭　飞
周　辉

（王华明　彭　杰）

东山街道

【概况】 东山街道位于化州市区东南部，东毗邻鉴江开发区、西依鉴江河，街道办事处设在化州市橘城中路118号。2017年辖4个社区和6个村委会，30个居民小组和74条自然村。总面积43平方千米，户籍总人口82173万人。横穿境内的有省道285线（迎宾大道）、梅石线、茂化一级公路、河茂铁路。化州火车站、508汽车客运总站坐落区内。东山街道历史悠久，文化底蕴深厚，尚存石马玲、洪豫墓、天主教堂原址等一批市级保护文物单位。

【区域经济】 2017年，东山街道突出抓好重点项目、党建工作、民生工程等工作，东山各项社会经济发展运行有序。全年全街道实现社会生产总值34.49亿元，年均增长12%；一般公共收入1230.44万元，比上年增长5.99%。国税、地税累计收入56562万元，增幅79.6%，增加值25065万元；市县级库收入4418万元，增幅69.8%，增加值1816万元，较好地完成上级下达的财税统缴任务。

【重点项目】 2017年，东山街道推进基础设施项目建设，东山具备产业发展、公共服务、吸纳就业、人口集聚等功能。完成十一万路寨塘项目10.67公顷征地工作，90%农户同意征地并签订补偿协议，土地丈量清点地上附属物工作完成。迎宾大道西侧项目9.73公顷，完成土地测量工作，大部分群众同意征地。2017年东山街道向市政府申请下拨征地补偿款给群众180万元。城南片区改造项目共征地18.2公顷，原陶瓷厂有2公顷土地通过出让，划作棚户区改造建设项目使用，肥业公司土地公开出让及建设用地确权等工作完成。收回原雷贝特土地，征地面积6.8公顷，按2014年的征地补偿安置标准补偿给群众，大部分群众已领取征地款。迎宾路两侧建材市场二期用地项目共38.6公顷，12月完成林地使用手续，其他工作在推进中。

【党建工作】 2017年，东山街道召开2次党委扩大会议，3次街道宣讲会；利用"一支部一微宣讲员"平台，加强线上线下联动，全方位、多视角宣传十九大精神；推进"两学一做"学习教育常态化制度化。参与党员考学活动，组织集中宣讲、上专题党课47场次，组织街道1529名党员参加考学，参考率、满分率均为100%；巩固拓展基层党建重点任务整改成果。完成全街道66个党组织1529名党员基本信息采集、录入工作。建立按期换届提醒督促和党建指导机制。排查出基层党员、干部违纪违法线索16条，其中，立案调查11宗，结案1宗，给予1名违纪党员警告处分。实现两新组织两个覆盖率100%；完成村级换届选举任务。村级换届后，街道10个村（社区）两委干部共计57人，"两委"成员交叉率

90%，书记、主任一肩挑率90%。做好上街社区非户籍委员选举的试点工作，完成街道团委、妇联换届、村（社区）会改联工作任务。

【新农村建设】 土地管理　2017年，东山街道为解决历史留用地问题发放征地补偿款1000多万，完成被征地社保预存资金分配。处理农村土地乱占、乱卖、乱租问题22起；推进农村土地承包经营权确权，实测耕地面积929.2公顷，完成指介116个，颁发证书89本。

建设情况　2017年，东山街道以省定贫困村儒教位村为示范村，开展“三清三拆三整治”工作。全街道清理村巷道乱堆放生产工具、建筑材料816户；清理房前屋后和村巷道杂草杂物、积存垃圾1945户；清理沟渠池塘溪河淤泥、漂浮物和障碍物78处；拆除危旧房、废弃猪牛栏及露天厕所茅房257间；全面铺开12条自然村共10.04千米的农村公路建设。16条自然村全部完成新农村建设规划编制和“三清三拆三整治”工作；拓宽垃圾处理经费来源渠道，采取“一事一议”制度筹措资金，确保各村保洁队伍正常运行，按时清运生活垃圾，改善农村生产生活条件；省定贫困村儒教位村的特色帮扶项目橘红普洱茶加工厂于2017年6月下旬投产，提供固定就业岗位30个，带动贫困户85户。

精准脱贫　2017年，东山街道加强与帮扶单位的对接，推进重点帮扶省定贫困村和其他非贫困村的精准扶贫工作。按照“六个精准”的原则，实施“五个一批”工程，将项目落实到村、精准到户。街道需帮扶贫困户294户711人。2016年度脱贫184户224人，2017年计划脱贫68户289人。街道需进行危房改造户17户，建成并验收12户。扶贫增收项目申报125个，2017年底完成脱贫增收任务。

【社会管理与服务】 环保监管　2017年，东山街道按照“分级负责、属地管理”的原则，建立辖区内二级联动网格化环境监管体系；做好小东江辖区污染整治工作，落实“河长制”工作制度。通过明确各村河长责任，投入资金进行“清障、清违、清淤”行动，对全街道范围内河道存在的乱占乱建、乱围乱堵、乱采乱挖、乱倒乱排等突出问题进行整治；加大力度对畜禽养殖业污染进行整治，对街道辖区规划红线内禁养区范围的190间养猪场建筑进行拆除，明显改善河道周边的生态环境。

综治维稳　2017年，东山街道加强法治建设，完善立体化治安防控体系，打击各类违法犯罪行为。东山街道综治维稳中心全年受理案件56件，调解成功54件，调解率100%，调解成功率96.5%，其中，现场办结32件，尚有2件在调解中。社区戒毒、社区康复工作全面推进，对辖区内11名社区戒毒执行人员开展社区戒毒管控工作。建立社区吸毒人员花名册和个人档案，将社区223名涉毒人员纳入管控之中，实行一对一帮扶，管控率100%。成立群防群治“红袖章”队伍，促进全街道社会治安稳定。2017年“飓风行动2017”严打整治专项打击行动中，截至2017年11月22日，立刑事案件360件，破案223件，刑事拘留149人，逮捕108人，送强戒66人，抓获在逃人员5人，其中刑拘数同比上升114.28%，逮捕数同比上升85.7%，送强戒数同比上升23%。加强对辖区内重点行业领域的安全监管，加强对危险化学品、烟花爆竹、道路交通、消防、工程施工及校外寄宿场所安全隐患的排查整治工作，对校外寄宿场所安全隐患进行地毯式排查整治。行动中，排查校外寄宿场所56间，发出整改通知书53份。查处打击“两违”，组织执法行动20次，拆除违法占用耕地30宗、乱搭建20宗。

社区服务　东山街道以社区“三化”建设为抓手，逐步改善村（社区）办公环境。2017年上街社区投入“三化”建设经费80多万元，于7月投入使用。上街社区公共服务中心13个功能室配备完善。相应成立化州市义工联合会上街分会，服务社区居民3100多人次，开展志愿服务25次。2017年街道10个驻村工作组帮助解决群众反映问题89宗。

卫生计生服务　东山街道健全人口公共服务体系，加强人口计生宣教普及，开展幸福家庭创建工作。做好全街道计划生育年度考核迎检工作，抓好“一校、一会、二室、三栏”等工作。2017年，审批两孩472例，户籍人口出生1105人，政策生育率97.47%；流动人口出生9人，政策生育率8%；东山卫生院标准化项目建设工作进展顺利，塘尾、博龙村级卫生站公建民营规范化建设工作完成。强化城乡低保动态管理，做好救灾、救济等临时救助工作。

2017年东山街道领导班子成员名录

党委书记、人大联络组组长：陈志红（任至8月）

党委副书记、主任：姚憬敏
党委副书记：杨春生
苏汉文
朱子齐（12月挂职）
党 委 委 员：吴永生
李永雄
李俏娟
马　鸣
黎耀新
陈孙旺
黎春华
副　主　任：吴永生
陈广河
李杰雄
马晓鹏（挂职）

（梁　环）

河西街道

【概况】　1994年7月化州撤县建市，11月设立河西区，后于2002年撤区成立河西街道办事处。河西街道办事处设在化州市河西街道文仙路38号。下辖沙堤尾、下墟、宝山、文仙、北岸5个社区居委会和凤口、山车、坡石、樟村、三里堂、上郭、禾化7个村委会，共有自然村59条。2017年，总人口12.44万人，其中，非农业人口9.27万人，农业人口3.17万人；总面积33.67平方千米，耕地面积700公顷。有小学13间（其中，城区小学4间，农村小学9间），公立幼儿园1间。包括化州市第一小学、化州市第二小学、化州市第五小学等化州市重点小学，有学生1.1万人。

2017年，河西街道突出基层党建、交通设施、招商引资、扩容提质、城乡一体、社会稳定六大工作重点，推进各项工作落实。加大招商引资力度，工业企业发展迅猛，有橘红制品、农产品加工、食品加工等企业227家，其中规模以上企业15家，2017年工农业总产值23.43亿元，本级财税收入15255.8万元；工商个体户3700多家。以化州绿景国际花城、茂名市嘉燕房地产开发有限公司（嘉燕·橘洲明珠项目部）为代表的房地产业蓬勃发展。河西街道旅游资源丰富，尚存孔庙学宫大成殿、鼓楼、清风楼、罗州古城墙等历史文化古迹，有宝山公园、橘州公园，民主路商业步行街及楼高31层的星河国际假日酒店。

【经济工作】　2017年，河西街道引进投资项目8个，分别是化州市华聪药业有限公司（投资1.2亿元）、化州市益民（优抚）医院（投资4950万元）、化州市北岸大桥重建工程（投资2800万元）、化州市花中城餐饮管理有限公司（投资2200万）元、深圳市电影发行放映有限公司深影化州分公司（投资1800万元）、化州市金博河文化传播有限公司（投资1500万）元、百达通汽车销售有限公司（投资1200万元）及江门麦当劳餐饮有限公司（投资700万元）。第三产业发展较快，六街建筑材料批发市场及北岸“三鸟”批发市场等专业市场和批发市场发展壮大。

【城镇建设】　2017年，河西街道项目征地如期推进。化州市在河西街道开展的项目征地有7宗，其中涉及河西街道土地68公顷，水质净化厂土地已交付使用，总面积3.67公顷。旧城改造工作按照年度计划推进。落实门前“三包”管理制度，街道制作门前“三包”责任牌3200多个，由各社区负责向临街单位（企业）、临街门店和住户发放。“城乡清洁工程”全年投入35万多元用于城乡环境整治及城乡清洁工程建设。建立工作长效机制，落实网格化管理。抓好城区“六乱”整治，拆除乱搭建49宗、广告牌125宗、帐篷68宗，整治乱摆卖186宗。做好城镇规划区及交通主干道沿线和鉴、罗两江沿岸500米范围内土地的规划管控，整治违法建筑及违法用地行为，拆除违章建筑14栋，面积4585平方米。街道采取畅通举报渠道、建立常态化巡查、联合执法的办法，落实每个村委会的监督责任，发现一起整治一起。

【街道管理】　2017年，河西街道加强社会治理。组织开展“3+2”“冬季百日”等打击各类违法犯罪专项行动，打击暴力犯罪、毒品犯罪和严重破坏市场经济秩序犯罪，提升群众的安全感和满意度。全年辖区破刑事案件151件；刑事拘留49人，逮捕3人；受理治安案件85件，治安处罚73件；强制隔离戒毒23人。抓获网上在逃人员2人。

加强纠纷调解　2017年，河西街道综治信访维

稳中心接待群众来访28批51人次，解决问题22个；办理街道单位信访案件16件，办结16件；受理上级转来的来访案件13件，办结13件；上级转交的群众来信案件20件，办结20件；办理网上信访案件18件，办结18件。办结率100%。全年街道排查出各类矛盾纠纷254件，其中：基层化解195件，由街道司法所等职能部门参与调处59件，有2件在化解中。调处率100%，调处成功率96.6%。全年没有出现重大安全生产事故和重大群体性事件。

加强社会服务　2017年，河西街道投入22多万元改造街道和村（社区）两级公共服务中心，为村（社区）配备电脑、复印机等办公设备，实行代办制和“一站式”服务，方便群众办事，提升服务水平。

【社区服务】　2017年，河西街道落实城乡居民医疗保险70975人。完成城镇职工养老保险缴费5584人。抓好低定保工作，城镇低保户1291户2821人，农村低保户421户943人。

【党群工作】　2017年，河西街道发挥联结城市基层各级党组织“轴心”作用，统筹整合河西资源，打造“橘城红”党建实践基地品牌。落实领导干部驻点普遍直接联系群众制，全年收集群众问题和建议245宗，办结239宗。改善村（社区）便民服务站和村（社区）办公场所的工作环境，村级办公场所面貌焕然一新。推进“基层党组织书记‘六项能力’提升工程”，落实“两个联席会议制度”及组织生活会制度，加强村（社区）支部书记的日常管理。12名挂任“第一书记”履行职责，解决群众急待解决的突出问题一大批。

【重点项目】　2017年，耗资2500万元的北岸大桥重建工程完成主体建设，在铺设桥面中。化州市广海路改造工程河西段征拆工作全面开展。

2017年河西街道办事处领导班子成员名录

党委书记、人大联络组组长：杨亚田
党委副书记、办事处主任：张福辉
党委副书记：庄志雄
　　　　　　钟永信
党委副书记、珠海市不动产登记中心副主任：
　　　　　　郭敦峰（10月任职）
党委委员、办事处副主任：赵善珍
党委委员、纪委书记：周少卓
党委委员、人大联络员：陈瑞彪
党委委员：陈　峰
　　　　　杨学健
　　　　　李志明
武装部部长：李志明（1月任职）
党委委员、河西派出所所长：赵雄光
办事处副主任：彭本英
　　　　　　　郑冠英
街道副主任科员、工会主席、妇联主席：翁彩娟
街道副主任科员：黄康胜

（陈城任）

下郭街道

【概况】　下郭街道位于化州市区西南部，是著名的革命老区，东临鉴江，南接杨梅镇，西连良光镇，北邻河西街道。交通便捷，北靠河茂铁路，距广湛高速公路杨梅出入口18千米，化梅路、国道207线、化州环市西路、机场大道、梅石路纵横穿越其境。街道下辖9个行政村和2个社区，186个合作社，2017年末户籍人口43381人，总面积43平方千米。辖内有潦口姑婆庙、下郭冼太庙等茂名市级重点文物保护单位。姑婆庙传诵“黄蜂为媒”的神奇传说为“橘州三奇”之一。下郭村以“粤西第一村”而著称。

【经济指标】　2017年，下郭街道生产总值28.2亿元，同比增长6%；固定资产投资9372万元，同比增长-61%；规模以上工业产值17.25亿元，同比增长8.8%；中央级地税总收入3002.4万元，同比增长11.6%；地方库总收入6660.2万元，同比增长-56.9%；国税收入6828.3万元，同比增长241%。

【产业结构】　2017年，下郭街道扩大、优化种植业规模。化橘红种植面积93.33公顷，水果、蔬菜种植面积533.33公顷。加大招商引资力度，引进2家企业落户。全街道有136家企业，其中规模以上企业12家。支柱产业发展迅速。水果、副食、三鸟、建材、文体用品等五大专业批发市场框架已成形，其

中，水果类经营户130户，副食类经营户224户，三鸟类经营户128户，建材类经营户60户，文体用品类经营户38户。

【项目建设】 2017年，下郭街道推进多个项目建设。针对鱼塘填土、猪舍拆迁、土地界至纠纷等问题，化解各类问题纠纷230多宗，确保机场大道下郭段建设如期推进；落实市消防中队办公楼建设用地0.64公顷，市中药厂二期及康景大道用地7.13公顷，行金会项目用地5.33公顷，途中清拆养殖场16户，面积5000多平方米，发放征地款1000多万元，路网全部规划完毕；职校二期用地6.67公顷征下并交付使用；市人民医院出入口拆迁工作顺利推进；陈金章艺术馆、碧桂园项目用地在协助进行中；抓好下郭文雅路、荔波路升级改造项目。“两路”改造工程共计投资594万元，2017年12月完工。

【民生事业】 2017年，下郭街道抓好精准扶贫工作。街道新时期精准扶贫户268户630人，2017年完成脱贫46户172人。抓好信访维稳工作，重视因环境保护、征地拆迁、房屋界至纠纷等引发的社会隐患问题，加强分析研判，做好回应处置、源头防范化解及推进“一村居一律师”等工作；对重点上访对象专人跟进稳控；对“村霸”和宗族恶势力加大整治力度等。开展“严打”整治斗争和创建“平安下郭新区”活动，2017年街道实现京、省零上访。抓好城乡社会保险工作。2017年街道医疗保险覆盖率100%，企业职工养老保险扩面和城乡居民养老保险超额完成化州市下达的征缴任务。重点抓好养殖污染整治工作。结合新农村“三清三拆三整治”工作，街道排查出养殖场787户（其中，禁养区528户，限养区259户），通过整治，辖内禁养区528户已关闭养殖场482户，限养87户，拆除猪栏124间，总面积33261.6平方米。抓好城乡清洁工程工作。2017年，街道为各村各片配备垃圾车及环卫工人，保洁工作正常开展，城乡环境整治有效落实。计生工作持续排在全市前列，殡改工作有序开展，教育创强复评工作通过验收。

【党建工作】 2017年，街道党委高度重视抓党建工作。抓好党员干部队伍学习。推进“两学一做”学习教育常态化，组织街、村干部专题学习贯彻习近平总书记的系列讲话精神和茂名市委、化州市委全会及党的十九大精神，锻造一支高素质的干部队伍。抓好意识形态工作。在全街道开展社会主义核心价值观教育和群众性精神文明创建活动，全民健身事业全面发展，公共文化服务水平提高，正能量突显。抓好村（居）两委换届工作。至5月10日，全街9个村2个社区选出两委干部54人，交叉任职率97.14%，书记、主任全部“一肩挑”。抓好发展党员工作。2017年，街道推选入党积极分子33人，发展党员16人，为9名预备党员办理按期转正手续，确保发展党员工作质量。抓好党风廉政建设工作。2017年，街道纪委明察暗访44次，谈话提醒118人次，立案7宗，处分干部5人，追缴金额28749元。

2017年下郭街道领导班子成员名录

党 委 书 记：张振旺
党委副书记、街道办主任：陈雄杰
党委副书记：陈　博
　　　　　　梁彬静
党 委 委 员 、纪 委 书 记：何亚强
党委委员、街道办副主任：刘耀武
党　委　委　员：冯钦才
　　　　　　　　李武光
　　　　　　　　陈　广
　　　　　　　　董若涛
　　　　　　　　凌国杰
街道办副主任：李　奕
　　　　　　　张　斌

（下郭街道）

石湾街道

【概况】 石湾街道位于化州市西北郊，1997年由官桥镇分出筹建，1999年经广东省民政厅批准建立石湾镇，2003年镇级机制改革改称为街道办。下辖10个村委会和1个居委会，119条自然村，总面积87.6平方千米，2017年末总人口55421人，耕地面积956.67公顷，设有石湾圩、莞塘、中火岭3个商贸集市。2017年，石湾街道党委在茂名市2017年度基层党建考核评议中，考核结果为优秀街道。

【工农业经济发展】 2017年，石湾街道实现财税收入1700多万元，工业总产值11.4亿元，重大项目建设取得新成绩。汕湛高速公路于12月28日正式通车试运行；投入720万元的莞塘圩大桥建设工程开工建设；投资6000多万元的化州市峡晖材料科技有限公司在进行征地工作；投资1000多万元的大明衡器有限公司投产；投资2800万元的化州华涛建材有限公司在推进动工；投资2000多万元的向阳生态旅游度假有限公司开业；华聪药业中药饮片厂现正式投产，正加紧推进配套设施，全部建成后年销售额达2亿元，每年纳税1000多万元。农业建设方面，投资3000多万元建设集种养殖、观光旅游、休闲度假于一体的特色家庭农场——旺禄家庭农场；省定贫困村长坡村委会种植百香果13.33公顷，年产量5000多斤，总收入10多万元；投资276万元建成8个村（居）委会光伏发电项目。全街道11个村委会119条自然村启动“三清理三拆除三整治”工作。其中，24条自然村完成“三清理三拆除三整治”，占总村庄数的20.7%。街道的省道、县道实现100%绿化，农村乡道绿化率70%以上，村庄绿化房前屋后、学校、村民活动中心、广场等绿化率52%。街道各村（居）委会环村道硬底化全覆盖，总长102千米。

【基层党建推进】 2017年，石湾街道开展各类教育学习活动43次，解决群众困难400多件。2017年村级换届选举中，全街道调整60岁以上的支部书记、主任6名，劝退70岁以上干部2名，“两委”成员平均年龄45.2岁，比上届低5岁，大专以上文化11人，比上届提高13%，书记、主任交叉率及“两委”干部交叉率90%以上。石湾社区投资150多万元，设置“一场十六室一长廊”，建成设施齐备的功能室，社区服务功能完善，是2017年茂名市、化州市城市基层党建工作会议的参观点及化州市社区“三化”建设的先行点和示范点。

【交通设施建设】 2017年，石湾街道抓好汕湛高速公路、省道、县道、村道、桥梁等交通网络建设。配合做好国道325扩改工作（按照双向六车道城市主干道标准扩建省道284线新路口至石湾高速公路出入口段，按照双向4车道标准新建汕湛高速公路石湾出口至新安镇路段）；配合推进国道207线北移建设工作，建设好石博（石湾至博带村）1千米的二级公路，抓好化中公路，石湾至丽岗的镇通镇公路规划建设，升级改造石湾至莞塘乡道，抓好莞塘大桥建设工作，加快构筑“外通内畅”交通网络，建成石湾“半小时”生活圈。

【教育事业加强】 2017年，石湾街道投入1800多万元建设化州市第九中学学生宿舍、科学楼、教学楼；投入260万元建设石湾教学楼；投入28万元对石湾学生饭堂进行改造；投入30多万元，加强学校功能室场建设；投入60多万元补足教学点计算机和电教平台，全街道实现学生上电脑课人手一台电脑，生机比例5：1；投入23万元，基本配足教学体育器械及科学实验室设备。打造校园文化，创建现代化特色学校。石湾街道打造体育“2+1”的特色。石湾学校作为省级校园足球推广学校，利用现有设施设备，将校园足球打造成为学校的一张名片。2017年，该校首次参加茂名市“市长杯”足球比赛，打进市八强。街道各学校借助“创强”“创现”契机，打造学校文化、校园文化。化州市第九中学打造“和而不同”的学校主线文化，石湾学校打造以“石”为主题的校园文化。

【美丽乡村建设】 2017年，石湾街道以“生态石湾，美丽乡村”统揽全局，立足乡域特色，实施“政府指导、村级负责、群众参与”的美丽乡村建设发展机制，打造“产业兴旺、生态宜居、乡风文明、治理有效、生活富裕”的宜居宜业宜游社会主义新农村。抓住博带、旺禄、长坡村省级新农村的建设契机，辐射带动周边村建设美丽乡村，全街道有24个项目1560.92万元的工程在建设中。广垦（茂名）国家热带农业公园，被评为AAAA级景区，博带村被评为“茂名十大美丽旅游乡村”，街道被广东省认定为“广东省休闲农业与乡村旅游示范镇”。

【基层治理】 2017年，石湾街道将汕湛高速征地补偿款、华聪药业征地补偿款、社保、返还地等全部拨到村、组和农户。全年刑事立案50件，破案25件，抓获犯罪嫌疑人42人，调解矛盾纠纷165件，调处率100%，调解成功160件，调解成功率97%。推进“城乡清洁”工程，实施垃圾清运市场化运营，有47条自然村纳入市场化清运，占全街道40%。开展畜禽养殖业污染整治，关闭猪场224间，关闭率

91.8%。实施河长制工作，辖区内5条河流共45.4千米河道和2宗水库，设立13名街道级河长、12名村级河长，安装河长公示牌12个，河长宣传横幅标语22条，全面开展清河行动，石湾河水质明显好转。完成农村“三资”平台设备系统安装及村（社区）公共服务中心建设工作。“一村（居）一律师”开展法律咨询活动44次，为群众解决法律问题264个。义工联合会成立5支服务队，义工人数400多人，开展活动110次，服务群众7000多人。

【扶贫攻坚】 2017年，石湾街道完成减贫人口218人。符合条件的全部丧失劳动力的358户贫困户100%纳入农村低保、特困人员救助供养。全街道相对贫困户子女在校学生242人，全部落实生活费补助。全街道有危房户180户，动工建设178户，动工率98.89%；竣工149户，竣工率82.78%。全街道实现资助贫困人口100%参加基本医疗保险。发展养牛、养鸡、种百香果、种桑葚、建市场及光伏等产业扶贫。实施集中扶贫项目17个，分散项目4个。组织人员参加市举办的“南粤春暖，就业援助”等大型现场招聘会，鼓励有劳动力的贫困户到珠三角地区就业，转移劳动力300人。扶贫户人均可支配收入7852.52元。

2017年石湾街道领导班子成员名录

党委书记、人大联络组组长：陈志通（任至2月）
麦　曦（2月任职）
党委副书记、街道办主任：凌召文
党委副书记：王森荣
梁　伟
党委委员：彭茂琪
劳中楷
陈焱森
凌土先（7月任职）
党委委员、纪委书记：李　红
党委委员、武装部部长：陈立忠
党委委员、派出所所长：黎东炎
街道办副主任：彭茂琪
洪伟明
林　凯

（魏土育　谢振宇）

南盛街道

【概况】 南盛街道位于化州市城区东北部，东邻茂南公馆镇、南至鉴江经济开发区，西临鉴江与丽岗镇相望，北接高州石鼓镇。全街道总面积44.36平方千米，辖6个行政村和1个社区，总人口4万人。街道办事处设在南盛街道解放路1号。街道设综合文化站、广播电视站各1个，光纤有线电视网络覆盖全境；有村（社区）文化活动室（中心）8个，各类图书室15个，藏书10余万册。街道地理位置优越，基础设施完善。国道207线、茂化一级公路纵横贯穿全境，与广湛高速公路、河茂铁路、化牛一级公路、县道655线形成网络；移动通信、光纤网络和光纤有线电视网络覆盖全境；省500千伏和化州市110千伏变电站坐落境内；拥有日供水量6000立方米的自来水公司，安全饮水实现辖区全覆盖；圩中心和村道全部实现硬底化，农田水利设施覆盖全街道范围；城镇建设配套设施齐全，卫生、绿化管理制度化，连续25年被评为广东省卫生先进镇（街道）。

【经济建设】 2017年，南盛街道农工商业总产值34.15亿元，同比增长12%；有规模以上工业企业10家，规模以上工业总产值7.52亿元，同比增长20.7%。

新型工业化进程加快　南盛街道工业发展形成农副产品加工、日用化工、不锈钢加工、塑料健身器材、铸造等五大支柱产业。全街道有规模以上企业10家，其中化州市新海水产有限公司发展成为广东省农业龙头企业和最大的水产品加工出口企业之一。2017年新引进工业项目2个，引进资金近8000多万元。其中，投资2000万元的国准砂浆厂建设项目建成投产；投资6000万元的中燃集团的城市管道天然气利用工程项目进行基础设施建设。

现代特色农业产业发展　南盛街道在稳定家庭联产承包责任制的基础上，初步形成以蔬菜、香蕉、甘蔗、淡水养殖和园林花卉等“五大生产基地”为主的特色农业产业新格局，实现传统型农业向商品型农业的转变，农业综合效益明显增加，促进农村经济的发展。全街道建成乐堂园林绿化树基地、平垌村谷林蔬菜种植专业合作社和蒲山村绿萝生产标准示范基地、旺记蔬菜种植经济合作社、天天汇无公害大棚蔬菜基地、火龙果种植示范基地、柠檬种植示范基地等现代特色农业生产基地。

【城镇建设】 2017年，南盛街道完成广海路、沿江路和解放路入口亮化工程，全部安装路灯，解决群众夜晚出行和学生上放学安全问题，改善圩镇形象。抓好沿江名苑二期工程和南苑商住小区、沿江路商住小区的开发建设，拉动经济增长，扩大集聚城镇人口空间，提升城镇品位。打造绿色生态旅游品牌，加快美丽乡村建设进程。抓好省定贫困村——蒲山村建设社会主义新农村示范村建设。完成新农村建设规划和“三清三拆”工作。引进茂名市三耕五耘农业科技发展有限公司，投资1500多万元在平垌山合村进行观光生态旅游项目开发建设。该开发项目的首期项目——集休闲观光、健康饮食、文化娱乐于一体的“太阳部落”建成并对外开放。

【城镇管理】 2017年，南盛街道围绕创建“平安南盛”“法治南盛”的目标，开展创建平安街道、法治街道、“无邪教示范街道”、“无毒街道”等活动，实施平安细胞工程和开展矛盾纠纷排查和化解工作，抓好“一村（居）一律师”工作，维护社会维稳，为党的十九大胜利召开，营造和谐稳定的社会环境。街道综治、信访、创建平安工作在化州市考核中均被评为优秀档次。3月，街道被国务院防范办评为“全国创建无邪教示范街道”并颁发奖牌。以推进“城乡清洁工程”为契机，做好农村生活垃圾清运工作，实现村收集、镇转运，日清日运，改善居民群众生活环境和质量，构建功能完善、设施齐全、环境优美、秩序井然的宜居宜业圩镇，街道实现连续25年被评为省卫生先进镇（街道）。

【服务工作】 2017年，南盛街道有省一级甲等医院1所，医护人员61人，住院病床30张。设有敬老院1所，可容纳入院老人27人。城乡居民医疗保险覆盖率100%。移动通信网络、有线电视网络和光纤网络覆盖整个辖区。

【党群工作】 2017年，南盛街道创建农村党建示范基地、农村实用人才培训基地、远程教育科技示范基地、党代表工作室和党务公开等工作均被列为广东省和化州市的先行示范点或试点。

村级换届选举 南盛街道村级换届选举工作于2017年4月30日完成，实现村（社区）书记、主任“一肩挑”率100%，“两委”成员交叉率100%，选民参选率95.3%，没有因村级换届而发生的信访事项。4月26日，茂名市委书记李红军到该街道蒲山村实地检查指导村级换届选举工作推进情况，并主持召开市委书记专题会议，研究部署村级换届选举工作。

“两学一做”学习教育常态化制度化 南盛街道坚持把“两学一做”学习教育同各级党组织“三会一课”和党员轮训结合起来，确保学习教育融入日常、抓在经常。2017年，街道党政领导班子成员和驻村“第一书记”带头到基层上党课36堂，受教育党员1000多人次。抓好“两学一做”网上考学活动，全街道936名党员完成“两学一做”网上考学任务，参考率和满分率均为100%。

党员联系户活动 南盛街道7个村（社区）党组织共365名党员联系服务群众7412户26291人，基本实现联系全覆盖。落实直联群众各项机制，推动直联群众工作常态化、规范化开展。2017年，全街道72名驻点干部入户走访率100%，收到问题建设54宗，办结54宗，办结率100%。

基层基础保障 南盛街道加强村级组织活动场所标准化建设。多渠道筹措资金120多万元，新建一栋高3层，建筑面积近900平方米的楼房作为山尾村党组织活动场所。按照“全国先进社区基层党组织”创建标准，对南盛社区党组织活动场所进行择址新建。街道党委、办事处为社区解决800多平方米的土地作为新建场所用地。投资200多万元，高4层、建筑面积约1000平方米社区党组织活动场所综合大楼主体工程建成。

农村实用人才培训基地创建 南盛街道乐堂村园林培训基地被列为茂名市“农村实用人才培养十百千工程”项目的十大培训基地之一。

2017年南盛街道领导班子成员名录

党 委 书 记：李智昌
党委副书记办、事处主任：蒙开艳
党委副书记：宁木兴
　　　　　　陈文天（任至11月）
　　　　　　陈亚波（12月任职）
党 委 委 员：卢任毅
　　　　　　谢英德

王振波
李仕波
郭　浩
李亚坤
张　亮
办事处副主任：卢任毅
张作楷
徐海文
董　寅（7月任职）

（毛征华）

同庆镇

【概况】　同庆镇位于化州市南9千米，是广东省中心镇，是化州市对外交往的“窗口”“南大门”。东与茂南区公馆镇一水相连，南连长岐镇和吴川市浅水镇，西与杨梅镇隔江相望，北接东山镇大山尾。南接广湛高速浅水出口4千米，省道285线纵贯全镇南北，地理位置优越，交通便利。2017年辖区面积60.2平方千米，人口7.68万人，辖17个村委会和1个居委会，186条自然村，劳动力2.4万人，耕地面积3533公顷，群众主要靠务工经商和种植水稻、花生和北运菜为主。全镇村村通公路，各村公路实现硬底化。

【经济工作】　2017年，同庆镇有企业285家，其中规模以上企业8家，形成金属加工、化工、建材、食品、制衣、房地产等六大支柱产业。2017年，全镇财政收入3361.08万元。其中，公共财政收入344.35万元（国税收入65.1万元；地税收入63.8万元；非税收入215.45万元），上级补助收入3016.73万元。完成规模工业总产值8.4亿元；完成固定资产3.9亿元。

【环境整治】　小东江河流整治成效显著　2017年，同庆镇河道实现“河长制”全覆盖，建立责任明确、制度健全、运转高效的河道管理体系，签订河道整治目标责任书，淘汰落后产能，会同上级主管部门推进石滩河龙豆段、三丫江、樟九河、车带山江、六塘河紧急疏浚段、农业渠西干渠的整治，对河道清淤、清理高秆作物23千米。划拨经费153多万元由各村（居）委组织清理河道、水渠，清理河渠31千米。加强对辖区内的排污物、排放物进行巡查监管，发现问题及时到场制止，整改到位，河流水质不断好转。

畜禽养殖污染综合整治有序推进　2017年，同庆镇关闭养殖场194间，拆除养殖场156间，签订关闭协议233间。对镇内5间实心黏土砖厂进行整改转产。取缔6间非法经营的皮革、漂染小作坊。落实“黄标车”淘汰工作任务（306台）。

全面推进城乡环境综合整治　2017年，同庆镇推进社会主义新农村暨省定贫困村示范村创建工作并全镇展开新农村建设。该镇“三清理三拆除三整治”工作开局良好。清理村巷道乱堆放生产工具、建筑材料7749户；清理房前屋后和村巷道杂草杂物、积存垃圾8158户；清理沟渠池塘溪河淤泥、漂浮物和障碍物3067处；拆除危旧房、废弃猪牛栏及露天厕所茅房1047间；拆除乱搭乱建、违章建筑686处，拆除非法广告牌1288处；整治生活垃圾3791处，整治生活污水3780户，整治水体污染1212处。城乡清洁工程持续推进。对街道、公路沿线等重点区域的卫生进行常态化管理。全镇新购买垃圾桶500个，环卫车定时到各行政村收集转运垃圾，有效改善群众的生活环境。生态环境进一步优化。加大环境卫生的整治力度，组织人员对公路两旁的乱摆乱买、乱搭乱建进行整治，全镇出动车辆32车次，人员256人次，投入经费30多万元。加强村级环境卫生大整治，按照“户收集、村集中、镇转运、市处理”的农村生活垃圾收运处理模式和管理机制，全镇18个行政村、180多条自然村均设置垃圾箱，配备垃圾收集员，健全相关制度，在公路沿线立起60多个宣传牌，村村张贴“大家爱卫生”宣传画报，基本实现“七有”（即有机构、有制度、有牌子、有场所、有收费、有保洁员、有垃圾池）的目标。2017年，全镇清运垃圾1100车次，处理垃圾1.3万吨。

【社会事业】　2017年，同庆镇全面铺开农村土地确权颁证，已确权3200公顷耕地，392个经济合作社参加指界，38个经济合作社未完成指界。推进精准扶贫。2017年615人依照程序脱贫；危改工作全面完成。2017年全镇危房改造任务124户，竣工124户，竣工率100%，完成全年危改工作任务。完成2015年度200公顷高标农田建设并验收交付使用；镇投入30

多万元进行农田水利基础设施建设，农机补贴第二批审核发放。推进普惠金融“村村通”，让农民就近享受到便捷的金融服务；完成全国第三次农业普查、地名普查、自然村落历史人文普查、民间信仰场所普查，相关资料归档保存，为开展农村工作提供数据资料参考。进一步落实城乡居民最低生活保障、城乡医疗救助、优抚对象政策，开展敬老月、节日慰问活动，开展残疾人护理津贴申请等残疾人服务工作；宣传卫生计生政策，推行妇幼健康优质服务，倡导健康教育生活方式，普及健康素养知识，2017年该镇被评为茂名市“婚育新风进万家”示范点优秀镇。落实就业政策，推荐待业青年参加市人社部门组织的招聘会，完成就业动态登记数据的录入，超额完成2017年化州市下达给该镇的就业动态登记任务。推进社会保障工作。2017年该镇新农保续保任务，社保扩面征缴、城乡医保缴费等工作全面完成。

【信访维稳】 2017年，同庆镇接待群众来信来访270件次，现场解答群众提问600起，化解群众矛盾530起。其中化解陈年积案2件。

落实综治工作责任制 该镇与各村（居）、企事业单位签订综治工作目标责任书，坚持综治治安一票否决权；坚持每月组织派出所、村（居），企事业单位负责人、治安巡逻队员召开治安形势分析会，分析多发案情特点，研究防范、打击策略、部署工作。2017年下半年，全镇开展“红袖章”平安志愿者活动，调动社会各方力量参与社会治安综合治理，有“红袖章”义务巡防队员780名，参与巡逻2285人次，参与安全防控宣传1285人次，向公安机关提供线索16条，协助抓获犯罪嫌疑人2名，破获各类案件2起，排查不稳定因素80起，化解矛盾纠纷105起。

【计生工作】 2017年，同庆镇下辖17个村委会，1个居委会。全镇总人口7.68万人，有已婚育龄夫妇12843对，其中：未育夫妇529对；一孩夫妇2069对，采取长效措施389对；二孩夫妇3994对，采取长效措施1307对；多孩夫妇5855对，采取长效措施3712对。出生率16.97‰。自然增长率11.67‰，死亡率5.31‰。2017年1—12月全镇出生1302人，出生率16.97‰，符合政策生育率97.08%；政策外多孩率1.92%；性别比为108.65。其中，一孩出生512人，二孩出生734人（其中政策外出生13人），多孩出生56人（其中政策外出生25人）。2017年全镇参加国家免费孕前优生健康检查对象500人。三奖一扶享受对象79人，其中享受家庭奖励对象71人（奖扶金额每人每月120元）；特别扶助5人，其中独生子女死亡奖扶的奖励对象3人（奖扶金额每人每月800元），独生子女伤残奖扶的奖励对象2人（奖扶金额每人每月500元）；纯二女户结扎奖励对象3人（奖扶金额每人每月70元）。以上奖励对象的奖励金发放到2017年9月。2017年全镇全员流出人口10824人，其中流出已婚育龄妇女4797人，有留守儿童1538人。全镇全员流入一个月以上人口201人，100%建立健康档案；其中流入已婚育妇78人。流入人口当年度出生2人。2017年，该镇被茂名市卫计局授予“婚育新风进万家”优秀镇。

【教育工作】 2017年，同庆镇有中小学25间，中心幼儿园1间。其中，省一级学校1间，茂名市安全文明校园4间，化州市安全文明校园12家，拥有国家级数学尝试教育基地1个。全镇在校学生1万多人。适龄儿童入学率100%，小学毕业率100%，初中毕业率99.3%。教育创强复评初步通过验收，2017年该镇考上化州一中人数名列全市前茅。

【党建工作】 2017年，同庆镇党委有1个党总支部，59个党支部（其中村、社区党支部18个，“两新”组织党支部5个），有党员1874人。2017年培养入党积极分子11人，列为发展对象的26人，发展预备党员26人，预备转正党员23人。学习宣传贯彻党的十九大精神。以开展驻点联系群众、“千堂党课进基层”、“书记课堂”为载体，把学习党的十九大精神会议开到基层党支部。履行基层党建工作职责。严格发展党员的管理和规范党费收缴使用，做到专款专用。完善党代表接待工作制度、党务信息管理系统、党员组织关系集中排查，完成全镇40个党（总）支部，1876名党员基本信息采集、录入工作，全镇党员1876名，流动党员35名，全部取得联系。推进“两学一做”学习教育常态化制度化。40个党支部，1876名党员100%参加考学活动，满分率100%。全面落实抓党建促扶贫攻坚和新农村建设工作。2017年先后8次召开抓党建促扶贫攻坚工作会议，推进党建与扶贫攻坚、新农村建设深度整合。全面实施《党员结对帮扶制度》，党员上门看望贫困户1203人次，党员为贫困户在“艰苦创业、安居乐业、完成学业”等方面解决实际问题305个。全年全镇有606人各项指标达到脱贫要求，推进扶贫项目22个，使用项目资金620多万元。强化基层治理专项工作。2017年，开展农村土地“三乱”问题专项治理工作45次，处理乱占土地行为38宗。驻点团队化解基层矛盾纠纷135宗，帮助困难户和危房户改造住房123户。处理违法违纪党员8名。18个村（社区）全部完成公共服务中心建设。推进基层党建各项工作，完成村（社区）“两委”班子换届选举工作，村（社区）书记、主任“一肩挑”率88.9%，“两委”成员交叉率91.4%。开展“共产党员家庭”挂牌和党员联系户活动，全镇18个村（社区）党组织1214名党员联系服务13000多户68000余人，基本实现联系全覆盖。贯彻落实城市基层党建会议精神、群团改革工作精神，建立健全督促党支部换届制度，完善党建“三会一课”奖补制度，推动党建促精准扶贫脱贫、环境污染整治及“河长制”制度落实。推进人才发展工作，抓好农村实用人才培养和管理，建立以党员、退伍军人、返乡大学生为主的人才信息库，搭建人才信息交流和管理平台，实现人才动态管理。抓好村（社区）后备干部培养工作，全镇建立一支36人的村级后备干部人才库。

【人大工作】 2017年，同庆镇人大在村“两委”换届选举工作中，加强与党委、政府沟通，加强对村委会换届选举工作法律程序上的监督，选举工作顺利推进。2017年6月，同庆镇十六届人大二次会议召开。镇政府建立镇人大代表工作室，在石步、长塘、悦义、上良村委会分别建立人大代表工作联络站，围绕新农村建设、脱贫攻坚、中小河流整治、污水净化处理等重点项目，有针对性地组织代表开展4次视察调研活动。开展3次人大代表接待选民活动，收集选民意见和建议69条。

2017年同庆镇领导班子成员名录

党 委 书 记：黄亚春
党委副书记、镇长：张武成
人 大 主 席：宁清泉
党委副书记：张端洪
党委副书记、派出所长：李东辉（任至11月）
党 委 委 员：曾有庆
庄流聪
庞权峰
陈冬梅
刘志伟
纪 委 书 记：庄流聪
武 装 部 长：刘志伟
常务副镇长：曾有庆
副 镇 长：庄世杰
李伯超
李俊毅
梁东平（12月挂职）

（何玉锋）

长岐镇

【概况】 长岐镇位于化州市南陲，属化州南大门，地处化州下游平原，与化州市同庆、杨梅、吴川市浅水、长岐、樟铺五镇毗邻。交通条件优越。东面有省道285线，西南面鉴江环抱全镇，北面有茂湛高速公路横贯其中，高速公路化州吴川出口位于该镇开发区旁。西距湛江港约70千米，北距水东港30多千米，距化州火车站不足20千米，距珠三角经济圈约3小时车程。2017年，全镇总面积37.25平方千米，其中耕地面积2012.27公顷。辖13个村委会和1个居委会，123条自然村，总人口6.7万人。该地处南亚热带，气候温暖而潮湿，属平原地带，土地属沙质地，宜种植水稻、花生、香蕉、北运菜，其中以种植北运菜最为著名，是化州市北运菜发源地和生产基地。长岐镇旅游资源丰富，历史文化底蕴深厚，人文景观及历史古迹众多，有明代大理寺正卿李邦直、大理寺少卿李学曾等名人；有镇内出土的属省级保护文物汉代“独木舟”；有茂名市市级保护文物旺岭李氏大宗祠、南安冼太庙、西湾大雁塔。

【经济发展】 2017年，长岐镇实施“农业重镇、工业强镇、科教兴镇”战略，发展北运菜、服装加工、水产加工等产业，不断壮大经济实力，完善水、电、交通等基础设施建设，提升城镇综合实力。2017年，该镇人均GDP29360元，同比增长10.1%；固定投资39796万元，同比增长83.89%；规模以上工业增加值14548万元，同比增长41.54%。

【重点项目】 2017年，长岐镇旺岭河污染治理取得初步成效。从9月开始，出动大型钩机32台、车辆600多台次，参加义务劳动干部群众2000人次，投入资金80多万。共清理两边竹木10万余条、淤泥25万立方米、河道垃圾495车、江中水浮莲5500平方米，拆除江边猪舍50多间、沿江两岸违建房屋9栋。该镇实行河长制，动员广大“红袖章”志愿者参与到旺岭河“两清”工作中，组织河长、“红袖章”志愿者开展巡河、护河活动，发挥“红袖章”志愿者在旺岭河“两清”工作中的示范作用，举办茂名市中小河流治理现场会。

【基础设施建设】 2017年，长岐镇文化活动广场完成建设并投入使用。狗岭桥完成建设并投入使用。塘北大桥完成总体建设的70%。投资约200万元，建成道路硬底化10.2千米。投资28.6万元实施全面“亮化”工程，完成路灯安装126盏。

【精准扶贫】 2017年，长岐镇因地制宜，引导贫困户实施帮扶项目，脱贫攻坚成效显著。全年全镇有13个村委会共申报25个扶贫项目，审批通过23个项目，投入资金约600万元，符合条件的贫困户510户1174人落实社会保障政策。2017年有精准扶贫对象145户530人实现脱贫，超额完成年初定下的401人预脱贫计划。

【新农村建设】 2017年，长岐镇稳步开展新农村建设。“三清三拆三整治”工作顺利推进。省定贫困村的“三清三拆三整治”基本完成，其中，清理沟渠池塘溪河淤泥、漂浮物和障碍物115处，拆除危旧房、废弃猪牛栏及露天厕所茅房342间；实现城乡垃圾定期转运的长效机制，各村环境卫生明显改善；落实基层治理专项工作，解决历史遗留问题。农村土地承包经营权确权实测耕地面积1904.67公顷。投入资金加强全镇14个村（社区）公共服务中心建设，发挥公共服务中心作用。

【教育卫生文体事业】 2017年，长岐镇教育教学质量稳步提升，继续稳居化州市前列。12月通过省教育强镇复评验收。共投入2000多万加强各小学学校饭堂、学生宿舍等建设，改善学生学习环境。全镇有80多位教师被评为茂名、化州市优秀校长、优秀教师、优秀班主任等，30多位教师获市级优秀课例奖，共有50多篇论文获得茂名市或化州市的奖励。卫生强镇工作稳步推进，卫生院综合大楼主体结构完成；计生工作月考核保持排在茂名前列，妇女孕前检查率居于茂名市首位。文化事业加快推进，投入10多万元用于购买图书5000多册、电脑11台和改善镇文化活动中心内部设施。

【民生事业】 2017年，长岐镇低保工作坚持动态管理和公开、公平、公正原则，做到应保尽保，严格按政策执行。社会保障体系建设进一步完善，城居保、新农保、社保扩面工作按时完成上级下达任务。严抓殡改工作，按时完成上级布置任务。全面开展规划编制工作，全镇123条自然村基本开展规划编制工作。全面完成村（居）委会换届选举工作。

【政府自身建设】 2017年，长岐镇开展依法行政。恪守法律底线、弘扬法治精神、履行依法职责，接受人大及社会各界监督。提升作风效能。加强政府绩效管理，严格实行上下班签到，会议签到制度，加强镇村干部考勤考核管理。弘扬勤政廉政。严格执行领导干部述职述廉制度和重大工程预决算、招投标等制度。严格执行中央“八项规定”要求，控制行政成本和“三公”经费支出。

2017年长岐镇领导班子成员名录

党 委 书 记：梁剑军
党委副书记、镇长：陈逸云
人 大 主 席：陈超英
党委副书记：李国亮
　　　　　　彭　彤
党 委 委 员：凌小红
党委委员、纪委书记：李国浩
党委委员、组织委员：李　春
党委委员、宣传委员、武装部部长：李健华
党委委员、长岐镇派出所所长：李忠恕
副镇长：凌小红
　　　　李　剑

姚　庆
庄乃超

（唐涌锋）

杨梅镇

【概况】　杨梅镇地处化州市南部，东临鉴江，南与吴川市樟铺镇、塘缀镇接壤，西与良光镇相邻，北与下郭区相接，距规划建设的粤西国际机场7千米，距化州火车站15千米，茂湛高速公路横贯全境并设有出入口，汕湛高速与沈海高速互通并与该镇杜村相切而过，是化州市的交通重镇，对外的门户和窗口。镇政府所在地离化州市区12千米。辖区总面积92平方千米，辖19个村委会和1个居委会，178个自然村，总人口9万人，其中农业人口8.3万人。2017年全镇实现生产总值26.17亿元，同比增长8.8%，其中规上工业产值11.94亿元，工业增加值3.7亿元；完成地税收入7694.3万元（含两税），同比增长10%，占年度任务102%（县级库收入累计3452.3万元，完成任务97.6%，同比增长7.2%）。截至2017年12月，完成国税收入34万元，同比增长43.5%。

该镇文化积淀深厚，是“茂名市民间文化艺术之乡”，历来人文荟萃，有岭南才子陈鉴、广东文化巨子陈锡馀、中国工程院院士麦康森、岭南画派第三代传人陈金章等文化名人；有茂名市文物保护单位黄氏大宗祠、陈氏大宗祠，省级文物保护单位瑚琳杨氏宗祠群；有“建筑之乡”之称，化州市许多标志性建筑是由杨梅人士出资建设，如化州市康景体育馆、化州市华伟图书馆、化州市星河国际假日酒店等。

【工业发展】　2017年，杨梅工业园区加快建设，一期遗留问题逐步化解，二期完成近53.33公顷土地征收，三期50公顷土地正加紧推进用地报批工作。入园项目进展顺利，广垦油脂、弘晟食品、银华食品包装、佰机生物科技、芳鼎奇食品正在进行围墙建设；橘红壹号正办理报建手续。园区基础设施不断完善，首期路网工程正在推进，9号路完成机动车道建设，8号路（匝道）北侧完成大部分工程量，二期路网启动规划报建程序，污水处理厂综合楼完成主体建设。

【重点项目】　2017年，杨梅镇的机场大道杨梅路段征地扫尾工作基本完成。110千伏杨梅变电站升级改造工程收发工作全面完成。粤西天然气管道安装完毕。高岭拦河坝重建工程超额完成任务，一期工程竣工验收，二期围堰及拦河闸加快建设。杨梅客运站小区项目完成招拍挂。

【民生事业】　2017年，杨梅镇计划脱贫627人，有597人各项指标达到脱贫要求。落实低保待遇2765人，五保待遇412人，落实散居孤儿基本生活费54人。完成农村危房改造89户。镇敬老院改造工程基本完成。新建8个村级公建卫生站全部完成主体工程。全镇农村合作医疗参合率91%。做好普惠金融“村村通”工作，经茂名市评定19条信用村，申请信用评定16782户。计生服务水平不断提高，开通“杨梅计生”微信公众号，开展宣传义诊服务活动。

【农业农村】　2017年，杨梅镇新农村建设“三清三拆三整治”全面铺开，21条自然村完成清拆工作，20条自然村完成规划编制。农村承包土地确权登记有序推进，完成外业指界的经济合作社147个，指界百分比83.5%；确认户数12277户，勾绘地块50310块，实测面积1489公顷；颁发证书176本。

【生态环境】　2017年，杨梅镇严控禽畜养殖污染，禁养区养殖场清拆102间，关闭279间，关闭完成率92.4%。全面建立河长制，全镇配备河长21名，组织集中清理行动3次，累计投入资金12万元，清理河道6千米。

【安全维稳】　2017年，杨梅镇开展“飓风2017”严打整治行动，重点打击涉黑涉枪涉毒等犯罪。全年全镇侦破刑事案件40件，抓获吸毒违法嫌疑人34人，打掉团伙5个，查处治安案件37件。化解一大批矛盾纠纷，完成十九大等敏感节点信访维稳安保任务。加强社会治安防控工作，建立642人“红袖章”平安志愿者队伍，定期开展义务巡逻工作。加大安全生产检查力度，强化隐患排查整治，全镇没有发生重大安全事故。

【党建工作】　2017年，杨梅镇开展学习宣传贯彻党的十九大精神活动，推进“两学一做”学习教育常态化制度化，提高广大党员“四个意识”。规范基层党组织生活，坚持“三会一课”、民主评议党员、组织生活会等基本制度，深化“主题党日”活动。完成党员基本信息采集和录入，做好失联党员规范管理和组织处置工作，推动10个机关事业单位党支部按期换届。开展党员联系户工作，全镇974名村（社区）党员联系服务1300多户群众。完成村级换届选举，村级干部队伍结构大幅优化，一肩挑比例、交叉任职比例和女干部比例较上届明显提高。完成村（社区）团支部及妇联换届。

2017年杨梅镇领导班子成员名录

党委书记：谢超杰（任至3月）
彭　卓（3月任职，任至12月）
彭建春（12月任职）
党委副书记、镇长：何　强
人大主席：曾　桃
党委副书记：周　博
李裔豪
党委委员：胡泽荣（任至4月）
李志宇
吕桂枝（任至11月）
杨日福（11月任职）
邓聪聪（11月任职）
党委委员、纪委书记：李启韶
党委委员、杨梅派出所所长：李　宁
副镇长：胡泽荣（任至4月）
陈里明
杨日福
张志娟

（陈华菊）

良光镇

【概况】　良光镇位于化州市西南部，东邻杨梅镇，南接吴川塘缀镇、廉江市良垌镇，西连笪桥镇，北靠河西街道办、石湾街道办，与下郭街道办相连。全镇地形狭长，属丘陵地带，土壤多为沙质土，境内河流少，坡地旱田较多，全镇有耕地2552.8公顷。全镇陆域面积108平方千米，其中建成圩镇面积3.2平方千米，辖17个村委会和1个居委会，总人口8.17万人。该镇地理位置优越，道路交通便利。距离化州市区12千米，距茂名40千米，距湛江60千米。207国道、沈海高速（茂湛段）、黎湛铁路（河茂段）和汕湛高速公路贯穿境内，毗邻深茂高速铁路、洛湛铁路。距湛江港码头30千米，距吴川塘缀高速公路出入口15千米，距杨梅高速公路出入口13千米，距笪桥高速出入口1千米。该镇处于湛江、茂名两市发展轴上的中心位置，融入湛江、茂名两市半小时生活圈。近年来该镇发展区位优势，打造集航空、航海、铁路、公路于一体的立体综合物流基地。

【金融财税】　2017年，良光镇财税收入2906万元，其中，国税收入526万元，地税收入2110万元，非税收入270万元。

【工业发展】　2017年，良光镇固定资产投资累计4.67亿元，实现工业生产总值10.4亿元，其中工业完成增加值3.1亿元；全年完成招商引资1.2亿元，引进新厂企1间，新增规模以上企业1间；深入洽谈的项目2个，投资额200亿元。

【农业生产】　2017年，良光镇把加快农业发展作为一项重大任务来抓，调整优化农业产业结构，在立足资源优势和市场需求，做大做强水产养殖、甘蔗种植业、林业等支柱产业的同时，发展绿色种养特色农业。至年底，该镇农业生产基地发展到50个。该镇完成全国第三次农业普查工作，包括绘制小区图、摸底调查、入户登记录入等，登记农户12987户，规模户326户，单位户56户。

【第三产业】　2017年，良光镇第三产业实现产值1.2亿元。圩镇商业网络不断完善，一批知名连锁店如格力电器、明湖超市、肯麦基等落户该镇，餐饮、汽车维修、电信等产业发展良好，农村消费市场进一步壮大。

【新农村建设】　2017年，良光镇完成米山、塘贡、斋塘坡等3个村共460公顷的高标农田建设项目。省级新农村示范片建设项目的长安村委会长安村、南良村各项工作正平稳有序推进中，“穿衣戴帽”外立面工程全面实施。农村“三清三拆三整治”工作推进，以省定贫困村塘贡村作为示范点先行建设，环境卫生明显改善，其他村委会逐步铺开建设。

【圩镇发展】 2017年，良光镇投资100多万元完成G207国道良光段杨梅路口至豺岭田界垌路口4千米共130盏路灯安装工程。高17层的宏裕新苑建好并对外销售，全民健身广场、计生幸福广场、法治文化主题公园等相继完善绿化、美化等配套工程。开展“六乱”整治行动，推进城乡卫生清洁工程。至2017年底，累计投入使用资金150多万元，全镇建设垃圾屋186间，购置环卫工具一大批，组建一支专职环卫工作队伍，定时定点清理垃圾，全镇镇容镇貌得到了进一步优化。

【依法治镇】 2017年，良光镇推进依法治镇，社会事业全面发展。

社会保障 2017年，良光镇精准识别扶贫对象640户1277人，脱贫攻坚工作取得显著成效，全镇实现脱贫442人。截至12月底，全镇135户危改户开工135户，竣工135户。城镇居民基本医疗保险参保6.3万人，城乡居民养老保险参保2.9万人，城镇职工养老保险扩面缴费910人。全年全镇1073户、2517人领取最低生活保障金，398户申请五保供养待遇，自然灾害救助95人，重度及困难残疾人帮助838户，大病救助93户。

计划生育 2017年，良光镇出生人口1358人，政策生育率97.05%，多孩率2.14%，出生人口性别比为105.14：100。全年受理生育登记1148例，再生育审批36例。免费孕前优生健康检查1306对，出生人口无一例畸形，出生缺陷一级预防覆盖率100%。全镇计生家庭奖励对象共119人，全年累计发放奖励金额185520元，其中今年新增奖励对象7人。精准贫困村妇女免费“两癌”筛查67人，非精准贫困村妇女免费“两癌”筛查114人。

综治维稳 良光镇开展“一村（居）一律师”、无邪教创建、平安创建等工作，推进全镇法治建设。抓好综治维稳工作，落实信访工作领导包案制度，完善矛盾纠纷排查调处机制。2017年排查矛盾纠纷181宗，化解157宗，全镇信访形势整体平稳可控。该镇落实茂名、化州两市的平安志愿者“红袖章”工作，投入2万多元购置服装和器械，组建一支415人的“红袖章”志愿者团队，落实巡逻制度，提升良光的平安指数。

教育事业 至2017年末，良光镇有小学26间，在校学生5593人；初级中学1间，在校学生3081人。全镇中小学师生获得县级以上奖项超过11项，249人获奖。2017年中考，良光中学考上化州一中分数线97人，上重点中学人数居全市第二，连续八年稳居化州市镇级中学第一。

医疗卫生 2017年，良光镇良光卫生院综合大楼标准化建设完成主体工程，长安、米山、大山、斋塘坡、雅道、东岸和沙田尾等村委会完成村级卫生站标准化建设工作。

安全生产 2017年，良光镇与村（居）委会、厂企商家签订安全生产责任书89份，排查各类场所120多家，发现、受理投诉安全生产案例6宗，处理、整改完成6宗，下达整改通知书限期整改1宗。全年无重大安全生产事故，安全生产形势总体平稳。

民主法制 2017年，良光镇探索县乡人大工作新路子，创建镇级代表之家1个、村级联络站7个（旺财塘、豺岭、长安、庙咀、雅道、东埇、茅山），通过“四阶段工作法”让联络站工作高效有序运转，进一步推动了地方经济社会发展。2017年，该镇有关人大代表联络站创建工作经验被茂名市人大在全市推广。

【党群工作】 2017年，良光镇党委新发展党员23名。按时开展驻镇“夜学”、三会一课、远程教育、民主生活会、党员民主评议等组织活动，确保组织生活的经常性和民主性。开展领导干部驻点普遍直接联系群众工作，全镇18个村（社区）的进村入户进度完成率100%。

2017年良光镇领导班子成员名录

党 委 书 记：黄海权
党委副书记、镇长：邱伟仁
人 大 主 席：吴智秀
党委副书记：洪翰明
　　　　　　叶宗南
党 委 委 员：陈瀚生
　　　　　　李采颖

党委委员、纪委书记：何日土
党委委员、武装部部长：陈凯旋
党委委员、良光派出所所长：李伟萍
副镇长：陈瀚生
　　　　陈　艳
　　　　陈赛生
　　　　何土雄（12月任职）

（卢启发）

笪桥镇

【概况】　笪桥镇位于化州市西南部，是著名的革命老区镇，素有“黄瓜之乡”之称。东北距化州城20千米，东南毗邻粤西国际机场，西南与湛江的良垌接壤，西北与新安、石湾接壤，是茂名通往湛江的南大门。国道207线及汕湛高速公路穿境而过，境内设有笪桥、笪桥北两个高速出入口。总面积94.6平方千米，耕地面积1740.6公顷，山地3117.67公顷，地貌呈丘陵地状，属地质性缺水的地区。2017年户籍人口5.3万人，辖13个村委会，1个居委会，146条自然村。

【社会经济】　2017年，笪桥镇实现社会生产总值11.67亿元。其中，工业总产值6.26亿元，农业总产值3.55亿元，第三产业总产值1.86亿元；固定资产投资9710万元；实现国税收入235.3万元，其中地方库收入29.5万元；地税收入326.6万元，其中地方库收入169.5万元；非税收入完成186.7万元；金融机构存款余额5.95亿元，贷款余额2.1亿元；全镇农民人均纯收入9487元。

【农业产业】　2017年，笪桥镇农田标准化改造力度加大，推进耕地提质改造、垦造水田地块面积53.33公顷。农业基础设施建设力度加强，投入40多万元对辖区内的河道清淤疏通，水库、山塘进行加固除险，新建和修复一批水渠。发展特色农业，甘蔗全年种植面积1066.67公顷，香蕉种植面积866.67公顷，黄瓜种植面积666.67公顷。

【项目建设】　2017年，笪桥镇的维华新村、疏通圩镇“三大出口”、翠的黄瓜厂扩容提质、骏达玻璃120t/d压延玻璃生产线、笪桥糖厂技改、登路喜新能源有限公司充电桩等重点建设项目有序推进。维华新村建设项目2公顷土地正在招拍挂阶段。翠的黄瓜厂增资2500万元对厂房进行改造扩容。骏达玻璃120t/d压延玻璃生产线投入建设资金1100多万元，完成总工程量的一半。笪桥糖厂投入2000万元进行技术改造。登路喜新能源充电桩项目正在征地阶段。

【交通建设】　2017年，笪桥镇投入资金650多万元，新修建里村、竹木林、龙窝、柏叶埇、西埇、旧屋垌等村庄15千米的水泥硬底化道路。投入资金60多万元扩改高志塘路、水塘路5千米水泥硬底化道路。投入15万元对横岭路、莞塘路进行维护保养。投入3万元设置乡道交通警示标志牌。加大“两站两员”建设力度，设立交通管理站、交通劝导站，配备专职交通安全员和交通安全协管员。完成汕湛高速公路补征地20公顷，确保汕湛高速公路按时顺利通车。

【生态环境】　2017年，笪桥镇落实生态环保“一岗双责”和属地监管责任，狠抓污染治理。全面建立河长制，投入资金30多万元，整治江头水库、田地氹水库，对良田河硃砂河段、笪桥河段、水塘河段、塘缀河山华河段等进行清杂、清淤17.3千米。重拳整治畜禽养殖污染，划定禁养区、限养区、适养区，依法关闭禁养区养殖场74家，支付拆除补偿金194万元。加大城乡清洁工程力度，按照“一事一议”原则，开征农村垃圾处理费，实现农村垃圾整治工作制度化、规范化、经常化、全民化管理。

【社会事业】　2017年，笪桥镇社会保障水平持续提高，群众参加医疗保险实现全覆盖，全年住院、门诊零星报销金额110多万元。实现最低生活保障应保尽保，城乡低保、五保、残疾救助等弱势群体保障水平大幅提高。2017年享受最低生活保障488户1695人，五保住院集中供养32人，发放残疾人补贴111万元。发动城乡居民、职工参加社会保险，城乡居民养老保险参保人数19752人，企业职工养老保险新增参保人数375人，续缴费351人。投入教育创强创现资金6000多万元，改造薄弱学校14所。教育创强复评工作获得省好评，2017年10月通过省复评验收。投入卫生创强资金60多万元，建设柑村、水塘、硃砂、西埇、瑶埇等5间村级卫生站。精准扶贫扶贫攻坚工作取得实效，实施帮扶项目147个，实现脱贫98户318人。投入资金600多万元，改造危房175间。加大违建巡查力度，全年制止、拆除违章建筑35起。投入资金360多万元，对竹木林、田头屋、里村、圩塘、上竹山塘等水库移民村庄进行整治、改造。开展农村“三清三拆三整治”和规划编制工作，省定贫困村柑村村6条自然村完成规划编制工作并全部动工清拆。投入新农村建设资金1.2亿元，推动莞塘村、高志塘村美丽旅游乡村建设，柑村村红色旅游村庄建设，石板、大路、樟檬、莲茅坡等示范村庄建设。全面完成村（居）委会换届选举工作，“两委”干部实现组织意图100%，“交叉任职”率100%，书记、主任“一肩挑”率100%，换届工作走在化州市前列。农村土地承包经营权确权登记颁证工作走在化州市前列，全镇确认户数9365户，勾绘地块43724块，实测面积1816.72公顷，实测百分比99.18%，颁发证书1109本。投入资金28万元，建成14个村（居）委会基层公共服务中心，实现农村基层公共服务理念的转变和服务能力的提升。投入大量人力、物力，完成第三次全国农业普查工作，确保登记数据全面性、真实性与准确性。按时完成普惠金融“村村通”试点挂牌设点工作，试点工作走在化州市前列。社会大局保持和谐稳定，完成十九大等节点信访维稳安保任务。实现“红袖章”志愿者全覆盖。全年受理矛盾纠纷75宗，成功调处54宗，完成以案定补42宗。成功化解叶兴祥多年来上访及大井埇村与莞塘村的山岭权属纠纷等2宗积案。

2017年笪桥镇领导班子成员名录

党委书记：吴春壮
镇　　长：麦　曦（任至2月）
　　　　　岑　战（8月任职）
人大主席：陈永亮
党委副书记：陈建国
党委副书记、派出所所长：黄剑锋
党委委员：庞华亮
　　　　　黄　越
　　　　　朱一丹（任至9月）
　　　　　姚文兴（11月任职）
党委委员、副镇长：李　金
副镇长：袁　悦
　　　　严　芹
　　　　黄　勇

（黄　勇）

新安镇

【概况】　新安镇位于化州市西南部，属于革命老区镇及鹤地水库水浸移民区，是粤西地区著名的水果之乡。新安镇东邻石湾街道，南连笪桥、良光两镇，西南与廉江市良垌镇、石城街道相邻，西接廉江市河唇镇及鹤地水库，北与中垌（兰山）镇接壤，东北邻官桥镇，广东省红阳农场场部坐落于镇西部。镇治所新安圩距化州市区26千米，距汕湛高速公路化州西（石湾）出入口15千米、笪桥北出入口10千米。镇域面积157平方千米，辖17个村（居）委会，228条自然村，2017年总人口7.12万人。属丘陵地貌，大体北高南低，土质以沙壤、红壤为主，高岭土、花岗岩、铁矿、钼矿等矿产资源丰富。中火嶂、斜半嶂、鹤地水库、水口水库等山水秀美，封诰楼、琉璃井、琉璃庵、古驿道遗址等历史文化底蕴丰厚。

【经济】　2017年，新安镇实现生产总值14.3亿元，其中工业总产值4.6亿元、农业总产值4亿元、第三产业总产值3.7亿元。本级地方财政收入481.66万元，其中地税收入118.9万元（地税总收入365.2万元）、国税收入48.3万元（国税总收入363万元）、非税收入314.46万元。农村信用社年底存款余额57715万元，邮政银行年底存款余额4734万元。规模以上企业5家。

【农业】　新安镇是传统农业镇，水果是该镇农业经济的一大支柱，2017年，全镇水果种植面积2000多公顷，年总产量5.5万吨，年产值超2亿元。7月，举办首届“新安镇水果文化节”，3天时间共吸引游客9万多人次，销售和成交各类水果170吨，总销售额180多万元，现场签约意向投资农业项目8个，项目总金额近3亿元。引进嘉宝果（树葡萄）、莲雾、粤妃3号黄皮果等水果新品种，提纯复壮化州橙。继续做强沙田、蛇塘两个百亩大棚蔬菜基地。调整林分结构，利用合适山地，退丰产林，种植甘蔗360公顷、油茶200公顷、橘红、沉香100公顷，规划种植榕树茶150公顷。

【农村】 2017年，新安镇加快新农村建设，开展“三清三拆三整治”，改善人居环境。省定贫困村“三清三拆三整治”最彻底，共清理1179户，拆除危房、废弃旧屋、猪栏牛舍等877处，整治生活污水947处。投入2000万元推进省级新农村示范片（曲径村委会、榕树村委会）建设，加快平田村委会高垌仔村移民美丽乡村建设。推进城乡清洁工程，每条村建立至少一个垃圾池、安放4个垃圾桶，全镇228条自然村全覆盖，及时清理圩镇和道路两旁的垃圾。开展养殖场环境污染整治行动，该镇涉中央环保督查案件的养殖场45家全部拆除，清拆禁养区的生猪养殖场407家，已经签订拆除协议445家，累计完成整治任务的90.85%。做好农村土地承包经营权确权登记工作，促进农村和谐稳定和长远发展，该镇应确权社数225个，到2017年底，完成外业调查、一轮公示、一轮修改222个，完成率98.67%，二轮公示、修改及确认153个，完成率68%。

【民生】 2017年，新安镇贯彻落实中央“精准扶贫”政策，重点开展就业扶贫、产业扶贫、资产收益扶贫和协助落实低保五保政策，全面协助落实教育保障、医疗保障和危房改造政策。全镇有建档立卡贫困户836户1818人，截至2017年底，累计实际预脱贫1319人，占贫困人口72.55%。2017年，建档立卡贫困户纳入危房改造计划248户，竣工248户，分批发放补贴金827.85万元。加强圩镇整治，拆除新安圩的违建铺位、鸡舍、猪栏、雨蓬等721处，合理划分摆卖区域，整治乱摆乱卖。修筑丫角山小区、开发区铁路沿线水泥道路4.8千米，缓解新安圩的交通压力。2017年底，城乡居民基本医疗保险参保50820人，城乡居民基本养老保险参保26534人。投入60多万元，安装路灯300盏，实现圩镇街道全覆盖。继续推进科教文卫事业发展，投入1000多万元进行卫生院改薄工程建设。

【和谐】 新安镇建立镇综治办、派出所、国土、规建、村委会等联动机制，对各种矛盾纠纷苗头排查预判，及时介入，全年化解各类纠纷246宗，劝阻非法上访8人次。在广大乡贤支持下，投入60多万元在全镇范围安装视频监控。每个村委会成立1支“红袖章”治安联防队，共有队员170人，全年出动治安巡查3000多人次。镇成立交通管理站，设置管理员；村委会成立交通劝导站，设置劝导员；全镇有管理员和劝导员170人，进行经常性交通劝导、疏导管理。

【政务】 推进“阳光工程”，抓好镇级党务、政务公开，以及村级党务、村务、财务公开等民主管理工作。以曲径、新塘党支部为典范，打造番石榴种植基地，以党建促扶贫。加强换届纪律教育，严守“九个严禁”纪律要求，至2017年5月，完成全镇村委、支部的选举工作，实现0人违反换届纪律。

【大事】 2017年1月30日，新安镇召开100多乡贤参加的新春座谈会，乡贤为新安发展出谋献策，捐款800多万元助力家乡发展，随后成立“新安镇教育促进会”“新安镇治安促进会”。6月18日，召开新安镇第十四届党代会第二次会议，6月19日召开新安镇第十六届人代会第二次会议。2017年7月7—9日，举办首届“新安镇水果文化节”。10年25日，副省长许瑞生率省住房城乡建设厅、省委农办、省体育局等部门领导到新安镇参观古驿道及调研社会主义新农村建设。

2017年新安镇领导班子成员名录

党 委 书 记：彭春光
党委副书记、镇长：梁华清
人 大 主 席：李亚信
党委副书记：彭志远
　　　　　　赖文胜
党委委员、纪委书记：欧阳新
党委委员、副镇长、武装部长：王　彩
党 委 委 员：李宇鹏（任至12月）
　　　　　　陈国庆（任至6月）
党委委员、妇联主席：吴周燕
党委委员、派出所长：黄东伦（6月任职）
副镇长：李寿栋
　　　　詹仰华

卢晓玲
黄 豹（6月任职，珠海市检察院帮扶挂职）

（姚章伟）

官桥镇

【概况】 官桥镇位于化州市的中部，区域优势明显，东与丽岗镇毗邻，南与石湾街道办相连，西南面与新安镇相望，西北面与中垌镇接壤，是连接化北、化西和化南的交通枢纽，是化州市区经梅石线公路往化北的第一个镇，距化州城20千米。2017年总面积114.2平方千米，其中，耕地面积2855.33公顷，水田面积2207.22公顷，园地面积885.03公顷，林地面积7万公顷，水面面积285.09公顷，镇圩面积1.25平方千米。辖10个村委会和1个社区，156条自然村，总人口62442人。全镇党支部28个。

【招商引资】 2017年，官桥镇有企业300多家，其中规上企业5家；投资10亿多元的橘红产业园被列为省重点项目，已立项备案，完成详细性控制规划，在进行调整规划修编；昌茂木业生产正常稳定；德金塑胶厂建好厂房；誉丰罐配站项目、胜利水泥厂计划建设。

【服务业】 2017年，官桥镇零售总额超5亿元；物流业兴起，京东、顺丰、圆通等陆续进驻；该镇农村淘宝走在市前列，新增农村淘宝2间。4月，化州市2016年度十大优秀“金种子”农村电商人才表彰现场会在三角车村甘坡服务站召开。

【农业工作】 2017年，官桥镇发展淡水养殖、柑橙、番石榴、柚子等特色农业，新扩种柑橙70公顷，番石榴12公顷；落实耕地地力保护、水果保险、农机购置补贴等各项惠农政策；完成全国第三次农业普查工作；最具特色的化州市良塘蔬菜种植专业合作社农业基地，种植蔬菜71.33公顷，丰村种养专业合作社发展水果+药材模式，种植荔枝+药材33.33公顷。

【扶贫工作】 2017年，官桥镇统筹扶贫资金1464.7万元，申报项目25个，项目资金976.9万元，建成项目16个，实施中9个，下拨资金730.42万元，111户危房改造户全部完工并下发补助款；组建扶贫服务队，为362名贫困人员免费体检；全镇20户以上自然村139条，开展“三清三拆三整治”83条，省定贫困村丰村、上村共33条自然村全部完成“三清三拆三整治”和规划编制，该镇在化州市召开的“三清三拆三整治”现场会和新农村建设工作会议上分别做经验介绍。

【社会事业】 2017年，官桥镇医疗卫生工作走在化州市前列，官桥卫生院率先实现远程诊疗，推进村级卫生站建设，茂名市家庭医生签约服务现场会在该镇召开，会上该镇做经验介绍；村级公共服务中心提供一站式服务；普惠金融村村通实现村级全覆盖；全面落实城乡居民养老保险、城乡居民医疗保险、加大大学生就业创业等政策；整合各级资金61.95万元救助贫困家庭学生413名，贫困家庭义务教育覆盖率100%；落实低保、五保、大病医疗救助政策，为低保困难户806户1578人发放低保生活金650万元，为五保户325人发放五保金285.3万元，为有重大疾病患者家庭116户争取救助资金70多万元；擦亮教育名牌，官桥中学2017年高考应届毕业生上重点线人数和上本科线人数均排化州市第二名；征集新兵16人，超额完成市下达的工作任务。

【社会管理工作】 2017年，官桥镇推进“一村（居）一律师”、“一村一警”、“两站两员”工作扎。通过“以案定补”成功调处矛盾纠纷110宗，调处成功率92%；直接联系群众解决问题167宗；成立230人“红袖章”志愿者队伍巡查隐患严重路段；在三角车村、六角埇村等重要路段、路口安装监控53处，人防物防技防综合加强；开展安全隐患排查928人次，整治官桥市场，实现安全生产零事故；联合药监所完成食品农产品快速检测2512批次，查处违法案件21件，结案21件，结案率100%；官桥派出所开展“飓风2017”严打整治行动，成绩在化州市32个派出所中排名第四。

【环境整治】 2017年，官桥镇实现整治“六乱”常态化。强制清理拆除违章建筑，违法用地和建筑得到遏制；全面建立河长制，水环境质量进一步提升；

整治禁养区养殖场57家，其中，关闭21家，关闭率100%，依法拆除36家，支付补偿金90多万元；持续推进城乡清洁工作，市场化运作垃圾清运；加大资金整治全镇中小河流，清理25千米河道高杆物。

2017年官桥镇领导班子成员名录

党委书记：陈英超
党委副书记、镇长：周亚海
人 大 主 席：李晓丹
党委副书记：岑　深
　　　　　　刘　伟
党委委员、纪委书记：姚文兴（任至11月）
　　　　　　　　　　李徽良（12月任职）
党委委员：柯春生
党委委员、武装部长、宣传委员：彭文洲
党委委员、派出所所长：陈文翔
副镇长：黄　胜
　　　　李尚雄
　　　　黎　芝

（戴碧眉）

中垌镇

【概况】　中垌镇位于化州市中部，属低丘陵区，与两省（广东、广西）三市（化州、廉江、陆川）八镇（新安、官桥、林尘、江湖、合江、古城、石角、河唇）二农场（和平、红阳）交界，距化州市区35千米。镇内物产丰富，矿产有花岗岩石、琉铁矿、高岭土、云母、石灰石。全镇下辖30个村委会、2个居委会，总面积253.2平方千米，2017年总人口13万人，是化州市面积最大、人口最多的镇，是茂名市工业卫星镇和茂名市“岭南杯”达标建制镇。

中垌镇历史悠久，境内有风景秀丽的长湾河、响水、三合、茶了根、鹤地五大水库，有历史保护文物冼太庙、百年古榕以及文化长廊、酷似铜墙铁壁的奇榕等。有文化长廊、镇文化广场及文化大楼。

【经济工作】　2017年，中垌镇经济社会发展考核全市第十名，打击制假售假、质量强镇工作均获得全市优秀等次。固定资产投资总额12.18亿元，增幅20.14%；规上工业生产总值5.66亿元，增幅37.5%；农业生产总值9.56亿元；全镇GDP25.03万元，人均30218元，增幅为6%；税收总额698.03万元，其中国税69万元，增幅36.63%。制定《2017年中垌镇重点项目、重点工作大干120天活动实施方案》，推进海螺项目、中垌卫生院搬迁等重点项目建设。与中国燃气公司化州分公司达成投资意向。新增两家规上企业，分别为化州市金沙湾商务酒店和化州市森宝木业有限公司。引入茂名石化胜利水泥有限公司，拟在中垌辖区省道284线沿线选点建设搅拌站，总投资5000万元，占地1.67公顷，年产30万吨商品混凝土。促进特色农业发展，打造农业强镇。中垌镇引进广东美华农业生物科技有限公司，在石岭村和高峰村开垦山坡地1333.33公顷，总投资2亿多元建设大型橘红种植示范基地，其中投资1亿元用于发展化橘红种植业，1亿元用于发展化橘红深加工产业链。山口垌133.33公顷橘红基地全面建成。山口垌20公顷砂糖橘基地、坡头10公顷红心橙种植基地建成投产。

【镇村建设】　2017年，中垌镇高规格、高标准规划城镇化建设总体布局。中垌镇城镇建设总体规划为依靠省道284线和县道646线的改造工程，横向和纵向拉阔城镇的交通辐射范围，将圩镇的面积由原来的2平方公里扩展到3.8平方公里，人口容量扩大到5万人以上。圩镇范围将大致划分为龙城开发区、石西江开发区、长凤小区、海螺安置区、中垌工业园区等几大区域，将打造成茂名地区乡镇城镇化建设的品牌。

交通基础设施建设　2017年，省道284线中垌旧水泥厂至汤牛桥路段修复工程全面启动，路面两侧的排水沟完工，排水系统得到进一步完善。完善圩镇道路建设，筹资50多万元，修复出现严重塌陷的圩镇道路。筹资130多万元，重修兰山民主大道，已动工建设。推进西环路建设，筹资500万元，建设连通石岭、高峰万亩橘红基地到省道284线橘红大道，前期准备工作在加紧推进中。

农田水利设施建设　推进高标准农田建设，完成2015年基本农田建设指标，总投资720万元，建设266.67公顷，通过茂名市农业局、国土局、财政局的验收。

电力基础设施建设　全面改善电力基础设施，中垌片投入资金1640多万元，增设53台变压器；兰

山片投入50多万元，增设1台变压器，完成兰山圩镇线路升级改造。

房地产发展 投资1.3亿元的保润花园二期建成并公开发售；保润花园三期前期准备工作完成，开始动工建设。投资2000多万元恒富名苑主楼基本完工。启动东江花园项目建设，该项目总投资2亿元，分三期建设，规划占地面积13.33公顷，首期建筑面积8万平方米。

【社会稳定】 2017年，中垌镇加强安全生产监督管理，坚持“党政同责、一岗双责、三个必须”原则，开展安全生产隐患大排查工作，加强对烟花炮竹、易燃易爆品、建筑领域、道路交通安全领域等方面的检查，排除安全隐患，维护人民群众生命财产安全。强化综治信访维稳工作，开展矛盾纠纷排查化解，驻点团队利用镇（街）领导普遍直接联系群众工作日就地化解矛盾纠纷。2017年调处矛盾纠纷198宗，成功化解188宗，化解率超过95%。全年中垌镇未发生进京到省上访事件。在全市第一个成立“红袖章”志愿服务队并授旗，全镇“红袖章”队伍志愿者超过700人，实现所有村委全覆盖。开展禁毒、打黑、涉黄专项行动，开展“珍惜生命，远离毒品”万人签名活动。重视治安工作，维护社会稳定。推进治安网格化和禁毒工作网格化管理。推进社区戒毒和吸毒人员社区康复工作，全镇登记在册社区康复人员40人，有39人报到，报到率98%。

【服务民生】 2017年，中垌镇坚持为群众办实事，服务民生。推进中垌卫生院搬迁，中垌卫生院总投资3000万元，建筑面积12000平方米，按照国家二级甲等医院标准设计建设。成立中垌卫生院搬迁工作领导小组，选优配强工作队伍，2017年完成卫生院选址、土地划拨、环评、规划设计等工作，完成工程招投标和三通一平。推进村级卫生站公建规范化建设。全镇规划建设32个卫生站，2017年第一批次6个竣工，第二批次6间完成主体工程，2017年投入资金168万元。推进中垌、兰山自来水厂及水质净化厂建设。成立中垌自来水厂、中垌污水处理厂建设工作领导小组。总投资2644.87万元，建设中垌长湾河水厂、磨刀坑水厂及管网铺设工程。中垌镇2家自来水厂选址、招投标等工作完成，2家水厂均动工建设。推进敬老院建设工程。投资49万元，建设中垌敬老院；投资3.4万元维修加固兰山敬老院。强化计划生育服务工作，推进计生行政执法工作，加强育龄妇女孕前优生优育及村级计生专干的教育培训。推进殡葬改革工作，杜绝以收钱代替火化、以收钱默许土葬的行为，调整充实镇殡改监察中队人员，加大执法力度，打击各类偷葬行为。

【组织建设】 2017年，中垌镇狠抓管党治党责任落实。镇党委带头落实管党治党主体责任，出台班子成员分管领域落实管党治党责任工作方案和基层党组织落实管党治党责任工作方案，对所有基层党组织书记开展管党治党工作年终述职考评，确保全面从严治党向基层延伸。狠抓“两学一做”学习教育常态化制度化。结合推进党的组织生活规范化、常态化，深入推进“两学一做”学习教育常态化制度化。以“三会一课”为载体，组织全镇党员深入学习党章党规、学习习近平总书记系列重要讲话精神，引导全镇党员干部更加自觉的用党章党规约束自己的行为，争做“四讲四有”合格党员，更加自觉用习近平总书记系列重要讲话精神武装头脑、指导实践、推动工作。狠抓干部作风建设。落实党风廉政建设主体责任，深入开展基层治理工作，以开展“问责不作为、鼓励敢作为”专项整治活动为契机，加大党要管党、从严治党的力度，对不正之风和腐败问题做到零容忍。整治庸懒散拖等不良风气，切实转变干部工作作风。

2017年中垌镇领导班子成员名录

党委书记：陈　仲
党委副书记、镇长：岑　战（任至7月）
人大主席：陈泽良
党委副书记、兰山办事处主任：彭　斌
党委副书记：刘均东
党委委员、副镇长：文均高
党委委员、纪委书记：蔡博基
党委委员、组织委员：陈日海
党委委员、宣传委员：张家珍
党委委员、中垌派出所所长：苏洪荣
党委委员、兰山办事处副主任：曾　治
党委委员、统战委员：潘木荣
人大副主席、兰山办事处常务副主任：李亚水
副镇长：林　峰

刘付伟国
王智彬

（张业壮）

丽岗镇

【概况】 丽岗镇位于化州市东部、鉴江西岸，属革命老区。东面与南盛街道办、高州市石鼓镇毗邻，南面与河西街道办、鉴江开发试验区交界、西面与官桥镇、石湾街道办相连，北面与林尘镇接壤。2017年总面积78.6平方千米，耕地面积2386.67公顷，林地面积2640公顷，总人口60403人。辖11个村委会和1个居委会，138个自然村，有丽岗、尖岗、镇安、砵砂圩4个商贸集市。镇政府驻地在丽岗圩，南距化州市区10千米。全镇交通四通八达，省道285线从丽岗圩穿过，北至合江，南达化州市区；交通主动脉有省道蓬吴线、丽赤、丽镇、朱镇等4条公路，贯穿全镇东西南北。汕湛高速公路经过元塘、镇安、低坑、朱玉、砵砂圩、水路6个村委会，全长11.5千米，在砵砂圩段设有高速出入口，连接省道285线。丽岗镇有丰富的矿产资源、林木资源、旅游资源和农副土特产。其中，花岗岩储量丰富，仅尖岗岭有5600多万立方米；全镇有2006.53公顷经济林。尖岗岭生产的“稀世锌泉”富含锌元素，曾为人民大会堂指定饮用水；土特产“竹头红”蕃薯久负盛名，每年清明前后收获，供不应求。旅游资源丰富，化州县志载称尖岗岭生态旅游公园为“州之镇山”。岭上有通天大王庙、冼太庙等名胜古迹文物景点20多处。2005年动工重建化州南山寺，占地300亩，千手千眼观世音菩萨殿四合院、大雄宝殿建成开光，被评为茂名市十大旅游景点。

【经济建设】 2017年，丽岗镇生产总值109534万元，增长16.18%；固定资产投资40050万元，增长92.5%；规模以上工业增加值4.12亿元，增长21.89%；新引进企业数量46间，增长46.94%；城乡居民人均可支配收入18836.6元，增长7.95%；农村居民人均纯收入7100元，增长9.23%；禽畜养殖污染整治投入5146294元；河长制治理投入54360元；公共财政预算收入1074.83万元；公共财政预算支出合计1074.83万元（含财政供养工资）。

【农业产业】 2017年，丽岗镇利用山地资源优势，抓罗非鱼产业带建设。推广罗非鱼规模化健康养殖技术，引进罗非鱼深加工企业，延伸罗非鱼产业链。抓龙头带动，以沉香、化橘红、番薯、蔬菜等种植大户为龙头，带动群众广泛种植，进一步发展规模经营。支持化橘红、沉香产业发展，2017年有沉香种植333.33公顷，化橘红种植466.67公顷。扶持博青村发展外运型种植业，其中，番薯种植46.67公顷，蔬菜种植40公顷。

【四大旅游项目建设】 2107年，丽岗镇重点推进“四大旅游项目建设”。以南山寺为核心景区，引入旅游公司建设旅游观光休闲项目，进入实际施工阶段；建设冼夫人文化园，达成框架协议；推进大风岭森林公园建设，项目立项获得茂名市林业部门审批；推广尖岗生态旅游公园。

【圩镇建设】 2017年，丽岗镇编制《化州市丽岗镇城镇总体规划（2014—2030）》，通过专家论证。投入120多万元完成圩地泥路的水泥硬底化。投入100多万元完善朱玉至南山寺牌坊的亮化建设。投入100多万完成新圩开发区排污工程。圩镇违法用地和违法建设行为得到遏制，拆除违建7宗，处理非法占用土地13宗。

【路网建设】 2017年，丽岗镇立项13个乡村公路项目，建成硬底化水泥路14.71千米。投入700多万，重修丽蒲路6千米、砼面宽至6米。扩建丽赤路8.6千米，原5米路面扩建至9米。乡道420线丽岗桥在国庆期间通车使用。汕湛高速如期完成全线通车任务。正配合相关部门做好玉茂一级公路和285线改线用地征迁工作，推动大风岭森林公园景区公路前期工作。

【新农村建设】 2017年，丽岗镇围绕农村环境整治，开展畜禽养殖污染治理、环境整治、土壤污染防治等各项工作，编制畜禽养殖污染整治方案，拆除210栋生猪养殖栏舍，关闭190多个生猪养殖场。围绕示范带动，抓好省定贫困村镇安村新农村示范村建设。围绕人居环境综合整治，开展“三清三拆三整治”，有66条自然村开展“三清三拆三整治”，其中省定贫困村镇安村完成“三清三拆”工作、建设雨污分流设施等。加强农村环境治理和资源保护，统筹山水林田保护建设，保护好绿水青山，维护好田园风光。

【民生事业】 2017年，利用化州市以丽岗镇为试点的契机，加快推进土地确权工作，为巩固和完善农村基本经营制度，深化农村土地制度改革，完善承包地“三权”分置制度等提供良好基础。推进村卫生站公建规范化项目建设，博青、镇安、赤坎、低坑等村建成。加强农村面上小学管理，掀起国学文化广场建设热潮。推进精准扶贫工作，实施产业帮扶到户，投入648万元实施产业帮扶。实施就业服务到户，在镇安村建设电商项目，对博青2户创业贫困户给予指导扶持。实施社会保障到户，对54户无劳动力户，实行财政兜底。实施教育资助到户，受惠学生252人。实施医保救助到户，全年建档立卡贫困人口383人全部纳入保障范围。实施危房改造到户，全年建档立卡贫困户纳入危房改造计划户数63户，竣工63户，竣工率100%，分批发放补贴资金214.6万元。实施金融扶持到户，全镇实际发放扶贫小额贷款7万元。

【教育创强、创现】 2017年，丽岗镇抓好教育创强、创现工作，全镇教育创强投入资金4000多万元。新建项目8个。市立维修项目40个，非市立维修改造项目108个，维修改造项目基本完成。该镇投入自筹建设资金3000多万元。2017年丽岗中学升一中率排镇级中学第一。获“广东省教育强镇”称号，被茂名评为“创建广东教育强市先进集体”，2017年教育创建现代化工作稳步推进，是化州示范点。

【社会治理】 2017年，丽岗镇加强和创新农村社会治理，发挥村“两委”干部及自然村长作用强化村民自治，发挥“一村一律师”、“一村一警”、“红袖章”平安志愿者作用推动农村平安建设，开展扫黑除恶、农村基层违纪违法线索大排查等，让农村和谐安定有序。开展扫黑除恶专项斗争，推进平安乡村建设，加快推进“雪亮工程”，加快完善农村治安防控体系，打击危害农村稳定、破坏农业生产、侵害农民利益的违法犯罪活动。打造共建共治共享的社会治理格局，推动社会治理重心下移，通过“红袖章”平安志愿者、治安联防队、“一村一警”等方式方法，进一步完善党委领导、政府负责、社会协同、公众参与、法治保障的社会治理体制。抓好安全生产，贯彻落实安全生产责任制，遏制重特大安全事故，提升防灾减灾救灾能力，加强交通安全管理，抓好各村（居）道路安全隐患排查整治，严查各类交通违法行为，开展消防安全大检查大整治专项行动，全面落实“六类场所、十项必查”工作。

2017年丽岗镇领导班子成员名录

党 委 书 记：郭亮君
党委副书记、镇长：苏兴锋
人 大 主 席：黄靖凯
党委副书记：陈文博
　　　　　　黄　文
党 委 委 员：何嘉裕
　　　　　　林　跃（任至7月）
党委委员、纪委书记：吴　亮
党委委员、武装部长、副镇长：谢国华
党委委员、派出所长：陈君浩
副镇长：陈　乾
　　　　郭惠贵
　　　　黄水养

（成苑凤）

林尘镇

【概况】 相传明清年间，在罗江以船运为生的林、陈两姓人家最早在“多啰街”（现下车村委会木根村，离林尘圩1千米）倚岸聚居，后移至现在的林尘圩，起初叫“林陈村”“林陈圩”，后改为“林尘圩”“林尘镇”。林尘镇位于化州市中部，东与高州市接壤，南距化州市区23千米，罗江流贯镇腹，两岸土地肥沃，西为盆地，东为平原。连接市区与整个化中、化北地区乃至广西的化合。化中公路省道285线穿境而过，南达化州城区，北通合江，中转可至平定、宝圩。2017年，全镇总面积125平方千米，林业用地面积4733公顷，耕地面积3388公顷。下辖21个村委会和1个居委会，261条自然村和2个圩集，总人口8.6万人，常住人口6.4万人，城镇人口1.5万人。全镇有46个党支部，1720名共产党员。林尘镇有山地面积4733公顷、耕地面积3388公顷；化州两大河流之一的罗江流贯镇腹，水力资源丰富，两个水力电站年发电量300万千瓦时以上；镇内的石灰石、硫铁矿、磷铁矿、白土矿等矿产资源储量极为丰富，具有很高的开发价值。全镇“三高”农业蓬勃发展，建有水果、北运菜、蚕桑、甘蔗、中药、“珍珠”番茄、麻种、玉米、淡水养殖、禽畜等十大生产基地，是化州市的主要产粮区之一。

【人口与计划生育】 2017年，林尘镇户籍人口出生1311人，政策生育率97.94%，其中，一孩出生553人，二孩出生709人，人口出生率15.79‰，自然增长率10.8‰。林尘镇计生办多次联合妇联、卫生院、司法所等部门开展计生宣传咨询活动，为群众发放卫生、法律知识宣传手册，提供免费义诊服务，接受群众咨询400多人次。

【经济发展】 2017年，林尘镇工农总产值16.65亿元，人均GDP27833元。全年农业总产值7.4亿元，同比增长5.3%；工业总产值9.25亿元，其中规模以上工业总产值5.64亿元。林尘镇2017年财税收入1200万元。地税收入523.2万元，完成任务107.7%，其中本级地税收入282.2万元，完成任务104%；国税收入218.7万元，比上年同期增幅19.7%，占任务113.3%。完成固定资产投资1.32亿元，同比增长2.3%。

【农业生产】 2017年，林尘镇以调整优化农业产业结构、增加农民增收为中心，发展特色、高效农业，水果、经济林、蚕桑、果苗、畜牧业等生产基地巩固壮大，涌现出一大批规模大、效益好、辐射面广、劳动能力强的种养大户，各类立体式养殖场星罗棋布。2017年全镇有大小养猪场526多家（其中繁育母猪年存栏量500头以上6家），生猪年出栏量13万多头，罗非鱼养殖面积502公顷。有5333.33公顷林木基地，1500公顷水果基地，蚕桑75公顷，荔枝龙眼866.7公顷，133公顷橘红种植基地，200公顷棠美菠萝种植基地，333公顷碳汇林示范基地。发展农村合作社331个，省二级种猪场一个，在工商部门注册成立化州市首家家庭农场。

【基础设施建设】 2017年，林尘镇开展七芝坡友兰地桥改造工程，对年久失修、存在安全隐患的七芝坡友兰地桥进行改造修整，预计投入260多万元，确保群众出行；中林线（中垌至林尘）升级为省道，玉茂一级公路贯穿该镇境内，立项为茂名市重点项目。加强医疗卫生基础建设。2017年林尘镇有8个村级卫生站封顶竣工，累计投入资金130多万元实现“看常见病不出门”，在“家门口”享受到基本公共卫生和基本医疗服务，完善农村医疗卫生服务网络建设，实现基本药物制度全覆盖；投入300多万元完善镇卫生院住院部综合大楼建设，按照医疗卫生体制改革要求，调动医务人员积极性，优先满足困难群众基本医疗卫生需求。加强水利设施建设，年内对林尘拦河闸坝进行除险加固，累计投入资金360多万元。

【“王家南拳”更名为“王家拳”】 2017年，林尘镇“王家南拳”更名为“王家拳”。该拳于2015年入选茂名市第四批非物质文化遗产名录。其创始人是黄四龙（1856—1941年），广东省化州市林尘镇下车乡人，粤西武界传奇四龙人物之一，被粤西当地称为“天上雷公，地下黄四龙”。幼年跟随恩师王鹤云习武勤奋苦练三十余年，学成后返乡沉浸于医药与农耕当中，后把平生绝学《王家拳》与《内家功》心法，传授于林尘沙州坡王家兄弟王序泰、王序明，王家兄弟又把《王家南拳》，传授于王军杰与王乃胜，使《王家拳》功夫在林尘沙州坡一带发扬承传，名扬粤西。

【社会民生事业】 林尘镇落实种粮直补，五保、低保、优抚等各项惠农制度，确保惠农资金准确、足额、及时发放。2017年，林尘镇在册低保家庭921户、2126人，全年发放低保金520多万元；优抚对象440人，共发放优抚资金378万元。坚持“两手抓，两手都要硬”的方针，加强精神文明建设，科教文卫事业快速发展。城乡居民医疗保险、城乡居民养老保险参保人数大幅增长，实现全镇60岁以上老人每人每月领取120元养老金。扶贫开发工作成效显著，做好2个省级贫困村、20个非贫困村新农村建设工作。开展安全生产工作，“打假”专项工作行动成效显著。成立镇级消防队伍，全镇消防总体规划全面启动。加强和改善以民生为重点的社会建设，开展“暖民心”工程，实现“老有所养、病有所医、困有所解、贫有所扶、孤有所靠”基本目标。以“三清三拆三整治”为重要抓手，全镇出动3000多人次，出动钩机、汽车共1200台次，拆除危旧房、废弃猪牛栏及露天厕所茅房1000多间，拆除乱搭乱建、违章建筑298处，拆除非法违规商业广告529块，清理沟渠池塘溪河淤泥、漂浮物和障碍物423处，清理房前屋后和村巷道杂草杂物、积存垃圾2956处。

【平安林尘建设】 2017年，林尘镇完善健全综治信访维稳和诉前联调工作机制，抓好社会不稳定因素专项排查工作，化解社会不稳定因素，成功调处一批历史积案，2017年林尘镇调处各类矛盾纠纷478起，调解成功470起，调处成功率98.3%。受理各类信访案件165宗，办结率超过98%。落实“以案定补”奖励政策，有效化解各种社会矛盾和纠纷，发挥人民调解在化解社会矛盾和维护社会稳定的“第一道防线”的作用。全镇发放人民调解“以奖代补”“以案定补”资金9.21万元，实现100%村委会全覆盖。

2017年林尘镇领导班子成员名录

党 委 书 记：劳业锋
党委副书记、镇长：陈志明
人 大 主 席：苏世平
党委副书记：曾　聪
　　　　　　李汶骏
　　　　　　李树君（12月挂职）
党委委员、常务副镇长：翁家春
党委委员、纪委书记：朱炳华
党委委员、武装部长：黄水华
党委委员、派出所所长：董超强（任至12月）
党委委员：李琬铭（任至11月）
副 镇 长：罗再国
　　　　　唐　敏

（李昕怡）

江湖镇

【概况】 江湖镇原称连江乡，1953年改称江湖乡，是革命老区镇，地处化州中部，距离化州城区约30千米，省道285线南北贯穿全境。东与高州镇江接壤，西涉罗江，东北部为低丘陵区，西南部为肥沃平地，地形略呈三角形，总面积57.6平方千米，山地2333.33公顷，耕地面积1733.33公顷，其中水田866.67公顷。该镇地处亚热带海洋性季风气候区，全年热量雨量充足，生物资源十分丰富，主要种植水稻、花生、玉米、番薯、甘蔗、蚕桑、龙眼、荔枝、香蕉、芒果等，养殖猪、牛、三鸟、罗非鱼等，主要矿产有红黏土、低燃煤。2017年，下辖8个村委会和1个社区，共98条自然村，总人口3.25万人。全镇有20个党支部，党员715人，其中，农村党支部8个，党员443人。该镇党委、镇政府综合设置党政办公室、经济发展办公室、社会事务办公室、人口与计划生育办公室、农业办公室5大办公室。2017年有镇政府干部54人（其中，机关行政编制25名，事业编制16名，镇级经费自理干部13人）。江湖镇政府办公楼位于江湖圩新湖南路。

【综合经济】 2017年，江湖镇财税收入310.7万元，其中，地税收入191.8万元，国税收入26.7万元，非税收入92.2万元。城乡居民存款5.38亿元，其中农信社存款3.63亿元，同比增长27.3%；邮政银行存款1.75亿元，同比增长13%。农村人均纯收入9138元，同比增长11%。

【农业经济】 江湖镇农业产业主要有荔枝、龙眼、丰产林、甘蔗、罗非鱼、生猪、马铃薯等。2017年该镇加大发展绿色生态农业，引进1家好莱康生态种养公司，该公司注册3000多万元，发展种养面积67公顷，总投资1000多万元；引进1间集装箱养殖基地，总投资50多万元；继续培育壮大香蕉蜜柚基地和香蕉橘红基地，种植总面积133公顷，经镇政府重点扶持，2017年该基地取得丰收。江湖镇以此基地为龙头农业产业，引导群众种植蜜柚和橘红，初步形成“基地＋农户”的种植模式，带动全镇农业产业化发展。

【工业产业】 2017年，江湖镇坚持稳中求进、改革创新和转型发展，实施“工业立镇”发展战略，加快新型工业化进程，突出抓好有效投入，加快工业企业发展。该镇采取以友招商、以诚招商及亲商爱商的办法，引导外出知名人士、企业老板回家投资置业，承接珠三角产业转移企业到该镇发展。2017年，该镇新增制衣厂3间、电子厂1间，总投资500多万元。全镇工业总用电量530万度。到2017年，江湖镇发展工业企业42间，其中规模以上企业7间。

【项目建设】 江湖镇党委政府按照“建项目、惠民生、促发展”的工作思路，推进经济社会全面发展。2017年，该镇投资700多万元对罗江堤坝车头坡段2.3千米进行加固建设，提高防洪能力；投资1500多万元建成一个占地2500平方米的江湖农贸市场并投入使用，改变江湖圩无市场的乱摆乱卖现象；投资1000多万元建立好莱康生态种养公司；投资1000多万元继续推进四季岭新农村建设工作；投资200多万元建设连界、陈谢、车木根等3间卫生站，解决群众看病难问题。

【民生事业】 江湖镇立足民生关注民情，抓好事关民生的各项社会事业。2017年，该镇投资100多万元对连界自来水厂及管网的扩改工程，提高全镇自来水饮水质量，全镇自来水入户率95%；投资500多万元建设陈谢、车木根等村道路灯160多盏及建设坡心、陈谢、车木根村道7千米，进一步解决群众行路难问题。脱贫攻坚工作实现新突破，建立帮扶制度，落实责任，其中投资500多万元进行光伏发电等扶贫项目建设，帮助贫困户真实脱贫。全年投入200多万元推进城乡清洁工程，全镇环境卫生得到改善；殡改工作走在全市前列，火化率100%；综治信访维稳工作取得显著成效，投入5.5万元对与高州交界的坡心村委会建设治安监控网，各村委会建立群防群治的红袖章工程，全镇社会稳定、政治安定，没有发生越级上访现象。

【城乡清洁工程】 2017年，江湖镇开展“城乡清洁工程”经常性工作，由专人负责，狠抓圩镇环境卫生管理，镇容镇貌得到改观，圩镇品位不断提升。该镇成立9个环卫站，组建9支专职清洁队，实行垃圾日清日运，购置环卫车10台、垃圾桶600多个（只）、筹资投入建设标准垃圾池61个，开展集中整治11次，出动车辆90多台（次），清理施工乱象21处。

【精准扶贫】 江湖镇推进精准扶贫工作，2017年全镇减贫人口数202人。全镇2条省定贫困村居民人均可支配收入11025.05元，均达到全省农村居民可支配收入60%以上；全镇预脱贫的有劳动力贫困户人均可支配收入8023.41元，均达到省定6883元。全镇农村贫困户子女接受九年义务教育阶段入学82人，入学率100%。全镇贫困户591人全额参加城乡居民基本医疗保险。全镇纳入2017年度危房改造任务数74户，100%完成危房改造任务，年内拨付危房改造补助金247.2万元。全镇贫困户劳动力转移就业120人。

2017年江湖镇领导班子成员名录

党委书记：庄君智
党委副书记、镇长：王锡中
人大主席：黎世飞
党委副书记：彭　邦
　　　　　　林　跃
党委委员：李永浩
　　　　　王海波（任至10月）
　　　　　颜铭彤
党委委员、纪委书记：杨昆鹏
党委委员、人武部部长：李学福
副镇长：李永浩
　　　　钟桂昌
　　　　林政财
　　　　吴建杜

（李学福　陈月圆）

合江镇

【概况】 合江镇位于化州市中北部，距化州市区45千米，罗江、陵江交汇于此，省道284线、285线呈“X”形交叉穿行，为两广重要交通枢纽。东西宽21.6千米，南北长13.4千米，土地总面积176.25平方千米。2017年，辖23个村民委员会，1个社区，338个自然村，总人口11.5万人，城镇中心区建成区面积2.4平方千米。合江镇是具有1400年历史的南方古镇。南朝大将、《三十六计》作者檀道济曾筑石城于陵罗江口，设罗郡。唐朝在此设陵罗县，明清时期设此为盐埠。战略位置十分重要，1928年1月，中共化县县委机构成立于合江镇高步村，高步村人吴家槐任中共化县第一任县委书记。自然风光美丽怡人，有六王巍峨、天堂嶂立、石龟下山、鲤鱼上水、百足双出、陵罗交汇等景色。该镇于2003年被定为广东省中心镇，2017年6月被茂名市规划为化州市县域副中心。

【城镇总体规划修编推进】 2017年，按照县域副中心发展定位，合江镇委托茂名市规划设计研究院、广东省城乡规划设计研究院对城镇总体规划进行修编，形成初步方案。

【招商引资工作取得新突破】 2017年，茂名市政府与广东省丝绸公司初步达成共建合江丝绸特色小镇合作意向，特色产业发展取得历史性突破。引进广东乾煌工贸实业有限公司，支持现有企业东弘科技皮具厂、旺来饲料有限公司、九仕坡茧丝有限公司等增资扩产，转型升级。2017年，合江镇规上企业实现产值189466.8万元，同期增长11%；固定资产完成投资46699万元，GDP完成23.1亿元。

【农业发展开创新模式】 2017年，合江镇催生农旅融合新业态，开发大埇百亩油菜花观景基地、大埇百香果生态园等，2017年春节迎来合江首个旅游高峰。

【城镇基础配套设施日益完善】 2017年，合江镇的合江污水处理厂建设工作稳步推进，厂区建设完成，7.2千米管网完成铺设5.6千米。启动化州市第二人民医院升级改造工程；合江卫生院升级改造工程动工建设，正在建设医技楼基础，2017年底完成主体工程。投资5000万元在明星村委会建设占地面积3000平方米的合江加油站，完成用地报批，准备招拍挂。建成文化中心东广场，将镇文化中心东侧闲置地改建为东广场，文化站周边道路全部硬底化，建设标准化水磨篮球场、50多米长的文化宣传长廊。推进百足岭森林公园建设，完成山顶园路、半山观光路全程硬底化工程，修建观光亭，种植1000多棵风景树，公园雏形显现。

【教育事业创强短板补齐】 2017年，合江镇利用新圩初中旧址建设镇第二中心小学，9月面向新圩、塘坑、沙垌岭等合江北片村委会正式招生，全镇教育教学资源进一步均衡化。

【农村建设管理打开新局面】 2017年，合江镇发动全镇23个村委会164条自然村开展“三清三拆三整治”行动。其中，大石头、新车、明星3个省定贫困村中所有符合条件的自然村均已开展。推进农村养殖场整治，2017年依法拆除禁养区养殖场113间，责令关闭48间，农村人居环境得到改善。

【社会保障水平大幅提升】 合江镇持续推进社会保障工作，2017年城乡居民医疗保险参保人数91977人；41397人参加城乡居民基本养老保险，13620多人领取养老金，灵活就业人员参保人数4500多人。2017年，投入五保、低保、孤儿保障金共1309.61万元，完成危房改造任务297户，帮助625户贫困户落实帮扶项目。

【政府自身建设不断加强】 2017年，合江镇全面推进依法行政，整治抢建乱建行为，制止合江车儿田村和大石头高朗村两处抢建行为；深入开展农村基层党员、干部违法违纪线索大排查大整治活动，2017年收集违法违纪线索24条，办结18条；抓好普遍直接联系群众工作，加大矛盾纠纷调处力度，引导“红袖章”多方联动化解，全年排查出矛盾纠纷160余宗，调处140余宗，调处率90%。

2017年合江镇领导班子成员名录

党委书记：陈志红（9月任职）
李　开（任至8月）
党委副书记、镇长：陈何生
人大主席：伍绍杰
党委副书记：陈海雁
陈　强
党委委员：翁　权
刘付群娟
梁永安
党委委员、专职纪委书记：黄华欧
党委委员、武装部部长：陈广波
副镇长：苏利文
陈妍玫
朱世营

（宋海秀）

那务镇

【概况】 那务镇位于化州市北部，距化州城区55

千米，东邻高州荷塘镇，南至化州合江镇，西连平定镇，北接播扬、宝圩镇，是革命老区。2017年，全镇总面积179.3平方千米，其中，耕地面积2866.7公顷，旱坡地666.7公顷，山地面积8066.7公顷。全镇下辖30个村委会和1个居委会，296个自然村，326个村民小组，总人口10.5万人，其中镇区人员3.8万人。该镇水源充足，土地肥沃，特别适宜水稻、蚕桑、林木生长，盛产稻谷、蚕桑、百香果、荔枝、龙眼、香蕉、桉树，是化州市农业大镇，化北重镇，素有“化州粮仓”之称，是全省闻名的蚕桑基地，广东省种桑养蚕技术创新专业镇。镇内资源丰富，主要蕴藏有优质花岗岩、石灰岩、高岭土、磷矿等10多种矿藏，有闻名省内外的天然热矿泉、中型水库宝树水库和流坑小型水库、六皇岭等特色资源。

【社会经济】 2017年，那务镇生产总值53.77亿元，同比增长8.7%；工农业总产值44.34亿元，同比增长8.6%；财政收入2902.9万元；人口自然增长率控制在8‰以下；年度农民人均纯收入6866元，同比增长207元。

【农业发展】 2017年，那务镇的蚕桑产业发展迅猛，全镇种桑面积2000公顷，产茧值超2亿元，蚕桑专业镇地位提高。全镇种植水稻面积3200公顷，粮食总产单产稳居化州市第一。化橘红种植初具规模。养殖、水果、蔬菜等其他特色农业得到巩固和壮大。高标准基本农田建设任务完成。农民专业合作社和经济合作社数量不断增加。农村集体土地确权工作顺利推进。田心中药材种植基地、高田种植专业合作社断壮大。支持钜园农业、“田中心”现代农业集团等农业龙头企业发展。

【工业经济】 2017年，那务镇的化州市鹏程茧丝有限公司实现增资扩产，公司年产值6000多万元，创税收170多万元。化州市建沣混凝土有限公司发展迅猛。水明石场采用先进新技术实现日产量碎石2000多吨。化州市卡司顿纺织有限公司增资扩建，其劳保产品畅销国内外市场。化州市广源建材有限公司投资2000多万元，完成全程机械自动化生产。帝濠家私城成为镇内品种最多、质量最优的家具企业。

【第三产业】 2017年，那务镇建成淘宝镇村级服务站，全镇电子商务和快递业得到较快发展。房地产业、交通运输、饮食、娱乐、服务业迅速发展，商业批发零售业做大做强，圩镇摩托车、家电、建材和农副产品销售量增加，居民消费能力增强。

【绿化行动】 2017年，那务镇投入造林绿化资金200万元，建成乡村绿化美化示范村14个，完成森林碳汇造林236.67公顷，建成2133.33公顷生态林，森林公园2个，森林小区3个，用地面积34.67公顷，森林覆盖率47.55%，森林蓄积量61立方米/公顷，义务植树尽责99%，建成区绿化覆盖率38%，人均公共绿地面积2平方米，造林任务完成率100%，公益林资金发放率100%，林业产业总产值2.4亿元，公路绿化率98%。

【环境治理】 2017年，那务镇开展禽畜养殖污染专项整治行动，清理整顿宝树水库、陵江那务流域周边非法养殖场。完成中小河流整治11.2千米（其中，金菊村完成东江河、陵江河段整治2.6千米，高坡村完成东江河、陵江河段整治4.6千米，新屋村完成东江河河段整治2.2千米，那冰村完成陵江河段整治1.8千米）。完成清理村巷道乱堆放生产工具、建筑材料2360户；完成清理沟渠池塘溪河淤泥、漂浮物和障碍物831处；完成拆除危旧房、废弃猪牛栏及露天厕所茅房1064间；完成整治生活污水农户2005户；拆除养殖场106间、关闭养殖场376户。

【新农村建设】 2017年，那务镇的省定贫困村泉埇村、高坡村、新屋村和田心村完成整治规划编制工作，省定贫困村32条自然村全部完成“三清三拆三整治”为主要内容的村庄环境综合整治。成立镇城管执法队，圩镇街道实现常态化管理。城乡道路两侧及沿江两岸违法用地和违法建设行为得到遏制。全面推进村委会通自然村道路硬底化建设，完成乡村道路硬底化12.55千米，其中，田心村完成4.65千米、新屋村完成4.03千米，高坡村完成2千米，泉埇村完成1.87千米。新屋村被评为“茂名市文明村”。

【社会保障】 2017年，那务镇推进精准扶贫精准脱贫工作，贫困村集体经济实现大幅增收，贫困户生产生活水平不断提高，村容村貌明显改变。年内，完成农村低收入住房困难户改造212户。超额完成化州市下达的各项社会保障工作任务。做好拥军优属、残疾人救助、五保、低保、救灾等工作。创建推进教育现代化先进镇进程，那务中学高考上本科线、专科线以上人数稳居化州市同类普通中学第一位。加强文化市场管理，开展“扫黄打非”活动。镇综合文化服务中心建成达标。医疗卫生条件改善，医疗技术水平日益提高。群众性体育活动蓬勃开展，人民健康水平进一步提高。

【平安建设】 2017年，那务镇“一村（居）一律师”“一村一警”“一村一示范劝导站”工作推进。社会治安视频监控建设稳步实施。打击涉“碰瓷”违法犯罪行为，全年全镇排查出涉“碰瓷”违法犯罪前科人员29名，涉“碰瓷”重点嫌疑人51名，对排查出来的人员进行重点管控。全镇社会治安呈现良性化发展态势，人民安居乐业，社会和谐有序。

【党群建设】 2017年，那务镇开展“流动党校、驻镇夜学”、“两学一做”学习教育活动，多层次组织学习党章党规以及习近平总书记系列重要讲话精神，全镇党员干部政治思想明显提高。加强意识形态工作，正确引导舆论。加强干部队伍建设。抓好干部教育培训，定期组织全镇党员干部参与农村党员远程教育学习。严肃换届纪律，完成镇级换届，优化配强镇级领导班子。加强基层组织建设。全面推进驻点普遍直接联系群众工作，完成第二轮联系群众全覆盖，收集群众反映问题事项175项，办结174项，办结率99.4%。开展村党支部书记抓基层党建述职评议考核，每个党支部设立专门的党员活动室、配备党务工作者。完成高华等软弱涣散村支部的整顿转化，投入35万元建设高华村党组织活动场所。31个村（社区）建成公共服务中心。加强党风廉政建设。落实党委主体责任和纪委监督责任，开展农村基层干部违纪违法问题大排查。全年排查各类违纪违法线索33条，立案18件，初核了结案件15件。

2017年那务镇领导班子成员名录

党委书记：黄理文
党委副书记、镇长：李园春
人大主席：黄俊杰
党委副书记：彭锋华
　　　　　颜春勇（任至2月）
　　　　　胡泽荣（7月任职）
党委委员、纪委书记：陈宇丽
党委委员、常务副镇长：莫耀明
党委委员、武装部部长：叶　华
党委委员、那务派出所所长：庞世贞
党委委员、组织委员：苏　赞（任至8月）
副镇长：莫冠栋
　　　　郭　明
　　　　梁善坤

（苏福智）

平定镇

【概况】 平定镇在古代民间俗称“屋角头”，地势北高南低，背靠十万大山支脉，紧握两广之咽喉，乃历代兵家必争之地。历来人流、车流比较畅旺，边贸活动繁忙。地主官僚、州官百姓、黑白两道、商家巨贾都在平定设置驿站商铺，各方势力交织，相互制衡。尽管土匪山贼经常对两广过往客商强抢豪夺，但人员货物只要能进入“屋角头”就会平安无事，久而久之人们便称之为平定。平定镇位于广东省化州市北部，地处两广、三县（市）、八乡镇交汇点，是省中心镇，省经济综合改革试点镇、工业卫星镇、卫生先进镇和茂名市“岭南杯”达标建制镇、乡镇企业“领雁镇”，是化州市的“北大门”和经济发展大镇，2012年评为广东省宜居示范城镇。平定镇东邻那务镇、播扬镇，南临合江镇，西靠广西陆川县清湖镇、古城镇、北流市石窝镇和廉江市石角镇，北连文楼镇、广西北流县华东镇。交通条件优越，省道285线穿镇而过，多条县道纵横交错。2017年下辖24个村委会、1个居委会，总面积216.8平方千米，总人口12.8万人，其中圩镇面积5.8平方千米、圩镇常住人口4.5万人。属化北丘陵地区，境内以山坑田为主，土壤肥沃，矿产资源、竹木资源、农业资源丰富，有耕地面积4044.19公顷，其中水田3556.12公顷，旱地488.07公顷。已探明的矿产有钛、花岗岩、叶腊石、锆英石、硅、白石、高岭土等，镇内钛矿探明储量和化橘红干果产量分别居全省第一位，是“钛矿之乡”“橘红之乡”。旅游资源丰富，有位于天堂嶂自然保护区的七烈岩，百年保护老树——平山古榕，位于平定镇和文楼镇交界处海拔500多米的山心岭自然风景区，15千米的大岭化橘红长廊。化州市于2017年3月19日在平定镇积田大岭村举办全市大型化橘红赏花活动，当天参加赏花活动超过1.5万人。2017年大岭橘红基地年接待游客7万人次。

【经济发展健康平稳】 2017年，平定镇完成工农业总产值23亿元，完成国税210.2万元，完成地税1515.6万元，非税收入505.1万元。全镇一般公共预算总收入3845.12万元。城乡居民人均可支配收入7010元。全年用电量突破5500万千瓦时，增长11%。

【重大项目进展顺利】 至2017年，投资2500万元的平定镇岭下新农村项目在建设中，投资4000多万的污水处理厂基本完成，投资1.8亿元的卫生院升级改造工程第一期的五层医技大楼竣工。原茧站办公楼征拆工作完成，第二期工程在办理规划报建。村级卫生站规范化建设工作在进行中。通过购买服务方式，投入100多万元引入茂名市王氏环保科技有限公司，彻底治理圩镇环境脏乱差。筹措资金20万元，搭建400多平方米应急避险板房。自筹资金150万元，以奖代补给予每条村3000元经费，推进社会主义新农村建设，完成省定贫困村翰堂、那宾的“三清三拆三整治”和村庄规划修编工作。自筹资金近50万元，接通新旧水厂供水管网，初步解决困扰平定圩镇5万多居民长达10多年的用水难问题。

【基础设施日臻完善】 2017年，平定镇按照市制定的目标要求，累计投入1500多万元，加大镇、村基础设施建设力度，投产污水处理厂，完成那宾危桥改建，完成村道硬底化10千米。教育创强工作通过验收，全镇中小学校面貌焕然一新。

【“三农”工作全面加强】 2017年，平定镇366.67公顷高标准农田年度建设任务全部完成。开展农村脱贫攻坚工作，全年完成改造困难家庭泥砖房480户。发展化橘红、南药沉香、蚕桑以及生猪、罗非鱼等高效农业，提高农业整体效益，多渠道增加农民收入，全年新增化橘红面积200公顷，沉香266.67公顷，水产养殖26.67公顷。实施新一轮绿化茂名大行动，全年新增绿化造林面积253.33公顷。

【社会大局基本稳定】 2017年，平定镇开展创建“平安平定”活动，构建和谐稳定的社会环境。开展化解积案百日大行动，成功化解115宗，一批跨越时间长、解决难度大的历史积案得到处理。“红袖章”工程有声有色，组建25个“红袖章”志愿者服务队，成员300多人，服务队定期或不定期在村里开展巡逻，震慑违法犯罪行为的发生。扫黑除恶成效明显。开展“飓风2017”专项行动，坚持“主动进攻、打早打小、露头就打、除恶务尽”的方针，开展社区禁毒和社区戒毒康复工作。社区戒毒康复报到率每月巩固在75%以上。

【民生事业成效显著】 2017年，平定镇企业职工养老保险、城乡居民养老保险分别完成5000人和42000人，全镇60岁以上老人基本享受最低养老保障待遇，城乡居民医疗保险覆盖率继续稳定在99%以上，基本缓解老有所养、病有所医问题。对全镇低保户、五保户，实行阳光评定、公开透明、动态管理，基本实现全镇低收入困难家庭应保尽保。全镇完成新兵征集27人，超额完成兵员征集任务。人口与计生考核达标，殡葬改革顺利开展，进一步加强消防及安全生产，开展“扫黑除恶”专项行动，保持打击违法犯罪的高压态势，社会治安稳定。快速成功处置山口坡土地纠纷群体性事件，政府应急水平和处置能力提高。统战、工青妇等工作效果明显。扎实推进城乡清洁工程，镇村环境卫生持续改善。广场舞等群众性健身运动蓬勃发展，举办第六届“贺岁杯”男子篮球赛。2017年镇内中学高考考上本科4人、大专152人，中考上化一中71人。

【作风建设呈现新面貌】 2017年，平定镇开展十九大精神、习近平总书记讲话精神学习活动，持续整治干部“走读”问题，进一步完善长效机制，营造守纪律、讲规矩的政治氛围。严格执行中央八项规定和省委、市委有关规定，树好政府自身形象。加快政府职能转变，实施领导干部驻点普遍直接联系群众制度，接地气、听民声、解民困，干群关系更加融洽，执政基石进一步巩固。

2017年平定镇领导班子成员名录

镇委书记：黄　强
镇委副书记、镇长：邓砺锋（任至12月）
人大主席：林伟权
镇委副书记：陈　通
　　　　　　凌彬钢
党委委员：周春超
　　　　　罗碧海
　　　　　李莹洁
　　　　　朱瑞凯
党委委员、武装部长：王勇汉
党委委员、纪委书记：陈敏艺
党委委员、派出所所长：梁定悫
人大副主席：赵　伟
副镇长：周春超
　　　　黄广勇
　　　　李　湛
　　　　蔡成飞

（黎　钦）

文楼镇

【概况】　文楼镇位于化州市西北部，东邻播扬镇，南连平定镇，西接广西陆川县，北靠广西北流市，粤桂两省三市交汇处，县道660线、620线是以文楼圩为中心呈Y字形出省。镇政府驻地文楼圩，以圩名镇。2017年总面积159.8平方公里，耕地面积1707公顷、林地面积1.24万公顷，林木种植面积10666.67公顷。辖1个居委会和16个村委会，总人口81866人。

【工业经济发展势头良好】　文楼镇拥有优质白石、金、钾长石、石英、云母、滑石、六柱石、叶腊石、瓷土等多种矿产资源。2017年有开采白石石场1个，白石加工企业20多家，白石加工生产线28条。镇内有林木加工企业10多家。

【农业产业化水平提高】　2017年，文楼镇在稳定水稻种植面积的同时，种植淮山、香蕉等经济农作物200多公顷，丰产林、淮山、橘红、荔枝、龙眼、藿香、淡水鱼等特色农业初具规模。

【林业稳步发展】　文楼镇林木资源丰富，2017年森林面积覆盖率91.6%，木材储量50万立方米，速生丰产林种植面积5000公顷，是茂名市的林业重镇。

【基础设施完善】　2017年，文楼镇交通设施实现跨越式发展。村通水泥路率和农电、广播电视、电讯通组率均达到100%，高标准农田建设1366.67公顷。城镇化建设加强，自来水入户率65%，群众的安全饮水率100%。建有镇生活垃圾转运站以及实现全镇自然村的垃圾收集点全覆盖，新风雅苑等商住小区初具雏形。镇内批发零售、饮食、通信等服务行业发展壮大。

【民生事业变实】　2017年，文楼镇坚持保障和改善民生为第一目标，社会事业协调发展，民生福祉改善。城乡养老、医疗保险应保尽保。安全生产形势总体平稳，大综治大调解格局下的社会治安大局稳定，应急管理机制完善。卫生和计划生育工作扎实有效。精准扶贫工作推进并取得新成效。工会、青年、妇女、统计、教育等各项工作均取得新进展、新成效。

2017年文楼镇领导班子成员名单

党委书记：李伟华
党委副书记、镇长：张贤彪
人大主席：林　刚
党委副书记：徐　文
　　　　　　李亚杰
党委委员：何良富
　　　　　尤海明
　　　　　陈亮明
党委委员、纪委书记：苏晓亮（任至12月）
党委委员、常务副镇长：黎运飞
副镇长：吴忠颖
　　　　谢茂光
　　　　董海文
纪委副书记：谢金辉
　　　　　　孔瑜俊

（唐诗媛）

播扬镇

【概况】　播扬镇位于化州市北部，属革命老区镇，是两广三市交汇处，东与宝圩镇相接，南与那务镇接壤，西与平定镇相连，北与广西清湾镇、六靖镇毗邻。2017年，全镇总面积125.85平方千米，农业耕地面积1600公顷，山地面积6126.7公顷。有化州第一、第二高峰铁屎嶂（海拔579.8米）、斑瓜嶂（海拔577.5米）和县级自然生态保护区——扶荫地。省道284线，县道652、644线公路贯穿全境。下辖14个村委会和1个居委会，共233条自然村，2017年总人口63468人。镇政府设在化州市播扬镇幸福路99号，办公场地1600平方米，下设党政办、计生办、综治办、规建办、经济发展办、农业办、社会事务办7大办公室。2017年有在岗在编公务员32人（包含财政所），财政全额拨款在岗在编事业单位工作人员12人，筹在岗在编事业单位工作人员7人，临聘人员18人。

【经济工作】　2017年，播扬镇财政总收入1026.4万元。其中，国税收入20.2万元，地税收入73.6万元，非税收入308.82万元，上级补助收入及市财政局代垫支共623.78万元。财政总支出1026.4万元，完成年度预算的100%。其中，一般公共服务型支出408.87万元，社会保障和就业支出248.85万元，医疗卫生与计划生育支出308.82万元，城乡社区事务支出、农林水事务支出59.86万元。良山茅坡坪重点项目建设进展顺利，土地置换获得批复，完成迁坟，进入清表动工阶段。引进夏威夷果种植项目，广东裕景坚果开发有限公司在播扬工商所注册成立。

【基础设施建设】　2017年，播扬镇完成院田村至上官仓村“连心路”建设。完成环茅田水库水泥路硬底化建设3千米。投资70多万元的红山“连心桥”和投资60多万元的文龙水口桥建成通行。总投资22.5万元的花心、红山村路灯项目第一期工程完成并投入使用。完成花心、江佩村党员活动中心项目建设。完成村村通自来水142条。

【精准扶贫】　2017年，播扬镇申报分散和集中帮扶项目155个，共脱贫77户251人，拨付资金合计523.38万元，完成139户贫困户危房改造。其中花心村以“党支部+合作社+农户”的模式投资40多万元建设桑果农业生态种养基地。

【科教文卫事业】　2017年，播扬镇各中小学校均完成义务教育薄弱学校的改造项目，通过教育创强复评工作。良山小学、播扬小学的新建教学楼项目主体封顶，投资18万元美化绿化红山小学校园。完成江佩垌心坡村文化广场建设。完成杉山、花心、红山、大贵、平太等5个村的公建卫生站建设，文水村公建卫生站项目主体完成。

【社会综合治理】　2017年，播扬镇成功调处各类纠纷228宗，调处成功率95%。开展“红袖章”平安志愿者活动，加强志愿者日常巡逻，有效震慑各类违法犯罪活动。完善应急值守机制，落实24小时三防值班制度，确保信息畅通。加强安全生产工作，开展各类安全生产专项检查整治，2017年出动人员408人次，发出各类整改通知书18份，全镇无发生重特大安全生产事故。

2017年播扬镇领导班子成员名录

党委书记：彭建春（任至12月）
党委副书记、镇长：王宝丹
人大主席：何仁静
党委副书记：吴俊杰
　　　　　　李振美
党委委员、纪委书记：庞金盛
党委委员、副镇长：王　春
党委委员、武装部长：陈　光
党委委员、播扬派出所所长：张程亨
党委委员、组织委员：陈景纯
副镇长：赖　斌
　　　　林彩平
　　　　陈　宝

（林　聪）

宝圩镇

【概况】　宝圩镇位于化州市北部，属革命老区，地处两广（广东、广西）三市（广东化州市、高州市，广西北流市）六镇（化州市宝圩镇、播扬镇、那务镇，高州市石板镇、荷花镇，北流市清湾镇）交汇点，是交通枢纽镇。全镇总面积52.8平方千米，农业耕地面积1147公顷，园地面积1121公顷，林地面积2019公顷。辖10个行政村和1个社区，总人口3.1万人。

【社会经济】 2017年，宝圩镇实现生产总值72838万元，同比增长9%，经济社会发展考核排名全市第8位。完成固定资产投资86290万元，完成规上工业增加值31400万元。全镇财政税收收入532.09万元，其中，国税收入42.4万元，地税收入304.6万元，非税收入185.29万元。

【工业发展】 2017年，宝圩镇新增规上企业2家。总投资2810万元的化州市盛丰石粉有限公司于6月开工试产。引进投资1850多万元的宝圩新大地矿业有限公司，从事陶瓷矿开采、生产和销售。该公司厂房基本完成，生产所需的机械设备就位。

【基础设施】 2017年，省道283线联络线宝圩段改建工程于7月动工建设，征地拆迁工作取得重大进展。投资329万元立项建设的茂坡塘边陵江大桥于6月动工建设，建成后桥梁全程120米，桥面宽8米。2017年，该镇通过招商引资的方式动工重建大牛陂水利灌溉发电闸坝，建成后闸坝集排洪、灌溉发电、交通等多功能于一身，坝面修建一条3.2米宽的便道砼桥。

【精准扶贫】 2017年，宝圩镇超额完成脱贫任务，脱贫人数388人。落实“三保障”扶贫政策，落实贫困户学生九年义务教育、高中教育、全日制专科教育阶段的补助政策。全镇贫困户学生的教育补贴已到位，贫困户子女九年义务教育阶段入学率94%以上。落实医疗保险政策，全镇844名贫困户均参加城乡居民基本医疗保险，建档立卡贫困户人口全部参加城乡居民基本医疗保险。落实危房改造政策，保障贫困户住房安全，2017年完成92户危房改造任务。该镇推进产业帮扶项目。全镇扶贫资金使用率65.42%。茂坡村分期投入477.2万元进行综合种养殖基地项目建设，建好猪栏及60亩鱼塘。龙埚村投入100多万建设桑、果、鸡种养观光基地，种植桑果5.33公顷，建好400平方米的鸡舍。投入30万元种植4.67公顷抗菌品种香蕉。陈垌村投入22万元建设油菜花、百香果种植基地，种有2公顷油菜花、3.87公顷百香果。其他村委大多申报光伏发电项目，大塘村、陈垌村、秧地坡村、宝圩村并入电网。

【新农村建设】 宝圩镇全面推开新农村建设。占地3万平方米的巷口榕泉度假村开业。巷口村入围茂名市美丽旅游乡村候选村，被评为“广东省文明村”。全镇11个村（居）委会发挥村“两委”干部、村长及党员的带头模范作用，借助村民理事会、外出乡贤及其他社会力量开展“三清三拆”工作。茂坡自然村发动村民及乡贤老板募捐50多万元，党员干部带头自拆家中残旧危房，一些村民无偿捐献自家土地用来建设村中基础设施。

【圩镇建设】 2017年，宝圩镇把加快新自来水厂选址和立项建设作为年内政府工作大事。投资600万元建设占地面积3000平方米的宝圩新自来水厂，已动工建设。2017年，该镇巷口村、调马村率先完成村级卫生站公建规范化建设。

【村级换届】 宝圩镇11个村（居）委会选举产生村“两委”成员，“一肩挑”率90.91%，“交叉任职”率96.97%。换届选举期间，无发生因选举引发的上访事件，群众投诉为零。

【社会治理】 2017年，宝圩镇推进“一村（居）一律师”、“一村一民警”及“一村一示范劝导站”工作。加强落实集中排查调处、领导包案和领导接访等制度，解决信访突出问题，全年化解矛盾纠纷122宗；加强社会治安综合治理，推进视频监控体系建设，做到主要道路交叉路口、镇村桥梁等治安关键节点实现视频监控全覆盖。调马、巷口、宝圩、居委等6个村（居）委安装好视频监控系统。加大“中心+网格+信息化”建设力度，完善“地网”体系建设，全镇落实网格管理员36名。推进社会治安群防群治“红袖章”工程，成立“红袖章”平安志愿者队伍，队伍人数150多人，协助派出所侦破多起跨境盗窃案件。

2017年宝圩镇领导班子成员名录

党委书记：梁　灏
党委副书记、镇长：赖裕麟
人大主席：陈文杰
党委副书记：陈亚波（任至12月）
　　　　　　陈　政（任至10月）
党委委员、纪委书记：黄彪汉
党委委员、常务副镇长：周国强
党委委员、宝圩派出所所长：吴敬贤
党委委员、武装部部长：袁高明
党委委员、组织委员：龙燕梅
副镇长：钟红波
　　　　凌小清
　　　　黄伟安

（黎秋洁）

文献专载与规范性文件目录

政府工作报告

——2017年3月17日在化州市第十五届人民代表大会第二次会议上

化州市市长　谭剑锋

各位代表：

我代表市人民政府向大会做工作报告，请予审议，并请政协各位委员和其他列席人员提出意见。

2016年工作回顾

2016年，在上级党委、政府和市委的正确领导下，在市人大及其常委会和市政协的监督支持下，市政府团结依靠全市人民，统筹推进“五位一体”总体布局，践行“五大发展理念”，认真落实省振兴粤东西北决策部署，紧紧围绕“粤西县域经济综合发展先行市、特色产业经济强市、茂湛都市圈重要节点城市”的发展定位，以“三大抓手”为主攻方向，坚持定力，主动作为，实现了“十三五”规划的良好开局。

——国民经济在深度调整中发展，综合实力稳健提升

经济发展稳中向好。全市实现生产总值436.51亿元，同比（下同）增长6.9%。规上工业总产值227.62亿元，增长10.2%。完成固定资产投资154.33亿元。社会消费品零售总额188.5亿元，增长10.7%。一般公共预算收入11.28亿元，增长2.7%。通过PPP模式融资4.06亿元。外贸出口总额约15亿元，增长19.9%，创历史新高。

产业转型梯度提升。拥有规上工业企业197家，新增6家。拥有省级农业龙头企业6家，茂名市级8家；国家级农民专业合作示范社3家，省级10家。拥有广东省名牌产品18个，广东省著名商标13个，著名商标数居茂名各区（市）第一。在全省率先成功申报化州市农业综合开发优势特色产业园。化橘红以总权重票数第一名的成绩入选广东岭南中药材第一批立法保护品种。旅游总收入5.6亿元，增长20%。2016化州化橘红文化节暨全域旅游峰会成功举办。国内首个国家热带农业主题公园开园。农村淘宝服务站数量排名全省第2，全年交易总额排名全省第3。

发展后劲持续增强。全年招商引进项目66个，竣工项目20个，投资总额7.18亿元；在建项目24个，投资总额6.12亿元。列入省、茂名市重点建设项目16项，完成投资12.11亿元。

——发展环境在持续攻坚中改善，“三大抓手”实现突破

“一园五区”已具雏形。化州产业转移工业园完成固定资产投资11.73亿元，规上工业增加值22.17亿元，增长5.7%。杨梅、河西产业集聚区纳入省产业转移工业园管理。文楼碳酸钙产业园编制完成发展规划，化橘红产业园编制完成控制性详细规划，粤西空港物流园列入省重点建设前期预备项目。园区用地问题在土地利用总体规划中期调整中初步解决。

交通建设全面提速。2016年，我市交通基础设施建设项目共36个，完成投资18.3亿元，是投资最大、项目最多、发展最快的一年。机场大道施工便道全线贯通并铺设水泥路面4.5公里。玉茂一级公路首期工程进入招投标阶段。汕湛高速化州段完成路基桥涵工程量的97%，通过验收的路基工程30公里。开通了化州市区至茂名市区公交专线。新增乡村公路100公里。

城区环境持续改善。建成新华北路，改造完成明月路、解放路。东堤南路完成50%工程量。橘州新

城用地的系列历史遗留问题有效化解，建设进程明显加快。在茂名地区率先实现城区户外广告规范管理及有偿使用。“六乱”整治实现破局。城乡环卫市场化运作、城市停车智能管理系统、市区公共自行车系统等项目进入招投标阶段。城市地下管网普查深入开展。违法用地和违法建筑得到有效遏制。

——创新驱动在百舸争流中争先，原生动力大为增强

科技创新成效显著。2016年一般公共预算科学技术支出459万元，增长128.4%。现有高新技术企业2家，新增高新技术培育入库企业5家，新增申报高新技术认定企业9家，拟认定高新技术企业8家。新海、雨嘉两家企业的水产深加工工程技术研究中心被认定为省级工程技术研究中心。申请专利513件，增长22.4%；其中发明专利165件，增长79.3%。工业技改完成投资额、完成技改的规上企业数量均超额完成全年目标任务。

行政服务不断优化。全市367个村级公共服务中心全部建成。完成农村集体“三资”管理服务平台建设。组建了市公共资源交易中心。积极推进注册资本实缴变认缴登记制、放宽注册资本最低限制、“先照后证”、“五证合一”等商事制度改革，新增市场主体5753户，增长76.4%。

结构改革首战告捷。制定我市供给侧结构性改革总体方案及“三去一降一补”行动计划。完成省下达的淘汰落后产能任务。净化解商品住房面积42.19万平方米，超额完成去库存年度任务。全市地方法人银行机构杠杆率4.2%，维持合理水平。为企业减负2.8亿元。补短板重大基础设施工程建设完成投资23.25亿元。启动AA经营性融资平台组建工作。

外事活动取得突破。与意大利其乐多市签订了加强交流与合作备忘录，并达成了缔结友好城市意愿，外事工作走在茂名各区（市）前列。

——绿色理念在加快发展中深化，环保工作大步迈进

绿化行动深入开展。全年造林2.46万亩。完成18公里生态景观林带改造提升任务，森林碳汇造林450亩。六王山森林公园初具规模。划定了今后5年林业生态红线保护区域。

环境整治全面加强。积极配合做好中央第四环保督察组驻粤期间的督察工作，以雷霆万钧之势全部办结上级交办案件22件。实现小东江化州流域县、镇级河道水环境综合整治“河长制”全覆盖。深入整治小东江流域禽畜禁养区养殖场。完成燃煤小锅炉、“黄标车”淘汰任务。清理整顿环境违法违规建设项目。

环保设施建设稳步推进。全市23个镇级生活垃圾转运（压缩）站全部投入使用。绿能环保发电项目完成招投标。平定、合江和同庆镇（茂名监狱）水质净化厂动工建设。小东江沿岸各镇（区、街道）水质净化厂确定选址。

——社会民生在共享旋律中布局，各项事业齐头并进

教文卫事业硕果累累。高考上重点线人数排名茂名各区（市）第二。全面实行初中均衡招生。顺利通过创建全国义务教育发展基本均衡市评估认定。陈金章文化艺术馆完成立面设计招标。镇级综合文化服务中心全部建成达标。市人民医院、中医院实行药品零差价，市人民医院升格为三级综合医院，市中医院新业务大楼完成主体工程，乡镇卫生院标准化建设有序推进。以茂名地区最好成绩通过省消除疟疾工作验收。合江等8间卫生院入选全国群众满意的乡镇卫生院。计划生育宣教工作获省卫计委项目创新奖，分级诊疗工作经验被省卫计委推广。

社会保障日趋完善。社会保障和就业支出11.45亿元，增长16.9%。城镇新增就业超1万人。全年发放创业贷款2565.3万元。全面完成城镇职工养老保险、城乡居民养老保险、城乡居民医疗保险等工作任务。按上级标准落实村级办公经费及村干部补贴。城乡低保、农村五保救助实现应保尽保，救助标准进一步提高。

民生工程扎实推进。拉长“非遗”产业链模式荣获2016年全国民生示范工程奖。城区自来水厂扩容及管网扩改工程完成三通一平工作。城区引水保安工程稳步推进。建成民办社会养老机构3所，村、镇级公益性生态墓园46座。文楼和杨梅输变电工程投入运行。村村通自来水工程和镇级水厂管网工程动工建设。超额完成保障性住房建设年度任务。完成农村危房改造3516户。投入帮扶资金2.8亿元，实现11159人脱贫，超额完成年度脱贫任务。

社会治理纵深推进。获得“无传销县级市”称号。“一村（居）一律师”、“一村一警”、“一村一示范劝导站”工作扎实推进。社会治安视频监

控建设（二期）稳步实施。创建“平安校园”及“安全文明校园”工作顺利通过考核。

此外，安全生产、食品药品安全、殡改、民族宗教、残疾人、妇女儿童、国防、双拥、档案、统计、市志、三防、气象、应急、人防、打私等工作均取得新成绩。

我市高度重视法治政府建设，主动适应引领新常态。扎实开展“两学一做”学习教育，专题学习十八届六中全会精神，深入学习《关于新形势下党内政治生活的若干准则》《中国共产党党内监督条例》。加强市政府党组建设，完善党组运行各项制度，严格履行党风廉政建设主体责任。驰而不息落实中央八项规定，坚决纠正“四风”。健全行政机关负责人依法出庭应诉制度。深化政务信息公开。自觉接受人大政协监督，全年办理建议提案148件，办结多年未结的《建设化州市新图书馆议案》。编制并公布权责清单、行政许可和公共服务事项目录。事业编制总量较2012年减少455名。完成市直机关和镇级公务用车改革。不断强化督查问责及监察、审计监督作用，进一步加强干部队伍管理。

各位代表！过去一年，面对种种困难与挑战，我市经济社会发展取得的成绩来之不易。这是上级党委、政府和市委正确领导的结果，是全市人民团结拼搏、共同奋斗的结果。在此，我代表市政府向所有关心、支持和参与化州建设发展的同志们、朋友们，表示衷心的感谢并致以崇高的敬意！

同时，我们也清楚地看到，我市经济社会发展仍存在不少短板：一是发展的基础和条件依然薄弱，主导产业不够突出，产业集聚发展程度偏低；二是实体经济特而不强，转型升级压力较大，抗风险能力不强；三是资源开发利用程度低，资源优势未能充分转化为经济效益；四是财政困难的局面还未得到根本性的改变，收支矛盾依然突出；五是部门服务意识不强、工作作风不实、担当精神不够，反腐倡廉仍任重道远。对这些问题，我们将高度重视并采取有效措施认真解决。

2017年工作安排

2017年是新一届政府开局之年，也是夯实率先全面建成小康社会基础的关键一年，党的十九大、省十二次党代会即将召开，做好今年政府工作意义重大。在历届党委、政府的奋斗下，我市当前已进入大发展、大有可为的重要战略机遇期，我们新一届政府要以崭新的精神面貌，齐心协力，撸起袖子加油干，突破发展瓶颈，以实实在在的成绩接受组织和人民的检阅。

今年政府工作总体要求是：全面贯彻党的十八大和十八届三中、四中、五中、六中全会和中央经济工作会议精神，深入贯彻习近平总书记系列重要讲话精神，牢固树立“五大发展理念”，坚持“稳中求进”工作总基调，聚焦“三大抓手”和“三个做大”，为实现化州振兴发展和全面建成小康社会奠定更加坚实的基础。

今年经济社会发展主要预期目标是：生产总值增长9%，固定资产投资增长20%，一般公共预算收入增长10%。

为实现预期目标，我们着力做好以下工作：

一、壮大主导产业，增强综合实力

夯实发展基础，大力发展实体经济，打造经济特色，形成新的产业增长点，积极创建质量强市。

培育壮大七大工业主导产业。实施《培育壮大工业主导产业五年行动计划》，重点发展农副产品、金属制品、矿产资源、食品、木材加工和生物制药、油脂化工等产业。加大对主导产业项目建设、投融资服务、用地用林、品牌奖励等支持力度。积极实施“二三四”计划，即大力擦亮“中国化橘红之乡”、“中国拖罗饼之乡”两块招牌；致力打造“化橘红”、“文楼白石”、“罗非鱼”三个品牌；积极建设化橘红检验检测中心、中药工程技术研究中心、水产工程技术研究中心、碳酸钙深加工研发中心等四个省级以上科研中心。全力提升地方特色产品的科技含量和竞争力。

抓好“一园五区”提质增效。进一步理顺并创新园区管理体制，组建产业园区信息服务中心，提升园区用地、融资和经营水平。充分把握我市“一园五区”纳入省级政策“笼子”的机遇，举全市之力，把“一园五区”打造成为带动全市发展的产业高地和产业聚集发展的核心区。完成杨梅产业集聚区控制性详细规划修编及一、二期基础设施建设和三期818亩用林用地申报等工作。动工建设杨梅、河西产业集聚区水质净化厂。完成碳酸钙产业园首期500亩和空港物流园首期约1000亩的用林用地申报工作。启动化橘红产业园一期建设。加快建设中垌海螺水泥片区。

强力推进重点项目建设。2017年，我市化橘红产业园等5大项共11个子项目列入省重点建设项目，粤西空港经济区等4大项共5个子项目列入省重点建设前期预备项目，列入茂名市重点建设项目15个，进入省重点项目库项目数量之多、质量之高前所未有。对列入重点计划的项目，一律纳入绿色通道管理，减少项目建设“中梗阻”，强力推进。

大力发展现代服务业。编制完成我市电子商务发展规划，积极支持电商经营主体和电商产业园（物流园）发展，建成我市电商公共服务共享平台，积极创建农村电子商务示范市。在建设完善村级农村淘宝服务站的基础上，引入社保、银行、保险、民政等业务，实现电子商务发展效益最大化。支持农信社向农村商业银行转制改革。创新政银企合作模式，引导金融机构创新产品和服务。积极实施《广东省岭南中药材保护条例》，制定“化橘红”、“化州橘红”地理标志证明商标和化橘红地理标志产品保护管理办法，狠抓化橘红市场的打假和整治，提升化橘红产业质量。

全力打造特色旅游品牌。完善旅游发展规划。精心办好2017化州化橘红文化节。打造冼太文化、孔文化、化橘红文化旅游品牌。搭建“互联网+旅游”模式，加强与旅游服务电商平台合作。支持广垦（茂名）国家热带农业公园创建国家4A级旅游景区，加大对中火嶂、尖岗岭、扶荫地、六王山、飞鹅岭等景区景点的建设力度，加快培育休闲度假、乡村旅游、健康养老等旅游消费新业态，全力打造在粤西乃至全省具有一定影响力的全域旅游目的地。

二、舒活交通脉络，改善发展环境

落实《化州市公路网规划（2015——2030年）》，打通交通大小脉络，构建湛茂阳、北部湾城市群重要交通节点。

畅通交通“大动脉”。确保汕湛高速化州段今年建成通车。推进河茂铁路电气化改造。配合开展沈海高速茂湛段“四改八”工程。

疏通交通“毛细管”。积极实施“一纵三改四大出口”工程。“一纵”即加快玉茂一级公路和省道S284线合江至宝圩段公路扩改；“三改”即抓好国道G207线绕城段北移、新国道G325线绕城段南移项目的前期论证，推进地养危桥改造；“四大出口”即建设机场大道，改建城区至汕湛高速丽岗出口道路，扩改省道S284线城区至官桥段及国道G207线南盛至汕湛高速良光出口段。

三、坚持协调发展，统筹城乡建设

以创建省级文明城市为目标，以扩规模、提品位、优功能为方向，进一步加强城乡综合管理。

做大城市规模。按“中优、东调、北联、西扩、南进”的思路，重点向南靠西沿江发展，以新区扩容促旧城改造。加快橘州新城片区、迎宾大道片区改造步伐，全力推进城南片区改造，进一步完善城东片区功能。

提升城市品位。重点推进“一带一园二桥二馆八路”建设。“一带”即启动鉴、罗两江休闲产业带建设。“一园”即筹建市民体育公园。“二桥”即重建北岸大桥，扩建民主大桥。“二馆”即完成华伟图书馆装修，动工建设陈金章文化艺术馆。“八路”即建成东堤南路，建设城东公路、茂化快线人行景观通道，扩建广海路、迎宾大道，改造旧茂化路，黑底化北京路，改建县道X729线江岸至勒垌段。

优化城市功能。大力推进城市地下管线普查、地下管线管理信息系统建设和城区排水（雨水）系统改造。争取动工建设城区引水保安工程。加快推进城区水厂扩容及管网扩改。实施数字城管工程，推动智慧城市建设。加快推进城市停车智能管理系统建设，完成市区公共自行车系统一期建设。建设城市慢行系统，提升行车安全。进一步规范城区户外广告监管。加强城区“六乱”整治。推进流动摊档疏导点建设。制定城乡清洁工程工作问责机制，城乡环卫实行市场化运作。编制城区绿化规划，完善城区主干道照明系统，全面提升美化绿化净化亮化水平，建设干净整洁平安有序城市环境。

强化城乡管理。编制城乡全域规划。完善市总体规划，加快推进镇村规划编制，力争村庄规划覆盖率达60%。加快建设县域副中心。严厉打击超限超载违法运输和违法用地、违法建筑行为。强化镇级政府服务职能。用足用活镇村建设奖补政策，鼓励社会资本投资建设镇村公共服务设施。加快推进村村通自来水工程和农村电网升级改造。继续推进农村集体土地承包经营权确权登记工作。完善农村集体“三资”管理服务平台。加快推进省级新农村示范片建设，抓“三清”、拆“三旧”、促“三建”，全域推进村庄环境综合整治。打造特色小镇、名镇名村和幸福村居，建设美丽乡村。

四、坚持开放发展，加强交流合作

密切关注政策动向，依托特色资源和区位优势，坚持“引进来”、“走出去”两手抓，汇聚加快我市振兴发展的资源要素。

实现招商新突破。把握珠三角严控工业用地倒逼“腾笼换鸟”以及支持粤东西北加快发展的机遇，全力抓好与珠三角地区产业共建工作，瞄准珠三角大型骨干企业和特色优势产业的加工制造环节、转型升级项目，在珠三角产业转移时期务必有所作为，实现突破；结合我市资源优势和产业基础，制定招商引资优惠办法，打造政策洼地，着力引进大型企业的配套企业和加工贸易业，实现引企、引资、引技三结合。

打造发展新平台。紧紧把握粤西空港经济区、广东茂名粤桂经济合作区纳入省重点建设前期预备项目的机遇，充分利用我市毗邻湛江国际机场优势，高起点、高标准规划粤西空港经济区，拓展空港经济腹地；整合平定、文楼等镇位于两省三市节点、资源丰富等优势，加快打造集两广贸易、区域性加工制造、资源合作开发生产、农产品深加工、旅游等多功能于一体的粤桂经济合作平台。主动融入北部湾城市群发展规划，致力打造化州乃至茂名市落实“一带一路”发展战略的新平台。

营造外事新局面。争取与意大利其乐多市正式缔结友好城市，加强对接，力促意大利巧克力、火腿、果酱、红酒等合作项目落地，发挥效益。

五、坚持创新发展，深化供给侧改革

强化创新驱动，以深化供给侧结构性改革、落实“三去一降一补”任务为主线，推动经济发展提质量上水平。

深化重点领域改革。抓好综合执法、商事制度、电力、气象、供销、企事业单位、户籍、监察、审计、环保管理等体制改革。强化国有资产摸查与管理，盘活国有资产。深化协税护税管理，加强税费征管。进一步做好“营改增”工作。全面推进国地税共建服务大厅。推进财政信息公开尤其是不涉密的“三公”经费公开，逐步推进预算管理全过程公开。推进市场准入负面清单改革。严格落实减税降费政策，使企业轻装上阵。推行“双随机、一公开”，增强事中事后监管。加速推进“一门式网格化”全科政务服务创新体系建设，落实“并联审批”制度。完善市镇村三级公共服务平台。抓好“互联网+政务服务”改革，优化网上办事大厅系统平台，让数据多跑路、群众少跑腿。

深化投融资改革。在基础设施和公用事业领域加大政府和各金融机构及社会资本合作力度，组建完成AA经营性融资平台。引导环球水产等条件成熟企业上市。深入推进农村和中小微企业信用体系建设，支持中小微企业直接融资。试点开展农村普惠金融。大力发展众创、众包、众扶、众筹等创新模式，促进科技、产业、金融融合发展。

推动农业供给侧结构性改革。扶持发展农业龙头企业、农民专业合作社、家庭农场、专业大户等新型经营主体，构建高水平农业供给体系。大力提升种养规模化水平，加快化橘红、罗非鱼、蚕桑、油茶、沉香等特色农产品产业化进程。推进“互联网+现代农业”，增强农产品供给的灵活性，拓展我市特色农产品市场。

加快科技创新。争创国家知识产权示范城市。加强产学研用合作对接，推进我市企业与高校、科研院所合作。完善高端人才引进政策。加快培育发展高新技术企业。抓好中小微科技型企业“小升高”工作。以省降低技改财政专项资金扶持门槛为契机，引导鼓励我市80家企业实施新一轮技术改造，完成技改企业全覆盖任务。引导企业做好专利申请、转化、维权工作。

六、坚持绿色发展，强化环境保护

厚植“绿水青山就是金山银山”的理念，严格落实环境保护“党政同责”和“一岗双责”责任制，抓紧抓好生态环保工作。

扩大城乡绿化覆盖范围。开展新一轮绿化大行动，推进森林进城围城工程。完成3000亩碳汇造林任务。六王山、白梅森林公园争取升级为省级森林公园。加快推进乡村绿化美化工程。

铁腕开展环境综合整治。制定我市环境保护“十三五”规划。设立环保警察，严厉打击环境领域违法行为。科学划定畜禽养殖禁养区、限养区、适养区，高压整治禁养区养殖场。全力整治高污染企业、城市黑臭水体，清理城乡垃圾黑点。加强河道、采砂和水资源、水环境监管。全面推进鉴江、罗江和小东江（化州段）以及鹤地水库（化州区域）水环境综合整治，实施中小河流治理工程，全面推行“河长制”。加大“黄标车”限行执法力度，完成“黄标车”淘汰任务。严守耕地红线和林业生态红线。加快高标准基本农田建设和提升耕地质量。

强力推进环保设施建设。加强南斋坑垃圾填埋场管理，实现规范化运行。动工建设绿能环保发电项目。建成平定、合江和同庆镇（茂名监狱）水质净化厂。建成城区生活水质净化厂二期管网。推进全市镇村水质净化设施和病死畜禽无害化处理项目建设。

七、坚持共享发展，关注社会民生

落实好省“十件民生实事”，共享发展成果，增强市民的获得感。

抓好教文卫工作。大力发展教育事业，优化教师队伍结构和教育资源配置，扎实开展创建省级职教示范市工作，积极创建广东省推进教育现代化先进市。完善镇级文化站，建设村级文化室示范点。实施全民健身行动计划，进一步推动群众体育广泛开展。推动新青少年宫建设。扎实创建卫生强市。改进医保支付方式。全面开展分级诊疗工作。加快推进市人民医院创“三甲”和搬迁选址、市中医院整体搬迁工程。抓好公立医院升级建设和合江、平定中心卫生院升级改造，推进杨梅卫生院综合楼等中央预算内投资项目建设，加快乡镇卫生院标准化和村卫生站公建规范化建设。进一步提升计划生育服务管理水平。

筑牢社会保障底线。统筹落实社保扩面征缴工作。推进社保经办服务大厅标准化建设。抓好机关事业单位工作人员养老保险制度改革。创建和谐劳动关系示范点。建立孤儿、残疾人、低保、五保、灾民等社会救助标准与经济社会发展相适应的自然增长机制。推进市级公益性生态墓园建设。着力推进市化工总厂等“三家企业”棚户区改造。

扎实推进精准扶贫。按照“三年攻坚、两年巩固，到2020年如期完成脱贫攻坚任务”的目标要求，落实脱贫攻坚责任制，高标准严要求做好扶贫工作，加快推进农村危房改造、基本公共服务提升、产业扶贫等工作，改善农村生产生活条件。加强农村低保与扶贫开发制度有效衔接，将政府兜底保障与扶贫开发政策结合起来，做到应保尽保、应扶尽扶，确保完成1.3万人脱贫任务。

织密社会安全网。层层落实安全生产责任制，提高安全生产管理水平。落实打假工作责任制。深入推进“一村（居）一律师”、“一村一警”、“一村一示范劝导站”工作。全面推进社区戒毒中心和社区康复中心建设，设立禁毒教育基地。加快公安局业务技术用房建设。加强流动人口与出租屋的管理，全面推行居住证制度，逐步实现基本公共服务由户籍人口向居住人口全覆盖。完善依法化解社会矛盾的体制机制，保持政治社会大局和谐稳定。

此外，大力加强国防教育、食品药品安全、信访维稳、殡改、档案、地方志、老龄、残疾人、妇女儿童、民族宗教、打私、人防等工作。

作风建设永远在路上。必须坚持不懈抓好政府自身建设，充分发挥政府党组作用。一是加强法治建设。完善依法行政制度体系，推进行政决策科学化民主化法治化。健全行政执法体制机制。建立政府决策咨询顾问制度。二是提升行政效能。主动接受人大及其常委会监督，加强与政协联系，高质量办理人大代表建议和政协委员提案。加强省委第三巡视组反馈问题的整改。继续深化清理非行政许可审批事项，落实好权责清单。认真落实控编减编各项措施，确保完成2017年财政供养人员只减不增的目标。加大清退借调、临聘人员力度。优化市行政中心大楼办公用房配置。强化考勤制度。进一步深化政务公开，加强政府网站管理和信息公开，完善政府新闻发言人制度。落实好“两个尊重”和“三个区分”，完善容错纠错机制和考核激励机制，构建“亲”、“清”新型政商关系，进一步激发广大党员干部干事创业的热情。三是加强廉政建设。贯彻《中国共产党党组工作条例（试行）》，落实《关于新形势下党内政治生活的若干准则》《中国共产党党内监督条例》，筑牢拒腐防变思想防线和制度防线，增强“四个意识”特别是核心意识和看齐意识，做到思想上高度统一，政治上清醒坚定，行动上坚决有力，营造干净干事良好氛围。

各位代表！使命重在担当，实干铸就辉煌。站在新起点，迈上新征程，让我们更加紧密地团结在以习近平总书记为核心的党中央周围，在市委的正确领导下，接好上届政府的交接棒，以闻鸡起舞的意志、一往无前的气魄、枕戈待旦的干劲，奏响化州振兴发展新乐章，以优异成绩迎接党的十九大胜利召开！

附：

名词解释

1、“五位一体”总体布局：党的十八大报告指出，建设中国特色社会主义必须牢牢把握经济建设、政治建设、文化建设、社会建设、生态文明建设五位一体总布局。

2、“五大发展理念”：中国共产党第十八届中央委员会第五次全体会议提出，必须牢固树立并切实贯彻创新、协调、绿色、开放、共享的发展理念。

3、“三大抓手”：2013年7月，广东省进一步促进粤东西北地区振兴发展工作会议上提出交通基础设施建设、产业园区扩能增效、中心城区扩容提质“三大抓手”。

4、农村集体“三资”：指农村集体所有的资金、资产和资源。

5、“先照后证”：即从事后置许可经营项目的市场主体，先向工商部门申请办理营业执照，再到许可审批部门办理许可审批手续。这是工商登记制度改革的重要内容之一。

6、“五证合一”：指《国务院办公厅关于加快推进“五证合一、一照一码”登记制度改革的通知》（国办发〔2016〕53号）提出的在全面实施工商营业执照、组织机构代码证、税务登记证“三证合一”登记制度改革的基础上，再整合社会保险登记证和统计登记证，实现“五证合一、一照一码”。这是继续深化商事制度改革、优化营商环境、推动大众创业万众创新的重要举措。

7、“三去一降一补”：具体指去产能、去库存、去杠杆、降成本、补短板。

8、AA经营性融资平台：AA指融资的信用等级。经营性融资平台指地方政府通过财政拨款、法定出让或划拨土地、股权等资产设立，具有政府公益性项目投融资功能，拥有独立企业法人资格的国有经济实体。

9、“河长制”：根据中央办公厅、国务院办公厅《关于全面推行河长制的意见》，由党政主要负责人担任“河长”，负责辖区内河流的污染治理。

10、“三个做大”：即做大经济总量、做大主导产业、做大城市规模。

11、“三清”、“三旧”、“三建”：根据《关于认真核实2016年度农村人居环境综合整治进展情况汇总数据的通知》（粤委农工办发电〔2017〕3号），“三清”即清村巷道乱搭建、乱堆放、乱拉线，清房前屋后杂草杂物、卫生死角，清沟渠池塘小溪（河）淤泥、漂浮物和障碍物；“三旧”即拆旧危房、旧残垣断壁、旧废弃猪牛栏和露天厕所（茅房）；“三建”即建栅栏圈围、污水处理设施、垃圾卫生保洁机制。

12、“营改增”：即营业税改增值税，指以前缴纳营业税的应税项目改成缴纳增值税，增值税只对产品或者服务的增值部分纳税，减少了重复纳税的环节。

13、“双随机、一公开”：即在监管过程中随机抽取检查对象，随机选派执法检查人员，抽查情况及查处结果及时向社会公开。这是国务院办公厅于2015年8月发布的《国务院办公厅关于推广随机抽查规范事中事后监管的通知》中要求在全国全面推行的一种监管模式。

14、“一门式网格化”全科政务服务创新体系：即借助现代信息网络和大数据技术，整合全市行政资源，打破行政界限、政务樊篱和信息孤岛，跨越区域、层级、部门限制，破除政务服务碎片化、条块化、本位化，建立上下联动一体化的政务服务一体化运行机制。

15、“并联审批”制度：指行政许可依法由地方人民政府两个以上部门分别实施的，本级人民政府可以确定一个部门受理行政许可申请并转告有关部门分别提出意见后统一办理的制度。

16、“两个尊重”和“三个区分”：根据《关于印发〈广东省党的问责工作实施办法〉的通知》（粤发〔2016〕31号）第四章附则第二十三条，“两个尊重”是指尊重广东历史、尊重广东省情。“三个区分”是指把干部在推进改革中因缺乏经验、先行先试出现的失误与明知故犯违纪的行为区分开来；把上级尚无明确限制的探索性试验中的失误和错误，同上级明令禁止后我行我素的违纪违法行为区分开来；把为推动发展的无意过失，同为谋私利违纪违法行为区分开来。

17、“四个意识”：即2016年1月29日中共中央政治局会议首次公开提出的“增强政治意识、大局意识、核心意识、看齐意识”。

2017年化州市人民政府规范性文件目录

1. 化州市畜禽养殖区划定方案（化府〔2017〕42号）

2. 化州市国有土地使用权分割登记办法（化府办〔2017〕5号）

3. 化州市公共租赁住房管理实施细则（化府办〔2017〕180号）

4. 化州市非银行信用信息采集使用管理办法（化府办〔2017〕177号）

5. 化州市国有建设用地使用权“净地”出让制度（化府办〔2017〕32号）

6. 化州市畜禽养殖区划定的通告（化府通〔2017〕7号）

7. 化州市人民政府关于开展畜禽养殖污染综合整治的通告（化府通〔2017〕9号）

2017年中共化州市委、市委办公室规范性文件目录

1. 中共化州市委、化州市人民政府关于加快推进教育现代化的决定（化发〔2017〕1号）

2. 中共化州市委、化州市人民政府关于建设卫生强市的实施意见（化发〔2017〕2号）

3. 中共化州市委关于深入推进全面从严治党的实施意见（化发〔2017〕3号）

4. 中共化州市委关于印发《中国共产党化州市委员会工作规则》的通知（化发〔2017〕4号）

5. 中共化州市委、化州市人民政府转发《市委宣传部、市司法局关于在全市公民中开展法治宣传教育的第七个五年规划（2016—2020年）》的通知（化发〔2017〕5号）

6. 中共化州市委、化州市人民政府关于印发《化州市贯彻落实〈广东省法治政府建设实施纲要（2016—2020年）的实施方案〉》的通知（化发〔2017〕7号）

7. 中共化州市委关于印发《学习贯彻省第十二次党代会精神总体工作方案》的通知（化发〔2017〕9号）

8. 中共化州市委、化州市人民政府关于全面推进社会主义新农村建设的实施意见（化发〔2017〕11号）

9. 中共化州市委、化州市人民政府印发《关于深入推进城市执法体制改革改进城市管理工作的实施方案》的通知（化发〔2017〕12号）

10. 中共化州市委关于认真学习宣传贯彻《习近平谈治国理政》第二卷的通知（化发〔2017〕13号）

11. 中共化州市委、化州市人民政府关于印发《化州市加快县域副中心规划建设发展实施方案》的通知（化发〔2017〕14号）

12. 中共化州市委关于持续深入学习贯彻党的十九大精神推动习近平新时代中国特色社会主义思想在化州大地落地生根结出丰硕成果努力在粤东西北县域振兴发展中继续走在前列的决定（化发〔2017〕15号）

13. 中共化州市委、化州市人民政府关于深化供销合作社综合改革的实施意见（化发〔2017〕16号）

14. 中共化州市委、化州市人民政府关于印发《化州市国有林场改革实施方案》的通知（化发〔2017〕17号）

15. 中共化州市委办公室、化州市人民政府办公室关于做好2017年全市村（社区）“两委”换届选举工作的通知（化委办〔2017〕7号）

16. 中共化州市委办公室关于印发《化州市维护政治安全专项行动工作方案》的通知（化委办〔2017〕14号）

17. 中共化州市委办公室关于印发《化州市纪委派驻机构改革工作方案》的通知（化委办〔2017〕16号）

18. 中共化州市委办公室、化州市人民政府办公室关于印发《化州市落实中央第四环境保护督察组反馈意见整改工作方案》的通知（化委办〔2017〕21号）

19. 中共化州市委办公室关于印发《化州市全面深化改革2017年工作要点》的通知（化委办〔2017〕34号）

20. 中共化州市委办公室、化州市人民政府办公室关于印发《化州市实施河长制工作方案》的通知（化委办〔2017〕39号）

21. 中共化州市委办公室关于印发《化州市2017年全面依法治市工作要点》的通知（化委办〔2017〕41号）

22. 中共化州市委办公室、化州市人民政府办公室关于印发《化州市招商引资百日行动实施方案》的通知（化委办〔2017〕44号）

23. 中共化州市委办公室、化州市人民政府办公室关于印发《省定贫困村开展“三清”“三拆”“三整治”百日大行动实施方案》的通知（化委办〔2017〕48号）

24. 中共化州市委办公室关于印发《学习宣传贯彻党的十九大精神总体工作方案》的通知（化委办〔2017〕55号）

25. 中共化州市委办公室、化州市人民政府办公室关于印发《化州市迎接茂名建市60周年民生专项行动计划》的通知（化委办〔2017〕61号）

26. 中共化州市委办公室、化州市人民政府办公室关于印发《化州市关于迎接茂名市建市60周年交通行动计划》的通知（化委办〔2017〕65号）

27. 中共化州市委办公室关于印发《学习宣传贯彻习近平总书记重要批示精神总体工作方案》的通知（化办发〔2017〕1号）

28. 中共化州市委办公室印发《关于2017年推进“两学一做”学习教育常态化制度化的实施方案》的通知（化办发〔2017〕2号）

29. 中共化州市委办公室关于印发《关于严格执行重大问题请示报告制度的意见》的通知（化办发〔2017〕3号）

30. 中共化州市委办公室印发《关于贯彻〈法治广东建设第二个五年规划（2016-2020年）〉的实施意见》的通知（化办发〔2017〕4号）

31. 中共化州市委办公室、化州市人民政府办公室印发《关于化州市省定贫困村创建社会主义新农村示范村的总体方案》的通知（化办发〔2017〕6号）

社会经济统计资料

社会经济统计资料

化州市2017年经济运行情况
（快报）

2017年经济运行总体平稳，GDP、工业、消费、公共财政预算收入、公共财政预算支出、固定资产投平稳增长，工业用电量增长下降。

1. 全市实现地区生产总值（GDP）487.47亿元，增长8.1%，其中,第一产业增加值98.59亿元,增长5.3%；第二产业增加156.4亿元,增长10.8%；第三产业增加值232.49亿元,增长7.5%。三次产业占比为20.1：32.1：47.7。

2. 全市规上工业总产值296.6亿元，增加值102.2亿元，增长13.2%。

3. 全市社会消费品零售总额207.48亿元，增长10.1%。按行业，批发业完成零售额24.49亿元，增长4.7%;零售业完成161.9亿元，增长10.3%;住宿业完成1.04亿元，增长14.5%；餐饮业完成20.05亿元，增长15.2%。

4. 全市固定资产投资总额178.49亿元，同比增长15.7%，其中，工业投资68亿元，增长23%，房地产开发投资20.33亿元，同比增长47.7%，5000万元及以上项目投资21.7亿元，增长62%，产业园区投资22.1亿元，增长80%。

5. 全市一般公共财政预算收入11.87亿元,增长6.3%。其中税收收入7.18亿元，增长10.6%。一般公共财政预算支出57.63亿元,增长8.6%。12月末,全市金融机构人民币存款余额352.64亿元,比年初增长7.3%;贷款余额137.95亿元，比年初增长5.3%。

6. 全市用电量132283万千瓦时，下降3.04%，其中工业用电量46991万千瓦时，下降14.8%。

注：经济运行情况统计数据为快报数。

化州市2017年国民经济和社会统计资料

（注：该统计资料为快报数）

化州市2017年全市主要经济指标完成情况表

	计量单位	2017年	增长（%）
一、生产总值	亿元	487.47	8.1

续表

	计量单位	2017年	增长（%）
第一产业	亿元	98.59	5.3
第二产业	亿元	156.40	10.8
工业	亿元	137.38	11.4
建筑业	亿元	19.07	6.2
第三产业	亿元	232.49	7.5
交运仓储邮电通信业	亿元	10.24	10.4
批发和零售业	亿元	49.02	3.4
住宿和餐饮业	亿元	6.47	2.4
金融业	亿元	13.45	5.5
房地产业	亿元	30.55	11.7
营利性服务业	亿元	64.78	11.9
非营利性服务业	亿元	55.35	5.0
二、规模以上工业增加值	亿元	102.20	13.2
三、固定资产投资	亿元	178.49	15.7
四、社会消费品零售总额	亿元	207.48	10.1
五、出口总额	亿元	16.26	19.4
六、进口总额	万元	179.00	-17.5
七、实际利用外资	万美元	128.00	-79.20
八、一般公共财政预算收入	亿元	11.87	6.3
九、一般公共财政预算支出	亿元	57.63	8.6
十、税收收入	万元	71775	10.6
其中：国税	万元	17618	52.5
地税	万元	54157	1.5
十一、金融机构各项存款余额	亿元	352.64	7.30
十二、金融机构各项贷款余额	亿元	137.95	5.30
十三、全社会用电量	亿千瓦时	13.23	-3.04
其中：工业用电量	亿千瓦时	4.70	-14.80

化州市2017年农业生产情况表（一）

单位：万元

	2017年	增长%
一、农林牧渔业总产值	1531456	5.0
其中：1. 农　业	844603	8.8
2. 林　业	125250	8.0
3. 畜牧业	419576	0.8
4. 渔　业	85892	6.0
5. 农林牧渔服务业	56137	5.9
二、农林牧渔业增加值	1011502	5.3
其中：1. 农　业	618351	8.8
2. 林　业	100600	8.0
3. 畜牧业	205928	1.0
4. 渔　业	60976	6.0
5. 农林牧渔服务业	25648	5.9
三、主要农产品产值		
谷物产值	94581	
蔬菜产值	241913	
水果产值	325341	
生猪产值	252519	
家禽产值	59584	
淡水产品产值	85892	6.0

化州市2017年农业生产情况表（二）

	计量单位	2017年	增长%
一、水果总产量	万吨	63.95	8.7
其中：香蕉	万吨	36.67	14.1
荔枝	万吨	7.71	10.9

续表

	计量单位	2017年	增长%
龙眼	万吨	11.29	11.2
二、生猪季末存栏	万头	69.74	-6.6
出栏肉猪	万头	137.91	0.1
三、家禽季末存栏	万只	535.95	3.2
出栏家禽	万只	1617.30	1.4
四、肉类总产量	万吨	12.61	-0.4
其中：1. 猪肉	万吨	10.23	-0.9
2. 家禽肉	万吨	2.21	4.4
五、水产品产量	万吨	11.69	6.5
其中：1. 海产品产量	万吨		
2. 淡水产品产量	万吨	11.69	6.5
其中：罗非鱼	万吨	9.05	6.6

化州市2017年农业生产情况表（三）

计量单位：万亩、万吨、%

	春种		夏种		冬种	
	绝对数	增长	绝对数	增长	绝对数	增长
农作物总播种面积	70.99	0.9	63.98	1.5	26.37	3.4
其中：谷物	34.29	-0.4	39.13	1.2	27.74	1.5
其中：稻谷	33.72	-0.3	38.90	1.4		
花生	11.53	2.2	6.25	0.9		
蔬菜	11.80	2.4	12.69	1.8	13.52	4.3
	春收		夏收		秋收	
	绝对数	增长	绝对数	增长	绝对数	增长
农作物总播种面积	26.70	2.0	63.15	3.0	73.64	3.5
其中：谷物面积	2.79	2.3	34.29	-0.4	39.13	0.4

续表

	春种		夏种		冬种	
	绝对数	增长	绝对数	增长	绝对数	增长
谷物产量	0.70	2.7	13.87	0.2	14.75	1.6
其中：稻谷面积			33.72	-0.3	38.9	1.4
稻谷产量			13.64	0.3	14.62	1.8
花生面积			11.53	2.2	6.25	0.9
花生产量			2.54	3.3	1.16	2.2
蔬菜面积	14.01	2.9	11.80	2.4	12.69	1.8
蔬菜产量	1.10	4.8	19.42	4.1	18.2	5.4

化州市2017年规模以上工业生产情况表

单位：亿元

	2017年	增速%
1、工业增加值	102.18	13.2
工业园区	34.88	32.0
2、工业总产值	296.57	

化州市2017年规模以上工业经济效益和主要产品产量表

	计量单位	2017年	增幅%
1、主营业务收入	亿元	282.63	14
2、税金总额	亿元	17.62	5.7
3、利润总额	亿元	24.67	8.8
4、亏损企业亏损总额	亿元	0.25	15.3
5、所有者权益合计	亿元	88.47	18.75
6、经济效益综合指数	%	433.38	32.5
7、工业总资产贡献率	%	46.02	-2.4
8、工业资产保值增值率	%	118.77	3.7

续表

	计量单位	2017年	增幅%
9、工业资产负债率	%	28.79	-2.8
10、工业流动资产周转率	次	9.74	1.1
11、工业成本费用利润率	%	9.78	-0.5
12、工业全员劳动生产率	元/人	286199.00	19.2
13、工业产品销售率	%	96.73	-1.3
14、企业单位数	个	197	10.1
#亏损户数	个	5	25

化州市2017年固定资产投资完成情况表

	单位	2017年	增长%
一、固定资产投资	万元	1784932	15.7
其中：5000万元以上投资	万元	216680	61.2
（一）按产业分			
1. 第一产业	万元	100135	-45.4
2. 第二产业	万元	681334	21.3
3. 第三产业	万元	1003463	25.8
其中:房地产开发	万元	203285	47.7
（二）按行业分			
其中：农林牧渔业	万元	108889	-41.9
#工业	万元	680189	22.9
其中：技术改造		334047	55.4
制造业	万元	600176	28.4
电力生产和供应业	万元	65488	103.1
交通运输仓储和邮政业	万元	136324	-18.9
水利环境和公共设施管理业	万元	22220	341.3

续表

	单位	2017年	增长%
电信和其他信息传输管理业	万元	71480	29.8
教育	万元	35725	-7.3
卫生和社会工作	万元	24400	5.6
公共管理、社会保障和社会组织	万元	56400	-55.0
（三）基础产业	万元	391397	-29.2
基础设施	万元	194782	-25.0
二、新增固定资产	万元		
三、在建项目	个		
其中：亿元以上项目	个	12	
工业项目	个	227	
四、施工面积	平方米	2758045	29.0
其中：房地产	平方米	2200703	32.5
五、竣工面积	平方米	202163	-19.3
其中：房地产	平方米	170034	0.2
六、商品房销售面积	平方米	637530	45.5
七、商品房销售额	万元	334745	87.4

化州市2017年批发零售住宿餐饮业销售情况表

单位：万元

	2017年	增长%
一、社会消费品零售总额	2074835.2	10.1
按行业分		
1. 批发业	244940.2	4.7
其中：限额以上企业（个体户）	15417.4	9.8
2. 零售业	1619046.3	10.3
其中：限额以上企业（个体户）	296020.0	12.5

续表

	2017年	增长%
3. 住宿业	10394.6	14.5
其中：限额以上企业（个体户）	3018.2	-2.9
4. 餐饮业	200454.1	15.2
其中：限额以上企业（个体户）	52669.4	12.8

化州市2017年财政税收收入及金融存贷款情况表

单位：万元

	2017年	增长%
一、一般公共财政预算收入	118650	6.3
（一）税收收入	71775	10.6
其中：国税	17618	52.5
地税	54157	1.5
（二）非税收入	46875	0.3
二、一般公共财政预算支出	576293	8.6
其中：一般公共服务	54322	6.5
公共安全	15577	-15.3
教育	196708	5.0
科学技术	232	-49.5
社会保障和就业	125401	21.6
医疗卫生与计划生育	82922	2.2
节能环保	10844	614.4
城乡社区	17280	49.9
农林水支出	34130	-33.4
交通运输支出	7180	-31.4
三、金融机构各项存款	3526368	7.29
#住户储蓄存款	2725194	7.78
四、金融机构各项贷款	1379502	5.34

附
录

附　　录

2017年化州市人大常委会任免名单

任命职务（按时间先后为序）：

董志鹏为化州市水务局局长；

凌晓文为化州市科工商务局局长；

何向东为化州市住房和城乡规划建设局局长；

王忠权为化州市发展和改革局局长；

余辉为化州市民政局局长；

庄木荣为化州市卫生和计划生育局局长；

莫正科为化州市监察局局长；

魏贤凤为化州市统计局局长；

冯孔浪为化州市林业局局长；

欧超志为化州市质量技术监督局局长；

朱华晓为化州市人民政府办公室主任；

吴校为化州市公安局局长；

柯炳华为化州市司法局局长；

李雅为化州市财政局局长；

莫忠杰为化州市安全生产监督管理局局长；

李彤波为化州市审计局局长；

陈俊玮为化州市环境保护局局长；

刘积权为化州市交通运输局局长；

陈志通为化州市工商行政管理局局长；

谢超杰为化州市食品药品监督管理局局长；

彭劲松为化州市农业局局长；

廖建诗为化州市教育局局长；

莫爱新为化州市民族宗教和外事侨务局局长；

姚亚新为化州市文化广电新闻出版局局长；

吴瑞勇为化州市人力资源和社会保障局局长；

李周雄为化州市人大常委会城乡建设环境与资源保护工作委员会副主任；

吴浚百为化州市人大常委会选举联络人事任免工作委员会主任；

杨洪博为化州市人民法院审判员；

张启锋为化州市城市综合管理局局长；

梁水清为化州市人大常委会办公室副主任；

陈俊玮为化州市发展和改革局局长；

姚亚新为化州市发展和改革局局长；

吴浩光为化州市环境保护局局长；

朱恒志为化州市人力资源和社会保障局局长；

黄士杰为化州市文化广电新闻出版局局长；

朱昭光为化州市人民法院执行局局长、副院长；

苏荣周为化州市人民检察院副检察长。

免去职务：

李超群的化州市住房和城乡规划建设局局长职务；

李剑锋的化州市民政局局长职务；

王忠权的化州市工商行政管理局局长职务；

周华章的化州市发展和改革局局长职务；

李红兵的化州市监察局局长职务；

姚亚新的化州市人力资源和社会保障局局长；

陈土飞的化州市食品药品监督管理局局长；

宋凯的化州市文化广电新闻出版局局长；

庞云飞的化州市人大常委会城乡建设环境与资源保护工作委员会副主任职务；

李世太的化州市人民法院人民陪审员职务；

戴检侦的化州市人民法院行政庭庭长、审判员职务；

杨正军的化州市城市综合管理局局长职务；

黎小燕的化州市人民法院刑事审判庭副庭长、审判员职务；

陈俊玮的化州市环境保护局局长职务；

王忠权的化州市发展和改革局局长职务；

王志奎的化州市人民检察院检察员职务；

李耀的化州市人民检察院检察员职务；

樊卫华的化州市人民法院审判委员会委员、审判员职务；

李春明的化州市人民法院审判委员会委员职务；

吴瑞勇的化州市人力资源和社会保障局局长职务；

姚亚新的化州市文化广电新闻出版局局长职务；

陈俊玮的化州市发展和改革局局长职务；

朱昭光的化州市人民法院执行二庭庭长职务；

李松生的化州市人民法院行政审判庭副庭长、审判员职务；

曾楷瑞的化州市人大常委会财政经济工作委员会副主任职务。

接受辞职：

决定接受凌海峰辞去化州市第十五届人民代表大会代表职务；

决定接受李志武辞去茂名市第十二届人民代表大会代表职务；

决定接受黄伟国辞去化州市第十五届人民代表大会代表职务。

2017年化州市传染病与突发公共卫生事件监测报告

（一）传染病监测情况

根据国家疾病监测信息系统数据统计，我市按现住址统计法定传染病报告24种，4202例，29例死亡病例（艾滋病11例、HIV17例、肺结核1例）。报告发病数比上年同期上升16.95%，死亡数比上年同期下降14.29%。无甲类传染病报告，乙类传染病16种，3213例，丙类传染病8种，989例。发病总数其中发病前五位的传染病是肝炎（1586例）、肺结核（1091例）、手足口病（565例）、梅毒（452例）、其它感染性腹泻（200例），和上年同期发病前五位疾病序列一致。我市共报告了现住址3210例死亡病例，每个镇区均有死亡病例报告，其中最多的地区为同庆镇344例、合江镇283例、平定镇268例、河西街道205例、中垌镇161例。我市共有35个单位有死亡病例报告（除了茂名市监狱医院无死亡报告），共报告了3098例，死亡率为232.65/10万，总体报告及时性为59.1%。

至目前止，我市传染病自动预警信息系统共发出预警病种7种，其中其他感染性腹泻病预警数为44条、手足口病预警数为39条、流行性感冒为21条、流行性腮腺炎6条，麻疹预警数为5条、乙脑及丝虫病各1例，共117条预警信号，无疑似事件，均为散发病例。响应率和及时率均为100%。

（二）做好重点传染病监测防控工作

重点抓好流感、手足口病、人禽流感、狂犬病、流脑、乙脑、登革热等传染病的防制工作，落实预警病例监测、疫情报告、疫情处理、接触者的隔离观察和医学观察等有效措施，做到“早发现、早报告、早隔离、早治疗”，防止疫情暴发流行，降低疫情对社会、经济的破坏和对公众生命健康的威胁。

（三）传染病疫情报告质量情况

2017年，全市具备传染病诊疗能力医疗机构共37间，网络均能正常运行，本地医疗机构正常运行率为100%。2017年本地医疗机构共报告3351例病例，及时报告3345例，及时报告率为99.82%。

（四）努力做好地方病防治工作

1、碘缺乏病：4月25日–28日，在广州市番禺区广东省疾病预防控制中心接受了相关培训，领取了相关资料，制定了相应的方案。于6月12日开展相关调查工作。在7月–9月间共对我市长岐镇霞山管区、官桥镇大岭脚、合江镇大埇、同庆镇六塘村、新安镇新安圩等5个地方的学校8–12岁儿童（200名）、孕妇（100名）的尿碘及家庭用盐调查，其中8–12岁儿童共调查了200名，平均的尿碘为207.21mg/L，家庭用盐平均含碘量为21.60mg/L；孕妇共调查100

名，平均尿碘135.71mg/L，家庭用盐平均含碘量为24.57mg/L。

2、饮水型地方性氟中毒监测：4月25日-28日，在广州市番禺区广东省疾病预防控制中心接受了相关培训，领取了相关资料，制定了相应的方案。在9月-10月间对我市的那务镇车田尾、麦地、湖塘、合江镇的书房头、鉴江街道的旺竹圩等5个饮水型地方氟中毒病区村进行监测工作，其中共对病区的8-12周儿童141名进行了氟斑牙诊断，中度的有1个、极轻度的8个、轻度的3个，可疑16个、正常的113个，5个病区均进行了集中改水工程，除那务镇的麦地是正常使用自来水外，其余病区只是部分使用或者未能正常使用自来水。

3、消除疟疾工作：根据市政府制定并下发的《关于印发化州市消除疟疾行动计划（2010—2020年）实施方案的通知》（化府办〔2010〕95号）及市卫生局定并下发的《关于印发化州市消除疟疾实施方案的通知》要求开展相关工作，2016年，我市已经实现消除疟疾的目标，且相关工作得到省级专家组的肯定。2017年继续开展消除疟疾的工作。

（五）突发公共卫生事件监测

2017年我市无突发公共卫生事件报告。

（六）2017年，我市卫生应急工作开展情况：

1、中心成立了由李兆通主任为组长的化州市疾控中心突发公共卫生事件应急工作领导小组和突发公共卫生事件应急处置工作组。

2、我中心重点储备人感染H7N9禽流、埃博拉出血热、疟疾、登革热等重点传染病控制的物资。

3、积极开展人感染H7N9禽流感防控工作。按照相关文件要求，化州市疾病预防控制中心对全市的医疗机构人感染H7N9禽流感防控工作进行技术指导。全年每月抽查化州市市场的家禽档口外环境进行抽样10份，送至茂名市疾病预防控制中心进行检测。2017年，化州市疾病预防控制中心对全市的活禽经营市场进行休市、环境采样监测等防控措施，1-5月对鉴江街道的山背市场、11-12月对东山街道的美怡市场的家禽档口外环境采样，共采样108份并送至茂名市预防控制中心检验室进行检测，其中A型流感病毒15份，H7型流感病毒3份，其余病毒型均未阴性，结束监测工作。

4、在3月份-11月开展全市机构监测登革热疫情监测及蚊媒监测工作。各医疗卫生机构主要采用布雷图指数的方法，化州市疾病预防控制中心诱蚊诱卵器指数的方法进行蚊媒监测。2017年，全市辖区内所有的镇区进行蚊媒监测工作，主要监测幼虫密度（布雷图指数BI）和成蚊密度（诱蚊诱卵器法MOI）。布雷图指数法共对25576户进行了监测，其中976户阳性，35670个积水数，1135个积水阳性，布雷图指数为4.44。诱蚊诱卵器法共监测了612户，诱蚊诱卵器数为3.90。我市的登革热传播风险在可防可控中。

2017年，我市共有4例输入性登革热病例，1例疑似登革热输入性病例（已排除），户籍地分别为：中垌镇、中垌镇兰山、杨梅镇、长岐镇、南盛街道，除户籍为杨梅镇的在广州市已确诊为登革热病例后返回本地后有意识地隔离防蚊外，其余4个均为在发病时或发病前2天就从疫区返回户籍地，在家均未明显防蚊；故4个患者的乡村、就诊医疗机构均为疫点，共6个疫点；发病前后的密切接触者共有45个，在最长潜伏期25日的监测时间内均未见异常，未感染上登革热病。化州市疾病预防控制中心分别对化州辖区内的5个疫点进行环境消杀工作，约726600平方米；对5个疫点按照有关要求开展了蚊媒密度监测工作至最长潜伏期25日。

5、2017年7月20日，在化州市疾病预防控制中心的7楼开展了我市关于人感染高致病性禽流感的应急演练，其中李兆通主任、流行病科、应急科、消杀科、公共卫生监测科、检验科等20个专家参与。本次演练结合我市目前传染病疫情特点，采用模拟现场演练方式，根据突发事件的发生、报告、应急准备、防护服穿着、现场流行病学调查、现场取检演示、现场处理方案制定、现场消杀及应急物资供应、初步调查处理报告撰写等环节进行全程模拟，综合考核各组对突发事件调查处理的基本程序和思路，并集中进行点评。本次演练，切实提高了工作人员应对突发公共卫生事件的处置能力，为人感染高致病性禽流感的防控工作奠定了坚实的基础。

（化州市疾病预防控制中心）

化州国税2017年12月税收收入快报

编报单位：化州市国家税务局　　　　　　　　　　　　　　　　　　　　金额单位：万元

项目	本月收入				累计收入			
	本月收入	同期收入	增长%	增收额	累计收入	同期收入	增长%	增收额
一、税收收入合计	7224	7236	-0.2	-12	75820	50953	48.8	24867
其中：中央级收入	3925	3786	3.7	139	40286	28883	39.5	11403
省级收入	1650	1721	-4.1	-71	17767	10042	76.9	7725
市级收入	0	103	-100.0	-103	149	103	44.7	46
县级收入	1649	1626	1.4	23	17618	11925	47.7	5693
国内“两税”收入	6592	6643	-0.8	-51	66460	41764	59.1	24696
1. 国内增值税	6592	6640	-0.7	-48	66413	41699	59.3	24714
其中：一般增值税收入	2242	1827	22.7	415	25261	23449	7.7	1812
旧营改增收入	-418	-469	-10.9	51	1909	1,884	1.3	25
新营改增收入	4768	5282	-9.7	-514	37,644	14966	151.5	22678
免抵调增增值税收入	0	0	0.0	0	1599	1400	14.2	199
2. 国内消费税	0	3	-100.0	-3	47	65	-27.7	-18
3. 企业所得税	8	302	-97.4	-294	5817	6409	-9.2	-592
4. 储蓄存款利息所得个人所得税	0	0	0.0	0	0	0	0.0	0
5. 车辆购置税	624	282	121.3	342	3,542	2,735	29.5	807
6. 其他各税	0	9	-100.0	-9	1	45	-97.8	-44
二、出口产品退税	-2168	-1419	52.8	-749	-20181	-16021	26.0	-4160

2017年化州国税入库前30名企业名单

序号	纳税人名称	序号	纳税人名称
1	广东电网茂名化州供电局	16	广东诺厦建设集团有限公司
2	广东昌华海利科技有限公司	17	广东集盛建设有限公司
3	广东省化州市建筑工程总公司	18	广东豪达建设工程有限公司
4	化州市农村信用合作联社	19	广东省化州市水电建筑安装工程公司
5	广东烟草茂名市有限责任公司化州市分公司	20	广东名大集团有限公司
6	广东化州中药厂制药有限公司	21	茂名市耀明企业集团有限公司
7	化州市绿景房地产开发有限公司	22	茂名大参林连锁药店有限公司化州分公司
8	广东鸿基房地产开发有限公司	23	广东泽中建筑工程有限公司
9	广东西南建设工程有限公司	24	化州市新海水产有限公司
10	广东南方建设集团有限公司	25	中国建设银行股份有限公司化州支行
11	茂名市嘉燕房地产开发有限公司化州分公司	26	化州市大众房地产开发有限公司
12	广东吉洲置业投资有限公司	27	中国农业银行股份有限公司化州市支行
13	广东粤诚建筑工程有限公司	28	广东民升建设工程有限公司
14	广东荣基鸿业建筑工程总公司	29	化州市电力设备有限公司
15	中国石化销售有限公司广东茂名化州石油分公司	30	茂名市东信置业房地产开发有限公司化州分公司

2017年化州地税纳税前30名企业名单

排名	纳税人名称	排名	纳税人名称
1	广东西南建设工程有限公司	5	茂名市嘉燕房地产开发有限公司化州分公司
2	广东省化州市建筑工程总公司	6	广东荣基鸿业建筑工程总公司
3	化州市绿景房地产开发有限公司	7	广东旭升建筑安装工程有限公司
4	广东诺厦建设集团有限公司	8	广东烟草茂名市有限责任公司化州市分公司

续表

排名	纳税人名称	排名	纳税人名称
9	广东省化州市第四建筑工程公司	20	化州市鉴江碧桂园房地产开发有限公司
10	广东鸿基房地产开发有限公司	21	广东省化州市第二建筑工程公司
11	广东昌华海利科技有限公司	22	茂名市东信置业房地产开发有限公司化州分公司
12	广东电网茂名化州供电局	23	化州市农村信用合作联社
13	广东南方建设集团有限公司	24	广东吉洲置业投资有限公司
14	广东化州中药厂制药有限公司	25	化州市凯怡地产发展有限公司
15	中国人民财产保险股份有限公司化州支公司	26	广东恒鼎建设工程有限公司
16	化州市建工建筑工程有限公司	27	中国平安财产保险股份有限公司茂名市化州支公司
17	化州市宏达轩房地产开发有限公司	28	广东众匠劳务有限公司
18	广东豪达建设工程有限公司	29	广东名宇建筑工程有限公司
19	广东集盛建设有限公司	30	化州市保润房地产开发有限公司

化州市市场、购物场所、酒店分布情况

一、化州市批发市场、专业市场、小商品市场、农贸市场用地现状

化州市现有市场53个，其中批发市场4个，分别是：化州市下郭水果批发市场，占地面积2万多平方米，年成交额8800多万元，货源来自全国各地，商品主要销往本市或周边几个县市；化州市下郭三鸟批发市场，占地面积4.67万平方米，年成交额9007多万元，化州市河西北岸三鸟批发市场，占地面积4200平方米，年成交额2002多万元，两个三鸟市场分别坐落在化州城区的下郭街道办及河西街道办的六街，货源是广西、湖南及本地供应，客源是本地及周边县市；化州市六街建材批发市场，占地面积3450平方米，年成交额5000多万元。专业市场4个，分别是：南盛工业品市场、坐落化州市南盛街道办，面积2400多平方米，年成交额2500多万元；化州市二手车市场，座落化州市市区扩岗岭，占地9000多平方米，年成交额15030万元，货源是全国各地采购与本地收购，客源是本地与周边市县；江湖连介耕牛市场和南盛耕牛市场，分别座落在江湖镇、南盛街道办，占地各2000多平方米，年成交额5860多万元。综合市场19个，全部坐落在化州市区，占地2.5万平方米，年成交额68040多万元，客源大部分是本地的。农贸市场26个，分布在全市的各个乡镇，各镇有一至二个，合计占地面积2.9万平方米，年成交额45010多万元，是农民销售自产农副产品及当地群众购买生产生活用品的交易场所。

二、化州市批发市场、专业市场、小商品市场、农贸市场发展设想

化州市商品交易市场的分布基本上合理，每个

乡镇有1~2个农贸市场，城区分布比较密集一些，但作为新区鉴江开发区市场配套设施不够完善，原来的山背市场正在拆旧建新，鉴江大市场由于位置比较偏远，造成长期空置，下街垌没有规范的农产品集散的批发市场，蔬菜收购批发摆卖都是以街为市，还欠大型化州特色的专业场。建议政府组织规划建设大型建材批发物流市场一个，农副产品批发集散专业市场一个，化州土特产专业销售市场一个。

三、化州市大型购物场所、宾馆、酒店

大型购物场所有：化州市石龙商业有限公司，面积1000平方米；茂名忠信百货有限公司，面积4000平方米；化州市兆康时代广场有限公司面积11280平方米；化州市福喜来商业有限公司，面积3000平方米。比较大型的酒店有12家，其中广东创齐集团有限公司星河国际假日酒店，面积2万平方米；化州市橘州山庄（化州市招待所），面积2万平方米；化州市海利酒店，面积1万平方米；茂名市明信拍卖有限公司飞龙大酒店，面积1万平方米；化州市天悦大酒店，面积8000平方米；化州市东山维多利亚酒店，面积4800平方米；化州市帝苑大酒店，面积4500平方米；化州市海龙阁餐饮有限公司，面积3600平方米。

（化州市工商局）

化州市建设工程2017年招标中标结果

填写单位：化州市公共资源交易中心

序号	招标单位	工程名称	建筑面积平方米	结构及层数	招标方式	项目经理	开标时间	预算价（万元）	中标价（万元）	中标单位
1	化州市地方公路局	X642线石湾至兰山安全防护			公开	吴维东	2017.1.10	239.9	219.55	茂名市公路建设集团有限公司
2	化州市地方公路局	X644线播扬至平定安全防护			公开	吴　峥	2017.1.11	157	143.7	茂名市公路建设集团有限公司
3	化州市城市综合管理局	旧茂化路改造（勘察设计）			公开	周德富	2017.1.22	308	243	徐州市市政设计院有限公司 核工业衡阳第二地质工程勘察院（联合体）
4	化州市城市综合管理局	化合线东侧地块排水渠			公开	李　端	2017.1.23	536.74	510	广东省化州市建筑工程总公司
5	化州食品集团下郭食品公司	下郭区食品公司屠宰厂搬迁新址进行技改综合扩建项目EPC	13535		公开	傅　彦	2017.2.20	3108	2971	广东电白建设集团有限公司 广东安邦建筑设计有限公司 广东省地质建设工程勘察院（联合体）
6	化州市地方公路建设管理处	化州市和平桥改造			公开	黄光锋	2017.2.28	146.9	137	茂名市公路建设集团有限公司

续表

序号	招标单位	工程名称	建筑面积平方米	结构及层数	招标方式	项目经理	开标时间	预算价（万元）	中标价（万元）	中标单位
7	化州市文楼人民政府	文楼官保桥改造			公开	黄冠辉	2017.3.2	209	191	茂名市公路建设集团有限公司
8	化州市地方公路建设管理处	化州莞塘圩桥建设工程			公开	林潮炎	2017.3.21	804	720	广东省建筑工程机械施工有限公司
9	化州市文化广电新闻出版局	化州学宫修缮（孔庙二期）	572	2	公开	蒋　帅	2017.3.23	222	200	广州市第三建筑工程有限公司
10	化州市石湾学校	教学楼工程	1451	4	公开	陈燕飞	2017.3.24	235	175	茂名建筑集团第三有限公司
11	化州市长岐卫生院	化州市长岐卫生院业务综合楼工程	2865	7	公开	张泽鹏	2017.3.30	553.11	519.51	广东豪达建设工程有限公司
12	化州市林尘镇人民政府	七芝坡桥改造			公开	李伟强	2017.4.6	263	243	茂名市公路建设有限公司
13	化州市中医院	门诊住院楼装修			公开	李荣华	2017.4.11	1730	1628	十一冶建设集团有限公司
14	化州市中医院	门诊住院楼装修监理			公开	范赤锋	2017.4.11	44	15.9	广东安业建设工程顾问有限公司
15	化州市播扬镇第二初级中学	综合楼工程	2189	4	公开	苏双韶	2017.4.18	329	253	广东省化州市水电建筑安装工程公司
16	化州市宝圩镇人民政府	塘边村凌江大桥建设			公开	戴寒梅	2017.5.5	353	329	茂名市公路建设集团有限公司
17	化州市城镇基础设施投资有限公司	广海路改造EPC项目			公开	曾　松	2017.5.9	26405	25248	广州市市政工程机械施工有限公司 中国华西工程设计建设有限公司

续表

序号	招标单位	工程名称	建筑面积平方米	结构及层数	招标方式	项目经理	开标时间	预算价（万元）	中标价（万元）	中标单位
18	化州市官桥中学	综合楼工程	5199	6	公开	丁俊丰	2017.6.2	814	660	广东华睿建设工程有限公司
19	化州市江湖中学	学生食堂工程	1091	4	公开	吴贺勋	2017.6.5	155	132	广东大城建设集团有限公司
20	化州市平定圣古初级中学	学生宿舍楼工程	1537	5	公开	许廉明	2017.6.6	242	195	广东新可宇建设工程有限公司
21	化州市京界国家粮食储备库	2.5万吨标准化粮仓项目（设计）			公开	岳佳超	2017.6.13	80	63	中粮工程科技（郑州）有限公司
22	化州市城市建设综合开发公司	化州棚户区原市建筑陶瓷厂改造工程（A区一、二期）PPP+EPC项目	95480	31	公开	赵宇君	2017.6.14	20873	19992	广东诺厦建设集团有限公司 天津大学建筑设计研究院 广东省地质建设工程勘察院
23	化州市地方公路建设管理处	化州市城东（环城）公路改建工程BT项目			公开	午志奇	2017.6.20	10978	10551	广东建禾建设集团有限公司 山西环宇建筑工程有限公司
24	化州市城市建设综合开发办公室	棚户区原市建筑陶瓷改造工程（监理）			公开	李汉坤	2017.7.4	426	298	广东省城规建设监理有限公司
25	广东省建设农场	农场医院精神病房	3669	5	公开	陈　美	2017.7.6	680	601	广州茂达建筑工程有限公司
26	化州市长岐南岭小学	学生宿舍楼工程	1431	5	公开	郑华仪	2017.7.7	201	138	广东华盈建设工程有限公司
27	化州市播扬镇播扬小学	教学楼	1024	4	公开	马志翔	2017.7.10	150	142	茂名市茂松建筑安装工程有限公司

续表

序号	招标单位	工程名称	建筑面积平方米	结构及层数	招标方式	项目经理	开标时间	预算价（万元）	中标价（万元）	中标单位
28	化州市实验中学	增建学生宿舍楼	5479	5	公开	黄澧	2017.7.11	1053	930	茂名建筑集团第三有限公司
29	化州市地方公路局	迁移化州机场大道（第一期）沿线供电工程			公开	徐小波	2017.7.12	143	126	广东亿能电力服务有限公司
30	广东省和平农场	和平农场中学教学楼	1242	2	公开	廖世喜	2017.7.26	204	166	茂名市茂松建筑安装工程有限公司
31	化州城镇基础设施投资有限公司	化州广海路改造（监理）			公开	付伟	2017.7.28	426	394	广州市市政监理有限公司
32	广东农垦热带作物科学研究所	2017年小型农田水利建设			公开	陈兴	2017.7.31	182	181	广东省化州市水电建筑安装工程公司
33	化州市长岐镇实验小学	新建学生宿舍楼	889	5	公开	陈志铭	2017.8.8	156	138	广东华盈建设集团有限公司
34	广东农垦热带作物科学研究所	2017年小型农田水利重点场建设			公开	丁中平	2017.8.29	679	634	高州市水利电力建筑工程公司
35	化州市第二人民医院	升级建设EPC项目	25177	十六	公开	周　政	2017.8.30	7183 268	建筑6838 设计254	广东华坤建设集团有限公司 中国建筑东北设计研究院有限公司
36	化州市那务中心小学	建设综合大楼	2463	五	公开	李岛华	2017.9.20	392	333	广东和城工程管理有限公司
37	化州市长岐镇塘北小学	综合楼建设	2000	五	公开	张伟春	2017.9.22	230	196	广东泽中建筑工程有限公司
38	化州市第九中学	科学实验楼	2727	六	公开	吴文华	2017.9.26	479	414	广东荣丰建设集团有限公司

续表

序号	招标单位	工程名称	建筑面积平方米	结构及层数	招标方式	项目经理	开标时间	预算价（万元）	中标价（万元）	中标单位
39	化州京国家粮食储备库	2.5万吨标准化储备粮仓库建设	5875		公开	梁　旋	2017.9.27	2272	2089	广东兆达建工集团有限公司
40	化州城镇基础设施建设投资有限公司	化州茅岭高低排渠水质提升处理项目EPC			公开	张　亮	2017.9.29	2787 35	2647 26	广州资源环保科技股份有限公司 广州市公用事业规划设计院
41	化州京国家粮食储备库	2.5万吨标准化储备粮仓库建设（监理）				朱远贵	2017.10.10	78	62	广东华工工程建设监理有限公司
42	化州市城市综合管理局	化州城区“三江六岸”综合整治			公开	郑　杰	2017.10.13	376	275	中兆工程设计咨询有限公司
43	化州市第二人民医院	升级改造工程（监理）			公开	朱伯强	2017.10.17	164	162	广州财贸建设开发监理有限公司
44	化州市城镇基础设施建设投资有限公司	化州市北京路扩建EPC			公开	黄权达	2017.10.20	建筑14574 勘察设计640	13951 505	广东省水利水电第三工程局 中交第四航务工程勘察设计院
45	化州市社会保险管理局	服务大厅标准化工程			公开	钟恩忠	2017.10.23	145	127	茂名市茂松建筑安装工程有限公司
46	化州市城镇基础设施建设投资有限公司	化州市北京路扩建EPC监理			公开	廖翠齐	2017.10.24	298	171	广东茂达建设管理有限公司
47	化州市中垌卫生院	整体搬迁建设（一期）含标准化建设	12412	5	公开	吴亚华	2017.10.25	2729	2604	广州茂达建筑工程有限公司
48	化州市文化广电新闻出版局	陈金章文化艺术馆	14000	4	公开	刘福国	2017.10.31	4609 225	4397 215	郑州市第一建筑工程集团有限公司 中国建筑东北设计研究院有限公司

续表

序号	招标单位	工程名称	建筑面积平方米	结构及层数	招标方式	项目经理	开标时间	预算价（万元）	中标价（万元）	中标单位
49	化州市第九中学	教学楼（3号楼）	3506.00	6	公开	钟伟生	2017.11.1	507	453	广东致业工程建设有限公司
50	化州市城市综合管理局	消防大侧24米路			公开	苏林贺	2017.11.2	360	302	广东正茂工程管理有限公司
51	化州市东山街道办事处	乐山村征地返还地三通一平			公开	观紫明	2017.11.9	204	190	广东永和建设集团有限公司
52	化州市林尘镇林华中学	教学楼	1982	4	公开	彭　军	2017.11.10	252	225	茂名市金粤建筑工程有限公司
53	化州市宝圩镇调马小学	综合楼	1014.00	4	公开	钟泽燕	2017.11.15	144	130	广东众锐建设工程有限公司
54	化州市文楼中学	学生宿舍楼工程	1130.00		公开	刘玉桂	2017.11.21	170	148	广东恒宇建设工程有限公司
55	化州市土地开发储备中心	110KV化东线4#-7#段迁改			公开	尹庆升	2017.11.23	194	166	广东信德电力建设有限公司
56	化州市第九中学	科学楼工程	3956.00	6	公开	卢才君	2017.12.1	781	712	广东永骏建筑工程有限公司
57	化州产业转移工业园管理委员会	河西产业集团聚区水质净化厂BOT+EPC项目			公开	朱　卫	2017.12.5	2800勘察设计52	2520 29	中山市环保产业有限公司
58	化州市东山儒成学校	教学楼工程	1347	4	公开	黄敏静	2017.12.6	250	217	广东豪达建设工程有限公司
59	化州市宝圩镇龙窝小学	教学楼工程	1434	4	公开	陈郁新	2017.12.12	207	188	广东安盛建筑工程有限公司

续表

序号	招标单位	工程名称	建筑面积平方米	结构及层数	招标方式	项目经理	开标时间	预算价（万元）	中标价（万元）	中标单位
60	化州市橘州生态公园管理处	新增改造工程			公开	叶日良	2017.12.21	215	197	广东皓顺建设工程有限公司
	合计		215787.17					83106.65	78054.66	

索 引

主题索引

一、本索引采用分类编辑法。索引范围包括篇目、类目、分目、条目等。

二、本索引按主题词首字汉语拼音音序（同音按音调）排列，若首字拼音相同则按第二字音序排列，以此类推。

三、索引款目后的数字表示内容所在的页码，数字后的拉丁字母（a、b）表示栏别（从左至右）。

四、篇目、类目、分目用黑体字。

A

艾滋病综合防治 235b
“安康杯”竞赛 259a
安全监管 207a
安全生产 135a
安全生产管理 151b
安全生产监督管理 206a
安全维稳 298b
安置工作 255a
案件办理 74a
案件执行 109a

B

8月 16b
宝圩镇 317b
保健食品化妆品监管 202b
保险业 189a
保障粮食安全 194a
报　刊 229a
便民办税 179b
便民办税春风行动 181a
标准化服务大厅建设 251a 252a
标准化管理 201a

殡葬改革 255a
并联审批制度改革深化 86a
播扬镇 317a
不动产登记 195b

C

财　政 172a
财政改革创新 178a
财政·税务 172
参政议政 95a 268a 269a
餐饮具集中式消毒单位监督 236b
残疾人教育 277a
残疾人就业 277b
残疾人康复 277a
残疾人社会保障 277b
残疾人文体宣传 277b
残疾人组织建设 277b
产品质量监督 200b
产研学结合工作 221a
产业扶贫专题调研 278a
产业结构 289b
产业结构调整优化 36a
长岐镇 296b
常规免疫接种 234a
常委会议 88b
“朝阳读书”活动 280a
成人文化技术教育 214a
城区公共照明 154b
城区户外广告治理 154b
城区环境卫生治理 155a
城区市容整治 154a
城区市政基础设施建设 154a 154a
城区园林绿化 154b
城市供水 134a
城市环境质量 162b
城市环境综合整治加强 162b
城市建设与管理 153b
城市扩容提质 285b
城市总体规划修编 150a
城乡规划建设 150a
城乡建设·房地产业 150
城乡居民人均可支配收入 256
城乡居民养老保险创新参保方式 252b
城乡清洁工程 152b 311a
城乡收入差距小 256a
城乡医保缴费标准提高 251a 252b
城镇管理 293a
城镇基础配套设施日益完善 312a
城镇建设 288b 293a
城镇住房保障体系建设 155b
城镇总体规划修编推进 312a
筹集资金保障供给和促进经济发展 177a
出国（境）证照初审 100a
出入境管理 106a
传播媒体 229
传染病防控及突发公卫事件 234b
传染病防治分类监督综合评价试点 237a
传染病监测情况 234b
传染病疫情报告质量情况 235a
传统媒体与新兴媒体融合发展 230a
传统邮务业务 145b
创岗活动推进 264a
创建广东省文明城市 41a
创建和谐劳动关系示范区工程 250b
创新解决信号覆盖问题 148b
创新驱动转型升级 37a
创业培训 249b
创业青年培训 280a
慈善事业 254b
村村通自来水工程 133b
村级换届 318b

村级换届选举工作率先完成 65a
村级两委换届 285b
村民自治和区划地名 254b
村镇建设 152a
村庄总体规划编制 151a

D

笪桥镇 301a
打击破坏森林资源违法活动 123a
打击涉林违法犯罪 123b
打造良好营商服务环境 181a
打造文艺精品 223b
大气环境质量 162b
大气污染防治 159b
《大气污染防治法》实施 160b
大事 303b
大学生档案管理 249b
代表工作 77b
代理金融业务 145a
待遇调整 251b 253a
党费收缴 70a
党风廉政建设和反腐败工作 91a
党建工作 200a 286b 290a 295b 298b
党建工作制度建立健全 70a
党建活动形式多样 70b
党内生活制度落实 70a
党群工作 289a 293a 300b
党群建设 314a
党史国史教育 279b
党史研究工作 72a
党务培训 70a
党校工作 70b
党员发展工作 69b
党组织建设 115a
档案工作 226a
档案馆藏资源 226a
档案基础业务 226a
档案开放利用 227a
档案文化展览 227a
档案新馆建设 226a
档案信息建设 226b
档案宣传展览 226b
档案执法检查 226b
道路交通管理 105b
德育工作 210b
登革热疫情监测及蚊媒监测 235b
地方病防治 235a
地方公路局 144a
地方税务 180a
地方志工作 227b
地方志资料年报 227b
地貌 30a
地震预警 137b
地质灾害防治 196a
第三产业 299b 313a
缔结友城申报工作 100a
电力工业 139a
电子专业 146a
东堤路天主教教产回退 258b
东山街道 286a
动物防疫与监督 126a
动物检疫 126b
读者活动 222b
队伍建设 109b 206b 264a
对台交流活动加强 98b
对外扩展施工业务 151b
对外贸易 170a
对外宣传 231a
多管齐下 3b

E

2月 8a
2017年化州大事记 7
2017年化州市传染病与突发公共卫生事件监测报告 341a
2017年化州市人大常委会任免名单 340a
2017年化州市人民政府规范性文件目录 328a
2017年天气气候事件及影响 136b
2017年中共化州市委、市委办公室规范性文件目录 328a
儿童入托、入学查验预防接种证 234a

F

发展和改革管理 193a
发展会员 200b
法律援助 111b
法制宣传 196a
法 治 102 103
法治队伍建设 39a
法治建设 104a
法治交通建设 142a
防范打击非法集资宣传月活动 87b
防范和化解金融风险 87a
防灾减灾宣传 137b
防灾减灾、重大灾害性和关键性天气预报服务 136b
防震减灾 137a
房产管理业务 155b
房地产业 152b 155a
房屋征拆 197a
放射卫生 236b
非公有制经济领域统战工作 68a
非遗项目保护 224b
肺结核防治 235b
分级诊疗 233a
扶持那宾民族村搞好基础设施建设 257a
扶贫工作 304a
扶贫攻坚 292a
服务窗口建设 135a
服务方式创新 96b
服务工作 293a
服务民生 306a
服务青年 261b
服务台企 269a
服务业 304a
服务质量提升 149b
福利彩票发行 255a
妇联基层组织建设 263b
《妇女儿童两个规划》实施 264b
附 录 339

G

改革创新 74a
概况 2a 3a 28a 36a 38a 39a 41a 64b 66a 67b 69b 70b 72a 73a 73b 74b 76a 84a 85a 86b 95a 96a 98a 100a 103a 105a 106b 108a 110a 111b 114a 116a 117b 120a 122b 123b 126a 132b 134a 135b 136a 138a 141a 143a 144a 144b 145a 147a 148a 149a 150a 151b 152a 153b 155a 156b 158a 161b 165a 171a 172a 178b 180a 184a 191a 194a 195a 196b 197b 200a 200b 201b 203a 204a 205a 206a 210a 214a 220a 222a 225a 226a 227b 229a 230b 232a 246a 248b 249b 251a 252a 256a 257a 257b 259a 260a 262b 266a 267b 268b 270a 276a 276b 278a 279b 285a 286a

288a 289b 290b 292b 294a 296b 298a 299a 301a 302b 304a 305a 307a 308b 310a 311b 312b 314b 316a 317a 317b
概述 193a
干部队伍建设 65a
干部理论教育 71b
甘蔗 121a
港澳台海外统战工作 69a
港澳台侨及外事工作 90a
高新技术及产业 221a
高血压、糖尿病及重性精神疾病管理 234b
高中教育 213a
高中教育与中等职业教育 213a
革命遗址保护和开发利用 72b
革命遗址建设和管理 278b
个体私营经济呈现高速发展态势 171b
各税种管理加强 180b
耕地保护 195a
工程监督 152a
工农业经济发展 291a
工伤认定和工作保险参保 250b
工商企业登记管理与监督 197b
工商行政管理 197b
工 业 138
工业产业 310b
工业发展 298a 299b 318a
工业经济 313a
工业经济发展势头良好 316a
工业企业诚信管理 165b
公 安 105a
公共场所卫生 236b
公共法律服务体系建设 111a
公共文化服务活动 223a
公共资源交易平台建设规范化 85b
公立医疗机构编制、职称学历 232a
公立医疗机构集中采购 236a
公路建设 143a 144a
公路养护 143b 144a
公路运输 141a
公务员培训 249a
公益诉讼 108a
公证 111b
公证改革 110b
供给侧结构性改革推进 193b
供水情况 134b
共青团队伍建设 260b
共青团改革 261a
共青团化州市委员会 260a
共青团换届选举 260a
构建投融资平台 194b
《固体废物污染防治法》实施 160b
关爱留守儿童 280a
关心下一代工作委员会 279b
关注侨界民生 100b
官桥镇 304a
管道燃气工程 152a
管理机构设置 248a
管理机构职能 248a
管网建设和改造 135a
广播·电视 230b
广东鉴江经济开发区 285a
广东省和平农场 128b
广东省红峰农场 131b
广东省红阳农场 127b
广东省建设农场 126b
广东省“五一劳动奖章”获得者 283b
广东省新华农场 129b
广东省新时代农场 130b
广发银行化州支行 187b
规范性文件管理 38a
规范性文件审核 84a
规划信息系统 151a
国地税深度合作 182a
国防动员 115b

国家税务　178b
国税队伍建设　180a
国土资源管理　195a
国有资本经营预算收支　177a
国有资产管理　194b
国有资产监督管理　194a
果蔬类　121a

H

海外联谊　268a
汉至晋时期　28b
夯实基础　3a
合江镇　311b
和谐　303a
和谐林区建设　123a
河西街道　288a
户籍管理　105b
化橘红　121b
化橘红科研开发　221a
化州碧桂园项目　153a
化州大事记　6
化州市2017年国民经济和社会统计资料　331
化州市2017年经济运行情况（快报）　331
化州市被授予“全国创建无邪教示范市”称号　3
化州市残疾人康复中心　278a
化州市残疾人联合会　276b
化州市第二中学　215b
化州市第三中学　216a
化州市第四中学　217b
化州市第一初级中学　217a
化州市第一小学　218b
化州市第一中学　215a
化州市妇联十届十一次执委（扩大）会议　263a
化州市妇女联合会　262b
化州市妇幼保健院　242b
化州市革命历史纪念馆　72a
化州市个私协会　200a
化州市各商协会为茂名竞演《魅力中国城》投票加油　69b
化州市工商业联合会　96a
化州市供销合作联社　166b
化州市官桥中学　216b
化州市归国华侨联合会　267b
化州市化州幼儿园　219a
化州市机关事业单位养老并轨制　249a
化州市疾病预防控制中心　239b
化州市纪委十三届二次全会　91a
化州市科学技术协会　266a
化州市老干部工作会议　73a
化州市老区建设促进会　278a
化州市农村信用合作联社　187b
化州市农村学校师生饮水安全工程　133a
化州市人民代表大会　76
化州市人民法院开启网络庭审直播模式　110a
化州市人民医院　237b
化州市人民政府　79
化州市商业企业集团公司　166b
化州市实验中学　217b
化州市市场、购物场所、酒店分布情况　345a
化州市市场物业管理中心　167b
化州市书画院　276a
化州市台胞台属联谊会　268b
化州市文学艺术界联合会　270a
化州市现代物流业　166a
化州市新华书店　225a
化州市与广东省、茂名各区（县级市）比较　256b
化州市政府常务会议　79a
化州市政府工作会议　80b
化州市职业技术学校　218a
化州市中垌镇化橘红种植基地高效节水灌溉项目　133a

化州市中医院 238a
化州市总工会 259a
《化州新闻》报纸主阵地作用发挥 230a
《环保法》实施 160a
环保规划实施 161b
环境保护 158
环境保护法律法规实施 160a
环境保护力度加强 162a
《环境影响评价法》《建设项目环境保护管理条例》实施 161a
《环境噪声污染防治法》实施 160b
环境整治 294a
环境整治 304b
环境治理 313b
环境质量 158a
惠民司法 109b
婚姻登记 255a
获奖情况 95b

J

机构编制 74b
机构编制管理 75a
机构改革 75a
机关事业单位养老参保信息登记 251b 253a
基层党建推进 291a
基层党组织建设推进 69b
基层工会换届 259a
基层公共服务平台“五统一”建设 85b
基层治理 291b
基层组织建设 65b
基础教育 211a
基础设施 318a
基础设施建设 297a 309a 317a
基础设施日臻完善 315a
基础设施完善 316b
稽查打假 201b 203a
疾病预防控制 234a
计量监督 201a
计生工作 295a
计生宣传教育 246b
计生优质服务 247a
计生月考核 246b
计生综合治理 246a
纪律教育学习月 93a
纪念“三八”国际劳动妇女节107周年系列活动 263a
继续教育 249a
寄递业务市场 145b
加大财政资金监管 178a
加大主题策划力度 230b
加强少数民族人员的管理 257a
加强税收合作共治 182a
加强宗教活动场所日常监管 257b
家庭医生服务签约 233b
价费管理加强 194a
监督工作 76b
检 察 106b
简政放权 252b
建设项目环境管理 161a
建设项目环境管理 161a
建置沿革 28a
建筑节能推广应用 152a
建筑市场管理 151b
建筑业 151b
健康教育 235b
鉴江 163a
鉴江、罗江水质 163a
江湖镇 310a
奖学助学 278b
交通基础设施建设 141a
交通建设 301b

交通设施建设 291a
交通·邮政 141
教科文卫体 209
教研工作 211a
教　　育 210
教育创强、创现 308a
教育创现 211a
教育工作 295b
教育精准扶贫 210b
教育民生工程 210a
教育培训 182b
教育事业创强短板补齐 312a
教育事业加强 291b
教育卫生文体事业 297a
街道管理 288b
借助侨力，引资促贸 101a
巾帼志愿服务活动 264a
金融财税 299b
金融业 184
金属制品产业 138a
经　济 119
经济 302b
经济发展 296b 309a
经济发展健康平稳 315a
经济工作 288b 294a 305a 317a
经济管理 193
经济检查 198a
经济建设 292b 307a
经济社会发展概况 36
经济运行持续向好 36a
经济责任审计 203b
经济指标 289b
经营业务拓展 149a
精神文明建设 41
精准扶贫 286a 297a 311a 317a 318a
精准扶贫精准脱贫 121b
景区建设 191b
竞技体育活动 244a
9月 18a
就业创业 250a
居民健康档案、65岁以上老年人健康管理 234b
居民人均可支配收入 256a
橘州一号项目 153a
军　事 113 114
军事训练 117a

K

开放型经济 170
开拓创新 4b
开展“三废”排查 162a
开展慰问 269b
开展阅读多元化服务 223a
科技成果与奖励 221a
科技认证管理 201a
科技兴果 279a
科教文卫事业 317b
科学管控深化 146a
科学技术 220
控告申诉检察 107a
控制性详细规划编制 151a
矿产资源 31b
矿产资源管理 195b
矿产资源加工产业 138b
困难职工帮扶 259b
扩大公众参与互动工作迈出新步伐 39b

L

垃圾处理场项目 153a

垃圾处理设施建设 155a
劳动就业 249b
劳动人事争议仲裁 250b
劳动事务代理 250a
老干部工作 73a
老干部活动中心建设 73b
老干部生活待遇落实 73a
老干部文化生活 73a
老龄工作 255a
老区宣传 279a
冷链物流业 165b
理论宣讲创新 66b
丽岗镇 307a
联谊交流 269b
良光镇 299a
粮食生产 121a
“两学一做”常态化制度化 65a
林场简介 124a
林尘镇 308b
林 业 122b
林业产业 123a
林业法制建设 123a
林业稳步发展 316b
林业重点生态工程 122b
林政资源管理 123a
临时救助 254a
流动人口均等化服务 247b
6月 14a
“六进”宣传 4a
路网建设 307b
旅游安全管理 192b
旅游基础设施 192a
旅游节庆活动 191a
旅游宣传促销 191b
旅游业 191
履行法律顾问职责 85a
律师改革 110b
绿化行动 313b
绿景国际花城项目 152b
罗江 163a
落实责任 4a

M

茂名市国有播扬林场 125b
茂名市国有丽岗林场 124b
茂名市国有平定林场 124a
茂名市国有文楼林场 125a
茂名市化州公路局 143a
茂名粤西空港经济区规划 151a
美丽乡村建设 279a
美丽乡村建设 291b
灭火救援 112b
民办教育 212a
民国时期 29b
民间信仰场所普查 258b
民间组织管理 255a
民（商）事审判 108b
民生 303a
民生事业 290a 297b 298b 308a 311a
民生事业变实 316b
民生事业成效显著 315b
民事诉讼监督 107a
民营经济 171
民政工作·社会事务 254
民主党派和工商联 95
民主监督 89b
民族 32b
民族事务 257a
民族·宗教 257
民族宗教事务 68a

N

内部审计 204a

内控制监督检查加强 253b

那务镇 312b

南朝、隋、唐、五代十国时期 29a

南盛街道 292b

年度关注 1

年鉴编纂 227b

农产品质量安全 120b

农村 303a

农村建设管理打开新局面 312a

农村危房改造 153b

农副产品加工产业 138a

农垦业 126b

农业 302b

农业产业 301a 307b

农业产业化水平提高 316a

农业发展 313a

农业发展开创新模式 312a

农业工作 304a

农业和农村 120

农业机械购置财政补贴 136a

农业机械推广 135b

农业经济 310b

农业科技进步 120b

农业科技装备 120b

农业贸易合作 120a

农业农村 298b

农业普查 204b

农业生产 299b 309a

农作物面积遥感测量和农产量调查 205b

疟疾消除 235a

P

盘活资产 194b

配合做好追逃追赃工作 100b

批发零售业 165a

“平安化州”建设 103a

平安建设 314a

平安林尘建设 310a

平定镇 314b

平台建设 184a

普法 110b

普惠金融发展 184a

Q

7月 15b

其他调查工作 205b

其他重要活动 90b

企业类型不断调整优化 171b

企业上市 87a

企业薪酬调查 250b

企业最低工资标准执行 250b

气候 30b

气象事业 136a

气象宣传 136a

汽车销售监管 165a

签约项目全程跟踪服务 170b

强化安全责任播出 231a

强化财税征管 177a

强化监管力度 161b

强化税务稽查 182b

强师工程 210b

侨胞互动交流加强 100b

青少年健康成长 261a

庆“五一”　259a
区域经济　286b
全民科学素行动　266a
全年气候特点　136b
全市村卫生站实施基本药物制度　236a
全市概貌　27
群众团体　259
群众性文化活动　222a
群众走访　73b

R

热心公益　269b
人才工作　66a
人大工作　296a
人防工程建设管理　117b
人防知识宣传教育　118b
人感染H7N9禽流感防控　235a
人口　32b
人口变动抽样调查　204b
人口和计划生育　246
人口·民族·语言　32b
人口与计划生育　309a
人力资源·社会保障　248
人民调解和“以案定补”　111a
人民防空　117b
人民武装　114a
人事变动　200b
人事工作　248b
人事任免工作　77b
人　物　281　282
日常战备建设　114b
荣誉　260a
“软”“硬”工程建设　267a

S

3月　9a
“三个一批”示范点建设　259b
“三结合”教育　279b
“三农”工作全面加强　315a
三项民生实事推进　142a
“三支一扶”　249a
桑叶蚕茧　121b
森林灾害防治　122b
森林资源保护　123b
汕湛高速公路化州段建成通车　2
汕湛高速化州段建成通车　2b
汕湛高速云浮至湛江段博贺疏港支线　2a
汕湛高速云浮至湛江段兰海高速联络线（化廉高速公路）　2a
汕湛高速云浮至湛江段主线　2a
商标广告管理　198b
商贸流通行业管理　166a
商贸流通业　165
社保扩面征缴　251a
社保扩面征缴　252b
社会办学　215a
社会保险　252a
社会保险基金收支　175a
社会保障　251a　313b
社会保障水平大幅提升　312b
社会大局基本稳定　315b
社会服务　95b
社会福利　254a
社会公益事业　97a
社会管理工作　304b
社会管理与服务　287a
社会经济　285a　301a　313a　318a
社会经济统计资料　330
社会矛盾防范和化解　85a

社会民生事业　309b
社会生活　245
社会事业　294b　301b　304b
社会事业全面发展　37b
社会维稳　103b
社会稳定　306a
社会治理　308a　318b
社会主义核心价值观建设　41b
社会主义新农村建设　285b
社会资本办医　233b
社会综合治理　317b
社区服务　289a
社区矫正　111a
社区警务　106a
涉农气象科研　136a
涉台维稳　98b
深化国企改革　194b
深化征管改革　181b
审计干部素质培养　204a
审计工作　203a
审　判　108a
审判管理　109a
生活饮用水卫生　236b
生态环境　298b　301b
生态环境保护　162a
生态文化教育加强　162a
生态文明机制建设加强　162b
生物特征采集服务　251b　252b
生猪屠宰　168b
省定贫困村创建示范村　122a
省级新农村示范片建设　122a
师资队伍建设　72a
10月　20a
11月　22a
12月　24a
十二届二次会议　88a
十九大精神学习贯彻　65a
石湾街道　290b
石油销售　165a
实施妇女儿童民生实事　265a
实施生态战略　161b
食品安全综合协调　202b
食品餐饮安全监管　202a
食品风险监测　237b
食品生产安全监管　202a
食品市场安全监管　202a
食品药品监督管理　201b
市场管理强化　149b
市场监管　198b
市场经营　147b
市场运营健康发展　148b
市情概貌　28
市人民代表大会及其常务委员会主要会议　76a
市委全会和其他重要会议　43a
市政工程专项规划修编　150b
市直机关工委工作　69b
市宗教场所风险预防　257b
事业单位登记管理　75b
事业单位工作人员公开招聘　249a
首批31名员额制法官宣誓就职　110a
受理案件　108b
“瘦肉精”抽检　126b
“双随机一公开”抽检　237a
双拥工作　254b
水产养殖业　121a
水厂扩容　135a
水环境污染治理　158b
水库移民后期扶持工作　133b
水利事业　132b
《水污染防治法》实施　160b
水行政执法工作　133b
水质现状及整治　163b
水资源　31a
税费宣传　181b

税收分析研判和预测监控 180b
税收改革深化 179a
税收收入结构分析 179a
税源基本情况 179a
4月 11a
司法体制改革深化 104a
司法行政 110a
思想政治建设 114a 116b
四大旅游项目建设 307b
宋、元、明、清时期 29a

T

台企服务 98a
台情普查 98a 269a
台湾事务 98
讨论重大决定工作 77b
特色家庭争创评选活动 265a
特种设备安全监察 201b
提案工作 90a
提升企业社会形象 225b
体卫艺工作 211a
体　育 244
体育彩票发行 244b
体育产业发展 244a
铁路货运 145a
铁路客运 145a
铁路运输 144b
通信建设 147b
通信警报维护管理 118a
同庆镇 294a
统计调查 205a
统计调查服务 206a
统计队伍建设 204a
统计法治 206a
统计服务 205a
统计改革 204b
统计工作 204a
统计基础建设 204b
统计执法 205a
统战工作 67b
统战理论研究 69a
突发公共卫生事件监测 235a
土地出让 197a
土地储备 196b
土地供应 195a
土地划拨 197a
土地市场监管 196a
土地收储 197a
土地信访 196b
土地执法 195b
土地资源 31a
土壤污染防治 160a
团建活动 260b
推动非公经济快速发展 96b
推进地税文化建设 183a
推进各项规费征收管理 181b
拓展工会文体工作 259b
拓展基层服务 222b
拓展图书馆流动服务点建设 223a

W

外国人管理 106a
外事侨务 100
外事外宾接待工作 100a
外事相关业务知识宣传普及 100b
“王家南拳”更名为“王家拳” 309b
网络建设加快 149a
网络文化市场监管加强 224a

网络宣传 67a
网络舆论监督管理 66b
为非公经济人士搭建参政议政平台 96b
为民族村办实事好事 257a
为侨服务 267b
圩镇发展 300a
圩镇建设 307b 318b
维护妇女儿童合法权益 264b
维稳工作 105a
卫生创强稳步推进 232b
卫生计生监督执法全过程记录试点 237a
卫生监督 236b
未成年人权益保障 107b
位置、范围和面积 30a
慰问特困台胞台属 99b
文 化 222
文化市场环境净化 224a
文化宣传 67a
文楼镇 316a
文物日常保护 224b
文献专载与规范性文件目录 320
文献资源结构优化 223a
文艺创作 272b
文艺活动 270b
文艺戏曲 225a
文艺治理 270a
污染物排放 158a
污水处理厂 153b
无偿献血及平安医院创建 234a
无线电监测防考试作弊 147a
5月 12b
五保供养 254a
五帝时期 28b
武警化州市中队 116a
武装部正规化建设 115a

X

下岗失业妇女就业与再就业 264a
下郭街道 289b
夏、商、周至秦时期 28b
县域副中心——合江镇总体规划编制 150b
项目建设 290a 301a 311a
项目融资 194a
消 防 111b
消防安全管理与宣传 106a
消防安全宣传与培训 112a
消防队伍建设 112a
消防后勤保障 112b
消防监督 112a
消防演练 112b
消费维权 199b
小额贷款公司监管 86b
小型水库除险加固工程 133a
协处纠纷 269a
协商议政 89b
新安镇 302b
新登记企业数量继续增长 171a
新农村档案 227a
新农村建设 121b 287a 297a 299b 307b 313b 318b
新任中共化州市委常委 283a
新任中共化州市委副书记 282b
新任中共化州市委书记 282a
新闻宣传 66b
新型城镇化步伐加快 36b
新型政商关系构建 96a
新增市场份额 148b
信访工作 73b 78a
信访平台建设 74a
信访维稳 295a
信息服务业 147

信息公开制度 38b
信息化发展 147a
信息化建设 227b
刑事犯罪打击 105a
刑事检察 106b
刑事审判 108b
刑事诉讼监督 107a
刑事执行监督 107b
刑释解教人员安置帮教 111a
行业基金会股金问题化解 87b
行政服务窗口优化 224a
行政复议 196a
行政机关负责人出庭应诉 85a
行政决策 84b
行政决策机制 38a
行政区划 33a 33a
行政审判 109a
行政审批制度改革 74b
行政执法机制 38b
行政执法监督 84b
畜牧养殖污染减排 126a
畜牧业 126a
畜禽养殖 126a
宣传教育 207b
宣传思想工作 66a
学法制度 39a
学前教育 211a
学校布局调整 210b
学校团建 262a
学校卫生 236b

Y

烟草专卖 168b
烟花爆竹“打非”行动 207b
沿岸企业污染整治 164b
盐专卖 169b
阳光检务 107b
杨梅镇 298a
养殖场污染整治 163b
药品和医用耗材集中采购监管 236a
药品及医用耗材配送 236a
药品医疗器械监管 202b
药政管理 236a
1月 7a
“一把手”出庭应诉带头 182b
“一把手”工程 3a
一般公共预算收支 172a
一村（居）一律师 110b
一体化网上办事大厅拓展和完善 85b
医联体建设 233b
医疗废物处置专项监督检查 237a
医疗服务能力 232b
医疗机构床位数 232b
医疗·卫生·保健 232
医疗综合监督执法检查 237a
医药制药与健康产业 138b
医用耗材集中采购 236a
依法规范宗教事务管理 258a
依法行政 38a
依法行政管理 117b
依法征税 178b
依法执法检查 117b
依法治税 182b
依法治镇 300a
移动宽带发展 148b
以个体私营经济为主体的私营企业仍占国民经济主导地位 171a
义务教育 211b
疫病监测 126b
疫苗针对疾病防控 234a
引导侨胞支援家乡 101a

引导台属企业家参与社会公益事业 99a
饮水型地方性氟中毒监测 235a
隐患治理 207a
应急管理 207a
营造全民阅读氛围 225b
拥政爱民 117a
永久基本农田 195a
用地需求 195b
优抚工作 254b
邮 政 145a
油料 121a
语言 32b
预防接种安全和AEFI监测 234a
预算执行审计 203b
粤西国际建材城项目 153a

Z

灾害·事故救济 255b
噪声环境质量 163a
责任落实 206b
招标投标管理 152a
招商引资 170a 285b 304a
招商引资工作取得新突破 312a
招商引资活动 170a
招商引资项目推进和考核工作机制完善 170a
镇村建设 305b
镇（区、街道） 284 285
镇总体规划编制 151a
震灾预防和紧急紧急救援体系建设 137a
征管质效提升 179b
政策性农房保险 87a
政党协商建设 67b
政法队伍建设展现新面貌 104b
政府法制工作 84a
政府工作报告 321
政府交办审计 203b
政府金融工作 86b
政府融资 87b
政府网《今日化州》栏目宣传功能全面加强 230a
政府信息公开 39a
政府信息依申请公开工作加强 39b
政府性基金收支 174a
政府政务信息主动公开力度加大 39b
政府自身建设 297b
政府自身建设不断加强 312b
政务 303b
政务“五公开”政策推进 39a
政务信息化平台建设取得突破性成效 40a
政协化州市委员会 88
政银企合作加强 87a
政 治 42
政治文明建设 38
知识产权 221b
执法监察及事故查处 207b
执勤和处置突发事件 117a
职称评审 249a
职务犯罪检察 107a
职务犯罪预防 107b
职业与成人教育示范县创建 214b
植被和生物资源 32a
指导文楼塘表村委会规范使用少数民族资金 257a
制度落实 207a
质量技术监督管理 200b
质量提升管理 166a
中等职业教育 213b
中垌镇 305a
《中共化州地方史》（第一卷）修改和送审 72b
中共化州市纪律检查委员会 91
中共化州市委员会 43
中国电信化州分公司 147a
中国工商银行化州支行 185b

中国建设银行股份有限公司化州支行 186a
中国联通化州分公司 149a
中国民主同盟化州市委员会 95a
中国农业发展银行化州市支行 186b
中国农业银行化州市支行 188a
中国人民财产保险股份有限公司化州支公司 189a
中国人民银行化州市支行 184b
中国人寿保险股份有限公司化州市支公司 189a
中国移动化州分公司 148a
中国银行股份有限公司茂名化州支行 187a
中国邮政储蓄银行化州支行 188b
中华人民共和国成立后 29b
中小河流整治工程 133a
中医药事业快速发展 233b
种植业 121a
重大决策 52b
重大科技活动 220a
重大项目进展顺利 315a
重大政策落实情况跟踪审计 203b
重点场所和行业治安管理 105b
重点传染病监测防控 235a
重点工程建设 152b
重点项目 286b 289a 297a 298b
重点项目和基础设施建设 36b
重点项目建设 193a 194b
重点项目推进 233a
重金属、危险废物污染防治 160a
重要工作新闻宣传 229a
重要政事和决策 81a
主要活动 276b
主要畜禽监测调查 205b
主要医疗机构简介 237b
主要银行机构简述 184b
住房公积金贷款 156b
住房公积金管理 156b
住房公积金归集 156b
住房公积金资金管理 157a
住户调查 205b
驻村工作 268b
抓好教材发行 225b
专题调研 89b
专项劳动保障监察执法检查 250a
资产运营 194b
资源物产 31a
自然村落历史人文普查 227b
自然地理 30a 66a 268a
宗教事务 257b
综合经济 310b
综合政务服务管理 85a
综 述 43a 79a 103a 120a 147a 158a 184a 210a 222a 232a 248a
“走汕湛高速 看化州发展”大型徒步活动 2b
“走转改”贴近民生 230b
组织工作 64b
组织建设 95a 96a 116b 306b
组织实施二项工程 225a
组织网络建设 280b
最低生活保障 254a
作风建设呈现新面貌 315b

表格索引

2017年化州市行政区设置一览表 ……33
2017年中共化州市委党校举办培训班情况一览表 ……71
2017年化州市自来水公司售水量情况表 …… 134
2017年度广东电网茂名化州供电局售电量和售电结构一览表 …… 140
2017年化州火车站各项生产指标完成情况表 …… 145
化州市2017年一般公共预算收支决算总表 …… 173
2017年度化州市政府性基金收支决算总表 …… 174
2017年化州市社会保险基金收支决算总表 …… 176
2017年化州市国有资本经营预算收支决算总表 …… 177
2017年化州市初中招生计划安排表 …… 212
2017年化州市高中招生情况 …… 213
2017年化州市重大项目立项、建设情况表 …… 214
2017年度化州市获茂名市以上科技立项情况一览表 …… 220
化州市2017年全市主要经济指标完成情况表 …… 331
化州市2017年农业生产情况表（一） …… 333
化州市2017年农业生产情况表（二） …… 333
化州市2017年农业生产情况表（三） …… 334
化州市2017年规模以上工业生产情况表 …… 335
化州市2017年规模以上工业经济效益和主要产品产量表 …… 335
化州市2017年固定资产投资完成情况表 …… 336
化州市2017年批发零售住宿餐饮业销售情况表 …… 337
化州市2017年财政税收收入及金融存贷款情况表 …… 338
化州国税2017年12月税收收入快报 …… 343
2017年化州国税入库前30名企业名单 …… 344
2017年化州地税纳税前30名企业名单 …… 344
化州市建设工程2017年招标中标结果 …… 346

化州市妇幼保健院

2017年春节，市卫生计划生育局党组书记、局长庄木荣（右二）到化州市妇幼保健院慰问一线医生

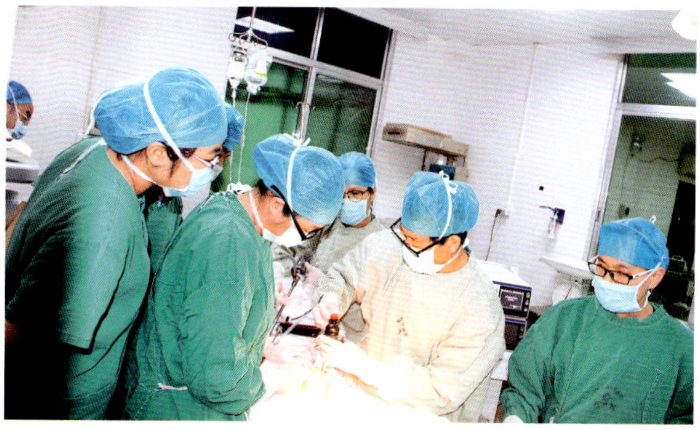

化州市妇幼保健院开展各种妇科微创手术

新妇女儿童保健大楼效果图

化州市妇幼保健院创建于1959年2月，属副科级事业单位，爱婴医院、国家三网监测点。是集医疗、保健、科研、教学于一体的二级妇幼保健院。担负全市妇女、儿童医疗保健和基层妇幼保健专业人员的进修、培训任务。医院占地总面积3819平方米，建筑总面积13506平方米，其中业务用房11348平方米。编制床位150张。全院职工328人，在编284人，其中：本科以上学历61人，专科学历101人；正高级职称1人，副高级职称28人，中级职称28人；医生89人，护士116人，医技53人，专业技术人员258人。内设职能科室8个；门诊设妇产科、儿科、儿童保健、婴儿游泳室等科室；住院设妇产科、儿科、新生儿重症监护室等临床科室。医技设DR室、B超室、心电图室、检验科、电子阴道镜室、婴儿高压氧室、乳腺诊查室等科室。拥有进口飞利浦HD15彩色超声诊断仪、美国纽邦婴儿呼吸机、法国SEBIA毛细管血红蛋白电泳仪、日本罗氏全自动生化分析仪、全自动麻醉机、胃肠DR诊断系统、微量元素分析仪、听力筛查仪、电脑胎心监护仪等先进设备。

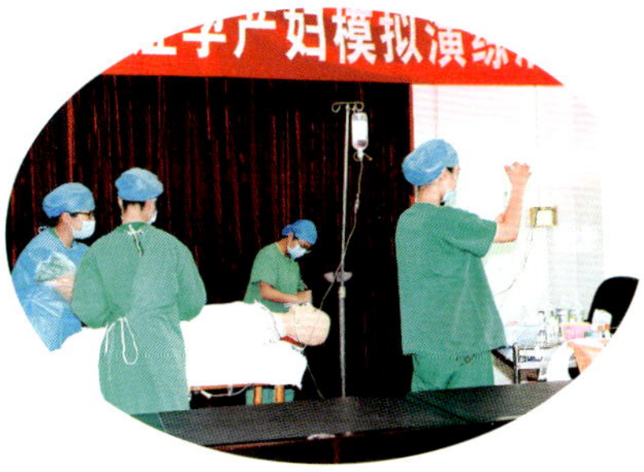

化州市妇幼保健院医务人员开展危重症孕产妇模拟演练活动

化州市妇幼保健院在化州市2017年女子气排球比赛中荣获冠军

2017年5月17日，化州市妇幼保健院医务人员到南盛镇开展送医送药义诊活动

化州市疾病预防控制中心

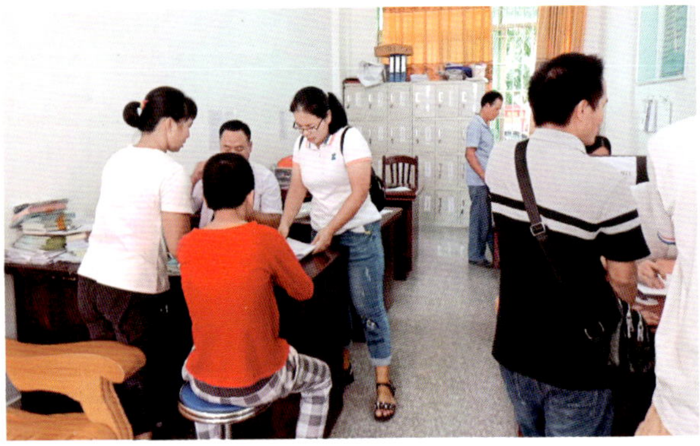

下乡精神病义诊免费发药

中垌东京塘扶贫义诊活动

健康体检中心

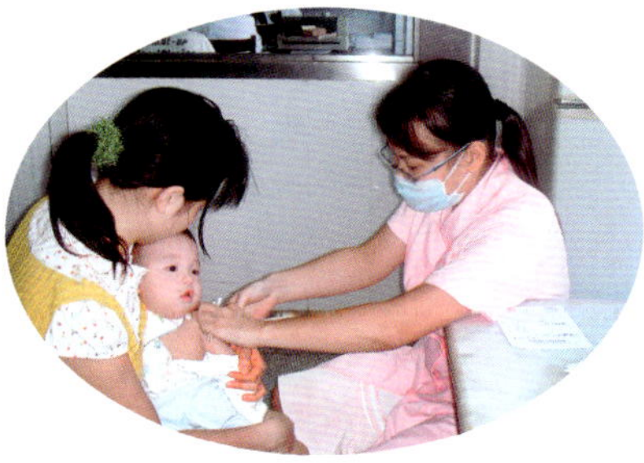

接种门诊

应急消杀

临床检验科

疾控中心大楼

化州市中医院

2017年11月10日，市政协副主席陈春光（右三）一行到医院新址调研

2017年6月29日，化州市委副书记、市长谭剑锋（前排左三），副市长莫燕（左四）率市府办、发改、国土、卫计、财政、住建、土储等部门领导一行到化州市中医院新院调研

化州市中医院始建于1956年，是一家中医特色突出、功能齐全、多学科并举的综合性二级甲等中医医院，属茂名市残疾评定定点机构。医院被评为2016-2017年度茂名市文明单位；获得2017年度化州市好医院，2017年度化州市“万人评机关”比较满意单位和2017年度医疗卫生工作先进单位称号。全院有在职职工338人（高级职称14人，中级职称39人，初级职称201人）。设有13个门诊科室，10大病区，医院实力雄厚，综合服务能力强，硬件设施先进齐备。在自身不断完善发展和院外技术支持下，医院的专科技术不断提高，实力逐步增强。本届班子新增设血液透析科、治未病科、老年病科、眼科及重症医学科（ICU）；扩展了内二科、外二科、骨二科；新建门诊住楼一栋10层建筑面积2.3万平方米，总投资6413万元，2017年主体工程完成率达90%，累计完成投资4000万元。树立了骨伤科、针灸理疗康复科等中医特色专科品牌。骨伤科被定为省重点专科，针灸理疗康复科被定为国家重点专科。眼科的白内障囊外摘除联合人工晶体植入术名扬周边地区，被广东省残联命名为“白内障无障碍市复明手术”定点医院。医院还着力打造优质服务，提高中医护理水平，将拔罐、针灸、烫药、贴药等10余种具有中医特色的护理项目融汇于临床护理工作中。

爱心传递生命——化州市中医院急诊科

公益义诊

免费白内障筛查

新大楼外貌图

化州市第三中学

市委常委、常务副市长冯浪（前左）到学校调研

邀请市交警大队民警到校园开展交通安全知识教育

高考动员会

激情跑操

代表化州市参加茂名市第二届广东省青少年科技创新实践能力挑战赛喜获奖

② ①
③
④

① 学校大门
② 求知楼风采
③ 校园一角运动场
④ 校园一角

化州市第九中学

图书阅览室

教室一角

化州市第九中学地处化州市石湾街道，成立于1997年，是一所年轻而充满朝气的园林式学校。学校以“阅读”为抓手，丰富师生素养和形成办学特色。学校被评为“广东省安全文明校园”、“广东省书香校园”。

学校以“立德 博学”为校训，通过做学问做艺术形成大智慧，引导学生追求人生境界，追求学校办学的境界，年复一年潜移默化、深远地影响每一个师生。使学校师生“名礼仪、知廉耻、负责任、守纪律”（校风），使学生“乐学勤练、主动体验”（学风）地学习，教师能“严肃认真、一丝不苟”（教风）地进行教育教学。

学校始终坚持“面向全体学生，为了人的发展”的教育理念，以把图书馆搬进教室的方式推进阅读，营造充满书香的校园文化，积极引导广大师生在阅读中拓展视野，在思考中汲取养分，在书香的涵养下走向完善从而引导每个师生向更高的层次发展。“学会认知、学会做事、学会共处、学会生存、学会改变”，使人生充满积极情绪，投入地工作、学习、生活，让人生变得有意义，从而追求人生的至善至美。

学校以“阅读”凝铸学校特色的重要手段和途

学生实践课

艺术节

走进大自然学生实践活动

校园文化石

阅读主题园林

径，精选《论语》中的篇章建设了具有浓郁古朴气息的阅读亭、阅读长廊，在校园显眼之处让经典满眼让师生在经典的浸润下更加深刻领悟“和而不同”的学校文化。同时建设了与信息技术契合的阅读主题园林，让师生在古典与现代的交汇中尽享学习之妙、阅读之妙、人生之妙。

学校不断尝试引入前沿的研究成果，开设了一系列落实核心素养的课程，在认知领域采用“对话式指导教学”，在非认知领域引入了“积极心理学”的科学研究成果，围绕积极教育开设了一系列课程。致力改变教育领域千校一面以及“穷师生之余力，挤升学之独木桥”的状况，努力帮助师生不仅懂得在逆境中如何求得生存和发展，更要学会在正常境况下怎样高质量的个人生活与社会生活，帮助师生理解幸福的含义，追求有意义的生命，获得持续的幸福感，努力构建自己的幸福人生。化州市第九中学更以自身发展的巨大空间跻身化州市教育布局调整中重点发展的高中学校。

绿树环保阅读厅

鸟瞰图

化州市第一初级中学

校长唐明为优秀毕业生颁奖

感恩演讲会

诗词大赛　　书法比赛

美丽校园

校园文化长廊

元旦文艺晚会

奖给：化州市第一初级中学

2017年春季九年级质量监测综合评价

一等奖

化州市教育局

二〇一七年六月

学校大门

化州市职业技术学校

2017年月22日，茂名市教育局局长罗欣荣（前排右二）到校调研

2017年11月2日，化州市人大副主任宋丹青（右二）、化州市教育局局长廖建诗（右一）到校调研

2017年11月8日，学校与海信集团就共建实训基地举行签约仪式

化州市职业技术学校（原职业中学），是化州市教育局直属的一所全日制中等职业学校、广东省重点职业技术中学、广东省中等职业教育实训中心、广东省农村劳动力技能培训转移就业定点培训机构。新校区已于2012年2月13日正式开学。为整合职业与成人教育资源，让职业教育事业更好地为地方经济服务，2014年9月，化州市委、市政府决定将化州市广播电视大学、化州市教师进修学校和化州市技工学校合并入该校。

该校开设计算机应用、电子技术应用、汽修运用与维修、烹饪与营养膳食、会计、音乐与舞蹈学、电子商务、电梯安装与维修、药物制剂、服装设计与工艺、制冷和空调设备运行与维修、畜牧兽医等十多个专业。教学以技能为中心，以实践为重点；以“学会做人、学好技能、适应就业、学会创业”为学生的成长目标，让每一位学生都充分发挥自己的特长，掌握一门以上的技能。

该校着力打造丰富多彩的校园文化，围绕“以优质的校园环境感染人，以浓厚的文化氛围陶冶人”开展一系列活动。“首届技能体艺节”的成功举办，让学生尽展青春靓丽、乐观进取的精神风貌，深受广大师生及家长的欢迎！

校长：黄国昌。副校长：庞伟金、杨君、李朝峰、莫秋锋。

学校地址：化州市下郭梅石西路（飞龙宾馆往建设场方向1000米）

第二届技能体艺节开幕式

第二届技能体艺节之畜牧兽医竞技

第二届技能体艺节之点钞竞技

第二届技能体艺节之电子产品组装竞技

第二届技能体艺节之电子电路竞技

庆祝“第二届女生节”暨“十佳女生”表彰大会

化州市第一小学

历史悠久：学校创办于1920年，位于市区幸福路，始名为化县一区一小学，抗日战争时期为免敌机轰炸曾两次搬迁，解放后为化州附城小学，1978年改名为化州县第一小学，1994年撤县建市即名为化州市第一小学，2012年，根据化委办【2012】69号文件精神将化州市第六小学和第八中学原校址合并改建为现化州市第一小学新校址。

师资雄厚：学校现有80多个教学班，学生4000多人，专任教师203人，期中高级职称14人，一级职称189人，党员教师81人，省先进教师8人，省级名校长1人，省级名教师培训对象3人，省级骨干教师培训对象5人，茂名市名教师培训对象6人，茂名市名班主任3人。

设备充足：新校区占地面积59000平方米，建筑面积35600平方米，可容纳5000学生的办学规模。其中教学楼4幢，艺术综合楼1幢。设规范化教室100个，配置充足的现代化教学设备，各种辅助功能用室59个，图书、阅览室藏书11万多册。

特色办学：以美育人。以“把我校办成一所多元发展，彰显现代教育活力的学校”为办学目标，凸显“为每个学生的美好未来奠基”的办学新理念和致力打造尚美教育品牌，高度重视教科研究，全面开展课堂教学改革和尚美文化教育，尚美立校，以美育人，以美育德，以美导行，以美怡情，以美引善，营造了发现美、欣赏美、践行美、创造美的尚美文化氛围，形成了“敬业、爱生、务实、创新”的教风和“勤奋、守纪、自主、探究”的学风，校园学研气氛浓厚，“文明、和谐、笃信、进取”的校风充分体现。

市委常委、宣传部部长梁金福（左三）在市教育局局长廖建诗（左二）等陪同下到学校调研

副市长莫燕（左二）到校调研

千人书法赛

粤西名校：我校是化州市窗口学校，先后获得国家、省、市级多项殊荣："全国教育科学'十一五'规划教育部重点课题实验基地""全国青少年冰心文学大赛创作基地""全国十佳文学社""全国十面红旗大队""广东省书法教育名校""广东省现代信息技术实验学校""广东省排球传统项目学校""广东省安全文明校园""茂名市培育和践行社会主义核心价值观示范校""茂名市先进工作单位""茂名市示范性家长学校"等。教师获国家级奖励53人次，省级75人次，地市级106人次。学校教育教学成绩显著，所参加上级教育行政部门组织的各种质量监测均获得总成绩第一名。

领导机构：校长：黄永茂，副校长：李乃忠、董佩诗、张启生

校貌

校史室内景

校史室前景

举办禁毒宣誓活动

化州市第二小学

市教育局副书记杨伟（右）、河西街道党委委员陈锋（左）为学校荣获“广东省书香校园”揭牌

学校领导与家长志愿者合影

学校科技创新社团参加茂名市青少年科技实践能力挑战赛获奖，图为学生合影

化州市第二小学创建于1951年，位于化州市河西街道幸福路，期间两次易址，多次易名，于1995年化州撤县设市使用现名至今。2015年化州市教育创强布局调整后，学校分东、西两个校区。学校占地面积12000多平方米，总建筑面积22001平方米。学校有规范化教室80个，全部配置有多媒体平台。各种功能室38个，学校图书馆藏书75000多册。

学校现有在校学生3722人，教职工160人。分别开设一至六年级77个教学班。教师高职称有9人，一级职称138人，学历达标率100%，这是一支教育观念新、教学素质高、有奉献精神的师资队伍。

学校国学经典朗读社团演员合影

学校开展防震、消防安全演练

学校领导与运动会获奖班级合影

学校流行童声社团演员合影

学校领导与课本剧社团演员合影

学校是中国少年报小记者站、广东省书香校园、茂名市现代教育教学技术实验学校、茂名市乒乓球传统项目学校、茂名市教育作家协会培训基地、茂名市知识产权教育培训基地、茂名市诚信教育基地。近年来，学校先后被评为化州市文明单位、化州市安全文明校园、化州市德育示范学校、化州市优秀家长学校；学校少先队大队连续三年被评为茂名市、化州市红旗大队；2017年学校文学社被评为广东省级优秀文学社；学校2016、2017年均被评为广东省科技创新优秀组织单位。

学校坚持以“探艺树人”、“办精品学校，育时代英才”的办学理念，明确提出了“以人为本，打造适合学生发展的教育”的办学目标和“为学生发展奠基，成就孩子的幸福人生”的办学口号，全面实施“因材施教”为核心的素质教育，形成了“爱心溢满心田，智慧充盈指尖”的校风，树立了“播种爱心和智慧”的教风，造就了“每天进步一点点”的学风。

学校有“国培计划”对象教师2人，广东省南粤教坛新秀2人，茂名市优秀校长1人，化州市名校长1人、名班主任1人，茂名市、化州市优秀教师、班主任、教研员等70多人。

学校现有学生社团20个，分文学社团、艺术社团、科学社团和体育社团四大类，有完善的组织机构和专门的指导老师。社团的成立，为学生搭建了展示自我的舞台，培养学生兴趣，发展特长，张扬个性、享受艺术。乒乓球社团代表化州市参加茂名市运动会获得少年组团体第二名；幸福鸟课本剧社团、流行童声社团和主持人社团参加茂名市艺术展演均荣获二等奖；科技创新社团参加广东省科技创新大赛多次荣获优秀组织奖，学生6人荣获一等奖，4人荣获三等奖。

六一文艺汇演现场

学校乒乓球社团

化州市幼儿园

茂名政协领导到市幼调研

领导班子合影

2018年我们主要工作是抓好“创现工作”，在市委市政府和教育局的支持和指导下，化州市幼儿园确立了以创现的要求“创建省级示范幼儿园”的目标，高起点规划、高强度投入、高标准建设，从打造校园文化建设入手，实施“化州木偶戏文化”、体育艺术教育、亲子阅读和校园“四化”建设，旨在丰富校园文化建设内涵，实施去“小学化”教育教学课改，促进幼儿健全人格的形成，将幼儿园打造为具有独特特色的幼儿园品牌。为了做好以上四方面的工作，市幼儿园积极开展了校园绿化、美化、净化、文化建设；以“化州木偶戏”文化与课堂教学深度结合，形成园本课程，把“化州木偶戏”文化渗透到语言、音乐、美术等课程中，以游戏表演形式教学，开展体育艺术课程，激发了孩子的学习兴趣，培养孩子的个性，促进孩子体质，让孩子身心健康发展；以家校联动活动为载体，开展一系列的“亲子阅读”、“班级文化建设”等活动，促进了幼儿园的健康发展，取得了优异的成绩：

该园先后被评为茂名市“安全文明校园”、化州市“文明校园”、“优秀家长学校”，“优秀家委会”、“家园联动工作先进单位”、“维护妇女儿童权益先进单位”、“学生资助工作”先进单位、化州市“先进党支部”等，黄燕明园长被评为化州市“优秀党支部书记”、

硕果累累

园本课程——木偶戏文化

家园联动

家长志愿者队伍

家长志愿者在运动会开幕式做义工服务

阅读“点灯人”、化州市校长好书推荐活动二等奖；教师撰写的论文有9篇参加“中国梦，全国优秀教育教学论文、课例评选”大赛获奖；有8位老师的课例参加广东省首届中小学幼儿园特色课堂精品课例比赛获一、二等奖；有5位老师的课题申报广东省教育学会“十三五”教育科研规划小课题；有2位老师的微课送省参加广东省微课制作大赛，有8位老师制作的教玩具参加茂名市教玩具制作比赛获二等奖，有1个音乐活动课获化州市教育局2017年优秀课例比赛一等奖。

亲子阅读

特色课程

小钟琴课

幼儿现场作画

幼儿篮球队参加茂名市华夏杯幼儿篮球赛获奖

亲子阅读

化州市实验小学

市教育局党组书记、局长廖建诗（中）等领导到学校指导“创现”工作

市教育局党组成员黄经儒（右三）等领导到学校指导“创强”工作

化州市实验小学位于河西城区文仙路，创办于1993年9月，直属市教育局领导，是茂名市一级学校。目前有学生47班2313人，教职工105人。学校师资力量较为雄厚，其中大专毕业以上学历99人，中级职称88人。有南粤优秀教师4人，南粤教坛新秀5人，茂名市优秀教师和优秀班主任共15人，化州市杰出教师6人。

学校占地面积38201平方米，建筑面积18548平方米。校园按照教学、生活、运动三区进行建设，布局合理，空气清新，环境优美。2015年，学校抓住教育创强的契机，配备了齐全的功能室，计算机室、综合电教室、音乐教室、美术教育、自然实验室、图书室和阅览室、科学教室、舞蹈教室等。运动场有200米环形塑胶跑道和100米直跑道，规划建设有篮、排球场和羽毛球场共8个。

学校遵循党的教育方针，根据上级的要求，艰苦创业，高起点、高要求办学，以“遵纪守法、真诚待人、踏实做事”为校训，以“育人为本，争创优质，促稳步发展”为目标，力争创造一流的办学水平。形成了“勤奋、守纪、和谐、发展”的校风，“博爱、严谨、创新、奉献”的教风，“乐学、会学、勤学、博学”的学风和“文明、勤奋、团结、向上”的班风，全面地提高了教育和教学质量。

学校是中央教科所“现代小学数学”教材和中国教育学会数学教育研究发展中心的“尝试教学”实验基地，致力创“艺术特色”学校，培养了一批艺术小苗子。学校曾被评为全国“尝试教学实验先进单位”，多次荣获化州市普教系统先进单位、德育工作先进单位、文明学校、美丽校园、行风建设满意单位、优秀少先大队等称号。

开展丰富多彩的文化艺术活动

创造有特色的活动氛围，真正落实到每天锻炼一小时

学校举行“诵经典、庆六一”朗诵活动

学校运动场全景

化州市教育局

化州市委书记黄永在教师节为优秀教师代表颁奖

化州市委副书记、市长谭剑锋（右二）调研高考备考工作

化州市教育局是化州市人民政府主管全市教育事业的行政职能部门，负责全市中小学、职业学校、幼儿园以及民办教育机构等方面的教育教学工作。市教育局以教育“创强、创均、创现”为重要抓手，以促进教育均衡优质发展为目标，不断完善办学条件，全面实行均衡招生，逐步优化学校布局调整，大力实施强师工程，扎实推进教育现代化，开创了化州教育发展的新局面。

2017年，化州市高考再创历史佳绩：上重点线1268人，上本科线以上6514人，上重点、本科人数连续三年居茂名市县区第二，上重点率、本科率首次跃居茂名市县区第一。化州市投入资金约5.6亿元，全面推进创建广东省教育现代化先进市，12月26日，省教育强镇复评的第一批10个复评镇全部通过省复评验收。全市高中学校形成了“一个龙头，五架马车”良好格局，筹建化州一中合江校区、青鸟实验学校，扎实推进绿景花城小学、大坡小学，石龙中学、市职校、市九小等学校新建、改扩建。全市中小学3000多名教师参加学历提升工程。

市委常委、常务副市长冯浪（前左）参加教育创现“走听看想”活动

市教育局党委开展“两学一做”活动

化州市教育局承办茂名市第十三届运动会学校体育组项目

化州市河西街道办事处

2017年2月16日，茂名市委副书记、政法委书记刘芳（左一）一行到河西街道办调研信访维稳工作情况

2017年3月3日，市委常委、市纪委书记朱金生（右二）在街道党委书记杨亚田（左二）陪同下到樟村检查村委换届工作

2017年7月31日，市委常委、常务副市长冯浪（左六）在罗江新区征地建设指挥部出席揭牌仪式

2017年8月17日，街道党委书记杨亚田（左二）到北岸社区指导社区“三化”建设

2017年11月22日，河西街道“橘城红”党建基地揭牌，并正式启动

2017年12月29日，市委常委、市纪委书记朱金生（左）在河西街道党委书记杨亚田（右）陪同下到山车村委会出席“共产党员家庭”挂牌仪式

东山街道办事处

市委书记黄永（右三）、市委常委林文泽（左一）、东山街道党委书记庄君智（右二）一行到玉茂一级公路（东山段）调研

市委常委、统战部部长刘冬（右一）、东山街道党委副书记、街道办主任姚憬敏（左一）到上街文化书屋调研创文工作

东山街道推进基层正风反腐三年行动暨纪律教育月活动

东山街道“七一”专题党课

东山街道博龙村开展慰问贫困户、送温暖活动

东山派出所党支部“七一”开展党员教育活动

杨梅镇

2017年11月，茂名市政协副主席黄宝强（右三）在化州市政协副主席邱岩（左二）、镇委书记彭卓（右二）的陪同下到省定扶贫村低埇村指导新农村建设工作

2017年12月，市委书记黄永（左二）、副市长莫燕（左一）在镇委书记彭建春（右二），镇委副书记、镇长何强（右一）的陪同下到杨梅镇赤沙水果种植基地调研

2017年6月，市委副书记、市长谭剑锋（前排右三）在镇委书记彭卓（前排右二）的陪同下到省定扶贫村低埇村指导新农村建设工作

2017年12月，市委副书记、政法委书记周太强（右五）在镇委书记彭建春（右四）的陪同下到杨梅镇指导开展共产党员家庭挂牌活动

2017年12月，市委副书记、政法委书记周太强（右四），市政法委副书记张一敏（右三）在镇委副书记、镇长何强（右二）的陪同下到杨梅镇敬老院开展慰问活动

合江镇

2018年3月28日，举办合江县域副中心现场会，茂名市市长许志晖（前左二），化州市委书记黄永（前左一），化州市委副书记、市长谭剑锋（前左三），化州市委常委、合江镇委书记陈志红（前右一）等领导出席

2018年3月10日，化州市委副书记、市长谭剑锋（右二）在市委常委、镇委书记陈志红（左二）、镇长陈何生（左一）陪同下考察医院项目建设

松架西垌新农村

九吊飞瀑

石塘八角楼

连理树

鲤鱼上水

橘红工艺品

合江镇区全景图

中垌镇

中垌镇委书记陈仲（左三）到中垌镇白石村委会指导扶贫项目建设

中垌镇委书记陈仲（后排右二）、中垌镇人大主席陈泽良（后排右一）到中垌镇塘村村委会指导精准扶贫工作

中垌镇委书记陈仲（右四）到中垌镇那梨村委会指导新农村建设工作

2017年12月25日，中垌卫生院整体搬迁工程动工

2017年8月10日，举办中垌镇治安志愿者授旗暨“红袖章”颁章仪式

平定镇

2017年10月12日，市委书记黄永（前排左二）、市人大副主任陈运勇（右三）一行在平定镇委书记黄强（前排左一）、镇人大主席林伟权（前排左四）的陪同下到翰堂村委会指导工作

7月18日，平定镇委黄强书记（前排左三）、镇人大主席林伟权（前排左四）、常务副镇长周春超（前排左二）在翰堂村委会召开工作会议

3月18日，举办“中国橘红第一村”平定镇积田大岭村化橘红赏花活动

3月18日，“中国橘红第一村”平定镇积田大岭村化橘红赏花活动现场

那务镇

化州市委书记黄永（右三）到那务镇高坡村指导新农村建设规划工作

化州市人大常委会主任陈坦（右二）到那务镇高华村指导村级人大代表联络站建设工作

超强台风“山竹”来临前夕，化州市人大常委会副主任赵兰钦（左三）、那务镇党委书记黄理文（左一）到宝树水库指导防风工作

那务镇举办那岭线出口改道工程开工仪式，图为镇党委书记黄理文（左一）在向来宾介绍工程概况

那务镇六皇岭生态旅游景区的滑翔伞表演

茂名市嘉燕房地产开发有限公司化州分公司

茂名市嘉燕房地产开发有限公司，成立于2000年11月06日，经营范围涉及房地产开发销售、物业管理、房屋租赁等；公司主营以房地产开发销售为主，先后开发茂名市嘉燕大酒店、嘉富豪庭、嘉富花园，嘉燕盈汇国际等10多个项目。随着经营和开发的项目规模和公司实力不断扩大，成功参与开发高州市标杆项目万福新城；并于2010年01月27日成立茂名市嘉燕房地产开发有限公司化州分公司，公司先后开发了嘉燕名苑，嘉燕橘洲明珠（一、二）期，一、二期开发建设的建筑面积达到17.8万平方米，项目刷新了公司在化州地区的楼盘高度和档次，为新开发项目提供了更加丰富的开发经验和大大提升楼盘品质；公司现正开发位于市中心区广海中路26号嘉燕橘洲明珠（三、四）期，三、四期开发建设的建筑面积更是超过33万平方米，项目以最新颖的设计和建筑风格将引领公司向更高的品质为企业发展作保证和对规范房地产行业做出新的标杆，以及雄厚的资金作为开发的有力保证；该项目坐享鉴江江畔美景，并毗邻市委市政府周边公共配套更为起居生活提供休闲和便捷，207国道出行更为商务旅行走亲访友等方便快捷及接驳汕湛高速，社区一站式的教育资源配套，化一小、一初、一中人文书香气息深厚，真正迎合“鉴江河畔，书香环绕”的项目开发理念，为提升化州人民对日益富裕的美好生活和美丽的城市居住环境做出积极贡献！

楼盘大门

南向透视图

化州人买得起的好房子

好区位 *Good location*

化州下郭，未来的空港新城

未来下郭依托机场快线将快速接驳空港经济区,无疑是即将崛起的空港新城，下郭片区发展未来可期。

园林景色

好园林 *Good garden*

碧桂园立体景观园林

打造立体绿化景观园林，呈现360度丰富景观视觉，步步皆美景。

好物业 *Good property*

2018中国物业服务三强

24小时安保巡逻，闭路监控系统、门禁系统、可视对讲系统等，碧桂园物业全面为您的居住安全保驾护航,精心呵护业主幸福美满家园。

泳池夜景

广东昌华海利科技有限公司

2017年11月13日，董事长李儒昌（中）参加北京中国制造2025高峰论坛

2017年9月10日，董事长李儒昌荣获“十大校长型企业家”称号

2017年1月13日，公司举行年产30万吨不锈钢20辊冷轧设备签约仪式

高新技术企业
证书
企业名称：广东昌华海利科技有限公司　证书编号：GR201744008418
发证时间：2017年12月11日　有效期：三年
批准机关：

2017年12月11日，公司被认定为高新技术企业

2017年10月，海利集团排舞《精忠报国》荣获第六届全国全健排舞大赛金奖第一名

化州化橘红药材发展有限公司

董事长　李　锋

尖岗岭基地一角

化州化橘红药材发展有限公司，由化州李氏橘园（即李家园）的24代化橘红传人、广东省化橘红中药文化代表性传承人李锋于2005年创建（前身是祖传企业），系集种植、加工、生产和科研、销售化橘红系列产品于一体的制药企业。

公司现有按GAP标准建设的化橘红种植基地10000多亩，通过国家GMP认证的厂房建筑面积15000多平方米，生产化橘红系列产品近千吨/年。公司目前生产的橘星牌和橘冠牌系列产品，市场前景广阔。

公司在前几年成立电子商务部，同时进军互联网，实现“互联网e+”发展模式，线上线下双管齐下，冲破地域的限制，让祖国大江南北的人们都能享受到化橘红带来的神奇药效。在互联网电商平台开设的橘星化橘红旗舰店深受消费者的青睐，销量可喜，在短短的一两年内取得较好成绩。近年来电商（微商）每年销售近千万元。公司被评为广东省电子商务100强企业。

2017年公司获准在加拿大生产、经销橘星化橘红、以及橘星化橘红咳嗽糖浆等产品。2018年产品橘红丝、橘红胎分别获得2018年第五届中国（东北亚）森林博览会金奖。

与中山大学合作研发的中药五类新药“红珠胶囊”取得国家发明专利，现该新药已完成Ⅲ期A临床试验，继续完成Ⅲ期B临床试验后，可领取新药证书进行产业化！

公司通过指导其他企业和个体户，标准化种植和规范化加工化橘红，为促进化州化橘红事业的发展和建设广东中医药大省强省作贡献！

公司大门

产品

高新技术企业

广东省级非物质文化遗产牌匾

广东电网有限责任公司茂名化州供电局

化州市委副书记、市长谭剑锋（左一），市委常委、常务副市长冯浪（左二）在化州供电局局长朱子坤（左三）的陪同下慰问高考保供电人员（李飞鸿　摄）

茂名市人大常委会副主任、市总工会主席黄奕奕（左二）一行在化州供电局局长朱子坤的陪同下到化州供电局调研（李飞鸿　摄）

广东电网有限责任公司茂名化州供电局是广东电网责任有限公司公司属下的分公司，原名广东电网公司茂名化州供电局，是广东电网公司属下的全资子公司，于2007年4月13日被广东电网公司正式接管。局本部设置了九个职能部门、三个二级部门和十八个供电所、四个营业点。2017年9月4日，根据《关于成立广东电网有限责任公司茂名电白供电局等15家县区供电局的通知》（广电人资[2017]61号）的通知精神，由全资子公司改为分公司，原机构设置不变，固定资产原值16.59亿元。

2017年，供电量完成13.18亿千瓦时，同比下降2.88%；售电量完成12.60亿千瓦时，同比下降2.35%。电网连续安全运行天数3840天，实现三个百日安全周期。

目前，化州境内有500千伏变电站1座，220千伏变电站2座，110千伏变电站13座，35千伏变电站3座。

2017年，是“十三五”的开局之年，也是国家全面深化电力体制改革的关键之年。在网省公司、茂名局的坚强领导和化州市委、市政府的大力支持下，化州供电局全体干部员工不忘初心，砥砺奋进，紧紧围绕茂名局全年各项工作部署，紧扣深入贯彻落实党的十九大精神，奋发有为践行“人民电业为人民”，活学活用“抓领先、补短板、强基础”的工作方法，坚持党建工作引领中心工作，以“一切行动听党指挥”为中心，打好生产经营中“保安全”、“抓降损”、“搞清障”、“推工程”、“筑防线”、“带队伍”、“重利库”、“优服务”、“强基础”这9张“牌”，拿出“久久为功”的韧劲，直面挑战、攻坚克难，推动企业各项工作迈上了新台阶。

2017年，化州供电局荣获“广东省安全文化建设示范企业”、茂名供电局先进基层党组织、茂名供电局安全生产先进单位、化州市模范职工之家；杨梅供电所、合江供电所荣获“广东电网公司2016年模范职工小家”，河东营业点、宝圩供电所荣获“化州市模范职工小家”称号。

化州供电局领导导斑子。局长朱子坤（中）、党委书记陈宏辉（右二）、纪委书记刘群（左二）、副局长贺臣（右一）、副局长杨帆（左一）（李飞鸿　摄）

化州供电局支援信宜抢修复电（李鸿　摄）

化州供电局工程施工队伍（李飞鸿　摄）

组装铁塔（李飞鸿　摄）

广东电网公司第四届职工运动会气排球比赛在化州市康景体育馆举行（李飞鸿　摄）

施工人员在运送电杆（李飞鸿　摄）

化州市烟草专卖局（分公司）

化州市烟草专卖局（分公司）成立于1990年10月，是当地烟草专卖工作主管部门，在化州市范围内行使烟草专卖管理职权，广东烟草茂名市有限责任公司化州市分公司（下称分公司）成立于2007年12月29日，隶属广东烟草茂名市有限责任公司，系非独立法人核算单位，负责化州市范围内卷烟（雪茄烟）的批发经营业务。专卖局与分公司合署办公，2012年10月成立茂名市烟草专卖局派驻化州市局内部专卖管理监督工作组，正股级建制，系茂名市烟草专卖局的派出机构，接受上级局内管派驻办和本级局的双重领导，与化州市烟草专卖局专卖管理办公室合置办公。2017年末在册员工108人，内设综合管理部、专卖管理办公室、营销部三个部门。2017年4月，被茂名市劳动竞赛委员会评为2016年度茂名市劳动竞赛先进集体，被化州市总工会评为五一趣味运动会企事业单位组二等奖；6月，被化州市直工委评为化州市直机关第三届“先锋杯”男子篮球赛优秀组织奖，被化州市总工会、化州市安全生产监督管理局评为全国“安康杯”竞赛化州市优胜单位；7月，被中共化州市直属机关委员会评为先进基层党组织。

召开化州市2017年打假工作会议暨卷烟专项打假工作会议

2017年，该局（分公司）卷烟销售为24497.06箱，完成销售额66927.41万元，实现税收3391.32万元，为地方经济做出了一定的贡献。

学习贯彻党的十九大精神宣讲会

2017年2月27日，查获的假冒伪劣卷烟

党员干部到化州市孔庙参观学习

春节慰问退休老员工

参加茂名市烟草系统“聚力”杯职工篮球比赛班子成员和队员合影

广东省广播电视网络股份有限公司茂名化州分公司

团结务实的领导班子

广东省广播电视网络股份有限公司茂名化州分公司是化州市广电网络2012年底参加全省县（区）广电网络改革重组时成立的，2013 年初开始正式按企业化运营，隶属广东省广播电视网络股份有限公司直接管理。主营业务包括有线电视、宽带、数据专线等。现有有线用户18.1万户（其中互动用户5.2万户），有线终端21.5万个，宽带用户3.85万户，是全省用户规模最大的县、区分公司之一。公司内设7个部门及26个基层广播电视站，员工230人。

2018年，化州分公司在省公司的直接领导和地方党委、政府的关怀支持下，公司严格执行的党的路线、方针和政策，始终秉持效率、效益、竞争、按劳分配等现代企业管理理念，鼓励员工奋发有为、尽职尽责、多作奉献，公司的综合管理、光纤到户、市场营销等工作在我省广电网络系统尤为突出，吸引了包括广州、佛山等全省多数分公司和部分广播电视台同行来我司交流学习。今年到8月底，公司新发展宽带2.1万户、互动4.5万户、FTTH薄覆盖4.3万户，工作业绩走在全省前列，受到省公司领导的充分肯定和高度赞扬；预计今年全年可实现新发展宽带3. 5万户、互动6.5万户、FTTH薄覆盖5.5万户的目标，成为近年来我司业务发展最快的一年。目前，公司正按照省公司“以用户为根本、以管道为核心、以内容为拓展、以投融资为支点”的发展战略，不断拓展有线电话、数据专线等新业务，增加收入，提高竞争力，为实现省公司提出的“千亿市值、百亿收入、十亿利润”的目标作出应有的贡献。

下郭街道营业厅

播控机房

数据业务机房

营业厅

化州市农村信用合作联社

普惠金融村村通省督导团团长、省妇联城乡妇女发展部调研员李映雪（左二）在化州联社副主任吴红（左一）的陪同下到化州联社助农取款点调研

化州联社召开妇女创业小额担保贷款贴息项目工作会议，市委常委、常务副市长冯浪（左三）出席会议并讲话

化州联社召开第二届社员代表大会第十一次会议。图为化州联社党委书记、理事长黄挺（右三）出席会议并讲话

化州联社积极做好精准扶贫工作。图为化州联社副主任吴红（左一）到扶贫鸡苗牛苗发放点指导工作

化州联社组织开展防范电信诈骗宣传活动。图为化州联社副主任赖富有（左三）在现场解答群众咨询

化州市农村信用合作联社大楼

化州联社举办“开心生活·巧媳妇·好厨艺”大赛活动

化州联社笪桥信用社乔迁开业

2017年化州联社组织员工在康景体育馆开展趣味运动会

化州市兆康时代广场有限公司

管理团队成员

现场促销气氛浓郁

兆康商场创建于1994年，主要分布在信宜、化州、高州，并在广州建立了物流配送中心。

2003年兆康被招商引资进驻化州市，成立化州市兆康时代广场有限公司，兆康时代广场融合了传统市场的新鲜、量贩的便宜以及百货公司的舒适便利，以直接生活化的方式为顾客服务，成为化州首间集购物、娱乐、美食于一体的大型购物广场。从2003年开业，到2009年900万升级改造，再到2017年斥资一千万再次星级装修，一转眼化州兆康已走过不断提升不平凡的15年。

兆康以其诚信的经营模式和人性化的优质服务赢得了广大市民的肯定；多年来，公司先后被评为“文明服务”单位、“食品安全先进工作”单位、“重合同守信用”单位、“警民合作”单位等。

在未来，兆康将致力打造成中国零售业知名品牌，充分利用广州物流中心的货源优势，引入各地原生态名优特产及国际一线品牌商品，以富有竞争力的采购模式和创新的营运体系，打造出符合地区市场需求的超市生态链，为当地顾客提供了物美价廉的商品和舒适的购物享受，成为广东地区具有影响力的民族零售企业。

董事长：陈新民（左一）
总经理：林　燕（左二）

执行总经理：胡德权

每月举办员工生日会

新入职员工消防安全培训

共谋区域发展 共创商业繁荣

企业发展历程

THE DEVELOPMENT COURSE

化州市兆康时代广场有限公司

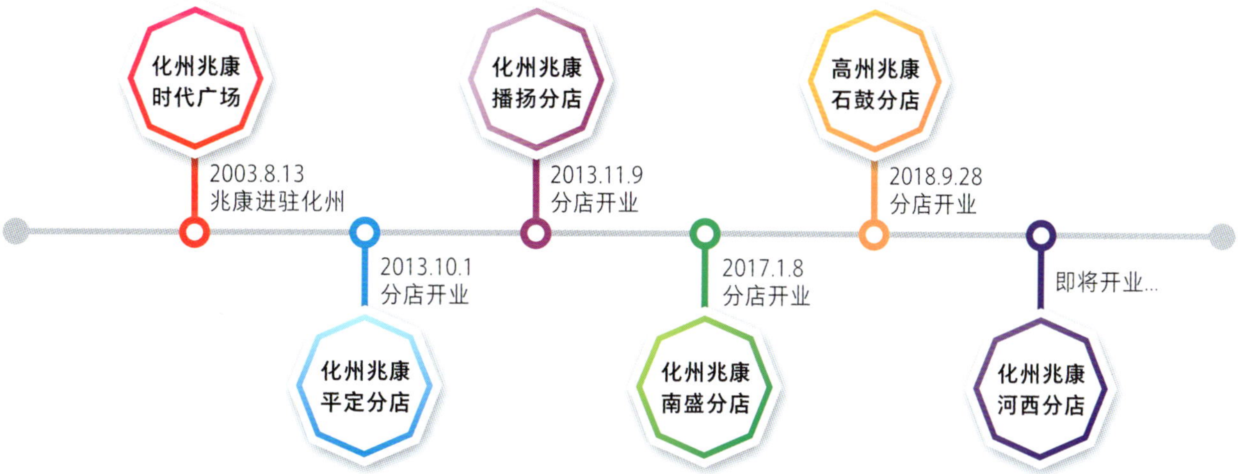

兆康旗下门店

化州兆康时代广场店	地址:化州市北岸区民主北路28号	电话:18929728013
化州兆康平定分店	地址:化州市平定镇锦江花园	电话:0668-7530366
化州兆康播扬分店	地址:化州市播扬镇黄金大厦	电话:0668-7592676
信宜兆康城南店	地址:信宜市人民南路13号	电话:0668-8880888
信宜兆康十字街店	地址:信宜红旗路12号	电话:0668-8888990
信宜兆康锦湖店	地址:信宜市陈锦垌	电话:0668-8824477
化州兆康南盛分店	地址:化州市南盛街道解放路	电话:0668-7611686
高州兆康石鼓分店	地址:高州市石鼓镇和盛农贸市场	电话:0668-6331179
化州兆康河西分店	地址:化州市河西市场二楼	电话:0668-7312426
信宜兆康站前路店	地址:信宜市区南环岛大转盘边	电话:0668-8824444
信宜兆康新里店	地址:信宜市区新里六路大都汇广场	电话:0668-8896386
信宜兆康金璟店	地址:信宜市金璟花园	电话:0668-8877066

中国电信股份有限公司化州分公司

中国电信化州分公司以“让客户尽情享受信息新生活”为企业使命，以“追求企业价值与客户价值共同成长”为经营理念，以“用户至上，用心服务”为服务理念，积极致力于改善服务。如通过引入民资，将营业厅改成集业务受理、体验、手机终端、售后服务于一体的多功能手机城，配置电脑、电视机等设备，让客户先体验后办理业务；完善电子服务渠道，缩短用户办理业务时间；大力推行“首问负责制”“服务承诺制”，实施送服务进社区、管区活动，方便群众办理电信业务。与此同时，通过优化内部管理、提升运营效率等举措，不断提升服务质量，持续降低资费水平，努力为全市人民提供质优价廉的信息通信产品，为“大众创业、万众创新”提供有力支撑，为“互联网+”行动计划的实施做积极贡献。

作为国家信息建设主力军，中国电信化州分公司积极推进“宽带中国·光网城市”建设，着力打造国家级的“信息高速公路”，面向家庭用户推出高达200M的主流宽带产品，彰显中国电信光网宽带的高端品质；加快推进4G网络建设，努力实现全市无线网络深度覆盖，为用户提供优质的“4G+光宽带”的双百兆融合产品；通过开展“智慧城市”“平安化州”“数字医院”等建设，让政府运行和服务更高效，群众办事更方便；通过加大农村信息网络建设，促进农村经济的繁荣，助力农民致富奔小康；此外还积极履行社会责任，面对突发的地震、洪水等自然灾害，中国电信化州分公司总是全力以赴、以最快的速度抢先恢复灾区通信，为抢险救灾提供有力保障；热心社会公益事业，积极开展扶贫济困、结对共建和学雷锋志愿者服务工作，奉献企业爱心，促进社会和谐发展。

广东鸿基房地产开发有限公司

化州市绿景房地产开发有限公司

绿景国际花城，是由绿景（中国）地产投资有限公司投资80亿元倾力打造的300万㎡山湖城邦。

项目总占地面积约1800亩，拥揽一湖二江三公园，以原生态资源成就化州新都心。

绿景国际花城拥有优越的地理优势，坐落于素有“橘红之乡”的化州市，扼守化州未来重点规划的河西橘洲新城片区，坐拥高效交通网，链接便捷城市干道：207国道、环市西路、橘城商业大道等，直达北岸、河东、茂名城区，其中环市西路将接驳粤西机场快线，30分钟直达粤西国际机场（建设中）。对话珠三角粤港澳大湾区，海陆空铁迅捷链接国际。

同时，绿景国际花城拥有优质的生态与人文资源，项目倾力打造232亩生态西湖，罗江、鉴江双江环绕，毗邻西湖生态公园、橘洲生态公园、沙埚岭公园，共同构建一湖二江三公园的生态环境体系，揽藏化州得天独厚的城市风光。

绿景集团拥有多年一线城市建筑规划经验，作为回馈家乡之作，于化州打造300万㎡大城，绿景国际花城考究地形及景观的优势，规划整体呈一湖两轴布局，拥有丰富的山、水及原生植被资源，尤其是内嵌232亩壮阔西湖，更为化州乃至整个粤西所罕见，与新古典主义风格建筑及园林，形成生态、建筑、园景的糅合统一，建设成为集山水美墅、湖景洋房、精品酒店、购物中心、高端教育等为一体的化州纯生态豪宅生活社区，更因此荣获“2018中国生态宜居小区”称号。

300万㎡山湖城邦，经过五年积淀，优质商业、教育、医疗等醇熟配套逐渐呈现。代表着化州新都精英大城的崛起，更代表着城市的顶层人居典范。

绿景国际花城内部规划一站式休闲娱乐配套，涵盖2座商业广场、沿湖风情商业街以及1500米临街商业店铺，满足15万人大城乃至化州城区的一站式购物、娱乐、休闲所需；内部规划幼儿园、小学以及初中一站式优质教育，其中幼儿园更引进知名教育机构华南师范大学附属学校及广东启赋教育科技有限公司，共同打造高端幼儿项目；绿景花城小学全面兴建中，按照深圳标准所建造，地下接送系统、标准游泳池更是粤西地区首创；同时项目毗邻陈金章艺术文化馆，共同打造城市文化艺术的建筑工程，成为化州文化艺术窗口，致力为城市的下一代构建璀璨未来。

同时，绿景国际花城拥有领衔国际的先进设计理念，携手香港嘉柏建筑师事务所，以前瞻设计，匠心研磨，大至建筑立面、楼间距、景观布局，小到绿植高度、地面铺装缝隙，均严格遵循“深化细节、质量过硬、品质安心”理念，为化州建立豪宅人居典范。

目前绿景国际花城将于2019年推出博林公馆组团，与绿景花城小学隔路相望，5分钟步行上学的距离让孩子上学更安全；除此之外，博林公馆的户型实用率再次得到优化，84%实用率、7米超大客厅开间，令生活居家更舒适。

海龙阁食品有限公司

董事长：戴国荣
九届、十届化州市政委员
十四届化州市人大代表
石湾长坡村委会书记、主任
化州市青年创业导师
化州市工商联（总商会）副主席
化州市食品行业协会会长
化州市电子商务协会监事长
茂名市食品行业协会常务副会长
茂名市饭店协会常务副会长
茂名市民营企业商会常务副会长
广州市化州商会副会长
深圳市化州商会副会长

值《化州年鉴·2018》出版之际，我谨代表海龙阁食品有限公司向每一位关心、支持海龙阁发展的领导以及社会各界朋友表示衷心的感谢！祝大家万事如意、身体健康、财源广进！

回首2017年，是海龙阁发展史上具有里程碑的一年。这一年，我们一如既往从源头抓起，自家农场养土猪、自厂产优质花生油，致力于为消费者提供安全放心的绿色有机食品。海龙阁月饼产销量继续攀升、餐饮服务精益求精，深得广大消费者认可。

公司先后被评定为广东省著名商标企业，广东省自主品牌百强企业，并经茂名市国家税务局、茂名市地方税务局联合评价为纳税信用A级纳税人。尤为可喜的是，与广东省农业科学院作物研究所达成战略合作，在已投产近20年的原农科院花生油试验厂基础上共同组建了广东农科金爵粮油股份有限公司，由我担任法人。

“承发展、迎挑战”，海龙阁人将以更加坚定、自信的决心，迎接新征程，攀越新高峰。规范运行管理，优化企业环境，提高产品质量，以更加饱满的热情、更加广阔的胸襟、更加昂扬的斗志、更加务实的作风投入到工作中。

自厂产优质花生油

土猪肉金腿伍仁月饼